中國古代史學叢書

[清]顧炎武 撰 黃珅等 校點

天下郡國利病書

伍

上海古籍出版社

天下郡國利病書（五）

嚴佐之　黄珅　羅争鳴校點

江西備録

形勝

大江迤西，川谷環縈。惟十三郡，羅列圖經。吴頭楚尾，粤户閩庭。形勝之區，險兼阻并。彭蠡汪瀛，廬嶽峥嶸。左江右湖，風氣澄清。勿謂壤遐，近於藩屏。綿谿延嶺，控帶荆、衡。既固我圉，亦誠厥甿〔一〕。俯安封域，仰佐昇平。

東有海鹽章山之銅，三江、五湖之利，亦江東之都會也。漢書吴分野。

水陸四通，山川特秀。咽扼荆、淮，翼蔽吴、越。雷次宗豫章記。

襟三江而帶五湖，控蠻荆而引甌越。唐王勃滕王閣序。

洪、江、饒、虔、吉、信、撫、袁，悉屬治所。唐韓愈滕王閣記。

爲淮、海之襟帶，作吴、越之把握。唐封敖記。

南距五嶺，北奠九江。宋范致虚記。

江西路環數千里，爲郡十有三，爲縣五十有三，控引荆、湖，襟帶吴、越，爲上流重地。宋李綱乞差軍馬劄子。

江西一路，輔翼建康，駐蹕之所，蔽障閩、廣，接連荆、湖，自江以北，控引淮西。李綱條具防冬利害。

鍾陵奥區，楚澤全壤。天開翼軫之疆，地扼江湖之國。宋王應麟玉海。

江西之爲省，東接閩、浙，西連荆、蜀，北踰淮、汴以達於京師。據嶺海之會，斥交、廣之境，蠻服内向，島夷畢朝。提封數千里，隆興則其治所也。元虞集江西行省惠政碑。

星麗斗牛，地兼吴、楚。據百粤之上游，壯雄藩之重輔。明胡儼滕王閣賦。

統三府論之[三]，江西諸水，總匯鄱陽湖，瀉注大江。匡廬山障之，饒州在其東，稍西北而南康，又稍西北而九江。其地東接徽、衢、池、慶，西接蘄、黄，武昌大都，爲豫章北户云。以繁劇論，則饒州爲上，九江、南康次之，以衝要論，則九江爲上，南康、饒州次之。此其大凡也。明王世懋三郡圖説。

環郭外者爲龍沙，龍沙之外，滂濞長逝爲大江，大江之外，嶔崎羅列爲西山，西山之杪，北峙爲匡廬，大江之隈，東匯爲彭蠡。明潘恩攬秀樓記。

江右地分，河山間方，廣數十里，統十有三郡。明錢習禮亭記。

負江依湖，南臨兩廣，北接宣、楊，西控楚，東翌浙。明鄧元錫方域志〔二〕。

南昌在湖之南。湖東爲撫州，東南爲建昌，又東爲廣信。湖西爲臨江，西南爲袁州，又西南爲吉安。湖西北爲南康，又西北爲九江，東北爲饒州。而九江牽制沿江諸郡，且與南康密邇，巨湖吞浸，寔要害之重關也。瑞州却湖而負山，南安、贛州去湖益遠，在省治極南，以五嶺爲屏翰，而汀、漳、雄、韶，諸山跨絡，林箐茂密。斯爲盜藪，故設督撫重臣以臨之。明郭子章郡邑表説〔四〕。

江西三面距山〔五〕，背沿江、漢，當吴、楚、閩、粤之交，南昌其都會也。九江爲江、楚鎖鑰，贛州介在南服，南安阻憑庾嶺，南康、饒州夾彭蠡以列郡，而康不逮饒。吉安、撫州人才甲諸郡，建昌事簡而殷，瑞州地僻而阜，廣信衝而疲，臨安衝而逸，袁州密邇楚境。此江右之大較也。劉斯樞程賦統會。

南昌府

在江、湖之間，東南一都會。宋曾鞏修城記。

漳水北經南昌城，西歷白社，又北歷南塘，其東爲東湖。曾鞏徐高士祠記。

兹郡之勝，寔爲東湖。宋楊億涵虛閣記。

大江之西，處都會而山水佳者，洪爲最。宋余靖洪州學記。

列岫橫青〔六〕，龍沙飛白，迤逶突兀於江干之西。明范淶鐘鼓樓記。

地勢自虔州北折千里，或浸爲湖，或聳爲阜，似日者，似月者，似虎踞者，似龍蜿蜒者，悠悠累累〔七〕，息於章江之濱〔八〕。明萬恭南昌學記。

平原綿衍，贛、汝交流。南昌形勝志。

群山翼赴，衆水朝宗。同上。

新建，江右之鉅邑也，境益會省。明陳宏緒新建學記。

層峯疊嶂，秀出雲霄，多仙靈窟宅。明喻均新建志。

厭原奇麗，雙江匯環，蓋都會雄觀。新建前志圖記。

洪都壯邑，厥水惟豐。池水躍龍，芙蓉浴日。宋劉鄉豐城志序〔九〕。

豐城爲縣，壯哉一旦，紫氣騰踔，上薄斗牛，而物華天寶，人傑地靈，益翕炳煥。宋徐鹿卿豐城志序。

豐城爲吉、贛下流，地勢窪甚，春夏水暴，至匯爲巨澤，縣兀然居中。宋劉德秀豐城堤記。

章水經北，曲江匯東，帶二水之長流，襟三江之長雄。宋王孝友豐水賦〔一〇〕。

羅山峙其南，贛江環其北。元富州形勝志。

豐城古澤國也，當五郡之水衝。明李琯仙壇石埽記〔一一〕。

進賢爲豫章壯邑，延袤凡數百里。明王一夔進賢成化志序〔一二〕。

台山列屏，曲水縈帶。明陳應元進賢修學記。

邑東有河，其源出臨川之棡嶺，紆迴百餘里，合東流至邑。明王英進賢縣青龍橋記。

北湖澄淵，緱山砥柱，洞陽蕩其西，瑞洪浸其東。萬恭進賢縣形勝記。

豫章郡，「三江之都會」，奉新縣，五嶺之要衝〔一三〕。宋楊萬里南津橋記。

氣象平衍，面勢洪博〔一四〕。北趨江、淮，南抵閩、粤，道路四達，商賈會通。宋桂如篪奉新華豐樓記〔一五〕。

南昌之屬邑，唯新吴爲最，馮川敵其陽〔一六〕，其地有高山峻嶺。明吴彦弘奉新通化橋記。

奉新在豫章西山之西，越嶺之東，山川秀麗。明趙理奉新志序。

山從修寧，若拱若揖，若波之湧，若龍之蟠，若驤之騰，似旗者，似鼓者，似筆者，似劍戟者，東奔數百里，乃播爲大陸，衍爲周原。萬恭靖安學記。

綉谷雄盤，桃源紆阻。靖安形勝志。

武寧爲隆興西南壯邑〔一七〕，山刻而水駛。元范椁武寧學記。

武寧最山川勝處，西江爲尤勝。幕阜、九宫，綿亘二山，秀出雲表，蓋吴、楚相入處也。宋楊恢武寧王清萬壽宫記。

環武城皆山，蒼崖翠壑，古澗生風，峭壁層巒，飛泉瀑布。宋白玉蟾武寧湧翠亭記。

武寧爲縣，僻在萬山中，當修江上游〔一八〕，水泉灌溉之利，峰巒岑鬱之美〔一九〕，亦望縣也。明陸深縣志序。

陸有劍閣列棧之雄，水有玉峽諸灘之險〔二〇〕。武寧志。

寧州者，江右之大西蔽也。明萬思謙寧州銅鼓營記。

南山排於前，鳳山峙於後，清流急湍，環抱左右。明楊信寧州冠雲亭記。

南昌郡，故川陸一大都會也。仰虔、吉以控嶺表，倚湓浦以通江、淮，而形勝之險，寔與諸郡共之。東南則章、貢、盱、汝諸水建瓴，而豬於鄱陽，南、新、豐、進之濱〔二一〕，號稱澤國。其西層嶔鳥道，綉錯楚疆，奸萌易於嘯聚。自平華林碼磂以後〔二二〕，奉、靖二邑，至今晏然。若寧州，僻在郡隅，鎮之以兵甲〔二三〕，戍之以銅鼓石營，事乃有備。然興國、瑞昌之寇孽，多流入於寧武，伏戎肘側〔二四〕，蓋尤不可無牖户之防焉。南昌范志疆域論〔二五〕。

瑞州府

西江道院，南服名邦。宋辛料院賀筠州尤守啓〔二六〕。

筠爲州，在大江之西，其地僻絶。曾鞏筠州學記。

斷岩深壑，宛若洞府。蜀江志。

瑞本古筠，郡治在鳳山之陽，錦水自西南來，折而東注，界爲兩厓。明沈東瑞州修城記。

瑞城據錦水兩厓，在南曰南城，在北曰北城。明吴山修城記。

高安郡於江西稱「道院」，郡治在山間，而最高處有碧落堂，下俯萬山，一水穿城，南北岸萬家鱗鱗，樓臺皆可指數。明歐陽修道重修碧落堂記。

據鳳山，面錦水，昂然一郡之勝。明朱繼祖學記。

前瞻荷嶺，後倚華林。南唐殷崇義祈仙觀記〔二七〕。

高安本豫章屬邑，居溪山之間。宋蘇轍聖壽院記。

高安爲江西上縣。元李澗張令祠記。

上高，筠之小邑，介於山林之間。蘇轍上高學記。

上高城周五里，蜀水中亘，爲關者四，分峙水南北，所以麗内外〔二八〕，謹出入也。宋江湘重修上高城關記。

上高治北而市南，一溪自萬載發源，合新昌水，下走高安。宋馮椅上高浮虹橋記〔二九〕。

山川映秀，帶麗如染。明黄景上高學記。

負敖峰，迎錦水。明吴學詩上高正德書院記〔三〇〕。

林壑盤紆，川原迴遶〔三一〕。宋劉願新昌縣譙樓記。

溪山深窈，左右拱揖。宋雷孝友新昌縣門記。

前則諸巒戟列，後則叠嶂屏張。桂峰卓於左，螺山踞於右。鹽溪合月灣而東環〔三二〕，東溪合北流而西遶〔三三〕。明王相遷新昌學記。

南屏翰苑，北枕石門，桂嶺、螺山，東西對峙，鹽溪一派，曲折於禄陂〔三四〕、顧淵之間。新昌形勝志。

郡在會省西南〔三五〕，山紆水迴，雖屬上游，勢漸險隘，此高安、上高之名所由起也。上高又在高安上游，西濱萬載〔三六〕，地勢陡絶。新昌本割兩高之地爲縣，形勝在季孟間，西接皂山，北接八叠，則亦駸駸傍楚而峻矣〔三七〕。瑞州山川圖。

袁州府

州小地狹。韓愈袁州謝表。

山水秀麗。太平寰宇記。

枕吴頭而盤固，壓楚尾而仰上。連屬群峰，迴環千里。宋李問仰山賦。

屏秀江、淮〔三八〕，襟帶湖、湘，山平廣而無高險，水遠秀而無深險。宋阮閱郡城記。

城郭并邑，在迤邐衆山之中，如圖畫屏障。宋祖無擇廣豐堂記。

氣雄形壯，誠江右一巨鎮。明張春袁州城記。

袁州，江右大郡，當湖、湘之孔道。明申時行袁州府題名記。

袁郡東十五里曰上浦，當楚、蜀、滇、黔孔道。明鄒守益廣潤橋記。

袁州大郡也，山水秀麗，爲江右奥區。明吴節袁州府學記。

狀元洲雄居中央，迴瀾砥柱，一郡鎖鑰。明袁業泗盧洲三元閣記。

宜春爲郡，在江右上游，山川完固。虞集宣奉尊經閣記。

袁爲州，負山帶水，一水清瀉東北，入於大江，負城兩厓〔三九〕，東乃鷩湍，奔駛激射，不可以舟。宋滕强恕平政橋記〔四〇〕。

袁在萬山中，山勢嵯峨，盤曲從西南來，有峰獨秀出於城南者，曰湖岡。明江臯湖岡臺記。

分宜爲袁鉅邑，山水秀朗，仙臺外倚於仰山，秀江東馳於彭蠡。明汪諧重修分宜學記〔四一〕。

分宜邑治，前瞰秀江，源發於楚萍，至此渟滀，而邑西東，限以兩山，東以巨峽。明嚴嵩分宜萬年橋記。

鈐岡列嶂屏圍〔四二〕，四山周合，宛若城堞。分宜形勝志。

袁之西南，有縣萍鄉，水山淑清，羅霄、楊岐，秀氣所挺。宋劉清之萍鄉學記。

袁州之萍鄉以繁劇稱，厥壤沃而僻。宋卓津題名記。

山水明秀，拱揖環抱。明簡迪重修萍鄉學記。

北介兩省，當滇南、蜀、楚之衝。明袁一唯湘東營房記。

北祖楊岐之脈，鳳翼飛翔，南濱塔嶺之朝，筆峯卓立。左肩羅嶽，右臂徐仙，川澄玉鑑，洲擁金鰲。萍鄉形界志。

地勢隱然，負山帶江。宋徐昇萬載縣治記。

萬載介群山之間。宋楊應萬載學記。

山有金雞、白塔、紫蓋之名，水有龍江、錦江、清泉之號。岩之可稱者，仙游、龍成也〔四三〕。橋之可題者，雙虹、南浦也。誠一郡之勝也。吳節萬載譙樓記。

萬，岩邑也。其山崒嵂，其水縈迴。袁業泗萬載志序。

宜陽多山水，而萬載特佳勝。明潘文奎桐岡書屋記。

萬載當郡北，更北則寧州境，東上高，西劉洋、鶖、鶴諸峯障之。郭子章郡邑表記。

左鶖峰，右鶴嶺，月臺居前，紫蓋翼後。萬載形界記〔四四〕。

臨江府

據瑞、筠之蜿蜒，枕金鳳之迤邐。東擁閤皁之葛峰，西亘蒙山之巨嶽，南環玉笥，北接劍江。

隋志。

當南粤、虔、吉舟車四會之衝。南唐吴鸞建清江縣議。

臨江大郡，譙樓偉觀。大蒙亘其北，閤皂峙其南。贛江、渝水會流而來〔四五〕，金鳳、雙洲障匯而豬，誠西江之雄也。明王臣臨江譙樓落成宴集序。

臨江若太陰半月之形。地理志。

郡居江藩之樞，掖袁控瑞，通梁、粤，帶虔、吉。郭子章郡邑表記。

臨介在江、楚，有閤皂、玉笥以作其鎮，贛、袁、喻、峽以表其流，苞稸靈異〔四六〕。臨江縣志。

清江縣治在蕭水之上〔四七〕，章山之陽，石龍、金鳳，地靈攸存。明敖英清江縣題名記。

臨江爲江西大郡，而清江又麗郡之望邑，勢控上游，山環水秀。明錢溥清江學記。

清江之有水患，自昔已然。明程遠重修沙泊題碑記。

清江居豐城上游，水自吉文，經玉峽，歷金川，至龍洲、鳳城、蕭灘，則曲折回互，與地勢相環抱。明張澈清江送别詩序。

當水陸之衝，通八省之利。明熊化樟樹鎮記。

淦居洪州上游，有金沙、玉笥之勝。明張鏊新淦志序。

占西江之上游，表東南之孤清。明金幼孜玉笥山賦。

新淦與白下、螺川無以甚異，城頭山突起其側，又一邑之門户也。明曾同亨城頭文昌塔記。

新淦與吉州俱屬湖西，其邑群峰卓舉，川光明媚。明鄒元標新淦學記。

東有柱、天二峯，西迎章、貢二水，南障玉笥、羊角，北峙鳳山叠障。新淦形勢説。

章、貢之巨浸，澎湃西北，湄、湘之碧澗，縈繞南山。明陳以運新淦志序。

其治在四大山之中，秀水淵注。虞集新喻學記。

臨四邑，獨喻限長江上游。明劉崧新喻新城記。

葛峰環其東，蒙嶺據其北，鍾山、鼎山之秀，位乎西南之郊，虎瞰山獨隱然居其中，世傳五星奠位〔四八〕。張澈新喻縣治記〔四九〕。

袁江之水逶迤來朝，悠揚縈迴於虎瞰中峰之下，以達於大江。明傅鶚新喻鎮遠樓記。

蒙，喻邑之鎮山也。岡阜盤礴逶迤〔五〇〕，諸泉隨之而注，以達於渝水〔五一〕。張春新喻通濟橋記〔五二〕。

峽江據臨上流，道里四會〔五三〕，星使輻輳。曾同亨黄邑令碑記。

峽故隸淦，與吉鄰壤。明錢德洪峽江志序。

吉安府

府治據江上流。宋朱晞顔修吉州城狀。

南接贛江，北臨淦水，西控袁州、長沙〔五四〕，環抱幾千里。宋劉弇送吉安守序。

咽喉荆、廣，唇齒淮、浙，江山映帶，在肩宇間。宋劉彦登譙樓記。

五峰相次，頗類五老。方輿勝覽。

神岡揖其前，螺山歸其後，江流迴合，東走其下，古所謂天作之邦。郭子章郡邑表記。

吉州廬陵，古稱大縣。宋胡銓吉州學記。

吉安於江西爲劇郡，廬陵於吉安爲劇縣。元揭徯斯移廬陵縣治記。

山環水外，水環郭外。廬陵形勝志。

目螺川而望東南，其青青者，皆青原也。墨歷青原山水記。

泰和據郡上游，城於古西昌地，控途水陸，道交、廣者由之。行商往來〔五五〕，通貨南北。明王陶泰和縣治記。

泰和古南平郡，地勢西北高而東南低，故大江北匯流爲四溪，而入於江。明嚴萬全溪柳書院記〔五六〕。

前挹澄江，後引科嶺，金魚插其左，龍洲翼其右，此西昌山川之勝。明徐叔倫泰和扳桂樓記〔五七〕。

吉水山漸開，遠溪益深廣。明劉定之重建吉水學記。

三面阻江，不隍而固。陳氏文江政略。

吉水負山襟江，沙嶼縈紆，龍飛鳳翥之概，傑出於青原、白鷺間。明王雅重修吉水縣堂記。

仁山崒嵂，文水縈迴。鄒元標吉水仁文書院記。

東山蜿蜒鎮其後，字水交流環其前，五岡蹲西，玉峽峙北，巽峰、太平、仁山、墨潭，映帶左右，控上游而爲吉郡之喉襟，非他縣之可儗也〔五八〕。吉水形勢説〔五九〕。

廬陵之東邑爲永豐，有山叢叢，有水溶溶。揭傒斯永豐恩江橋記。

永豐，江右名邑，與文江、安成、西昌並峙而争雄。明吴期照修恩江志序。

永豐三面距山，有鏞嶺、五花之險。郭子章郡邑表記。

安福介吴、楚之間，開闔專城，有掌固之職。明張鰲山四城樓記。

山水瑰麗，東陽、白雲諸峰，獻秀出奇，不可名狀，瀘水折北而東走〔六〇〕，勢若蒼龍。安福地理志。

武功山自萍鄉諸山蜿蜒而來，特起二峰〔六一〕，曰瀘、曰瀟，武功當二峰之中，號爲三奇。明趙儀可葛仙壇記〔六二〕。

龍泉據吉州上游，西扼郴、衡，南控虔化〔六三〕，東連分水，北綰新州，固四塞之區也。郭子章郡邑表記。

地界兩川，神秀所蟠。胡銓萬安縣廳樓記。

當水陸之衝，舟中漕運，交會於兹。明王汝南萬安縣志序。

俯惶恐灘，背粤王臺，聳芙蓉而列金鵞，由章、貢鼓棹中流，劃然開目，爲廬陵最上游之勝。萬安風土志。

陳白沙以金鵞嶂勝於鴉峰，芙蓉山過於桃峽，詩云「水作青羅帶，山爲碧玉簪」，可以知形勝矣。同上。

右枕重岡，前引列峰。元李祈永新縣籌勝亭記〔六四〕。

寧據吉上游，崇山峻嶺，介新之西偏。鄒元標永寧志序。

寧處萬山中，險阻四塞，非舟車輻輳之會。郭子章郡邑表記。

撫州府

與兩粤、七閩犬牙其疆。唐獨孤及撫州新亭記〔六五〕。

居山川風雲之會，二水繞郭，五峰鎮城。宋州守家坤翁景定志。

瀕汝水以爲郡，靈谷、銅陵諸峰，環列如屏障。宋謝逸文集序〔六六〕。

川融山結，鍾奇毓秀，江右之巨鎮也。宋趙與輈千金陂記。

連山高陵，野林荒墟，遠近高下，壯大閎闊，怪奇可喜之觀，環撫之東南。曾鞏擬峴臺記。

地方千里，介江湖之表。虞集撫州譙樓記。

撫爲江西大郡，其地西南負山，至郡治而衍平曠然數百里，下控江湖。明邵寶撫州志序。

因崇邱以爲城，依大溪以爲隍。明成亦堂重修擬峴臺記。

州治包五峰於内，因山爲城，因川爲池。撫州舊志。

臨川附郡郭，幅員五百餘里。郭子章郡邑表記。

宝唐，崇仁水源之所自出也，迤邐而東〔六七〕，凡一百二十餘里，合支流遠近者五，曰西寧，曰芙蓉，曰巴源，曰杯山，曰羅山。凡一山之水，支派再三，舒徐入境，洄旋於崇仁之邑治，而溪始平〔六八〕。宋何異塘隄記〔六九〕。

西峙者羅山，南峙者巴山。宋李燔崇仁學記。

崇仁，撫之壯邑。明時季照華藏寺記。

駢山貫江，風物繁衍，下瞰臨水，極目如練，重阜外羅，平原中豁。崇仁形勢説。

金谿，撫之東境。元程文海重修縣治記。

金谿之山，翔躍猶龍。明宋濂金谿廟學碑。

金谿縣南，盱水與清江合流於汝，名曰東漕，其地爲四達之衢。宋濂金谿義渡記。

山谿紆阻，非兵車之衝。明徐善慶金谿築城記〔七〇〕。

西連閩建，北接安東。明趙秉忠輿地圖記〔七一〕。

地界饒、信、盱、汝之間，山川秀異。明徐孟恕金谿志序。

上幕前峙，卓筆後拱。含輝納秀，占溪山勝處。襟帶八閩，奇分五嶺。金谿形勝説。

宜黄上接虔化，旁屬南豐。宋鄒極宜黄審政堂記。

宜、黄二水合流於東北，一水自南遶東趨北者，源遠而流稍大，一水自西遶南趨東者，源近而流差小。元吴澄宜黄西恩橋記。

宜黄居臨汝上游，當宜水、黄水合流之間。明譚綸宜黄城記〔七二〕。

宜黄僻在一隅，而山水清越。明周夢若仙岩元寶觀記。

撫之屬邑五，惟樂安僻在萬山中，舟楫不通，崎嶇扼塞，行者病焉。元吴當題名記。

枕山踞湖，象山、龍岡峙左右，前則太華、芙蓉、鹿角、白石，諸峯林立，環治有溪曰金鰲，此一方勝概也。明胡直樂安縣治碑記〔七三〕。

樂安距府獨遠，介於吉、贛。郭子章郡邑表記。

山高而水駛，地固而氣完。樂安形勢記。

東鄉宅奥竄〔七四〕，故爲寇區。明王宗沐修學記〔七五〕。

接桃峯之勝，據長林之險。郭子章郡邑表記。

谿深而谷窈，石峭而泉冽。東鄉志。

建昌府

林奇谷秀，水繞山環。刁尚能建武軍羅城記〔七六〕。

地氣殊異，山川炳靈。唐顏真卿麻姑仙壇記。

建昌爲郡，據江西一道東南上游，其地山高而水清。宋朱子建昌華進士題名記。

山清水秀，冠於江表。宋鄭文寶江表志。

吾不知幾千百里之廣，但覺土老而石頑，頂天而直上。驗地勢之所極，固亦東南之藩障。宋李覯麻姑仙賦〔七七〕。

左臨盱水，右瞰麻源。輿地紀勝。

建昌在江西，號爲佳郡，地介閩、粤〔七八〕。宋陳起王侍郎祠記〔七九〕。

東南連甌、閩，屬章、貢，而西北鄰郡疆界相入，錯綜如綉。吕維中建昌鼓角樓記。

抗禦七閩，索制八粤。五嶺咽襟，三吴喉帶。蓋江藩南鎮關鍵也。郭子章郡邑表説。

攬烟雲草木之奇，俯千岩萬壑之秀。羅大臨南城縣廳題名記。

盱水南通閩、廣，北抵荆、湖。明劉翊南豐通濟橋記。

阻山帶河，風氣茂密，寔稱奥區。明江冕修南豐縣譙樓記。

軍山峙於右，何竺峯峙於左。明王璽南豐修學記〔八〇〕。

倚琴臺以爲之固，繞盱水以接其流。南豐形勝志。

南豐，盱水上游，東南勝邑，層巒叠巘，環峙回封。明熊秉衡南豐兜港橋記〔八一〕。

南城之東南鄙，與閩接壤，析爲新城縣，其山獨秀奇明麗。吴澄送新城尹序。

其山磅礴而清潤，其水通暢而淵沉。虞集新城學記。

黎川故形勝地，所謂曠如奥如者，郊關以外皆有之。明黄聽新城皆春堂記〔八二〕。

天峰崇峻，石峽嵯峨，不郭而固，不池而險。新城形勝志。

簫曲、日峰，東岩、石峽，四面環向。明朱徽新城譙樓記。

廣昌居盱江上游，其地多佳山水。錢習禮清溪書院記。

東鄰南豐，西接寧都。石城四境之内，山高而秀麗，水深而清潔〔八三〕。明何文淵廣昌縣志序。

前對蟾石，後據龍岡。禪嶺協筆聳於左，烏石列屏居於右。廣昌形勝志。

山川綢繆，溪澗縈迴。明鄧文器瀘溪序志〔八四〕。

瀘地僻處一隅，環四面皆峻嶺急流。明鄧可權瀘溪桐步橋記。

瀘陽叠障帷列，縈水帶環。明吕應元瀘溪秀水溝記。

去郡最遠，隔界於新城金谿，東接閩之光澤〔八五〕。郭子章郡邑表記。

廣信府

信之爲郡，江以東望鎮也。牙閩控越，襟淮面浙，隱然爲要衝之會。宋王雷形信州城記。形勝地勢來自靈山，中道起石，如龍鬣隱見，至郡而伏。懷玉聳峰出其隅〔八六〕，森直猶束筍，陰陽之勝甲於天下。宋韓元吉信州牙門記。

當吴、楚、閩、越之交，爲東南望鎮。宋李彌大法海院記。

據省會上游，靈鷲干霄自武夷來，秀色吞匡廬，而冰溪靚玉，縈遶彭蠡。郭子章郡邑表記。

北枕靈阜，南帶冰溪，東挹琅峰，西瞻層巘。廣信府志。

山川明秀，原隰豐衍。上饒縣志。

江西山水冠天下，而上饒又冠江西，鵝湖、博山、龜峰、懷玉，號稱形勝，而靈山尤秀絶。宋釋覺範信州大軍寺碑記。

岩壑深秀，縣據南北衝。元張翥玉山武安塔記〔八七〕。

玉山犬牙閩、越，蓋豫章第一門户。郭子章郡邑表記。

連閩、越，控吴、楚，乘軺之使，聚糧之旅，過是都而問津者，轂相擊，履相錯。明夏子陽玉山西濟橋記。

武安、三山列於前，懷玉、三清聳於後。冰水縈迴〔八八〕，映帶左右。玉山縣志。

弋陽葛溪驛，當西南水陸之衝，其龜峰、馬鞍、寶峰、南岩、岑岫，莫不争奇獻秀，若渴虹奔騎，絡繹而來〔八九〕。明李奎弋陽縣溪山勝覽橋記〔九〇〕。

葛溪，弋陽之别名也。介乎閩、浙之交，山川秀麗，稱東南諸邑最。明李玘葛溪十詠序〔九一〕。

山川之美，著自古昔。軍陽龜峰，奇秀迥絶，而葛溪、武石諸水，縈迴映帶，誠一方之形勝也。明黄易弋陽學科目題名記。

南襟百越〔九二〕，北帶三吴，台嶺前瞻，廬峰回盼〔九三〕。南唐陳喬新建龍虎山張天師廟碑。

居吴、楚之中界，據番水之上流，南控甌、閩，東連江、浙，後枕峰巒之雄秀，前臨溪水之縈迴。明王增祐貴溪縣上梁文〔九四〕。

象山奇偉，薌水深長。虎伏龍蟠，歷代出神仙之地；川鳴谷應，至今祀忠孝之神。貴溪縣形勝説〔九五〕。

鉛山爲八閩門户，鉦鼓之音晝夜不息。其地憑高控流，環數百里之勢。明丁洪鉛山紫溪橋記。

鉛山據江右上流，襟喉八閩，控帶兩浙。李奎鉛山學記。

鉛山在郡南偏，與閩地相錯如綉。山高而峻，水清而駛，懸泉飛遶郡郭而入於江。曹鼎望大義橋記。

東倚鵞湖之勝迹，西聯銅寶之名山，南扼八閩之喉吭，北接兩浙之要會。鉛山縣志。

五山輻輳，蜿蜒如龍。宋真德秀永豐龍山書院記。

永豐古揚境，當吳、越之交，多深山巨谷。明石懷永豐縣志序。

由仙霞而東，爲浙之西户；由盤亭而南，爲閩之北門。萬山聳簇，如長蛇，如天塹。呂懷建永豐縣城碑記。

南距谹山，北控靈鷲，拓陽諸關扼其左，西嶽一峰障其右。永豐縣志。

縣依高山，山皆岩石，當一郡噬臍之間，徑路旁達閩、歙。明異竟容興安縣新城記。

興安崇岡叠巘，山勢盤折，在信州則爲西境，亦稍稍比於閩矣。郭子章郡邑表記。

興安壤偏賦尠，而地當孔道。明歐陽洵興安劉令祠記。

南距閩、越，北接徽、寧。明鄭以偉興安通慧橋碑。

饒州府

彭蠡既豬。禹貢。

地居澹浦，邑帶鄱川。唐王德璉饒州記序。

饒爲沃野。唐元稹饒州刺史判。

瀕江之地饒爲大。唐劉禹錫集。

洪厓、鳳游之所磅礴，鄱湖、錦江之所涵渟。靈淑之氣，蔚爲人豪。明陳於庭饒州府志序。

南接豫章，西接楚，東姑蔑，北鵲岸，東北鳩兹，西南艾〔九六〕，西北灊，延袤千里，山川序列，道路回達。饒州府形勝説。

水匯西南，山環東北。鄱陽志。

餘干，吳、楚冠冕，左抵羊角峰，右曳弋陽溪，後枕平曠，遠倚吳山，前襟越水。明一統志。

其地濱彭蠡而接廣信，負山阻水。元李謙饒州記〔九七〕。

饒爲江右大郡，土地肥衍。明舒清重修府治記。

餘干，彭蠡上游，爲越喉舌。晉謝安與馮内史書。

樂平山水，重岡盤紆，由東而來，縣治寔據其趾。明許錫簡静堂記。

樂邑既勝於水，復雄於山。明陳九德樂平鎮西樓記。

北至康峰〔九八〕，南濱章嶺。內河源發鏹山，分兩支而環縣治。外河注濲洎水〔九九〕，横一邑而匯鄱江。洪岩欝葱，萬山森秀。樂平形勝志。

北嶺如拱如揖〔一〇〇〕，洎江如環如抱。明黎澄樂平泮池記。

樂平東抵德興，西連鄱陽，北界浮梁，而南則廣信接壤焉。土地方平，山氣巃峻。郭子章豫章書郡邑表説。

浮梁山水之勝名鄱陽，百里内奇峯秀巘，間見雜出。宋程俱飽山閣記。

二水環縣，諸峰玉立。元李午浮梁化成堂記。

上達徽、祁，下通鄱縣，居二省三郡八縣之間。浮梁縣志。

浮無天險，而包山阻河，城郭之固，五方之豪，叢於景鎮。同上。

饒邑多以水勝，獨德興在萬山中，崒嵂迴環，蒼翠萬狀，可亞匡廬。東距浙，北距新安，三省交牙，四塞爲境。明祝世琳德興縣志序〔一〇二〕。

烟火百里，雞犬相聞。明董仲可重建德興縣治記。

廣山包絡，大湖限帶。明夏寅德興縣學記。

玉真山峙其後，雲錦溪環其前。安仁縣志。

萬年四會之區，饒郡一奥壤也。明王鑾萬年大捷橋記。

其山險，其氣勁。郭子章郡邑表記。

環山疊嶂，高阜停雲。萬斛峰拱於前，萬年峰盤於後。萬年縣志。

南康府

廬山南國之德鎮。梁元帝碑。

瞰七澤真如掌，瞻九河真如帶。梁沈璇簡寂觀碑〔一〇二〕。

南瞻五嶺，北睇九州。唐歐陽詢西林寺碑。

匡廬奇秀甲天下。唐白居易草堂記。

匡廬天下之名山，江表之勝概〔一〇三〕。南唐馮延巳開先寺記。

蜿蜒蟬聯，指列條敷〔一〇四〕，亘五百里，寔湓城、星渚之奥區，洪州諸郡下流之屏障。匡廬山志。

靈谷烟雲，廬山風月〔一〇五〕。翰苑新書。

負匡廬，面彭蠡，南國咽喉，西江鎖鑰。南康形勝志。

星石浮南，鞋山鎖北，山澤雄奇，帶礪險固。南康府志。

本軍邊臨大江，舊有石砌堤寨，堰住西灣水汊，藏泊舟船。朱子乞修石堤劄子。

彭蠡之險，在吾户外。宋呂祖謙紫陽堤記。

山岳配天，廬阜標其秀；江湖紀地〔一〇六〕，彭蠡擅其雄。盤址崔巍，層淵秘邃。宋晏殊重修真如院碑記。

廬阜諸山，聳然特起，駢首而立者八九，又高且大者五焉，有冠劍巍峩之貌，無草木滋湄之容。宋趙師夏六老堂記〔一〇七〕。

踞匡廬而綰彭蠡，足稱奥區。明張位重修白鹿洞記。

岩壑幽邃，林木翳然，其名教一樂地也。明葛寅亮重修白鹿洞書院記。

自五老峰來，絶壁懸天，一峯南下，如頓萬馬，可三十里，崛起一山，而四山環之。白鹿書院形勝志。

左蠡揚瀾，翼若游龍，而益平山横亘其間，如榜斯揭〔一〇八〕。明高贏南康府學記。

彭蠡湖匯江西十三郡六十餘縣之水，由湖口以出於江〔一〇九〕，每春夏雨集，峽水盛長，江流湍急，而湖水勢緩，復爲江流所遏，則水益漲，瀰漫數百里。明陳敏政重修紫陽堤記〔一一〇〕。

本軍都昌縣〔一一一〕，地寔瀕江，然上有棠陰〔一一二〕，下有楮溪，大小五寨，近者四五十里，遠亦不過百餘里，逐處可以卓望把截〔一一三〕。朱子論都昌創寨劄子〔一一四〕。

都昌依山枕湖，全省要會之地。明萬浩新建都昌城記。

環山帶水，形甲東南。明王堯臣修都昌縣廳事記。

兩水掖之，其狀如帶。西山、雲居環之〔一一五〕，其狀如翼。宋王容建昌學記。

修江衡前，名山峙右〔一一六〕。虞集建昌學記。

建昌，鄱湖上游，控修江諸阜，洪所恃北門也。張鏊建昌縣城記〔一一七〕。

四面諸山環拱若抱，澗澮清歷如畫。明余祐安義縣治記。

自匡廬、雲居迤衍而成邑。明楊三省安義大唐寺記。寶峰、西山，映帶左右，龍江澄碧，淙淙几案間。明劉同升遷安義學記〔一一八〕。

九江府

過九江，至於敷淺原。禹貢。

潯陽陸通五嶺，北道長江，遠行岷、漢，亦一都會也。晉地道記。

源二分於崌、崍，流九派乎潯陽，鼓洪濤於赤岸，淪餘波乎柴桑。郭璞江賦。

南面廬山，北背大江。圖經。

山亞五嶽，江比四瀆。明一統志。

左挾彭蠡，右傍通川〔一一九〕。方輿勝覽。

潯陽乃天下江山眉目之地。白玉蟾授墨堂記。

德安接岷山之脈，彭澤挺文芼之峯，蜀江下湖口，孤山峙鄡鎮〔一二〇〕，寔吴、楚襟喉，江右衝要。九江府志。

東連安慶，西接蘄黄，南與南康、建昌鄰，而北渡黄梅〔一二一〕，京師孔道出焉。郭子章郡邑表説。

山擁千峯，江環九派。德化形勝記。

左貫彭蠡，右環金帶。明劉鍾德安縣志序。

控匡廬而注彭蠡，龍虎鳥龜（一二二），環拱而翼衛。明姚文燕重建德安學記。

接岷山之派，向博山之陽，形如鳳舉，勢若屏開。德安形勝記。

東北匯兩湖之水，西南聳萬叠之峰，形若栖鸞，勢如盤石。瑞昌形勝記。

古赤烏邑，幅幀不知幾百里。其西南隅薄於柴桑之壤，乃與江州、蘄州二衛屯田相錯如綉。明李盛春瑞昌大塘堰碑記（一二三）。

雉外群峰環拱，如舞如飛，山明而水麗。文德翼重修瑞昌學記。

瑞昌於九江，稱最僻縣，居瀼溪之北（一二四），亦山邑也。郭子章郡邑表記。

湖口呰窳地也，然秀色攬廬，文瀾吞江。明葉初春湖口學記。

湖之爲邑亢而窄。張鏊湖口成德書院記（一二五）。

鐵屏横峙，石鍾環抱，據江、湖之險，當吴、楚之衝。湖口形勢説。

彭澤地狹山峻（一二六）。唐狄仁傑免民租疏。

彭澤居彭蠡下流，濱大江，阻叠障。明雷禮彭澤修學記。

環山爲治，獨缺其西北，而江走其下。明丁湛彭澤柳州記。

據彭蠡，跨海門，砥柱横江，龍城四塞。彭澤形勢記。

去小孤山十里而近，其境西南接湖口、都昌，東北踰馬當山，交望江，江右之境盡焉，而小孤又江右一門户云。郭子章郡邑表説。

南安府

南安，江西之南境。宋蘇軾南安軍學記。

南扼交、廣，北距湖、湘。宋范大用祠記。

凡臺省命使之宣布，廣海筐篚之獻納，莫不道出兹郡。元張鑑重修南安路記。

控廣引閩，據上流，遏邊徼〔一二七〕。元伍庠總管府治記〔一二八〕。

南安介萬山間，得掌平之地爲郡治，峯巒連絡不斷，鳴溪曲澗，自聶都而下，莫測其源。明金潤金鰲閣記。

庾嶺，兩廣往來襟喉，萬足踐履，冬無寒土。明桑悦重修嶺路記。

當五嶺之最東。輿地廣記。

面庾嶺，據高原，臨章水，扼上流。金潤南安城記。

接南荒之地，迫東粤而帶郴、桂，表以庾嶺、旭山，匯以章水、蓉江，蔭然南徼形勝。郭子章郡邑表記。

崛嶺峙其南，黄嶺盤其北。龍泉山谷峻深，溪洞綿亘。惟邑處四境之中，章水繚繞，秀峰壁立。宋鄭霖新建南康縣治記。

睠維南埜小邑，寔據西江上流，衣冠文物之名區，財賦舟車之都會。元王元渤南康鼓樓上梁文。

隄岸曠衍，波瀾老成，獨秀峰屹立雲表，勢若插天，其餘江山環拱如畫。明鍾贇南康通濟橋記。

江之南，諸溪壑之水，盡流而會於馬山之麓。明陳榮重修築水堤碑記。

庾嶺所衍，章水所經，而邑治建焉，東南奥區也。明劉賓南康訓導廳記。

南安壤地横水，劇盜盤踞之，山溪深阻險惡，攻不可入。明劉節王文成祠記。

上猶之地〔一二九〕，山崎峻而水激括。元孔思文上猶學田記〔一三〇〕。

溪洞廣袤，而邑落其中，民以山環而俗淳，亦以山深而藏寇。元黄文傑重修上猶縣治記〔一三一〕。

上猶民稀而地僻，歲稍凶，山洞愚氓嘯聚爲寇。明黄仲昭修城記。

上猶爲江藩邊邑，接壤雄、韶，萬山會焉。郭子章郡邑表説〔一三二〕。

崇義稱南部奥區。明萬夢桂縣治題名記。

衆山壁立，路如鳥道。劉凝崇義形勝志。

贛州府

虔於江南地最曠，大山長谷，荒翳險阻，交、廣、閩、越銅鹽之販，道所出入。宋王安石虔州學記。

貢源出新樂，章出大庾，合流城郭，於文爲「贛」，奇峰怪岩，環視萬狀。宋趙忭章貢臺記（一三三）。

南州自豫章右上，其大州曰吉，又其大曰虔。李覯虔州柏林書樓記（一三四）。

接甌、閩、百粤之區，介澗溪萬山之阻（一三五）。宋洪邁表。

贛之爲州，控江西之上流，而接南粤之北陲（一三六），故裹耑一路之兵鈐，而外提二境之戎柄，其地重大。楊萬里章貢道院記。

贛之爲邦，其山聳而厲，其水湍而清。楊萬里贛縣學記。

南方之山衡爲宗，自衡袤而南稍東爲大庾，袤而北又稍東爲盤古。其地界閩、越，故吴上游，今隸贛。宋曾丰盤古山記（一三七）。

贛於江西爲樞府，其城據章、貢二水合流之處，山川雄秀。明彭時遷學記。

宅江西之上游，當五嶺之要會，其地與閩、廣、湖湘諸郡邑犬牙相錯。明羅欽順重修府城記（一三八）。

南贛四省咽喉，而粤則南贛肩背，郴、衡其左腋也，汀、漳其右臂也。明何廷仁送王中丞序。

贛地最雄鉅，崆峒摩天，章貢激石。郭子章郡邑表記。

贛州據吴之背，扼粤之項，而雩都則又贛之咽喉也。元陳至言祠記。

衆山環列，孤峰中峙。宋周頌雩山廟碑。

雩邑形勢，據贛上游，山水之所會，九邑之所通也。明袁淳雩郡志序。

青山黛環，巧比叠削，城房壯麗，地大以延。明解縉雩都樂善堂記。

由午嶺隘南接信豐而連龍南，由豐口隘東接會昌而迫安遠。山澤不逞之徒，間道竊發，故惟城爲要。明黄弘綱雩都城記。

邑介山谷間，羣山競秀，若拱若揖，一水漪緑，映帶其前。明李淶雩都勤政樓記〔一三九〕。

前臨南山，後峙浮屠，碧桃之水繞其東，九日之岡盤其西。胡儼信豐譙樓記〔一四〇〕。

通天下大縣四十，其隸於江西之贛者二〔一四一〕，而興國居其中。宋朱夢龍莊令祠記。

興國地僻谷荒，山嵯水悍。郭子章郡邑表記。

兩都壯其祖龍，五嶺提其泛駛，經以瀲川，抱以瀲水。明盧寧興國朱華塔記〔一四二〕。

贛十縣水多，飛流奔湍，行崖峽間，寧都獨平川漫流。明羅玘送平令之任寧都序。

贛東之邑寧爲大。明黄克纘寧都志序。

寧都爲贛大邑，東有佛祖嶺，西有金精山，奇螺之石拱於南〔一四三〕，梅江之水繞於左。明陳勉寧都拱辰樓記。

贛之屬曰會昌，州壤接閩、廣，寔邊徼重地。元程從禮會昌州廳記〔一四四〕。

其地僻遠且險。明董越會昌公館記。

會昌寔巢峒出没之區，羊角水在上游，命將耀兵，當東偏一面〔一四五〕。郭子章郡邑表記。

安遠岩邑也，嶃磛峻嶒〔一四六〕，盤迴湍渺，誠僻陬一奇壤。明林有科安遠志序。

濂江在章、貢，雖僻遠，名邑也。鄒元標安遠學記。

欣山拱翠，濂水浮清，馬鞍列嶂，熊嶺浮几。崇巒廣谷，聳拔者堪供游憩，險絶者可資保障。安遠縣志〔一四七〕。

瑞金地接閩、汀，在屬邑最爲僻遠。董越綿江公館記。

萬山連亘，人跡稀少。其深阻處，常爲盜區。明羅璟瑞金城記。

襟山帶江，風藏氣聚。明潘季馴瑞金學記〔一四八〕。

軍門龍山峙其前，銅鉢、龍霧映於後，隘山、閩嶠亘其左，螺峯、石塔抱其右。瑞金形勝志。

龍南僻處萬山中，視他邑規模差小，以要衝言，則非小也。明楊拱龍南城記。

叢林里落，紛錯相望，雉堞井門，層矗綿連，據三江之會者，是爲邑城。明王宗徐龍南汴河堤記。

南際萬山，盤錯縈紆百餘里，水行者必道龍頭，會一邑千脈之注，湍悍峻駛，亂石交錯其中，廉利如劍。王宗徐新開龍南山路記。

石城環縣皆石，矗矗如城，有龍巖瀑布、石筠參天之奇〔一四九〕。郭子章郡邑表記。

四山如城，龍淵虎壘。石城形勝志。

定南新創邑，據虔上游，故爲盜區。郭子章定南學記。

長寧帽山插天，鄔水經地。安志。

水利

江西水之上源，其大者爲章水，漢志曰豫章水，山海經、水經曰贛水。出南安聶都東山沙谿洞，屬崇義縣西南界。方石五色，水如滴漏，至洸心橋始大。東流經大庾縣，合巇山和溥水、雲山密水、了山靈巘水、大里水、黄公坑峒山水、傀儡山大明水〔一五〇〕、大庾嶺嶠水，北流入之，廣東仁化所出之平政水，合涼熱水，寰宇記云昔名豫水。東北流入之，經南康縣西南爲南埜口，合蓮塘、蕉溪諸水，及布尾之封候水、鑊山西符水、禽山禽水、過山過水，東流爲芙蓉江，澄渌泓深〔一五一〕，東山有港有橋，皆以「芙蓉」名也。西北崇義縣有樟山之潛水、湖南益漿之麟漳水、牛皮龍水、玉泉山之義安水、大嶂山之帶圍水，即横山。經上猶縣界上猶江，源出湖廣郴州桂陽縣，流經琴江口，營前彭山水入之，過大猶嶂，合稍水、出石溪〔一五二〕。料水、出料村。造水、出老寨背。聞水、出益漿。石門水、出百丈洞。米洲水〔一五三〕，皆從東南流入章水至南康沙口，又東經贛州城西，環城而北，與貢水會。貢水，漢志曰湖漢水。貢水發源福建汀州新樂山，西流經瑞金縣陳石山綿江水〔一五四〕，流至五十里入之，又合烏村智水、銅鉢山豉水、羅田浮圖水，流經會昌湘水上源爲羊角水〔一五五〕，北流過龍石綿、湘二水，始合爲湘洪水，淵深多怪石，蛟龍居之，盤古山墨斗灣諸水皆會而入貢水。安遠濂江水南流入之，經雩都南爲雩水，合金溪水、出鴨公嶂〔一五六〕。化龍水、出鷄公山〔一五七〕。羅芽汊水。出慈果嶺〔一五八〕。其東北石城之琴水，出鷹子岡，合壩水，寧都之梅水，出梅嶺，在邑北一百二十里，非大庾之梅嶺。合白沙江、出武頭峯麓。白鹿江、出石城〔一五九〕。璜溪〔一六〇〕。又合東江之鰲溪、小溪，西江之龍變溪〔一六一〕、桃溪，出飛林山。會於吴口渡〔一六二〕，西南流入雩水，遶城而西出雩都峽。其北興國之瀲江〔一六三〕，源出桐林坂及蜈蚣山〔一六四〕，合瀸水、出大平鄉藍坡。黄田水、出清德鄉。龍下川，出曹溪西流。長信、衣錦二瀧〔一六五〕，西南流入雩水。其南則定南員魚溪，出南坑峒，龍南桃水〔一六六〕，出冬桃山〔一六七〕，合筋竹、葛溪諸山水〔一六八〕，爲二江口，經信豐，爲桃江，源出龍南桃嶺，合黄田江、出始興大竹園〔一六九〕、保昌靠頭、龍南樟木峒諸處。方溪水、出龍洲。北江水、出猶山。大樂口水、出大庾界楓山。安樂鄉三江水、一爲新田江，出安遠、會昌界，一爲周坑江，出會昌遊魚山，一爲寺坪腦江，出會昌贛縣上下坪。巫水、出中坑洞。禾溪口水、出長老山。綿水、出綿山。安息江水，出安遠東坑。東北流至雙溪口。又北爲烏漾〔一七〇〕，又北會於雩水，故雩都爲衆水之匯也。貢水又西經贛州城東，環城而北，與章水會，二水合而爲贛。此齊都官尚書劉澄之説，相沿已久，雖酈道元譏其以字説水，亦未遠失水實，若謂縣治居二水之間，因以名縣，則説尤允矣。城中凰皇、嘶馬、金鯽三池，福、壽二溝之水通之，長步水出黄家山，東流入之，龍溪水出黄竹嶺，北流入之，梁水出龍頭嶺，西流入之，皂水東流出皂口入之〔一七一〕。凡北流三百里，歷十八灘，經萬安龍溪水，西流入之，綿津溪水出雙坑及長仙，合流入之，蠻溪水出鶩公嶂〔一七二〕，西流入之，水甘洌，可瀹茗。十八灘中，惶恐灘最險，上有神潭，潭傍種茶甚美，故諺云「蠻溪水，神潭茶」。贛江折而東流，蘇溪水由九石陂入之〔一七三〕，雲岡水出朝天橋入之，韶江水合黄鵠水，東流入之，武朔溪受風、雨、雲、雷四潭之水〔一七四〕，西流入之。其西龍泉遂江水，源出左右二溪，至李派渡合爲一，東北流入之。經泰和，江流澄澈，故曰澄江，永新拔鐵山出之，牛吼水合龍泉之射洲江，東流入之，麻斜溪水合李陂溪水，出西江口入之。贛江又北經永豐西，報恩江發源寧都西北界，古名瀕水，以漢孝子歐寶廬墓救虎，虎銜白鹿以報，故更名，西流合葛溪、黄竹溪、白水、麻江、龍門江諸水，流遶邑城，下流爲英潭。其南沙溪、簫瀧，發源興國界，西北流，合孤江、儲溪，出廬陵張家渡，入贛江。江水又北經吉安城東，白鷺洲在焉，宋江文忠萬里始建書院，合習溪水、出吉塘渡。螺湖水出五里岡、冷水坑。及横石江水。在吉水西北界〔一七五〕。安福之盧水發源盧瀟山西，受永新之禾水、勝業水及溶江，在永新東界。合毛停水、闊水、郭水、出郭山，上通宜春。同水、出遊嶺。赤谷水、出分宜界。智溪、出宜春桑田東麓。荷溪，出鵠湖。東流與王江會。源出陳會山之舟湖水，合修水於書岡下〔一七六〕，達於王江，又東流合泰和之禾水，一名早禾江，經廬陵神岡山下，同入於贛。其自富田合明德水而入者，爲廬陵之王江。廬水下流與清溪水相合者，爲廬陵之廬水。贛江又北經吉水南爲文江〔一七七〕，永豐、英潭之交會也。江中有青湖洲，二水繞之，狀若吉字，故灘曰吉陽，縣曰吉水。又云兩水交合如「文」，故名之〔一七八〕，亦曰字水。合義昌水，出文昌鄉，上通蕭瀧〔一七九〕。陽豐、永豐幽溪、沙口諸水入之。南溪水出中鵠鄉，東流出柘口入之，經峽江東流折北〔一八〇〕，舊爲玉峽〔一八一〕，鎮江水於中而不得溢，合停頭水、出七里洞。暮膳水〔一八二〕，出石牛嶺。自古山漕溪逆南流入者爲仁和水，自漕溪北入者爲蓮花潭水，經新淦西，湄湘水發源高嶺，合秀溪水西流入之。藍陂溪發源百丈峰，合金灘水東流入之。贛江又經臨江郡城南爲清江水，蓋袁江、贛江二水，會於萬碩洲南，繞城而北，故名臨江。明成化末，贛水暴衝蛇溪水爲銅鑼江，没田畝以千計，直北流三十里與袁江會，於是臨江城臨袁不臨贛也。袁江者，發源萍鄉羅霄山，下爲羅霄水，東流至宜春西爲稠江，折而北，澄清深碧，名爲秀江，合麟橋江、其源爲清瀝江，出老山。仰山水、九曲水、鸞谿水，經分宜南爲清源渡，合赤江、楊江、野江、介溪、竹橋諸水，東流經新喻南爲渝川。縣本以渝水名，唐後訛而爲喻。西合嚴塘江、阪陂江、畫江〔一八三〕，東合距江、出分宜。灼江、潁江、發源蒙山，合八十四源，即太平江水。長宣江出璜繗嶺〔一八四〕。諸水，凡九十九灣八十八灘，紫洲、東瀛洲聯亘以障之，下清江而合於贛。贛江又北流至清江鎮，淦水發源離嶺，會沉香溪水，一名閤山水，出羊湖西注之。蕭水亦名小陽水，出古清泉里，二源滙於香田〔一八五〕，由蕭洲橋歷蕭灘鎮東注之，經豐城西爲劍江，統而北歷苦竹、楊林、金灘諸洲，豐水出杯山東〔一八六〕，北流由三溪會羅山之富水，東流而受百斤湖、廣百餘頃，溉田五百餘頃。株湖、長十餘里，溉田千餘頃。銅湖、亘三十里。赤湖廣二里，溉田二百餘頃。平港湖溉田二百餘頃。諸水，又會猴峰之槎溪水，合流出小港口入贛江。江水北流雩韶水，出撫州橫汊河，合隱溪水西流入之。過龍霧洲，即金鐘口是也，杭溪水出介山，滙爲蘗湖，合瑞州水東流入之。瑞州水自萬載西南八疊山有金鐘湖，東流爲龍江，歷魚鱗灘，合康樂水，東流經上高南爲凌江，新昌之東溪來自奉新，西溪來自寧州，皆南流入之。合鹽溪、在新昌西門外。清溪、秀溪、一名查溪，有晉陶淵明遺蹟。白竹港出高嶺。諸水，又合滕江水，受小水、出烟竹嶺。易樂水、出乾陀嶺。斜口水、出蒙山。六口水、出上夫〔一八七〕。石洪港水，東流貫高安城南爲錦江〔一八八〕，一名筠河，漢志曰蜀水。分一支亘南城爲市河，東會於象牙潭，受鐘口、出荷山〔一八九〕。龍口、出蛟湖。華陽、出新喻小溪。龍陂、出米山〔一九〇〕。梅口出蕭坊斜溪〔一九一〕。諸水，東流抵新建界，黃源、出蕭峯下。銅源〔一九二〕、出香城山。芭蕉源諸水入之。北流經南昌府城西爲章江。麥源水出西山上風雨池，注梅嶺下爲吳源水，合白石源水入之。寧州修水出黃龍山，山與湖廣通城縣連界〔一九三〕，水行修遠，故曰修江。郭璞讖云：「有水名修，有魚名儵，天下大亂，此地無憂。」受杏苑水、出幕阜山，亦連通城。百菖水〔一九四〕、出大湖山〔一九五〕。武寧鄉水、出大潙山〔一九六〕，連湖廣瀏陽、興國州及新昌界，乃盜賊藪澤也。東津水、出州南東津山。洪水、灘水、灌毛嶺山下田三十頃。鹿源水、腰帶水，出鳳凰山。過州城東，受安平水、出毛竹山。鶴源水出湖廣連界九宮山。及泰安鄉斂口、梁溪諸水〔一九七〕，東北流經武寧縣南，合義溪水、官塘源港、亦名腰帶水，出神童山。魯溪水，南受清江、出銀爐山。長田、出牛皮洞。楊浦、石鑊、俱出嚴陽山。鳳口，出三卷山。北受茶培，出伊山。東北受陂田、出昇仁鄉〔一九八〕。箬溪，出丫髻山〔一九九〕。東受磧溪出雙嶠山。諸港水〔二〇〇〕，東北流靖安城西，雙溪水出毛竹山，興寧州界一支歷南源諸都東北流達於追里，一支歷中下燥坑達於桐城，合流受桃源水、出九洞南流。石掌灘水，東南流抵奉新與馮水合。出邑南百丈山。龍溪水、出藥王山。華林水出華林山。縈紆西來入之，而皆會於修水。安義之龍江水、兆州水、東陽新徑水合於邑東〔二〇一〕，爲三合水，并皎源〔二〇二〕、出寶峯山〔二〇三〕。白武斛源二水俱出靖安界。諸水，東流合於修水。又東北流經建昌縣南，合檀陂水、雲居山之楓林、西江、白沙、雲門諸水，東流入之。又合珠溪水，一名青樹灣〔二〇四〕，漢元和間出明月珠大如鷄子〔二〇五〕，即此。達於章江〔二〇六〕，會於彭蠡，星子六溪十八湖之水入之。德安博陽川東南流入之。又北爲女兒港，德化水入之。港口白沙水磧，初日照之，燦然金色，曰金沙洲，明師殲陳友諒之卒於洲上，是爲西鄱陽湖。南昌城中之水曰三湖、九津。三湖者，蘇圃迤北曰北湖〔二〇七〕，由廣濟橋至洪恩橋曰東湖〔二〇八〕，同仁坊二小橋至兩學宫，抵水關閘曰西湖，總名曰東湖，古稱十里，後僅廣五里，歲額魚課一百二十金，明萬曆中郡邑捐納，禁不復漁。九津者，義取「洪範九疇」，所以洩三湖水。廣潤門二津，惠民、進賢、順化、永和、德勝五門各一津，章江門二津，津各引水歸濠。水關橋置内外閘，湖水盈則放水，西達章江，江湖俱溢則閉外閘，使江水不得浸入，乃開内閘，引湖達濠，繞廣潤、章江、德勝、永和四門，而東注歸蜆子、艾溪二湖，出牛尾閘，趨楊家灘，入於湖。盱水發源血木嶺，過厓山北流爲巴溪，又北爲小動溪，過白水鎮，經廣昌縣南爲平西大河，合南村、石壁、青銅諸港水，北流經南豐西，會滄浪水、出新城界。軍港、出軍山。蔓翠湖諸水，北流經建昌郡城東川門爲盱江〔二〇九〕。說文「日始出」曰盱，清明之意也。一名盱姥江。盱村有老母，生三子，服五銖衣〔二一〇〕，喜食魚，日於黎沮澤中取二鯉，久之能變化，遂仙去也。合東江、出覆舡山。石頭港水，一名梅溪，出梓木山。新城飛鳶水，亦名悲猿港，合荀溪西流入之〔二一一〕。東北流經金溪，西合齊岡、清江、石門、塗嶺、后車溪、出韓婆嶺。東漕港諸水，經撫州東爲汝江。上流爲金谿水，出上幕嶺，水色如金，與苦竹、赤橋二水合流〔二一二〕，由夢港環城而北，江廣流緩，渟瀦如湖，名曰瑶湖。宜黄章水發源箬嶺〔二一三〕，北流與軍峰宜水合，又北流與黄土嶺黄水合，二水合而名縣也。崇仁巴水出臨川山，爲臨水之源，東北流至嚴陀〔二一四〕，大盤山寶唐水會之，芙蓉山之書堂十洞，二水分流，會於李河埠而與之合，東流會華蓋山之西寧水〔二一五〕，曲折數百里合青水，東流過黄洲〔二一六〕，有長橋東之，水灌則湧激如奔馬，過左港，合羅山水，東流合孤嶺水，北流合大浮山水〔二一七〕、高峰山水、石牛源水，經白鷺渡爲臨川，至西津合汝水。其北連礬水，發源長岡〔二一八〕，出黄塘橋，東流入之。水比他水獨重，昔人取以充漏，刻無差節。諸水相合，由金玉臺出烏鵲石折而北，過虎頭洲，至金雞城東鄉三港水〔二一九〕，合金橋、延橋二水，西流入之。東北流，合西洛水〔二二〇〕，入武陽水。進賢通濟港水出香爐山，流爲九曲，至臧溪灣〔二二一〕，合獬山之院澤水、優游源，北流入洪源湖，一名日月湖。湖有小山，東爲日，西爲月，涸則二，漲則一，中有石灘。讖云：「日月湖明良將出，石人灘合狀元生。」東歷回龍洲，連軍山湖。湖延袤五十餘里，北爲白沙湖，與南昌大沙、小沙二湖接〔二二二〕。邑西羅溪嶺水流爲清溪，合南陽水爲清嵐湖，與洞陽、武陽合爲三陽水，至南昌東北入湖。玉溪出懷玉山，西流合沙溪水、平溪水，又永豐溪源出福建建寧盤亭，西流入之。過廣信城南爲上饒江，西流合儲溪、宋溪、葛溪諸水，皆出靈山。爲弋陽江。一名弋溪。信義港自福建邵武分流入之。西流合明溪水，過桃花灘，經貴溪南薌溪水，合箬溪、湖陵、戴星諸溪水，過白茫洲〔二二三〕，洲上昔産鬱金香草，故名貴溪也。經安仁南爲安仁江，一名錦江，亦名雲錦溪，水雲蕩漾如錦也。白塔河合王石、烏石、鵞湖、河陂諸澗之水，與之會藍溪水，三源合流入之。建昌之瀘溪水〔二二四〕，流百三十里亦入之。西北流經餘干桐口灘，分二派。西北流者，由布村趨龍窟河，受潤陂水，三源，一出李梅峯，一出臨川大梅嶺，一出進賢贊王嶺。過樣林雲霧洲，至瑞洪鎮入於湖。東北流者，由八字嘴又分二支，一受古埠水，二源，一出貴溪鶴嶺，一出安仁洪大源。趨馮田，過黄坊，合沙港水，一由破穴入市河。中有越水，波紋或圓如鏡，或長如練，味甘且重，陸羽取烹茗，謂味似鏡湖水，故名越也。出西津，俱會珠湖，趨饒河口。故老云餘干水國，塞破穴則龍窟爲大河〔二二五〕，塞布村則沙港、西津爲大河也〔二二六〕。鄱水發源江南祁門環中，合大共山之霄溪〔二二七〕，禾戍嶺之柏溪，及榔木嶺、武陵嶺、盧溪山諸水，西流出經浮梁東之梅村始容舟，三十五里會天寶水，十數里會横槎港水，至臧家灣合江家山水〔二二八〕，南合歷降水、鯉魚橋水、黄壇水、柳家灣水，西合大演水、洗馬橋水、畫塢溪水〔二二九〕，流爲昌江，過景德鎮，經饒州鄱陽南爲鄱江。樂平洎川發源德興洎山，下洎灘里西流與大溪會，溪出江南婺源，合浙江開化寅港水，至湖口與長樂水會〔二三〇〕，水出大茅山〔二三一〕，合桐川、横溪、瑞港出石榴源。諸水，至桐山港口，合建節水，水出弋陽霧山，下俱西流歸大溪，入樂安江，江水源出徽州芙蓉嶺，内河、吴溪諸水皆西流入之。萬年之殷河滙竹屯河、文溪、南溪諸水，又書源出之〔二三二〕，九芝水注之而入鄱江〔二三三〕。江受北珠、南珠、楓木、角尾、大雷、白水諸湖之水〔二三四〕，環饒州城西，折而北，至双港口分爲二，一支西經棠陰鎮，出饒河口，會餘干水入於湖，一支西經堯山港，由老鸛港滙爲烏玲湖，出虬門入於湖，是爲東鄱陽湖。湖闊四十里，袤三百里，南跨南昌，西接南康，東抵饒州，盡滙諸江之水〔二三五〕，古稱彭蠡，一名宫亭，一名楊瀾。近都昌者爲左蠡湖，近湖口者爲土目湖，北爲皀湖、白洋湖，又北爲西倉湖、勞渡湖，爲白虎塘，皆在鞋山亦名大孤山。上下，由湖口出大江。此豫章水殊源同歸之大概也。瑞昌蘆泉、魚泉、石房、大蝦、梅溪、白龍諸泉，瀦爲赤湖，流爲瀼溪，東流九江城西，入龍開河。東通湓浦港，白樂天聽商婦琵琶處。南通濂溪港，宋時周元公所寓也。東流入潯陽江。湖口沙頭港發源黄土嶺，接沙頭河入大江。沙頭一名麒麟河，係明萬曆中增設湖口關稅，商舟往來所泊，易以嘉名，如楊港曰武曲港，黄牛洑曰文昌洑，老鴉磯曰鳳凰磯之類是也。彭澤、青山、大泊諸湖，瀼子、臙脂、筲箕、横山諸港，皆濱大江。此雖水之別入於江，而在漢志豫章郡境内，亦當隨地以附見者。究心水利者，盍詳考焉。

九江府志〔二三六〕

設關用鈔法，料船丈尺榷之，自宣德四年始。九江關與臨清、淮安、金沙並設户部主事分司監之，歲週而代，自景泰元年始，至者自李蕃始。初以部題領精微批行事，其奉勅書并給關防，自隆慶三年始。關時罷，時復之，時分司，時易以府佐。其遣分司不復易，自正德五年始。隆慶三年，命九江、揚、杭近府三關商税，行各府掌印官收解，其河西務、臨清、淮安、滸墅，委廉幹佐貳五日一送，貯府州庫，府州正驗解，移文主事稽查，各具數報部。萬曆二年，以九江關去府城二里許，大江洪波激舟，維纜無處所，乞照河西務等例。詔許之。今每季開府佐名謂之協關，然亦未嘗與關事。勅書仍令主事填單，發九江府掌印官驗收解如前例矣。

船料不下五尺，大不溢三丈六尺。五尺，鈔二十貫五百五十有五，錢四十三文奇十之一。鈔一貫，折銀三釐，錢七文，折銀一分。大則漸差上之。初本色，既折色，既兼本折以爲常。今每解至京，必易錢鈔入内承運庫，遂以有用化無用矣。諸關空而不課，九江課空，課脚船。凡船，鹽船大，苗船速，苗船上水輸下水，下水達行，免船。九尺以下者月二行，一丈以上者月一行，餘行不免。木簰無漲船不料，漲船料如常船，今不爾也。劃船達行，舊課歲一萬有奇，累增二萬五千兩。天啓元年，軍興用不足，加增課之半。

嘉靖四十二年，給事中張鳴瑞建言請移關湖口。下撫按議，未便，添設湖口廠，算安慶入鄱陽湖往來舟船，府佐董之，以其料附關。隆慶元年，御史張啓元言湖口兩山夾峙，岸石巉阻無迂，江水激勵萬商，遂罷湖口廠。

萬曆戊戌春，九江奸民馮萬善，先以領解麂皮胖襖入京，耗蠹盡，計無所出，與其黨朱國泰、熊文耀、楊華春誘中人以礦税之利，進湖關圖。上俞之，爲遣奉御李道，萬善等號爲本頭，翼以都下無賴。秋九月，至湖口，始立廠。初料船，中分江關額抄。既見貨税可居，奏請征商，遂有督理湖口、蘄黄、安慶之號。括行旅，朘膚入髓，稽盤泊久，暴雨疾風，漂没相繼，風激濤奔，舟維縶不及施，有闌上下者，輒張弓矢射之〔二三七〕，痛哭之聲不絶。開黄牛洑爲文昌洑，楊港爲武曲港，欄佗鵞洲八里江，名爲蟻舟，實令近岸，得洞悉貨物之底裏而錙銖算之。巡攔劉世臣追糧舟入湖不及，駕言南康縱之。奏入，有旨逮南康守吴寶秀、星子令吴一元、巡司某。逮之日，寶秀夫人投繯死。壬子，武林葛寅亮兵稱江州，絶道使，不受餽遺，檄守備江西同知湖口縣爲約束。時緝其橫魁獒之獄，次者椎楚囊三木市中。先是稅廠獨本監功令，見者咋舌。葛下車，發禁緝告令數十楮，重揭之廠壁，商民始知有憲臺紀綱矣。久之，撫按交章奏請撤監稅，最後道亦自辭。詔暫令南、九有司領其事，以其金錢附省監潘相。泰昌登極，盡罷之。

事宜志

事以時起，以時救，不可預。然而歷觀前畫以迄於今，舉所舉，杜所杜，無以異也。敏者以有餘，玩者以不足。

民耕而穫，即樂歲不瞻也。益之以楚乃瞻。官無囷倉，家無蓋藏，負米而入市，攜量而出糴〔二三八〕，一有緩急，不五日，城中食盡矣。宜官爲常平以儲之，户宿歲糧。社穀隸於公則耗，隸於民而官稽之，則困主者，莫如官爲之所以儲之，而主者在民，籍其數而勿稽也。

徵糧投櫃，户胥算之，管庫者守其藏之爲出納，邑所同也。差書所獨也，兼算、掌出納，而邑無藏矣。非惟無藏也，并無數，非惟無數也，并無錢穀。然固結而不可解者何也？差書之始進，有豪焉，捐金以爲之費，費於官曰公堂，自官以下役於官者無不賄也。約五百金，而官之不肖者餌其半，然後公帑惟豪所爲矣。比始痛革，勒在丹書，城旦其胥，而甚昵者罷其令，然猶得無有耽耽者乎？南康有差書，九江有差書，九爲甚；九江之差書，瑞爲甚。民無逋，糧易徵也。而漏卮於透支，其弊始於胥史而成於官。透者多役人之歲食與各兵之餉，透一歲則尅什之二，二歲三歲則尅其半。尅其半者，此其不肖不獨在胥史也。均一歲而與奪異，均一役而遲速異，或預食數年之餉，或經數歲枵腹，則賄之至不至與夫胥史之爲也，是在令。

透支而錢穀耗，兑支而錢穀淆。胥史盡歲徵之有以飽乾没，而出空由以抵之，令無賄者自相兑。又或乘急而質其由，或乘縣令之聵而冒兩由，質由與執由者雜，冒由與本由雜，而錢穀如亂絲矣。杜透不杜兑，害未已也。

衛屯兑支，其亂尤甚。歲額子粒二萬三千四十石有奇，除軍舍月口糧坐抵一萬四千九百九十四石有奇外，實徵八千四十六石。又除運軍糧票兑銷外，實徵見米三千一百八石有奇。聽給官軍俸糧，其荳麥折銀，亦除坐抵兑銷外，每年實該折銀七百兩有奇，聽給各官鈔銀，囷有餘粟，帑有餘金，而今官軍有枵數年之腹者，又兑支亂之也。今總覈而出納之外，有軍三，有分數，俱親爲比徵而貯之郡庫，以時給。

國初戰争之餘，民多死徙，田蕪穢，發衛士耕而戍之。其後流徙之歸者畬所棄，若高衍腴沃，皆衛屯也。久而衛官併吞其業，貧軍鬻其業，奸軍展轉其業，今惟供士民之詭蠹而已。葛屺瞻始清其受屯之人及餘丁而籍之，余再籍之，然不足以塞竇十之一。夫屯既不必耕，而卒既不必屯矣。一卒之田，私受授者爲緡二十以上、三十以下，以平值算之，有三於此者〔二三九〕。若官爲鬻之，而取其歲粒以餉卒，卒之腹更飽，而國且得金錢十萬，又得擇趫卒而食之矣。即不然，著屯者保任既明，人圖其貌，令無得朝甲而暮乙，其尤愈於籍乎。即籍也，五年必更覈之。

鹽額歲二萬二千引，每引六十五包。今不能什之一。巡緝之役，逼徵其私而罷民。士驛騷其業，奸牙空其貲，無賴伺其來爲羅，囤户擅其不來爲利，商俱告改他販，而額猶在，則潛於柄鹺者懸爲縣官考成，即督檄如雨，終不至。潯鹽終歲湧貴，或船餘小販，水經陸負時小泊，而巡役暨無賴子，籍鹺禁禦而奪之。不察者或以爲法應爾。夫法豈肥奸而淡民也哉？故潯鹽之壅不在商，而潯法之行不在私。近爲開官店，禁水巡地棍之需索於商者，革郡邑衛胥常例，止令投單於道，聽商自擇牙人，道爲填簿。如更欲改擇，則更報之。嚴絶豪有力及罷民買囤，及壓契、套契、詐欺諸弊。諸弊既絶，而商不以額至，則罪在商矣。具文鹺使者嚴督究商。

德化馬價三十有二，益以關差十金，稍無厚焉者，而馬愈困，牧人愈逃匿。何也？黠者養馬而利於僉家，温者以爲歲更，無歲不僉，無僉不索貨，貨飽則仍代爲任之，以一馬而代二馬之任而馬乏，不能貨則必貧者也，則令任之而馬逃。蓋自胥史、里甲至於馬户，無不利僉報者也。德安民乃願以馬歸里。余張檄衆訪之，咸曰便。乃著爲令，通行他邑。領價於官而雇民於市，官不得僉報，市不得索貨矣。闕金四百有奇，舊爲郡私，吴守養源捐以濟馬。檄曰：據德安里遞桂嘉盛等呈稱願認縣邑差馬，前去雇募市民走遞，不致違悞。照得各都里遞，散住鄉村，焉能身自養馬以供驛傳之役？納銀於官而雇差於市，自爲良法。無奈德安累經不肖之官，加以胥史習爲掯侵之弊，所納之銀，入於官帑而不發於馬户，或行半發，或每馬縣官扣若干，胥史扣若干。即其扣而後發，亦須央情托分，一馬所得不過數金，而欲供終歲絡繹之差，馬户安得不逃？馬户既逃，勢必報補，則又以僉報爲奇貨，遍詐富民。或户房與馬户串通，故令之逃，又行僉詐，而其所僉詐者，即前所納銀於官之里遞也。是里遞既納官而雇役，又被詐而受殃，前後兩重，不如仍歸里遞自養之便。故有此呈。不知里遞即自認養馬，亦不能不雇市民，但使市民不逃，則僉詐自絶。其所以逃者，以領銀之掯勒短少也。但使領銀不掯勒短少，則市民自然不逃。至於兵房馬户之串逃而僉詐者，以其僉之於官也。但使一里遞認定一市民，則僉詐自然可杜。今當以一百一十二號之馬，配定一百八十里遞。某里第一甲雇馬户某人，第二甲雇馬户某人，當官派認，投狀註册。投註之後，某甲之銀，即與某馬户當官交付。馬户不得於受雇之日故行掯勒，亦不得於受雇之後復行推諉。里遞不得不行審實，將無身家之人，致有逃亡，亦不得推稱私兑，延挨搪抵，致馬户有所藉口，以悞差使。其後再有馬户欠缺，亦即於原認里遞另雇充役，不得於各里遞遍行僉派。至於里遞原有額編養馬之銀，不煩再派。里遞不得藉馬爲名，私派各花户幫助銀兩。如有此等，許諸人首告，枷號究罪。若此，則馬雖養於市民，而不可得而逃，責雖承於里遞，不可得而擾，銀雖交於當官，不可得而掯，庶有瘳乎？至於在縣之馬價十七兩，通遠驛之馬價十四兩，尚須一概攤匀，以均多寡。在縣之九十二馬，與通遠驛之三十馬，尚須每季輪番，以供勞逸。此本道面諭桂嘉盛等而皆以爲便者也。然而法欲宜民，事須博訪。里甲一百八十人，未知皆如桂嘉盛等一十八人之咸以爲宜否。仰該縣官吏照本道行牌抄寫十九榜，其一榜縣前，餘則每里分與一榜。榜右粘連空紙一段，令各甲皆填註姓名，姓名之下，皆填註或便或不便。牌限三日内遍發各里，五日内繳。既而里民咸稱便。德安、湖口及饒州之民各願比例，遂通行之。

馬不僉報矣，而引馬折馬衄馬不除，猶困也。馬户吐剛而茹柔，勢不及則玩不應以困行者，勢及則爲行者所困。役夫亦如之，上官之承舍，達官之奴隸，異省之郵符，皆害馬與役夫者也。郡邑不能抗，無如驗號於道而嚴覈之。驗號於道而吐剛，猶無益也。

曹翰克江州，墮城七尺。今城或非疇昔，然睥睨不計焉，丈而已。其因山累之者，跛牂牧之，江汎，艨艟可以及陴，此法所忌也。張直指議崇四尺，度税羨四千有奇。張去，左藩貸以餉宗，遂不果。誠欲鞏之，終不果已乎。

黄梅、德化，錯壤而殊省，盗與民俱不可問。此其小者也。浸假江上有事，其能指臂使而壎篪應乎？一瑕則俱瑕矣。吴守秀議以黄梅歸九江郡，遇有盗起，南北夾攻之。議雖不行，不可易也。

訟之無情，無如盗與七殺。訟殺者必令其負屍而驗之，市人及邑門，郊人及郭門，驗弗踰日弗委佐，驗傷與陳牒合則理之，虚而不合則存其詞而籍之，以證再訟。令之職也，本竊而詞以劫者，未竊而詞以劫者，舍盗而指其讐者，與盗通而誣人以貨者，捕之與盗市者，捕之噬人者，煅煉人者，告盗而與盗解而自息者，公舉盗而以爲私者，公保任盗而以爲私者，明者難，瞶者易，悍者不再計，此可以觀政矣。

江防之役，遏其下河則無擾。守備之穫盗者，令必無刑焉而送道面讞之，則無朦。

陳氏之餘，聚族而居洪上下者，阻而逋盗，悍而犯禁，輕而易動。雖然，猶喜其樸也。信之易孚，惠之易懷，信惠既行，威之易威也。瑞昌據其口，緝捕館處其腹，安得良吏而與之。瑞、興鄉立，而瑞人跳而爲興，而糧不可催。肇陳口緝捕館立，而奸不可問。夫肇陳係衍於楚而兼轄於江，其役與稍，二省共供之。其賢者不至，不肖者與衙胥交手而肆其虐，既援江以虐江，復依楚以抗江，是官爲衙胥役，而轄是官者爲官役也。起柯、陳之釁者，必自此矣。兩省交轄，其勢固然。莫若罷緝捕館，移瑞昌縣治於肇陳，或屬之江，或屬之楚，皆可。異日必有思余言者。

衛軍分直信地，向無一人戍者。官司經臨，則或先以少錢覓土人應須臾。防館江巡，則其胥先告衛軍隨以往，若無失伍，然幸其不常戍，誠常戍，是即不靖於江者也。餘盡撤其軍千二百人歸營團之，有三益。夫訓士則無如躬矣，馭輕則無如重矣，弭盗則多一竇無如杜一竇矣。

煙墩　正德間，江上多游寇。兵備副使馮顯十里設墩，效邊陲之制。濱江十餘所，白石磯一，回風磯一，柘磯一，茭石磯、香爐墩、時家路口一，官湖一，鳳凰山、高廟一，赤湖港一。江南地形蛇曲，林木密蔽，水氣昏暖，不便偵瞭。寇之來也以舟，乘風之便，待舉烽火，緩不能先，墩無所用之，今廢。

廬江四辨　廬藩之言辨矣，然亦東漢地理志、水經註、潯陽記、周景式廬山記有以啓之。嘗即其説求之，所可疑者六焉。其一，山海經言三天子都在閩西，註云在歙東，浙江出焉。水經言浙水出三天子都，註云在黝縣，乃今徽州之境。秦鄣郡、漢丹陽郡，故鄣縣地。廬山相去數百里，而謂之天子都，然則廬山在歙東耶？亦有所謂浙江者耶？其二，山海經言廬江出三天子都入江，彭澤西。水經言廬江出三天子都，北過彭澤縣西北入江。漢書地理志宛陵縣彭澤聚在西南，又豫章郡有彭澤縣。禹貢彭蠡澤在西，是彭澤聚與彭澤縣爲二地，要之遠於柴桑，廬山安得以爲名耶？其三，西漢郡國志註云，廬江出陵陽東南，北入江。又漢廬江郡即今廬州安慶地，皆不在彭蠡西。廬藩曰廬江在彭蠡西涯，何耶？其四，秦無廬江郡，漢初亦無廬江郡，郡立於漢武帝時。周景式廬山記、潯陽記曰廬山秦屬廬江郡，何耶？其五，潯陽本以蘄之潯水得名，在江北。漢書郡國志註云，禹貢九江在南，地與樅陽接。廬江可以有潯陽，潯陽安得有廬山耶？其六，漢時廬山南北，皆豫章郡柴桑縣地，屬吴國，不屬淮南。三國志周瑜治兵柴桑，不言潯陽，以江南惟柴桑也。是時柴桑有湓口關。其後晉惠帝元康元年，始以豫章等十郡置江州，無潯陽。其後永興元年，始以廬江之潯陽、武昌之柴桑，置潯陽郡，治江州。其後安帝義熙八年，省潯陽入柴桑縣。其後唐又改柴桑爲潯陽縣。然則江南有潯陽，蓋晉永興後事。方潯陽隸廬江時，不在江南，及移江南時，不屬廬江。廬藩曰廬江有潯陽，潯陽有廬山，又何也？或曰：以廬山之爲南鄣也，後遂傅會爲天子鄣以合於山海經，不識然否？蓉塘紀聞，王莽以豫章郡爲九江，柴桑縣爲九江亭。則九江之名，訛也久矣。

上饒知縣李鴻封禁考略

要害

信古荒服，所謂吴頭楚尾是也。秦尚爲不墾之土，漢武帝征閩、越，由分水關入，而道路始通，不及貢賦。東吴始建郡治，析爲二縣。歷晉至唐，徙廢不常。乾元初，信州始有畫壤云。宋平江南，分爲江東路，於鉛山分水關置驛，由崇安入閩，又於永豐柘陽關亦置驛，由浦城入閩。是爲二大關，相去數百里，而其間空棄數百里，在分水、崇安之東，柘陽、浦城之西者，則所謂封禁山是也。在昔寇亂，大抵由此釀釁，是以傳禁不通人烟。入我明而始益嚴扃鑰，因以得名。其隸建寧者，姑未暇述，其在廣信者，實名銅塘，俗傳産銅，殊未可深曉。今江西通志及郡志，皆云此山在府南百里，險絶陡峻，稱爲一郡要害。山有九井，幽路偪側，須備歷險阻始達，餘則不可復入矣。人跡既遠，平陂遠近，皆不可得而知也。峭崿蒙茸，攀援藤蘿，僅得至半，卑者則滙爲水澤，臨爲絶壑，毒龍猛獸之所居也。

前世傳此山迴圍數百里，實廣長各三四百里。北東西三面，則屬廣信屬邑之上饒、永豐、玉山，南東西三面，則屬福建建寧之浦城、崇安。雖綰帶三省，而去浙尤爲密邇。永豐小路，一通衢之江、常，一通處之龍、景，皆僅數十里，是謂三省之交。其在分水、柘陽二關，别有小徑可通往來者。往時大盜葉宗留、鄧茂七、陶得二等，令其黨陰通間諜，人不復知，載在鴻猷録可考。又自鉛山接弋陽、貴溪，别通邵武、延平、建寧三郡，皆在萬山間，遠者相去數百里，近者百餘里。嘉靖四十年，邵、延山寇突至貴溪江窑山，所經弋陽亦被焚掠，皆由此道。賴都御史譚綸、總兵戚繼光擊却之，即其地也。水脈數十條，總爲三支。一支合上饒、永豐，經貴溪，下流入湖而合於江。一支合崇安、浦城，由福州。一支自永豐至江山，會台、衢，經錢塘。皆入於海。此其壤境相通之大概也。

封禁一山，有内外新舊二處，其界則始前代。永樂、宣德間，鑛徒入山，久之鑛乏山崩，没死者甚衆，今名陷坑，俗名陷人坑。此爲封禁内山之門户也。自此而外，如葉坊、舒里、巳坑，與永、鉛二縣所屬各隘，諸土名不可勝記。則自正統討平宗留之後，概爲設禁，今已盡成宿莽矣。内山深邃，奸宄易於託跡，非設外禁以固護之，則寇盜冒險一入，即可列栅自守，因以其間時出剽掠，爲害滋蔓矣。前自此山徑路稍通之後，即爲亡命淵藪。其始托名採木，實則利於銅鐵，或妄意其間有銀鑛也。考之往牒，大抵盜首以此誘聚流民，流民不知，從而蠅集。始則各挾所有，以銅鐵貿易，往往相矜以利。又割取自長之菽粟，或擊鮮烹肥，恣意無禁。初不憂其乏，已而積久食盡，於是劫之爲盜，自相部署，出没無常，實計出於無聊耳。凡盜入據，舊巢見在，不煩再闢，且山居饒材，易爲營栅。游手好閑者，所在而有，利之所在，人必争趨，旬月之間，數萬之衆可立聚也。山故多銅鐵，可成矛戟，藤竹之屬，可爲弓矢篠盾，以戰以守，隱然一巨敵也。仰攻深入，豈易爲力哉？

歷代法令

唐郡治初開，爲亂者衆。史載唐季群盜依以爲巢，宋范汝爲内訌，閩邵、延間有賊黨據此，造器械以助汝爲，自范寇平後，始立諸寨，閩志備存。後之增設諸隘自此始。元時尤爲盜藪，法令最嚴，常慮宋室遺胤，有潛入以圖興復者，是以累加防守，逋民逃匿，輒加重刑，或合山焚之。國朝，上遣大元帥胡大海經理東南，詔以上、鉛、永屬廣信，福建以浦、崇屬建寧，浙江以江、常屬衢州，龍、景屬處州，禁互相侵越。以此山獨當三省之中，非荒度所及，第令封守如故而已。最後草竊時發，乃因有司所請，以上饒四十九都，五十二、三、四等都，永豐十五、十九等都，鉛山十三等都，每都各置十堡，添設里老，晝地盤詰，不許闌入，犯者處以極刑，家屬流放。永樂十年，詔三省會議銅塘果否荒僻不堪建治，據實以聞。時各省會勘如前，惟令各縣分別所隸，驅逐逋匿。每歲本府行上、永、鉛三縣，會同福建浦、崇二縣官查考一次，詳報各該上司，即有疏虞，奏聞。

宣德七年，浙江豪民項三等聚衆潛入銅塘，又於四十二等都地名包公尖、五十都地名橫山頭、五十三都地名洪水坑等處，起立爐場一十三座，聚衆萬餘，因而流劫。撫按三司臨勘具奏，尋勅福建行都司合兵擒獲，檻送伏誅。

正統七年，浙江處州賊王能、鄭祥、四蒼、大頭、葉宗留等，聚衆千餘，入山盜礦。十年，掠永豐。調南昌前衛廣、鉛二所官軍，及六縣民壯，與王能等戰，官軍被殺者甚衆。永豐知縣鄧顒同老人余斌入山，招撫賊首王能等三十五人聽命，給與劄付，將永豐二十四都瘠荒田地給與耕種，以充快手，協同六縣民壯，於永豐之橫山頭設教場，以時操閱。復令以計誘鄭祥、四蒼、大頭等三百餘人，悉斬於永豐之十五都，獨宗留等與其部下遁去。十三年二月，宗留聚衆盜掘處州少陽坑。九月，歷雲和，至政和之少亭，皆無所得。謂其徒曰：「與其取於山，勞而無功，孰若取於民。」衆從之。時餘黨尚數百人，勢遂復振，攻掠政和縣。還慶元，遣人招龍泉良葛山人葉七爲教師，由浦城流劫建陽，所過焚掠，分衆扼守鉛之車盤嶺，行旅斷絶。閩賊鄧茂七亦起於邵武，東南大震。上命都御史張楷，偕都督劉得新、陳榮，帥兵往討閩寇。至廣信，宗留率其黨時出抄掠，楷留不敢進，閩中日益告急。浙江藩臬請楷便宜移兵先擊宗留，可無後顧。江西按臣亦言葉寇近咫尺，危在旦夕，大臣爲國家排難，專之可也。楷不知所從。有指揮戴禮奮身願往勦之，楷乃命率兵五百以往。十三年十一月，賊至黄柏舖，戴禮兵擊之，死傷相半。宗留衣緋率衆前，中流矢死，官兵不知爲宗留也。賊退奔入山，復擁葉希八爲渠帥，劫車盤嶺，率衆駐十三都，欲由銅塘回浦城。都督陳榮謂楷曰：「受命討賊，今延平事急，而鉛道不通，大軍密邇，二賊並熾。今遣部將往，朝廷謂我輩逗留，將若之何？」楷不得已，乃命榮率兵二千與戴禮合。至鉛之祝公橋，軍無紀律，猝遇賊突前邀戰，官兵大敗，榮、禮皆死。楷懼，聞劉得新已率江西兵趨建寧，遂取道徑往閩中，行委浦城縣丞何率軍快數千，永豐縣令鄧顒亦率本府六縣民快以應。十一月十五日，與希八合戰横山，敗績。顒被執不屈，罵賊死。鎮守侍郎楊寧時在會城，乃與三司議調南昌前衛及廣、鉛二所官軍，并集六縣民壯，會於横山。相持數月，僅無亡失而已。朝廷聞敗，遣尚書金濂、寧陽侯陳懋、保定侯梁瑶、平江伯陳豫等，率京營及南、直、江、浙等兵討之。以中官曹吉祥、王瑾爲監軍，兼制三省。吉祥等素作威福，濂等以計留之於浙，而與懋及郎中陸移兵駐廣信，分道入福建。未至，希八乃使人從鉛、弋間道厚自結於茂七，互爲聲援，此入彼出，官兵首尾不能相應。楷至建寧，屢戰，時有小勝，輒以捷聞。會賊黨適有内却，楷陰以計招下其黨張由孫、羅汝先等，許以擒賊立功。由孫等誘鄧茂七出戰，敗死，并擒其侄伯孫，與家屬悉俘獻京師，閩寇悉平。希八以失援勢稍弱，然猶據銅塘，且耕且守。已而復由浦城、政和，與陶得

二、楊希、陶秉倫等合，掠處州及金、衢等處。詔令張楷移師討處寇。楷至，有千户沈俊者，自言其部下皆麗水人，親屬多陷賊中，遣所親信以往，宜可得要領。楷從之，乃令入山曉諭，至以老母百口爲誓。得二出見，楷優加賞賚，令招餘黨。希八尋亦出降，始知宗留已死。濂等時在廣信，得報，亦以銅塘寇平聞，遂罷兵。因與守臣會議善後事宜，乃奏以附近民山凡去銅塘數十里内者，悉加封禁。如上饒五十二都三堡至八堡民田糧七十八石，及五十三、四等都，東至永豐十五等都，西至鉛山十三等都，山塘地皆不得耕種。録居民通賊者，盡行誅戮，家産入官。被寇者量行給復，徙之他所。浦城、崇安視此例。凡諸洞向通往來之路，悉甃石爲障。餘當溪水之衝，不可施以人力者，仍如宋元故事，於上饒設高洲、楓林、張灣，永豐設谹山、軍潭、港頭，凡六隘。擇素有恒業居民，充爲老人，添設快手，月給口糧，令各分守信地，統以寨官，隨軍操演，禁不許停插異郡商民，及於隘内往來。以月之朔望申報，違者籍没戍邊。自是禁防愈密，而地方始得寧息矣。

正德十年，奸民某者，始在外山盜木，漸入内地，採鐵聚衆，應鉛山民周、吴、李爲亂。巡撫都御史韓雍督兵征勦，盡獲亂民。因即舊界立石示禁，每隘各立寨官，復益兵快，劄諸里老協同管守。

嘉靖三十四年，南昌人某同方士陶仲文奏請重建許旌陽鐵柱宫。因言工費動以萬計，今帑藏空虛，實不能給，請以廣信封禁外山所蓄樹木，採取庀工，不足則以平洋坑所産礦銀助之，得請。仲文又以簶法得幸，持之甚急。該部覆行撫按勘報，三司會議皆言平洋坑、封禁山，皆從仙霞嶺發脈，南幹自草萍直走留都〔二四〇〕，載在天下輿圖，及朱子大全，可考也。開鑿貽害，請爲萬世培固陵寢，爲地方拯活生靈，亟賜停止。奏上，肅皇帝未之許也。會閣臣揭言鼎建真君宮宇，凡以祝皇上無疆之福也。人臣仰荷國恩，即竭帑藏，捐私財助之，固所不恤，況乃取於山林之産乎？顧以傷動龍脈，上關陵寢，非臣等所敢任也。不如令江西布政司發庫金數千建之便。上從之，言者亦不之罪。

四十一年，龍游人祝十八聚礦徒數百，從江山經玉山程村，往浦城，欲邀衆分劫平洋、銅塘，爲官兵所拒，不得進。退至常山，復振集四百餘人，殺傷縣兵，突前至草萍，過玉山，屯吴村。令其黨余狗爲覘，爲柘陽巡檢司所執。事聞，巡撫江西副都御史胡松奏曰：「今廣信上、永二縣所轄銅塘、平洋地方，綰帶衢、建，實當閩、浙之交，有岩峒谿壑之阻，擅鉛鑛材木之饒，爲方可數百里。正統間，閩賊鄧茂七等蓋嘗盗冶其中，知縣鄧顒追捕被害。該前守臣請兵勦滅，遂將前山封禁，内有官民米七十餘石，議令該都十里均賠。其後輸納不前，復奏令均派概縣〔二四一〕，有籍可覈。自正德以及嘉靖之初，閩、浙諸寇，往往竊據地方，居民被其蹂躪，至於累年而後定。即今流棍乘江、閩用兵多事之時，糾黨操戈，託名盗採，意實伺便劫掠。臣會同巡按江西監察御史陳志，查得銅塘山場之與平洋坑，均爲盜所垂涎。而平洋坑地，尤浦城、江山二縣之界，重山複嶺，叠嶂層巖，一轉折十數步之外，即主客爾我不相睹接。凡兹醜徒潛伏草莽，儔侶後先，則爲道路之行人，俄而暗號一呼，挺戈齊奮，則數百千人可立而聚。往江、常、浦三縣，各相視爲秦、越，且地方姦惡亦多觀望成敗，幸其得開，則可隨行分竊以自爲利。是以甘心爲之耳目，居停接濟者，亦復不少。僉謂必須比照汀州武平之屬嶺北，潮州程鄉之屬漳南故事，而以福建浦城、浙江之常山、江山所屬之岔亭、溪源、高泉、仙霞、小竿諸巡檢司，悉聽江西分守湖東道管轄提調。責令盤詰探報，可以先期爲備，如遇各賊屯聚，一體召集鄉兵，首尾應援，阻截遮擊。勢盛則移文建寧兵道，嚴、金、衢、温、處守巡各道，速發援兵，協力驅逐，違期者聽江西撫按參論。仍乞勑下兵部查議，果於事體可行，請賜不坐名勑書一道，專令分守湖東道參議駐劄廣永豐縣，訓練營鄉等兵，控扼禁緝，逆折潛消。幸今永豐繕造有城，落成伊邇，可以屏維藩翰。其於閩、浙三省撫按司道，止於文移往來，一切參謁儀文，截然無與。庶乎於事可豫，於官可常，於職不曠，産賊之源稍清，而受賊之委可疏而塞矣。」疏上，勑下兵部如議。

萬曆二十八年，江西礦税窑木騰驤左衛百户趙應璧奏：「臣同土民俞文、劉安、袁仁、吴華等，親詣本省德興、玉山等縣地方，勘得雲霧山場，毘連開化等縣〔二四二〕，山勢陡峻，内有魯塢源、小葫蘆、大葫蘆、東坑、雷塢、大滿、野豬塘等處，穿心四五十里，週圍百十餘里，遍産大木森肥，礦沙湧盛，官不徵糧，民不佃種。向蒙總督浙、直、江西都御史劉畿於本山分水四至之外，地名荒田塢、倉壇、西源、黄岡嶺界，立牌封禁，蓄養此木數百餘年，若有以待皇上今日營建大工之用。伏乞天恩加勅潘相，督集杭、蕪木廠商牙，將本山官木，大者解爲三殿之材，小者著商變價，又可增課數萬兩等。」因奉聖旨：「這奏内江西山場地方出産大木，或可三殿有用，不必差官以滋騷擾，就着本省欽差督理礦税開採木窑事内官潘相，會同撫按等官，查勘明實具奏，解部應用。其浙江官山等處出産土回青，便着該省欽差開礦内官劉忠，會同彼處撫按等官查照開採，解進應用。立限與他，該部院知道。」廣信知府陳九韶議以是山自葉宗留窟穴盗礦以來，雖久已封禁安輯，而不軌生心利孔者，窺伺而動。今若開山通路，木植漸空，砍伐之塲，便爲礦塲，勢必棄採木而争言礦利矣。山勢頗闊，隨其指向礦脈，何處不可開挖。始猶報監開礦爲名，久之奸徒聚結，累月連年，官未必收其什一之利，而構争擾攘之亂，皆由此始。於是撫按會議於廣信府所屬七縣，包納山價銀三千兩，續議加增土産折價銀一千兩，一併解進助工。其土産折價，歲以爲常，事竟寢。

吉安志〔二四三〕　徭役

舊於十甲之内，十年輪當一差。雖曰一勞九逸，顧其應直之年，數繁役重，力且不勝。况以民事官，入役之初，常例費已不貲，而責辦於上，需求於下，有編銀一兩而費至十倍百倍數百倍者，苦樂不均。於是豪民巧爲規避，户之低昂，吏得私易之，而低者反昂，昂者反低。民之窮困，十户而九。隆慶間，始易爲條編，分均徭、里甲、民兵、驛傳，名曰四差。計四差之銀，通融各爲一則，攤分十年輸納。斗庫諸役，出自官募。夫一分爲十則役輕，徵價於官則民便。輕重通融，苦樂適均，則差平而吏不得持低昂之柄，是宜乎萬口稱便矣。然議者或謂旦旦而號之，農商無終歲之樂，户户而比之，縣官有敲朴之煩，則不若徵其價而仍復輪差爲便。斯蓋長吏自爲計之説也。夫十而一之，孰與夫一而十之？矧齊民朝不謀夕，誰乃歲積其一以待十年之輸也？今歲輸十之一，役輕易辦，一輸之外，民可閉户而卧，孰謂其無終歲之樂耶？其視輪差之歲苦於弊多費重以致鬻兒破産者，萬萬相懸矣。大都兹法之行，利於下不利於上，利於編氓不利於士夫，利於閭閻不利於市胥。必欲維之而使不變，其説有二。夫議法者始乎寬，則其將畢也不弊，蓋始事亦嘗從寬議矣。後乃一二沽名者，減其數以悦上，上之人從而悦之，於是數覈而用不舒。夫千金之子，尚交而市義，猶且見大而捐其細眇。況乃主一郡一邑，顧使之秤薪而數粒，束縛之若濕薪然，豈可久之計哉？又兹法之行，本以恤民，而所官募之人，若庫役斗級禁子扛夫之類，此豈獨非民也？不損其直而使之微有利焉，斯皆所以永條編之法者，是在乎良有司加之意耳。郡民誠蒙條編之利，願百世守之弗易。惟就中少救其偏敝，可也。倘舍此而復輪差，則何異奪衽席而塗炭之。仁民者其必不忍於斯矣。

贛州府志〔二四四〕

成化十九年注一，以閩、廣交界盜賊生發，於會昌、龍南、石城設守備行司，安遠、瑞金設隄備行所，又於會昌設長沙營，設羊角水隄備所，龍南又設隄備行所。成化二十三年，流賊攻破信豐縣城，江西巡撫李都御史昂請罷原設會昌守備，改設參將，統領汀州及武平、上杭各衛所官軍，并贛、雩、興、寧民兵，共七千員名，駐劄會昌防禦。弘治四年，以地方寧息，議裁參將，照舊設守備官。嘉靖十五年，南、贛督撫王都御史浚疏請設坐營官於鎮城，專司團練。嘉靖三十六年，范都御史欽請復參將。嘉靖四十年，陸都御史穩因廣賊張璉稱亂，兵權無統，會題改南、贛參將爲伸威營副總兵，原統部下南、贛、雄、韶、惠、潮、汀、漳、郴、桂、撫、吉各府衛州縣軍兵三千，駐劄平遠縣，以便調度。其南、贛參將改設守備，長沙營、羊角水，各添設把總一員。嘉靖四十一年，江西紀功，段御史顧言題改副總兵爲鎮守總兵，重其事權，仍駐平遠。後兩廣軍門急在防倭，移總兵於潮州。嘉靖四十三年，吴都御史百朋議得潮州相距南韶諸郡道里甚遠，如使水陸二寇俱發，總兵何能兼制猝應。南贛内地，應照先年復設參將，統攝贛營、汀、漳、南韶、郴、桂、長沙營、羊角水堡等處守備、坐營、把總等官，專一防禦山寇，仍聽總兵節制。其南、贛守備，應行裁革。隆慶五年，改建參將衙門於鎮城。萬曆四年，江都御史一麟剿平黄鄉賊巢，奏設長寧縣，議將長沙營把總調守長寧。

屯田

論曰：贛衛所屯糧，歲計二萬有奇，將以充軍實，裨國計也。迺今歲額不充，一軍以上，率仰給於有司，軍未贍而民已告病。此其故何也？曩謂屯官之倒持其柄也，書識之竊弄其權也，豪强之并兼其利也。豈不誠然乎哉？年來出内屬之有司矣，而敲朴未省，逋負猶多，又何也？得無以積弊相沿，久則難變耶。夫屯田一人止許一分，一户止許二分，此成法也。占種屯田，典賣屯田與人，至五十畝以上，軍發邊衛，民發口外，此明例也。法例昭揭如日星，而軍若民公然弁髦之。豪强之有所憑者，占田二三分，甚至五六分，積歲應納之糧，分毫不輸，無敢詰問。其他城社之姦，敢於包侵，巧於影射，晏然坐食，而公家之賦若罔聞焉。所苦者直一二貧軍耳，債家既奪其田，復重其息，糧則令之代比，差則令之白當，追呼逼迫，即廬舍妻孥不能保，安問田之有無。加以駕運之賠累，雜役之奔馳，奈之何其不逃且竄也。高皇帝度諸道膏腴田土，分予衛士，使各屯種以自食其力，載之魚鱗圖册，纖悉具備，寧料其法敝壞至此極乎？兹欲窮源及委，查照魚鱗老册，根尋原屯坐落，一一踏勘丈量。係原業者，仍歸本主，係典佃者，即令退還。其逃絶荒田，另召餘丁承種。屯額既清，屯政自舉，一切奸弊，將無所容矣。然此一大更革，非饒有才力不能任，非假以事權不可行，非遲以歲月不克就，談何容易！無已，則以一歲官軍俸糧盡數扣兑，遞年衛官造册送府查覈。扣兑屯糧既盡，然後取補於有司，是或一便也。不則令屯軍當秋收時，俱納本色上倉，即充每年積穀之數，扣銀在庫給軍，蓋屯軍上納子粒。此令甲也，亦一便也。若曰扣兑有磨算之難，責之能者，數目不患其不清；納穀有守候之難，監之有司，入倉不患其不速。是在處置得宜耳。雖然，立法易，行法難，行法於一時易，行法於久遠難，何也？以行法者不皆立法其人也。即如萬曆間郡丞祁公汝東目擊運軍之苦，建議以田定運。田分上中下三等，上田連運三年，中田二年，下田納徭。法初行時，簡易直截，上下稱善。公去而法稍變矣，欲變法而先去其籍矣，籍去而田則貿亂，互相推展矣。以肥爲磽，以成熟爲荒廢，每至臨運，猾者巧脱，貧者泣隅，驅之上運，如赴湯火。卒之運事敗而官與俱敗，是豈法之咎哉？嗟乎，有治人，無治法，蓋自古記之矣。

鹽税

國朝天順五年，户部陳郎中俊、葉都御史盛，題稱江西南安、贛州二府，相去兩淮窵遠，溪灘險峻，鹽商少到，軍民食鹽全仰給於廣東，商人有願南、贛二府發賣者，於南雄府每引納米二斗，折銀二錢充餉，而後出境。成化間，本府僉立鹽行，每年徵銀四十兩，謂之水面。弘治九年，金都御史澤駐節於虔，有兵事，加水面至百二十兩。正德六年，兵備王副使秩，議得廣鹽先蒙兩廣總督衙門許行南、贛二府發賣，南雄照引追米納價類解梧州軍門充餉。今議許下袁、臨、吉三府發賣，由南雄曾經折梅亭納銀，止在贛發賣者免稅，下袁、臨、吉者，每十引抽一引。閩鹽自汀州過會昌羊角水，廣鹽自黄田江、九渡水來者，未經折梅亭納米，在贛發賣，每十引抽一引，裝至袁、臨、吉者，每十引又抽一引，以助南、贛軍門軍餉。正德九年，題奏欽依，廣鹽止於南、贛，袁、臨、吉仍行淮鹽。正德十二年，都御史王公守仁疏請通鹽法，暫行袁、臨、吉三府，事寧停止。嘉靖五年，都御史潘公希曾復題廣鹽行袁、臨、吉地方，經南雄太平橋税過者，每十引抽一引半，未税者每十引抽二引，每引折銀八錢，貯府庫以備軍餉。及南、贛衛所官軍月糧，各隄備官軍口糧之用。嘉靖十三年，巡鹽御史執奏，覆議仍舊。嘉靖十五年，都御史王公浚奏除袁、臨二府仍行淮鹽，南、贛、吉三府行廣鹽，抽税如前，以十分爲率，量存其二以備軍餉支用，八分解部濟邊。萬曆十三年，巡鹽御史力請改吉入淮，虔臺疏争之，户部從中持不決，下兩藩議。廣東屯鹽僉事陳公性學議得廣之鹽引，每歲一十二萬有奇，其行於江西五府者强半，自袁、臨之路不通，鹽多壅滯，民困漸滋，衆商方紛紛求復袁、臨舊額，仍今忽有改吉入淮之議，不益商民之困乎。夫江、廣地方，控帶群蠻，襟會百粤，桴鼓之警，歲常有之，兵餉多取給於商稅。以南、贛、吉三府之民，歲且消鹽二十餘萬，計稅餉之所入，大約吉安十之八，南、贛十之二。若以吉安復食淮鹽，是十去其八矣，餉將焉賴哉？况保昌縣虚糧數多，先經兩院具奏以鹽稅抵補五千五百餘石，數十年來，民護蘇息，此行鹽之利也。又南雄原有黄田江南大坊等處撫民，强者驢載，弱者肩挑，咸藉通鹽以資衣食。東海之良民新民，撑駕艚船以供日用。若改吉入淮之議成，閉塞西關，貨積而稅減，不惟兩省兵需無出，保昌浮糧何以抵補？新撫負販之徒何以倚賴？二十七塲之竈丁家口，必束手坐困，而百萬船夫生理無依，奈之何不窮且盗也？夫鹽法之行，固以利國，亦以便民。南雄地方，界連南、贛二府，而南、贛又接壤於袁、臨、吉安。其鹽順流而下，計日可至，勢易而費省，故其價也賤。若淮鹽數千里逆水而上，江湖浩蕩，灘石峻險，舟行累月不能至，而又有覆溺之患，勢難而費倍，故其價也貴。以民情度之，未有不苦貴且難而樂賤且易者。禁其所樂而投之以所苦，其誰與之？今天下一家，或淮或廣，孰非王民？矧廣鹽久行，何必過爲更張，瘠廣而益淮哉？吉安之人聞此議，而淮商又簧鼓其間，以故賈販不敢承買廣鹽，而廣鹽集於南雄境者日壅，商人不告引者數月矣。此非特兩廣之憂，亦南、贛諸郡之憂也。倘軫念兵餉重務，會同江西撫按酌覆，將廣鹽照舊行南、贛、吉三府，庶國計民生兩得之矣。於是户部復以吉還廣。先是司榷之官，每季委屬府佐貳官管理，季終更代。萬曆十年，南、贛督撫張都御史煥奏改本府捕盗通判專理榷務，捕事改屬清軍同知，專官自此始。萬曆二十七年，税監潘相到贛，將創立衙門，坐收兩關之課。賴李督府堅持不阿，止以解部八分額數，割以與之。即各邊每歲虧二萬之餉，而兩關則免重税之苦矣。

雜税

正德六年，王副使秩既酌議抽鹽之法，又將廣、閩各項貨物，逐一估定規則，立廠盤掣，抽分助餉。

解額

兩橋税銀，每歲大約三萬有奇。在税監未到之前，以十分爲率，鹽税八分解部，二分留餉，雜税五分解部，五分留餉，解部總以二萬，留餉總以萬餘計，此其常也。舊例五年一解，如部有急咨取，或三四年一解，其解五六七八萬不等，總視每年收數爲盈縮。自謝都御史立月比之法，隱漏漸少，故解部與餉用外，尚有餘積，可備地方緩急。萬曆二十七年，税監至，增收上水貨税約近五千兩，又於下水原税内加增近一萬兩，每歲共約新舊税銀近五萬兩，以三萬八千五百兩解税監轉解，餘則存留備餉。每年定夏冬二解，數儘監額，軍餉自是不繼，動及舊存，以致庫藏無二年之積，殊可寒心。萬曆四十二年六月，奉旨減免新增税七千兩，而起解猶三萬有奇。今幸税鹽盡撤，上下水加增税悉蠲，商賈通行，公私庶有濟乎。

嘉靖二十一年秋，安遠黄鄉保新民葉廷春恃衆生變，人情恟恟。兵備副使薛公甲計擒之，并其二子伏法，衆遂定。黄鄉離安遠縣治三百餘里，與廣東平遠、和平、龍川等處接壤，中有大帽山，綿亘數百餘里，人跡罕到，大盗窟穴其間，最後有葉芳者，自程鄉入併諸賊，有衆七千，分爲七哨，自號滿總。先任巡撫周公南招撫之，王公守仁嘗用以平桶岡、浰頭及宸濠，然驕横不受約束。芳死，其兄廷春代領其衆，肆暴尤甚，至逼旁近居民竄徙者百七十人，乘新舊督撫交代之際，將爲亂。幸薛公先計擒之，選葉金爲千長，撫定其衆。新督府虞公守愚至，議於地名田背築城堡，添設巡檢司，併移安遠隄備之兵駐劄其地，與弓兵相兼防守。又議會昌長沙營增築墻垣，蓋造營房，分原守千人爲三班，一班防守，二班留衛，以省行糧。又遷羊角水堡，築城三百餘丈，中建公館營房，以便官軍居民護守。議上，悉從之。

嘉靖三十年冬，和平岑岡賊李文彪稱亂，都御史張公烜督兵討之。高砂千長陳貴爵與賊通，漏師。賊襲執指揮金爵爲質，挾招，不許。大兵既集，賊出戰，貴爵爲外應，我兵北。賊遂圍擁漳州府通判謝承志、南安府推官冼沂、贊畫邵應魁，入營求招。乃遣指揮謝勅往諭。賊黨李子文謀以貌似文彪者殺之，函其首，并還被擄官，詣軍門請降，遂撤兵。後偵知其僞，再遣勅入巢，切責賊衆，將子文械送轅門伏誅，併殺陳貴爵，而文彪竟得逃死。

三十六年三月，隴南賊賴清規據下歷保以叛，近保被脅者皆從之。清規本平民，素有機知，嘗從征三浰有功，後充本縣老人，善爲人解紛息鬭，縣官常委用之。偶以族人獄事干連，法應配。時一郡倅署縣事墨甚，聞清規家頗饒，索賄，賄入不厭其意，再四逼迫之，無奈逃匿，而倅踪跡之益急。因而聚衆拒捕，遂反。龍南之橫江，信豐之員魚逕，安遠之大小石伯洪，俱爲所脇。合岑岡賊李文彪、高砂賊謝允樟，號三巢，而清規爲雄，嘯聚十年，殺人以千萬計。

四十年，饒平賊張璉故爲斗庫，侵欺挂法，遂以失計良家子稱亂，閩、廣諸巢賊附之。夏五月，流入興國，自龍砂出梁口、萬安及泰和，殺汪副使一中，執王參議應時，勢益猖獗。還過衣錦鄉、長信里、温陂等處，焚劫一空。新督撫陸公穩遣安遠令石廩領黄鄉葉槐等兵禦之，擒斬數十人，賊敗走出境。

四十一年，奉詔會師二十萬，分爲七哨，大剿張璉。兩廣兵駐潮州，福建兵駐漳州，江西兵駐建昌，贛兵駐汀州，監軍御史段公顧言駐節贛城，紀驗功級。時督撫陸公穩總江、浙勁兵六萬，屬俞參將大猷將之。璉出攻漳州，諸帥乘虚擣其巢，璉亟回自保。於是大猷計誘賊黨郭玉鏡等賣璉以獻。兩廣以饒固其地，不肯予虔哨，奪璉去。璉既擒，諸巢賊俱無固志，或撫或勦，悉就平定，乃班師。

四十五年，都御史吴公百朋親督參將蔡汝蘭等官兵進剿下歷，擣其巢，賊首賴清規伏誅。先是吴公疏請討賊，奉詔尅期進兵，而邵守王公扆力主招撫，則請單騎入下歷，吴公佯許之。清規急欲緩兵，聞府主來撫，率衆頓顙待命，且開道護送出境。吴公乘賊懈，亟移鎮信豐，檄兵備參政李公佑，督諸路兵四萬三千有奇，於六月初二日分哨進攻。初三日，長沙營把總暴以平首破楊梅牌，斷賊右臂。兵逼大巢，賊出戰皆失利，我兵遂奪神仙嶺險隘。賊懼，退保鐵爐坑。同知李多祚督黄鄉兵衝擊，俘斬甚多。賊猶據寨頂固守，縱火四面焚之。賊犇樟木嶺，各路兵奮力夾攻，賊度不能支，復犇入羊石、鐃鈸二寨。清規率親信五六百人踞銅鼓嶂。嶂爲龍川地，昔儂智高所據爲窟穴者。汝蘭選勁卒六千人，從間道圍守三寨，而自以大兵殿後。又架天車，爲仰攻計。坐營王如澄冒矢石先登。七月初四日，破鐃鈸寨。初六日，破銅鼓嶂。清規計窮，謀夜走葫蘆峒，爲隘兵所阨，反走回苦竹嶂匿茂林中。副總孔宗周偵知之，領兵搜獲，清規自殺，戮其屍，髮長七尺。下歷平，高砂謝允樟悔罪自縛，詣軍門獻地乞招，願爲編户。乃即其地建定南縣。是役也，督府吴公主之，兵使李公佐之，而奪險摧堅，決策制勝，則蔡參將汝蘭之功爲最云。

萬曆三年，都御史江公一麟、知府葉公夢熊計殲黄鄉保賊首葉楷等，蕩其巢穴。黄鄉寇盤據有年，流毒地方。葉公故惠州人，稔知其害，意欲圖之而未有間。三年四月内，會其保民劉載永、嚴順民等請增設縣治。公與江公謀曰：是其衆可携也。宜先招集其各保子弟來郡城就塾師，讀書習禮。已而果有四五十人來，即楷亦遣其子六人至，然心實恚忿載永輩所爲，讐視之。七保人從此亦與之構怨，稍稍瓦解。葉公乃密致載永、順民，及尹明遂、温時選等數人於郡齋，與同寢食，蓋伐謀伐交，日夕計畫甚秘。又遣梁正環、陳俊、賴琪等，陰執招降旗數十，免死票三千。又懸賞格，令之伺便行事，散其黨與。布署既定，已偵得其内潰狀。九月，乃發兵。二十日，分道入。正環等竪立降旗，分散免死票。衆各星散，無與官兵敵者。楷勢孤，走匿賴舍廟。兵圍之，火其廟，楷遂焚死。事平，奏立長寧縣。

論曰：余次營建志，蓋深有感於今昔之故云：祖宗時，自城垣廨署，下及舟梁器具，一切繕治，咸極堅緻精良，久而毋壞。其後所費浮舊額，乃磽犅媮窳，曾不能當其十一，報竣未幾，旋即圮敗，歲歲耗費官帑無已時。豈工拙之相懸哉？非然也。祖宗時，法令肅毖，上下無敢隕越，有所興作，董視唯謹，財力相覆，不使胥緣奸利得滑其間，非堅緻精良，曷以逭責乎？近世士大夫，務爲宏度遠心，厭薄米鹽瑣碎，興作不甚訾省，委之從史冗員，受成而已，物料工作，百不如前，而旁侵私割，沿爲故常，即有覺察，又虞重拂人情，小小補葺調停，以幸無過，誰爲執其咎者，有虚費而無實用，職此故也。往見留都歲舉城工，糜縣官錢若尾閭。萬曆戊戌，温陵李相國爲南少宰，攝工曹，議修外羅城一百三十里。則併力而先事一隅，須表裏堅厚，乃漸及四隅。今罷役且二十年，無再築者，歲歲省水衡萬餘金，公私賴之。然則弼亮之業，蓋自克勤小物始也夫。

張弼均利記

曰：梅嶺道路，乃南雄、南安兩府共給其役，共享其利者。故騾驢馱載，少壯擔負，皆於中途博換。蓋因民情土俗以爲定例，自前代已然。而洪武初亦因之而設小嶺中站，遞送官物，公私皆習而安之，無所争也。自景泰初，因軍餉而以南、贛皆爲廣東行鹽地方，則南雄之貨過嶺者益多馱擔，可得厚利。南雄之民始創南貨過北者直至南安城下，北貨過南者直至南雄城下之議。其議似公，未悉委曲，故官無確斷，民起私争，殺傷狼藉，文移旁午，商旅不通，兩府交病。凡二十年間，屢斷屢争，卒無寧歲。蓋由未盡委曲，不知中途博換之故斷不可易也。其故何哉？蓋北貨過南者，悉皆金帛輕細之物，南貨過北者，悉皆鹽鐵麄重之類。過南者月無百馱，過北者日有數千。過北之貨偏多，則南雄獨擅其利矣。南雄擅其利，而應夫役之常固宜。南安既失其利，而夫役之常則不可辭，無利有害，將何以堪？此民之所以必争，雖嚴刑重罰而不能禁也。自古中途博换而不可暂易者，其中委曲，乃如此不明乎。此所以久而未定。弼自成化戊戌之夏到任，軍民男婦哭訴者日數百。徐閲成案，既争而斷，既斷復争，由當時文移鮮得其肯綮，致是紛紛也。遂據父老之辭明利害之要者，達諸江西、廣東藩臬與巡歷鎮守諸處，檄弼至中站，會南雄知府貴溪江公璞，合兩府軍民父老訪議，定中途博换法，分争始息。

處置柯陳議

湖廣武昌之興國與咸寧，及江西九江、瑞昌、寧州、武寧爲鄰，而飛龍山最險，惟有一路可入。柯氏世據其巔，本僞漢酋長之裔也。柯凡三族，共數千人，而陳氏亦巨族，助虐聚黨爲逋逃，主分其羣於長江、洞庭、鄱陽間行劫，名掛二藩，案牘如山〔二四五〕。有司莫之誰何，因循互閣，恐激之而叛，第包荒以延歲月耳。故武昌捕之，則以瑞昌爲窟，九江捕之，則以興國爲藪。當承平之世，於名藩之界，而乃容此恣睢以爲大盗首乎？然其酋不能擒者，四五十餘年。職密畫設間，而致柯彩鳳、栖鳳於獄，因遷官去，其餘黨尚多未捕。胥謂苟安，姑且置之。職嘗守汀，聞正統間寧化縣陳正景者，武斷其鄉，江西建昌鄧茂七依之，初爲防甲長，後坑田主翁，因拒捕稱亂，而沙尤之寇蠭起，至陷名城，殺大將。及方面有司勞朝廷遣侯伯領京軍征之乃弭〔二四六〕，由於撲之不早也。今柯黨瑞昌之徒，置田産於興國，而不敢取其賦税。有司雖爲曲處，名其田爲瑞昌里而令其輸納，乃彼恣睢自如而不悛。職參閩藩，聞弘治間參藩蔡潮因省城南門外有車家如柯者，入賀密奏而滅之，没其産，墟其地，署其木臬，題曰「車家絶地」以示戒，後之囚犯斬首，以此爲藁街。閩人頌之，爲其遏亂萌而保善類。潮子孫雲、程輩貴盛，皆其除惡安善之報也。今奏必覆勘，則洩而逃，或聚而叛，此固不可密除者，若必如潮之滅其黨，或非脅從罔治之義，但聽其恣睢，安知其不爲正景、茂七者乎？今宜誅其獄酋，而諭餘黨毋恃負固，令輸賦税。或割其數里，一歸之瑞昌，專責其守，令勿使兩藩互避。或將瑞昌、武寧、興國、咸寧而割爲一縣，即縣不可立，於其邊中，或設撫民館，或設守備司，或專屬九江道，或專屬武昌道，而專管撫捕，事寧依舊分轄，則二藩大蠹以除，可無他日憂矣。

虔臺續志

談愷虔臺續志序

古者列國皆有史官記時事，今府縣有志寔倣之。贛州府，古虔州也。有府志矣，復志虔臺何也？御史大夫涖治之所曰臺，臺在贛，而所轄之屬則在於江、湖、閩、廣之交，爲府八，爲州一，爲縣六十四，爲衛七，爲所二十八，非贛志之所能該也，故别爲志云。臺之建自弘治乙卯，迄於嘉靖甲寅，已六十年。凡錫命之隆，征討之績，撫綏輯寧之略，開諭訓迪之詞，前志或有所遺，近事多未之載，此續志之所以不能已也。爰命教諭陳燦、訓導汪大倫等，徵諸文獻，稽諸故牘，輯而續之。而立例，而脩詞，予固不能辭也。

贛州府

贛縣之東，路通雩都，有文灘一隘，西通南康，有黄土嶺一隘，南通信豐，北通萬安，有婆婆一隘。

寧都縣之東，路通石城，有東龍、田埠二隘，西通興國，有青塘一隘，南通雩都、瑞金，有排雲、白鹿、長勝、下河四隘，北通廣昌，有秀嶺一隘。一湘頭流賊，於正德五年臨縣劫掠二次。又本縣東山垻老賊李延等，潛伏鐵馬寨等處，立號分夥，劫掠竄逃。嘉靖三十一年，知縣潘翊、典史梁富春捕獲解送軍門，擬斬待決。

興國縣之東，路通寧都，有瓦子確、寨上、南村洞、劉坑、梅窖、衣錦寨、油洞、花橋八隘，西通萬安，有槎園、温坡埠、頭企嶺三隘，南通贛縣，有龍沙廟前荷樹陂、墟下、垓頭坪、龍子四隘，北通廬陵，有迴龍、濠頭、方石嶺、楊梅逕四隘。

會昌縣之東，路通武平，有分水、羊石、湖界三隘，西通信豐，有券山一隘，南通信豐安遠縣，有清溪、羊角水二隘，北通雩都、寧都。一本縣羊角水隄備所，及長沙營守備府，各於嘉靖二十二等年，奏築城垣各一座，戍兵防守。一本縣中坑峒，舊爲盜賊出入要衝。正德辛未及嘉靖甲辰、乙巳，賊首鍾仕高、李得裕、何積玉、蔡子顯、鍾廷莊等各來攻劫，知縣汪穎、涂麟先後統兵殺退。

瑞金縣之東，路通長汀，有古城一隘，西通寧都，有平地棟一隘，南通長沙、武平，有桃陽棟、新逕二隘，北通石城，有鵞公棟一隘。一本縣弘治十八年，流賊入城劫庫，知縣萬琛戰退被殺。嘉靖十八年，流賊侵境，知縣王釴統兵捕獲賊首劉松一等。十九年，王釴奉委統兵，又勦團蹊山，獲賊劉操等，各解送軍門，斬首梟示。

石城縣之東，路通寧化，有站嶺一隘，西通寧都，有鐵樹一隘，南通瑞金，有藍田、秋溪二隘，北通廣昌，有聳岡、垻口、南嶺三隘。一本縣站嶺界連寧化，前後二十里許，並無人煙，客商往來，多被殘害。嘉靖二十八年，奉軍門起造營房，分兵把守。

信豐縣之東，路通會昌、安遠，有石口、鴉鵲二隘，西通大庾、保昌，有九里、竹篙二隘，南通龍南，有陂頭、平岡、楊梅三隘，北通贛縣、南康〔二四七〕。一本縣石背，地險山固，舊爲盜賊丘永全等巢穴，今已聽撫安靖。

安遠縣之東，路通會昌，有黄竹湖、藤嶺、鴈洋坪、十二排四隘，西通龍南，有長布、上保二隘，南通興寧、和平、程鄉，有老虎、劉輋、都司三隘，北通會昌，有黎坑磜一隘。一本縣隄備所在黄鄉、田背城堡，官軍分屯把守。一本縣大帽山，去治所二百餘里許，界連閩、廣邊徼，舊爲賊首張番壇等據住。正德辛未年，番壇糾集巖前、懸繩峰、掛坑障、黄沙、大劉畬賊黨謝得珠等，大峰障、甕瀆、五子石、十二歪、香爐嶂、鸕鷀角、軍山、筆圓子巖賊黨黄鏞等，丹竹樓、淡地、雙橋、黄竹湖、頂山、寒地、甑背賊黨何積欽等，流劫各府縣地方。都御史周公請官軍擣其巢穴，追捕前賊。時葉芳等自願投招，安插石溪等地，居住當差。

龍南縣之東，路通安遠、和平，有油潭水、楊陂二隘，西通信豐，有樟木、黄藤逕二隘，南通和平、翁源，有横岡、南逕口二隘。一本縣高砂、上蒙、新興、下歷、太平等保，舊爲盜賊徐允富、王受、黄秀璣、譚宗尚、徐允沐、賴振禄等巢穴。正德年，都御史奏請討平向化。

雩都縣之東，路通瑞金，有龍潭、葛坳二隘，西通贛縣，有牛嶺、峽口二隘，南通信豐，有豐田、馬嶺二隘，北通興國，有磜下、左坑、佛嶺三隘。

鄉兵信豐石背，會昌長河，龍南高砂、南浦、汶龍，安遠黄鄉、雙橋。

南安府

大庾縣之東，路通南康、信豐，有赤岡、雙坑、劃船三隘，西通桂陽，有吉村，右源、沙村、浮江、内良五隘，南通保昌、仁化，有梅嶺、遊仙二隘，北通龍泉、崇義、上猶，有牛尾、佛子、雲山、龍華、宰屋、樟兜六隘，又峯山里民築城堡一座。一峯賊謝志山等，正德十四年盤據本縣南源山作亂，都御史王公奉請勦平。其左溪等巢，今割入崇義縣。一峯賊李文彪等，嘉靖三十一年流遁本縣浮江等處劫掠，都御史張公委本縣主簿閻安同官軍殺退。

南康縣之東，路通萬安、贛州，有潭口隘堡，西通大庾、崇義，有甘竹、西堡、麻斜、蓮塘四堡，南通信豐、贛縣，有龍回、牛牯二堡，北通龍泉、上猶，有塘江、城埠、崇文、擔柴、沙溪、湖頭、油槽、河田、石塘、李姑十堡。一峯賊謝志山等，正德十三年流住本縣鷄湖，結黨作亂，都御史王公奏請討平。其鷄湖等巢，今割入崇義縣。

上猶縣之東，路通崇義，有淡竹、南北村二隘，西通崇義，有賴塘、三門、蘇陽三隘，南通信豐，有石龍一隘〔二四八〕，北通龍泉、桂東，有峒口、匹袍、平富、盧王、大雷五隘。一峯賊謝志山等，正德十二年，本縣横水、茶寮、桶岡、長流坑合黨爲盜，劫殺民財，都御史王公奏請討平。其横水等巢，今割入崇義縣。一岑賊李文彪，嘉靖三十一年流劄本縣義安、鉛廠等處，劫殺人財，都御史張委本縣主簿林桂同官軍拒戰得捷，遂退。

崇義縣舊爲横水、桶岡之地，都御史王公平定後立縣，東通上猶，西通桂陽，有長流、流決、古亭、聶都、關田五隘，南通大庾，有蛇頭、小坑二隘，北通龍泉、桂東，有上保、嚴湖、石玉三隘。

一本縣闗田、聶都等處，被李文彪等流劫住劄，知縣王廷輝、典史廖佑，統兵殺退，招撫回巢。

南雄府〔二四九〕

保昌縣之東，路通信豐，有平田坳、不勞石、南畝三隘，西通始興，有百順側一隘，南通龍南，有冬瓜一隘，北通大庾，有紅梅、百步、羊頭三隘。一本縣中站被李文彪等越來屯劄，申奉軍門守巡衙門會議，建立城池，撥官軍於營房把守。

始興縣之東，路通信豐，有沙田、花腰、石桂、丫山、猪子峽、涼口五隘，西通曲江，有楊子坑一隘，南通翁源，有河溪廟一隘，北通保昌，有上臺、黄塘二隘。一本縣鐵寨被李文彪等流劫占住，同知包燿殺退。

韶州府〔二五〇〕

曲江縣之東，路通始興，有古羊、總舖、木坪、小坑四隘，西通乳源，有林橋、白茫、黄公嶺三隘〔二五一〕，南通翁源，有白沙一隘，北通仁化，有上道一隘。一本縣幽溪、烈溪、葵溪〔二五二〕、崑背等處，界連樂昌，舊猺賊巢穴，申奉上司征勦平靖。一本縣河西，被大、小羅山猺賊，由黄公嶺越林橋突入住劄劫殺，官軍追捕奔遁。

英德縣之東，路通翁源，有沙口、三板灘二營，西通陽山、清遠，有流寨、黄峒二營，南通清遠，有蚊蟲石、大廟二營，北通曲江、乳源，有麻步、大塘、燕石、虎尾、金阜、魚梁、丹竹逕七營。一本縣棘背、黄村、蠟坑、將軍陂、黄竹坑、奇塘、觀音大坪等處，界連清遠、陽山，多係猺獞巢穴，不下百數，今以知縣諶廷詔招安寧靖。

仁化縣之東，路通保昌，有風門凹一隘，西通樂昌，有七里、赤石逕二隘，南通曲江，北通桂陽，有城口一隘。

乳源縣之東，路通曲江，西通陽山，有黄金峒一隘，南通英德，有月坪、高車嶺、沙嶺脚三隘，北通宜章、樂昌，有破篾坳、大布、黄公嶺、平隘頭四隘。一本縣小水山，被峯人袁周、胡園等，透引賊首鄧仲玉等，於正德年間，劫擄郴、桂地方，申奉撫按衙門，遣通判王政督率官軍討平。

翁源縣之東，路通河源，有甲子磜、冬瓜嶺、蒽茅坪三隘，西通英德，有江鎮一隘，南通英德，有佛子凹一隘，北通龍南、始興，有桂山丫、大平逕、南北嶺、東桃嶺、銀場五隘。一本縣黄峒，舊爲賊首劉楊保等巢穴，申奏撫按衙門調兵討平。

樂昌縣之東，路通仁化，有銅鑼坪一隘，西通乳源，有塘口村一隘，南通乳源，北通宜章，有象牙山一隘。一本縣象牙山、老虎峒、山采岐、狐狸坪、平石峒、涼口峒等處，舊爲賊首高快馬、龔福全、李斌、雷伯全等巢穴，正德十二年，王兵備奏請調取各省官兵剿平。

潮州府〔二五三〕

海陽縣之東，路通饒平，西南通揭陽，北通大埔。

潮陽縣之東，路通大海，西通靖海、揭陽，南通惠來，北通府城。

揭陽縣之東，路通海陽，西通長樂，南通潮陽，北通海洋。一蓬州守禦所在鮀江，有石碇、飛泉、七成徑、際内〔二五四〕、官碩等處關隘。

程鄉縣之東，路通大埔，西南通興寧，北通武平。

饒平縣之東，路通詔安，西通府城，南通海岸，北通和平。

惠來縣之東，路通潮陽，有箭竹凹一隘，西通海豐，有大麻一隘，南通大海，有天門嶺一隘，北通揭陽，有虎頭沙一隘。

大埔縣之東，路通永定，西通府城，南通饒平，北通程鄉。一本縣原係饒平灣州、清遠二都地方，内有小靖、看牛坪、壢坑等處，界連上杭，舊爲盜賊謝相、傅大滿巢穴，討平，都御史聶奏請立大埔縣。一看牛坪新民劉金等，結夥阮公仁爲盜，流劫龍巖、連城地方。嘉靖三十二年，軍門遣官領兵擒賊，阮公仁等斬首，劉金、劉全投招。一嘉靖三十三年，倭寇撐駕大彎尾等船，乘風從漳州外洋，突來潮州柘林等處地方打劫，指揮黑孟陽進兵禦戰，擒斬徐碧溪、方四溪首從若干人。

惠州府〔二五五〕

歸善縣之東，路通海豐，西通東莞，南通大海，北通博羅。一本縣南去大海界烏洲及記心洋二處，舊爲海寇巢穴，今皆安靖。

海豐縣之東，路通惠來，西通歸善，南通大海，北通長樂。

博羅縣之東，路通歸善，西通東莞，南通歸善，北通增城。

河源縣之東，路通龍川，西通龍門，南通博羅，北通龍南〔二五六〕。一本縣岑岡，去治所三十里許，北通龍南上、下歷及安遠黃鄉保等處，舊爲招撫賊首李鑑巢穴。嘉靖三十一年，賊子李文彪作亂，流劫各府縣地方，都御史張公遣官軍搗其巢穴，分兵追捕至崇義穩下，令指揮謝勅招回，見今安靖。

興寧縣之東，路通程鄉，有逕心一隘，西通長樂，有箹竹嶺一隘，南通長樂，有水口一隘，北通安遠，有龍歸、羅岡二隘。一歸善、海豐、長樂、河源、龍川界上磜、頭大山等處，積年賊首楊立等聚衆作寨，四出劫掠。嘉靖三十三年，嶺東僉事尤瑛擒獲首從若干人，申呈軍門，奏請定罪。

汀州府〔二五七〕

長汀縣之東，路通寧化，有桃陽洞一隘，西通瑞金，有古城、鷄籠山、黄峰嶺、九磜四隘，南通上杭、武平、連城，有佛子、長橋、分水凹三隘，北通石城，有鎮平寨一隘。一本縣鷄籠山、黄峰嶺、長橋等處，界連上杭、武平、瑞金諸邑，其間崇岡糾結，舊爲盗賊巢穴，今已蕩平。

上杭縣之東，路通龍巖，有虎岡、蘆豐、上南坪三隘，西通武平，有葫蘆岡、興太岡、荷樹岡、賴溪口四隘，南通大埔，有軍營前、新長嶺、郭公棟、銀子坳、鮮水塘、水溪口、寒陂七隘，北通長汀，有羊蹄嶺、挑排、彩眉、板寮、檀嶺五隘。一本縣上南坪界連龍巖，軍營前界屬境内，舊爲寇盗巢穴，今已征討，而葛用賢之後葛用貴盗心復萌，聚衆劫掠。嘉靖三十二年，都御史談公嚴令防截，隨有巢内劉鳳爵將用貴生擒來降，斬首梟示，鳳爵等撫安。

寧化縣之東，路通清流，有金錢隔一隘，西通石城，南通長汀、連城，有木馬、竹篙嶺二隘，北通建寧，有石溪、紫雲、嚴塘、車橋四隘。一本縣塹頭界連石城，前後二十里許，並無人煙往來，客商多遭殘害。嘉靖二十七年，同知勞樟經過其地，申奉都御史議建營房十間，令寧化、石城分兵把守。後寧化裁免，至今地方安靖。

歸化縣之東，路通將樂及沙縣，有下坊、沙溪二隘，西通清流，有三溪寨、水口、五通坳三隘，南通永安，北通寧化，有巖前、胡坊、鐵嶺三隘。

連城縣之東，路通永安，有秋家嵐、横山二隘，西通長汀，有新泉一隘，南通上杭、龍巖，有白嶺、朗村、豐頭、廖天山四隘，北通長汀，有石固城、烏石二隘。

清流縣之東，路通歸化，有鐵石、虎山二隘，西通寧化，南通長汀、連城、永安，北通寧化，有金錢隔一隘。

永定縣之東，路通南靖、龍巖，有西坪、水槽、撫溪、湖雷、吴坑五隘，西通上杭，有摺灘、鼓樓岡、錦豐窑、黄師凹、黄沙港五隘，南通大埔、南靖，有箭竹凹、新村、瓦子坪、月流、岐嶺、苦竹六隘，北通上杭，有虎岡、黄沙潭、長流、險石四隘。

武平縣之東，路通上杭，有金鷄嶺、檀嶺二隘，西通安遠，有鄭家坪、蟠龍岡二隘，南通程鄉，有處名〔二五八〕、鉢盂、水口三隘，北通長汀，有湖界、牛軛嶺、碇頭三隘。一本縣境内巖前、象洞、鄭家坪、蟠龍岡、鉢盂、水口，與大帽山、掛坑障、懸繩峰諸賊巢，俱相隣近。先是張番檀、李四仔、何積玉、謝得珠等聚衆作亂，正德辛未年，都御史周公討平。

漳州府〔二五九〕

龍溪縣之東，路通同安，有柳營、江龍嶺二隘，西通南靖、漳平，有大深一隘，南通漳浦，有福河一隘，北通長泰，有華封、大寨、涵口、苦竹、汰口、良村六隘。一本縣八、九都月港，本名月泉，距漳城四十里，逼近海滄，俗習曠悍，喜好争鬭。後設安邊館於兹，諸島夷舟舶所輳泊處也。

長泰縣之東，路通同安，有白桐一隘，西通龍溪，有鸕鷀一隘，南通龍溪，北通安溪，有磨鎗、上寧、林口三隘。一本縣朝天嶺高山險阻，去治城三十里鸕鷀、林口等處，舊爲盗賊巢穴，今皆討平。

漳平縣之東，路通安溪，有石碓、石門、華口、南坑村、卓安頭五隘，西通龍巖，有三峰、朝天嶺二隘，南通南靖，有雲洞、香樹嶺、下馬坑三隘，北通大田，有禾頭、白泉、長塔三隘。

龍巖縣之東，路通漳平，有倒嶺一隘，西通上杭、永定，有水槽、東坑、蕭坑、黄坑四隘，南通永定，有緣嶺一隘，北通大田，有寨門山嶺、狗骨嶺二隘。一本縣深山巨壑去處，概係猺苗雜居，時或乘隙嘯聚劫掠，惟緣嶺隘界連永定，舊爲盗賊出没要路。嘉靖三十二年，流賊突來烏泥隔等處作亂，知縣湯相統兵殺退。

南靖縣之東，路通龍溪，有寶潭逕一隘，西通永定，南通漳浦，有深竇、三角、楓林逕三隘，北通漳平，有深渡、涼路、員沙、河溪、猫子峰、蒼嶺、寒婆關七隘。一本縣窠嶺界連龍巖，舊爲盗賊出没要路。嘉靖年，中奉都御史守巡衙門會議，行縣將窠嶺設立隘所防禦。

平和縣之東，路通南靖，有盧溪、東團二隘，西通饒平、大埔，有象湖山、朱公畬二隘，南通漳浦、南靖，有半地、三角逕二隘，北通永定，有赤楝、高磜硿二隘。一本縣盧溪、象湖等處，舊爲南靖縣地，界連汀、潮邊徼，盜賊詹師富、李子欽等據以弄兵。正德丁丑年，都御史王公討平，請立縣治。

漳浦縣之東，路通大海，西通詔安，南通大海，北通龍溪。一本縣二十三都，洪武年間立鎮海衛，東北爲浯嶼水寨，西南至詔安，及廣東大城所界，枕山面海，雄峙一方。外布玄鍾、銅山、陸鰲三所，安集及陸鰲、峯山、陳平、古樓山、泊浦、洪坵、大灣、燈火山、東山、洋林、鹽倉、黄崎、漸山、埕東灣、洪淡、南山十七煙墩，哨船二十隻，官軍分守。

詔安縣之東，路通漳浦，有深田一隘，西通饒平，有紅花一隘，南通大海，北通平和，有九上落一隘。一本縣二、三、四、五都，舊爲漳浦縣地，當閩、廣之交，山海之會，盜賊出没不時。嘉靖九年，都御史周公請割南詔等里立，名詔安縣。

郴州〔二六〇〕

郴州之東，路通興寧，有西塘洞一隘，西通桂陽州，有長塘舖一隘，南通宜章，有摺嶺一隘，北通永興，有白芒一隘。

宜章縣之東，路通桂陽、樂昌、乳源、連州，有里田、松華、新車、黄竹塘四營，西通臨武，有黄沙一堡，南通乳源，有笆籬、粟源、鳳頭、大糍、糍粑、山門、高山、逕口、南源九營，北通郴州，有樟橋一營。一本縣莽山峒，舊爲猺賊王福安、李稿等巢穴，正德十三年，招撫向化。

桂陽縣之東，路通龍泉、上猶，有益將一隘，西通宜章，有蟠龍溪一隘，南通仁化，有山口一隘，北通桂東、興寧，有何家山一隘。一本縣熱水及簑衣嶺、老虎大人、延壽城、溪峒東坑嶺、瀨痢寨等處，舊爲賊首黄錦蘭、劉伏興等巢穴，正德十三年，招撫向化。

興寧縣之東，路通龍泉，有新坑一堡，西通永興，南通桂陽，北通郴州。

桂東縣之東，路通上猶，有寒口一堡，西通興寧，南通桂陽，北通崇義，有煙竹一堡。

永興縣之東，路通酃縣，西南北俱通郴州。

嘉靖注二二年，罷榷税。折梅亭有税，始於南安知府張弼奏設，一助該縣夫馬之費，一爲督府軍餉之需。後因南贛用兵，議移折梅之税於龜角尾，南北貨物，一併抽税。正德十六年，奉旨停革，而折梅亭照舊抽分。然每年税入止有二百餘兩，助公不多，擾民實甚，乃奏請停革。

六年，三浰新民曾惟德、王尚琦等，糾集龍南縣民譚崇尚、李正璉，反於龍南太平保等處。督撫、右副都御史潘希曾命贛州府通判董鳴鳳、指揮劉鎧由龍南進，惠州府推官李喬木、指揮周楫由和平進，南雄府推官趙珩領始興等縣官兵策應以討之。二月壬戌，江西兵與賊戰於太平保，失利。復命同知伍佐、指揮姚璽統贛兵繼之。又檄都指揮吴山督江西兵，陳鑒督廣東兵協力進剿。三月壬辰，戰於龍南太平保，擒斬賊首曾惟德等。甲申，戰於中洲，擒斬賊首鬼吹角等。丙戌，廣東兵追賊至九連山前，奪回被虜官員董鳴鳳，共擒斬賊首從八百六十八名顆，奏捷，奉勅褒賞。

十五年，督撫、右副都御史王浚陳時政四事。其一控制要害以固地方。竊見大產一方，下接福建和平，上通汀南貴竹寨，又與海陽之豐政、程鄉之萬安都，去大埔有二日之程，實隘口要害之處，盜賊出没之區。請於此添設一巡檢司，以控禦盜賊。再照三河巡檢司，近大埔三丫河口，不過盤詰奸細而已。切見東去地名烏槎，而大產村又有分水一河，由梅子潭出至烏槎，盜賊出没，必由此過渡，商船多被劫掠。合將三河弓兵原額五十名，加添三十名，一以盤詰三河，一以防守烏槎。如此，則大產控其喉，烏槎扼其尾，而盜賊自不敢犯。又議南、贛、袁、臨、吉五府得行廣鹽，乃兩廣、南贛二督府前後奏請以濟軍餉也。正德十四年，常議罷矣，而都御史潘希曾奏請復之。數年以來，積税二十六萬，解送户部大工木料之用。今若一切議罷，則府庫虚竭，倘有警急，何以取用？合將袁、臨二府復行淮鹽，南、贛、吉三府許行廣鹽，其抽税以十分爲率，如遇地方無事，量留二分以預備不虞，八分起解以爲各邊軍儲之用。十七年，立大產巡檢司。十八年，流賊入寇瑞金，知縣王鈦率兵擒之。十九年，流賊入寧都，瑞金知縣王鈦擊獲之。二十年，程鄉賊首王五、蔡子顯等聚衆劫掠鄉保，安遠縣告急。乃命贛州衛指揮斯邦爵、主簿蔡思賢等，領民兵擊捕，與賊遇於白土，賊伏兵四出，殊死同禦，官兵敗績，斯邦爵、蔡思賢等遂死之。二十一年，葉廷春者，滿總葉芳之兄也。芳死，廷春代領其衆，劫掠鄉保，逼竄居民。縣官懼其爲變，副使薛甲委官授策，擒斬渠魁，并其子葉桂、葉材殺之，乃授葉金爲千長，俾統其衆。白土之敗，官兵被殺，都御史李顯以聞。欽命守巡官以下俱戴罪擒賊，雖殲渠魁蔡子顯、黄濟孫等，而其餘黨潛竄出没，未能盡掃。二十一年，督撫、左僉都御史虞守愚設計懸賞格，獲賊蔡子昌、王汝鑾、鄭昌友等三十九名，殘寇悉平。二十二年，大埔流賊謝相等寇永定，典史莫任戰死。夏四月，大埔典史鄧世貴剿平之。捕上杭盜王五等，會昌盜葉珊，龍南盜陳英、蕭拱等。悉平之。

城羊角水疏略云：謹按羊角水者，接壤廣東之惠、潮，福建之汀、漳，諸寨峒賊欲過江西，必從此入，從此而西，則經長沙營以犯南贛，從此而北，則經會昌以犯吉、撫諸郡縣，譬諸户限，往來所必由也。先年置堡瞭望，屬之會昌千户所，亦專爲江西而設。緣置堡之初，主於瞭遠，未暇慮及民居。其地有居民千家，悉置堡外，堡中通無居民，止有孱軍五十人，每賊一至，僅足閉門自守，居民咸逃避山谷，賊肆行劫掠，飽其欲而後犯諸郡縣。今據堡旁居民周廷試等赴臣泣訴，自成化年間至今，被賊焚劫七十二次，舊民存者今止三分之一，目今遺黎願出爲朝廷更築堡城以就民居，庶幾室家有託，有事願爲盡力保守。且思惟古之作事者，因民則易成，有備則無患，今利害如此，而民又樂爲之，事無便於此者。况民居依堡，則顧家之念重，因而用之，皆勝兵也。卒有小儆，自可捕獲，萬一有大寇，數千屯駐其中，上之可以相度機宜，擣其巢穴，下之可以聯絡聲勢，遏其奔衝，賊欲入則狼顧，恐吾之議其後，欲掠又無以資。上兵伐謀，其此之謂乎。詔可，遂城之。

城黄鄉設巡檢司疏略云：臣所管轄地方，俱係江、湖、閩、廣邊界去處，高山大谷，接嶺連峯，昔人號爲盗區。然其最劇，莫如黄鄉新民。其地屬贛之安遠，名雖一鄉，實比大縣。中間大帽一山，環遶三百餘里。正德年間已前，大盗如李四子、張時旺、張仕錦、何積玉、朱貴、强風等，恃險憑高，巢窟其中，因而摽掠居民，攻陷城邑，害及四省。最後有葉芳者，自廣東程鄉入，并諸賊而有之，有衆七千，分爲七哨，自號滿總，言滿有其衆也。先任巡撫、都御史周南度未易破，因而招撫。至於都御史王守仁用以平桶崗，平浰頭，平宸濠之變，雖多賴其功，然驕横頗甚，不受約束。其後兩廣提督、都御史姚鏌奉命征岑猛，調至中途，一嘯而散。葉芳故後，其兄葉廷春代領其衆，比年以來，肆暴尤甚。臣未至前三月，旁近居民，被其逼竄縣城者百七十餘人。縣官惶惶，朝夕防其爲變。幸該道官委官授策，擒斬渠魁，并其子葉桂、葉材，及捕獲黨與，呈解軍門，正諸典刑。選葉金爲千長，撫定其衆。臣至之日，又選其子入學，以安其心，各民始知向背。去年賊首曾守華擁衆三百餘人，出而搶掠，與葉金争爲千長。各民因而誅之，頭目人等并葉芳子葉松，捕諸黨與併首級齎解到臣。臣面諭以朝廷德威，各民且喜且懼，咸願修築城堡，添設官員，以統攝地方，爲之保障。臣度事理可行，因訪諸知事者。咸云築堡有三利：隄備有軍兵，則昔年强梗之徒，有所嚴憚而不敢爲惡，一利也；留此一種人以爲江西門户，則惠、潮諸盜不敢深入，二利也；各賊所最憚者黄鄉土兵，在外有官兵護其妻子，既無内顧之憂，且不敢生事，三利也。又云：易失者時，難乘者機。往年諸賊迭相盤據，而官軍不能制者，機未至也。今日不煩一卒，而各賊以次授首，各民自願更化者，機已至也。失今不爲永圖，卒有奸人復踵故習，并葉金之衆而有之，雖動興大衆，綿歷歲時，未易圖也。况各新民已有業産妻子，不比往年流劫無定。如遂爲之設巡檢司，築墻堡，添隄備，以弭其變，而又立小學以化其俗，誠圖大於細，計之得者也。臣又再訪地方人等，所言亦各相同。當委瑞金縣知縣趙勳、贛州衛千户楊忠，督帥各民前去相度地名田背者，爲各賊出入咽喉之地，先與築砌墻圍，畫基蓋屋，即欲遷葉金入居其中，地方已定，人心已安。如蒙皇上俯從臣言，乞勑下該部添設巡檢一員，鑄印選官，仍容臣移安遠隄備之兵，駐劄其地，與弓兵相兼防守。并賜與司名堡額，以爲永圖。則彈壓有要，而贛州以南，可得精兵數千，萬一有事，因而用之，偃草破竹之勢也。疏入，明旨允下，遂城之。

營長沙遷巡檢司居之疏略云：臣謹按贛之長沙營，設於成化十九年。先因會昌賊朱紹綱反叛，朝廷命總兵官率兵討平之，始即其地立營，添設守備官一員，統兵千人，駐劄其地，每歲奏報，率以爲常。其地介安遠、會昌二縣之間，密邇贛之黄鄉，閩、廣之象洞、背寨、溪南等諸寨洞，賊欲犯南贛，必從此入。當時奏建，未爲無意，祇緣未曾築有城堡，守備官陞遷不常，兼之已後賊勢猖獗，孤軍無所憑籍，守備官寄居會昌城中，各軍散寄民居，遂致頽圮不修，至今空有隄備之名，而無防禦之實。臣到任之日，訪知其故，即行該道轉行守備指揮金恩、會昌千户所千户石璧，相度地宜，修復故壘，仍添砌墻垣一百五十餘丈，蓋營房，設衙門，遷守備官入居其中。目今軍有憑籍，可永守矣。臣又思茲地頗險，旁有山亘長數十里，一人守之，可使千人不過。目前仰賴皇上德威，地方頗爲無事。以茲險地，少置兵亦足備禦，今屯兵千人，歲費行糧五千四百名，似爲太冗。但係制額，兼恐萬一地方有事，未敢輕減。臣量爲處置，將千人分爲三班，歲輪一班防守，二班留衛所差操，有事則三班齊發。庶幾舊額不失，歲可省糧三千六百石，以十年計之，可省三萬六千石，儲積以待，亦足以備不測之患。再照營之東有河口巡司一所，設於營木立之前，衙門久廢，巡檢僦民屋以居，止有弓兵三十人，不足爲地方之輕重。臣欲遷入堡中，與軍兵相兼防守，則官有歸着，氣勢亦增，似爲兩便。臣前具題，乞隨宜遷改衙門，即此意也。如蒙勑下該部詳議施行，則糧餉不廢，而軍兵亦足，地方之保障益固矣。疏入，詔旨悉從其議，遂營之。

二十三年，義民賴榮祖擒賊首朱猴子，及斬其弟榮昌、榮德。大埔賊首葛瘦頭、上杭溪南賊首葛得旺等，連結寇掠，義民賴榮祖擊獲之。流賊入歸化，知縣陳彷率兵與戰擒之。二十四年，溪南盗張文政伏誅，其黨劉全殺其衆以降。注三立八面山營寨。

二十五年，漳賊曹宗權等爲亂，知府顧四科督兵剿平之。

二十六年，覆鼎山盜起。先是，蔣璇、雷士賢、雷是貴、湯信四、李四一等，俱係流民，占畬大坂地方，各負武勇，因天旱乏食，聚徒百餘，奔入覆鼎山中，假稱都總將軍名號，劫掠鄉堡。事聞，督撫、右副都御史朱紈命都指揮僉事俞大猷領漳州之兵，指揮陶以居領泉州之兵，兩路夾攻。七月十七日，直抵安溪、龍溪二縣合界覆鼎山下立營，各賊驚潰，將賊巢盡燒，隨擒得首從賊湯信四等二十九名，平之。懸繩峰盜寇武平，千長鍾仁鳳擊獲之。

二十七年，督撫、右副都御史龔輝遣兵勦白葉注四洞賊陳榮玉、劉文養等，平之。勦永定縣注五苦竹大山賊蕭鐵古等，平之。疏地方三事：一設堡鎮以據險要。臣聞禦賊之計，防守爲先，防守之設，得地爲要。蓋白葉坂之地，後有覆鼎、大珍、小珍，前有露林、白巖，右有荒田、大坂、尤龍，左有佛耳諸山，俱各群峰插天，深林蔽日，其爲盜賊之所蟠據者，勢使之然也。其盜賊入寇之路，西則由新坑口雲嶺而犯宜招龍涓里及龍溪縣諸處，東則由白葉坂經佛耳山麓而犯多鄉舊寨下湖、感德諸里及安溪縣諸處。蓋白葉坂爲賊之腹心，而雲嶺則其咽喉也。爲今之計，合無於白葉坂、雲嶺地方，各築保鎮一座，周圍大約闊一百二十丈，高二丈五尺，於中建置官舍，四圍列以營房，以爲官軍住劄之所。其防守之兵，合無比照汀州府盤龍隘事體。白葉坂堡，於泉州衛撥軍二百名，雲嶺堡，於漳州衛撥軍二百名，各差素有勇略千百户一員，統領前去該堡防守。以上官軍俱一年更替，每軍一名，月給行糧四斗，官給俸米一石，仍許帶軍伴二名，亦照軍士支糧。以上俸糧，行漳、泉二府支給。輪替之時，各衛所掌印官預先挑選，發彼交替，如期不許遲誤。龍溪、安遠二縣巡捕官每月一巡，漳、泉二府巡捕官，每季一巡，兵備道半年一巡，交相查點督責。如賊犯西路，則雲嶺堡當先，而白葉坂堡出兵應之，賊犯東路，則白葉坂當先，而雲嶺堡出兵應之。呼吸相通，聲勢聯絡，庶東西有備，而賊無可乘之隙矣。一給山田以便耕守。臣查得覆鼎山、白葉坂之麓，俱有山田，詢諸土人，半係賊人之所開墾，半係窩主陳弼等物業。係賊人者，賊人賴以養贍，係陳弼等者，因道路遼遠，不能自耕，往往招募外郡流移之人耕種。夫流移者，平素習非之人也。業主利其耕田而不問其來歷，流移者樂有所托，而因肆其狂圖。是前田，盜之招也，及成之後，所積之穀，難以搬運，又無外人販糴，不過賣充賊人之糗，是前田又盜之資也。今陳弼等已經擒獲，若不及時區處，則桀黠之徒，冒認爲業，其招募流移之人，佃耕如故也。既有招募，則賊徒之所以乘機而竊入者如故也。賊徒既入而群呼類聚，其所以蟠據爲害者，又復如故矣。合無行漳、泉二府，督令龍溪、安溪二縣掌印官，拘集各該里長，親詣覆鼎山、新村坑口、白葉坂地方，履畝嚴查，爲田若干畝，載黄册米若干，新墾未升科若干，係某人管業，或某賊占耕，一一開報，責令俱籍入官。其在新村坑口者，與雲嶺堡軍耕種，其在白葉坂者，與堡軍及弓兵耕種。每年收其三分之一，付本堡統兵官掌之，以爲納税修城之用。分巡道明立簿籍，稽查出入。其二分與耕者以爲衣食之資，候造册年分，即以二堡立户，載其産税，永久不許私自典賣。如是，則且耕且守，不惟官兵有所賴籍，而風聲感召，民必翕然趨之。大約不過十年，深山窮谷，當無不墾之田，而屹然二鎮，當不殊於都邑矣。移大産巡檢司於小靖[注六]遣兵討武平懸繩峰掛坑障反招賊劉海等，滅之。議處地方事宜疏略云：議照白葉洞、苦竹大山、懸繩峯三處，爲閩之邊鄙，江、廣界衝，極其險要之地。盗憑出没，肆毒地方，已非一日。雖嘗節行擒捕，未獲底平。頃者仰仗聖威廟算，渠魁黨與，擒剿始盡，巢穴一空，地方稱慶。及今殄滅之餘，當爲善後之計。乞將南詔所官軍每年撥軍一百名，委千百户一員，統領於白葉洞住劄防守，及將武平縣象洞寨巡檢司官兵，移置懸繩峯，仍編弓兵三十名，以協防守。其各營堡公廨，即建於各賊巢穴去處。其永定苦竹山通賊要路，如坪水灣、望天坵、洋竹山，并南靖、龍巖二縣下蕪山、巢嶺、緣嶺等處，俱行各立隘所，即擇本地功多力衆，人所推服者，給以冠帶，帖爲捕盗義民，及立千百長名目，責其率兵防守。其餘分班巡邏，入山伐木，與勘田召佃收税入官，以充弓兵工食，官軍行糧，餘銀抵納浮糧，及建立營堡公廨隘所動支銀兩。一應事宜，悉聽所議，仍行該道逐一委官，悉心料理，務臻成效，以絶盗源。

二十八年，移象洞巡檢司於懸繩峯，并立關隘，籍賊田以資兵餉。

二十九年，龍南民激變，遣會昌知縣涂麟撫平之。

三十年，流賊入保昌，官兵討平之。和平岑岡新民李鑑，舊爲池大鬢賊黨，脱罪招撫，所部猶存。先年越過龍南縣高沙保，殺死謝碧家屬三百餘口，因此負罪驚疑，日竪旗整兵，大肆猖獗。督撫、右副都御史張烜集兵討之，以十二月十二日攻外巢。賊見四圍兵集，俱併入岑岡大巢。有高砂千長陳貴爵，潛與賊通我軍號色，并誘執千户宋恩、哨官唐孟冕等，以緩我師。至十五日，我師方得齊會各哨進兵。黄鄉千長葉金兵衆奮勇先舉，衝鋒破巢，各哨鼓譟而入，俘獲頗多，奪回被虜千户宋恩等三員。賊悉衆以遁，留伏兵二十餘，披帶我軍號色，混入我軍，遂殺千長葉金、百長葉寶等七人。我兵少却，遂潰圍而出。十七日，我兵追賊，敗之於陳坑。二十日夜，賊使張仕成等劫營，我軍擒之。二十二日，敗之於青草洲。二十三日，敗之於梅子山。二十四日，追賊於五花嶂，互有殺傷。二十七日，賊遁翁源據險，我軍追之，與之相持。二十九日，與賊交鋒，連日多有擒斬。賊始謀遁，我兵敗之於沙水，於鉛廠，於鬬田，於寒洞，於峽逕，賊勢少衰。又被陳貴爵透露號色，賊溷我軍，殺傷及死者四十餘人。

三十一年正月，知縣施廷美、經歷吴保等，乃召老人劉湘、千長謝允樟，及其弟陳貴康，諭以朝廷正法，示以滅宗赤族之禍。貴康乃密請以大義滅親，遂斬貴爵，及其子四人，并從逆余仁珠首級六顆，函送軍門。乃下令釋其餘黨，令再整義兵從征。烜遂移鎮南康，賊退據沙溪，我軍敗之。初四日，賊襲我軍於穩下，虜指揮金爵爲質，使賊黨楊月亮乞招。乃遣南安府推官冼沂如賊巢，按其真僞。謝承志、邵應魁以兵繼之。賊見冼沂至，且喜，既而望見官兵旗幟，疑爲襲己也，遂殊死出戰。我兵遇險，未及成列，遽與交鋒，遂敗。通判謝承志、推官冼沂、贊畫邵應魁，俱被圍擁入營。四月，復遣指揮謝勅如賊巢，諭以殲滅首惡，開釋脅從之令。賊黨李子文乃陰謀於各酋，以其狀似文彪者押至謝勅前斬之，函其首，并釋被虜官四員，同詣軍門乞降。遂撤兵招撫。後察李文彪亡命未死，前級係僞，仍遣謝勅入巢，切責招總張仕誠等。李子文乃陰令文彪出逃，以掩欺詆。張仕誠痛恨子文始爲僞級紿招，今又主令文彪出逃，共將子文械送軍門，考問得實，遂死於獄。大埔賊首温師榮、蘇玉等，哨聚李子寨爲巢，劫掠鄉村，平和知縣趙進督鄉兵平之。委潮州衛官兵戍大埔縣烏槎堡。城中站。

三十二年，大山、羅山諸賊來流劫英德、乳源二縣，虜千户白璋。盗劫南雄上朔地方，知府高冕督兵戰却之。官兵討永定、大埔諸賊，其黨擒酋首葛用貴、陳秀奇、阮公仁以降。

三十三年，倭犯潮州柘林，官兵擊敗之。廣之惠州，有礤頭、大山，與禽鳥嶂、天字嶂、清溪嶂、白雲嶂、洋鳥潭、龍潭、園墩、黄沙、藍溪、金魚、丫髻等山，盤據歸善、海豐、惠來、龍川四縣，聯絡險阻。上杭縣盗楊立、楊二，糾合關亞、蘇江、小李、黄目等，巢穴其中，推陳宗祐爲首，劫掠四方。嘉靖二十九年，凑聚鍾遠通、陳耐等五百餘人，號爲大總、天總、滿總、禽總、書總等名目，山内劄立營寨，開張五色旗號，殺人祭旗，分宗出劫。余大老牯等傍巢結屋，爲之緝探接濟，節年打劫歸善、揭陽、惠來、海豐等縣。上年緝知陳宗祐潛在潮州府城，擒獲之，而四出劫掠不絶。

嶺東道僉事尤瑛調兵征勦，平之。楊立餘黨温象，自稱飛天大王，劫掠揭陽等縣，虜千户王日秋等，據丹竹樓、陽峒，知縣吴卜相計擒之。

【原注】

注一　贛撫弘治八年以廣、閩連界，盜賊生發，添設江西巡撫一員，特勅副都御史金澤駐劄南贛，後以十七年事平裁革。正德元年，巡按御史臧鳳奏復設巡撫。六年，以副都御史周南巡撫。十二年，加巡撫南贛僉都御史王守仁提督軍務。

注二　虔臺續志缺中册。

注三　在興寧、桂東交界。

注四　議將賊據白葉坂舊基築立營堡。

注五　議將本縣與龍巖縣界巢嶺地方設立隘所。

注六　以小靖地方與看牛坪、壢坑二巢密邇故也。

【校勘記】

〔一〕亦誡厥甿　「誡」原作「誠」，據清抄本、江西通志（文淵閣四庫全書本，下同）卷四形勝改。

〔二〕方域志　「域」原作「城」，據敷文閣本、清抄本、江西通志卷四形勝改。

〔三〕統三府論之　「三」原作「主」，據敷文閣本、清抄本、江西通志卷四形勝改。

〔四〕明郭子章郡邑表説　此八小字原闕，據清抄本、江西通志卷四形勝補。
〔五〕江西三面距山　「面」原作「而」，據敷文閣本、清抄本、江西通志卷四形勝改。
〔六〕列岫横青　「岫」，清抄本、江西通志卷四形勝作「巚」。
〔七〕悠悠累累　下「累」字原作「日」，據清抄本、江西通志卷四形勝改。
〔八〕息於章江之濱　「章」原作「漳」，據敷文閣本、清抄本、江西通志卷四形勝改。
〔九〕宋劉鄉豐城志序　「劉鄉」，敷文閣本作「劉卿」，清抄本作「劉鄉日」，江西通志卷四形勝作「劉卿日」。
〔一〇〕宋王孝友豐水賦　「賦」原作「記」，據清抄本、江西通志卷四形勝改。
〔一一〕明李瑄仙壇石埽記　「李瑄」原作「季琅」，「石」原作「右」，均據清抄本、江西通志卷四形勝改。
〔一二〕明王一夔進賢成化志序　「志序」原作「橋志」，據敷文閣本、清抄本、江西通志卷四形勝改。
〔一三〕五嶺之要衝　「要」原作「西」，據清抄本、江西通志卷四形勝改。
〔一四〕面勢洪博　「面」原作「而」，據敷文閣本、清抄本、江西通志卷四形勝改。
〔一五〕宋桂如篪奉新華豐樓記　「豐」原作「峰」，據敷文閣本、清抄本、江西通志卷四形勝改。
〔一六〕馮川敵其陽　「川」原作「州」，據清抄本、江西通志卷四形勝改。
〔一七〕武寧爲隆興西南壯邑　「隆」原作「龍」，據敷文閣本、清抄本、江西通志卷四形勝改。
〔一八〕當修江上游　「當」原作「管」，據敷文閣本、清抄本、江西通志卷四形勝改。
〔一九〕峰巒岑鬱之美　「岑」原作「層」，據敷文閣本、清抄本、江西通志卷四形勝改。
〔二〇〕水有玉峽諸灘之險　「玉」原作「五」，據敷文閣本、清抄本、江西通志卷四形勝改。

〔二一〕南新豐進之濱　「之」原作「賢」，「濱」下原有「湖」字，據清抄本、江西通志卷四形勝改删。
〔二二〕自平華林碼磂以後　「林」字原闕，據清抄本、江西通志卷四形勝補。
〔二三〕鎮之以兵甲　「甲」，清抄本、江西通志卷四形勝作「臬」。
〔二四〕伏戎肘側　「伏戎」原作「或伏」，據清抄本、江西通志卷四形勝改。
〔二五〕南昌范志疆域論　「疆」下原衍「城」字，據清抄本、江西通志卷四形勝删。
〔二六〕宋辛料院賀筠州尤守啓　「辛」原作「京」，據敷文閣本、清抄本、江西通志卷四形勝改。
〔二七〕南唐殷崇義祈仙觀記　「祈」原作「逝」，據清抄本、江西通志卷四形勝改。
〔二八〕所以麗內外　「麗」原作「嚴」，據清抄本、江西通志卷四形勝改。
〔二九〕宋馮椅上高浮虹橋記　「椅」原作「猗」，據清抄本、江西通志卷四形勝改。
〔三〇〕明吴學詩上高正德書院記　「學」原作「李」，「正」原作「王」，據清抄本、江西通志卷四形勝改。
〔三一〕川原迴遶　「遶」，敷文閣本、清抄本、江西通志卷四形勝作「遠」。
〔三二〕鹽溪合月灣而東環　「鹽」原作「盤」，據清抄本、江西通志卷四形勝改。
〔三三〕東溪合北流而西遶　「遶」原作「達」，據敷文閣本、清抄本、江西通志卷四形勝改。
〔三四〕曲折於禄陂　「禄」原作「福」，據清抄本、江西通志卷四形勝改。
〔三五〕郡在會省西南　「省」原作「賓」，據清抄本、江西通志卷四形勝改。
〔三六〕西濱萬載　「西」原作「南」，據敷文閣本、清抄本、江西通志卷四形勝改。
〔三七〕則亦駸駸傍楚而峻矣　「傍」原作「淳」，「峻」原作「悛」，據清抄本、江西通志卷四形勝改。

〔三八〕屏秀江淮　「秀」，敷文閣本作「障」，清抄本、江西通志卷四形勝作「蔽」。
〔三九〕負城兩厓　「兩」原作「南」，據清抄本、江西通志卷四形勝改。案江西通志卷一百二十六藝文載滕强恕平政橋記作「負城兩崖」。
〔四〇〕宋滕强恕平政橋記　「滕强」原作「勝隆」，據清抄本、江西通志卷四形勝改。「政」原作「丈」，據敷文閣本、清抄本、江西通志卷四形勝改。
〔四一〕明汪諧重修分宜學記　「汪」原作「江」，「重修」原作「申候」，「學」原作「各」，敷文閣本闕此九小字，據清抄本、江西通志卷四形勝改。
〔四二〕鈐岡列嶂屏圍　「鈐」原作「鈴」，據清抄本、江西通志卷四形勝改。
〔四三〕龍成也　「成」原作「咸」，據清抄本、江西通志卷四形勝改。
〔四四〕萬載形界記　「形界記」，敷文閣本作「形勝志」，清抄本、江西通志卷四形勝作「形勢説」。
〔四五〕贛江渝水會流而來　「渝」原作「喻」，據清抄本、江西通志卷四形勝改。
〔四六〕苞稸靈異　「稸」原作「穡」，據清抄本、江西通志卷四形勝改。
〔四七〕清江縣治在蕭水之上　「清」原作「靖」，據敷文閣本、清抄本、江西通志卷四形勝改。
〔四八〕五星奠位　「五」原作「玉」，據清抄本、江西通志卷四形勝改。
〔四九〕張澈新喻縣治記　「澈」，江西通志卷四形勝作「徹」，案江西通志卷一百二十九藝文載新喻縣治記，亦著録「張徹」撰。
〔五〇〕岡阜盤礡逶迤　「逶」原作「遴」，據清抄本、江西通志卷四形勝改。

〔五一〕以達於渝水　「渝」原作「喻」，據敷文閣本、清抄本、江西通志卷四形勝改。
〔五二〕張春新喻通濟橋記　「濟」原作「學」，據敷文閣本、清抄本、江西通志卷四形勝改。
〔五三〕道里四會　「四」原作「面」，據敷文閣本、清抄本、江西通志卷四形勝改。
〔五四〕西控袁州長沙　「西」原作「面」，據敷文閣本、清抄本、江西通志卷四形勝改。
〔五五〕道交廣者由之行商往來　「道」字原闕，據清抄本、江西通志卷四形勝補。
〔五六〕明嚴萬全溪柳書院記　「嚴」字原闕，據敷文閣本、清抄本、江西通志卷四形勝補。
〔五七〕明徐叔倫泰和扳桂樓記　「叔」原作「敘」，據敷文閣本、清抄本、江西通志卷四形勝補。
〔五八〕非他縣之可儗也　「儗」，敷文閣本、清抄本、江西通志卷四形勝作「儷」。
〔五九〕吉水形勢説　「吉」原作「古」，據敷文閣本、清抄本、江西通志卷四形勝改。
〔六〇〕瀘水折北而東走　「瀘」原作「沪」，據敷文閣本、清抄本、江西通志卷四形勝改。下同。
〔六一〕特起二峰　「特」原作「將」，據敷文閣本、清抄本、江西通志卷四形勝改。
〔六二〕明趙儀可葛仙壇記　「仙」原作「山」，據清抄本、江西通志卷四形勝改。
〔六三〕南控虔化　「化」原作「州」，據敷文閣本、清抄本、江西通志卷四形勝改。
〔六四〕元李祈永新縣籌勝亭記　「祈」原作「圻」，據清抄本、江西通志卷四形勝改。
〔六五〕唐獨孤及撫州新亭記　「撫」原作「桂」，據敷文閣本、清抄本、江西通志卷四形勝改。
〔六六〕宋謝逸文集序　「逸」原作「遶」，據清抄本、江西通志卷四形勝改。
〔六七〕迤邐而東　「邐」原作「逞」，據敷文閣本、清抄本、江西通志卷四形勝改。

〔六八〕而溪始平　「而」原作「兩」，據清抄本、江西通志卷四形勝改。

〔六九〕宋何異塘隄記　「塘隄」原作「唐是」，據清抄本、江西通志卷四形勝改。

〔七〇〕明徐善慶金谿築城記　「築」原作「集」，據清抄本、江西通志卷四形勝改。

〔七一〕明趙秉忠輿地圖記　「秉忠」原作「東志」，據清抄本、江西通志卷四形勝改。

〔七二〕明譚綸宜黄城記　「譚」原作「謂」，據清抄本、江西通志卷四形勝改。

〔七三〕明胡直樂安縣志碑記　「直」下原衍「卿」字，據清抄本、江西通志卷四形勝删。

〔七四〕東鄉宅奥窳　「東」原作「康」，據清抄本、江西通志卷四形勝改。

〔七五〕明王宗沐修學記　「沐」原作「沭」，據敷文閣本、江西通志卷四形勝改。

〔七六〕刁尚能建武軍羅城記　「能」原作「熊」，據敷文閣本、清抄本、江西通志卷四形勝改。

〔七七〕宋李覯麻姑仙賦　「覯」原作「觀」，據清抄本、江西通志卷四形勝改。

〔七八〕地介閩粵　「閩粵」原倒，據敷文閣本、清抄本、江西通志卷四形勝乙正。

〔七九〕宋陳起王侍郎祠記　「起」原作「啓」，「王」原作「玉」，據敷文閣本、清抄本、江西通志卷四形勝改。

〔八〇〕明王璽南豐修學記　「璽」原作「印」，據敷文閣本、清抄本、江西通志卷四形勝改。

〔八一〕明熊秉衡南豐兜港橋記　「秉」原作「東」，據敷文閣本、清抄本、江西通志卷四形勝改。

〔八二〕明黄聽新城皆春堂記　「聽」，江西通志卷四形勝作「[illegible]」。

〔八三〕水深而清潔　「清潔」原倒，據敷文閣本、清抄本、江西通志卷四形勝乙正。

〔八四〕明鄧文器瀘溪序志　「序」原作「文」，據敷文閣本、清抄本、江西通志卷四形勝改。

〔八五〕東接閩之光澤　「接」原作「移」，據敷文閣本、清抄本、江西通志卷四形勝改。
〔八六〕懷玉聳峰出其隅　「聳峰」，敷文閣本、清抄本、江西通志卷四形勝作「峰聳」。
〔八七〕元張翥玉山武安塔記　「玉」原作「五」，據清抄本、江西通志卷四形勝改。
〔八八〕冰水縈迴　「迴」，敷文閣本、清抄本、江西通志卷四形勝作「紆」。
〔八九〕絡繹而來　「繹」原作「驛」，據敷文閣本、清抄本、江西通志卷四形勝改。
〔九〇〕明李奎弋陽縣溪山勝覽橋記　「橋」，清抄本、江西通志卷四形勝作「樓」。
〔九一〕明李玘葛溪十詠序　「玘」原作「圮」，據敷文閣本、清抄本、江西通志卷四形勝改。
〔九二〕南襟百越　「越」原作「粵」，據敷文閣本、清抄本、江西通志卷四形勝改。
〔九三〕廬峰回盼　「回盼」原作「四眄」，據清抄本、江西通志卷四形勝改。
〔九四〕明王增祐貴溪縣上梁文　「祐」原作「祜」，據清抄本、江西通志卷四形勝改。
〔九五〕貴溪縣形勝説　「説」原作「記」，據清抄本、江西通志卷四形勝改。
〔九六〕西南艾　「艾」原作「父」，據清抄本、江西通志卷四形勝改。
〔九七〕元李謙饒州記　「饒」，清抄本、江西通志卷四形勝作「餘干升」三字。
〔九八〕北至康峰　「至」，清抄本、江西通志卷四形勝作「主」。
〔九九〕外河主瀠洎水　「外」原作「分」，據清抄本、江西通志卷四形勝改。「瀠」原作「濴」，據敷文閣本、清抄本、江西通志卷四形勝改。
〔一〇〇〕北嶺如拱如揖　「揖」原作「楫」，據敷文閣本、清抄本、江西通志卷四形勝改。

〔一〇一〕明祝世琳德興縣志序　「祝」原作「税」，「琳」原作「採」，據蜀活字本、清抄本、江西通志卷四形勝改。
〔一〇二〕梁沈璇簡寂觀碑　「璇」原作「旋」，據清抄本、江西通志卷四形勝改。
〔一〇三〕江表之勝概　「表」原作「夏」，據清抄本、江西通志卷四形勝改。
〔一〇四〕指列條敷　「敷」原作「教」，據清抄本、江西通志卷四形勝改。
〔一〇五〕廬山風月　「廬」原作「巖」，據清抄本、江西通志卷四形勝改。
〔一〇六〕江湖紀地　「紀」原作「配」，據敷文閣本、清抄本、江西通志卷四形勝改。
〔一〇七〕宋趙師夏六老堂記　「夏」原作「寔」，據敷文閣本、清抄本、江西通志卷四形勝改。
〔一〇八〕如榜斯揭　「揭」下原有「也」字，據敷文閣本、清抄本、江西通志卷四形勝删。又句下「明高嬴南康府學記」八小字原闕，敷文閣本作「形勝記」三小字，據清抄本、江西通志卷四形勝補。
〔一〇九〕由湖口以出於江　「於」原作「下」，據敷文閣本、清抄本、江西通志卷四形勝改。
〔一一〇〕明陳敏政重修紫陽堤記　「政」原作「技」，敷文閣本作「枚」，據清抄本、江西通志卷四形勝改。
〔一一一〕本軍都昌縣　「本」原作「奉」，據敷文閣本、清抄本、江西通志卷四形勝改。
〔一一二〕然上有棠陰　「陰」原作「蔭」，據敷文閣本、清抄本、江西通志卷四形勝改。
〔一一三〕逐處可以卓望把截　「逐」原作「遠」，據敷文閣本、清抄本、江西通志卷四形勝改。「以」原作「一」，敷文閣本、清抄本、江西通志同，據朱熹晦庵集卷二十論都昌創寨劄子改。「卓」原作「綽」，據敷文閣本及朱熹卷二十論都昌創寨劄子改。
〔一一四〕朱子論都昌創寨劄子　原作「朱子都昌新寨利害狀」，據敷文閣本及朱熹晦庵集卷二十論都昌創寨劄子改。

〔一一五〕西山雲居環之　「居」原作「屬」，據敷文閣本、清抄本、江西通志卷四形勝改。

〔一一六〕名山峙右　「右」原作「後」，據敷文閣本、清抄本、江西通志卷四形勝改。

〔一一七〕張鼇建昌縣城記　「鼇」原作「鰲」，據敷文閣本、清抄本、江西通志卷四形勝改。

〔一一八〕淙淙几案間明劉同升遷安義學記　自「淙几」至「義學」四大字、八小字原闕，據敷文閣本、清抄本、江西通志卷四形勝補。

〔一一九〕右傍通川　「通」原作「道」，據敷文閣本、清抄本、江西通志卷四形勝改。

〔一二〇〕孤山峙鄡鎮　「鄡」原作「鄡」，據清抄本、江西通志卷四形勝改。

〔一二一〕而北渡黄梅　「梅」原作「海」，據敷文閣本、清抄本、江西通志卷四形勝改。

〔一二二〕龍虎鳥龜　「鳥」原作「馬」，據敷文閣本、清抄本、江西通志卷四形勝改。

〔一二三〕明李盛春瑞昌大塘堰碑記　「李」原作「季」，據清抄本、江西通志卷四形勝改。

〔一二四〕居瀼溪之北　「瀼溪」原作「漾濱」，據敷文閣本、清抄本、江西通志卷四形勝改。

〔一二五〕張鼇湖口成德書院記　「鼇」原作「鰲」，據敷文閣本、清抄本、江西通志卷四形勝改。

〔一二六〕彭澤地狹山峻　「狹」原作「挾」，據敷文閣本、清抄本、江西通志卷四形勝改。

〔一二七〕遏邊徼　「遏」原作「道」，據敷文閣本、清抄本、江西通志卷四形勝改。

〔一二八〕元伍庠總管府治記　「伍」原作「任」，據敷文閣本、清抄本、江西通志卷四形勝改。

〔一二九〕上猶之地　「猶」原作「游」，據敷文閣本、清抄本、江西通志卷四形勝改。

〔一三〇〕元孔思文上猶學田記　「文」原作「之」，據清抄本、江西通志卷四形勝改。

〔一三一〕元黄文傑重修上猶縣治記　「傑」原作「條」，據清抄本、江西通志卷四形勝改。

〔一三二〕郭子章郡邑表説　「郡」字原闕，據清抄本、江西通志卷四形勝補。

〔一三三〕宋趙忭章貢臺記　「忭」原作「升」，據清抄本、江西通志卷四形勝改。

〔一三四〕李覯虔州柏林書樓記　「柏」原作「初」，「樓」原作「院」，據敷文閣本、清抄本、江西通志卷四形勝改。

〔一三五〕介澗溪萬山之阻　「澗溪」，清抄本、江西通志卷四形勝作「谿谷」。

〔一三六〕而接南粵之北陲　「陲」原作「阯」，據敷文閣本、清抄本、江西通志卷四形勝改。

〔一三七〕宋曾丰盤古山記　「丰」原作「千」，據江西通志卷四形勝改。　案曾丰盤古山記文載緣督集卷十八。

〔一三八〕明羅欽順重修府城記　「欽順」原作「歛」，「修」字原闕，據清抄本、江西通志卷四形勝改補。

〔一三九〕明李洣雩都勤政樓記　「洣」原作「米」，據清抄本、江西通志卷四形勝改。

〔一四〇〕胡儼信豐譙樓記　「儼」原作「儷」，據敷文閣本、清抄本、江西通志卷四形勝改。

〔一四一〕其隸於江西之贛者二　「隸」原作「餘」，據清抄本、江西通志卷四形勝改。

〔一四二〕明盧寧興國朱華塔記　「朱」字原闕，據敷文閣本、清抄本、江西通志卷四形勝補。

〔一四三〕奇螺之石拱於南　「螺」原作「環」，據清抄本、江西通志卷四形勝改。

〔一四四〕元程從禮會昌州廳記　此九小字原闕，據清抄本、江西通志卷四形勝補。

〔一四五〕當東偏一面　「東」原作「水」，據敷文閣本、清抄本、江西通志卷四形勝改。

〔一四六〕磛磍峻嶒　「磛」原作「塹」，據清抄本、江西通志卷四形勝改。

〔一四七〕安遠縣志　「縣志」，清抄本、江西通志卷四形勝作「形勝」。
〔一四八〕明潘季馴瑞金學記　「季」原作「學」，據敷文閣本、清抄本、江西通志卷四形勝改。
〔一四九〕有龍巖瀑布石筠參天之奇　「筠」，清抄本、江西通志卷四形勝作「筍」。
〔一五〇〕傀儡山大明水　「大」原作「天」，據清抄本、江西通志卷十四水利改。
〔一五一〕澄渌泓深　「渌」原作「绿」，據清抄本、江西通志卷十四水利改。
〔一五二〕出石溪　「石」原作「名」，據敷文閣本、清抄本、江西通志卷十四水利改。
〔一五三〕米洲水　「米」原作「未」，據清抄本、江西通志卷十四水利改。
〔一五四〕西流經瑞金縣陳石山綿江水　「經」字原闕，據清抄本、江西通志卷十四水利補。
〔一五五〕流經會昌湘水上源爲羊角水　「流經」原作「經流」，據敷文閣本、清抄本、江西通志卷十四水利乙正。
〔一五六〕出鴨公嶂　「鴨」原作「鵬」，據敷文閣本、清抄本、江西通志卷十四水利改。「嶂」原作「峰」，據清抄本、江西通志卷十四水利改。
〔一五七〕出雞公山　「雞公」原作「難」，據敷文閣本、清抄本、江西通志卷十四水利改。
〔一五八〕出慈果嶺　「慈」原作「葱」，據清抄本、江西通志卷十四水利改。
〔一五九〕白鹿江出石城　「白」原作「曰」，「石」字原闕，據清抄本、江西通志卷十四水利改補。
〔一六〇〕璜溪　「璜」原作「横」，據清抄本、江西通志卷十四水利改。
〔一六一〕西江之龍變溪　「變」原作「彎」，據清抄本、江西通志卷十四水利改。
〔一六二〕會於吴口渡　「於」原作「村」，據清抄本、江西通志卷十四水利改。

〔一六三〕其北興國之瀲江　「瀲」原作「欽」，據清抄本、江西通志卷十四水利改。
〔一六四〕源出桐林坂及蜈蚣山　「坂」，清抄本作「埔」，江西通志卷十四水利作「埂」。
〔一六五〕長信衣錦二瀧　「瀧」原作「尨」，據清抄本、江西通志卷十四水利改。
〔一六六〕龍南桃水　「桃」原作「枕」，據清抄本、江西通志卷十四水利改。
〔一六七〕出冬桃山　「冬」原作「東」，據清抄本、江西通志卷十四水利改。
〔一六八〕合筋竹葛溪諸山水　「筋」原作「箣」，據敷文閣本、清抄本、江西通志卷十四水利改。
〔一六九〕出始興大竹園　「始」原作「德」，據清抄本、江西通志卷十四水利改。
〔一七〇〕又北爲烏漾　「烏」原作「鴻」，據清抄本、江西通志卷十四水利改。
〔一七一〕皂水東流出皂口入之　「出」字原在「東」上，據敷文閣本、清抄本、江西通志卷十四水利乙正。「口」原作「中」，據清抄本、江西通志卷十四水利改。
〔一七二〕蜜溪水出鶖公嶂　「蜜」原作「密」，據敷文閣本、清抄本、江西通志卷十四水利改。下同。
〔一七三〕蘇溪水由九石陂入之　「陂」原作「坡」，據清抄本、江西通志卷十四水利改。
〔一七四〕武朔溪受風雨雲雷四潭之水　「朔」原作「翔」，據敷文閣本、清抄本、江西通志卷十四水利改。
〔一七五〕在吉水西北界　「在」原作「江」，據敷文閣本、清抄本、江西通志卷十四水利改。「吉水」二字原在「界」下，據敷文閣本乙正。
〔一七六〕合修水於書岡下，「書岡」原作「高江」，據敷文閣本、清抄本、江西通志卷十四水利改。
〔一七七〕贛江又北經吉水南爲文江　「贛江」原作「贛口」，據清抄本、江西通志卷十四水利改。

〔一七八〕故名之　「之」，清抄本、江西通志卷十四水利作「文」。

〔一七九〕上通蕭瀧　「瀧」原作「流」，據清抄本、江西通志卷十四水利改。

〔一八〇〕經峽江東流折北　「峽」原作「缺」，據清抄本、江西通志卷十四水利改。

〔一八一〕舊爲玉峽　「玉」原作「王」，據清抄本、江西通志卷十四水利改。

〔一八二〕暮膳水　「膳」原作「瞻」，據清抄本、江西通志卷十四水利改。

〔一八三〕畫江　「畫」原作「盡」，據清抄本、江西通志卷十四水利改。

〔一八四〕出璜緜嶺　「璜」原作「黄」，據敷文閣本、清抄本、江西通志卷十四水利改。

〔一八五〕二源匯於香田　「香田」原作「番甲」，據清抄本、江西通志卷十四水利改。

〔一八六〕豐水出杯山東　「杯」原作「称」，據敷文閣本、清抄本、江西通志卷十四水利改。

〔一八七〕出上夫　「夫」原作「尖」，據清抄本、江西通志卷十四水利改。

〔一八八〕東流貫高安城南爲錦江　「貫」原作「貰」，據清抄本、江西通志卷十四水利改。

〔一八九〕出荷山　「山」原作「口」，據清抄本、江西通志卷十四水利改。

〔一九〇〕出米山　「米」原作「宋」，據清抄本、江西通志卷十四水利改。

〔一九一〕出蕭坊斜溪　「蕭」原作「肅」，據清抄本、江西通志卷十四水利改。

〔一九二〕銅源　「銅」原作「洞」，據清抄本、江西通志卷十四水利改。

〔一九三〕山與湖廣通城縣連界　「連」上原衍「遠」字，據清抄本、江西通志卷十四水利删。

〔一九四〕百莒水　「莒」原作「萬」，據清抄本、江西通志卷十四水利改。

〔一九五〕出大湖山　「湖」原作「湘」，據清抄本、江西通志卷十四水利改。
〔一九六〕出大溈山　「大溈」原作「天馬」，據清抄本、江西通志卷十四水利改。
〔一九七〕梁溪諸水　「溪」原作「漢」，據清抄本、江西通志卷十四水利改。
〔一九八〕出昇仁鄉　「昇」原作「界」，據清抄本、江西通志卷十四水利改。
〔一九九〕出丫髻山　「丫髻」原作「了吉」，據清抄本、江西通志卷十四水利改。
〔二〇〇〕東受磧溪諸港水　「磧」原作「績」，據清抄本、江西通志卷十四水利改。
〔二〇一〕東陽新徑水合於邑東　「徑」原作「涇」，據清抄本、江西通志卷十四水利改。
〔二〇二〕并皎源　「皎」原作「蛟」，據清抄本、江西通志卷十四水利改。
〔二〇三〕出寶峰山　「寶」原作「寔」，據清抄本、江西通志卷十四水利改。
〔二〇四〕一名青樹灣　「青」原作「清」，據清抄本、江西通志卷十四水利改。
〔二〇五〕漢元和間出明月珠大如雞子　「漢」原作「溪」，據清抄本、江西通志卷十四水利改。
〔二〇六〕達於章江　「達」原作「連」，據清抄本、江西通志卷十四水利改。
〔二〇七〕蘇圃迤北曰北湖　「圃」原作「國」，據清抄本、江西通志卷十四水利改。
〔二〇八〕由廣濟橋至洪恩橋曰東湖　「洪」原作「港」，據清抄本、江西通志卷十四水利改。
〔二〇九〕北流經建昌郡城東川門爲盱江　「川」原作「州」，據清抄本、江西通志卷十四水利改。
〔二一〇〕服五銖衣　「五」原作「三」，據清抄本、江西通志卷十四水利改。
〔二一一〕合荀溪西流入之　「荀」原作「省」，據清抄本、江西通志卷十四水利改。

〔二一二〕與苦竹赤橋二水合流　「二」上原衍「亦」字，據清抄本、江西通志卷十四水利删。
〔二一三〕宜黄章水發源箬嶺　「箬」下原衍「源」字，據清抄本、江西通志卷十四水利删。
〔二一四〕東北流至嚴陀　「東」上原衍「出」字，據清抄本、江西通志卷十四水利删。
〔二一五〕東流會華蓋山之西寧水　「山」字原闕，據清抄本、江西通志卷十四水利補。
〔二一六〕東流過黄洲　「過」原作「道」，「洲」原作「州」，均據清抄本、江西通志卷十四水利改。
〔二一七〕北流合大浮山水　「大」原作「天」，據清抄本、江西通志卷十四水利改。
〔二一八〕發源長岡　「岡」原作「江」，據清抄本、江西通志卷十四水利改。
〔二一九〕至金雞城東鄉三港水　「鄉」原作「郡」，據清抄本、江西通志卷十四水利改。
〔二二〇〕合西洛水　「洛」原作「落」，據清抄本、江西通志卷十四水利改。
〔二二一〕至臧溪灣　「臧」原作「減」，據清抄本、江西通志卷十四水利改。
〔二二二〕與南昌大沙小沙二湖接　「二」原作「三」，據清抄本、江西通志卷十四水利改。
〔二二三〕過白茫洲　「茫」原作「范」，據清抄本、江西通志卷十四水利改。
〔二二四〕建昌之瀘溪水　「瀘」原作「廬」，敷文閣本作「蘆」，據清抄本、江西通志卷十四水利改。
〔二二五〕塞破穴則龍窟爲大河　「河」原作「阿」，據敷文閣本、清抄本、江西通志卷十四水利改。
〔二二六〕塞布村則沙港西津爲大河也　「港」原作「口」，據清抄本、江西通志卷十四水利改。
〔二二七〕合大共山之霄溪　「霄」原作「霍」，據清抄本、江西通志卷十四水利改。
〔二二八〕至臧家灣合江家山水　「臧」原作「減」，敷文閣本作「戚」，據清抄本、江西通志卷十四水利改。

〔二二九〕畫塢溪水　「畫塢」原作「畫鳩」，據清抄本、江西通志卷十四水利改。
〔二三〇〕至湖口與長樂水會　「湖」，清抄本、江西通志卷十四水利作「明」。
〔二三一〕水出大茅山　「大」原作「天」，據清抄本、江西通志卷十四水利改。
〔二三二〕又書源出之　「又」原作「文」，據清抄本、江西通志卷十四水利改。
〔二三三〕九芝水注之而入鄱江　「芝」原作「足」，據清抄本、江西通志卷十四水利改。
〔二三四〕白水諸湖之水　「白水」下原衍「水」字，據清抄本、江西通志卷十四水利改。
〔二三五〕盡匯諸江之水　「匯」原作「爲」，據清抄本、江西通志卷十四水利改。
〔二三六〕九江府志　敷文閣本、清抄本無「志」字。
〔二三七〕輒張弓矢射之　「矢」原作「火」，據敷文閣本改。
〔二三八〕携量而出糶　「糶」原作「糴」，據敷文閣本改。
〔二三九〕有三於此者　「三」下，敷文閣本有「倍」字。
〔二四〇〕南幹自草萍直走留都　「萍」，敷文閣本作「坪」，下同。
〔二四一〕復奏令均派概縣　「概」，敷文閣本作「該」。
〔二四二〕毘連開化等縣　「毘」，敷文閣本、清抄本作「界」。
〔二四三〕吉安志　「志」，敷文閣本、清抄本作「府」。
〔二四四〕贛州府志　「志」，敷文閣本、清抄本無此字。
〔二四五〕名掛二藩案牘如山　「二藩」「案牘」原倒，據敷文閣本乙正。

〔二四六〕及方面有司勞朝廷遣侯伯領京軍征之乃弭　「廷」字原闕，據敷文閣本補；「侯」原作「候」，據敷文閣本、清抄本改。

〔二四七〕北通贛縣南康　敷文閣本下有「隘口」二字。

〔二四八〕有石龍一隘　「龍」，敷文閣本作「門」。

〔二四九〕南雄府　敷文閣本下有：「以下各府隸廣東、福建、湖南，因御史大夫莅治在虔，各府爲其所轄，録虔臺志，故並及之。」

〔二五〇〕韶州府　敷文閣本下有「隸廣東」三字。

〔二五一〕有林橋白茫黄公嶺三隘　「隘」，敷文閣本作「砦」，清抄本作「寨」。

〔二五二〕葵溪　「葵」，敷文閣本、清抄本作「蔡」。

〔二五三〕潮州府　敷文閣本下有「隸廣東」三字。

〔二五四〕際內　「際」，敷文閣本作「磜」。

〔二五五〕惠州府　敷文閣本下有「隸廣東」三字。

〔二五六〕北通龍南　「南」字原闕，敷文閣本作「門」，清抄本缺字，據下文補。

〔二五七〕汀州府　敷文閣本下有「隸福建」三字。

〔二五八〕處名　「名」，敷文閣本作「石」。

〔二五九〕漳州府　敷文閣本下有「隸福建」三字。

〔二六〇〕郴州　敷文閣本下有「新明南」三字。

湖廣備録上

全省圖經

荆域故稱山水瓌奇，郡邑碁布。談者各據專勝，耳食於所聞，致相牴牾，總之，則折衷於禹貢者爲著。昔禹之導山也，始於汧、岐，以次及於「熊耳、外方、桐栢，至於陪尾。導嶓冢至於荆山，内方至於大別，岷山之陽至於衡山，過九江至於敷淺原。」「嶓冢導漾，東流爲漢，又東爲滄浪之水，過三澨，至於大别，南入於江。」「岷山導江，東別爲沱，又東至於澧，過九江，至於東陵，東迤北會爲匯，東爲中江，入於海。」夫熊耳西導，循桐栢之源至陪尾，以奠漢陰諸山，然後上遡岷、嶓，析爲二導之。至其歸也，則嶓冢漢、漾咸至大别屬之江；岷陽江、沱，咸過九江受漢水之輸達諸海。故曰「荆及衡陽惟荆州，江、漢朝宗於海」，此其大勢也。據以考論全荆流峙之次，則西北而析，東南合之，相比攬結，若天塹焉，豈非形勢雄奥之國哉？廼摭舊志，原本於禹迹詮次之，令後此得觀覽焉。

南紀之山，自岷、嶓西北行，入於雍，驤首汧、隴，負終南之陽，摽二華，揭熊耳，掩上洛，迤而北，入庸、麇之墟，其郡爲鄖陽；有錫義山焉，漢水經之。東接穀山，遮桐柏，至栲栳、太平，其州爲隨，槎水出其東。其山曰厲山，有二穴，其下有九井焉，炎帝之所出也；其崛起爲大洪，虧蔽雲日，麓走京嶺，掖以五葉之山，逆漢而趨，羣岡翼之，其山曰純德，其郡爲承天，澨水出焉。折而東，歷隕阨三塞，蹠二吉、安、壽之間，至章山、陪尾郡焉，是曰德安；溳水出其西，漳水合之，若蝃蝀然。東度九嵕，連嵯峨、武磯，至於臨皋、赤嶼，其郡爲黄州。又東出爲分流白雲，至於鳳凰，其州曰蘄，巴、浠之水出焉。以上，禹貢「熊耳、外方至於陪尾」之支。黄州以接近陪尾，併入之。

自嶓冢遶漢源西上，趨而南，得南漳之荆山；禹貢荆山。迤而峙於均州之南境，攢立巖業〔一〕，其山爲太和，是爲神皋祝釐之宫；郡曰襄陽，隆中在其西，鹿門在其東，波漢之陽，峴山屏焉。從鄀城今宜城縣。逾漳，入於荆門，經内方，禹貢内方在荆門州。由西山，蹟故郢，至於章華，原野昀昀，四望如砥，其郡曰荆州；上控三峽，江水出焉，播爲大江。帶於郡，遵緑林，出高氏故堤，望壽寧，引句雍諸澨，禹貢三澨在今沔陽州。接黄蓬，歷烏林、陽臺、臨章，以盡於大别，其郡爲漢陽；漢水經之，入於江。以上，禹貢導嶓冢至於荆山、内方、大别；導漾爲滄浪、三澨，至大别，入江之支。

自岷山西南出徼外，包夷落，其南入佷山，經施州衛之連朱，黔水出焉，咽抗諸蠻，掖蔽武陵。當洞庭之西，其峙曰二酉之山，武山之石室也，其郡爲辰州；是多溪流，辰、沅紀之。從壺頭達思梅，覽大浮，以入桃源，其郡常德，德山麗焉，洞庭濱焉。逾澬源，循勝山、武岡、耶章、高麗，臨邵水之陽，而郡曰寶慶；有夫夷之水，都梁入之，會於澬。由龍山而東，陟青陽，表以祝融、紫蓋、岣嶁諸峰，爲衡山，鎮位朱火，是曰南嶽，其上有禹碑；有蒸水焉，合於瀟、湘，其郡衡州。循衡山之麓，西南馳，直抵蠻徼，介牂牁、武陵，得靖州之飛山、青蘿；跨粵西柳、桂之交，絡湘源，緣留洞、大湊以迄永山，其郡爲永州；九疑之山，舜之所藏也；水二：曰瀟曰湘。沿九疑，背遶衡陽，南趨石馬、黄相，臨郴州漸水，以接粵東之大庾嶺，引而西南，經贛、吉、袁、筠之境，入茶陵，歷雲陽、石姥、陽岐，至妙高峯，爲長沙之郡；其嶽麓有禹碑焉，湘水從郡北入洞庭。瀏陽而北，轉王笥、白鶴，至於巴丘，禹貢東陵。其郡岳州；其浸洞庭，九水歸之，禹貢九江。岷江注焉。沿東陵，掠金紫，上赤壁，瞰陸口，達下雋、龍泉，摩鷄翅以極於黄鵠之磯，是爲武昌會郡。復從樊口，歷黄始、龍蟠，盡興國州之域，北望蘄、黄，群山對踞，矗立如壁，江、漢從夏汭合流，東扼其中，乃下彭蠡，東北放諸海而壑。以上，禹貢岷陽至衡山，過九江，導江爲沱，過九江，至東陵，北滙入海之支。

山堂考索

江南所恃以爲固者，長江也。四川之地，據長江上游，而下臨吴會。蓋江水出岷山，經夔峽而抵荆楚，則江陵爲一都會。沅、湘衆水合洞庭而輸之江，則武昌爲一都會。豫章西江與鄱陽之浸，浩瀚吞納，而匯於湓口，則九江爲一都會。

督撫

巡撫湖廣兼贊理軍務都御史一人，開府會城，楚之全域咸歸節制，景泰年設。

提督軍務撫治鄖陽都御史一人，駐鄖陽府。先是鄖縣地界雍、豫間，山箐茂密，僻遏郡治。成化元年，饑民嘯聚山谷，撫之復叛，兵部尚書白圭帥師往征，乃平。七年叛，都御史項忠驅之去。二十年叛，都御史原傑平之。朝議建撫治鄖陽，即鄖竹山地置竹谿縣，割鄖陽地置鄖西縣，并鄖、房、竹山、上津等縣隸之；其河南割南陽、汝州、唐縣地，置桐柏、南召、伊陽三縣；陝西陞商縣爲州，割其地置南召、山陽二縣，併割漢中、洵陽地置白河縣；尋以荆南、上下關南、商洛、汝南道諸郡皆屬撫治。弘治五年，都御史戴珊疏於鄖陽府增置保康縣。嘉靖間，割德安隸撫治。隆慶末，議裁去。萬曆二年，都御史孫應鰲奏加提督軍務之銜。

總督川貴湖北都御史一人。嘉靖二十九年，麻陽苗叛，命都御史張岳討平之，尋鎮其地，開府沅州。四十二年，議革。後以巡撫貴州都御史兼領湖北一道。

臺察

清軍巡按監察御史一人。舊制：十年一差，按歷郡國，勾稽軍籍登耗，覈其數，上之大司馬。後革，兼領於巡按御史。萬曆二年，部議復差。

省轄

清軍右布政使一人。

清軍副使一人。

屯田副使一人。

分巡武昌兼兵備僉事一人。以上俱駐會城。

分守上荊南道兼九永兵備參政一人，駐澧州。

分巡上荊南道兼施歸兵備副使一人，駐荊州。

施州兵備僉事一人，駐夷陵。今革，以荊南分巡兼領之。

分巡下荊南道兼鄖襄兵備副使一人，駐襄陽。

分巡上湖南道兼郴桂兵備副使一人，駐衡州。

辰沅兵備副使一人，駐沅州。

蘄黄兵備副使一人，駐黄州。今革。分巡荊西兼兵備僉事一人，駐沔陽。

下江防兵備僉事一人，駐蘄州。

上江防兵備僉事一人，駐岳州。

帥領

鎮守湖廣掛平蠻將軍印總兵官一人。國初開鎮辰州，後徙常德，今駐會城。先年侯伯若都督無常員，今皆用侯伯，參將、都留行司、守備、衛所皆轄領之。

鎮筸參將一人，轄鎮溪軍民所、苗民土軍筸子坪長官司、滑石江土巡檢司，守禦灣溪、陰隆江、爆木、洞口、大凹、新地、寨陽、都容、牛隘、南陽等堡。

清浪參將一人，領清浪守備一，轄平溪、清浪、偏橋、鎮遠四衛，鮎魚站、南寧嘴、平溪寨、太平哨、岳山哨、梅溪站、梅花哨、通濟柳塘平哨、平蠻哨、德勝永定哨、武安大勝哨、相見站等堡。

靖州參將一人，領靖州、永道、武岡、郴桂守備四，轄靖州、銅鼓、伍開三衛，汶溪等九所，麻陽哨、小坡、蓬溪哨三堡。

興都留守司正留守一人。副留守一人。僉書一人。領衛三：顯陵、承天、沔陽；守禦所二：德安千户所、隨州百户所。

湖廣都指揮使司軍政掌印一人。僉書二人。領衛二十有四：武昌、武昌左、黄州、蘄州、岳州、施州、九谿、永定、長沙、茶陵、寶慶、衡州、永州、寧遠、辰州、沅州、平溪、清浪、偏橋、鎮遠、常德、靖州、銅鼓、伍開。

鄖陽行都指揮使司掌印一人。僉書二人。領衛五：鄖陽、襄陽、荆州、荆州左、瞿塘；守禦所八：均州、竹山、房縣、枝江、夷陵、遠安、長寧、忠州。

三江守備一人。初黄州岐亭設守備一人，後革。萬曆二年，都御史趙賢、御史李栻會題請復岐亭守備，移駐於三江口，轄武昌、武昌左、黄州、蘄州四衛，并赤壁巡司弓兵，主巡徼江洋，有警則與洞庭守備相策應；秋冬水涸，則巡緝麻城、黄陂、黄安，以防山寇。

鎮筸守備一人，轄地與參將同。清浪守備一人，轄平溪、清浪、鎮遠、偏橋四衛，鮎魚等十七堡。

靖州守備一人，轄地與參將同。初，參、備同駐靖州一城，萬曆二年，兵部以給事中張楚城疏請將參將移駐銅鼓，守備移駐伍開，下其議於所司。時都御史趙賢、御史李栻會議題覆移守備於伍開，參將仍駐靖州，不時巡歷銅、伍二衛，從之。

永定守備一人。景泰□□九永守備一人〔二〕，駐九谿。正德間併入施州。嘉靖初□□駐九谿如故。隆慶二年，議以岳州通判理餉於九谿〔三〕，守備移駐永定，轄九谿、永定二衛，大庸、安福、添平、麻寮四所，并桑植安撫司上下二峒。

洞庭守備一人，轄岳州衛澧州所華容、鹿角、安鄉、瓦口四哨。

鄖襄守備一人，駐襄陽，轄襄陽、鄖陽二衛，竹山、房縣、均州三所。

永道守備一人，轄永州、寧遠二衛，錦田、枇杷、桃川、寧遠、江華等所，白鶏、峽鎮等十五營堡、關隘。

郴桂守備一人，轄郴州、桂陽、宜章、廣安、寧溪五所。

荆瞿守備一人，轄施州衛大田所施南、散毛、忠建、金峒、龍潭、東鄉、忠峒、忠路、大旺、高羅、容美、盤順、木册、忠孝、鎮南、東流、臘壁、唐崖、上、下剌峒各宣撫、安撫、長官、蠻夷官諸司。

繁簡考

湖廣襟帶江湖，澤多田少，民俗慓輕，鮮思積聚，且道通九省，冠蓋輻湊，郵驛苦之。即今宗室日繁，繇賦日重，採辦之後，財力愈難，故其民率呰窳而難治，此其大較也。武漢、德安民貧地瘠；承天陵寢所在，費冗事繁；荆、岳、灊、沔之間，頻遭水患，盗且乘之；近日鄖、襄大水，盡損田廬；長沙地雖稍沃，税糧甲於他郡；黄州澆頑，常德困憊，辰、沅半爲賊穴；麻陽溪洞諸蠻，連結永、保，每肆劫争，去歲支羅之害，實由於此；衡、永僻饒，寶慶簡静，庶幾可爲，然已非復曩時比矣。

武昌府

地居津要，三國時爲吴用武地。夏口、魯口，吴嘗置督將於此。宋初鎮武昌。建炎中，議移鎮建康，兩浙西路安撫使葉夢得上疏曰：「建康居東南要津，實恃大江以爲險，然自豫章而東，長沙而北，江陵而西，下行數千里，控扼之會，皆以武昌爲襟帶。孫權建鼎，抗魏制蜀，倚爲用武之地，故周瑜、吕蒙因之以破曹操，擒關羽。晉元帝南遷，首命陶侃以龍驤將軍爲太守，故蘇峻之亂，卒賴其効。宋、齊之後，專事隴、蜀，不以爲意，侯景長驅無所忌憚，遂致梁禍。唐以鄂岳爲一道觀察，嘗委以重臣，至牛僧孺罷相，文宗復以鄂州爲武昌軍置節度使，特命僧孺守之。則歷代兼制江湖之意，大略可見。故知武昌實江東鎮戍之中，非但捍禦上流而已也。」順流南下，控扼數千里，曰大江；峭峙江口，與大别對，曰黄鵠山；環山而城，天塹爲固，乃今雄奠藩服，控馭吴、楚焉。東北爲夏口城，見前。梁爲曹公城，梁武帝起義兵，遣曹景宗築曲水城。及武帝攻郢城，又遣王世興屯兵於此。宋爲萬人敵城，鵠山頂舊有城，建炎中，草寇作亂，郡守命其上以强弩射之，寇退，因名。依岡負險，揚殳截流，敵不能窺焉。外此險而可據者，江夏東北四十里曰烽火山，其上爲烽火城，見前。二百里曰金城山，吴將陸焕屯兵處。北三十里爲滸黄洲鎮，南五里爲鮎魚口鎮，南六十里爲金口鎮。各設巡檢司。

武昌北枕大江，西北五里曰樊口，港口僅容一舟，最稱阨塞。史記云「西山鎖樊口之險」是也〔四〕。東一里爲金子磯，設巡檢司。西四里爲樊山戍，吴、晉以來戍守。唐有樊山府，南唐爲樊山砦。東爲鷄鳴關，爲上磧磯，在上磧湖口，江流險絶處。東三十里爲赤土磯，設巡檢司，今裁革。西九十里爲白湖鎮，南百一十里爲金牛鎮，各設巡檢司，按縣南有鐵山、牛馬隘、蝦蟆石口，而金牛鎮爲最要，蓋山寇出没之衝也。其江洋關隘曰三江口。地左通團風，右通七磯，三江合流，延袤廣闊。先年設有巡司，嘉靖中議革，乃致盜賊乘虚出没。萬曆二年，下江防僉事戢汝正議呈巡撫都御史趙賢、巡按御史李栻，行布、按二司覆議詳允會題，添設守備一員，管轄武、左、黄、蘄四衛，於三江口住劄防守，與洞庭守備迭爲表裏，上下應援。即於各衛輪撥軍餘共二百名，并移黄岡縣，議革赤壁巡司，存留弓兵一百名有奇，責付本官管領哨守，無事則訓練武藝，有警則操舟截捕。濱江有黄子磯，世傳黄巢置砦於此。嘉魚西七十里曰赤壁山、烏林磯，見前。西北八十里爲石頭口鎮，設巡檢司。東北爲岳公城，宋岳武穆征楊么，於此築城屯兵。四十里爲簰洲鎮。設巡檢司。蒲圻西八十里爲羊樓鎮。設巡檢司。咸寧西五里爲成山古寨。見前。崇陽南六十里曰東關，曰高梘山。寇盜經由要路，近設千總一人，督率民兵守禦。通城東南五十里曰幕阜山。見前。興國南九十里爲闔閭山，其下爲闔閭城、世傳伍子胥屯兵於此。史記：「吴王闔閭九年，子胥伐楚。」是也。子胥城，武昌記云：「吴王闔閭與楚相持，伍子胥屯兵於此。」西北三里爲古龍關，東六十里爲富池鎮，北六十里爲黄顙口鎮。鎮各設巡檢司。大冶東九十里曰西塞山寨，即道士洑磯也，設巡檢司。吴孫策攻黄祖，晉劉毅攻桓玄，皆破之於此。唐曹王皐攻淮西，亦砦於此山。東北四十里磁湖寨，東九十里李家港寨，東北四十里鐵山寨。西南六十里爲花油樹堡，堡據猴兒山，路通江西瑞昌，盜賊出没之衝。嘉靖中，同知林愛民立寨守之。隆慶四年，奉當道議，下江防道歲差武職一員，領興國、大冶民兵哨守。西南四十里爲黄茅寨。形勢峭峻，可避寇亂。通山東南二十里曰朦朧嶺堡，成化間，縣設三十五堡。嘉靖間，地方屢警，知縣吴道夫編立一十九堡，上三都六，下三都一十三。

凡爲關三，寨六，堡二十一，巡檢司十有二。

夫鄂都自赤壁鏖戰，吴人能以弱制强，此有天幸，非地利也。逮聖祖坐縛陳理之後，百姓不見兵革已二百年矣，上下宴然，遂稱樂土焉。顧城守之勢，雖倚江爲塹，而周覽四遐，曠無崇山複嶺爲之阨塞，乃上接洞庭，下通彭蠡，又故盜藪也，倏而烏翔，倏而獸逸，闖然一葉，箭激往來。往歲一葉青山〔五〕，已亡陳利兵而誰何者，況其甚乎？頃歲始集艨衝，練勇敢於鄂，時其江溢，令考鉦而遊耀之，雄矣！顧上、下兩江防之門户未鍵，中權之制，智者有隱慮焉。

漢陽府

魏、晉、宋皆爲沔口重鎮，漢水入江處，謂之沔口。屈完謂楚「漢水以爲池，雖衆無所用之」者。魏初定荆州，屯沔陽，後移理夏口。晉陶侃爲荆州刺史，鎮沔口。宋紹興中，賊人李成留漢上，經營襄、鄧，趙元鎮乞下湖北帥司提備賊情，上疏曰：「昨據本路制置使岳飛，申諸處探報李成、劉麟會合金寇，有直趨蘄、黄渡江之計。臣以本路正當要衝，控扼江、湖，實係行省利害。」「今李成尚留漢上，雖未聞追襲之耗，而經營襄、鄧，用意不淺。蓋輕兵追襲，爲患速而小，占據上流，爲患緩而大。」「上流一失，即自漢陽而下沿江諸郡，皆順流可至之地，不可一日弛備，非特防秋而已。」「所有漢陽沔口，係漢江下流，湖北帥司所隸，更望降旨嚴切戒約，過爲隄防，庶免意外不虞之患。」長江之險，與武昌共爲門户，曰大别山。春秋時，蔡侯、吴子、唐侯伐楚，舍舟於淮汭，自豫章與楚夾漢，子常濟漢而陣，自小别至於大别，即此。吴之所守者，禹功磯也，即吴王磯，在府城東北。吴、魏相持時，皆守此磯以爲險固。磯之旁爲鐵門關。古置戍守。商船鱗集，闤闠外屏，則今漢口。屬漢陽，設有巡檢司。而蔡店、沌口、新灘、百人磯，俱屬漢陽，各設巡檢司。劉家隔，屬漢川，亦會鎮，設巡檢司及縣丞一人，專駐捕盜。要皆防禦當嚴之地。漢、沔之間，湖泊遼曠，萑葦茂密，盜賊竄匿之區也。正德間，丘仁、楊清倡亂於漢川之同塚，嘯聚萬人，立寨沔陽麻洋，僞稱大王，劫鄉破邑，屢挫官軍。臺臣奏聞，以右布政陳鎬、副使蔣昇率漢，土兵擒之。嘉靖間，漢川風門河一帶上下數十百里，羣盜出没，截殺商船。知縣昌應時率兵捕之，盜拒戰，割應時左耳去。隆慶元年，羣盜白晝入劉家隔市鎮，殺捕盜人役，解其肢體，地方團保不敢窺。其猖獗如此。

凡爲關一，巡檢司六。

地接會郡，陵謁所經，水陸交輓，奔奏之臣，乘軺浮舳，銜尾而取道，故供億視他郡獨繁，乃僅僅取給於兩縣，其膚剥可知也。矧其地當漢水下流，歲一泛溢，導之不注，防之難遏，則蕩爲沮洳之塲，吏第束手耳。故其民不得已，棄耒耜而丐命於湖澤，可念也。然兩縣土風慓悍，漢川爲甚。劉家隔吭扼雍、梁，腋引吴、越，爲商舶之輳，稍稱繁殷。乃遊民時羣不逞，出没飄忽，莫可誰何。所爲不虞之戒，彌甚武昌云。

黄州府

於三國爲魏重鎮，見前。介淮、楚之會。爲黄之左臂，曰蘄陽。余章記：蘄爲江湖絶處，誠意公謂蘄江爲諸省要會，舟航往來必由之衝。長江、彭蠡，上下相接，波濤潏渤，蓋崇關天塹，英雄每憑恃焉。故蜀漢拒魏，必伸好江東，以藉長江之險。金人渡淮，岳節使乞親至蘄、黄，以議攻却。高皇帝於此首殪僞漢，成萬世鴻業。邇嘉靖中，撫臣屢疏，始設憲臣專督江防，與洞庭上游分上下焉。嘉靖丙辰，巡撫翟贊請設江防，未行。戊戌，巡撫陸杰復以爲請，始命僉事飭下江防兵備，駐蘄州。

黄岡西五十里爲團風鎮，設巡檢司。一百里陽邏堡，設巡檢司，見前。百十里有武磯山，後漢黄祖屯兵陽邏，蒐武其上。百三十里曰沙武口。即沙洑口，夏貴與元伯顔戰地。乃若麻城北接河南光、汝之竟，山谷盤阻，窮民逋匿，剽敚爲姦，有司捕問，彼此相持，憑藉險僻以爲窟穴。宋時據地設險，五關其要也。五關宋建，後圮。李亶奏乞復之。玉海載：淮南之關，黄之大活、白沙、木陵、陰山，即五關之目也。其關俱屬麻城。虎頭關，縣北七十里，抵商城縣界，形勢峻險，今立巡檢司鎮。元定宗元年冬，權萬户史權耀兵淮南，攻此關寨，進圍黄州。張柔從世祖攻鄂，亦乘此關。世祖乘大勝關與宋兵遇於沙窩，柔子弘彦擊破之，進與守關兵戰，大破之。黄土關，縣北九十里，抵光山縣界，形勢聳峭。金興定五年，復伐宋，僕散安貞本名阿海〔六〕，出息州，軍於七里鎮。宋兵據浄居山，遣兵擊敗之。宋兵保山寺，縱火焚寺，乘勝追至洪門山。宋兵方浚濠立栅，安貞軍亟戰〔七〕，奪其栅。宋黄統制團兵五千保此關。關絶險，素有備，堅壁不出。安貞分左右軍會巔瞰之，守關者奪氣，不能戰，攻之，潰，遂奪此關。入梅林關，拔麻城縣，抵大江，至黄州，克之，進克蘄州，殺略無算，獲宋宗室男女七十餘口獻之。白沙關，縣北九十里，亦抵光山縣界。去黄土關密邇，虜人往來，俱由此關。山路峭壁，委折而上。梁武帝置沙州，治白沙城。後魏因之，又置建寧郡，領建寧縣。大城關，縣北九十里，抵羅山縣界。元世祖己未八月入此關，宋戍軍皆遁。尋遣廉希憲招諸軍破之，悉縱淮民之被俘者。陰山關，縣北六十里，不甚高峻，而横斜盤繞。據高臨下，北望二十里，皆在目中。虜人初破黄土、白沙，亦由小逕以犯大城。騎兵數千先至關内，適射雉者六七人與之遇，遂用弩連斃兩騎，虜疑其有伏，因退走不敢犯關。後魏任城王澄督淮南，遣其長風戍主奇道顯攻梁陰山戍，破之，斬其戍主龍驤將軍都蠻侯梅雨祖云。外此爲修善關，在五關之旁。一百里爲長嶺關，北抵商城縣界。嘉靖中，盗起九龍灣，兵備僉事沈寵議建守備府於此，尋爲裁革。北八十里爲木陵關，齊、陳分界。齊置此，隋廢。一曰穆陵關。唐元和十二年，李道古代柳公綽鎮鄂，討吴元濟。道古自將出木陵關，士卒驕不能制，故戰不力，敵易之。梁天監三年，夏侯夔爲征遠將軍，西陽、武昌二郡守遣將攻平靖、木陵、陰山三關，克之。陳因定州刺史田龍升之叛，令刺史周炅討之。龍升使高景安軍木陵、陰山爲聲援，而升引軍别營山谷拒戰。炅乃分兵擊之，龍升大敗。爲黑石寨，亦抵光山縣界。又有康寨，下有包家莊，西有大言牌，俗傳關索西征經此。東六十里曰黿峰山，見前。西四十里爲鐵壁關，嘉靖中，西山盗起，分巡僉事林遂議設鵝籠山巡檢司。七十里爲岐亭城，舊爲岐亭廢縣。嘉靖中，盗起西山，撫按奏設兵備府，添注巡捕通判一人住劄，統督黄岡、麻城、黄陂三縣民兵防禦。通判羅瑞登建議創設公署，伐石甃城。四十二年，以新置黄安縣議革。按隋楊素居永安，造大艦，大舉伐陳。陳南康内史吕仲肅屯岐亭，素乃登陸先攻其栅，仲肅軍卒夜潰。一百里爲臺山寨。元世祖伐宋，至淮西臺山寨，命董文炳往取之。文炳馳至寨下，諭以禍福，不應。命文炳免胄呼曰：「吾所以不極兵威者，欲活汝衆也，不速下，命屠寨矣。」守者懼，遂降。鄭鼎從世祖南伐，初破大城關，繼攻臺山寨，擒守者胡知縣。熊吉曰：麻城四固之區，自昔南北分據，是爲必争之地。在吴、魏則滿寵、陸遜角其智，在晉、趙則毛寶、石虎効其力，唐李道古乘五關而元濟誅，宋李臯修五關而蒙古遁，元忽必烈、張柔入五關而鄂州鎮。昔人所謂固江者以淮而不以江，真有以識乎地險也。守土者内繕諸關，外嚴列戍，於守國其庶乎。黄陂西三十三里爲石陽故城，吴征江夏，圍石陽，不克而還，即此。劉表爲荆州刺史，以此地當江漢之口，懼吴侵軼，使黄祖於此築城鎮遏，因名黄城鎮。北八十里爲大城潭鎮。設巡檢司。蘄水西北二十里曰神山，吴孫權進兵赤壁，屯駐此山。西南四十里爲藺溪鎮，西七十里爲巴河鎮，各設巡檢司。北爲勝家河堡。地界羅田、黄岡、麻城之交，爲商旅通塗，頃年盜賊出没。萬曆乙亥，知縣劉憲請於院道，立堡勝家河阜，議以衛官一員住劄，督率守禦民兵，本縣六十一名，黄岡、麻城、羅田各一十三名。羅田爲鳳凰關，關有石刻云鳳凰把隘關。又有銅鑼關、石門關、甕門關、青苔關、栗子關、松子關、平湖關。八關惟甕門、青苔、松子、栗子、銅鑼最爲要害。爲光山寨，又爲周家寨、石瓏寨、鼓羊寨、熊岩寨、猴猪寨、觀音寨、望英寨、班竹寨。九寨皆依山據險，鄰淮、豫之僻〔八〕，去治遼遠，盜賊由此出没，武備不可弛也。東北一百里爲多雲鎮，設巡檢司。西七十五里爲滕家河堡。嘉靖二十二年，本縣劇盜竊發，兵備僉事沈寵議詳撫按處，給銀五百餘兩，檄行本府同知陳然踏勘，得滕家河要地，聚羅田、麻城二縣民力創置，歲委本府衛官一員，二縣各撥民兵六十人，更番守禦。近議革衛官，兵付多雲巡檢帶管往來督捕爲便，猶未舉行也。黄安割三縣肇置，嘉靖四十二年，麻城縣人李大夏等奏稱本縣金場姜家畈，接壤黄岡、黄坡邊隅，地近信陽、光山、羅山等州縣，路通牛頭山、牢山等寨，地僻民頑，官難遥制，盜賊出擾，數被劫殺，乞於姜家畈建設縣治，保障地方。事下巡撫陸杰備行各司道勘議。於時委黄州府同知袁福徵經始建縣，原設岐亭捕盜通判掣回本府，其民壯移留新縣守城。巡按唐繼禄疏略曰：姜家畈其地雖屬麻城，而中和鄉、兩河口諸處則隸於黄岡、黄陂二縣，由畈而東乃桃花鎮，則宋、元之故縣，而岐亭鎮則隋、唐之龍集縣也。自古兵争陸擾，俱常設關置站矣。逮我朝一統，則東路趨舒、蘄，西路趨郢、襄，官使絶不經行，政令卒難宣達。宜平税糧被其逋負，而上累有司；欒土被其創攘，而下傷民命。且密邇承天陵寢，接壤德安藩封，三縣之要害，一方之隱憂係焉。建設縣治，在今日所當急爲之所者。東十五里曰三角山，鄰接游仙山、柴家山。嘉靖四十二年，流寇嘯聚，本府同知袁福徵知會河南信陽兵備，調兵協剿，焚其巢穴。北九十里抵黄陂界曰老君山，西九十里爲仙居山，亦盗賊出没要害地也。北十五里爲五雲山，從龍霞舉，止通一徑，中有稻田，登之可瞰城中虚實，此誠蕭墻之險，不利於竊據者。頃邑人耿定向爲築講堂於山中仰天窩菴側，遊僧惡少，無容駐足矣。北百里曰天臺山，上爲黄楊寨，其上寬平，可容千家，以牛耳崖爲北門，甚險。元兵亂時，遂爲黄楊會衆所據。今爲遊僧所專有。此地四隅各遠縣治，且寬平峻險，終爲賊盗淵藪，豫宜防制。山有石刻二，一云：端平初，襄、漢、西淮爲韃擾亂，丁酉歲，浮、光失守。彼時欲立寨安衆，而難得地利，獨此山鼎峙，形勢險峻，四面如壁，止通一人往來，石竅泉湧，冬夏不絶，遂集衆在上創寨。由是光、信殘破之民，擁堡來依，屯聚十萬衆，果能全活。戊戌，丞相史嵩之都督荆、湖，孟珙制置差官旌賞，請總衆防拓江西，授命加職連歲捍守獲捷〔九〕。淳祐三年，義陽李太守知黄州，麻城民户復業，檢校本職，先守兹寨有功，遂檄再往經理九村，捍禦五關。其一嘉熙元年刻云：紹定乙未丙申，荆襄失守，連年侵入淮西，有彼近光山縣第三都水吉保操正將部本部民〔一〇〕，修開小臺山石門以防拓老小牲畜，韃兵數攻不利，退兵，衄而去。爲雙山關，距木陵關十里，抵光山縣界。兩崖萬仞，一竇九折，怪石欲墮，驚濤如雷，過其下者，雖勇夫健兒，未嘗不汗浹髮指，諸關不足言險矣。今設巡檢司。北三十里爲中和鎮，爲雙城鎮，各設巡檢司。北五十里爲吕王城，西六里爲金局關，又曰黄陂站，接壤羅山。北百二十里爲石門關。蘄州北百八十里爲大同鎮，西八十里爲茅山鎮，各設巡檢司。北十里曰兜矛山，元末兵亂，土人立砦於此。北一百二十里曰燕子崕，元至正間，汪不花團聚鄉兵立寨於此，禦紅巾賊。東南八十里曰翻車河城。鯨布背項羽歸漢，於此水涯築城。按水經注：蘄春縣有五水蠻，「左馮居岨藉山川，世爲抄暴。宋世沈慶之於西陽上下誅伐蠻夷」。廣濟南九十里爲武家穴，西南七十里爲馬口鎮。各設巡檢司。黄梅北二十里爲龍平山，一名鳳平，形勢峭險。宋時戚方嘗於此置寨。南百里爲清江嘴鎮，設巡檢司。西南七十里爲新開口鎮。設巡檢司。

凡爲關二十，堡三，寨十有二，巡檢司十有八。

黄州之於荆域，豈不稱要地哉！凡郡之帶漢者，襟江者，枕沅、湘與洞庭者，其流皆匯於武昌以下黄州。而黄州乃以百雉之城，横橥而束握之，猶門户之於堂奥也。乃其所籍與守者，朽艫鈍卒，毋足以當緩急。異時洞、蠡緑林，闖然一葉，往來箭激，巡徼之夫，第目逆而送之，太平媮惰之習，大抵然矣。在元末季，蘄、黄俶擾，蔓於海内，此已事之鑒，智者可勿慮乎？頃三江之備豫矣，疑未可以空名擁也，盍筴其以綢繆焉。

承天府

春秋時鄢郢名都，在晉則石城重鎮也。郡跨大江之東，因山以爲固。晉羊祜立石城即此。圖經云：子城三面墉基，皆天造也。本朝築城浚池，以爲垣蔽。近扼襄、鄧，遠控黄、鄂，漢水瀕郡之西，浸匯如襟，歷灊、沔入大江，帆檣南指，彭蠡、建康皆下流也。山川環阻，封疆雄固，龍蟠虎踞，足稱帝宅。閟宫攸奠，屹乎鞏萬世之基。頃年撫臣建議，欲益兵荆州，而割漢、黄軍伍以衛郢城，良有見於輔車相倚之勢也。斯固扞護園陵之重計矣。嘉靖庚子，都御史戴時宗議，以承天府舊爲安陸州治所，舊時議割安陸等州縣軍衛以屬撫治，蓋當時有事之際，實欲藉安陸等處内地之兵，以成控制三省之勢。今既爲陵寢重地，則又當藉荆、襄、鄖三府之力，以爲保護之規。向年割承天以屬巡撫，不但於控制三省規模稍失，而且於陵寢重計，慮亦未周，萬一鄖、襄有警，則二府之地既已坐困，而内地又無可調之兵，法當受弊。但承天府縣既已奉有特旨，今留守二衛，其勢再難分割。竊以物之所壞，必先於邊，今荆州跨楚地上流，古人以爲最重之地，實安陸之邊也。原設左右等衛，爲楚地萬年重計，尚當於荆州益兵。今又割左衛以益承天，勢愈單弱，若荆州有事，則承天必不能安枕而卧矣。或謂趁軍士未動之際，再加熟議，於漢陽、沔陽、黄州内地軍衛，各割一二所，湊爲護衛，則猶可以防其萌也。

其險而近郡者，鍾祥西北十五里爲飛山，其上爲飛山堡，四面陡絶，其上平廣，夷人保險之所。宋大觀初於此置堡。西十里爲馬王城，楚馬氏時，飛山峒酋潘全盛遣其黨陽承磊略武岡。馬氏遣吕師周討之，援蘿躡石，直抵飛山，分軍布栅，全盛大駭。承磊來戰，師周破其軍，縛降者爲鄉導，襲飛山，擒全盛，斬之，盡平巢穴。爲諸葛營，諸葛亮撫谿峒諸蠻，嘗駐軍於此。西樂城，周三十里，甚險固。城側有谷，名容裘谷，道通益州。山多郡獠，諸葛亮築此防之。梁州刺史楊亮乃即險之固，保而居之，爲苻堅所敗。後刺史姜守、潘猛亦相仍此城。城東容裘溪水注之，俗謂洛水。水南遵巴嶺山東北流。左有故城，憑山即險，四面岨絶，言漢昭烈遣黄忠據此以拒曹公。皆古所必守也。今之關三：陽春門南門。

外爲南津關，城北十五里爲直沙關，南三十五里爲唐港關。國初每關設軍五十人戍守，後並省。其諸地險，京山西九十里曰耶屈山，山勢突起，綿亘數十里，寔爲興都左鎮云。潛江曰俞潭城。在棠梨岡。沔陽之關四，爲荆江口關，城外半里。襄江口關，城外里許。北四十里爲范溉關，六十里爲侯埠關，爲沙鎮，爲茅鎮。鎮各設巡檢司。屬尖刀嘴之東北，抵漢川界，曰鷄公洲。大盗嘯聚猖獗，劫殺人財。嘉靖甲子，分巡吴僉事議呈兩院，詳委沔陽衛百户一員，督領哨兵，駐彼防守。邇來稍獲寧謐。屬沙鎮之東曰邵洲腦。聯絡九真白湖（即太白湖），四望一壑，黠寇潛匿枝浦，伺商舶經由，劫掠爲梗。萬曆癸酉，分巡僉事佘一龍議呈兩院，詳允行州設哨船五隻，定委沔陽衛指揮一員，督領沔陽州及景陵、潛江民兵分布巡緝。江洋自此稍静矣。景陵東八十里爲乾鎮。設巡檢司。荆門大江北岸，與荆門山相對，曰虎牙山，其上爲虎牙關，州南五里，下有虎牙溪。昔公孫述遣田戎等依二山作浮橋拒漢兵，漢遣岑彭攻之。偏將軍魯奇船逆流而上，直衝浮橋，因飛炬焚之。彭長驅入江關。西曰蒙山，上有西堡寨，世傳元壬辰中，紅巾賊起，鄉人立以避難。北一里爲東關，宋知州聶炳與紅巾賊戰於此。南二百里爲東寨，紅巾賊起，千户梅春立以禦寇。東南一百四十里爲沙洋鎮，宋將邊居誼築爲新城鎮，設巡檢司。東爲建陽鎮，北九十里爲樂鄉鎮，百二十里爲仙居鎮，各設巡檢司。二十里爲收溪寨。當陽東四十里爲磨城，爲緑林寨，見前。北六十里爲長坂，見前。百里爲漳河口鎮。設巡檢司。

凡爲關九，寨四，堡一，巡檢司七。

德安府

北通豫、淮，南開江、漢，應山之高貴山，孝感之黃茅嶺，隨州之栲栳山，皆與申之三關，形勢聯絡，上接襄陽，下連泗、鳳，圖經所謂中絡也。華翠微讜議云：「漢中之地，屯黃岡、漢陽以斷安、復之衝；屯襄陽、樊城以斷唐、鄧之衝。此其選擇形勢，精據利便，固無可議。」然「取漢而言，自長樂、平林、新店、陽城、石井河、步石河而入安河，固足以入漢；自桐栢范莊、馬岡、補口、勸羊湖、營河而入隨河，亦足以入漢矣。然應山大靖，尚有鄉兵團結；土門九里，尚有舊關故壘，敵雖赴險而來，亦不足畏。至若自唐州、潮陽分界山至棗陽，自車橋、湯川至郢州，自湖窊走馬崗、道人林、上石至隨州，則北自唐、鄧，南至漢水，無林可依，無澗可隔。雖有滚河守把之卒，而地無關隘，不足以扼其衝；雖有華陽、棗林義勇之兵，而勢非險阻，不足以抗其鋭。賊若勁征此徑突入漢右，復取樊城柳林山、谷石堰、長蘭、白木等處，直渡漢水，北據荆門虎牙、斑竹、馬梁諸關，以爲自固之策；南據江陵、建陽、潛江，以爲屯守之計。置襄陽於不攻，而前襲荆南，則襄陽已在其圈圓之中；棄光化於不争，而遠憑巫峽，則光化已居其囊括之内。所謂三巴之險已塞，而吴、蜀有離析之憂；荆、襄之區不完，而江、淮無犄角之勢。此隨州、棗陽之虚實，荆、襄之得失係焉。近日諸將，惟以重兵固守神馬坡、樊城，而車橋、胡窊、上石，反視爲不急之所，故賊兵大入於安、復、郢、隨之境」。「自今宜令行下帥臣，搜尋險隘，分兵固守，差官節制，明立斥堠，近置策應。」一帶峰巒險峻，惟諸關鳥道，僅通往來，楚北要害，莫重於此。隋以隨起，唐於安陸置都督府，金、元南侵，以得三關爲利，自古用武之地也。正德中，流寇入境。嘉靖中，移鎮平靖關南，與申陽共守之，應山縣知縣王朝璲議得城外四山環遶，塔兒岡、楊通岡、應臺山、東岳觀尤高平近縣，登之可窺城中虛實。縣東叢山峻嶺，武勝關、黄土關、土門冲、草市冲、九女岩等處隘口，僅通盜賊出没之處。行者關尤爲要害，比年流賊劫掠，皆由行者關入。假令狂夫領衆先據，有居屋建瓴之勢。請將平里市巡檢司官兵徙至於此，使之常川盤詰，巡邏各關各冲，一遇有警，率衆保禦。復設憲臣專督江防湖禁，以飭備焉。

其諸地險，安陸爲諸葛寨，在羅陂村。舊傳蜀諸葛亮所立。南二十里爲高竅鎮。雲夢東十五里爲興安鎮。設巡檢司。應城北二十五里爲崎山鎮。設巡檢司。孝感東北三百里爲九里關，即古大隧塞。北百二十里爲新店小河溪，設巡檢司。溪即漢王常起兵新市鄰接之地，邇來鞠爲盜區。萬曆二年，兵備余一龍遣兵守禦，殲其渠率，稍獲寧輯。東四十里爲馬溪河。設巡檢司。隨州接壤河南曰李家壩，隨當晉、魏之衝，先茅賊寇境，隆慶間添設同知，建公署於連界李家壩、出山店之陽，團練民兵。近按院陳于階諭令整辦器械，申飭防禦，民以安枕。北八十里爲仵水關，西北八十里爲唐縣鎮，一百八十里爲出山店，爲梅丘鎮，爲合河店，各設巡司。西八十里爲鐵嶺寨，南百二十里青林寨。北八十里天王寨。西南一百二十里曰大洪山。連接京山，高十餘里，四面陡險，上有田疇，中襟大湖，雲氣淼茫，可容竄伏。靖康中，避寇之人立寨栅自保，賊竟不能破。應山北六十里爲平靖關。即鄳阨塞，今設恨這關巡檢司。諸關寨皆險固，平靖尤爲要害。黄土關東一百二十里爲武勝關，即古直轅塞。左傳定公四年，蔡侯與吴子、唐侯伐楚，還塞大隧、直轅、鄳阨。註：三者漢東之隘道，昔人謂堅守三關，則安陸以南可以無虞。東北二十里爲鳳見關，百三十里爲武陽關，北九十里爲白鴈關，東二十五里爲黄陵寨、平康寨，宋人避兵處。北四十里爲鍋底寨，興安寨，險峻加於諸寨。楊平章立。東北四十里爲牛心寨，鵶狐寨，八十里爲婆婆寨。舊傳婦人聚衆避兵處。西北五十里鐵城寨。東北六十里龍爬寨。

凡爲關八，寨十，巡檢司十。

德安郡邑，其山皆自鄖阨之塞蜿蜒而南〔一二〕，出爲高原。其平陸曼衍，山溪雨集，湍洶激觸，時或瀰漫，然立可待涸，故鮮水患，猶足爲樂土。乃今盧井田疇如故，而彫弊之形漸見者，何也？賦役日起，而游民之耗食者衆也。至於孝感裔境，與羅山、信陽，三方介踞，複嶺長林，蓋昔周平王所爲戍申之地，而卒伍弗守，漭然迥野，故盜得恣睢焉。邇始繕治埄堡，陳兵而扞掫之，董以百夫長，然後疆禦漸戢，而申、安之間，稍稍稱奠枕矣。故軫民之勤，與之休息，驅浮細而緣南畝；不爾，歸其籍諸戍卒守望者，令與團保相表裏，而嚴其逸盜之罪，嗣後無弛備焉，鄖民其有賴哉。

荆州府

自古爲重鎮，居江左上游，春秋時，楚子自秭歸徙都荆渚，傳國六七百年，固據險致然也。左司諫吴表言大江之南，上流最急者，荆南之公安、石首。介巴、蜀要會。湖北要會在荆峽。劉表時軍資寓江陵，昭烈時重兵屯油口，關羽、孫權則併力争南郡，陸抗父子則協規守宜都，皆荆峽之封境也。瀕城東北，納沮澤諸匯，綿亘數百里，爲江陵天險，曰海匱，亦曰北海。見前。三國時，北得之，則據吴、楚上游以制南土；南得之，則據襄、漢要地以圖北方。故魏武一平荆渚，遂欲睥睨長江；周瑜方鎮海陵，輒計長驅中土。若西陵則爲之門户，西陵即夷陵，吴人於江磧要害處鐵鎖横截之，又作鐵錐置江中，以逆巨舟艦。晉王濬作大筏觸錐，作火炬燒鎖，於是船無所礙，遂克西陵。陸抗上疏略云：臣父遜昔在西陲，陳言以爲西陵國之門户，雖云易守，亦復易失。則匪得失一郡，即荆州非吾有也。如有不虞，當以死力争之。襄陽則爲之北津。自江陵而圖北方，必經襄陽。則襄陽固荆之北津也。本朝鄢、郢之地，鎮以重臣，有聲援犄角之勢，無南北必争之虞。嘉靖間，宛、許寇亂，已切於鄰之震，癸丑秋，巨寇師尚詔爲亂，旋殄戮。而居守慮攻，封疆吏能無先事之防哉？邇者撫臣建議，欲於荆渚厚益兵衛以增重式廓，議見承天險要註。蓋亦宋人固江陵以重上流意也。宋理宗時，中書舍人遠甫劄子，一曰固江陵以重上流之勢，謂以京、湖諸郡，仍舊併歸一帥，總制江陵，且撥湖南九郡隸之，庶幾形勢便順，事力從容，經理上流，莫急於此。建武初，孔雅圭徙南郡太守，魏人入寇，上表曰：匈奴爲患，自古而然。今宜早發大軍，廣兵勢，徵犀甲於岷、峨，命樓船於浦海。俾沿江入漢，雲陣萬里；自青徂豫，堠騎森羅。據險要以奪其魄，斷糧道以折其膽。多設疑兵，使精析而計亂；國列金湯，使神分而慮屈。何憂玉門之下，無款塞之期哉。

其諸地險，江陵西三十里爲虎渡口鎮，東南十五里爲沙市，一百二十里爲郝穴口。各設巡檢司。公安西北三里爲油河口。設巡檢司。石首東二里曰龍蓋山，上有石秋，號曰龍穴。唐李衛公征蕭銑，取道江陵，屯兵此山。南六十里曰焦山，與東山控接華容縣界。相傳焦公於此耀兵。東六十里爲調絃口。設巡檢司。監利南一百四十里爲白螺磯，東八十里爲瓦子灣，西三十里爲窑圻，各設巡檢司。松滋南九十里爲西坪寨，昔人屯兵處。宋、元時置有巡檢司。百里爲紅崖寨。設巡檢司。夷陵境爲安蜀城，陳宣帝征江陵，後周軍於峽口，築壘以備之。爲陸抗城，在孤山下。西北五里爲赤溪，東合大江，晉陸抗討步闡築城之所。二十里曰峽口山，兩岸壁立，蜀江西來，波迴最惡。梁武陵王紀伐江陵，湘東王繹遣人屯兵於此以拒之。北十五里爲南津口，設巡檢司。金竹坪。設巡檢司，今裁革。長陽爲梅子八關，四在江南，四在江北，俱元時建，以備峒蠻。今改設蹇家園、漁洋關二巡檢司。南七十里爲古捍關，本佷山縣地，蓋楚肅王相蜀處，即扞關。李熊説公孫述東守巴郡，距捍關之口。張儀説楚舫船載卒下水而浮，不至十日而距捍關。鹽鐵論「楚自巫山起方城，屬巫黔中，設捍關以距秦」是也。又界魚腹，有江關。公孫述傳使任滿「下江州，東據捍關」；遣田戎、任滿「出江關，下臨沮、夷陵間」是也。又七里爲紅崖寨。又十里爲風火寨。三十里爲小城寨。五十里爲山寨。三百五十里爲珍珠寨。爲招來堡。近夷人界。弘治中設枝江守禦千户所守之。宜都東北五十里爲普通鎮。設巡檢司。按吴應台議：成化間流賊出没，奏設守禦。近司署壞敝，官僦民居，家寄僧舍，新志謂極當裁革。但地僻山多，鼠竊貽患，何如存羊，頗示畏警。兹欲增修，不如暫罷守禦一年，徵收弓兵工食，用以近山買田，棲官之家衆，依寺構司，爲官之巡所。庶規制更新，而地方永賴矣。遠安南七十里爲南襄堡。成化中設遠安守禦千户所守之。歸州曰弱關，水經註：「弱關在建平秭歸界，昔巴、楚數相攻伐，藉險置關以相防捍。」東十五里爲南邏口，西九十里爲牛口鎮，各設巡檢司。二十里爲猫兒寨。興山東一百二十里爲箬葉塢，路上鄖、襄，長四十里，叢林怪石，過者聚衆方入。爲高鷄寨鎮。以金竹坪巡檢司移置於此。巴東東北三十五里曰石門山，見前。西南五十里曰安居山，山高千仞，廣百里，四面懸崖絶壁。上有三路，一稍平坦可行，二路陡峻難上。昔多避兵於此。西北六十里曰小戒山，其山極高峻，惟通一道，從崖峯間過，止容一人。過此山，則地平曠，容百餘家。昔時居民多避兵於此。五十里爲連天關，設巡檢司。南五百里爲石柱關，設巡檢司。此皆必守之地也。

凡爲關十有二，堡二，寨八，巡檢司十有八。

夫荆州地衍而物豐，懸衡區夏，故三國鼎踞，鬩然交而争也，夫亦以其形勢便哉。國家分樹同姓，以行部使者專按其地，郡領州縣，多夾江而參布之，若鎖鑰然，故餘二百祼而提封晏如，以勢得也。顧松滋而上，地與山半；江陵而下，地與澤半。依岨之民慮旱，而厥守在夷；環沮之民慮潦，而厥防在寇。比歲江水數溢，民靡寧宇，其高原則熯蝨黑鼠爲災，稱憊極矣。乃三峽之北，洞庭之西，所謂夷若寇者，亦時時煩刁警焉。今楚諸郡吏束手而乏善筴者，不荆獨哉。戒戎備，葺隄防，乞蠲恤，補荒堋，其要務矣！

岳州府

古有苗氏之地，九江翕會，介潭、鼎、巴陵之交，曰洞庭，蓋實建康上游，東南巨浸。左司諫吴表言江南七渡，上流最急者，岳之北津。宋紹興間，楊么據以爲巢，岳制置擊之，其技始窮。楊么乘大水破鼎州，仍走入洞庭，浮舟以輪激水，其行如飛，旁置撞竿，官舟迎之輒碎。湘州制置使岳飛伐君山木爲巨筏，塞諸港汊，以腐木亂草浮上流而下，擇水淺處，遣善罵者挑之，且行且罵。賊怒乃戰，則草木凝塞，舟輪下行，飛急擊之。賊奔港中，爲巨筏所拒，官軍乘筏張牛革以蔽矢石，舉巨木撞其舟盡壞。么計窮，赴水死。每歲夏秋之交，岷、峨水溢，自荆渚汎湖，波濤浩渺，往往寇盜乘之，操舟嘯聚，莫可詰禦。按荆寇入湖有三道：或由荆江順流直指城陵磯；或由調弦口入夏水，經華容；或由虎渡達會口，下安鄉，遡景港、黄洋，入赤沙。故成化中，指揮卜馬祥、劉震三面受攻，身死士溺，而盜卒莫獲也。乃今設立江防統率守備，而禁斯厲矣。洞庭湖延袤千里，自古盜賊淵藪。東接長沙府，設有鹿角、營田、喬口三巡檢司，及湘陰、磊石、六子口、鹿角四哨，官軍防守。西南接常德府，設有古樓、鼎港、小江三巡檢司，及洪沾、沅江、明山三哨，官軍防守。東北下流通嘉魚、武、黄一帶，長江灣汊尤多，逕通沔陽湖，流賊出没，沿江設有城陵、白螺、鴨欄、茅埠、石頭、簰州、新灘、百人磯八巡檢司，及東江、茅埠、竹林灣三哨，官軍防守。西北上流荆河，設有瓦子灣、窑圻、黄家穴三巡檢司，及華容、安鄉、羌口三哨，軍兵防守。嘉靖初，設江防兵備僉事統攝之。先是成化間，設巡視戎職，以都指揮體統奉勅守備。自設江防而守備之勅裁矣。其守備所轄，自湘陰、沅江下通監利、嘉魚云。若夫邊境鄰接瓠夷，重岡互林，險阨斯大。洪武間，山酋覃垕連搆諸峒爲亂，尋致蕩平，獠夷率服。洪武三年冬，覃垕叛，以江夏侯左丞周德興帥兵至慈利。垕恃巢穴險固，分黨守要害。德興命奇兵破其數栅，直擣温湯。垕猶率衆守關，德興拔其關，賊乃大潰。明年三月，擒垕以歸。又洪武二十二年春，千户夏德忠誘九谿峒蠻復叛。上命東川侯胡海討平之。乃建九谿、永定二衛，以塞谿峒襟喉。九谿去府八百四十里，永定去府九百三十里。二衛與下大庸、安福、添平、麻寮、桑植，俱慈利縣地。九谿東通容美，宣撫司。西達桑植，安撫司。上下二峒，其餘十八峒爲桑植、美平、朝南、那步、人士、黄河、魚龍、夾石、若南、捍坪、鼇遼、金藏、柘山、爛岩、黄家、板山、龍潭、書洛，皆屬桑植。苗獠出没，初置添平、麻寮以捍於東，其隘各十；添平、麻寮皆守禦千户所，每所掌印土官千户一員，巡捕漢官千户一員。添平所屬十隘，爲鷂兒、龍溪、長梯、磨岡、遥望、漁洋、石磊、忠靖、走避、細沙。麻寮所屬十隘，爲黄家、九女、靖女、攔刁、青山、山羊、櫻桃、曲溪、梅梓、宋所。每隘各土官百户一員掌印，以防守容美夷寇。隸籍土軍，則皆石門、慈利二縣民充之。置安福以控於西，其關有四。安福千户所，防禦桑植二峒夷寇。四關爲九淵、閘口、野平、□江，每關旗甲一人，督同哨瞭人犯把守。其在慈利者，又有油羅、大泉、于制、野鷄等關。而永定西通永順，永順宣慰司亦苗夷出没之地，隔永定百二十里。北抵九谿，控扼南裔，與九谿相爲唇齒，距九谿衛一百八十里。兵防久廢，本衛軍千餘人，先年以其半調守清浪，以其半鎮戍廣西，今竟不復。三關之險，僅寄空名。三關：龍伏，去衛西北百二十里；後坪，去衛東南四十里，皆永順夷人出没之所，久不置兵把守。黑崇，去衛東南百三十里，先年設百户一人，把守桑植等處峒寇，今防守藉於九谿，本關亦盡廢弛矣。所藉以捍禦者，爲大庸一所、守禦千户所，去衛三十里。其衛所軍士，俱國初江、浙、蘇、松等處人民隸戎者。其屬大庸者，又有那平、邊岩、下青魚灘三關。茅岡一隘而已。正統中招撫才五十户，立其酋爲峒長，今附屬永定衛，令其世守兹隘，自耕自食。蓋亦徒存守隘之名，而非我族類矣。其金藏、桑漢二隘，太平、百丈、新政三關，咸屬永定焉。備禦之關，有隱匿焉。

外此稱險者，巴陵南五十里爲鹿角鎮，設巡檢司。按巴陵有道士洑，地志即古之東陵。莊子載盗蹠死利於東陵之上，蓋據波憑濤以濟其姦凶。其地至今猶爲盗巢云。臨湘北十五里爲鴨欄鎮，西南四十五里爲城陵磯。各設巡檢司，又設有土門巡檢司。平江東南二里曰昌江山，吴將魯肅屯兵處。東北百里爲石牛山，山多岑石，有大寨，石大者可容萬人。又有密巖寨、黄陽寨。長壽鄉有長壽鎮。設巡檢司。華容南爲古樓寨，南五十里爲赤亭城，見前。六十里爲明山鼓樓，成化初，洞庭賊出没，州衛分兵哨守。設有巡檢司。東北百十里爲黄家穴。設巡檢司。澧州泗水口爲糧倉哨，州北七十里，東接安鄉湖口，北連荆江。每值水溢，荻蘆蔽岸，枝港四通，爲盜淵藪。隆慶三年，分守馮成能創設兹哨，歲遣千户一人，督統操兵戍守，地方賴之。東二十里爲嘉山鎮，設巡檢司。西北二十里爲三江口關，七十五里爲古城岡。相傳昔人屯兵之所，今營門遺址尚存。安鄉爲小黄山。元熊義山築城其上。慈利爲白抵城，見前。賓郎洞，見前。爲安福寨，又爲索口寨西牛寨武口寨禮州寨。東九十里爲羌口鎮。成化初，洞賊出没，州鎮分兵哨守。乃其北連獠峒，則石門夙稱巖邑，可令失守哉！成化二十一年，以縣無城池，議撥九谿衛官軍五十二員名哨守。

凡爲關十有八，寨九，隘二十有二，峒二十，哨八，巡檢司八。

概論經岳之略，則石門、慈利，山[illegible]崎嶇，篁笮蒙茂，是邇九苗；洞庭渼浩，達於岷江，建瓴而下，揚舲風鶩，頃刻千里，萑葦之盜，時或肆志焉。故分澧守臣飭備九、永，江防專道彈壓洞口，用以扼吭谿峒，横鐍江湖，而坐銷逆節也。法曰：恃吾有以備之。澧之控，日虞其反側，蓋岌岌然矣，江防上游，得亡單弱之慮乎？誠募勇敢，益艨艟，選地而署之，令民又各以其族自爲圖保，諸翼夷者，藴寇者，令詗察之，軍衛之職守望也。或選愞媮惰，籍以爲市，而縱其出没者，必置之法焉。即有狡若楊么，技若槃瓠，不煩尺組縛矣。若乃華容、安鄉，歲苦水患，蓬纍而處，幾無人色；巴陵、江、湘，廬井不改，彫瘵半之，邦本之慮，不當懔懔而銜恤之乎？

襄陽府

爲歷代攻守之地，商王中興伐楚，詩頌殷武，周宣伐淮夷，詩賦江漢，皆其地也。引唐、鄧爲屏蔽，河南唐州、鄧州。依荆渚爲唇齒，方城、漢水，屹然天塹，故進可以盪秦、趙，退可以保上流，其險誠足固也。春秋時，楚成恃此，旅拒桓師。齊桓攘楚次陘，問其包茅不供，成王恃有方城、漢水，應對不屈，後始服來盟。南宋時爲僞將李成所據，遣將岳飛收復之。紹興中，襄陽爲成據，朱勝非謂當先取之，上曰：「今就委岳飛如何？」時飛爲江西制置使，駐軍鄂岳，趙鼎曰：「知上流利害，無如飛者。」上命飛收復，率王萬等自鄂渚趨襄陽，朱勝非許飛迄事建節，趙鼎請上親筆詔監司帥守餉飛軍無闕。飛等進軍，於是劉豫求救於虜。虜乃以兵俱來，我師與遇，連戰，大破之，遂復襄陽及郢、隨諸州。飛分遣王貴、張憲連擊賊兵，又復鄧州，軍勢大振。上謂宰執曰：「岳飛既收復襄、郢，粘罕聞之必怒，況今已是六月下旬，便可講防秋事。倘虜人南來，朕當統諸軍分途迎敵，使之無遺類，即中原可復。」初飛遣張憲引兵攻隨，月餘不能下，牛臯請行，乃裹三日糧往，糧未盡而城破。飛進復郢州，董先頗有功。李成聞郢州失守，乃棄襄陽遁去，與虜僞合兵屯鄧之西北。飛遣王貴、張憲至城下，賊兵來戰，董先出奇兵邀擊，大破之。賊將高仲入城據守，將士蟻附而上，遂克之。飛移屯德安。捷奏至，上曰：「朕素聞飛行軍極有紀律，未知能破敵如此也。」本朝克僞漢以舉全荆，則鄢城四戰之地，皆今日當守之域。顧所轄州縣，間列萬山中，逋流嘯聚，爲患叵測。乃設臺臣開府鄖陽，裂地合馭，其臺臣先後建白備禦之謀詳矣。巡撫原傑疏見文編。又巡撫王恕疏略曰：襄陽、荆州二府地方，接連陝西、四川、河南要害去處，因無盤詰，各處流移軍匠、僧道人等往往來彼，或耕山，或結庵，歲久爲非。看得房縣板橋山、穀城縣石花街、南漳縣七里頭、襄陽縣油枋灘、當陽縣漳河口，俱係强盗出没緊關去處。合無將前項地方，每處設立一巡檢司，僉點弓兵，常川盤詰，附籍者聽其生理，不附籍者發回，私造庵觀者拆毁，無度牒者解發問罪還俗，無文引者不許擅入前項山場，則關防嚴謹而盗賊漸消矣。申嚴預計，責在官封疆者非乎？

其諸地險，襄陽西南三里曰虎頭山，其上爲鹿門堡、新城堡，見前。西三十里爲油枋灘，賊多出没，設巡檢司。西北三里爲樊城關，設巡檢司。爲柳關，西有七里店關，七十里爲雙溝鎮，設巡檢司。九里爲老龍堤關，東臨漢江，西抵萬山，袤十里。襄陽城東賴此捍護。十里爲東津渡關、高頭堡、石門堡，南七里爲鳳林關，九里爲觀音閣關。宜城東爲犂丘城。南漳西北七十八里曰荆山，三面險絶，惟西南隅通行。西三百里爲碼碯關，西七里爲七里頭鎮，東五十里爲方家堰，西南百五十里爲金廂坪，以上三處，各設巡檢司。西三百五十里爲隘門關。穀城南六十五里爲高山堡，西五十里爲石花街。設巡檢司。光化西二十五里爲左旗營。設巡檢司。均州西八十里爲黑虎廟，設巡檢司。東南八十里爲小江口關，北五里爲槐樹渡關，六十里爲油瓶關。

凡爲關十有二，堡五，巡檢司九。按唐憲宗經略諸鎮，宰臣李吉甫嘗圖上地形，坐覽要害，隃定策畫〔一一〕。後三百六十有三年，刻板於襄陽，豈非以襄爲要地哉？

襄陽居楚、蜀上游，晉庾亮謂此地其險足固，其土足食，誠天然之形勢也。且東瞰吴、越，西控川、陝，南跨漢、沔，北接京、洛，水陸衝輳，轉輸無滯，與江陵勢同脣齒。昔之英傑，以此郡當建業爲左右臂，地利無敵焉。顧國家承平既久，武庫矛戟，俱化爲鑁鋤，横衢四達，吏日吮民之膏以潤輶軒之轂，不且坐罪矣，奚暇爲邦本計。設中原有事，能無煩於經營乎？故襄陽之患，不在水旱，而在要害之無處。往年嘗築樊城，議者迂之，故旋築旋圮。夫襄之於樊，猶武之於漢也，一水衡之，南北之犄角固於是乎在。城復不起，將撤其蔽而召之寇也，即方城、漢水，於地利何有哉？

鄖陽府

僻在荆北一隅，接壤雍、豫。國初流逋甫定，成化中寇起，乃設重臣控制，爲中原巨鎮，尋置郡縣及都司兵衛，守以官軍，百年寧謐，其功隆矣。正德中，添設總兵，旋罷。至正間，流逋首難，至殺襄州總管而莫之能制。國初令中國公鄧愈以大兵掃其穴而空之，禁流民不得復入。成化初，又有劉千斤之亂，乃尚書白圭、撫寧伯朱永、總兵李震會兵討平，增設防守，始以副都御史楊璿撫巡其地。未幾，李鬍子、小王洪等復亂，右都御史項忠平之，遂留撫其地，未幾召還。不數年，流民復聚，左都御史原傑至，處置附籍丁口，設府縣以統理之，都司衛所以控制之，鄖始有府及司衛，時成化十三年也。是年，湖廣鎮守等官奏荆、襄二府，山深地廣，流民爲患，難於撫治。乃勑修理太和山少監韋貴兼分守荆、襄地方。先是原傑薦御史吴道宏於上，奉勅巡按湖廣，提督八郡軍民。事竣，進傑兵部尚書，留道宏按其地，撫治荆、襄之任，則河南巡撫李衍攝之〔一三〕。至十五年，始命道宏撫治鄖陽等處。提督撫治之名自此始。撫屬之地，北至華陽，南跨江、漢，西連嶓冢，東盡溳水〔一四〕，南北一千四百里，東西二千五百里有奇。其山脊起於汧、隴，東爲秦嶺，標以二華，揭以熊耳，爲南條之大宗。秦嶺而西，擘爲岷、嶓，餘支盤踞於江、漢之間者，武當爲長。秦嶺而東南，爲盧氏之熊耳；又東而南至桐柏，爲胎簪；至信陽，爲天目。凡撫屬之水，華、嵩以北，舞、葉以東入河，岷、嶓以西入江，秦南、嶓東之水則皆入於漢。其北則藍、武、蕘、蕢、饒風、大散，峭壁萬重，爲秦、楚門户。其西北則褒斜、駱谷，懸棧五百里，爲巴、蜀之咽喉。荆、瞿在其西南，則三峽灔澦、九江之險皆在焉。南臨荆、楚，古今用武之地。信陽雖居中土一隅，然蘄、黄之富饒，英、六之險隘，爲奸民首難之地，扼吭拊背，信陽實與潁州聲勢相倚，其所繫亦重矣。漢、商、竹、房間，連高夾深，奔崖峭壁數千仞，郡邑遼遠，有盡日之力而不與人遇者。監司不能以時巡歷，故流逋屢猖，雖設官撫治之，乃其統體分裂，莫能相一，苟圖逭責於己者，正以鄰國爲壑而已。自設撫治，統理牽聯，紀綱嚴密，遂爲中原一巨鎮。劇賊勢窮，欲依以自固，則不得入矣。正德二年，都御史汪舜民莅任，尋以地方無事召還。八年，藍、鄢流民廖時貴、喻思俸相繼爲亂，上命都御史彭澤督兵進勦。乃復以劉琬撫治鄖陽如故，添總兵李瑾，合謀撫寧，一撲盡滅。事平，李瑾召還，内臣乃分守。嘉靖十年，都御史胡東皐疏劾太監王敏婪攫，罷去。自是名號雖存，不復預民事矣。顧其地錯萬山，綿亘巇嵲，流逋四集，莫可詰禦。成化乙巳，唐、鄧盜起，撫院遣都指揮康泰平之。弘治庚戌，竹山寇野王綱作亂於洪坪，康泰復平之。弘治庚申，何淮作亂，遣僉事李善擊之於宜城。正德間，川、陝、藍、鄢諸盜起，刑部尚書洪忠、都御史林俊、撫治都御史劉琬，以川、陝兵擒之，磔諸襄市。正德辛未，直隸、山東盜起，縱掠南北，官軍莫敢格。劉琬會同太監周景督兵禦之於唐縣，賊度不能南入，遂東入廬、鳳。嘉靖癸未，徐學作亂於均州、鹽池，都御史徐蕃遣指揮孫昂討平之。又趙政亂，遣指揮李鏞擊破之。己丑，楊時政等爲亂，流劫商南、上津、南鄭諸縣，都御史潘旦遣都指揮王言勦平之，立廟川堡。己亥，平、利、竹、房群盜起，各聚衆依險行劫，至殺竹谿主簿，勢最猖獗。都御史王以旂遣都指揮張坦、鄖陽府同知白濬會擒之，斬於鄖市。是以前後臺臣撫臨其地，取次討平，設險之慮周矣。正德、嘉靖間，凡數竊發，皆立平之。蓋統馭權尊，加以兵壯，關堡之設，日益精密，即有卒然之變，無足慮矣。

郡城東百二十里曰黎子山，有關，今廢。七十里爲梅子關，爲礐石，六十里爲雷峰埡，設巡檢司。百二十里爲峋峪關，西北七十五里爲青桐關、李四關，百三十里爲小關，南爲龍門天馬關，西南爲石門關，爲九室關，百八十里爲黃竹關。其諸地險，竹山西四百里爲鄧家壩堡，撫治潘旦疏建，近於界叢中陝西等處寇盜巢穴，建設衙門一所，歲撥官兵緝捕。又距縣九十里，通陝西、四川，則爲洪坪堡。西百里上官渡堡。北百五十里四莊坪堡。西北三十里爲聖母寨，西百五里爲中山寨，西十五里爲黃茅關，西北二百里爲吉陽關。設巡檢司。房縣在唐有京西平安關，咸平五年置。西南三百里曰馬口良堡，撫治原傑疏建。東十里爲湯池關，西三十五里爲房山關，又北十五里高棖關。東三十里馬欄關。東二百里牛心關。西二百五十里瑶峰關。南六十里雲峰關。西北百五十里爲板橋山。設巡檢司。上津西南五里爲姨娘寨，南五十里爲楊六郎關，東北七十里爲絞上關，南百二十里爲江口鎮，設巡檢司。西北百五十里爲北山寨，通四川徑路則爲廟川堡。撫治潘旦疏建。竹谿西六十里爲土關，西南五十里爲五陵關，東九十里爲尹店，設巡檢司。爲寨五。峒溪、得勝、將軍、紅心、羊數。鄖西治西爲南門堡，東五十里曰方城山，見前。南五里曰馬鞍山口堡，高峻多梅、蘭。爲關二，鷄嶺、馬鞍。寨二。金花、廖家。保康西一百二十里曰望夫山，其上有堡，撫治葉照建，其疏略曰：保康縣望夫山，林木稠密，人煙稀少。東抵馬良坪，通荆州遠安地方；西抵栢木、壽陽，通房縣地方；南抵興山，通四川地方；北抵武當，通荊州穀城地方。四通八達，截山小路，盜賊出沒要害之處，如遇竊發，委離縣堡寫遠，急難撲捕。立堡分戍，民得安生矣。爲馬良坪堡。知縣蘇惠和建。其餘保豐地方，通南漳、保康二縣各九十里，則爲常坪堡。原撥荊州右衛官軍防禦，見移有七里頭巡檢司。襄陽縣距府九十里，北爲太山廟。見移有油枋灘巡檢司。遠安南爲襄堡，枝江爲招來堡，江陵爲孫黃渡，淅川一百餘里爲金子堡、吴村，乃鄖縣、盧氏交接之地。泌陽爲象河關，新野爲青衣嶺，鄧州爲黨賊口，又名順陽川，路通内鄉、淅川、均州、光化，各去一百里，流移雜處。内鄉爲夏館山、半川堡、褒城爲鷄頭關，有巡檢司，係入棧險要。西鄉爲秦、蜀要害，交境爲鹽塲關，有巡檢司，離縣甚遠，係先年賊巢。平利二百餘里通湖廣竹谿及四川大寧、鹽井，大路爲鎮坪，有巡檢司。鳳棲一百五十里爲柴關，即留壩巡檢司，林深山險。商州一百八十里爲武關，有巡檢司。一百六十里爲秦嶺關，有巡檢司。洛南爲王家菴堡。因廣賊王九宰爲害所設營堡。此皆接境要害，故詳摭焉。

凡爲關三十，堡十有四，寨十有一，巡檢司十有三。

鄖陽介雍、梁之交，控引宛、洛，蔽翼襄、郢，其地多崇岡豐箐，民事樸悍而憚拘柙，雖歲時群處，往往以財力相雄長，有俠風。四方游民，其瑣尾仳離與挻而走險者，多逸其中，久而滋煽，因易爲亂。承平以來，劇盗數起，一方俶擾，四藩同憂。始議更邑爲郡治之，繼命中臺大臣開府秉鉞，爲鎮重焉。然後威略亢稜，逆節銷伏，稱康乂矣。諺曰：「何知盜穴，山若葦茁。」今四民安堵如故，但其山勢巖險，駢附稱盜穴者，蓋多有之，往歲保康殺長吏之事可鑒矣，即安暇猶宜兢兢云。

常德府

古黔中地，九江包乎東南，五谿縈乎西北，洪武十四年，五溪蠻叛，命周德興討平之。乃荆、岳之肩臂，苗、獠之咽喉也。漢建武中，谿蠻負險猖獗，伏波進營壺頭，而賊人乘高守隘以債其師。按常德之險，莫先壺頭，山險水湍，石齒齒溪流中，一夫守之，千人莫當。漢征五谿，耿舒請從充道，馬援不從，卒營壺頭，竟以險不克進，大衆怫鬱行死，而援亦身斃，悲哉！蓋壺頭俯濱大江，辰、溆二水經焉。濱水界今辰、常之間，清浪驛則五谿蠻出入路也。甕子洞入常德境，據我兵上游，蠻或騷動，升險鼓譟，如建瓴水，我兵仰攻，勢必難入，故善戰者必先奪之。宋紹興巨寇楊么破鼎，而帥臣疏請鼎、澧之間，宜宿重兵以圖恢復之漸，識者韙之。李綱疏略曰：荆、湖之地，號用武之國，宋保有東南，控馭西北，當於鼎、澧、荆、鄂皆宿重兵，庶西蜀之號令可通，襄、漢之聲援可接，乃恢復中原之漸也。本朝於其地初建總戎，秉鉞閫外，乃後移鎮會省，國初於有苗遺種，隨地設官，又慮吏治弗及，孽牙滋長，爰命勳舊大臣，假節鉞出鎮，掛征南將軍印，肇建帥府於常德。嗣後都督王信復建帥府於武昌。尋以常德帥府拓爲藩封，而鎮遠侯顧淳始疏請永鎮武昌云。統以江防憲臣，嚴之以兵巡哨守，既云密矣。顧永順之徑路未防，郡西北岡市、蔡家堰、盤塘、麻溪觀諸處，介乎石門、慈利之間，通永順夷，乃其路之小而狹者，以非官道，故無關隘防守。而沅陵之叢山猶障，郡西南通沅陵，其桃源諸驛，山僻民稀，時多劫奪，今設白馬、高都二巡檢司以防之。燕子洞之逋流剽掠，洞在長沙安化縣。國初有流賊張廣勝數百人爲亂，百户楊鎮計擒之。而洞庭夾之，守禦日弊。先是以郡臨洞庭，盜賊出没，立洪沾、沅江、明山三哨，分衛餘軍各五十人防守。嘉靖初，設江防僉事於岳州，兼領常德。七年，僉事陸鉞始令指揮一人巡江，自郡東德山潭歷龍陽、天心、小河抵沅江哨；又自沅江之鄒家窖、窖南抵長沙，歷洞庭夾而至洪沾哨；又自洪沾越南石潭而至明山哨。乃小江、武口、鼎港、古樓諸巡檢司胥隸焉，調發緝捕，殆無虚日，而巡視洞庭戎職復兼統之，然悉屬江防節制也。顧洞庭夾爲盜賊巢穴，民以網罟爲生，夏散冬聚，易與爲姦，華容、沅江，中人無百金之産，職此故也。隆慶元年，兵備姜□議設水操軍二百四十人，置戰船一十二隻，分江、河、淮、海四號，哨守龍陽至沅江、洪沾至明山二處江洋，警備漸嚴矣。方今奕世承平，脱或變生不測，屏捍之謀，誠當如宋人所謂募戎兵、除戎器者矣。紹興六年，知鼎州張觷請置弓弩手，上從之。而壺頭之守尤宜加之意焉。壺頭不守，則鼎、澧俱困，而荆可窺。邇來常德之兵，調戍廣西及靖州、道州諸處，幾千餘人。嘉靖間，沅州添設帥府，復調百二十人，兵分勢弱，隱憂匪細。

其他可憑之險，武陵東爲張若城，秦白起遣將張若築此拒楚。後漢梁松伐蠻又修之。西爲司馬錯城，秦使錯與張若伐楚黔中，相對各築一壘，扼五溪咽喉。馬援後又修之。南爲善德山，其上有南城。宋宣撫使韓宣以城守不固，築城於上。元時於岡市、南城、潛水等處，各設巡檢司。今廢。桃源西南十里爲白馬渡，南一百二十里爲高都鎮。設巡檢司。元置麻溪、蘇溪巡檢司。今廢。沅江西三里爲劉公城。相傳昭烈嘗狥武陵、長沙、零陵、桂陽四郡，因立城。元置齊湖巡檢司。今廢。龍陽東百二十里爲鼎港口，西北四十里爲小江，各設巡檢司。

其爲堡十有四，爲横山、黄港、龍渡、鳳橋、羅平、黄公、梅溪、城陂、周灣、陶堤、武坪、純陽、濠州、芙勝。宋置礙溪堡、花岩堡。今廢。則一方防禦之要也，乃其營伍單虚，當有軫長慮者矣。國朝初，總制官胡汝招撫七十路頭目，并陳友諒漫散軍，共千人爲守。後調蘇、常軍，又調襄陽軍補役，并各處充撥隸衛者，合旗軍五千六百三十人有奇。後調靖州、廣西、道州更戍旗軍，洪沾、明山、沅江哨守旗軍，各若干人。嘉靖二十八年，添設總督軍門，議本衛揀選旗軍一百二十人，分爲二班，行委指揮二員，每五箇月輪换圍隨。今本衛旗軍，較之原額十喪七八，見在者止有一千一百零一人，僅足以充靖、廣、道、沅等處更戍之役。巡捕、巡江及洪沾等三哨調撥不敷，則抽選近例充實營伍，領田屯操，并舍餘丁壯者補之。頃年鎮筸諸苗株出劫掠，恃其崖藪，屢抗王師。每遇征討，本衛旗軍悉聽調用，軍伍空虚，識者憂之。

常德之西南壤接五溪，其諸蠻錯居，獠狡樂禍，自漢已然，非可以禮義法制柔也。至於岷江泛冒，横束洞庭，辰、沅諸水，靡所注洩，則逆而陸浮，故龍陽、武、沅，歲罹水患。於是當事者爲脩槐花、大圍、小氿、西湖諸堤捍之，然後皐隰田廬不至爲水腹吞没者，以防固也。顧水之洊至也，民或知先爲慮，佗徙以避，即跋涉爾，猶能扶旌提倪以幸旦夕。而地無重兵，脱諸蠻群不逞，梟張境内，風馳雲駛，鋋鏃相逐，元元將何恃而脣禦之？故防夷之筴，視防川尤宜慎固焉。

辰州府

爲武州之障蔽，據溪峒之上游，重岡複嶺，截然險峻。諸蠻據此，叛服靡常，崇古患之。唐於此置都督府，歷代據地設險，以陰折其躑躅之孚，往事誠可鑒也。宋乾道中，前知辰州張木邵請歲增給民錢一萬，俾本州募强壯禁軍，或効用二百人，分屯盧溪等處，以防諸蠻，庶使邊患永清，可免異時調遣之費。康定中，辰州蠻酋彭仕羲内寇，命校書郎雷簡夫往，至則督諸將進兵，築明溪上下二砦，據其險要，拓取故省地石馬崖五百餘里，仕羲内附。顧麻陽蜡爾、鎮筸、銅平諸山，爲苗巢穴，周迴千數百里，懸崖鳥道，叢箐櫛比，嵐瘴蒸鬱，陰雨恒多，視諸溪峒，獨稱阻絶，往往乘晦冥據險爲亂。嘉靖初，山酋龍求兒僭稱苗王，南結貴州土獠，西誘酉陽諸蠻，連亘各寨，流毒三省。皇上震怒，特命臺臣萬鏜，會同都御史車純，調集兵糧，兼行撫剿。癸卯，永順、保靖土官彭宗舜等取次攻克之。按萬鏜疏有曰：此夷先是宣德七年，用兵十二萬，攻圍九個月，勦賊過半。正德七年，用兵五萬，攻圍四個月，勦少撫多。今初擬用兵六萬，期以半年。臣博訪各賊巢穴，如蜡爾等山，接連三省，當其險絶之處，晦冥之時，一夫拒守，百夫莫前。與其多兵以冒險而犯欲速之虞，不若減兵以存糧而圖持久之効。乃減兵三萬，大抵以勦之威，行撫之恩。今雖平定，但地方大壞極敝，苗夷易動難安，目前雖已寧帖，而後患所當預防。遂條上方略，專意防守，不事征進。後至丁未，遂大用兵，兩省騷動，迄無成功。萬又嘗有書與中朝人士，其略曰：苗賊巢穴，如蜡爾、雷公等山峒，接連湖、貴、四川，周回千數百里，猩猺所居，人跡罕至。其懸崖鳥道，莫可躋攀，狹路羊腸，不容並足。且竹箐叢生，彌望無際，幽巖曲澗，在在皆然，鱗次櫛比，殆無空隙。人非側肩傴背，莫能入也。賊從内而視外則明，每以伏弩得志；我從外而視内則闇，雖有長技莫施。審據軍前漢、土官員，曾經兩廣、滇、蜀等處征進者，皆云山峒之險峻，各省亦有之，至於竹箐之深阻，則所未嘗見也。其地利之難如此。苗巢所居，率皆險僻幽翳，天晴之日，亦將午而後開朗，未晡而已晦暝，但遇稍陰雨，霏霧迷濛，尋丈莫辨。計其陰雨，十常六七，蓋山嵐瘴濕，氣候鬱蒸之所致也。其天時之難如此。先年土官守法，易以駕馭，苗夷椎魯，易於牢籠。自正德以來，邊方多故，土官征調，皆雇倩此苗以爲前鋒，用能克敵稱强。及至近年土官搆釁，各厚餌此苗，以助攻殺，因而起釁生亂。由是土人與苗互結姻親，情多牽制。且其伎倆亦爲賊所窺破，無復畏憚。今用土兵，不免前弊，欲擯而不用，彼以切近之地，素稔之情，不但引誘窩藏，在所必有，甚或借兵齎糧，豈能盡防？況湖、貴官軍，皆不足用；湖、廣除永順、保靖之外，其餘土酋可調之兵，能出千數者無幾；至於貴州，舍酉陽、平茶之兵，愈少而愈難矣。必欲別省調兵，則又不諳地理，成功難必，而其沿途擾害，尤不可言，決難輕調。其事勢之難如此。苗賊嘗言「朝廷有千萬軍馬，我有千萬山峒」。又云：「諸葛亮有七縱七擒，我苗有三緊三慢。」所謂緊者，軍退則突出劫掠；所謂慢者，軍臨則散漫潛藏。又云：「不怕官府軍多，只怕官府糧多。」蓋以軍雖多而山箐深險，力未易施；糧若多而圍困久長，勢將自斃。然彼明知道路梗澀，糧運甚難，料不能多，故爲此言。其狡夷叵測之難如此。嗣後專命大臣一人，總督而制禦之，尋以事寧召還，久之以憲臣領其地，而群苗底定矣。

其諸地險，府城西南百三十五里爲劉尚城，今城雖廢，亦足以控扼諸蠻。西北三百里爲高巖鎮，設巡檢司。西三百里爲鎮溪，設巡檢司。爲大剌鎮。設巡檢司，在保靖地，名蝦里井。沅陵南城外爲南水關，西爲西關，一百八十里爲浦寨，一百九十里爲黑栗寨，百三十里爲麻夷洑寨，皆夷人出入之衝，宋置砦以控扼之。爲池蓬寨，設巡檢司。西北百二十里爲司明溪寨，俱宋時置。今設巡檢司。二百里爲會溪鎮寨，設巡檢司。三百五十里爲清水堡。永樂初建，有營壘房屋，辰州衛歲撥官軍屯守，控扼蠻夷。盧溪西二十里爲猺獠寨，九十里爲河溪寨，設巡檢司。二百三十里爲鎮溪軍民千户所，宋於此立寨。本朝洪武中建所，以鎮崇山、沿塲、高巖等處，分蠻長石答沖等四百一十二寨，隸辰州衛。北三里爲虎頭寨，元末兵燹，土人楊添宜立寨以障居民。西南三十里爲院塲坪，設巡檢司。一百二十里爲招諭寨，西北百五十里爲子寨，皆宋建，爲蠻夷所居，保障邊圉。南三十里爲蠻溪堡，又四十里爲新池堡。六十里爲浦口鎮。六十里爲溪洞堡。設巡檢司。西南七里爲陰隆江堡，在鎮溪千户所。又四十里爲爆竹堡。五十里爲洞口堡。六十里爲都溶堡。七十里爲牛隘堡。七十五里爲南陽堡。八十五里爲大凹堡。西四十里爲寨陽堡。以上十一堡，俱隸辰州衛。辰溪東南一里爲渡口鎮。設巡檢司。溆浦東二十里爲紅旗洞，五代馬希範遣兵收武陵諸蠻，至此屯兵。高眷平，可屯數萬人。三十里爲鎮寧堡，設巡檢司。南四十里爲據老寨，又爲桶溪隘。順溪隘。八十里爲龍潭堡，設巡檢司。北二十里爲長坡隘，又六十里爲白露隘。東六十里爲思溪隘，又爲油良隘。八十里爲苦練黄梅隘。東北六十里爲瀼口隘。沅州西爲西關，洪武初建，以稽往來〔一五〕。今設渡口巡檢司。一十里爲若溪寨，一百里爲漿州寨，本唐舞州，後改曰漿州。宋廢爲寨。東四十里爲羅舊站堡，西四十里爲白茅灘哨堡，又五十里爲冷水站堡。九十里爲晃州站堡。設巡檢司。以上四堡，俱隸沅州衛。西一百二十里爲鮎魚站堡，又一百三十里爲南寧哨堡。一百五十里爲平溪站堡。太平哨堡。以上四堡，俱隸平溪衛。西一百九十里爲岳州哨堡，又二百里爲梅溪站堡。二百一十里爲梅花哨堡。以上三堡，俱隸清浪衛。西二百三十里爲平蠻哨堡，又二百四十里爲德勝哨堡。永定哨堡。二百五十里爲武安哨堡。二百六十里爲大勝哨堡。二百八十里爲相見站堡。以上六堡，俱隸鎮遠衛。西三百五十里爲柳塘站堡。

又三百八十里爲蒼平哨堡。以上二堡，俱隸偏橋衛。黔陽西南四十里爲托口寨，九種諸蠻之衝。東南五十里爲洪江寨，北二百步爲黔陽堡，南二十里爲竹灘堡，東一百里爲安江堡。一名安江顛，設巡檢司。以上三堡，景泰初因溪峒獠賊出没設立，俱隸沅州衛，歲撥官軍哨守。麻陽東北五十里爲巖門寨。設巡檢司。餘寨五十有四。爲陽民、鬼板民、鬼者民、桃枝民、新寨民、高蓬民、平郎民、項勒民、大哨苗、孟洞苗、小積苗、高砦苗、崇山衛苗、東那苗、彪山苗、下水苗、板橙苗、紅岩苗、沙溜苗、盤孕苗、西酉、排那苗、大略變、中略變、小略變、爆木坪、老麻苗、亞保苗、谷扯苗、小五圖、孟叟苗、惡黨苗、泠水溪、地耳苗、昔郎苗、毛江苗、大五圖、哮囉關岩洞苗、板栗苗、團溪苗、小八坪苗、彬木苗、亞吾苗、回保苗、留紋洞、科鐵鑪、大塘、盤營苗、老奔苗、上岩口、下岩口、高都民、鄔牌、得天冲。

凡爲關三，堡三十有六，寨七十有一，隘八，巡檢司十有六。

夫五溪種落，寔繁有徒，大率皆槃瓠後，恣睢而驍鷙，上下山阪，捷若猱騰，輕若鷙舉，時出摇撼，爲齊民憂，故歷代爲戍守之區。嘉靖間，諸蠻嘯聚，豨突蟻合，數兵之無功，廼簡命大臣，開府於沅〔一六〕，檄諸道軍冞阻深入，以次底定。嘻，亦勤矣！聞諸蠻初起，慮戍卒譙呵，往往啖以利，還或以所擄爲謝，久之益狎；廼結諸奸豪，令先事爲鄉導，稍蝨食民之蓋藏以嘗我兵。異時當事者慮激生變，因幸一切予之撫以苟目前，坐是諸蠻有所恃，愈益驕恣不逞矣。此其釁蓋華人階之，豈盡蠻俗悍哉。今威略震疊，諸徼外皆奉約束，齊民嬉然獲就衽食無他虞。第先慮而設防，則蹟諸前事，察其所以階之者，毋覆蹈焉可矣。

長沙府

古有苗國之南境，爲宋重鎮。宋傳云：重湖通川、陝之氣脈，九郡扼蠻猺之衿喉。中興以來，謂之重鎮。洞庭據東南都會之上流，巨寇據以爲亂，故今五嶺、三湘之間，皆長藪大澤，寇每乘之嘯聚奔駛。

國初湘鄉土酋易華及陳友諒降臣周文貴俱叛。上命楊璟、張勝宗討華，平之。文貴復攻掠辰州，上諭璟曰：「湖南地接溪洞，恃險負固，叛服不常，宜多方以取之，薄其山寨，絶其樵採。烏合之徒，志在摽掠，既無所得，勢必潰散，乘機剿捕，脅從開釋，收復鎮静，以綏遠人。」於是璟與張彬分兵進討，諸洞蠻皆潰，文貴遁走寶慶。洪武二年，陳友諒故將饒鼎臣以茶陵叛，潭州指揮嚴廣討平之。於是瀏陽土酋黄寧、茶陵鄉土酋譚悦道、湘陰土酋吴仁琮、湘潭土酋劉玉、湘鄉土酋李祥、攸縣土酋王崇德皆款附。嘉靖中，大潙山賊爲亂，都御史翟瓚討平之。爲封疆計者，其當申嚴防禦於此矣。

外此險而可據者，長沙距縣十里曰北關，東五里爲東關，西五里爲西關，北二十里爲鵝羊寨，西北九十里爲橋口鎮，設巡檢司。善化東四十里曰關山，見前。南五十里爲暮雲市，設巡檢司。西北五十里爲靖港。唐李靖討蕭銑，駐兵於此。湘潭南二十里爲下攝鎮。設巡檢司。湘陰北六十里爲營田鎮。設巡檢司。瀏陽東百五十里爲翟家寨。設巡檢司。醴陵北十五里爲石門關，二十里爲建安寨，高三百餘丈，周十里許。元末民避兵處。益陽北五十八里爲五溪，一名軍山，吴潘濬討五溪蠻，曾營於此。西曰西山，唐李靖嘗駐兵於此。九十里爲渌口鎮。設巡檢司。益陽東南二里曰龜臺山，相傳吴魯肅駐兵於此。

西南五里爲瀨潭。漢昭烈入蜀，留關羽鎮荊州。後吴遣吕蒙取桂陽、長沙、零武三郡，羽争之。吴使魯肅屯益陽以拒關羽。湘鄉南五十七里爲武障市。設巡檢司。攸縣爲大洲堡，嘉靖甲子，都民劉庚甫户丁百餘人結黨作亂，僉事苟延庚安撫之，爲之立堡，歲僉茶陵衛官一人，督縣民兵守備。東二十里爲芙蓉寨，三十里爲鐵釘寨，西六十里爲香爐寨，南四十五里爲鳳嶺鎮。設巡檢司。安化之險隘曰梅山，梅山在宋環列溪洞，熙寧天子顧宰相曰：「重湖之間，蠻猺錯處，非所以限華夷，同風俗，宜開招而統領之。」議遣中書房檢正章惇措置。會湖南轉運判官蔡煒以圖來獻，迺以惇察訪湖南、北事。煒領湖南道轉運副使，合謀經制。龍塘寨，宋茶法嚴甚。邑伊溪、中山、濱江、東坪産茶，不種而生，味稍佳。民趨其利，奸者乘間嘯聚，至抗巡尉，習不軌，黎虎將、賴文政因而爲亂，殺掠爲患。大帥王侍郎奏於濱江、龍塘建寨，命將統之，歲一易戍，民賴以安。宋諸寨栅皆險要地，寨有團保守禦，以備盗賊。東八十里曰司徒嶺，崇岡峭壁，鳥道崎嶇。宋上將王仝駐兵於此，以拒猺寇。西五里爲梅子口寨，東南七十里爲七星寨，東北九十里爲守溪寨，西北百二十里爲白沙渡寨，西南九十里爲游浮寨，五代蠻獠爲邊患，宋太宗討平之，因立五山寨以防禦。一百二十里曰黄羅巖，見前。南五十里曰大霧山。峻巖深谷，雲霧常覆其上。宋建炎中，金騎至境，劉廷佐駐兵於此。茶陵東八十里爲視渡口，設巡檢司。又爲寨十，曰花石、虎背、嚴和、古城、老虎、白石、高水、仙女、會仙、麻石。右十寨，元末置，俱州民避兵處。

凡爲關五，堡一，寨二十有二，巡檢司九。

長沙土野沃衍，下有洞庭之輸，泉源瀵瀵出山阯，故鮮水旱，稱善郡。其民䅉穮而事錢鏄，以殖衣食，無所仰於四方。乃他方游民，徒手張頤就食其間。居停之家，初喜其彊力足以任南畝，往往僮客畜之。久而游民多智辨，過其居停主人，其主人亦遜謝以爲不及，因請諸賦役願與共治，或就磽确荒蕪田予之墾，而代繕其賦，不以實於官。及其久也，游民或起家能自稼穡，異時居停者或稍陵替，致相傾奪，間有田則游民業也，而賦役皆主者任之。故土户强則役客，客户强則累土，訟獄興而不可止者，其來漸也。覈其强弱而均之，因業而定之籍，毋使蒙冒而争焉，司土者其加之意哉！

寶慶府

介衡、靖、辰、永之間，有輔車之勢，地若僻安，而境内武岡、城步諸徼，谿洞苗蠻，彈壓是取焉。宋以大猺洞地置五寨，則戎備之嚴，所從來久遠矣。

其爲設險，則邵陽之堡三，白水。沙平。永靖。各設官一員，督領操丁防禦。萬曆二年，知縣歐陽模於城外四方各設守望樓一座，以便巡邏。北八十里爲隆回鎮，設巡檢司。爲巨口關，在新寧五都。東爲白馬關。安平二都。新化之隘五，黄桑隘、樟木隘、石門隘、鏊鼻隘[一七]、道田隘。其堡三，黎平、花橋、紙錢。各設官一人，督領操丁防禦。北百里爲蘇溪。設巡檢司。武岡之堡六，桐木、九溪、白倉、歇嶺、太平、安樂。以上六堡，設官軍戍守。東百五十里爲紫陽鎮，設巡檢司。南六十里爲石門，設巡檢司。北百四十里爲四硤口。設巡檢司。城步據蠻洞阨口，苗路凡七。城步圖苗路四，曰風界、塔溪沖口、大古山、連荷山。大水洞苗路三，曰舊宅界溪山、斜頭山、洞頭山。七路原設款丁，共計六百二十人守把。新寧鄰接猺、苗，置哨守二所，衡州哨守千户所。長沙哨守千户所。俱在縣治西百步之外，每年輪撥千户一人，領班旗軍百餘人哨守。東九十里爲靖位鎮，設巡檢司。百二十里爲楓木嶺關，皆其可據者焉。屬邑與西粤全州接壤，是以山猺洞蛋劫殺之禍，無歲無之，而城步荼毒尤慘。頃者靖武間有警，朝議勑武臣分閫防禦，駐劄武岡，列戍輪守，民以寧謐。

凡爲關三，堡十有二，寨五，隘五，苗路七，巡檢司六。

邵陵地控谿峒，其篁箐諸蠻，荒憬弗率，驚扤蒭蕘，蓋自古患之。國家分布戍卒，遮列險要，斷其出没，責以衛所，而詰戎憲臣，與郡邑長吏，時謹視之，爲備蓋甚設也。顧其重趼累繭，歷險捷飛，來往飄忽，莫可踪跡，則吾所爲防禦者，豈必逐逐然角技於山阪爲武哉。要務防吾之戍卒，使其守望偵諜，咸有實伍，毋事虛名，其陽戍而陰翼夷者，必重繩之。民有矯黠不逞，竄身荒徼，以遁賦役，或牟爲奸利，潛與引導，令保伍以實聞於官；不爾，發且連坐，獲導夷者以獲夷之賞予之。而又令各以便選地□力爲團〔一八〕，與戍卒□□〔一九〕，則聲勢聯絡，法度修明，諸夷將慴息矣。

衡州府

控引交、廣，聯絡溪峒，而猺、獞依山負固，竊發爲患，守者恒豫計之。嘉靖中，兵備副使陳卿嘗於演武之地，督築垣塹，外闢溝濠，而於兵戍以時蒐閱，深得除戎豫備之意。

其險有可憑者，府境西八十里曰鍾武城。漢置縣，漢末賊嘗據此，孫堅平之。湘江東岸爲江東鎮，設巡檢司。南二十里爲松栢市。設巡檢司。衡山治南爲嶽津鎮。又爲雷家埠、草市，各設巡檢司。耒陽西南五十里爲羅渡鎮。設巡檢司。安仁西二十里曰楊梅峰注一，見前。西爲月嶺，其上寬平，邑屢遭寇孽。正德中，委官羅宓明率邑人立寨保障。相公山寨，諸葛武侯駐兵於此。南五十里曰曹婁山，山勢嶮巇，徑路幽僻，舊有寨，今爲山寇巢穴。七十里爲潭湖鎮，北三十里爲安平鎮。各設巡檢司。酃縣爲黄煙堡。歲撥衡州衛百户一人領軍把守。桂陽東一里爲匹袍峒注二，在歸善鄉，相連桂陽縣，與江西接界。其峒乃上猶所轄，近年因招殘黨，遂爾作亂，負固於此。正德十六年，南贛都御史王守仁率兵夾攻，始平其穴。東一百里爲魚黄峒注三，在歸善鄉，近江西大庾縣界。正德中，盜賊侵境，結巢於外，土兵破滅之。其峒田連阡陌，民之膏腴也，今各田主招人聚居耕種。北八十里爲泗洲鎮，設巡檢司。南六十里爲牛橋。設巡檢司。臨武西北二里曰舜峰山，舊名千仞，其上平衍，邑民避難，嘗據其巔築栅固守。爲太平營，在官山後，知縣郭弘德建。走馬營，先在板寮營，以其地不據險，今遷走馬坪，故名。近撥殺打手五十人把守。南五里爲鷄頭營，近撥殺打手四十人把守。黄茶坪，此地有鎮守館，嘉靖中，知縣譚孔言勘係賊寇遥行要路，議建，襄陽路指揮一人，領軍哨守。三十里爲韮菜營，西三十里爲水頭營，近撥殺打手三十人把守。西北八十里爲兩路口。設巡檢司。藍山北四十里爲乾溪，設巡檢司。又西一里爲小山堡，西四十里大橋鎮，西二十里張家陂，東二十五里毛俊堡。各設巡檢司。

凡爲寨二，堡一，營五，巡檢司十有六。

夫翼軫之精，下當衡山，據五潴之上游，跨兩粤之裔域，故湖南奥區，稱衡州焉。乃其俗雜三方，地紆谿箐，巖居谷飲之子，狃習窮僻，憚於檢柙，聞官師則震慴，望公府則愓息，故多束手而聽於里魁，請以服勤所得共賦役，佐以食飲道里用度諸費，予里魁代之輸。顧里魁非盡行誼人也，間取而乾没之，急則以爲已輸，而以逋坐原予者。官處齋閤，按籍而責徵，則逋負臚列〔二〇〕，命操縋而逮之。彼其人至，亦不知謂何，而積逋至此，不已，則飲泣稱貸代之矣。故甲之傲里者固十有四，里之嚙甲者則十有九，而山谷之民爲甚焉。司牧者其儲神察之也。

永州府

據瀟、湘上游，地引洞庭，畛接西粤。接廣西全州壤。而山猺洞蛋，窺伺劫殺。昔元世祖時〔二二〕，湖南寇亂，騷夷永、寶，而左丞劉國傑尋討平之。當時制禦方略，今可以不講耶？元至元二十五年〔二三〕，湖南盜詹一仔作亂，誘永、寶之衆，嘯聚四望山，久不能平。劉國傑破之，斬首盜，餘衆悉降。乃相要地爲三屯，在衡曰清化，永曰烏符，武岡曰白蒼。遷其衆守之，每屯五百人以備賊，且墾廢田榛棘，使賊不得爲巢穴。降者有故田宅，盡還之，無者使耕屯中，後皆爲良民矣。

險在四境者，零陵北七十里爲高溪市。設巡檢司。祁陽治東爲歸陽市，六十里爲白水市，北六十里爲江湘市，百里爲永隆太平市。各設巡檢司。東安東北一百里爲蘆洪市。設巡檢司。道州南四十里曰蔣居山，地名四眼橋，本州要害首稱之，聯絡九疑蒼梧之墟，其深阻不可窮，苗夷據之以爲淵藪，居民歲受其害。其上爲四營，滴水營、清邊營、周塘營、中軍營。又爲鎮南營。知州羅斗建，簡殺手精鋭者守之。又營陽鄉有白鷄營，營樂鄉有營樂營，俱有哨守官軍。寧遠北八十里爲白面寨，設巡檢司。爲太平營。正德間建，又爲扼蠻營、永安營、桂里營、大陽營。寧遠爲楚邊境，知縣周諒慮其有警，請建營以控制之。演口爲演武營，濱江山谷險邃，界於兩粤，自昔猺民雜居，時肆摽掠。嘉靖辛丑，知縣李公相其山勢環合處，闢路樹營，募兵爲鎮，猺患遂息。又爲營十，望墩、振膽、大富、銅鈴、勇敢、三斗、平定。以上俱嘉靖間建。隆坪，隆慶三年建。逍遥新田二營，萬曆二年，管縣事知州蔡光建。永明南八十里曰荆峽鎮山，兩岸對峙，若城壘相扼，僅通一小江，泄桃林、扶靈之水，西入廣右，實永明之關隘。昔差鎮官，熙寧中省之，令寨兵禦守焉。爲桃川市，設巡檢司。爲白象堡，西爲白石墟，各設巡檢司。營十有三，鵝山、潘家、斗罡、巖口、靖西、石螺、土寨、小水、苦子、茶柘、養牛山罡、楊柳、乂山。江華南六十里爲錦岡鎮，百里爲濤墟，東二百里爲錦田寨，各設巡檢司。營二十有四，高寨、神仙、山爻、白芒、金鷄、車下隘、大關、平賴、得勝、永昌、虎威、豹韜、鎮遠、折衝、克敵、静南、鎮中、矮嶺、見龍、牛礁、富累、望高、大源、五里。凡爲堡一，營六十，巡檢司十有三。

異時言者以永郡爲古蒼梧之野，當湘、灕之交，唇齒全、桂，請割隸粤西。天子下其章，令兩藩熟計以聞。時楚中議者以衡、永壤接，永郡割則衡陽孤，即酉陽、邵陵將鮮屏蔽，聲勢不相貫；且永民世楚已久，一旦隸粤，慮土俗弗宜，請如故便。從之。故永之不改隸者，勢不可也。若乃複嶺長林，岨介蠻落，時或狶突，以驚耘牧，而馬鞍嶺、荆峽鎮尤稱要地，嚴兵防戍，及今宜爲石畫焉。

郴州

地當五嶺之交，蜿蜒磅礴，連亘江、廣，峰巒陡絶，其關隘獨稱險阻。猺賊峒蛋，棚居山巔，斷木懸石，俟過者推壓斬繩，雖千萬人皆仆壑成齏，以是易肆摽掠。正德間，猺人東自龍泉、萬安、大庾，南自保昌、曲江、仁化、樂昌、乳源，西自連州、連山、陽山、寧遠、藍山、臨武，北自桂陽常寧，剽掠大肆。正德初，奉命征者不敢擣穴，遂蔓延莫支。久之，臺臣會兵夾擊，其患乃息。正德間，都御史秦金會同南贛都御史王守仁、兩廣尚書陳金，命將官屯兵於興寧之新溝，以扼其路，賊還伏起，殲厥渠魁焉。先是土人龔福全倡亂，僞稱大王，與其黨劉福興等，據烏春山、臘栗寨等處。十二年，秦金奏聞，即詔金討之。金乃駐劄郴州，分布諸將進討。以前哨守備指揮王翰、監兵副使東壁自桂東進；左哨都指揮王廷爵、監軍參議黃質自桂陽進；右哨守備指揮李璋、監兵王濟、兼率永順宣慰彭世麒兵自郴州進；後哨都指揮劉宗仁、監兵僉事顧英自臨武進；又以參將□□、副使惲巍駐兵兩路口策應，而右布政使方璘督餉不匱。乃能直擣巢穴，斬首三千餘級，擒福全等磔諸市。郴、桂遂平。

其險可據者，州西八十里爲石陂鎮，設巡檢司。永興西南五十里爲高亭鎮，西北六十里爲安福鎮。各設巡檢司。宜章東六十里爲赤石鎮，西南八十里爲白沙鎮，各設巡檢司。南八十里爲笆籬堡。洪武中置，從知縣王均實請。永樂間，調郴州所官軍防守。縣東八十里爲里田堡，正德間調長沙、永州二衛官軍哨守。北隅爲召募堡，即宋之永戍寨也。成化八年，設守禦千户所，調茶陵衛後千户所五百户官軍戍守，黃沙、栗源隸焉。堡今廢。西南九十里爲黃沙堡，南三十里爲栗源堡。洪武二十七年，因杜回子、冒阿孫嘯聚爲寇，命總兵大將軍統兵剿平，立此二堡，俱永樂間奏調茶陵衛官軍防守。又縣西南六十里爲鳳頭營，東二百二十里糍粑營，東三十里紫溪營。在城爲瞿塘哨、荆州哨。正德間，奏調官軍輪班戍守，設守備一人在城駐劄。興寧之要害曰新溝，東五十里連桂東之境曰八面山注四，其上爲馬磁堡，山最險峻，延袤二百餘里，登之可見郴、衡、吉、贛諸郡。隆慶二年，猺、獞猖獗，於山間建堡。又建永安堡，二堡歲撥官軍守禦。北三十里爲州門，設巡檢司。南五十里爲滁口。設巡檢司。桂陽爲廣安守禦千户所洪武末年，桂陽縣鍾均道擾亂，詔以漢、達官軍千人往戍，遂留七百員名而設所焉。築壘縣東，相距八里。成化中，吳都御史始遷入縣城。弘治中，流寇復亂，請調長沙等衛官軍五百員名，而以黃州指揮二人領之，分班防守。今茶陵衛指揮代之。按本縣嘉靖四十一年，廣東流寇竊發，權調陽山殺手五十五名，暫營社稷壇側。邇來侵毁遺址，而殺手冗食之兵，盤踞騷擾，議當另遷隙地，庶於事神治民爲均便也。東四十里爲益將，南四十里爲長樂山口，東北四十里爲濠村，西北六十里爲鎮安。以上四處，各設巡檢司。桂東北五十里爲煙竹堡，東南三十里爲寒口堡，南四十里爲新坑堡，三堡歲撥官軍戍守。按縣界八面山中，有三洞，曰上，曰中，曰雷家，素爲賊窟。嘉靖末，中洞猺黄積珠等大肆劫掠，署縣事訓導時化成以聞。南贛督撫陸穩密令武生周以臨，檄鄉官周珙及周延論等，生擒積珠等一十七人，械送軍門，梟磔於市。隆慶丁卯，雷家洞上、下連各洞蠻謝福通等結聚剽掠。事聞，南贛軍門吴百朋取次剿平。東八十里爲高分堡。設巡檢司。

凡爲堡十，哨二，營三，巡檢司十有二。

負山之民，質愿而多勁，非獨習尚，亦風氣然，此脩教設禮，漢史所以循衛颯也。今揉漸於熙化，庶埒中州，顧其地遠京師七千餘里，主爵者類以荒僻擬之，銓授之際，無所遴擇，故州邑長吏，大氐皆循習故常，輒托於孤遠，往往無以自見。蓋祖宗之所重，而時俗視之以爲無當於緩急也。即有不御之權，將安施乎？

靖州

古唐渠陽軍，據辰、沅之上流，爲重湖保障，南服要區，與蠻壤相犬牙。夷人族種，蟠踞溪峒，道路阻絶，中國之兵入踐其地，不能長驅。且其境與宜州羣苗相接，勢成犄角，表裏爲患。是以宋人議棄渠陽，非以不便於攻守故耶？乾道八年，知貴州陳義上疏言：「渠陽民不服役，田不輸賦，其地似若可棄。然爲南楚要區，或控制失宜，或金穀不繼，或兵甲少振，蠻獠則乘時竊發，勤勞王師，朝廷當重守臣之選。崇寧初，戍兵三千人。建炎以來，每於都統司或帥司摘兵二百人，以備屯戍。其凶悍者，以州郡不能制，遂慢守臣，反通猺蠻以擾編民。州郡飛白主帥，不敢治，比得報，已晚矣，故戍兵敢肆其惡。一旦有警，復安能爲用？臣以爲宜聽守臣節制便。」帝嘉其言。蘇轍論渠陽蠻劄子云〔二三〕：「訪渠陽諸夷，蟠據山間，道路險絶。昔郭逵知邵州，困於楊光僭〔二四〕；李浩自沅州入境〔二五〕，過界即敗。夫逵、浩皆西北將，有敗而無成者，地形不便也。今聞朝廷已指揮諸道發兵，數目不少，然將非其人，臣恐既不得戰，又不能守，老兵費財，漸至腹心之患，深可慮也。今朝廷欲棄渠陽，然其中屯戍之兵，不下數千，義難棄之虜中爲魚肉。要使略行討定，使之畏憚，守首出渠陽兵民，然後可行。臣訪聞湖南、北士大夫，皆言群蠻難以力争，可以智伏。欲遣將相兼守鎮，必用土人；欲行窺伺攻討，必用土兵。捨此欲以中國强兵敵之，終不得其成算。然此可以智伏，臨事制宜，難以豫度也。又聞渠陽諸蠻，與夷州群夷相接，宜蠻部族衆，多與渠陽諸夷合謀作亂，勢亦猖熾，卒難剪滅。乞指揮廣西預行招撫，雖不得其用，但弗與協力，亦不爲無益也。」其後峒苗倡亂，州城幾於失守。時當事者若邢公勢處孤危，乃能奮發利禦，迄於凱旋，抑亦控扼險固致然也。宋靖州教授李誦平蠻記略曰：宋淳熙三年，中峒姚民敖等及諸團争附爲亂，其衆數千，其鋒甚鋭。前守司公景輝遣戍將田琪暨州兵守密崖，又進守西樓，以斷寇路，增陴浚隍，募忠義乘城；且告急於朝，而乞兵上司，軍書羽檄接跡於道。諸司各遣官招撫，而夷情反覆，侵侮不已。會景輝領詞欲還，有旨趣今守邢公遷亟上，併詔司憲下常德府盗賊司，合兵掩捕。四月，邢單騎來次三田；越二日，至於貫堡。未及戰，而戍將田琪冒險輕進，爲姚家團所衂，琪死，竄奔者歸，舉城震駭。邢獨奮然開虎符，收潰卒，酌之酒而授之戈，勉以忠孝，使軍事判官舒顯祖盡率以往。又荆、鄂之兵始至城外者，咸督發之。翼日，復扼西樓，賊乃不敢越境。是日孤城殆不可保。已而徭人獲之，隨擣中峒，覆其巢穴，追逃蠻，略大、小汶川，還取桃溪堡，所過皆望風讋慄。乃即來築臺歃牲以受其降卒，復置寨宇而歸其市民。既畢，勞諸酋長，引民敖戮於寨門外，而傳其首於辰、沅。於是東至金竹、容峒，南至羅章、龍巖，西至湖耳諸道，北至林源、三江，咸洗污俗而爲新民矣。國初苗夷倡亂，旋平定之。洪武二十五年，靖州山寇王漢等叛。三十年，古州蠻寇林寛叛。命大將胡海指揮齊讓等，前後討平之。乃界伍、靖之間，厚增兵衛，靖州衛、銅鼓衛、伍開衛，守禦千户所十一。以險絶苗路，守以州牧，參以武帥，靖州有參將駐劄。甃城建堡，據地設險，則在昔議棄之地，皆今日貢賦之域也。

其諸可憑之險，州境西北一十五里曰飛山，見前。北十五里曰香爐山，諸苗負固之所。西一百二十五里爲零溪，設巡檢司。北四十里爲金灘堡，一百五十里爲茅營堡。會同爲豐山堡，南三十里爲連山堡，東北五十里爲洪江堡，西北六十里爲浪江堡，西百里爲遠口堡，設巡檢司。北三十里爲五招堡，六十里爲相見堡，已上九堡，永樂間都督梁福議築，俱靖州衛官軍哨守。西南六十里爲地靈堡，西七十里爲黄强堡，六十里爲黄檜堡，九十里爲鎮遠寨，設巡檢司。東九十里爲若水寨。設巡檢司。

通道西南五十里爲汝溪寨，路通廣西界，設巡檢司。西北五十里爲播陽寨，設巡檢司。城之外有長安堡，常德衛官軍戍守。爲流源堡。已上二堡，嘉靖間議築。綏寧一百一十里曰楓木嶺，苗戎出没之所。關爲東關、西關，東北四十里爲黄石堡，又爲關陜堡、藍溪堡、多龍堡，又爲江口堡。已上五堡，嘉靖間議築，九谿、荆州衛、城步縣官軍哨守。東北二十里爲武陽寨，一百里爲老鼠隘，北八十里爲青坡寨，設巡檢司。西南百二十里爲臨口寨。設巡檢司。若瀕州衛所曰銅鼓，四面相距之地，與貴州相犬牙，皆群苗出没之所，湖北要害之地也。衛城四圍高山，可以屯兵。城東三里曰楚王山，上有楚王舊壘。三十里至楓香堡。先因水冲，苗夷爲患，設立堡城，官軍輪班哨守。四十里至黄泥關，山隘可據爲固。五十里爲至糾坡堡。先因吴峒苗夷爲患，嘉靖初年，設立堡城，官軍輪班哨守。一百里抵靖州治。西爲石炭堡，爲營寨，爲山洞屯。西八十里抵藕洞苗寨。一百二十里抵清水江，深山叢林，係生苗巢穴。江水可通竹木簰筏，至靖州所屬遠口堡。大江南三十里，抵貴州亮寨蠻夷長官司，伍開衛設撥新化守禦千户所捍禦。五十里至純寨守禦千户所。一百里抵貴州黎平府赤溪長官司，地界聯絡苗巢。山路三百里，可抵貴州鎮遠府治。其曰伍開，寔諸蠻之咽喉，邇撫臣專命裨將製甲士千人以往，武衛用奮，令號乃行。按僉事陳東閱視靖州碑文：嘉靖戊戌仲春，大中丞顧公□由武岡入靖，大閱武於西郊，爰命守備袁桂往鎮武開。其爲堡四，曰羅團，曰鐵爐，二堡歲委千百户二人，領撥旗軍哨守。曰寧溪，隆里所原設邊塞，洪武間欽調本衛指揮一人王思明，領旗軍一百人鎮守。嘉靖以來敉寧，邇因寧溪地方山箐險陀，苗蠻出没，剽殺商賈，參將衙門議設兹堡，借撥隆里哨軍防禦，民患少紓矣。曰苗坡。

凡爲關二，堡二十有九，寨七，隘一，巡檢司八。

國家之設守令也，以州境山川險錯，蠻落鄰接，故不以屬郡而直隸於藩司，蓋寵以事權，彈壓荒徼，爲邊氓計也。顧諸蠻性習，雖椎結侏儒，獷悍弗制，而指心爲約，刻木爲契，即終身不渝，豈盡與人類異秉畀哉？所貴司牧者醲德震威，先聲風馳，制諸未發，而遮險列戍，日隄備之，玩者必法，彼荒懔之衆，其不蛾伏而屏息無幾也。乃若州去藩司方千餘里，歲時建白，例必得請，乃按章行之，固也。籍令捍禦機宜，睹於眉睫，必候報可乃舉，得無有日中弗篲，坐致失時之慮者乎？誠急假之專斷，弗束以格例，寧獨渠陽守令便也，即事功可冀矣。

施州衛

介荊、梁之會，東遮南郡，西蔽酉陽，南北並連溪峒，軍民錯居。本朝廢州置衛，詰戎兵以鎮蠻夷。軍皆遷諸内地令城守，民則服屬諸苗也。嘉靖中，增設守備，尋命參戎轄制悍衛，法意深遠矣。先是四川巡撫劉大謨、巡按王珩，會同湖廣撫按題奉欽依，改調九、永守備一人，於施州衛駐劄，鈐束川、湖土司。未幾，大謨用副使柯相等議，會題疏略云：施州衛并各土夷司，地居險阻，性類犬羊，屢出境搶擄人財。該管官員，既無鈐束之方，且有通同之弊。原議添設守備官員，似乎名位頗輕，徒爾紛更無益。合從今議，添設參將一人，請勅於施州衛地方駐劄，庶武備嚴明，遐邇懷畏，而地方可保底定，軍民永賴無虞矣。乃其戎備，固在溪峒鄰壤焉。

取諸可據之險，東曰連珠山，其上爲五峰關，東南二百里曰東門山，山有關，相傳夷、夏分界。一百七十里曰石乳山，上有關。西北三百里曰七曜山，其上爲梅子關，三百五十里爲銅鑼關，右三關，奉節縣官兵把守。西爲老鷹觀。大田爲深溪關。酉陽路口。施南東百里爲小關。散毛爲散毛關。散毛路口。忠峒爲土地關。忠建路口。大旺爲野猫關。剌若洞路口。忠建東南三百里爲勝水關，三百里爲虎城關，三百里爲野熊關，三百里爲野牛關。右四關，俱忠建境。其屬五寨土司者，曰陰隆江，曰杜望，曰滑石江。各設巡司。

凡爲關十有四，巡檢司三。

水利

武昌府

水經云：江水「又東得白沙口。」注：「右逕赤壁山北。」「江之右岸有船官浦。」「江水東逕白虎磯北。」鄂縣北「右得樊口。」「江之右岸有鄂縣故城。」「右岸有厭里口安樂浦。」「又東過下雉縣北。」

江夏縣　大江江自嘉魚入江夏境，會沔水流。然大江逼繞會城，舊恃金沙洲障之，邇來洲徙，水泛橫流，直衝江岸，侵齧城趾，岸石崩陁，屢行甃治，而城患恐未已。若城内明月湖水起，賴有長堤障之，平湖門至文昌門可免齧城之患矣注五。堤三長堤在平湖門内。政和間江溢，漂損城垣，知州陳邦光、縣令李基築以障水，至今賴之。郭公在湖心，自長街東至新開路二里。宋都統制郭果所築，因以氏堤。萬金在縣西南昌堤之□（二六）。宋紹興間役大軍築之，建壓江亭。

武昌縣 大江治邊大江諸湖水漲，濱水田地多致淹没。堤七東皋即義堤，在學宫前，教諭朱瓚築。水涇在縣東二十里，嘉靖庚申，大水衝決。清思在虎頭山下注六。石盤在縣東五里。南湖橋在縣南二里。丁橋在縣西七十里。以上六堤，歲久湮塌。萬曆二年，知縣李有朋重築。馬橋在縣西二十里，景泰間修，旋廢。知縣李有朋頃議脩築。

嘉魚縣 大江歷陳家汊入江夏界。近世沙漲，横亘數十里，故今縣治去江口僅七里。堤三通江在縣東北，自龍潭山至魚山驛注七，高凡丈許，廣三之，翼之以柳。弘治中，知縣姜溥築。嘉靖癸丑，知縣吴翰重築。新堤在縣北，地勢卑下，其承上流若建瓴，不數年溢爲瀦澤。春水泛漲，與蒲圻、咸寧、江夏三邑均罹水患。宋政和間，知縣唐均集四邑之民築之。靖康兵興，堤壞。至乾道初，知縣陳景去舊堤三百步，因兩山距楊家潭上横亘爲堤，是名新堤。成公堤注八，元皇慶元年知縣成宣築，堤因氏焉。上自馬鞍山，下自三角舖，捍護四邑。天順、成化，水齧堤圮。弘治間，知縣姜溥首白於都御史謝綬，補築，闊三丈，高一丈餘，環堤植柳。正德間復圮，會岷、湘二水漲迫湖瀦，濱江田地被淹，民逃賦缺。於時都御史吴廷舉上疏請築之。疏下撫、按委官查勘修築，近復爲洪水衝決。隆慶辛未，知縣劉元相申請修築。萬曆癸酉，知縣楊光宇勘議江夏、咸寧、蒲圻、嘉魚四縣協築，每年各縣於均徭内編銀募夫，詳允，自萬曆二年始。

蒲圻縣 蒲圻河至陸溪口出大江。邑西北近水，西良、黄土、皁潭等處最稱卑下，田易浸没。春夏之交，自崇通而下，積雨泛溢，動輒經旬，爲山水害。自沔、漢而上，川江漲入，由北而東，爲江水害。乃承天堤防，又以壅水爲害也。

咸寧縣 西河每湖水泛溢，濱河者苦之。旱則可以灌田。

崇陽縣 崇陽河注九出通城至壺頭山下，有石洪灘，甚險。濱河者一值水漲，輒被漂損。旱亦資灌溉焉。

通城縣　秀水與陸水、雋水合而通江。其黄沙等港俱會焉。會水漲則田地不免於衝淤。

興國州　長河州境多水，然皆滙於長河，而洩於富地。若海口湖、漳源湖則直放於都江，而水之勢差殺矣。長河自排市以下，河較寬，水易洩，不至爲害；其排市以上，若鷄口、慈口、龍港、山溪等河，春雨浹旬，則山水暴漲，田禾淹淤，無歲無之。甚至有衝拔樹木，蕩徙廬舍者矣。隄三。樊公即朝天堤，在州西五里古龍闕下，上有石橋，元末駐兵，久圮。永樂間，知州樊繼修隄，受名焉。恩波在州東北半里。良薦橋，州北二十里。隆慶元年，州同王可大重修。

大冶縣　縣前河西源於西陽、茅潭諸里，遶洪濱橋合流而東，至縣前爲金湖，直放漳源口而入於江。雨淫，山水突發，濱河者寔受其害。

漢陽府

水經云："江水左逕上烏林南。""東逕大軍山南。""左逕百人山南。""又東逕魯山南。""江水左得湖口水，通太白湖〔二七〕，及東合灄口水，上承涓水於安陸縣〔二八〕，東逕灄陽縣北，東南注於江。江水又東，湖水自北南注，謂之嘉吴江。""漢水又東逕沌陽縣北。"

漢陽縣　大江郡城與武昌對峙，大江環抱，東南漢江合灄水、沔水、沌水，與大江會於郡北。漲則瀰溢於諸湖，爲卑窪田地之害。湖一郎官。弘治時湖可縱舟遊，城内水滙於湖，乃自水門入江。自瀕湖居民各於屋後培土拓搆，而湖遂堙，今才存一溝耳。近年城屢圮，以水無所瀦而横溢爲災也。堤十二免溺，在縣北二里。正德初，知縣蔡欽築。自鐵門關接漢水亭。今亭廢，義民周南佐以石橋其亭所，水漲不圮。東、西楊樹，室安，李家，蓮花，青草，山嘴，石林，潭家，萬家，謝家，鄭家，俱在平塘河泊所。陂十三内高作在縣西六十里。按舊志，陂修築於宋淳熙乙未。戊申夏，水漲崩褫，冬，本郡奏請修之。慶元庚申，太守趙鄖條上利害，有旨假出戍水軍修築。經始於嘉泰辛酉冬，壬戌春工訖。堤首尾置青龍、水濟二閘，延袤四百八十七丈，高七尺至一丈五尺，闊一丈至一丈五尺，分層級以殺怒湍，城郭始固。

漢川縣　漢水蓋漢水經流漢川者。堤二吴公舊名和公。成化庚寅，都御史吴琛築，因以氏隄。隄一自縣東至甑山十五里，一自縣北和公城至劉家隔十五里注十。吴先築甑山堤路，次築和公堤路，沿堤植柳；復於甑山麓鑿石甃砌水洪，設梁閘以泄水勢；又於劉家隔河口布樁板，培築高埠以便行旅。湖埦在縣北二十里楊子港。嘉靖乙巳，都御史姜儀命於關前河至港築湖埦堤，夾植以柳。

黄州府

水經云：「江之右岸東會龍驤水口（二九）。」「江之左有武口水（三〇），上通安陸之延頭。」「東逕若城南。」「又東過邾縣南。」「又東逕邾縣故城南。」「又左逕赤鼻山南」（三一），「左則巴水注之」。「又東逕軑縣故城南。」「東會希水口。」「又東逕西陵縣故城南。」「又東過蘄春縣南，蘄水從北東注之。」

黄岡縣　大江城西。河七沙、沙武口、街埠、感化、舊州長、上巴、道觀。俱通大江。内道觀河出崎山龍井，經龍岡山陽，洩於鮑湖，灌溉利之。乃每值泛漲，其害於諸河爲甚。嘉靖癸丑五月霖雨，水溢廛市中，殺人以千計，田被衝壓者千餘頃。堤八老觀河、舊州長河、中州、溝兒口、丘陵湖、龍坑、白米河，俱在慕義鄉。攝河在五重鄉。俱知縣簡霄修築。壩五毛林口、巴毛湖、黄舍潭，俱在慕義鄉。知縣簡霄修築。八大王在城東南三里，安國寺左，中有田，築此以捍後湖水漲。紫荆港在庶安鄉。故積水溉田，歲久傾頽。正統二年，邑人袁知州率鄉民重修之。

蘄水縣 浠水至南溪口入大江。水漲没兩岸，學宫前水高丈許。隄二 王公，在巴河鎮。春夏水漲，民病涉。正德甲戌，知縣王伯築，故以氏隄。自江滸抵鎮市，凡長三十丈，廣四丈，高一丈，甃用條石，夾植以柳。萬工，在縣西南回風磯上。正統乙丑，知縣胡奎築。

羅田縣 官渡河縣前山水起可通筏運載，旱則濱河者間爲引水溉田。

麻城縣 縣前河發源光山界下，接新州長河，入團風江。熊吉曰：縣前河會東、北二境之水，每春夏驟雨飄風，則怒濤如山，濱溪之民歲苦墊溺。弘治辛酉，推官羅翰起沙堤於中流，蓋障之使東也，尋就飄没。正德戊寅，知縣王世禄尋河之故而浚之，水乃分流，欲再浚之，以調去，新河復淤，而舊河之害如昔，於是有遷縣遷學之議。推官嚴肅復治之，開新河，固舊岸，奈椿短石單，堤築未固，開河之土去不盈尺，雨下淖流，歲久填塞。凡三治，迄無成功。今之議開河者曰：鑿之使深，比舊河加二焉；一簣之土，必置於數十步之外，無使其淖復壅焉。每冬涸時濬之，則水有所歸，不待障而自東矣。水既東，則舊河自淤積三十年之外，可耕牧矣。岸無事於固也，固岸者曰：開河以殺水勢。然春秋之水，豈能盡受乎？民居學宫，危若纍卵。惟密布松椿於下，而以鐵錐引之，深入四五尺，則基可固矣。壘石於上，每直引二三層，用横石以繫之，則壁可堅矣。石壁之内實以小石亂礫，然後以土繼築之，水之入也，遇石礫而上，則中空可無慮也。乃募民築室於其上，或官自爲之，與里房合爲東街，而溝乎其室之前簷，使水潦從溝中行，則内陷可無慮也。又植木栅於石壁之外，其末高與崖齊，約以横木，每丈餘則以一木係諸岸，水雖力有激則反者，三數年之後，木朽而吾壁之土與石合一。栅之外植高柳，根日盤織於下，而枝扶疏於上，可以代木栅矣。又立爲係籍屬之有司，凡木石皆責之受廛之民，少有疏失，與盗者同罪。數年之後，俟其休養安集，然後税其廛，以爲他日修濬之費，則水患庶乎可避矣。

黄陂縣　縣前河通沙口，入漢江。春夏水漲，則武湖、牛湖泛溢爲沴，河側田地被淹，漫入縣前闤市矣。按黄以陂名，而河塘陂堰以萬計，寔利溉灌。邇來豪强兼併，塘稍作爲丘畝，册籍盗報田糧，而豬水之澤易潦易涸，昔人謂代天施長，地力安在哉？

黄安縣　河三。縣城東里許爲東流河，縣東爲謝家店河，俱逶迤入團風江。西三十里爲雙河與西河，合流爲兩河口，經黄陂灄口入漢江。

蘄州　大江。城西。壩一。永安州西北十里赤東大湖中寔當孔道，方春水起，夏秋漫没，驛使經行，必迂途廣濟，方抵州治。間以輕舠絶渡者，往往覆溺於風濤。先年州民顧益築三墩於湖中，便舟子依泊，歲久崩褫。萬曆二年，鄉官顧闕首議修築，捐貲經始，佐以率錢，可期就緒矣。

廣濟縣　河二。梅川，在縣南，流入武山湖。兩岸田可千頃，旱則賴以灌潤。連城，正統初父老陳鑑奏濬之，以便運艘。壩一武家穴，在縣南九十里，臨江，上自盤塘，下抵黄梅楊家穴，長一百九十里，歲時修築以防江溢。

黄梅縣　縣前河。其源有三，春夏山水不時發，旱受灌溉焉。壩一。唐思穴自楊家穴至宿松分界。按邑當江、漢、九江下流，故歲苦漲溢。今壩起自廣濟之武家穴、龍坪，至邑境之蔡山、孔家龍、唐思穴、清江鎮、楊家穴，雖延亘百里，然歲復爲水衝決，漫没禾稼，民日狎游魚鱉中。蓋黄梅最下，而彭蠡水又來突之，故其害視廣濟尤酷烈也。

承天府

水經云：「沔水又東，敖水注之。」「又東南與臼水合。」「自荆城東南流逕當陽縣之章山東。」

「又東南逕江夏雲杜縣東，夏水從西來注之。」涓水「南過江夏安陸縣西」。夏水「又東至江夏雲杜縣，入於沔」。

鍾祥縣　漢江。自北來，經石城，與城北龍母等湖通，下至漢川，入大江。沿江者多病昏墊。大都鍾祥之水利少而害多也。　堤六。漢江自報恩寺南，長三十里，舊堤卑薄易決。嘉靖中守備太監張方增築。始固寺側一，長一里。遞運所前一，長一里。子胥臺東一，内有三塘四埂。吉祥寺前一，長一里。李萬湖一，長五里。壩一　黄沙在縣東一十五里。

京山縣　縣河注十一。會閣流河、姚河諸水，經治南城，下合澨水，入漢江。水泛則淹田齧城址。嘉靖中築隄捍水，城害始息。　泉二，温湯注十二，灌溉稻田，其收數倍。五泉注十三，泉有五穴，湧如沸鼎，横流入市，清泚可愛，民田賴之，歲不憂旱。　堤五。縣河，嘉靖中河齧城址，推官蒙詢築。小河、林里洚，俱在羊亭村，正德中築。嘉靖中水決，更築之。魯班，在七寶村。漢江，在縣南，長百餘里。

潛江縣　潛水。漢水別流，自鍾祥入境，經蘆洑河，三分流俱入沔陽界，歲苦水患。　堤八　高氏，在縣西北五里，相傳五代時高季興所築，因氏焉。起自荆州緑麻山，至縣南沱埠淵，延亘一百三十里，以障襄、漢二水。莫家潭，長一百丈。以上堤，正德中布政周季鳳築。夜漢口，在江、漢畔，弘治中知縣史華築。正德中崩決，通判趙景鸞改築新堤，長三百六十餘丈，復增修月堤。白洑垸〔三二〕，邊臨漢江，成化六年，水決二十餘丈，八年，知縣江志修。江汊垸，長六百餘丈，身甚厚廣。班家灣，長一百六十丈。俱正德中布政周季鳳築。車老垸，縣南臨漢江。太平垸，長六百丈，正德中都御史秦金檄通判趙景鸞、知縣莫瑚築，長一千餘丈，堅固可久。

荆門州　漢水。下入漢江，與諸湖通。水大不至衝泛，蓋東賴王家堤以障之，東南賴緑麻堤以障之爾。

當陽縣　沱水。經縣境與沮水、漳水復合入江。水大則衝泛，濱河者苦之，旱則引水入陂。

沔陽州　漢水。與江水、夏水、漕河通諸湖入漢。然沔陽之水界於江、漢之間，江溢則没東南，漢溢則没西北，江、漢并溢，茫然大壑，爲害尤甚。堤六。長官，在州南，起監利，至漢陽，長一百餘里。白石湖，在西北五里，其堤自刭口起，至新間舖止，約五里有餘，高三尺餘。兩傍植柳，下爲水溝，溝之外田畝錯列。高堤，即復州故城爲堤。江堤，自龍淵、花墳、牛埠、竹林、西流、平放、水洪、茅埠、王沙，凡九區，長萬餘丈。漢堤，自大、小朱家岡、滄浪、南池，凡五區，長萬丈。江、漢二堤，嘉靖初知州曾洵奏下都御史黄衷修築，後復衝決。十九年，都御史陸杰、僉事柯喬，江堤增築黄師廟、何家洚、茅通、天井等處，又塞茅埠諸口，延袤幾五里；漢堤增築柴木垸、道人腰河諸堤，又塞刭河口長百餘里。斑堤，在州西北四十里白湖村。

景陵縣　城南河。經縣城南入漢。下流爲義水，水溢爲害。堤七。永豐，在縣東北，長一里。周公，在縣南，自東至南横長三十里。舊堤卑薄，弘治間知縣周端增築。斑堤，在縣下白湖村，世傳魯班築，以防京山山水。古堤有二：一在縣東北，上下有刭防，一名穴河，一名蓮花。遇旱則貯湖水灌田，泛則開刭防淹，水勢高則不開。成化間知縣姜綰重修。弘治間川、襄、洞庭水泛衝陷，知縣周端重修以殺水勢。便堤，在縣南車湘渡，護七十餘垸。議城古堤，又名老龍堤，在縣西南。宣德中築，知縣姜綰、周端前後修舉。

德安府

水經云：「沔水又東南〔三三〕，涢水入焉。」涢水「東南逕隨縣西」。「漻水出江夏平春縣西。」「南過安陸入於涢。」

安陸縣　**溳河**。遶城西東流入雲夢澤，會漢水入江。山水突發害田稼，旱則可引溉田。蓋州縣諸河，水旱利害，舉相同也。**堤一**，李公，在縣西溳水左。正德間知府李重修，故以氏隄。先是溳漲，民多墊溺，至是獲免。

雲夢縣　**縣河**。縣南里許，溳水之支也，會孝感之水達於江。**湖六**。孟家[注十四]、石羊[注十五]、鄭銅[注十六][注十七]、紫雲[注十八]、楊林[注十九]、臺湖[注二十]。**堤三**。史河，在縣西北三十里安陸境。溳水故道經縣，民便之。弘治間決，應城故道塞。嘉靖間，知縣潘淵築此河，復故道。沿河，在縣西南。正德間，知縣余權築。漏灌，在縣西南五里。每夏漲，北河水由此衝入石羊湖，民田被没。嘉靖間知縣郭貴德築此以捍之；復決，王廷佐重修。

應城縣　**西河**。在縣西，會漢江。縣北又有楊家河，瀕河者咸資溉焉。

孝感縣　**澴水**。俗曰西河，在縣前，下入漢江。**湖六**。後湖溉田甚博[注二十一]。正統間，知縣羅勉以湮塞，復加修築。羊馬[注二十二]、白陂[注二十三]，縣丞盧哲修築。董家[注二十四]、東山瀹河、注泉[注二十五]。

隨州　**溳水**。繞州前，南流入漢江。又有六河：扶溝[注二十六][注二十七]、浮纓[注二十八]、魯城[注二十九]、金水[注三十][注三十一]、石魚[注三十二]、武河[注三十三]，皆遶州境，民利之。

應山縣　**汶水河**。在縣前。又有河五：黄沙[注三十四]、方家[注三十五]、白泉[注三十六]、漢東[注三十七]、大洪[注三十八]。舟楫不通，濱河者多資灌溉。

荊州府

水經云：「江水自關東逕弱關、捍關。」「又東逕信陵縣南。」「又東過夷陵縣南」，「歷峽，逕宜昌縣之插竈下〔三四〕。」「又東逕宜昌縣北。」「又東過夷道縣北，夷水從佷山縣南，東北注之。」注：「又東過枝江縣南〔三五〕，沮水從北注之。」「江水又東逕上明城北。」「又東逕江陵縣故城南。」「又東逕郢城南〔三六〕。」「又逕南平郡孱陵之樂鄉城北。」「又東，右合油口〔三七〕。」「又東逕公安縣北。」「大江右得龍穴水口〔三八〕，」「右逕石首山」，「又東逕赭要」，「又左逕白螺山南。」

江陵縣　大江城南七里。　堤五。新開，在縣東一百二十里。成化間，知府李文儀重修，後圮。正德間，布政使周季鳳築，長四百五十丈。寸金，在龍山門外注三十九。五代時，蜀孟昶將伐高氏，欲作戰艦巨筏衝荊南城，梁將軍倪福可築是堤激水以捍之。宋吴獵嘗分高沙注四十、東漿之流，由此堤外，歷南紀、楚望諸門注四十一，東滙沙市爲南海。黃灘，在縣東南二十里，上當江流二百餘里之衝，一決則江陵、潛江、監利民爲魚鱉，誠要害也。成化初，知府李文儀沿堤甃石。正德十一年，知府姚隆增築月堤三處，約千餘丈，今勢漸崩頽。李家埠，在縣西三十里，自萬城至鎮流砥六十里，當水勢之衝。弘治十三年堤決，淹溺甚衆，知府吴彦華修築堅厚，至今賴焉。諺云：「水來打破李家堤，荆州便是養魚池。」關係至重。文村，在黃潭堤東三十里。弘治十四年水決，知府吴彦華修築四百餘丈。正德十一年水決，知府姚隆重爲修築。砥一。鎮流，在縣東十五里，突出大江數十丈，捍激江水，聲如迅雷。蓋江勢東下，鎮砥於此，則水勢延緩，而黃灘之衝少殺，沙市之地可保。成化初，知府李文儀砌以巨石，縱横相壓，其勢甚堅，水患稍免。後居民漸竊其石砥，堤少壞。正德中，布政使周季鳳重加修築。按杜預傳：預都督荆州，舊水道惟沔、漢達江陵，千數百里無通路。預乃開楊口，起夏水，達巴陵千餘里，内瀉長江之險，外通零、桂之漕。

公安縣　石浦河。正統初，知縣俞雍築壩瀦水，以便漕運。　堤七。趙公，在縣東三里。斗湖，在縣南半里。油河，在縣西三里。倉堤，在縣東北二里。横堤，在布政分司。以上五堤，俱宋端平三年孟珙築。沙堤，在縣東南八十里。正德十一年，水漲，旋築旋壞。十三年，撫治都御史汪鑑之委教諭張瀾上自灌陽，下至新開，相距一百二十餘里，通修築之。大江禦水在縣東北，未詳何代所築，上接江陵，下抵石首，長一百里。

石首縣　長河。即大江，又有便河達洞庭，年久淤塞。正統間，知縣盛奇浚通，商民便之。湖三，平湖注四十二、熟田注四十三、平址注四十四、注四十五。堤六。黄金，在縣南五里(三九)，元薩德彌實築。萬石，在縣西五里，宋縣令謝麟築。新興，在縣西南七十里，薩德彌實築，以防竹林港水患。楊林，在楊林口，正德初，布政使周季鳳創築，長百丈有奇。風火，在縣南二十里，正德六年，知縣馬祥築。百家，在縣北四十里，其地爲水所圮，百家合築此堤。

監利縣　魯洑江。南通荆江，北入沔、漢，水漲爲害獨甚。河一，新冲，通江陵漕河，民居輻輳，賴以溉田。湖三，南江注四十六、小沙注四十七、盛洪堰注四十八。堤五。黄師，在縣西四十里，濱大江，歲久湮頽。正德十一年，監生張安上請行修築。新冲，在縣西南五十里，濱大江，極爲險要。朱家埠，在縣東三十里。龍潭口，在縣北，長百丈。正德中，布政使周季鳳築。把火，在縣北五里。

松滋縣　川江。岷江至此分爲三派，復合達江陵，入大江。蓋峽水到此展蕩，大不利於漲溢矣。堤一。大堤注四十九，自堤尾橋直抵虎渡，延袤八十餘里。洪武二十八年重修。

枝江縣　沱水。縣南四里有推烏灘，水漲湍急如雷，舟經此最險，濱水者危之。湖一。老雅，在縣西一里，今爲田。

夷陵州　浣紗河。與赤溪東合，水泛則瀕河者受害。堤一。二公，在州東門外三里，當荆、襄、巴、蜀之衝，傍有民田。成化二十二年，知州周肅築，行旅便之。

長陽縣　清江。南至宜都入大江，其流獨清。

宜都縣　漢洋河。會清江，入大江。溪三。蒼茫，在縣東五十里，灌田可千餘頃。富金，在縣西三十里。白巖，在縣西三十里。

遠安縣　洪巖洞注五十。洞泉流出油溪，可溉田十餘畝。溪一，羅漢。湖一，筧水源出鷄頭山石孔中注五十一，土人爲筧引水灌田。

歸州州舊志未載水利，有溪七、灘十有一。惟空舲峽灘夏秋水泛，必空舲乃可上。自州至長陽四百里内，峽水奔急，石磧險惡。吒灘水石相激，中有石如甕，舟行至此多覆。

巴東縣　巴江。在縣前，凡蜀諸水，皆合而東注焉。

興山縣　泉一。清泉，學宫後，澄澈清漪，深可數丈，引流出觀瀾門外，會香溪入大江。

岳州府

水經云：「江水又東，左得二夏浦。」「又東逕彭城口。」「自彭城磯東逕如山北〔四〇〕。」夏水「又東過華容縣南。」「澧水出武陵充縣西，歷山東過其縣南。」「又東過零陽縣北。」湘水「又北至巴丘山，入於江」。

巴陵縣　大江。會洞庭諸水，入臨湘。湖四，洞庭、青草、赤沙、雲夢。每夏秋水泛，與洞庭合爲巨浸，淼漫無涯，爲害最鉅。堤四。偃虹，在縣西北，宋守滕宗諒築。永濟，在縣北城陵磯南。李公注五十二，在縣東厲壇，盡城陵磯，長十五里，地故湖路，水漲病涉。弘治間，知府李鏡築堤建橋，夾堤植柳，人甚便之，因以氏堤。白荆，在縣東南十里，堤有橋，久圮，夏水人遭昏墊。成化間，知府吴節重修。

臨湘縣　大江。至城陵磯東下經此，岷江合漲，亦能流害。水一，湘江，三湘、岷江合流經此水，沿江田地，一水鄉也。堤一。趙公，在縣東一里。元泰定間，縣尹趙築，因氏焉。

華容縣　華容河。南達洞庭，歲有泛漲之患，乃郴桂之漕〔四一〕，賴此通焉。堤五十五。楊柳，在縣東北。放生池，在縣東。斗子，在縣西湖，每值旱潦，實利蓄洩。縣堤，在縣河之濱，周圍十五里，民實賴以免溺。垸堤，在縣境，瀕洞庭，臨大江。夏秋水泛，民多阽溺，有司屢築隨壞。正統間，員外王士華重修，内有四十五垸，至今賴之。萬庾，在縣北十五里。安津，在縣西一十都内，有十臺注五十三、九堰，皆利灌溉。正德十年，洪水衝崩，田被淹没，都御史秦金措置，諭民修築。蔡田，在縣西三十里。淵德，在縣西北十五里。李家垸，在縣東南三十里墨山下大湖畔。斗門，在縣西三十五里。劉家垸，在縣西四十里黄洋渡之南。東西，在縣四十里。紙方垸，在縣東北七十里。黄田垸，在縣西五十里。姜家垸，在縣東。黄家垸，在縣西南。上路垸、下路垸，俱在縣西。磤溪渡、胡家垸、吴小垸，俱在縣南三十里。宋陽西小垸，在縣南。桃樹垸、林家垸、馬兒垸、宋家垸、左陂垸、蔡劉垸，俱在縣西。許小兒江家院陳家院魯家院逐備院，俱在縣西北四十里。濤湖院，在縣北二十里。黄湖垸張師垸，俱在縣西七十里。新堰垸，在縣西六十里。白壩垸、楊家垸，俱在縣西南。黄公垸、徐家垸、高小垸、清水垸、杜家垸、龔家垸、吴家垸，俱在縣西六十里。柳木垸，在縣西六十里。馬家垸，在縣東南五十里。朱家垸，在縣東二里。陳家垸，在縣東北十五里。李家垸、趙家垸，俱在縣東。金二垸，在縣西六十里。以上諸堤，連遭水衝，正德十三年，都御史吴廷舉以賑濟至，議令在垸者修堤，屬知縣李文泮督修各垸，田疇獲免淹没。官橋垸，在感化鄉，長二百二十丈，闊一百五十丈。塌一。安津，在縣西北三十里，在昔築此以防水患。按其地古有營田、官職田，最爲低窪，惟堤不崩潰，歲入有望矣。

平江縣　盧水。會汨水、純水入洞庭，泛溢爲害。

澧州　澧水。至城下合涔、澹二水入於洞庭，水起偪城，爲害最鉅。

石門縣　洞三，仙女，在縣南紫和山下注五十四，流泉不竭，賴以溉田，下合水道。龍泉注五十五、民安注五十六，二洞出泉，溉田甚廣。泉二。龍王注五十七、獨石注五十八，俱賴溉田。

慈利縣　漊水。水南至觀音嘴，會澧水，江漲則溪澗爲一，害較甚焉。泉一。語泉注五十九，出三眼中，流至通濟舖前溪，溪爲驟漲，溉田甚廣。

安鄉縣　澧水南流而東入洞庭，水起，上接下滙，害不下於漊水也。

襄陽府

水經云：漢水「又東逕襄陽縣北」。「又逕平魯城南。」「又東過中盧縣東〔四二〕。」維水自房陵縣維山東流注之〔四三〕。」又「東南流逕犂丘故城西〔四四〕。」「又南過邔縣東北。」「又南過宜城縣東。」夷水出自房陵縣，東流注之。」「又逕鄀縣故城南。」「又東北流，又屈東南，過武當縣東北。」「又南逕穀城東。」又南過陰縣之西。」「又南過筑陽東。」筑水出自房陵縣，東過其縣，南流注之。」「又東逕隆中。」「漳水出臨沮縣東荆山。」

襄陽縣　漢江，出大安軍，下入漢江，水漲不免嚙城。恃有大堤，東臨漢江，西抵萬山，袤十里餘防護之。堤二。老龍，在縣西三里，即大堤也。救生，在縣西南五里。

宜城縣　漢水。由襄陽經縣東，北下入漢江，泛漲無歲無之。閘一。青龍，在古羊社。

南漳縣　蠻河。經縣至宜城入漢江。水起泛溢，濱河者頻受其害。堰十一。内武安、靈溪於諸堰爲大。武安即秦將白起攻楚引鄢水灌城者。唐大曆間，節度使梁宗義修之。宋至和間，宜城令孫永知襄州增築。淳熙間，制置李曾伯修。靈溪，即古木里溝，始開於楚，漢南郡守王寵又鑿之。宋治平間，宜城令朱紘復濬。元大德中，政院同僉李英再築二堰。

棗陽縣　沙河。河達漢江，山水突發，衝決可虞。

穀城縣　古羊河。西流與粉水合，達漢江，水泛亦能爲害。

光化縣　漢水。漢江水起經縣，甚則東南境及濱河者均受衝決之患。堤一。石堤，漢水東，宋李仲芳築，居民賴之，今廢。

均州　曾河。出太和山，通平堰、龍堰，可以灌田。

鄖陽府

水經云：「漢水又東逕魏興郡之錫縣故城北。」「又東過鄖鄉縣南。」「沮水出漢中房陵縣。淮水東南過臨沮縣界。」

鄖縣　漢江。由漢中經府城北，東南至漢陽入江。間值水溢，不免齧城，恃有捍江堤以障之。河一，趙河，流至縣東爲盛，水堰溉田甚廣。堤一。吴公，在縣東南，舊名捍江堤。成化十三年，都御史原傑修之以防漢水。明年江漲堤崩，御史吴道宏增築，高八尺，闊倍之，長三百餘丈，軍民德之，堤受名焉。

房縣　南梘河。流經穀城入漢江。

竹山縣　北星河。北來入庸水東注，水起則溢，旱則濱河者可資灌溉。水一。堵，東入漢江。水漲，濱水者每引入堰溉田。

鄖西縣　南門河注六十。又有五里河注六十一，與此河合流達於漢。水溢此河與房河，苦無大患。泉一。娘娘洞注六十二，下出如沸鼎，垂如素練，聲如震雷，麓田悉資灌溉。

保康縣　蘇泉。在縣後山下。民故取水於河，知縣蘇惠和憫其險遠，疏導山泉，繞流縣側，民咸稱便，泉因氏焉。

常德府

水經云：沅水「又東北過臨沅縣南。」

武陵縣　便河。一曰玉帶，水起不能爲災。水三。枉。朗，謂之朗江。沅，東流自龍陽入洞庭，皆不利於泛溢。堤十。槐花，在縣清平門外一里許注六十三。柳堤，在縣東門外，通北門。花猫，在縣東門外，臨大江。南湖，在縣西十五里，係官路。屠家，阜角，俱在縣東三十里。以上四堤，嘉靖十三年大水衝決，知縣鍾鑾修。趙家，在縣西，近大江，自南湖至河洑，知府歐陽恂修。東田，在縣東十五里。長江在縣東二十里，春夏水漲，與江相通。宿郎堰，在縣東九十里，週九十七里，捍湖障江，廣、德二村居民於内耕種。知府歐陽恂、方仕修。渠二。古史，在縣萬金村，古名後鄉渠，又名石英渠，唐刺史温造知朗州，開此灌田。永泰，在縣北一十里，唐光宅中，刺史胡處立開此通漕，且爲火備。西北二十七里有北塔堰，刺史李璉增修，引注白馬湖及生渠之水，又名潤禾堰。

桃源縣　延漢水。流入沅水，時有山水泛漲之害。溪二。大敷、黄石，俱與沅水合，水時驟漲，然旱則濱溪者便焉。

龍陽縣　白沙江。在縣西。水四。西、芷、滄浪、鼎口，俱與大滄注六十四、安樂等湖通注六十五，入洞庭。水泛則諸湖暴漲，常德水患惟龍陽爲最。堤十一。大圍，在縣北，週迴三萬五千八百餘丈。正統十一年，縣丞王賦，成化十三年，知縣周泰建。弘治十五年，大水衝決，知府李譁重修。正德間，大水民逋，都御史秦金招撫賑濟，蠲免所負，委教諭楊文昇督修，民得復業。嘉靖初，水復作堤壞，民被淹没，知府歐陽恂修。嘉靖五年，知府方仕重修。嘉靖十三年，復決，知縣薛炳委官修築八百餘丈。蕭公大，在縣東北十五里。小汎洲，在縣西二十五里。大汎洲，在縣西四十里。灰步，李公，在縣北二十五里，俱正德十二年修。嘉靖十三年，大水，俱決，知縣薛炳重修。南城，在縣東南半里。河洪，在縣西一里。陡門，在縣西三里。股堤，在縣東南五里。新堤，在縣西五里。障二。南港，在縣北四十里，内水湮二座，正德十二年修。保安，在縣北五十里，内有水堷二座。

沅江縣　沅水。逆行會鼎水〔四五〕，入於湖。水起合漲於諸湖，亦爲民病。堤一。西湖，在縣西半里。成化初，本府通判徐璟修築，知縣金路重修。

辰州府

水經云：「延江水又東南至武陵酉陽縣，入於酉水」。「酉水東南至沅陵縣〔四六〕，入於沅。」

沅陵縣　北江。自酉陽施、漢諸水入沅水。山水漲，合於江，濱江者受害矣。水三。沅、辰、施、黔，俱入沅水。

盧溪縣　盧江。又名盧水。水一。高巖水注六十六，自巖穴中出流，與鎮流合〔四七〕，入盧水。

辰溪縣　溪五。辰、洞水，水自大酉洞中出，經邑前而下。桑、助、嵩。潭一。龍注六十七，其深叵測，有龍居之。澗一注六十八。龍門，澗深流長。

漵浦縣　雙龍江。水泛則縣前及濱江者罹害。洞二。鎖子，在盧峯山西北向。對馬，在洚山之西南。二洞有水流出，俱足灌田。溪一注六十九。桃溪，水出盧峯山麓，可資灌溉。潭一注七十。盧深，在縣西五里甕溪洲，尾以桔槔，引水灌田者十數餘家。

沅州　潕水。自鎮遠下流於沅水，州與黔陽俱有山水泛漲之害。

黔陽縣　黔水。縣前入沅水。溪六小龍、大龍、稔禾、洪江、砂、雷騰。

麻陽縣　錦水。縣前入沅江，江水起，此水亦爲泛漲。

長沙府

水經云：澧水「又東至長沙，下雋縣西北，東入於江」。沅水「又東至長沙，下雋縣西北，入於江」。資水「又東北過益陽縣北」。「又東與沅水合於湖中，東北入於江也。」「東北過湘南縣縣南，又東北至臨湘縣西南，東入於湘。」湘水「又東北過陰山縣西，洣水從東南來注之」。「又北過醴陵縣西，漉水從東注之。」「又北過臨湘縣西，瀏水從縣西北流注之。」「又北過羅縣西，潰水從東來流注之。」「灕水出陽海山。」注：南與瀉水合，出西邵陵縣界，而東南流至零陵縣西。

長沙縣　湘水。環城而下，瀟、蒸、沅之之水入，會衆流以達於洞庭。水四。穿、漏、瀏陽、瀉。瀏陽水出大圍山，溉田數萬畝，泛則與羅水合併爲害。

善化縣　湘江。縣境。堤二。梅，在嶽麓詠歸橋畔，有梅森然。柳，在嶽麓書院路口，逼近江堧。

湘潭縣　涓水。至本縣龍口東入湘。

湘陰縣　汨羅江。源出豫章，流經縣，分二水，一南流曰汨，一經古羅城曰羅水，至屈潭復合。湖二。東湖，受撥水入江。青草，傍有疊石，水落則見山足，水溢則與洞庭混爲大壑矣。

寧鄉縣　玉潭江。三水合流，環縣而東至新康口，匯入湘江。按長沙地故卑濕，衆水所就，故横溢爲甗，潭之州縣皆然也。湖一，東滄注七十一，週十里。壩一，段江陂石，在縣西六十里。泉二。觀音，在縣東注七十二，不待車戽，其水下流之田，自循定則，以次灌注，因名爲不争田。三停注七十三，歲旱則居民壅其下流以灌田疇，復名好塘壩。

醴陵縣　渌江。至江口入於湘。泉一注七十四。醴泉，灌田可千頃。

瀏陽縣　龍津水。泛則合瀏水爲害。巖一。古風注七十五，溪水内出，可以灌田。

益陽縣　資江。過沅江入洞庭。堤五。蔡家，在縣東五里。甘溪，在縣東十五里。沙頭，在縣東三十里。藍溪，在縣南二十里。羊角，在縣東三十里。

湘鄉縣　漣水。水至縣南滙而爲潭，又東過石潭，而入於湘江。水八。豐溪、捲簾、竹洞、温湄、清波、鴨橋、堯塘、側水。

攸縣　灌田江注七十六。夏旱引以灌田。水三。攸、洣、銀坑，俱合流至茶陵江口。

安化縣　資江。水經縣出益陽，入洞庭。

茶陵州　東江。自酃縣來，雨霪則泛漲，害且及於攸矣。水一。饒水注七十七，可灌田。

寶慶府

水經云：「資水出零陵都梁縣路山。」「東北過夫夷縣。」「東北過邵陵縣之北。」

邵陽縣　水二。資、邵，合流經新化、益陽，入洞庭。而濱江水勢險惡，爲害可慮也。

城步縣　江二。蔣江，縣南一里。青溪，縣北二十里。泉一。龍，其水清洌，冬夏不竭。

新化縣　資川。合資、邵、都梁、夫夷，經縣下入洞庭。泛則此川爲害，尤甚於四水也。壩四。百社，在縣西南。灘頭，在縣西南。連溪，在縣東南。温江，在縣北。

武岡州　水二。都梁泮，與都梁水合，水泛則州之南與資水者均受害矣。壩一。官陂在州南百步餘，旱甚引水灌溉，相傳下有神符云。

新寧縣　夫夷川。出全州，過此至邵陽，會資水。

衡州府

水經云：湘水「又東北過酃縣西〔四八〕，承水從東南來注之〔四九〕」。「鍾水出桂陽南平縣都山北，過其縣東。」耒水「又西北過耒陽縣之東」。「又北過酃縣東。」「北入於湘。」「溱水出桂陽臨武縣南，繞城西北屈東流。」

衡陽縣　湘水。至縣東北流，入長沙界。又有水曰蒸，東流經縣界，北會於湘。二水時若泛溢。

衡山縣　湘水。湘江泛溢，受害與衡陽等。

耒陽縣　耒水。出桂陽之耒山，至耒口入湘。又有水，一曰溽，水泛俱爲害，而大陂市則賴江水以灌溉。

常寧縣　江三。一東，一西，一北。水周城外，泛溢所當預防矣。

安仁縣　江四。排山、灘頭、油波、浦陽，俱與永樂江合，故江漲之害爲甚。

酃縣　洣水。水發則茶陵、洣江大漲，下入攸縣。

桂陽州　水十。春、歸、潭流、湖屯、黄田灘、馬跡、流渡、湟、桐梁、沙溪，俱經州境，山水突發，俱足爲患。

臨武縣　石江。又赤水江，俱與武溪合，江漲則濱江者害將不免。水三。高安。長江北流出水尾，合桂陽春水入於湘。華陰西流出藍山，合舜水，時苦泛溢。

藍山縣　水十。津、英溪、蒙溪、歸、龍溪、乾溪、藍溪、樓溪、廖溪、東樓。諸水泛漲，亦可虞也。

永州府

水經云：「湘水出零陵始安縣陽海山。」「東北過零陵縣東。」「又東北過泉陵縣西。」深水「西北過零陵營道縣南，又西北過營浦縣南，又西北過泉陵縣，西北七里至燕室邪，入於湘」。

零陵縣　湘江。出興安陽海山，流至湘口，與瀟水合。春夏江漲，爲害頗大。水三。瀟、賢、永，俱合湘水。按：召信臣爲零陵太守時，行視郡中水泉，開通溝瀆，起水門，廣灌溉，民獲其利；作均水約束，刻石田畔，以防紛争。

祁陽縣　江四。清、三、北河、小東。清江與北河合俱入瀟、湘。塘一。梅塘，在縣北七十里，其水冬温夏寒，會湘江東注。

東安縣　蘆洪江。流出江口入湘。水一。祐，出恭和中鄉，東流入清溪，合流入永。湘水時泛溢。

道州　水四。營、泡、龍遥、下洑，俱與沲水合。龍洑與宜水合，泛則濱水者受害。

寧遠縣　舜水。與沲、瀟二水合流入湘。又曰春流，經藍山入湘。山水起則二水俱漲，爲害殊甚。

江華縣　水四。沲會瀟水入江。砯與沲合。泰。折俱與冬冷水合。

郴州

水經云：「鍾水「與灌水合〔五〇〕」。注：「灌水即桂水也。」「又北過魏寧縣之東。」又「東北入於湘」。「耒水出桂陽郴縣南山，又北過其縣之西。」「又北過便縣之西。」

州　水二。三川泉，通陂堰，至秀水分三派。寒溪注七十八，入郴水。俱利灌田。湖一。北湖，水流七里入郴，田受溉焉。泉一。温泉注七十九，下流數十畝田，常十二月下種，明年三月穀熟，年可三登。

永興縣　水二。四十二渡，源出乾溪，上流四十五里，灌田。長安源出鬱鳳山，西流七里，灌田三十頃。

宜章縣　水二。寶雲山，深十丈餘，可以灌田。平禾，一派自漕田出，灌田；一派自將軍廟一滙。湖一。仰天，在縣北十里黄岑山東，曠平無山阜，山有湧泉，停蓄周圍三十里，其水夏月極冷，可以灌田。巖一注八十。艮巖，中有泉，遇旱禱祈，其應如響，泉左右流出灌田。

興寧縣　濱江。至舊縣横流，合瀘渡。其水清沉流邃，濱江者實利灌溉。

桂陽縣　水六。東坑、孤山、屋嶺、耒、淇江、蓬塘，俱入江注湘，春夏時有泛漲之患。

桂東縣　水二。郴江，源出黄岑北，沿清驟下流，會耒水及白豹水，入湘江。牙江，源出五蓋山，至此灌田八十頃。

按周璟爲郴州太守，郡接南海，自暴亭至曲江，水勢險迅，行旅號咷。璟開六瀧以合真水，泄其勢，郡人便之。

靖州

水經云：「沅水出牂牁且蘭縣，爲旁溝水。」「又東至鐔成縣，爲沅。」

州　渠河。環城會於郎江，濱河者每厮水灌溉。堤一　江東，永濟、天順間，都御史吴琛屬知州蔣淇修治。河東有田數百頃，淇乃召民相土，得楠木灣可瀦水，乃措白金三鎰，傭民築壩，通渠引水，以資灌溉。

會同縣　江四。洪、郎、沅、文溪。沅與郎合，而文溪入洪。然洪江受渠河、潭溪、郎江，流及沅州。若水衆流會於此，水泛則此江之害爲大。水一　若有兩源，遠來會於若水，同入洪江。

通道縣　羅蒙江。源有三。又芙蓉江來自綏寧。

綏寧縣 小洪江。縣西門外。溪三茶、大金、大凍。

施州衛 水二。朝貢、鐵溝，俱入清江。溪一九渡，至都亭里入清江。居民引其水溉田，可數千頃。

【原注】

注一 常寧東五十里爲白沙堡。南三十里爲黄茅堡。旗軍一千一百五十名，民壯一百二十名。東南六十里大凹山有永安營。界接桂陽，連石灰山、六子凹、泗竹山、石羊坑等處。其山谷深林密，别無坦途，惟谷口有路上通衡頭、陽隔洲、白沙堡等處，横過天堂則抵烟竹湖、梅埠橋，而直出回龍市即寧桂通衢，中間四十里杳絶人烟，多係臨、藍無賴之徒，倚坑盜錫，嘯聚劫掠。正德年間，設營防禦，後廢弛。其址在山徑，離回龍市寫遠，設遇有警，勢難接應。萬曆二十年復建於谷口三分之處，去孔道隔數十丈，營與市烟火相望，撥常寧所千户一員領軍防禦。

注二 屬桂陽縣。

注三 屬桂陽縣。

注四 桂東、西六十里。

注五 二門俱在西。

注六 縣東三里。

注七 縣北。

注八 成公堤自魚山水驛起，至篺洲下夾口止。

注九 疑即通城之陸水。

注十　東十七里。

注十一　縣前河在縣西南下流，至景陵萵臺湖入漢江。

注十二　縣南十五里。

注十三　縣西五十里。

注十四　東南十里。

注十五　東南三十里。

注十六　南三十里。

注十七　一作「衕」。

注十八　南四十五里。

注十九　南五十里。

注二十　南六十里。

注二十一　西北隅。

注二十二　東南二十里。

注二十三　縣東。

注二十四　東五里。

注二十五　縣西。

注二十六　州西。

注二十七　一作「恭」。

注二十八　州西。

注二十九　北一百十里。

注三十　一作「聖」。

注三十一　西八十三里。

注三十二　大洪山下。

注三十三　州西南。

注三十四　東五十里。

注三十五　東三里。

注三十六　東三十里。

注三十七　西四十里。

注三十八　西南三十里。

注三十九　西門。

注四十　高沙湖在縣西北七里。

注四十一　一名公安門。

注四十二　東南十里。

注四十三　西南四十八里。

注四十四　一作「坪址」。

注四十五　南四十餘里。

注四十六　西十里。

注四十七　北三十里。

注四十八　縣北。

注四十九　縣志起自縣東五里。

注五十　縣北五十里。

注五十一　筧水口在縣西北八十里，南流入沮水。

注五十二　府志無李公，而有九龍、即北湟岸。南津縣南。

注五十三　府志止載其五有黄封、縣河之濱。安公、明公。並安津湖側。

注五十四　東南十里。

注五十五　西北二百五十里。

注五十六　西北三百五十里。

注五十七　南十五里。

注五十八　西北三十五里。

注五十九　三浯泉在縣西北六十里三浯山下，泉列三眼，中有龍洞，一日三潮水，湧出高二三尺，流至通濟鋪前，溉田甚博。

注六十　縣南五里南門山下。

注六十一　五里河在縣東五里，至縣前與天河合流入南門，會漢水。

注六十二　西北八十里娘娘山。

注六十三　西門。

注六十四　東十五里。

注六十五　南八十里。

注六十六　高崖水在縣西四百五十里。

注六十七　東一里。

注六十八　西五十里麻陽界上。

注六十九　西南八里。

注七十　縣西。

注七十一　西南五里。

注七十二　七十里。

注七十三　在縣東八十里，瀑流經八十里入湘。

注七十四　西五里。

注七十五　東五十里。

注七十六　東九十里。

注七十七　東十二里。

注七十八　寒溪水在州西二十里，源出坦山，北流入郴。春夏尤冷。

注七十九　温泉在州北二十里，平地湧出如湯，東流合郴水。

注八十　南三里。

【校勘記】

〔一〕攢立巀嶪　「攢立」，敷文閣本作「巑岏」。

〔二〕景泰□□九永守備一人　□□，敷文閣本作「中置」。

〔三〕議以岳州通判理餉於九谿　原闕「谿」字，據敷文閣本補。

〔四〕史記云西山鎖樊口之險是也　司馬遷史記無此語。湖廣通志（文淵閣四庫全書本，下同）卷五疆域志「武昌縣」：「史記『北背漢水，南鎮雉峰，西山鎖樊口之險，鳳台塞石盤之流』。」

〔五〕一葉青山　「葉」，原作「孽」，據敷文閣本改。

〔六〕僕散安貞本名阿海　金史卷一百二布薩安貞傳：「布薩安貞，本名阿哈。」

〔七〕安貞軍亟戰　「貞」，原作「真」，據上文改。

〔八〕鄰淮豫之僻　「之」下原衍「之」字，據敷文閣本删。

〔九〕「請總衆防拓江西」三句　「西」原作「而」，原闕「授」「連」二字，據湖北金石志卷十二天臺山立寨記補改。

〔一〇〕「有彼近光山縣」句　「光」下原有「州」字，據敷文閣本删。

〔一一〕其山皆自鄳阨之塞蜿蜒而南　「鄳」，原作「黽」，據史記卷六十九蘇秦列傳改。

〔一二〕隃定策畫　「隃」，元和郡縣志後序（文淵閣四庫全書本）作「陰」；玉海（文淵閣四庫全書本）卷十五唐元和郡縣志亦作「隃」。

〔一三〕則河南巡撫李衍攝之　原闕「衍」字，據御批歷代通鑑輯覽（文淵閣四庫全書本）卷一百六補。

〔一四〕東盡湦水　「湦」。敷文閣本作「滍」。

〔一五〕以稽往來　「稽」，原作「譏」，據敷文閣本改。

〔一六〕檄諸道軍采阻深入　「采」，原作「罙」，據濂溪堂本改。

〔一七〕鋻鼻隘　「鋻」。敷文閣本作「鑿」。

〔一八〕而又令各以便選地□力爲團　□，敷文閣本作「併」。

〔一九〕與戍卒□□　□□，敷文閣本作「伍」。

〔二〇〕逋負臚列　「臚」，原作「盰」，據濂溪堂本、敷文閣本改。

〔二一〕昔元世祖時　「世祖」，原作「成宗」，據元史卷一百六十二劉國傑傳改。

〔二二〕元至元二十五年　「至元」，原作「成宗」，據元史卷一百六十二劉國傑傳改。

〔二三〕蘇轍論渠陽蠻劄子云　「轍」，原作「軾」，據蘇轍集卷四十五三論渠陽邊事劄子（中華書局一九九〇年版，下同）改。

〔二四〕困於楊光僭　「僭」，原作「潛」，據蘇轍集卷四十五三論渠陽邊事劄子改。

〔二五〕李浩自沅州入境　「浩」，原作「誥」，據蘇轍集卷四十五三論渠陽邊事劄子改。

〔二六〕萬金在縣西南昌堤之□　明一統志（文淵閣四庫全書本，下同）卷五十九湖廣布政司作「萬金堤在府城西南長堤之外」。

〔二七〕通太白湖　原無「白」字，據水經注卷三十五江水補。
〔二八〕上承溳水於安陸縣　「溳」，原作「沔」，據水經注卷三十五江水改。
〔二九〕江之右岸東會龍驤水口　「右」，原作「左」，據水經注卷三十五江水改。
〔三〇〕江之左有武口水　原無「左」字，據水經注卷三十五江水補。
〔三一〕又左逕赤鼻山南　「左」，原作「東」，據水經注卷三十五江水改。
〔三二〕白洑垸　「垸」，原作「院」，據敷文閣本改。下同。
〔三三〕沔水又東南　「沔」，原作「漢」，據水經注卷二十八沔水改
〔三四〕逕宜昌縣之插竈下　「插」，原作「捶」，據水經注卷三十四江水改。原按：「原本及近刻『插』訛作『捶』。」
〔三五〕又東過枝江縣南　「南」，原作「直」，據水經注卷三十四江水改。此句及下句爲經文而非注文。
〔三六〕又東逕郢城南　「郢」，原作「鄢」，據水經注卷三十四江水改。
〔三七〕右合油口　「右」，原作「又」，據水經注卷三十五江水改。
〔三八〕大江右得龍穴水口　「右」，原作「又」，據水經注卷三十五江水改。
〔三九〕在縣南五里　原無「南」字，據明一統志卷六十二荆州府補。
〔四〇〕自彭城磯東逕如山北　原無「磯」字，據水經注卷三十五江水補。
〔四一〕乃郴桂之漕　「郴」，原作「霖」，據明一統志卷六十二荆州府改。
〔四二〕又東過中盧縣東　下「東」字，原作「界」，據水經注卷二十八沔水改。

〔四三〕維水自房陵縣維山東流注之　「維」字，原作「淮」，據水經注卷二十八沔水改。原按：「『維』，近刻作『淮』，漢書同，漢中志及巴漢志並云房陵縣有維山，維水所出，可證『淮』字之訛。」

〔四四〕又東南流逕犂丘故城西　「犂」，原作「黎」，據水經注卷二十八沔水改。原按：「『犂』，近刻訛作『黎』。」

〔四五〕逆行會鼎水　「鼎」，原作「鼒」，據敷文閣本改。

〔四六〕酉水東南至沅陵縣　「沅陵」，原作「玩陸」，據水經注卷二十八沔水改。

〔四七〕與鎮流合　「流」，大清一統志卷二百八十四辰州府（文淵閣四庫全書史部十一地理類）作「溪」。

〔四八〕又東北過酃縣西　原無「縣」字，據水經注卷三十八湘水補。

〔四九〕承水從東南來注之　「承」，原作「泰」，據水經注卷三十八湘水改。

〔五〇〕鍾水與灌水合　「灌」，原作「雞」，據水經注卷三十九鍾水改。

湖廣備録下

沔陽童承叙河防志注一

凡水在上流者，江、漢最大，其流俱至雲夢而合，地窪水瀦，故爲巨澤。當堯之時，洪水横流，禹治水荆州，導漢「過三澨，至於大别」；導江「過九江，至於東陵」；「沱、潛既道」，然後「雲土夢作乂」，傳言水落而土見，可耕治也。周官職方氏：荆州之藪曰雲夢。漢司馬相如賦子虚，稱楚有七澤，雲夢其一，澤方九百里。此皆作乂之餘。至周迄漢，猶爲藪澤。杜預曰：「雲夢跨江南北。」郭璞曰：安陸、枝江，俱有雲夢城。胡三省曰：「雲夢甚廣，後世悉爲邑居聚落，則易藪澤爲墳壤矣。」蓋漢最濁。漢書云：河水一石而六斗泥。「涇水一石，其泥數斗。」漢水之泥，亦不啻是。每與江湖水合，其滓必澄，故常填淤，而沮澤之區，因成沃野。南宋張興世居臨沔水，門前忽生洲嶼，大數十頃，是一證也。惟江清不易淤〔一〕。然荆州記：江陵初有九十九洲，後其洲滿百，則江亦有時而淤。蓋所謂土作乂者，其由來者久矣。

故沔居澤中，土惟塗泥，而竟陵、雲杜，頗多高印之田，民漸芟剔，墾爲阡陌。然江溢則没東南，漢溢則没西北，江、漢並溢，則洞庭、沔湖，滙爲巨壑，雖堯横流之時，禹未導之日，不是過也。故民田必因地高下，修隄防障之，大者輪廣數十里，小者十餘里，謂之曰垸[二]，如是百餘區。其不可隄者，悉棄爲萊蕪，萊蕪之地，常多於垸。漢賈讓曰：内黄界中有澤，方數十里，環之有隄，民起廬舍其中。東郡白馬、黎陽，故大隄皆數重，民居其間，其制頗與垸同。蓋自漢已然矣。

漢、唐以來，沔隄修廢，無所於考。五代時，高季興節度荆南，築隄以障漢水，自荆門、緑麻出至潛江，延亘百三十里，因名高氏隄。而江隄亦自監利東接漢陽，長百數十里，不知何時所築，名長官隄。沔皆賴焉。宋乾道七年，湖北漕臣李燾請修江陵、潛江里社、虎渡二隄，詔明年修築。紹興二十八年，監察御史都民望言江陵東沿江北岸古隄，名曰黄潭。建炎間，邑官開決，引江水爲險阻以禦盜。既而夏潦漲溢，荆去復州千餘里，皆被其害。近因民訴始塞之。乞令縣官隨方修補，從之。元季沔乘兵燹之後，人物彫謝，土地荒蕪。明興，江、漢既平，民稍墾田修隄，是時法禁明白，人力齊壹，隄防堅厚，湖河深廣，又垸少地廣，水至即漫衍，有所停洩。賈讓所謂「大川無防，小水得入，陂障卑下，以爲汙澤」，使秋水多「得有所休息，左右游波，寬緩而不迫」是也。故自洪武迄成化初，水患頗寧。

其後佃民估客，日益萃聚，閑田隙土，易於購致，稍稍墾闢，歲月寖久，因攘爲業。又湖田未嘗税畝，或田連數十里而租不數斛，客民利之，多瀕河爲隄以自固，家富力强，則又增修之。民田税多徭重，丁口單寡，其隄壞者多不能復修。雖垸必有長以統丁夫，主修葺，然法久弊滋，修或不以時，故土未堅實，丁夫或非其數，故工尚鹵莽。夫垸益多，水益迫，客隄益高，主隄益卑，故水至不得寬緩，湍怒迅激，勢必衝嚙，主隄先受其害。由是言之，客非惟侵利，且貽之害也。然大水驟至，汎濫洶湧，主客之垸，皆爲波濤，雖曰主害，亦非客便也。故漢書曰：「左隄强，則右隄傷，左右俱强，則下方傷。」其謂此歟？賈讓曰：「隄防之作，近起戰國，壅防百川以自利。齊與趙、魏以河爲竟，趙、魏瀕山，齊地卑下，作堤去河二十五里。河水東抵齊隄，則西泛趙、魏，趙、魏亦爲隄，去河二十五里。雖非其正，水尚有所遊盪，時至而去，則填淤肥美，民耕田之。或久無害，稍築室宅，遂成聚落。時至漂没，則更起隄防以自救，稍去其城郭，排水澤而居，湛溺自其宜也。」其事頗類於沔。

成化甲午，弘治庚申，水大漲，正德丙子復漲，丁丑如之，皆乘舟入城市。隄防悉沉於淵，民淺者爲棧，深者爲巢，飄風劇雨，長波巨濤，煙火斷絶，哀號相聞，湛溺死者動以千數，不特漂没田廬而已。此則民救死而不免也，何有於隄防哉！故沔民之敝，始於成化，極於正德，瘡痍至今未之復也。

江出岷山，其源實自西戎萬山，來至嘉州，而沫水自巂州合大渡河，穿夷界千山以會之，至叙州而馬湖江會之，又十五里而南廣江會之，至瀘州而内江又自資簡會之，至重慶而嘉陵江自利、閬、果、合等州會之，至涪州而黔江合南夷諸水會之，至萬縣而開江水自開、達等州會之，夫然後總而入峽。是江自峽而西，受大水凡八。及出峽而下岳陽，則會之者洞庭湖所受湖南北諸水也；又自是而下鄂渚，則會之者漢口所受興、元諸水也；又自是而下黄州東四十里，則會之者巴河也；又自是而下九江，則會之者彭蠡今名鄱陽湖。所受江東西諸郡水也；又自是而下，則會之者皖水所受淮西諸水也。夫然後總而入海。是以自峽而東，又受大水凡五。略計天下之水會於江者，居天下之半，其名稱之大而可考者凡十有三，故曰江源其出如甕，而能滔滔萬里達海，所受者衆也。

三江總會隄防考略

按湖廣境連八省，凡秦、關、巴蜀、中原、貴竹、嶺右諸水俱注之，導爲三江，瀦爲七澤，即禹貢江、漢、九江、沱、潛、雲夢之故區也。江發岷山，抵巴東，入荆壤，流至岳陽，與洞庭水合，其受決害者，惟荆州一郡爲甚。漢發嶓冢，抵上津，入鄖地，流至漢陽，與大江水合，其受決害者，鄖、襄、承、漢四郡，而襄、承爲尤甚。九江是沅、漸、元、辰、叙、酉、澧、資、湘諸水，合流入洞庭湖，沿滙八百里，經岳陽樓西南，出湖口，與江流合，其受決害者，常武、岳陽二郡也。三水總會於武昌，其江身始闊，直注而東，以故武昌、蘄、黄之境，若無大水害。大較隄防多在襄、承、常、武、荆、岳間，蓋古七澤正其地也。漢、唐以來，代苦水患，至宋爲荆南留屯之計，多將湖渚開墾田畝，復沿江築隄以禦水，故七澤受水之地漸湮，三江流水之道漸狹而溢，其所築之隄防亦漸潰塌。迨我國家二百年來，水或時汜，隄或間決，惟嘉靖三十九年庚申歲，三江水汜異常，沿江諸郡縣蕩没殆盡，舊隄防存者十無二三。而後來有司雖建議修築，然旋築旋崩，蓋民私其力而財用贏詘之勢異也。

州江隄防考略〔三〕

江陵城地東南傾，故緣以金隄，自靈溪始，桓温令陳遵造。遵善於防攻，使人打鼓，遠聽之，知地勢高下，依傍創築，略無差失。

江陵東北七十里有廢田，傍漢古堤，壞決凡二處，每夏爲浸溢。唐貞元八年，節度使嗣曹王皋始命塞之，得其下良田五千頃，畝收一鍾；又規江南廢州爲廬舍，架爲二橋。宋乾道七年十月，湖北漕臣李燾修江陵、潛江縣里社、虎渡二堤。張孝祥知荆南，兼荆湖北路安撫使〔四〕，築寸金堤以免水患。宋汪燁倅江陵郡〔五〕，郡有三海八櫃，恃爲險固，豪右據以爲田。燁力復之，又築寸金隄以捍江，政績甚偉。

按禹貢：「岷山導江，東別爲沱，又東至於澧，過九江，至於東陵，東迤北會爲匯，東爲中江，入於海。」今澧州、巴陵，正澧與九江、東陵故地也。江水方出三峽口，如建瓴勢，夏秋一漲，頃刻千里。然遡夷陵而上，山阜夾岸，勢不能溢；嘉魚而下，江面浩闊，順流直注；中間郡縣，兩岸俱平衍下隰，水易漫流。但江當江陵、公安、石首、監利、華容間，自西而北而東而南，勢多迂回；至岳陽，自西南復轉東北，逆流而下，故決害多在荆州夾江南北諸縣。縣各沿岸爲堤，南岸自松滋至城陵磯，堤凡長亘六百餘里；北岸自當陽至茅埠，堤凡長亘七百餘里，咫尺不堅，千里爲壑。且決口四通湖泊，盜賊竄伏其間，江陵之龍灣市，監利之分鹽所，公安、石首、澧州、安鄉之四水口，嘉魚之簰洲、東江腦，俱爲盜賊藪。蓋以隄防不修，則津渡散漫，盜可四出故也。自元大德間，決公安竹林港，又決石首陳瓮港，守土官每議築堤，竟無成績，始爲開穴口之計。按江陵路舊有九穴十三口，其所可開者，惟郝穴、赤剥、楊林、采穴、調弦、小岳六處，餘皆湮塞。迨我國朝，六穴復湮其五，故隄防不時泛決，然未甚也。惟嘉靖三十九年決後，殆無虚歲，而荆、岳之間，幾爲巨澤矣。

荆州府隄考略

江水之患，全在荆州一郡。夾岸南北凡六縣，北岸則江陵、監利，隄凡四萬九千餘丈；南岸則枝江、松滋、公安、石首，堤凡五萬四千餘丈。嘉靖庚申歲，洪水決堤，無慮數十處，而極爲要害者，枝江之百里洲，松滋之朝英口，江陵之虎渡、黄潭鎮，公安之瑶頭舖、艾家堰，石首之藕池諸堤，衝塌深廣，最難爲力者也。每歲有司隨築隨決，訖無成功。至四十五年十月，知府趙賢估議請築，務期堅厚。自丙寅歷戊辰，凡三冬，六縣隄稍就緒，始立堤甲法：每千丈，堤老一人；五百丈，堤長一人；百丈，堤甲一人，夫十人。江陵北岸，總共堤長六十六人；松滋、公安、石首南岸，總共堤長七十七人；監利東西岸，總共隄長八十人。夏秋守禦，冬春修補，歲以爲常。然荆州郡治濱江，郡西上六十里有萬城堤，在當陽、江陵之界，嘉靖十一年一決，直衝郡西，城不浸者三版；十二年，有司挽築，更築李家埠重堤護之；三十九年，又决，此堤乃郡治之大要害也。當陽縣有司每以害及江陵，漫不加意，近日盡屬江陵修理，始得無虞。

枝江縣隄考略

按志：江流至此地分派，如木之有枝，故以名縣。縣東至江陵，南至松滋，西北至宜都，周圍廣三百八里，縣治頗依高阜，向無隄防。惟縣東南有百里洲延袤百里，南有蘆洲、澌洲、洋洲、澕洲，皆夾生大江之内者。故北自百里洲、楊林洲、賽磚灘、蔣斗灣、窑子口，至流店驛，復轉北自董灘口、土臺、古城腦而下，至嚾嘴灘、流店湖，又自嚾嘴灘而南，轉至澌、洋洲、觀音寺，直抵松滋朱家埠，對岸皆有堤，舉其最要害者，莫過於古城腦、蔣斗灣二處，係通洲上流，一決則勢若建瓴，莫能捍禦。又洲内軍民雜處，互相規避，故堤工視他縣尤難。

松滋縣隄考略

按縣地勢平衍，三峽之水迸流至此，始得展蕩，勢若櫪馬脱韁，隨性奔逸，最難防禦。而本縣又當公安、石首諸縣之上流，江隄一決，正衝諸縣胸腹而下，其形勢尤爲要害。縣東五里有古隄，自隄首橋抵江陵之古墻鋪，長亘八十餘里，且舊有采穴一口，可殺水勢。宋、元時故道湮塞。迨國朝洪武二十八年決後，時或間決。自嘉靖三十九年以後，決無虛歲，下諸縣甚苦之。較隄要害，惟余家潭之七里廟[注二]，何家洲之朝英口，古墻之曹珊口爲大，其餘五通廟[注三]、胡思堰、清水坑、馬黄岡等堤，凡十有九處，中多貛窩蟻穴，水易浸塌。

江陵縣隄考略

按縣沙市正古江陵地，陵阜自荆門西北來二百里臨江，正扼水衝，南有虎渡穴口，分流入洞庭，北有章卜、郝穴二口，殺流出漢口，而譚子湖、洪水淵、三湖等處，俱爲湖渚蓄水地。故趙宋以前，無大水患〔六〕。迄元以來，沙市高陵半崩入江，章穴口復湮。逮我國朝，嘉靖十一年，決萬城堤，水遶城西，決沙市之上堤而南。二十一年後，又以浮議築塞郝穴口，諸湖渚又多淺淤。三十九年，一遭巨浸，各隄防蕩洗殆盡。四十五年後，有司稍稍修復，然不如古堤之堅矣。

公安縣堤考略

按縣東西廣一百三十里，南北袤一百一十里，地皆平曠。縣治舊在柴林街，因避三穴橋水患，移至江臯，勢若原隴。宋端平三年，孟珙築隄防以禦水，有趙公堤在縣東，斗湖堤在縣南，油河堤在縣西北，倉堤在縣東北，横堤在布政分司後，世傳爲五堤云。至元大德七年，竹林港隄大潰，自是隄不時決。迨國朝修築沿江一帶堤塍，西北接江陵上灌洋，東南接石首新開堤，堤凡萬有二千五百餘丈〔七〕。其間雷勝旻灣、瑶頭鋪、艾家堰、竹林寺、二聖寺、江池湖、狹堤淵、沙堤鋪、新淵堤、郭家淵、施家淵諸隄，更爲要害。成化五年，決施家淵。弘治年間，決狹隄淵。正德十一年，決郭家淵。嘉靖十一年，決江池湖。三十五年，決新淵堤。三十九年，決沙堤鋪。四十年，決深淵堤。四十四年，決大湖淵及雷勝旻灣。四十五年，崩洗竹林寺。隆慶元年，崩洗二聖寺。二年，決艾家堰。水患殆無虚歲。縣境内有軍湖、貴湖、紀湖、重湖、大金、洋溪諸湖，惟大金一湖，通虎渡枝河，江漲湖溢，毛、穗諸里軍民常苦之。

石首縣隄考略

按縣東西廣三百八十里，南北袤一百里，俱夾江南北，而縣治一面濱江，勢復下隰。自元大德七年，決陳瓮港堤，薩德彌實挽築，再築黄金、白楊二堤護之。不一歲，陳瓮再決，趙通議始開楊林、宋穴、調弦、小岳四穴，水勢以殺。迨我國朝，四穴故道俱湮，堤防漸頽。嘉靖元年，決雙剅垸。三十四年，衝洗戴家垸。三十五年，決東公腦。四十五年，決藕池。頃年始修南岸，自公安沙堤至調弦口，堤凡四千一百餘丈；北岸自江陵洪水淵至監利金果寺，堤凡千有餘丈。

其間楊林、瓦子灣、藕池、袁家、長剅，尤爲要害。

監利縣隄考略

按縣東至沔陽，西至江陵，南至華容，北至潛江，周遭四百五十里，正江湖匯注之地，勢甚污下，鄉民皆各自築垸以居，而縣治臨江，有一枝河流貫城中，歲苦水患。元大德間，趙通議開赤剅穴，江流以殺。迨我國朝初，此穴已湮，乃築大興、赤射、新興等二十餘垸。成化間，又修築黄師廟、龍潭、罾淵等一帶諸堤。嘉靖十八年，築塞十八灣河，又塞祝家壋，其壋隨決。至四十四年，堤決黄師廟、李家埠、何家壋、文家垸、金沙湖諸堤，而大興垸亦大潰，嘗一修築，自龍窩嶺至白螺磯，凡二百六十餘里。頃年江勢南齧，而水患漸消矣。

漢江隄防考略

張柬之罷政事，願還襄州，乃授襄州刺史。會漢水漲齧城郭，柬之因壘爲隄，以遏湍怒，闔境賴之。

王起爲山南東道節度使，地濱漢江，塘堰聯屬，吏弗完治。起至部，脩復與民，著爲水令，凶年有賴。

李仲芳知光化軍，漢水暴至，作石堤以禦之，民賴其利。

盧鈞判户部。會昌元年，漢水害襄陽，拜鈞山南東道節度，築隄六千步以障漢暴。明年春，隄成。

乾道八年，荆南守臣葉衡請築襄陽沿江大隄。

趙延進爲襄州總管，築堤扞水，易甃以石，民多賴之。胡烈守襄陽，築堤扞水，百姓歌之。

慶元庚申，趙鄖守漢陽，脩築高作陂堤，於堤首尾置青龍、水濟二閘，分層級以殺怒湍。

陳桷，紹興三年出知襄陽府，漢水漂蕩室廬，脩築堤岸，賴以無虞。

按禹貢：「嶓冢導漾，東流爲漢，又東爲滄浪之水，過三澨，至於大別，南入於江。」今考漢江圖，西自漢中流至漢陽大别山，出漢口，與江水合，即漢水故道也。水多泥沙，自古遷徙不常，但均陽以上，山阜夾岸，江身甚狹不能溢；襄、樊以下，景陵以上，原隰平曠，故多遷徙；潛、沔之間，大半匯爲湖渚，復合流至乾鎮驛中分，一由張池口出漢川，一由竹筒河出劉家隔。以故先年承、襄一帶，雖遷徙而無大患者，由湖渚爲之壑，三流爲之瀉也。正德以來，潛、沔湖渚漸淤爲平陸，上流日以壅滯。嘉靖初年，承天石城故道改徙沿山灣。二十六年，決荆門沙洋鎮。三十九年，決紅廟堤。四十五年，決襄陽老龍堤。宜城故道改徙鵠潼新河，而竹筒河復湮淺十餘里，下流又日以澀沮。故邇來水患，多在荆、襄、承天、潛、沔間矣。

鄖陽府隄考略

按鄖陽郡西北控扼秦、豫，東南接連荆、襄，四面皆疊山峻嶺，屬邑半依山城，獨郡治孤立川原之間，正當水衝。故上津、竹山諸縣，雖臨漢濱，不必隄防，其水患祇在郡治，而禦水又以城爲堤，自古無大決害。至嘉靖四十五年九月九日，衝決東南門外土隄，城半崩塌，民多漂没。

襄陽府隄考略

考襄陽古有大堤曲，是隄防之設，自商、周已然矣。漢壽亭侯決水灌樊城，是漢水爲襄、樊患，最切要害。我朝水流故道，不溢爲災，故大堤漸塌，民多侵爲己業，而有司並無築堤慮。嘉靖四十五年，洪水四溢，郡治各州縣城俱潰，民漂流以數萬計。郡西老龍堤一決，直衝城南而東，故郡治之患爲尤甚。副使金世龍、秦淦、徐學謨先後條議估脩，踰二年，工成。

襄陽縣隄考略

按縣隄防，全在襄、樊二城間。蓋二城並峙漢水中流如峽口，且唐白河從北來横截漢流，以故波濤激射城隄爲患。按古大堤，西自萬山，經澶溪、土門、白龍池、東津渡，繞城北老龍堤，復至萬山之麓，週遭四十餘里。年久堤潰，而龍池、東津一帶，又多浮沙。國初脩截堤一道，自長門至土門，今半頹塌。至嘉靖四十五年，老龍堤一決，餘皆洗盡。頃年併力修築，北自老龍堤至長門，皆沿城甃石，高凡三丈許；南自萬山麓至土門，則仍古大堤；東南自土門至長門，則仍舊截堤，高凡二丈許，厚凡五丈許。樊城北舊有土堤皆決，面江一帶磚城盡潰，然樊城潰，則襄城無恙，其利害之輕重，又不可不審者也。

宜城縣隄考略

按縣東至棗陽，南至安陸，西至南漳，北至襄陽，祇一面踞山，三面臨江。江故道遶龍鳳山而下，去城二十餘里，舊有使風、龍潭二港，接大江流灌入城壕，然未聞爲城患也。迨嘉靖四十五年九月，江溢，直衝迎水洲而下，改徙鴉潼河，新洪逼城五里許，又由使風、龍潭二港，衝洗南北城樓，自此水漲徑撼城堤，殆無虛歲。近議築使風、龍潭二港，父老皆謂港口不塞，城堤終難保障也。

承天府隄考略

按江故道逼近郡治石城而下。嘉靖初年，徙新洪〔八〕，遶沿山灣東，去城彌遠，水患日甚。考其故，在豐樂，則舊有九龍灘、龍抗港、桐木嶺、金花、熨斗等湖之分洩；至石城，則舊有城北湖池河、殷家等河之注蓄，今皆淤平，軍民官莊，爭墾爲業，而下流竹筒河復淤，下滯上汜，固一郡水患之原也。屬邑大半濱江，而受害甚者，北岸則鍾祥、京山、景陵之紅廟，南岸則荆門、潛江、沔陽之沙洋也。

鍾祥縣隄考略

按縣自石城而上至豐樂驛，凡二百二十餘里，舊無堤塍，每水泛漲，西岸則漫至沿山岡，東岸則漫過池河等湖，亦薄長岡而止，蓋以湖爲壑，以岡爲堤也。自石城而下，由蔡家橋、板橋灣、上下流漣、馬公洲、小河口，以達於南河，迂迴三百餘里，土人總名之曰紅廟堤，最爲要害。然嘗考之，蔡家橋舊有口，通二聖套入湖，殺漢勢；又有流漣、金港二口，通枝河，達赤馬、野猪等湖，由青樹灣，入軍臺港，大分漢流，以故堤得無虞。今半湮塞，不可復疏。嘉靖二十八年以來，諸堤盡決，有司屢議屢輟，蓋由官莊及荆州右衛與景陵、京山三縣軍民雜處其間，互相推托，而格議撓法者，則官莊之佃民爲尤甚云。

京山縣隄考略

按縣治依山爲城，其境土半係高阜，自古無水患，但下里有一面逼近漢江北岸，上則接連鍾祥及荆州右衛，併官莊等處諸堤，下則有小河、南河、紫金潭、拖船埠等處，直抵景陵界，地勢下隰。自嘉靖三十年來，鍾祥、官莊、右衛之堤一決，遂衝入本縣拖船埠等六十餘處，連歲屢築屢決，訖無成功。蓋本縣堤防，與鍾祥、景陵、官莊、右衛諸隄，相爲唇齒，一處不堅，勢難獨保也。

景陵縣隄考略

按縣治低窪，圍遶四汊、竹臺等湖，即禹貢三澨故地也。漢水至此分流，一由黑流渡，經張池、竹筒二河，分入漢川、劉家隔者爲正流；一由小河口，經漁新河、巾臺河、牛角灣，出風門者爲枝流。二流會合，經漘口、蔡店，並出漢口，此水故道也。嘉靖二十六年以來，四汊等湖半淤淺平，而竹筒河、牛角灣二處，水道中湮，故縣治長苦水患。其最要害者，青山頸、林里澤、急走灣、上下洲河，直衝縣治，抵楊林垸，灌海堰，則一邑皆爲水壑矣。又有踏兒灣決口在潛江，而景陵實當其害，俱可慮也。

荆門州堤考略

按州堤防要害，全在沙洋鎮一帶。夫此鎮控荆門、江陵、監利、潛江、沔陽五州縣之上流，漢水自蘆麻口直衝沙洋，北岸舊有堤，接連青泥湖、新城鎮，由沈家灣至白鶴寺，不刹腦至潛江界，凡二十餘里，惟沙洋堤勢獨寬厚，軍民廛居其上。嘉靖二十六年，堤決，漢水直趨江陵龍灣市而下，分爲枝流者九，以此五州縣歲遭淹没。二十八年，承天有司官修築，議多異同，乃不塞舊決口而退讓二百餘步，中挽一堤，反成水囊，北浪一入，勢難東迴，其堤不一歲再決。舊江身漸狹，南北相對止二十餘丈，決口東西相對約三百餘丈，反爲正派，幾不可復障而東矣。隆慶元年春，始議承天、荆州二府修築，至二年秋八月告成。北岸自河家嘴至南岸新堤頭，長凡四百七十七丈五尺餘，闊凡十四丈許，高凡五丈許，當堤心鑄二鐵牛鎮之。此堤一成，淤沙日積，勢可永久。但此堤與紅廟對岸，紅廟居民，每遇水漲，多有欲盗決此堤以洩水者，故盗決河防之禁，尤不可少弛也。

潛江縣隄考略

按爾雅云：水自漢出爲潛。潛江之得名以此。宋乾德間，縣治在道隆鄉，後患水，遷之斗堤，即今縣治也，周廣七百二十八里，皆爲重湖地，民多各自爲垸。故南則淘湖、牛埠，北則太平、馬猖，西則白洑、咸林，東則荷湖、黄漢等，凡百餘垸，俱環堤而居。五季時，築花封、高氏等堤。至國初修築各垸堤塍，又有潭子湖、四港、甘心口各枝河，分殺水勢。嘉靖三十九年，諸堤半決，而枝河更多湮塞，民甚苦之。隆慶二年春，嘗興工修築，然有馬家垸一決口在景陵，而潛江實受其害，此又所當預圖者。

沔陽州隄考略

按州舊以富饒稱，蓋以地當江、漢之間，最多湖渠，民便魚鮮利；又因湖渚環堤爲垸，而業耕其間，誠樂土也。自五代時，高季興節度荆南，築堤以障漢水，自荆門緑麻山至潛江，延亘三十里，因名高氏堤。而江堤亦自監利東接漢陽，長百數十里，名長官堤。沔皆賴焉。迨我國朝，隄防漸潰。至成化甲午、弘治庚申，水大漲。正德丙子，復漲；丁丑，如之。皆乘舟入城市，溺死者動以千數。其後都御史秦金、布政使周季鳳，以江水常決監利之車木隄，漢水常決潛江之班家堤，俱修之，其丈以千百計，然未能高堅，水至即崩。嘉靖甲申，知州儲洵疏陳隄防利害於朝，事下撫巡舉行。按察副使劉士元復建議龍淵而下，凡九區，爲要衝，宜先治，益以滄浪而下，凡五區。於是龍淵、花墳、牛埠、竹林、西流、平放、水洪、茅埠、玉沙瀕江者爲堤，統萬有餘丈，大小朱家岡子、滄浪、南池瀕漢者爲堤，統幾萬丈。丙戌夏月，漢水連溢，而沔賴以完。至庚寅，漢水決拖船埠，西湖水溢，沔之西北遂爲巨浸。頃江隄自西流窩直抵玉沙堤，凡二萬六千二百餘丈，其決口數百處，故州民歲苦水患。有司屢議修築，竟以錢糧無措而寢。

漢川縣隄考略

按縣東至漢陽，南至沔陽，西至景陵，北至雲夢，正當漢江下流，故有長湖、横湖、觀湖、龍車、小松等湖以蓄水，又有城北南湖、魚湖、蓼湖、西崗、水洪等垸以禦水。且漢江至此分流，一由張池口經縣治，一由竹筒河出劉家隔，二水復合流出漢口，故無大水患。嘉靖三十九年，漢水大溢，各垸堤俱潰，而竹筒河中塞十五里許，其張池口江身又復淺狹，以故水多壅滯於鍾祥、景陵間，而劉家隔之估舶，不得通於漢川，民亦病之。頃年查勘，上自河口，中經排子口，至東湖流水口，大約淤塞一千三百一十二丈。上河口地勢稍低，不便受水，改從沙臺寺前，去舊口約數十丈許；中排子口至東湖流水口，舊河身甚曲，新改直勢以順水性，約直二百丈零；下口叫子臺出風門，又半淤，計二百丈餘。撫院劉公慤奏留贖鍰一萬餘兩，募夫開濬，親臨閱工，乘流下上，河勢大通。自春二月興工，至三月告成。

漢陽縣隄考略

按縣舊有襄陽口，在漢口北岸十里許，即古漢水正道。漢水從黄金口入排沙口，東北轉折，環抱牯牛洲，至鵝公口，又西南轉北，至郭師口，對岸曰襄陽口，約長四十里，然後下漢口。成化初，忽於排沙口下、郭師口上，直通一道，約長十里，漢水徑從此下，而古道遂淤。且漢口雖爲漢水瀉流之地，但爲江水洶湧，横截其口，流不能洩，復逆折而上，故太白、新灘、馬影、蒲潭、沌口、刀環等湖，易以泛溢，而春夏水漲，郡治常苦浸没之患。其障禦全藉大別一山，故從來未設隄防。

九江隄防考略

岳陽門西下瞰洞庭，每夏秋風濤潄齧城趾。又岳爲荆潭、黔、蜀四會之衝，舟之往來湖中者無所寓泊，宋守滕宗諒築偃虹隄於金鶚之右，遠邇蒙利。

巴陵白荆堤，宋慶曆間完築。

臨湘趙公堤，元泰定間縣尹趙憲築。

按禹貢：「九江孔殷。」謂沅、漸、元、辰、敘、酉、澧、資、湘九水會合，匯爲洞庭一湖是也。今以國朝郡縣志考之，辰、常、衡、永枝河會流於洞庭者，無慮數十水，而其會衆流而注之湖，則有三焉：曰沅江、湘江、澧江而已。沅發自牂牁，經辰溪，合麻陽諸溪洞水，過常武，出湖之北；湘發自廣西興安海陽山，至分水嶺，分爲二派，一爲灕水，一爲湘水，至永州合瀟水、汨羅，過長沙，出湖之南；澧發自武陵古充縣，東流過武水口，合焦溪、茹溪諸水，經慈利、石門，至澧州，出湖之西；而漸、元、辰、叙、酉、資共合流而匯爲洞庭，以爲之壑，故沅、辰、衡、永、長沙，得免水患。惟常武當沅江之下流，岳陽當江、湖之會合，故歲遭浸溺，而隄防之設，最宜急圖者也。

常德府隄考略

按郡治與武陵、龍陽二縣，地皆濱江，自古苦水患。南朝齊永明十六年，沅、靖諸水暴漲，至常德，没城五尺。宋淳熙十六年，没城一丈五尺，漂民廬舍。後唐同光初，沈如常砌二石櫃禦水，以保障城垣，至今賴焉。元延祐六年，郡監哈哪於府學前又砌石櫃一座，高二丈餘，而水勢以殺。迨國朝嘉靖元年，大水決隄防；十二年，江漲幾破城垣；三十九年以來，歲遭淹没。頃年修築郡治沿江一帶，及武陵、龍陽二縣槐花、宿郎堰、大圍等堤，民始有寧宇。

武陵縣隄考略

按縣臨江多設隄防，故郡城清平門外有槐花堤，又有花猫堤，縣西十五里有南湖堤，又西三十里有皂角堤。嘉靖十三年俱決，知縣鍾鑾重修。縣西自南湖至河，有趙家堤，又東九十里有宿郎堰堤，周迴九十七里一百一十步，廣、德二村民居之，俱知府歐陽恂、方仕先後修成。三十九年以來，諸堤復決，知府葉應春估勘，大修宿郎堰堤，修決口一十二處，計長二千二十餘丈；槐花、佛子、南湖等堤，修決口二十四處，計長一千九十餘丈。其宿郎堰又有水堉二座，以便蓄洩，曰上堉，曰下堉，各長九尺，高六尺，闊五尺。

龍陽縣隄考略

按縣北有大圍堤，周迴三萬五千八百餘丈，有孔家、車輪等堉五座；又北二十五里有李八堤，周迴二千八百餘丈，内有水堷二座；又北四十里有南港障，周迴五千七百五十餘丈，内有水堷二座；又北五十里有保障，周迴三千五百三十餘丈，水堷一座；縣西一里有河洪堤；三里有隄門堤；又西二十五里有小汎洲堤，周迴四十丈，内有業塘堷二座；又西四十里有大汎洲堤，周迴一千八百六十餘丈，内有江西、金釵等堷四座；縣東十五里有肅公大堤；又灰步堤，周迴三千一百餘丈，内有范陽堷一座；縣南五里有新堤，東南半里有南城堤，五里有股堤，諸堤並設，故居民得倚以耕種。正德十二年，灰步、南港障堤浸塌，重修。嘉靖十三年，決大、小汎洲及肅公、李八等堤，俱知縣薛炳重修。三十九年，諸堤復潰。四十四年，知府葉應春估議大修大圍堤，修決口二十處，長凡四千五十餘丈；南港障堤修決口四處，長凡一千一十餘丈；大、小汎洲堤修決口一十一處，長凡二千三十餘丈。其大圍堤又修木堷五座，以便蓄洩，曰車輪堷，曰孔家堷，曰沽湖堷，曰伍家堷，曰姚家堷，各長一十二丈，各高七尺，各闊六尺。

岳州府隄考略

按郡治城西岳陽樓一帶，正臨洞庭湖，春夏水漲，波濤撼城，勢甚可慮，宋守滕宗諒築偃虹一堤障之。迨國初，堤漸崩洗，城漸退縮，近年移城於岡阜。至嘉靖三十九年以後，岡阜半摧，而懸城孤危，岳陽樓亦將頹塌。知府李時漸雇募夫役，取辦磚石，繕修城垣，自岳陽樓而南，凡二百六十餘丈，城下築土堤以障水。其屬邑臨湖，常苦水患者有四：安鄉、華容、巴陵、臨湘也。但安鄉四面皆水，勢難設堤；臨湘半依山城，猶可捍禦；巴陵隄防，祇在江北諸里；惟華容四十八垸之堤，最爲要害。

巴陵縣隄考略

按縣正當洞庭湖沿匯之地，故有楓橋、白石等湖，又有南津、乾沙等港，湖水一泛，半没田廬，然東南諸里，尚倚山阜。其最要害者，江南則有永濟一堤，自演武廳至城陵磯，係知府李鏡創築；江北則有固城垸堤，與監利接境。嘉靖三十九年，諸堤俱決。隆慶元年，知府李時漸、知縣李之珍修築。

華容縣隄考略

按縣北臨川江，南築洞庭，中有斗子、澌城、褚塘、蘇池等凡十有三湖。南北水漲，殆無遺土，非環土爲垸，則居民不能以旦夕安也。故南則有上路、木城、官垸等垸，北則有伍田、濤湖、安津等垸，西則有白梅、龔湖、蔡田等垸，東則有章華、黄蓬、紙方等垸，大小凡四十八垸。嘉靖三十九年，江湖水溢，諸垸堤盡潰，勢難盡築。其垸大最爲要害者，惟官垸、濤湖、安津、蔡田四垸，各周迴四十餘里，本縣錢糧，半出其内。

修築隄防總考略

近年深山窮谷，石陵沙阜，莫不芟闢耕藕，然地脈既疏，則沙礫易崩，故每雨則山谷泥沙，盡入江流，而江身之淺澀，諸湖之湮平，職此故也。今可盡心力以捍民患，堆修築隄防一事，是故備考古人營度之法，而參以土俗布置之宜，可經久而通行者，蓋有十焉：一曰審水勢。東洗者必西淤，下澀者必上湧，築堤者審其勢而爲之址，而最難禦者，莫如直衝之勢。議者退爲曲防，故荆州虎渡、穴口之堤，先年愈退愈決，而近日直逼江口以遏水衝，乃得無恙。他如順注之傾涯，則堤勢宜迂；急湍之迴沙，則堤勢宜峻。二曰察土宜。一遇決口，必掘浮泥見根土，乃築堤基；其所加挽者，必用黄白壤。三曰挽月堤。洗在東涯，則沙迴而西；淤在南塍，則波漩而北。故往往古堤反抱江流者，爲水所齧，即臨傾涯之上，勢甚孤懸，必先勘要害之地，而預築重護之堤。四曰塞穴隙。獾屬螻螘窠穴，秋冬水涸，偏察孔端，極抵而填塞之；春夏水漲，巡視堤内有水浸透者，即探其原而爲之防。五曰堅杵築。木杵不如石楞，石楞不如牛轢。六曰捲土埽。塞決口爲上，護成堤次之。法：埽以萑葦爲衣，以楊柳枝爲筋，以黄壤爲心，以㲉草爲紼纚，因決口之深淺，水勢之緩急，而爲長短大小者也。若堤方初成，土尚未實，必以楊柳枝爲埽，横棲於堤外，則可以禦波濤而堤無恙。七曰植楊柳。八曰培草鱗。九曰用石甃。當衝放之要處，若非石堤，必不能回水怒而障狂瀾。十曰立排樁。將大木長丈餘，密排植於堤之左右，聯以紼纚，結以竹葦，故風浪可及排樁，而隄得恃以不傷也。

護守隄防總考略

決隄之故有三：有隄甚堅厚，而立勢稍低，漫水一寸，即流開水道而決者；有隄形頗峻，而横勢稍薄，湧水撼激，即衝開水門而決者；有隄雖高厚，而中勢不堅，浸水漸透，即平穿水隙而決者。要皆修築既疏，而防守復怠，故坐致此患耳。故防範護守之計，條議有四：一曰立堤甲。每千丈僉一堤老，每五百丈僉一堤長，每百丈僉一堤甲，凡隄夫十人。一應隄防事宜，官司責成於堤老，堤老責成於堤甲，堤甲率領堤夫守之。而有垸處所，亦設有垸長、垸夫，其法與堤甲同。仍不論軍屯、官莊、王府，凡受利者，各自分堤若干丈，凡守堤者，各自派夫若干人，一有疏虞，罪難他諉。二曰豁重役。凡堤老、堤長、堤甲，乃垸長、垸甲人役，各復其身，每遇審編，即與除豁別差，則彼得一意於隄防。三曰置鋪舍。查照漕河事例，於堤上創置鋪舍三間，令堤長、人役守之，則往來棲止，不患無所，而防護事務，亦庶幾不至妨悮矣。四曰嚴禁令。凡有奸徒盜決，故決江、漢隄防者，即照依河南、山東事例發遣，揭示通衢，以警偷俗。

開穴口總考略

穴口所以分大江之流，必下流有所注之壑，中流有所經之道，然後上流可以分江瀾而殺其勢。楚有三大水，惟川江獨據中流，故穴口在南者，以澧江爲所經道，以洞庭爲所注壑；在北者，以潛、沔爲所經道，以漢口爲所瀉地，故川江獨有穴口。然古有九穴十三口，江水分流於穴口，穴口注流於湖渚，湖渚洩流於枝河，枝河瀉入於江海，此古穴所以並開者，勢也。今日生齒漸盛，耕牧漸繁，湖渚漸平，枝河漸湮，穴口故道，皆爲廛舍畎畝，他如章卜等穴故道，無復舊跡矣，此今穴口所以多塞者，亦勢也。虎渡流注澧江，同入洞庭，江南之溪水俱注之；郝穴流出漢口，與大江復合，而江北之溪水俱注之。衆水會合，則流行不絶；注瀉有壑，則水道不壅，此二穴所以獨存也。蓋穴口之枝流多湮，則江水之正流易泛，將來浸決之患，其可免乎？故荆南以開古穴口爲上策，此固遡源探本之論也。然近年郝穴築塞其口，今歲議開舊口，必先將枝堤修築就緒，然後開水門以受江流，方無東西泛溢之患。是穴口之有故道者，尚且開濬之難，況故道湮没者乎？元大德間，曾開六穴，郝穴、赤剥、楊林、采穴、調絃、卜岳之故道並開矣。今祗存郝穴，而他皆不可識焉，此果人謀之疏略耶？抑地脈水勢之靡常故爾耶？此所以知開穴之難，亦抑勢有所不可行也。然荆南人猶幸有虎渡、郝穴〔九〕，可以分大江南北之勢，但二穴枝河，中多淤塞者〔一〇〕，使復湮如諸穴，則荆南昏墊〔一一〕，可忍言哉！

濬淤河總考略

漢水遷徙，湮塞爲災。議者曰：上流之遷徙，其害小；下流之湮塞，其害大。故襄、承之防水，惟以修築隄防爲上策，而其遷徙之勢，非人力所能爲也。若竹筒一河，上接漢流，下通漢口，真如咽喉，不可一日或塞者。且查勘水道，惟中淤十五里，而其淤平絶流者，又祇七里許，今日治水急務，其必以濬此河爲先乎？近行承、漢二府有司官募夫開浚故河，已通流矣。但溪水之泥沙，迸至竹筒河下口，遇劉家隔河水一漲，則沙迴而淤，隨淤隨浚，自可無目前大梗之患也。

總論略

今日欲濟民艱，莫急於防水患；欲防水患，莫急於修決堤，濬淤河，開穴口。至欲爲千百年經久之謀，其首務蓋有二焉：一曰明職掌以便責成，二曰處錢糧以裕工料而已。近日九原設有水利專管者，專一管理隄防事務，不許別委以妨職事；其未設有專官地方，亦議委該府佐貳官一員總理，該州縣佐貳官一員分理，故邇來水利官各知用命以求自效。但隄防有不時之費，而錢糧無額設之儲，水利官雖欲求盡其職，而工料不敷，終難措手，此議處錢糧，尤爲隄防之首務也。

論曰：自大禹治水後，則周官稻人，賈讓三策，儒者至今談之。余蒿目楚疆，爲之諮詢，迺知時異事異，其迹或不能盡沿，要在觀變度宜，善體其法用之，即禹功可冀也。夫鴻濛肇闢，中國之水，皆冒而陸浮，禹始治而納之地中。其法有五：堅則鑿之，盛則釃之，淺則瀹之，大則決之，急則排之。而其要則有二：曰經，曰緯。夫漢之南入，江之北匯，茲非禹貢所列爲楚大經者乎？然漢則東爲滄浪，過三澨，乃至大別；江則東別爲沱，至於澧，過九江，至東陵，迺迤北而匯焉，隨地注瀉，使游波寬緩，不相激薄，何其緯之有緒也！經緯既備，水爲安流，故總謂之導，言順其道行之爾。平成既久，民多濱水爲居，或填築而業之，故潛、沔之間，所謂滄浪、句雍諸澨，皆大不容刀，甚或至不可辨，而澧水與江相去凡百餘里。禹時之九江，猶受岷江之輸，今九江自相經緯，瀦爲洞庭，且與江、漢敵大矣。故禹所患者，經不足以持緯，其治法後緯而先經；今所患者，緯不足以受經，其治法後經而先緯。此周禮稻人職曰：「稻人掌稼下地」；「以瀦畜水，以防止水，以溝蕩水，以遂均水，以列舍水，以澮寫水。」說者謂雖主治澤田，而最得治水緯法。阡陌既變，故道湮没，智巧之士，始隄而障之。夫隄雖起於後世，然周之防，禹之排，實肇端焉。顧專事隄岸以捍衝流，則必有利有不利，惟審勢度宜，堅爲之隄以禦水之經者，而又分注以漕，使有所游蕩，股引取之，則經緯得其理，水奚從孽哉？賈讓徒以當時繕隄，猶築垣而居水，數逢其害，遂指爲下策，蓋有激乎其言之，非通論矣。至徙民當水衝者，不與争咫尺之地，而歲取治河費以業徙民，今議者猶稱引以爲上策。顧楚地方數千里，澤居之民，租賦半出其中，即如讓策捐棄之，於國計不大耗損乎？假令民徙而水不止，業之將安窮也？闇於用矣。若乃就河隄，多穿漕渠，張水門，以分殺水怒，其中策幾得之。聞諸長老言，江、漢之區，異時穴口無慮數十道，民環居堤上，水有所洩，歲不爲患。頃以豪右規利，諸穴口日漸築塞，故水患薦至。於是當事大臣採其議，爲增脩郡邑沿江、漢之隄，相故道，擇其最急者，爲開濬小河、陳洪、謝家、泗港諸口，以洩漢流；開濬郝穴、虎渡、采穴、新衢諸口，以散江漲，使民得隄爲衛，不患昏墊矣。

湖廣省志　辯疑部

䢵國。沔志謂䢵在景陵。漢志：景陵有鄖鄉〔一二〕。水經註：「巾口，水西有竟陵大城〔一三〕，古鄖國也。」通考：「鄖在江夏雲杜縣東南，今安州〔一四〕。」按左傳杜預註：䢵在「江夏安陸縣東南，有雲夢城。」䢵子與楚同爵，地分東西。今德安，古安陸，故䢵國在郢之東，而其屬隨州、應城、雲夢，又在景陵之東。䢵子會隨、蓼、六伐楚而築蒲騷，今應城，䢵、隨、蓼、六皆在郢之東，而蒲騷在四國之中，其西與楚郊郢鄰。假令䢵在景陵，然所伐在西，乃却走而東築，欲何待耶？乃景陵，鄖國城。蓋楚滅䢵子，封其臣爲鄖大夫，稱近邑，故城北非䢵子故國也。夫䢵、鄖先後異書，當時固有間矣。

鄧國。杜預謂「潁川召陵縣西南有鄧城。」孔潁達曰：「賈、服以鄧爲國，言蔡、鄭會於鄧之國都，釋例以此。潁川、鄧城爲蔡地，其鄧國則義陽鄧縣是也。以鄧是小國，去蔡路遠，蔡、鄭不宜遠會其都；且蔡、鄭懼楚，始爲此會，何當反求近楚小國而與之結援，故知非鄧國也。」夫孔氏之言如此。文獻通考：鄧國在河南新野之潁州陵縣，又爲鄧州，實「申伯、鄧侯二國之地」。一統志亦以鄧州爲鄧國。然襄陽府東北二十里有鄧城，固春秋鄧國地也。蓋楚伐申過鄧，是時楚都在今荆州，申在今信陽，楚由荆州抵信陽，其道必經襄陽。以是言之，鄧爲襄陽地，信矣。況鄾爲鄧南鄙，今鄾在襄陽，去鄧不遠，則鄧亦襄陽也。惟鄧州亦鄧國地，因以鄧名耳。

樊國。國語云：王「以陽樊賜晉。」註云：陽樊野王縣，即今河内縣，然考此縣無樊國。詩註謂「宣王命樊侯仲山甫築城於齊，而尹吉甫作詩送之。」豈山甫初封樊侯，宣王命之城齊，其後遂以陽樊名之歟？詩註又謂「樊在東都畿内」，今濟源温縣地。然考魯莊公二十九年，樊皮叛王。杜註云：「樊皮，周大夫，樊其采地，皮名。」至三十年春，王命虢公討樊皮。夏四月内辰，號公入樊，執樊仲皮歸於京師。彼詩註所謂「東都畿内」者，毋亦據此樊皮之樊，以爲山甫所封之樊歟？乃山甫封國，故在襄陽爾。

雲夢澤。 雲夢縣南皆大澤，雲夢澤自此始，故名之。禹貢「雲土夢作乂」，本二澤。然二澤合稱，其來已久，傳記所指，合析不同。周禮職方「藪曰雲夢」。司馬相如傳：楚有七澤，其小者名雲夢，方八九百里，南有平原廣澤，緣以大江。而班生志地云：華容、枝江若江夏之安陸，皆有雲夢。裴駰云：「孫叔敖激沮水，作此澤。」張揖云：楚藪也，在南郡華容縣。郭璞云：江夏安陸有雲夢城，枝江亦有之，華容又有巴丘湖，俗云即古雲夢澤。張揖云：在華容者指此。春秋文耀鈎云：「大別以東，至富春、九江、衡山，皆雲夢地。」唐安審暉敗唐兵於雲夢澤中。史炤曰：雲夢，澤名。祝穆曰：邵夫人棄子文於夢中，言夢不言雲。楚子避吳入於雲中，言雲不言夢。二事皆在安陸，一以爲雲，一以爲夢，凡此皆合稱也。惟胡三省辯誤：禹貢雲夢，孔安國云在江南。左傳：楚王以鄭伯田江南之夢。漢志：雲夢澤在華容南。沈立云：雲即今王沙、監利、景陵等縣，夢即今公安、石首、建寧等縣。漢陽志云：雲在江之北，夢在江之南。此則析而稱之。按杜預云：雲夢跨江南北。而蔡沉書傳云：「雲夢方八九百里，跨江南北，華容、枝江、江夏、安陸皆其地。」「合而言之則一，別言之則二澤也。」禹貢云「雲土夢作乂」，「蓋澤勢有高卑，故水落辨遲速，人工有早晚爾。」此説得之。

楚子城。 舊志云：在隨故光化縣。楚子伐隨，軍於淮、漢之間，城此。按隨南封百里，實古邵後。八年，邵與隨及蓼、同伐楚，是其敵也。楚若由此伐隨，必假道於邵，邵許之乎？莊王四年〔一五〕，楚伐隨，除道梁溠以臨隨。溠偏西可通郢，楚地可由此入也〔一六〕。然曰軍於淮、漢之間，淮在隨北，而蓼又楚之敵，其必由唐、厲入乎？唐、厲在淮、漢之間，皆楚私屬也。楚子城其光化之故城，或故安化之城未可知，必以爲楚人之築，妄矣。應山顔木隨志。

黄國。 顓頊之裔也。左傳桓公八年：「楚子合諸侯於沈鹿，黄、隨不會，使薳章讓黄。」而黄始見於經。則黄與隨爲鄰。僖公二年：齊、宋、江、黄盟於貫。則黄又與江爲鄰。至十二年，黄人恃諸侯之睦於齊也，不共楚職，曰：「自郢及我九百里，焉能害我？」楚遂滅黄。杜預註云：「黄國，弋陽縣。」按弋陽縣，今河南光州也。而杜佑通典亦曰：「光州，春秋時黄國也。」而其於黄州則云：「後爲黄國之境。」文獻通考以此爲據，而一統志因之，止據「黄國之境」之詞，遂以黄州爲黄國；而於光州註下乃云爲弦、黄、蔣三國地。蓋不復考之春秋，漸失其真矣。楚紀亦謂黄州爲古黄國，且曰至黄岡，觀黄子故墟，怪歎東坡赤壁賦略黄子，咏孟德爲未考。然於舊都所在，亦猶踵誤焉。今考諸書，杜預去古未遠，釋經之初他無淆亂。杜佑以是宗之亦爲有據。竊謂黄之鄰隨，鄰江，正爲黄岡、麻城之地，距荆州適九百里，又東坡指掌圖亦復相同。則又黄州之治，信非古黄故國，而其四境則黄國所有之地也。

邾國。周初封邾於魯，至列國滅之，徙封於黄。乃自杜佑而下，其説皆未深考。佑通典謂黄州「春秋時邾國地」，且引史記云：「黄帝之孫有陸終者，産六子，第五别爲曹姓，歷代不絶。至武王伐紂後，封其裔子挾於邾，爲諸侯。」又於兖州地，亦指其爲邾國之境。而曰：「邾國，陸終之子曹姓所封，今鄒縣也。」今黄州亦邾國地，陸終之後所封。蓋陸終有六子國爲國也。測其意，蓋以黄州爲曹挾受封之地，而山東鄒縣之邾，反謂爲陸終别子所封。然後陸終六子封魏，封韓，封彭，封邾，封楚，安得封邾獨兩授耶？通典去古未遠，其訛已如此。其後通考遂本之。一統志知謂黄州、兖州並爲邾國，而不知黄州之邾，固自兖州徙而來者也。楚紀又謂楚滅黄，徙邾君，然考春秋，楚滅黄在魯僖公世，而楚宣王伐邾而徙之，則在戰國之後，固非一時爾。

右俱湖廣省志辯疑部，有竟陵、雲杜、環岳郡、義陽新市、黄峴關、石城、竟陵註各一條未及録，俱可備沿革考。

承天府志

山川

南國之紀，漢、沔章章著矣。域内東岸諸山，自二室、桐柏而來，蓋中次七經之山也。西岸諸山，自荆山、景山而來，蓋中次八經之山也。

漢東諸山　隨州之大洪山南十五里曰城子山，上有古城。又西南十里曰黄僊洞，又西南七十里曰白水巖。又西二十里曰盤石嶺，有上盤石、中盤石、下盤石，言其石路盤迴也。又西十五里曰龍爬山，又西北二十里曰純德山，舊名松林山，今爲二聖陵寢，欽定封號序於五鎮之次。又西南十里曰天子岡，在純德山左。又北三里曰九龍岡，又南曰子胥臺。又南曰楠木山，楚武王廟在焉。岡横亘而西曰石城山，山左支曰從岵山，右支曰陽春臺，對峙而南，回合相拱，如龍盤虎踞。龍飛舊邸，寔宅其中。邸前隆起曰蘭臺，即楚王披襟當風處。今邸前時乘御天坊居其上，去漢江不百步而近。江自西北而南而東，環遶遥前，曲屈而出，寔爲天險。盤石西南二十里曰清平山，岳懷王、常寧公主二墓在焉。又西南十里曰寶鶴山，郢靖王墓在焉。又西二十里曰瑜靈山，梁莊王墓在焉。龍爬山南十里曰丘公壋，善化公主墓在焉。大洪山西二十里曰界山，又六十五里曰花山，又西北四十里曰焦山。自城子至焦山，凡二十一山，並隸鍾祥。大洪山東南三十里曰太陽山，又東十里曰關山嶺，富水出焉。又西南六十里曰金子山，潮水泉在焉。又南十里曰橫嶺，潮水逕焉。又東南八十里曰石人山，上有一石類人，因名。又東南六十里曰張良山，峯巒高峻，峭壁間有一橫徑，多馬跡。又東十五里曰京源山。橫山西北六十里曰聊屈山，一名盧屈山，臼水出焉。又南六十里曰潼泉山，又西南二十里曰磨石山，溠水出焉。潼泉山東南二十里曰偃女山，峭壁插天。又東南三十五里曰空山洞，又東北二十里曰惠亭山，西南五十里曰子陵山，中有嚴子陵讀書臺。又西南六十里曰寶香山，一名石人山。又東五十里曰火門山，一名天門山，唐陸羽廬於火門，即此。自大陽至火門，凡十六山，並隸京山。火門山西南十五里曰青山。惠亭山東南七十里曰五華山，上有伏羲廟，舊有古風城。又西十五里曰龍穴山，傍有龍穴陂，因名，一名龍尾山。又西八十里曰白螺山，下有珍珠坡。又東南六十里曰巾戍山，晉元熙二年得銅鐘七口於此。自青山至巾戍山，凡五山，並隸景陵。

漢西諸山　南漳之四望山南八十里曰石人山，入荆門界。又東六十里曰屏風山，絶頂平衍，中有兩泉。又東四十里曰斑竹岡。石人山南三十里曰偃居山，又南百里曰西山。又東曰象山，一曰蒙山，兩巒對起如蛾眉，舊名泉子山，山麓有蒙、惠二泉。又南三里曰虎牙關，孟子港水出焉。又南二十里曰卓刀石。又東南一百八十里曰内方山，在漢江上，即禹貢所謂内方也，一名章山。虎牙關東北四里曰東山，又東北三十里曰靈鷲山，有穴曰龍洞，深五里，石臺甚高。又東北四十里曰三尖山。西山東五里曰太子岡，元文宗自潛邸歸，即位，嘗住此岡。屏風、三尖、太子岡、内方山並隸鍾祥，餘隸荆門。遠安縣之鬼谷洞山，與當陽接壤，沮水逕焉。又南五十里曰玉泉山，下有玉泉、珍珠泉出焉。又西南九十里曰紫蓋山，寰宇記：紫蓋有南、北二山，頂上四垂若繖狀，林石皆紺色；下出綵水，甘馨異常；上有丹井，下有古寺。沱水逕其西。又沮水北三十里曰鐵人谷。又西南四十里曰張飛山，東有長坂，曹操追昭烈，張飛拒後，即此。又南十五里曰金龍潭山。又南十五里曰玉陽山，邑名玉陽，蓋取諸此。又東南二十五里曰許由山，又南五十里曰圓臺山，又東南六十里曰緑林山，即王莽末起兵處。玉泉至緑林，凡九山，並隸當陽。江之烏林磯北一里曰黄蓬山，又東二里曰香山。二山並隸沔陽。

漢江　按水經，沔水自武都至樂城稱沔，度口至姚方稱漢，襄陽至沙羨又稱沔，其實一水也。今郢城上遡宜城，下至沔陽，東岸逕鍾祥、京山、景陵三縣，西岸逕鍾、荆、潛、沔四州縣境。沔水逕故鄀縣南入境，今荆門界漢江北有縣故基。南岸有石厓，俗名石梁山，山上有臺，即水經所謂「南臨沔津；津南有石山，上有古烽火臺。縣北有大城，楚昭王爲吴所迫，自紀郢徙都」者也〔一七〕，豐樂河注之。又南逕石城，即郡城。又南十里爲涮馬灘，南與臼水合，東南流逕内方山東，又東會權口，即古之權國也。東南與陽口合，逕古雲杜縣東，夏水從西來注之。又東逕左桑，又東合區亮水口，又東得合驛口，又東謂之橫桑，又東謂之鄭潭，又東得斷沔，又東與力口合，出境至漢陽入於江。

漢東諸水　敖水源出黃僊洞西南流，合枝水注於沔，實曰敖，即今直河。按水經注：敖在「新市縣東北」，又「大陽山西，南流逕新市北，又西南而右合枝水。」今遡其源非是，豈酈氏亦傳之誤與？豐樂河原出大洪山西北，流逕盤石嶺，灌田甚廣，民賴以豐。枝水出橫嶺西北流，逕古鄀縣界，西南逕秋城西南，左注敖水。龍鶩湖在府城南三十里，水溢達於沔。青泥池在樠木山下，三國志樂進與關將軍相拒青泥山。敖水至此，並隸鍾祥。臼水源出聊屈山，合溠水，注於沔。楚昭王奔隨，濟於成臼，即此。溠水源出磨石山下，納新市僊女洞泉、潼泉，逕景陵縣界，入於漢。禹貢過三澨。平壩河在縣東北百二十里，源出大陽山，東流爲楊家河，逕漢陽界入漢。富水河在縣東九十里，源出關王嶺，東流爲三汊河，石板河注之，逕應城縣界入漢。漢江北十里水溢而匯曰泗水，即泗汊湖。臼水至此，並隸京山。漢水自京山小河口分流，逕青山東南，至三汊河，巾水來注之，俗名石家河，源出青山，南流與小河合。水經註：巾水出竟陵縣東一百九十里，「西逕巾城，城下置巾水戍。」「西有古竟陵大城，古鄖國地，鄖公辛所治，所謂鄖鄉矣。昔白起拔郢，東至竟陵，即此也。」今有巾港市，豈即其處歟？又逕景陵前曰義河，逕楊林口，亦名楊水；至便河口，復入於漢。水經：楊水「納巾吐柘。」柘今未詳所在。漢水自牛蹄口分流，曰車湘港，至横林口，復入於漢。溳水即城隍臺河，經新陽縣南，縣治雲杜，胡城分雲杜立。溳水又東，「又東南流注霄城縣南大湖，又南入於沔水。是曰力口〔一八〕。」回河，亦名會河，本京山縣前河，東流逕五華山皂角市，出牙兒口，注於漢。柳家河源出龍穴山，入風波湖，逕楊林口入漢。縣東、西、南俱有湖。巾水至此，並隸景陵。

漢西諸水　權水源出西蒙諸山，逕太子岡，會流爲曹將軍港，逕内方山東南流，逕古權國城，東南有那口城，又東入於沔。陽水一名建水，今名建陽河，又名大曹河水，本龍陂合白中、昏官三湖水，逕大陽堖入於漢，謂之陽口，一名中夏口。南宋元嘉中，通路自湖下注陽水以廣運漕。水經註以漢東楊水即爲此水，誤矣。直江源出白家山，南流長湖，會谷後港，入潛江界平塘湖，達三湖以合沔水。白龍潭在靈鷲山下，深長五里，流逕朱家埠、涮河口入於漢。東五里曰曹將軍港，即權水，唐曹全政、劉巨容嘗敗黄巢於此。孟子港源出虎牙關，逕建陽驛入三湖，唐孟浩然嘗往來於此。蒙泉、惠泉源出象山，分爲二派，後名其北曰蒙，南曰惠。宋知州彭乘爲三沼，共延至竹陂河入漢，民引以灌田。權水隸鍾祥，陽水以下，並隸荆門。沮水源出房陵縣，過遠安縣，與漳水合流，俗名河溶，通沱水，至枝江縣入於江。漳水源出漳縣，南逕當陽，與沮水合流入江。左傳「江、漢、睢、漳〔一九〕，楚之望也」，即此。沱水分自大江，逕當陽、枝江交界，會於潛。禹貢

「岷山導江，東別爲沱」，即此。河溶有金沙灘，其地多流沙，煒煒如金。緑林山水流逕圓臺山南，匯爲熨斗陂，郡守吴獵常遏走馬湖、熨斗陂之水，西北至李公匱以陷戎馬。沮水至此，並隸當陽。潛水即漢水分流，始入曰蘆洑河，逕縣界，東南流爲上新口、下新口，入沔陽界；又自排沙渡東流爲深江，入沔陽界；南流爲恩江，十里許，復與潛合，縣令敖鉞所開。沱水乃江水自郝穴口溢入，東北逕三湖、芝江湖，至縣南二里爲馬市潭，潭北五里有沱埠淵。二水並隸潛江。潛水一自潛江縣排沙渡至深江，入州西北界，逕剅河、范溉鬬、栗林、麻港、南灣至黄荆口，入下帳湖，東會於白湖。又自范溉南播於劉家渡，入三江口；又自栗林口播於蔣家灣，逕蓮臺，趨大口，合黄荆口水。一自上新口逕鮎魚套、白汊口，一自下新口逕伯口至柳口，折而爲漕河，俱達三江口，合流逕滄浪，即禹貢所名，屈原逢漁父處，又逕候埠鬬趨於白湖。又自柳口東播於蔞蒿汀，至直步，夏水從西來注之，逕螺子瀆、渣潭，東北趨大陽腦，入於襄河。又自渣潭東南逕小陽、張家池、壩港入陽名湖，匯於白湖，出沌口入江。江水自巴陵逕白螺山南，又逕烏林南，東過茅埠口，又東過竹林灣，又東過新灘、水洪二口，又東北過沌口，東流與漢水合。夏水今名長夏河，水經註：「即睹口，爲中夏水。」輿地廣記：「夏水入沔，謂之睹口，冬竭夏流，故曰夏水。」自監利入，東爲大馬長川，過沙口，又東北過柴林河，至直步，與漢水合。復東河江自茅埠灌蓬湖，湖東爲河，逕牛埠、三灣、平放，東出新灘口；又自三灣逕斗湖，至楊名，匯於白湖。州東有湖曰太白，一名九真白湖，衆水所會，由沌口入江。潛水至此，並隸沔陽。

附考水道

郢中自石城而上，百二十里爲豐樂河。河之左，分支三十里自龍港出，今塞。又五里曰九龍灘，再分播爲龍爬港，經土門之爛泥諸河，一出桐木嶺東岸，今塞。一出金花灘，今塞。一出尉斗湖，故道尚存。西渡則爲花山湖。江之東，山落平陸，走三十餘里濱漢而止，其西撞鐘山在焉。漢水自襄、樊而下，至此又一衝要。尉斗湖而下爲湖口，今塞。舊河深廣與大河等。今廢。又其西爲嚴山湖，嚴山之傍有港曰冷水，而不見其上流所自入。石城當其下，嚴山峙其上，水道迅急，素無隄防，旁帶陂湖，漸加湮塞。此以上考漢水之上流者。

水自石城以下，委而爲三，西岸支分三十里出流港，此元人侵宋盪舟處。今上口湮塞。又五里自塘港出楊家港，凡二十五里。故道尚存。山曰龍尾，盡處爲石牌，漢水至此，西逼石牌，東逼官莊大隄，又一衝要。故柴灣之隄常毁，開流連口，則免此患。山南分支曰三汊港，不十里分爲張長口，皆迴薄西山，出馬良口。三汊口爲石牌居民所塞，張長口爲馮家垸居民所塞，以致水勢騰激，而高家腦之隄常毁。若開二口，可免此患。石磯西障是爲小别，小别之東爲茶園磯，南三十里爲老口，二十里爲六馬口。南、北二湖，實爲水區。二口屬小江湖，爲湖内居民所塞，以致臼口以下之隄常毁。此以上考漢水之委於右者。

石城南五里許曰二聖套，又五里曰蔡家橋，相傳漢水由此分支。往時有隄亘其間，今毁。隄內之小灌千工壩、茶陂垸，歷胖張嶺而入赤馬、野猪湖之白鷺湖。岐而東，匯於竹根蕩，爲東泉港；岐而西，入三汊港，下青魚灘，歷南港，由葱擔溝會於赤馬、軍臺港、長灘河。此段考蔡家橋之支水而遂及其委。

由蔡橋至此，迂迴凡二百餘里。倘因其已決之勢，導水中行，挑築圩岸，以防水入害民耕稼；並山而東，多爲陂塘以溉下田，則其利亦不細也。由蔡橋大河之濱三十里至流連口，近年被塞，大爲民害。水東北分行，轉而西南，抵三汊港，與蔡橋小會。又四十里至金港，近塞。水支分而北而東，由青樹灣入赤馬、軍臺港、金港而下，三十里爲小河口，水勢到此漸殺。渡而西，再渡則下爲沙洋之倒口。今築。大河東行遶多寶灣，此處地兼京山、景陵衝要。不五里爲丁家河，今塞。又三十里曰泗港，泗港之內曰泗汊湖，週亘數百里，舊可容水，諸大姓塞之矣。又三十里曰張濟港，今塞。又二十里曰黑流渡，今塞。又九十里曰乾灘鎮。漢水自小河支分，由景陵縣治以下，西入便河，復出此，與大河會。少下則田兒河，爲承天府屬之南界河，岐而東爲葫蘆灣，凡一百二十里，入風門；岐而西南二十里爲張池口，入五湖、團洲；又東岐四十里曰小李灘，爲竹筒河上口，舊湮塞。水轉西南，入鷄公洲、麗水洪，今雖開復，漸淤矣。是爲漢川之西北界。此以上考漢水之委於左者。

由沙洋倒口，沿河東行一百二十里，漢別爲潛。又六十里西分入獅子河若竹筒河，淤塞。舟行多由此。再分入小隄口，迤南爲偃桃嘴，獅河之水亦會於此。小隄口迤東，即乾灘鎮，遇水涸時，大舟不行。此漢委之接沙洋倒口者。

小河之内，行六十里曰南河，蔡橋、流連口、金港口之水，皆從此出。蓋自蔡橋至此，迂迴幾三百里，往時之水，安得而不縮。再六十里至青山，水來自東，遇水頓止。從此歷景陵縣治，水環如帶。蓋由小河口出鴨兒口，與竹筒河會，凡三百里。此漢委之入於景陵者。

京固山邑，然土田濱漢江者，厥害惟均。沱、潛出於江、漢，使江、漢之水並溢，則爲害滋甚。乃家自爲垸，以冀一歲之獲，豈長策耶？荆門自沙洋之隄一築，而荆南歲蒙其惠，郢北成沮洳矣，所謂以鄰國爲壑者非耶？夫江、漢、沮、漳，楚之望也。自杜預鑿開陽口，其水達巴陵，而沮、漳合流，是爲新步，通南江，至荆南爲沙津。沔之湖大者數百里，小者不啻數十里，其諸洿潦不與焉。長波巨浸，渺渺相望，何其夥也。然其北多在景陵，李老爲大；其西多屬監利，西湖爲大；其南黄蓬爲大，其東太白爲大，諸湖皆逶迤入太白。故沔，衆水之匯也；太白，沔水之匯也。故沔之水，豬於太白，洩於沌口，地之勢然也。景之水患，無歲無之，蓋潛、沔等耳。

禹貢三澨之水注四，一云在沔陽，一云在京山，而景陵有三參水，又有三汊水，云是三澨，俱無的。據蔡沈註，則磨石山發源者爲澨。蓋源出僊女洞，發爲司馬河，傍有司馬墓，故名。又南逕蒲圻寺，又南爲夏洋港，逕楊家洚，合長灘舊水，注小河，此一澨也。據京山志，謂馬溪河爲澨。蓋馬溪河發源趙横寺黑龍洞，迴而東流，南逕馬頭山，又東南爲官橋河，又東爲馬溪河，此一澨也。據沔陽志，則石家河爲澨。蓋石家河發源空山洞如意寺甘家冲，爲雙河口，爲雷公潭，逕白土苑，又東南爲石家河，而以石家爲巾，馬溪爲楊水，以澄水溼龍陂逕郢之道，其言甚核，此又一澨也。

宋石才孺郢州土風考古記

按班固漢書地理志：秦置南郡，縣十有八，曰江陵、宜城，曰若，曰郢。釋之者曰：江陵，故楚都；宜城，故鄢；若作鄀，楚别邑，故郢。又按史記楚世家：芊氏居丹陽，在南郡枝江縣。文王始都郢。平王城郢。昭王徙鄀。襄王徙陳。考烈王徙壽春，曰郢。繇是言之，楚之都邑可想見也。後世不博考熟究，異口同辭，以今郢州爲郢都，流俗信之。嘗觀楚成王使鬬宜申爲商公，沿漢泝江，將入郢，王在渚宫下見之。夫沿漢而下，泝江而上，則郢在江上而不在漢上，沈括存中蓋嘗論之矣。今江陵寔有渚宫，而縣之北有紀南城。楚武王伐隨，卒於樠木之下，今郢州東門外山，舊名樠木山，上有楚武王廟，則武王自丹陽出師至此而卒，豈後世見武王卒於此，因以爲郢都邪？此又不然矣。雖然，釋漢史者曰故郢，而郢爲州，爲富水郡，或廢，或置，見唐書地理志，謂之郢，不無説焉。楚屈瑕將盟貳、軫，鄖人軍於蒲騷。莫敖患之，鬬廉曰：「君次於郊郢以禦四邑，我以鋭師宵加於鄖，若敗鄖師，四邑必離。」已而敗鄖於蒲騷。夫郊郢者，詎非郢州乎？昔蒲騷，今應城也，距郢州甚邇。楚師之出，鬬廉之敗，莫敖之次郊郢，以師行道里推之，一宿爲舍，再宿爲信，過信爲次，則知正在郢州也。

龍飛殿即舊承運殿，在郡城正中，後爲穿殿，又後爲啓運殿，殿前爲左右廊，而東西亦各有迴廊；正南門曰龍飛，左爲東順，右爲西順；又南爲麗正門，門之外左爲鼓樓，右爲鐘樓；又南爲重明門。是爲外朝之制。

卿雲宫即舊前寢宫，在啓運殿之北，前爲卿雲門；門内東出爲日升，西出爲月恒，後爲穿殿。

鳳翔宫即舊後寢宫，在卿雲宫之北，後爲鳳翔門；由鳳翔而北爲弘載門，門内東爲關睢門，西爲麟趾門；周垣之内爲六所，六所之外爲連房，爲鹽庫等房。是爲内宫之制。

隆慶殿即舊家廟，在正殿之東，安二聖神主於其中。後以穆宗年號，禮官議上改爲慶源殿，命守備内臣以四孟及朔望致祭。四孟如太廟之儀，朔望如奉先殿之儀，樂舞用八佾，舊用九十六人，今五十四人。

純一殿即舊書堂，在龍飛殿之東。初獻皇别號純一道人，又歲時禱祀，必致齋於此，故以爲名。

中正齋在卿雲門之西，上在潛邸時，講學於此。

泰禋殿在東北，嘉靖十九年，上以舊邸世子府未備，乃命補建，定以今名。殿之前爲門曰泰禋門，殿後爲永配殿，左門曰保和，右門曰太和，又後爲宫。宫之前殿曰受命御極之殿，後殿曰青霄殿；宫前門曰啓祚，後門曰福寧。外有庫樓連房，其西通於隆慶殿，曰光熙門。山川社稷壇在邸内之西南。若鑾駕庫、御馬房、廣充庫、廣充倉，典寶、典膳、典服三所，俱在邸内。

邸之四門，南曰麗正，東曰春暉，西曰秋朗，北曰弘載。

邸之外，其南門曰重明，前爲御溝橋，橋南爲坊。扁之南向者中曰「時乘御天」，左曰「雲行」，右曰「兩施」；其北向者中曰「龍潛舊邸」，左曰「聖作」，右曰「物覩」。坊前碑亭二：左爲「恩詔文碑」，右爲「聖諭文碑」。坊後東西各爲一坊，左曰從岵街，右曰陽春街。若郡城之南門樓，其規制與京師埒，扁曰「顯親達孝」，上大狩時從顧璘之請，故特表題之。

從岵山在舊邸外東南，不甚高，上多茂樹，可以憩望。獻皇國事之暇，嘗登之，因製漢江賦。

嘉靖十年命建碑亭，勒賦於石。

陽春臺在舊邸外西南，蓋取宋玉辭以名之。臺高數丈，俯瞰漢江，烟雲竹樹，鬱麗可愛，郡中勝觀也。獻皇嘗率侍臣登之，因製北望詩，既而作陽春臺賦以自儆，遂不復登焉。嘉靖十年，命建碑亭，勒詩賦於石。

承天府志

户口

周禮大司徒掌人民之數，以佐王安擾邦國〔二〇〕，而夫家之衆寡，則鄉師、遂人各以其歲時校而登稽焉，欲知其存亡多寡之實而爲之施政也。承天蓋古郢地，負山帶湖，一郡生產，不當江東一大邑。自肅皇龍飛以來，注念枌榆，生養休息，四方襁負日至，百姓蓋殷殷庶矣。但頻年積荒，困於供億，而土著之民，貧者或逋竄、轉徙、物故，而司籍莫爲損削；殷富之民，誠大且衆矣，其間桀黠者率賄胥吏而漏其籍，使所編浮於所登，是使國版不足憑而賦役無由均也。況在沮洳之鄉，淤水成腴，而浮食奇民，操其重貲，乘急貰貸，騰踴其息，積重累困，奪居民之業，并其身而有之，故丁壯盈室，而藉口客丁，免於編列。夫已擅地利，長子孫矣，而客之也可乎？嗟乎！弊也由來久矣，故綜覈之政，虛實之源，消息之法，非良有司莫與計也。

田賦

禹貢稱荆州「厥土惟塗泥，厥田惟下中」，而漢江、雲夢之間，司馬相如極言其饒，則楚之賦當甲於天下，而郢又甲於楚則可耳。乃者田日朘削而賦日殿則何也？郢中東、西、北三面俱山，而南則擁大湖，漢水又建瓴下，盤繞其中，疆域雖遼遠乎，則亦既山居其三，水居其四，田已不能有其十之二矣。故山原樹藝，雨澤不調，則倚耜而待槁；其沿陂堧而耕者，潦至彌望，蛟魚且宫之，田烏得盡闢，而賦烏得盡登也？況皇莊之歲入，各王府之禄賦，幾與惟正之供埒；其豪黠之并兼椎剥，瀆亂無紀，甿有襏襫而緣南畝者，終歲服勤，所獲即以代輸而尚虞不足。湖田所淤，復爲若輩所藉業，小民曾不得濡足而收半穗，有司亦不能履畝而裁其短長，税其羨以補沿江之崩削者。且飛影之竇百出，投獻之計萬變，當事者即日加意撙縮，而額賦取盈，吾懼民之日斃也。

徭役

夫力役之征，聖王不廢，然而歲用民力不過三日，務不告缺而民不告病也。漢有繇，唐有庸，宋有差、顧二役，而民始蕭然多事矣。明興，以里甲籍民，猶古比閭族黨之義，而力征則用宋法，差、顧兼焉。迨後條鞭法行，而民始稍甦矣。蓋公費節，則里甲歲裁；繁簡悉，則郵傳屢更；約束嚴，則縱恣盡戢。長民者力爲調停劑量，顧審編未盡當，則宿弊未盡釐。何者？有司之耳目一，而造欺者千萬其耳目，彼豪有力者，先操其贏以神通於里魁胥史之手，而上下之，所欲輕則富可貧，所欲重則貧可富，有司拱手聽焉。間有發其奸者，繩之三尺，不過懲一儆百，而百之作梗如故也，何怪乎民尚有不均嘆也。夫承天係陵寢重地，官多事殷，辭謁者時無停軌，而公費日削，夫馬日羸，而供億日益不給。乃田連阡陌，甲第如雲者，安享逸豫，而貧者食於官，日夕奔走。更所謂協濟之法，秦越視之，彼此移督，漠然如褎，不得已而稱於富豪，彼則權母而取盈，此則息子而受斃，是坐困之術也。故丁糧之實弗覈，協濟之法不更，欲上下不交困，必不得之數已。

兵防

承天古巖郡，今爲陵寢重地，負山阻漢，實天設之險。自肅皇改安陸衛爲承天衛，復撤荆州左衛而置顯陵衛焉，拱護非不嚴整。顧北近隨州洪山，先年爲老馬劉巢穴，至郢則不俟經宿；又北近鄖陽，萬山錯雜，乃劉千斤、石和尚亂處，其路亦通於郢；豐樂河當水陸之衝，實咽喉地也。向議欲於顯、承二衛各調一所官軍駐於此，無事則耕，有事則守，仍令留司選擇訓練，庶可無北顧之憂。其西則荆門州，又其西則當陽、玉泉一帶，石壁峭立，實郢中門户，昔紅巾賊曾戰於此，尤當厚爲之備。若迤南則潛、沔、景陵，湖陂藪澤，不下數百區，且與武、漢、荆、岳爲比鄰，而白螺、洞庭之寇，常嘯聚於此。近雖設有衛所，遠近相望，水陸相應，而官不習戰，民不習兵，武備單弱，有桑土之計者，尤所當軫念云。

鍾祥縣北九十里至豐樂驛，抵襄陽宜城界，山勢微小，縣衛官民攙雜。東有花山、黿山、白水巖、雞籠諸山，俱抵京山界。其臺陂、花山諸里，皆開墾地也。東南至郢東七十里，有聊屈山，地勢雖高，俱係土著之民耕於其中。水則自豐樂而南至石牌、舊口、沙洋一帶，皆係長江，延袤百里。先是因盜賊出没，設豐樂哨官兵巡守。

京山縣宋家河、坪壩諸處，間有峻嶺，實通衢也。多寶灣、下洋港、拖船埠接流大江，多小寇。

潛江縣先因蚌湖、蘆洑頭、浩子口、班家灣諸處接通江、漢，舟楫往來多寇竊，已於蚌、蘆二處議設哨兵，其拖舡埠則有沔陽哨官巡守。若班家灣、浩子口，亦一要險也，似應加兵防範。且縣治濱臨大江，高者爲堤，卑者爲湖，雖非戰場，而小寇時警，亦當預備。

荆門州治四維湖山相半，如沙洋等處，素稱盜賊淵藪。先年已議改捕盜通判住劄本處，又與樂鄉、僊居、建陽、新城各設巡檢，互相巡警。他如僊居要道，山勢嵯峨，峯巒險峻，亦設巡司偵卒，不時糾察。

當陽縣山谿夷險，古戰場也。水則有沮、漳二河，路則通巴、蜀、滇、貴。昔因劉、石之亂，漳河設巡檢司防守，又有淯溪鋪、河溶市，皆立有約保，應援巡邏。

沔陽州四面皆湖，一望葦荻，盜賊出没，稽緝爲難。而沙鎮去州百五十餘里，地既綿遠，而民又獷悍，往往跳於法外，昔陳友諒起於此，所稱最要害之地，當事者尤宜兢兢。

景陵縣治環河帶湖，歲爲積水浸溺。其所轄市鎮，如皂角鋪地據高阜，通商賈舟楫。先因盜賊出没，將乾鎮巡司官兵改移防守。近議欲掣回舊鎮，但地當三府四縣之交，居民錯雜，控制遼遠，此司似不可掣。又漁泛涤與本市相近，議將黑流渡哨兵移此備禦，而黑流渡以沔陽衛千户一員統兵哨守。若乾鎮則止留弓兵十名，向委附近河泊所官帶管，非法也，今并河泊所官亦裁革矣。恐盜賊有窺伺之虞，不可不預爲之計也。

李維楨參政游朴大政記略

州幅員數百里，山居十之七，水三之。士大夫散處四境，視州城如寄，而市豪聚城中。其始輿臺、五伯之屬，至微細耳，交關曹掾爲奸利，羽翼成而膽勢益殖，小民有訟，賄豪爲居間。其黨拳勇者任受刑，桀黠者任對簿，無不捷矣。所得賄賂日益富，則使其徒爲州胥史，已爲郡胥史，又以其賂通監司若兩臺之爲胥史者，兩臺耳目寄之十五郡司理，又以其賂通十五郡司理偵事者。明比構會，陰操州長吏佐幕短長，所不便，予下考，千里之外，其應如響，即士大夫惴惴懼不免，而不肖者欲有所甘心，或陰用之。於是視士大夫、州長吏蔑如，即郡若監司若兩臺，且玩弄掌股之上。長吏至與具賓主禮，仰其鼻息，舞文犯科，不可窮詰，歲加州賦數千金以實其橐，若固有之。夫紀綱風俗之敝壞，莫甚於今日，而尤莫甚於楚，楚莫甚於我郡。自江陵敗，大臣往往爲湘纍，堂廉冠履，陵夷澌盡，士大夫垂首結舌，吏無所忌憚，城狐社鼠，又從而爲之釜鬵，情日壅塞，權日旁落，威日假借，而横民出焉。其種有六：曰土豪，曰市猾，曰訟師，曰訪窩，曰主文，曰偷長。根株窟穴，常相通爲用，如荆門豪兼六者而有之注五。其黨以千計，其貲以萬計，其功繁拜請，妖訛洶沸，遠則楚十五郡，上則輦轂，力折權行，豈一朝一夕之故哉！

袁國臣潛江縣清田記

潛之爲邑，當漢下流。自嘉靖以來，漢水數漲，漲則田没而民徙。田没則經界淆，民徙則故業失，猾里豪右，往往乘此蠶食之，漁田屯田，與民田、犬牙錯。而民田之税，較漁、屯所輸，不啻十之七八，小民欲紓目前之急，率影射以售。以故阡陌其田，無升合之税；税數十石者，地鮮立錐，弊也久矣！

孝感

澴河一作「環」。源出河南信陽州，至天磨河入境。河中有大石，高數丈，如磨。逕九里關、黄茅嶺注六，南流遶三里城逕新店，清風澗之水注之，爲雙河口，爲詹家河。逕二郎畈，爲太公潭，至觀音厓，楊陂港之水注之，水出大山，俗稱揚鞭口。大悟之水亦注之，出大悟山。爲小河溪。治北百二十里。折而西流，至兩河口，與黄沙河、爛柴港、苦竹港之水合而南流，逕九子墩注七，遶舊南義陽城，爲晏家河，爲方家河。塔兒潭、淮水注之，水出治境東北諸山。磨陂之水亦注之，泉湧陂中，灌田千頃，西南流至北而入。分爲二支：治北六十里。其東播者乃名環河，治北五十里，水自信陽來，至此旋遶山谷，故名環河。爲遶龍潭，丘址港，下流合於西河；其南播者爲白沙河，逕趙師埠，又逕黑龍墩，注於響水潭。復分爲三支：其一高埠潭，逕何家埠；其一注上沙港，至沙港口，合沙港之水，南流逕安家觜，又逕陶家觜，後河之水注之，乃與東播澴河之水會焉；其一西南流注於陡岡埠，逕枯河，又逕蔡家渡，合東河之水，注於老鸛潭。乃又分爲三支：其一合深溝橋之水，注於白龍潭注八，入於漢；其一逕入埠口，合雲夢縣河之水，溳水東支。南流逕窩兒潭，又逕注泉湖，入於漢；治南二十里。其一逆流遶治西南隅，合於西河，在治西。朱思湖、白水湖、後湖之水注之，遶治南而東，逕烏龍廟，郭家潭、徐潭港、董家湖之水注之，治東五里，以董水名，水出十五里港，過李師橋，注於湖。自龍宮潭治東十里。曲折東流，有相見灣。又逕陳八埠、毛陳渡，至羊馬湖口，羊馬湖、注泉之水注之。治東二十里，水出烏龜石，過許家河，又過高阜橋，入於湖。流至竹子港，復分爲二支：其一南流爲東山淪河，治東南三十里。逕算河，至溳口，入於漢；其一東流度北涇觜，至馬溪河口，與馬溪之水合焉。馬溪之水，則納澭川河、陡山河、蒲湖諸水同流者也。澭川流至三汊埠，逕陡山河，又流至清溪潭，入蒲湖。三水同入馬溪河。又東南流，境逕楊家寨、磨石灘河、鄢家埠，至沙口、黄陂境，入於江。

一統志曰：義陽城在孝感縣北二百里，梁置，西魏廢。考南北史，西魏於平氏縣置義陽郡，蓋古申國之地，今之信陽州是已。劉宋改義陽郡爲宋安郡。南齊改置司州，而義陽城未嘗置於孝昌也，豈即南義陽之廢城耶？梁書武帝天監三年，魏陷司州，詔以南義陽置司州。夫梁、魏之時，有義陽郡，又有西義陽郡、南義陽郡，西義陽在今隨州之境，而南義陽則未知的在何處。一統志謂梁以宋安郡爲北司州，黄陂縣爲南司州，則南義陽郡似當在黄陂之境，今云在孝感縣北一百里，則與羅山、應山爲近，豈南義陽郡初置於孝昌之境，而黄陂之南司州，乃其徙置耶？

一統志云：新市在孝感縣。後漢書：南新市侯國，屬江夏郡。宋書：荆州江夏郡亦有新市縣。唐杜佑通典「郢州富水縣」註云：後漢新市縣故城在縣東北，宋淳熙丙午，富水縣令張實修縣志，雖辨析新市，而未嘗援及孝感，故孝感、新市之名不彰。竊謂前漢地理志江夏郡無新市縣，而王常起兵，則在前漢之季，是王常起兵之新市，乃安陸鄉聚之名，非縣名也，蓋在孝感之北境，今之新店是已。其後光武起於舂陵，招致新市之兵，後漢地理志始有南新市侯國。宋元和郡國志、元豐九域志俱云：後漢分安陸立新市，在南新市。縣置於後漢，蓋在今京山之南境，富水之新市故城是已。豈可以後漢之南新市，即以爲前漢王常起兵之新市哉？

魏書地形志曰：南司州宋安郡有東隨縣註云：東隨縣有黃峴關。考黃峴關，即今孝感九里關，在南北朝謂之東關。隋書文帝開皇九年，改東隨爲禮山縣，即今應山也。歷代地形分割不一，今之孝感疆域，袤出黃峴之外數十里，由縣治以抵北界，約有三百餘里，豈魏時孝昌地狹，而黃峴内外舊屬東隨耶？抑割孝昌之黃峴以益東隨耶？然魏改孝昌爲岳州岳山郡，則地固未宜割也，豈孝昌、東隨以黃峴爲界耶？不可考矣。

孝感縣志　賦法

蓋歲時輸納，徵糧徵銀，約有兩者。糧則收息，未秋踢尖斛面，其害爲易究耳。至於徵銀，則咫尺之書，百蠹穴焉，有司者勢必派之史胥矣，寄之里役矣。而户册收頭，勾連局陣，曰派數，則户不書總，而不示人可稽也；曰正耗，則明加暗加，而人不敢誰何也；曰拆封，則合併而出，而業已叩衆羨爲羨也；曰巡查，則廒經可以卒辦，而如其觸手於素也；曰收户，而重糈者至，則糧可吊，而愚者以絲粟飛也；曰出米，而厚賂不至，則總不改，而貧者以鴛鴦納也；曰當年爲累，則預能詭寄於他籍，而十年可遁也；曰蠲租令至，則計能匿之於未輸，而支吾事後也；曰比卯，則豪有力者計必抗拒而攻史胥之陰，而爲支吾於逃亡也；曰士紳重免，則無糧者勢必跳匿，或朦朧其籍而兩存之，甚且人亡而未除其數也。此皆種種辛螫，攘肌及骨，然且市民之出辦一，而村落者倍蓰之；鄉民之出辦者倍，而瘡痍者又倍蓰之。至摇手目懾，相與語曰：「寧爲佃作户，無寧有糧差。」糧差不必多，而室廬必盡，鷄犬必空，終歲勤動，不足中巨猾一飽矣。

歸州志〔二二〕

丹陽爲楚始封，郭璞註云：在秭歸縣東七里。相傳今之南邏口。方輿勝覽云：丹陽城即楚王城，今長寧千户所城是也。則丹陽疑即夔沱之上楚臺山，恐以南邏爲丹陽者悮也。白沙市在州東八十里，與夷陵界。據陸游入蜀記，爲楚之故城甚明，但不知徙之何時，疑在宋以前也。

宋淳熙間，秭歸城在今治卧牛山麓，考之范成大入秭歸詩註併陸游記，皆然。而曰端平徙夔沱，疑即楚臺山，今之圯城也。曰洪武初徙丹陽，又曰四年徙長寧，當元末僞夏明玉珍據其地，至四年方克平之，不應洪武初徙，四年又徙，疑傳之者悮。曰徙新灘，徙南浦，考之新灘決不可城，别無所據，南浦境内無此地，考在夔府，疑亦傳之者悮。大都歸峽中地，無平曠，惟楚臺山較今治稍寬，距今治五六里。今治確爲秭歸舊治，而丹陽、楚臺、長寧、夔沱，疑一地而易名耳。南邏口、白沙市城跡俱存，相傳古越州，又以爲先主築，爲闗索築，則事之或然而遠不可知者也。

歸州巴東興山説略

州縣轄内約共千里，非不廣也，而山石磽確，地無平衍，農不宜穀，蠶不宜桑，僅資桐茶黍粟漆蕨以爲生理，四方之豪有力者，每挾輕貨而取重息以愚弄之，故其民日貧而俗日益偷。析而論之，歸、巴則衝，興山則僻，歸之民悍而狡，巴之民疲而頑，興之民愚而詐。輕督之則玩而不吾聽，重繩之則逃，甚則抗而敢於犯，其大都也。較而論之，興山糧少易完，民猶畏法；歸州以四漢里而馭一夷里，猶易與耳，惟濱江一帶無賴惡少，最當嚴而束之，龍城夷里逋負成癖，當亟爲之覈也；巴東以四漢里而馭四夷里，逋負之不完，勾攝之不赴，大率繇此。且也夷民不遵條編，不奉追呼，管糧官履門徵收，完僅過半。每年正、二、三、四月，輪當見年，自備土物赴縣，雇募夫馬以應使客，率多踰期，爲四漢里累。然而族屬衆大，儻得其驩心，一呼百應，蜂屯蟻聚，其勇敢赴義之風，亦他郡邑之所不及。

巴東説略

治負山面江，逼不可城，民居纔三四百家，而幅員寬廣，深山窮谷距縣險遠，則保障之難也。編户凡八里，額丁六千五百七十丁，山田地七百六十八頃九十三畝有奇，夏税麥六百五十三石有奇，秋糧二千二百二十一名有奇，編銀五千有奇，而八里分爲前後，前四里漢民疲困不支，後四里夷民逋負梗化，則催科之難也。地當楚、蜀孔道，西接夔、巫，南連施、建，十四土司之衝，艦艘輪蹄，水陸輻輳，則供億之難也。邑南三四百里之間，有野三關、連天關、金谿口，有紅沙堡，邑南八十里有楊柳荒堡，各設巡檢千百户官軍兵有差，以禦非常，匪徒慮夷民之内訌，實以防土蠻之外侵也。巴山驛設在縣東半里許，或謂當徙之江北岸公署之左以便供應，亦一策也。門扇峽萬流而上小高山一帶地方，實楚、蜀分疆，昔爲盗藪，險足憑耳。余搗其穴而擒其衆，江洋始静。恐數年後猶有竊發之虞，不可不嚴爲之防也。

岳州府志

土田　孫斯億曰：泥塗之田，惟華容、安鄉多焉，他不盡然，抑中下未足該之。夫華容分東、西二鄉，西之田屢困水災；石門分南、北二鄉，北之田重爲獠酋所據。而慈利十六七等都，類没永定生校，巴陵苦衝疲荒蕪，平江困豪俠隱射。古者田分九則，華容田高下懸絶，即九則且不可，況屯壤衍沃間錯，訟競瑣黷，雖有智者，亦無如之何。若澧州利在平陸，其富厚也宜哉。

永定衛土田沃衍，亦邊境樂地，但官貧兵富，至相結爲婚姻，以長幼爲坐次。生徒豪放，衛校畏之，侵慈利壤田而不服徭役，當路亦無如之何。然儒風浸盛，亦彬彬可觀云。

大庸所崇山外屏，少見天日，壤狹事繁，視篆者困於徒馬，至稱貸不足。俗又信鬼，刺膚血以事闢神者，千百成群，甚可笑也。

九谿衛士伍疲耗，諸生間攬屯税，然紀法嚴明，上下有體，視永定差勝。

安福所荒野之地，土人不知甲子，而軍旅耗散，視諸所加甚。

添平所土酋縱放，據石門半境而不服徭役，好遠結權勢人，士族嗜利者不耻與爲婚姻，亦可慨矣。

麻寮所較添平稍貧，然地險俗譎，上下以倫理相犯，爭訟連年，亦無足道者。

桑植司盤瓠之裔，終古夷俗，父姬兄婦，配合自由。邇年以征倭累富，稍慕華風。

華容志

陳士元論

禹貢：「九江孔殷，沱潛既道。」今詳水經水道，澧水出予邑而會赤沙湖〔二二〕，沅水當邑之南，大江繞邑東，河亦自江出，亦謂之沱。由是觀之，予邑固大江、九江之衝也。江之水較漢稍清，故不易淤，澧、沅則清而莫淤。夫自杜預開漕以瀉江勢，而邑東之湍悍稍紓，西邑之流澌浸巨，故江水横截予邑，注之洞庭，弗啻繞其東北爾已。

聞之長老，唐、宋間邑西寂無民居，而范晦叔岳陽風土記，亦謂華容民多以舟爲居，常產即湖地，建寧南堤，決即被水患。建寧，今石首；南堤，即今之所謂調弦堤者，夏秋必決必溢，故二邑江患相表裏；乃安南港所厄，則湖水也。至和遷縣，築堤爲防，僅可障官署，堤之外皆棄之魚鱉。然湖水勢緩，日夕弗踰寸許；江勢猛迅，來或數丈，震撼撞擊若利斧巨石。邑民謂湖爲水胎，水胎巨，復益以江堤，靡弗決者。

聞之宣德間，人吏乘舟入縣署。正統，知縣楊鐩以爲請，天子遣工部員外郎王士華、右布政使蹇賢奉勅駐邑中，相便宜築堤四十有七，并縣堤爲四十八垸〔一三〕。九載，士華遷儀制郎。其後士人往往擇少高之地築之，今之垸或百餘區，最巨者安津、蔡田官垸，延袤咸十餘里，小者田僅百畝而已。一遇漲潦，堤或衝決，則禾稻室廬，咸付泥滓。冬月水退，有司乃發粟集民修之，每垸擇其有智力者一二人爲圩長，十餘人爲小甲，分地而築，計功而食，至良法也。厥後有司視爲賄階，圩長藉爲貲府，歲初必斂長甲楮直，甲又按丁索常例錢〔一四〕。豪勢家比弗供役，有司下垸，假點選以猷樸徵贖焉，則於堤之堅脆、工之勤惰，舉弗聞也。所發之粟，類爲長甲侵獵，是以愈修愈塌，隨築隨決，以利民而實害之。且予邑垸民，心殊力惰，少旱則決堤引水，坎穴叢楚，甚者以施筌蒙罟，有識小言，反相詆訴滋隙，或少加補塞，亦弗堅實，以疏土而浸逆瀾，即頃刻可摧也。

今之計莫若督民於垸中鑿陂，而嚴其禁防，謹其蓄洩，乃安津有安津湖，蔡田有蔡田湖，官垸有田家湖。洪武中革税弛之，民既田。正德末，知縣李文泮創取私課肥己，名爲水面錢，今漸增幾百金者，一切裁之，斯堤可無決，而旱亦無可畏矣。嘗聞正德戊寅，都御史吴廷舉奉勅賑荒，萃民修垸，因而食之，由是諸垸幾復士華之舊。所惜者李文泮攘剥錢粟，徒恃虚文。嘉靖癸卯，知府陸垹復發郡粟增修，而知縣趙占亦襲文泮故智，是以訖無成功。嗚呼！使士華弗逢楊鐩，則垸必艱立，西鄙至今弗尚爲萊蕪埸邪？予又見垸民往往於垸外水濱墾植黍粟早稻，水小泛則阻其港汊，積久而淤，漸成塍畦，水大至始莫援，謂之湖田。湖田無税額，三載一熟，熟則倍獲厚利，此所謂涸梁山泊可得良田萬頃，而王安石懼無貯水之地者也。

夫隄防起於戰國，圩田、湖田起於宋政和以來，古無有也。使遇賈讓、杜預，則諸垸尚在興廢之間，矧垸外乎？苟目前之利而昧經久之計，誠不可不思也。然有洞庭爲之瀦，斯亦不至大害。若紹興所議脩圩守臣賞罰，則今日之急務矣。至於調弦開塞之議，雖靡成說，以勢觀之，塞固漲而西，開亦漫而東，今開者幾百載，即欲塞之莫能也。善爲水者，因時補葺可耳。

永州府志

國初官予民以食鹽，計丁口而收其鹽鈔，因以通於天下。其後有商人引鹽，民自買矣。既已征商，而民間鹽鈔亦復不免，酌取之謂可，則鹽課之當蠲者一也。

國初嘗設河泊所官，收魚户魚油翎鰾，後折改蔴鐵銅漆。嗣又革河泊所官，令州縣帶辦，永屬魚課，惟零陵、東安、永明征之漁户，而道州、寧遠、祁陽、江華，則並於人户丁糧内帶辦。則一郡之中而設法互異，魚課之當調停者又一也。

永州府營十一〔二五〕：在迎恩亭左。演武營、在太平鄉演口。永安營、在太平鄉灣井。梔鑾營、在仙政鄉下觀。望墩營、在永樂鄉東城。太陽營、在大陽鄉廖洞口。振膽營、在廣濟鄉橋下洞。大富營、在西鄉白水嶺。銅鈴營、在廣濟鄉富村。三斗營、在東鄉石家洞。平定營、在縣城東。隆坪營。在南鄉一千山口。

永明營六：教塲營、在縣東。鵝山營、在允平鄉大村注九。潘家營、在允平鄉潘家村。斗嵓營、在允平鄉洋巖村。巖口營、在興化鄉張家村注十。靖西營。在永川鄉清溪猺村注十一。

道州營七：白鷄營、在營陽鄉注十二。中軍營、在蔣居村四眼橋注十三。靖邊營、滴水營、周塘營、教塲營、營樂營。在營樂鄉注十四。

祁陽營一：永鎮堡。在管家巖，其地産銀礦。先是爲藍山、臨武之人盗發，往往争競殺人。萬曆十二年，奉文立堡。

寧遠營十有四：太平營、在太平鄉九疑口注十五。桂里營。在丹桂鄉桂里源注十六。

江華營二十有七：教塲營、在縣南。高賽營、在從化鄉注十七。神仙營、在興德鄉嶺東上段注十八。白芒營、在大同鄉注十九。金鷄營、近白芒。山爻營、在太平鄉注二十。車隘營、地接白芒。大鬬營、與白芒相近。濤墟營、近白芒。平賴營、在從化鄉嶺東下段。得勝營、在縣北。永昌營、在縣北。虎威營、在縣東。豹韜營、在縣西。鎮遠營、在太平鄉蓬田。折衝營、在太平鄉小源。克敵營、在太平鄉大壩。靖南營、在興德鄉花江。教塲營、在枇杷所下洞。矮嶺營、在興化鄉矮嶺山口。見龍營、在興化鄉鯉魚井。牛磁營、在謝沐鄉甘棠樹。富素營、在興化鄉富素村。望高營、在西櫟村。大源營、在大源洞口。五里營。營近矮嶺。

桃川守禦所營有十：石螺營在永川鄉鷄嘴嶺。鎮峽關在永川鄉隘口。土寨營。在永川鄉古凋猺口。小水營在崇福鄉石檯嶺。苦子營在崇福鄉牛豈領。茶磊營在崇福鄉老虎冲。養牛豈營在永川鄉梘頭。楊柳營在崇福鄉兩江口，即碌碧領營。乂山營在崇鄉牛攔乂山口。興武營。在本所南門外。

按舊志云：永爲近邊地，不運糧，不京操，惟分戍以防猺、獞。有輪戍，有永戍，有近戍，有遠戍。其法以正軍一千四百四十人四分之，以一班輪戍廣西柳州府，以指揮一員領之；以一班輪戍小水營，以指揮一員領之。三年而代，得代而歸者，操守於本衛。又選在衛餘丁常川防守各營。又有奉調世守東安縣者，又有戍守廣西興安縣、戍守祁陽縣永鎮堡、戍守本府永安營者。往時户籍不明，屯田侵隱，有一軍而占田一二百畝者，有一軍而田不滿二三十畝者。至萬曆九年，該衛申詳本道，轉詳兩院，奉文清丈，多者攤之，不足者補之，官舍之家，起報餘丁，上納子粒，田雖明而册尚未定也。迨至十七年，守道馬公行委本府林推官改正魚鱗册，而又造歸户册。每軍給由票一張，上載土名田數，計田五十一畝八分，軍無不均之歎，糧無竊冒之弊，其制詳且善矣。又將各軍子粒抵兑月糧，官免徵收之勞，軍無包賠之擾，便官便軍，誠爲兩利之法。卹軍屬者詳察而遵行不變，邊軍枵腹之苦，其永有瘳乎？

昔吳起相楚，南并蠻越，遂有洞庭、蒼梧之地。秦昭王伐楚，略取蠻夷，始置黔中郡。漢興輸賦，謂之賨布。光武時，武陵蠻入寇，將軍劉尚戰没，又遣伏波將軍馬援擊破之。永和初，武陵太守上書欲增蠻賦，虞詡獨奏以爲不可，其後果增布違舊約，遂舉種反。東晉時因劉、石亂後，蠻遂北遷陸渾以南，偏滿山谷。宋、齊以後，群蠻酋帥，互受南北朝封爵，至後魏末，暴患滋甚，僭稱侯王，屯據峽路，斷絶行旅，周武帝遣陸騰大破之。隋置辰州以處蠻。唐置羈縻州以領之。宋太平興國中，梅山洞蠻寇劫商人，乃發潭州兵擊平之。八年，溪、錦、叙、富四州蠻相率詣辰州，願比内郡民輸租税，詔不許。自後首領入貢不絶，每加賞賜存恤之。此諸蠻叛服之跡見於宋以前者，以今觀之，道居洞庭之南，蒼梧之北，谿峒蠻越雜居，其叛服不常，與古無異，然其撫綏制禦之策，亦在乎斟酌古今之宜而已矣。

我國朝近宋，而制蠻之法亦莫詳於宋。隆興初，右正言尹穡言湖南州縣地界與溪峒蠻猺連接，以故省民與猺人交結往來，擅易田産；其間豪猾大姓，規免税役，多以産寄猺人户下，内虧國賦，外滋邊隙。宜詔帥臣遣吏親立封堠，不許省民將田産典賣與猺人，及私以産業寄隱。

嘉泰中，湖南安撫趙亮勵言湖南九郡皆與溪峒相接，其地闊遠，南接二廣，北連湖右。其人狼子野心，不能長保其無事，或因饑饉，或因讎怨，或因劫掠，或至殺傷，州縣稍失隄防，則不安巢穴，越界生事。莫若選擇土豪爲人所信服者爲總首，以任彈壓之責，潛以馭之，凡細微争鬬，止令總首彈壓開諭勸解，自無浸淫之患。蓋總首者語言嗜好皆與之同，習知其利害，審察其情僞，而其力足以惠利之。諸司謂亮勵所言以蠻猺治蠻猺，其策莫良，宜從之。

嘉定中，臣僚言熟户山猺峒丁，有田不許擅鬻，任其耕種，但以丁名繫籍，每丁量納課米三斗，悉無他科，既樂其有田之可耕，生界有警，極力爲衛，蓋欲保守田業也。今州郡漫不加恩，山猺峒丁有田者悉聽其與民交易，而丁米掛籍自如，催督嚴峻，多不聊生，往往奔入生界溪峒，受雇以贍口腹，或爲鄉導，或爲徒伴，出没省地，爲害甚大，宜明勅湖廣監司嚴禁。從之。

又石湖范氏曰：「猺人常以山貨、杉板、滑石之屬，竊與省民博鹽米。山田易旱乾，若一切閉截，無所得食，且冒死突出，爲毒滋烈。沿邊省民因與交關，或侵負之，與締仇怨，則又私相讎殺。余既得其所以然，乾道九年夏，遣吏經理之，悉罷官軍，專用邊民，籍其可用者七千餘人，分爲五十團，立之長副，階級相制，毋得與猺通；爲之器械，教習使可捍小寇，不得報官，猺犯一團，諸團鳴鼓應之。次告諭近猺，亦視省民相團結，毋得犯法，則通其博易之路，不然絶之。彼見邊民已結，形格勢禁，不可輕犯，幸得通博買，有鹽米之利，皆驩然聽命。最後擇勇吏將桑江、歸順五十二猺頭首深入生徑，亦以近猺利害諭之，悉從。乃爲置博易場二：一在義寧，一在融州之榮溪。天子誕節，首領得赴屬縣與犒宴，諸猺大悦，伍籍遂定，保障隱然。萬一遠猺弗率，必須先破近猺，近猺欲動，亦須先勝邊團，始得越至城郭，然亦難矣。」此宋之諸臣所論制蠻之法也。其真得猺之情，審事之當，盡事之宜，亦可行之於今者。

然觀今日之所施爲，或者法古之遺意歟？今之所謂良猺稟聽官府號令，即宋之所謂熟户近猺也。其田有税而無役，即宋之丁米而無他科也。其耕民田者，富民役屬之，有盗賊亦可用以禦之，即宋之任其耕種，生界有警而極力爲衛也。每溪峒間猺所聚居，必立猺老以長之，小争則猺老逕自分解，大事不決，乃訟於官，府即宋之設爲總首以任彈壓之責也，即諸司所言以蠻猺治蠻猺之意也。各鄉計民多寡，設爲團夫，擇其勢力可以服人者爲團長以率之，其迫近溪峒要害之處，又設營堡，召募勇力者謂之殺手，分布各營以守之，摘撥衛所官統領旗軍哨守團營，一遇有警，則團夫殺手協同官軍聲援勦殺，此即宋之團結邊民形格勢禁之意也。猺以山貨易民米鹽，而有司亦時有米鹽之犒，此即宋之民與博易官爲覊縻之法也。其立法可謂詳且密矣。然近年以來，猶有剽掠之患者，固其猺性之常然，或邊民生隙，扇動良猺，乃致勾引廣西諸峒生猺以爲吾民之害耳，抑或飢寒所迫乎？又或兵防廢弛，蠻猺有所窺乎？其撫綏制禦之方，防閑攻勦之略，信乎不可以不講也！

按猺峒一曰白嶺，一曰顧村，一曰薤菜，一曰馬江，一曰石源，一曰横嶺，一曰亂石等處，猺峒俱係奉文招撫之猺，准納糧不當差者，聽本州調度，原各隸千長，今復置猺官，其制馭之法，視昔不啻凛凛備焉。

按瀟水三：一在州西北二十五里，出瀟山下，其下有泉名瀟川，故其鄉號曰瀟川鄉，遶宜山下，從宜江口出，與沱水合。其一小瀟水，在小西門城外官塘，穿城而入，由瀟源坊遶至玉城山，前有石鰲魚逆水而生，鬚鱗鬐尾儼然，相傳每水流湧，首尾皆動。山下有石鰲、相公二神，居人共祀之。近石魚爲沙礫壅塞。萬曆戊子，守備彭顯謨開之，未竟，水復從玉城橋出，亦與沱水合，即在瀟南驛瀟陽樓之下。其一出九疑朱明峰，南流百里，至三江口，東北與沱合。均曰瀟水，均入沱水，又二百里至永州，合湘水流，故云瀟湘。今與湘水同稱並傳者，當以瀟川爲主。道州志〔二六〕。

寧遠縣南六十里爲九疑山，亦曰蒼梧山。漢志注：九疑在營道南。漢記注應邵曰：舜葬蒼梧九疑山。文穎曰：「半在蒼梧，半在零陵。」晉郭璞曰：「其山有九谿，皆相似，或曰九峯參差，互相隱暎，望而疑之，故名。」九峯各有一水，四水流灌於南海，五水北注於洞庭。峰九：一曰朱明，其下瀟水源南流至三江口注二十一，東北與沲水合注二十二，在舜峯西十五里注二十三。二曰石城注二十四，其下沲水源南流至江華縣前，又西過道州，至三江口，與瀟水合流注二十五，在舜峰北十五里。三曰石樓注二十六，其下巢水源北注與瀑水合流縣南，是名子江，在舜峯東三十里。四曰娥皇注二十七，其下沲水源，在舜峯西六十里。五曰舜源注二十八，其下瀑水源北流至縣東，西折而北，與瀟、沲二水合，亦曰華蓋，實中峰也，此峯最高，上多紫蘭，在舜峯北二十里。六曰女英注二十九，其下砅水源由江華東南與沲水合，在舜峯西北五十里。七曰簫韶注三十，其下奔水源北注與瀑、巢合流縣南，在舜峯北五十里。八曰桂林注三十一，其下洑水源南流至江華，合沲水，在舜峯北十五里。九曰杞林注三十二，其下泂水源，即巋水，東流經藍山縣，又東北經桂陽州，在舜峯西六十里注三十三。

衡州府志

州志辨蒼梧：禮記舜葬於蒼梧之野，或以爲南越地。舜時十二州，初未有越。漢元鼎六年，蒼梧始爲郡。考之蒼梧在楚者，其地名；在越者，其郡名云。

險要

衡當楚上游，爲郴、桂之咽喉，交、廣之門户。各屬邑聯絡谿洞，猺、獞依山負固，不時竊發。

其市鎮關津設立巡司者，業有防禦，至永福鄉之三合橋注三十四、長樂鄉之沙坪注三十五、慕化鄉之水口町，則邵、祁、衡、潭、湘鄉、新化通焉。深山窮谷，幽箐叢林，盜賊奸宄，神出鬼没，盤據山險，若虎負嵎，四路生發，皆此爲招寇之藪，固郡中之大要害也。嘉靖癸丑，巨盜李萬琦等猖獗於慕化、永福各處，致殺官兵，始設立水口堡，撥官軍民壯殺手防守焉。而沙坪堡則設自隆慶六年，千户史官與有建立功。三合堡則設自萬曆二年，各調官兵守之，以防竊發，地方始得安枕矣。然戒險於平，防患於預，誠不可一日少弛也。若衡山之草市注三十六、大洲，耒陽之羅渡注三十七、常寧之杉樹、黄茅衡頭注三十八、白沙、黄峒，有九溪十八峒，延袤百里；安仁之楊梅峯、曹婆山、大源冲、唐公渡、彭蠡注三十九、金紫山，山勢綿亘，接連他邑；酃縣之黄煙，桂陽之泗洲寨注四十、牛頭坌、白水、茶山等處，臨武之舜峯山、禾倉堡、莽山、連州、荆竹、大羅之境，且四面受敵；藍山之鎮南、漿峒、西關、蘆葱、大麻、芒東、龍川、北川等營，荆竹、高良源等猺，東北之兩頭寨，西北之官寨，其山蜒蜿盤鬱，上可容千人，凡此皆各屬險要之地。而太洲界在衡陽、安仁、攸縣，賊徒潛藏，出没叵測，嘉靖癸亥，猖獗尤甚，百户孫承祖戰死，兵連歲不得休。至於常寧、桂陽，地産鉛、錫等利，富商大賈貿易其中，四方亡命之徒，往往依之，憑山阻險，實爲盜藪。舊雖設堡於黄煙各處，立營於西關各隘，顧地接鄰壤，勢相倚伏，此撲彼發，彼滅此生，非我族類，能保無異志耶？鏡往防來，選練調習，圖之於無事而不自失其險要，則策之上矣。

按湘、楚之俗尚鬼，自古爲然。書呂刑著三苗昏亂，相與聽於神，至舜「命重、黎，絶地天通」，而其俗始正。下逮屈原，已千有餘年，原爲叙正巫者事神之辭，以寓其忠愛之意，其説見於離騷。以今觀之，則原時所祀尚在，正典世變，江河愈趨而下，今非原之時矣，風俗所祀，所尚鄙俚，可付一笑。因編祀典志，略著數條末簡，以俟爲政及觀風者採焉。

衡人賽槃瓠，病及讐怨，重事設祈許〔二七〕。盤古賽之日，巫者以木爲鼓，圓徑手一握，中小而兩頭大，如今之杖。鼓四尺者謂之長鼓，二尺者謂之短鼓。巫有練帛長二三丈，畫自盤古而下，三皇、五帝、三王及諸神，靡所不有。是日以帛盡懸之長竿，鳴鑼擊鼓吹角，巫一人以長鼓遶身而舞，兩人復以短鼓相向而舞，計昔所許若干會爲所舞之節，隨口而唱，無復本據。讐怨重者，夜至野地，滅燈燭，謂之盤黑鼓。每舞罷一會，則滋口飲食，極其村野。夫民之初生，有盤古氏者出而御世，爲三才首君，史稱盤古，言元氣渾渾然盤固也。今以木爲鼓，以遶身爲盤，以滅燭爲黑鼓，何所取義哉？吁，失之遠矣！

風俗合二三十家共祀一大王神，其神或以其山，或以其陂澤，或以其地所産之物，而得名輒加以帝王、聖賢、公相之號。如愚家溪田所祀云「平王相公大王祠下」，城外敝居所祀云「南平水東三聖公王祠下」。其他如「高山椒甫大王祠」，詢之，云其山多産椒；「土硃大王祠」，其地産紅土。其他不能枚舉。愚憶繼天撫世曰王，主宰天下曰帝，大而化之曰聖，復而執焉曰賢，首五爵以無私爲德曰公，長六卿輔其君曰相。今乃妄亂稱呼，甚至加之土地所生之物，其爲訛妄不經，莫此爲最。常欲言之有司，請一釐正焉，然卒未暇也。

風俗事女神，每家畫一軸，神分班而坐，多不可數，中標題云「家居侍奉李家天子三樓聖賢神仙」，兩旁題云「三千美女，八百嬌娥。」歲晚用巫者鳴鑼鼓吹角，男作女粧，始則兩人執手而舞，終則數人牽手而舞，從中翻身，輪作筋斗，或以一人仰卧，衆人筋斗，從腹而過，亦隨口歌唱。黎明時起，竟日通宵乃散。夫女子本以陰柔之質，死而爲神，如節婦、烈女，庸或有之，他不盡然也。今云「李家天子三樓賢聖」，何所據哉？可一笑也。至如師巫盜取廟中神像首以爲魘魅，收陰兵以作下壇，書符篆以爲青筒，鄙俗怪誕，不可盡書云。

「青山侍郎行祠」，其所祀神無所考，或云爲南嶽六部之一，故云「侍郎行祠」。愚意侍郎之名，起於近古，周以六典建官，國朝用周禮，有六部之名。嶽山與天地相爲終始，國朝正其號曰「衡山之神」，又焉有部？使有部，則自六典未建侍郎之名，未起時又以何官爲屬？此皆訛謬不通。且以爲土神而誤襲侍郎之號，則衡陽境内原無青山之高大可以表識也。嘉靖辛卯，例毁淫祠，地方妄援引以惑有司，此祠遂幸免云。

正統三年八月甲子，命湖廣布政司正官督衡州府、縣脩理南嶽神祠像設。先是巡按湖廣監察御史陳祚奏南嶽神廟殿宇門廊舊有二百餘間，規制廣大，年久朽爛頽塌，塑像傾壞，不稱神靈。臣考之典籍，山川嶽瀆，皆是陰陽氣化所成，即非人類肖像可擬，止宜設壇致祭，不當立廟。故宋儒張栻曰：「川流山峙，是其形也，而人之也何居？其氣之流通可相接也，而宇之也何居？」欽惟太祖高皇帝鑒前代之謬，凡諸嶽鎮海瀆革去帝王位號，惟存本稱，如南嶽止稱南嶽衡山之神，仍詔天下遵守，甚盛典也。惟前代塑造后妃、侍御、寢殿、朝堂，因循未革，今坍塌已甚，非用工七八萬，莫能復舊。乞禮官會議，因其頽廢之餘，革去廟宇像設，照依朝廷祭祀山川制度，内築壇壝，外立廚庫，繚以周垣，附以齋室，每遇春秋精嚴祀事，則禮制合經，神明不瀆。奏下行在禮部尚書胡濙等議，稱衡山塑造神像、寢殿、朝堂，歷代相因，積有年矣。國初更制神號，不除像設，必有明見，所言難准。宜令有司役民趁農隙採木燒磚，置辦顔料并工修理，其餘房屋，如本山道衆或好善軍民情願脩補者，聽。上從之。

衡爲五岳之一，地脈發於岷山，由蜀入黔，迢遞九疑，連絡五嶺，横亘其南，即南方之幹也。其初爲黔嶺，沅、澧二水夾之，而地盡於德山。其次爲騎田嶺，湘、濱二水夾之，而地盡於岳麓。其次爲郴嶺、桂嶺，左洞庭，右彭蠡，而地盡於匡廬。其末爲梅嶺，逶迤而東，分爲三支：一爲金陵，一爲古杭，一爲四明，而地盡於海。騎田嶺從湘水紆曲而來，湘水自九疑出，分爲二，一入洞庭，一入粤西。水支南北流，而嶺亦有騎田之勢，故名「騎田」。自騎田入楚，蘊結磅礴，平展數百里，突起南岳，高可三十里。

南岳記云：南岳周迴八百里，迴鴈爲首，岳麓爲足。舊志云：自迴鴈至仙頂七峯，在衡陽縣界；自祝融至天柱五峯，及金簡、降真、芙蓉等五十五峯，俱在衡山縣境；其碧岫、屏障、日華、岳麓，則在長沙府界，共爲七十二峯。紫蓋、雲密、天柱、石廩四峯，皆去衡山縣西北三十里。

辰州府　圖經

侯加地曰：嘗考衡山之西，洞庭之北，爲辰州。辰之輿地，質之禹貢。岷山之脈，其北一支爲衡山，而盡於洞庭。洞庭受沅水、辰水、溆水、元水、酉水等，輸而匯衡山西南，直抵苗徼，介牂牁，入武岡望鄉山度分石。在今會同縣。東臨沅州之明山，經沅水，源出四川播州，經沅州，故名。沅水至辰州，合元水。又折而東，歷牛坡，即黔陽牛角坡。連赤竹，至於龍標，縣曰黔陽。黔水即黔江，源出牂牁，流經縣前，入沅水。西合沅水焉，由板門在今沅州。迤龍門，轉西晃，以雄一縣之鎮，是爲麻陽。錦江自銅仁發源，接龍門。繞於邑前，會沅，東北復同龍門諸溪，龍門溪、西溪、龔溪、蠻村溪、白旗溪、梁源溪，俱東北會。入辰水。自望鄉山西接馬鞍，綿亘頓家倚桃谷，俯龍堆鄘梁之陰，邑曰漵浦，漵水出焉。下流入沅。西轉盧峯，延袤嵯峨，接岫房、連，上趨熊首，其縣辰溪，辰水出之。又自岷山西南出徼外，包夷落，南入俍山，分經施州衛之天柱，引秀屏、保靖，歷鎮谿以迄虎頭山，爲盧溪縣。五溪播其西，沅水經其北，合於盧水，折而東注焉，自俍山分經永定衛，南越天門，逾施溶，掠茗山、明溪、小酉，達羅星，轉下於飛霞山之麓，縣曰沅陵。西有酉水，南有辰水，合流爲沅，會合以上諸水，過常德，同入洞庭。直從三峿山歷湖頭，盡明月山之陰，下接桃源，過武陵，其中最高者曰桐木山，皆邑地。

辰州府志

各哨所總説

侯加地曰：按邊哨稱鎮筸，鎮筸即古巫、黔極北地，記曰三楚之圉，五谿之徼是也。西北有溪曰鎮，東北有坪曰筸子，故統括曰鎮筸云。其五寨，則主將駐劄地，迤而北，則長寧、箭塘、盛華、永安、永寧、鳳凰、王會；迤而東，則清溪、靖疆、洞口、箄子；轉而之東北，則乾州、强虎；轉而之西，則石羊、小坡，其他小營堡各附其地，而以鎮溪所終焉。轄地廣袤八百餘里，東距盧溪，南抵麻陽，西接烏羅，北連永、保，東南一百里界乎辰溪，東北二百里界乎沅陵，西北三百里界乎蜀之酉陽、石耶、邑梅，西南一百五十里界乎黔之銅仁。其中苗獠雜處，種類甚繁，邊民屢遭劫擄，各哨惟圖自保，不相救援，非所以安邊也。當事者宜按哨之緩急，酌地之險夷，整肅邊籌，永湔愒習。如五寨哨係中軍重地，則岩坎江之防飭宜先；長寧哨最密邇苗穴，則麻黑冲之暗越宜慮；乾州哨城連守備而屯餉易危，則暴木冲諸路不可不塹；永寧哨地近貴苗而募兵易撓，則火草嶺一吭不可不搤。今添設王會哨。麻陽之庫獄，賴小坡而保，故雷打坡之四處埋伏，防出没也；倉廠之積貯，恃石羊而完，故水田營之把塞屯軍，杜窺伺也。箄子哨地鄰洞口，而上下營之戒嚴，實彼先聲；洞口哨壤接清溪，而烏牌隘之坑塹，誠伊左臂。强虎哨雖雄據萬山，然三面受敵，一不設備，而都羅鬼黨跳梁矣；永安哨雖外倚藩蔽，然强寇在旁，一不加警，而田冲、岩坎揭竿矣。他如王會哨之皮冲江口、盛華哨之都梅坡、箭塘營之石灰窑、靖疆營之油草塘，要害相均，哨伏宜謹。

五寨哨倚參將鎮城，東至石羊；南抵永安，切近貴苗；西鄰岩坎，直通黑龍潭、冷昔生寨，設立岩坎江小營防禦；北接長寧，通殺牛坪、三箭塘、湄狗等巢，青山、木林二處，各立小寨。設炮樓五，曰奇山，曰蘆狄，曰永豐，曰蒿萊坪，曰平寮。設隘門三，曰西隘，曰北隘，曰永豐隘。苗路如湄亮、布管、羅鐵、岩坎，乃其大門。與長寧會哨於岩坎，與清溪會哨於湄亮。夜遊木林哨，截大路之險；設伏雷公田，防逕路之襲。此本哨之喫緊也。城内長官司直隸布政司。土酋里甲無制，差役繁苦，一馬一差，較縣差數倍，甲民强半逃竄。鎮斯城者，不可不加意調停云。

長寧哨舊名長冲東抵清溪，南連五寨，西至岩坎、江青山、白岩諸路，北至殺牛坪、三箭塘、哼囉關、湄亮等苗巢。此守最爲險要，設砲樓二，曰奇梁，曰後山；設隘門三，曰上隘，曰下隘，曰奇梁。與永安會哨於穿洞，與五寨會哨於岩坎。夜遊青山，邀岩坎之路；設伏潭頸，防牛隘之來。此本哨之喫緊也。

箭塘營原係長寧哨信地，東至長寧，南連盛華，聲援相倚，西抵苗巢，北接清溪。設砲樓一，曰長凹，内石灰窑等處，係苗出要路，最宜防遏。又近於火燒灘召降叛苗龍六保，責成把守。此本營之喫緊也。

盛華哨舊名魚洞坡，萬曆三十六年建，東至清溪，南抵永安，西、北俱接苗巢。設砲樓一，曰永鎮，以通箭塘烽堠。與箭塘營會哨於田家寨，以遏都梅、長凹苗路。惟是哨據徼外，隔越大河，春水泛漲，舟梁不通，每虞應援難及，不可不慮也。

永安哨舊名牛拗堡，東至五寨及長寧，通黄臘等民寨，南抵都羅、金子江民寨，西距永寧營，北連烏巢江，路通川、湖、貴三省苗巢。設小營一，曰黑潭營，以苗把侯勝剛守之。設砲樓五，曰黃臘，曰菖蒲曰岩坎，曰下山，曰洛濠。設隘門二，曰菖蒲隘，曰黃臘隘。設永順土兵營，擔承苗路。惟岩坎、老田冲、馬頸潭，爲會歸之所，朱冲口舊營、黃岩坡舊隘，爲總要之區。與長寧會哨於穿洞，與永寧會哨於馬頸潭。夜遊瓦廠隘，設伏老田冲，此本哨之喫緊也。

永寧哨舊名丫剌關，隆慶三年建，東連永安，南抵小坡，西至鳳凰營，北連貴苗，即古總兵營是也。設小營一，曰龍鄂營，以苗把龍文忠守之。設炮樓三，曰總兵營，曰大汊，曰木星冲。苗路如郎中江、岩洛寨、天馬山等處，乃其門户。與永安會哨於木星冲，與鳳凰會哨於郎中江，與王會會哨於天星塘。夜遊妻塘關，設伏岩洛寨，連東窩里熟苗，使之把隘。此本哨之喫緊也。

鳳凰營舊名雞公寨，正楚北極邊，東至郎中江，接連永寧，南抵天星塘，接連王會，西鄰貴州龍潭，北逼生苗巢穴。設炮樓一，曰許保囤，其地聯絡上、下岩口、楓香樹、田坪、犵狫、茶林、太陽等生苗巢。與永寧會哨於郎中江，與貴州龍潭會哨於十八溪。此本營之喫緊也。

王會哨舊名火草嶺，萬曆三十六年建，在楚疆絕徼，爲兩省要害之區。東與永寧、鳳凰比鄰，西與黔省民苗接壤，南抵銅仁，北迄苗境。設天星塘炮樓一所，有栗樹坪、皮冲江口等處係苗出要路。與鳳凰營會哨於栗樹坪，與永寧會哨於天星塘。此本哨之喫緊也。

清溪哨東抵五寨司，管下黃茶民寨，南距殺牛坪民寨，西連牛隘苗路，通三箭塘苗寨，北經黄岩江，達洞口於中設黄岩江小哨。設炮樓五，曰黄土凹，曰杉木坪，曰高凹，曰黄岩江，曰龍滚坡。設隘門一，曰南隘。諸苗乘間竊發。必龍井、湄隆、大面山、三箭牛隘，爲總會之所。與靖疆會哨於湄龍，與五寨會哨於湄亮。夜遊杉木坪，截柴山之路；設伏高凹，防清水塘之虞。此本哨之喫緊也。

洞口哨東至五寨司，管下都吾石榴坡；南近清溪，約中立靖疆子營，接大坪等生寨；西連大禾冲，通三汊江、地嶺坡、回保諸苗穴；北抵筸子坪，又名後寨，直通大、小略變、紅岩、下水等寨。設炮樓三，曰烏牌，曰高凹，曰雞子。設隘門一，曰東關隘。設保靖土兵營擔承。諸苗出劫，則總門、新寨、都良田爲必由之路。又有土橋、甕洞，去本哨較遠，俱宜防守。與筸子會哨於總門，與清溪會哨於湄隆。夜遊黄連塘，禦後寨之衝；設伏烏排江，據都良田之險。此本哨之喫緊也。

靖疆營東至帽子坡，民寨南至黄岩江、清溪交界，西至木里苗寨，北至高羅、洞口哨交界。設炮樓三，曰油草塘，曰高羅，曰昇平。設關隘一，曰黄岩江。如板田隴、萬溶江、木栗坪、龍井、木里等處，俱苗賊出没之所，雖有降苗一類，叛服無常。與洞口會哨於高羅山，與清溪會哨於黄岩江。此本哨之喫緊也。

筸子哨有長官司，附土巡檢司，東抵辰、盧界，南至洞口哨，西接三蹬坡，係苗出要路，北連灣溪小哨，直抵乾州。設小營二，曰火麻，曰炮水。設炮樓五，曰獅子坡，曰岩凹，曰鈇鐵，曰瓮洞，曰上營。設隘門四，曰南隘，曰西隘，曰茶溪隘，曰冲星隘。設保靖土兵營擔承。內都羅溪、三蹬坡、老虎洞、雙漢溪、得禾冲爲諸苗要路。與强虎會哨於㯺木坪，與洞口會哨於總門。夜遊山羊洞，扼大田之警；設伏一渡水，塞雙漢溪之路。至於山羊，議增小哨，哨迤北脩築邊墻。此本哨之喫緊也。

乾州哨倚守備鎮城，河通辰、常二府，故積餉在焉。東至盧溪縣蠻夷民寨，南抵五寨土民寨，西連筸子坪苗寨，北距鎮谿所苗寨。設小營三，曰灣溪，以連强筸之勢，曰冲果，以捍辰、盧之民，曰乾寧，以塞都羅溪、茶坪凹之口。設炮樓四，曰岩牛，曰望成，曰桐木，曰枇杷，以便瞭守傳炮。如萬桐、竹刷諸苗，於三汊爲必由之路。與强虎、筸子、洞口發兵會哨，遥振軍威，扼關守之，此本哨之喫緊也。又此方熟苗，時常出入貿易，魚鹽布帛之區，奸宄窺伺之地，在當事者謹嚴之。城中衛卒閒散，巡守猶用哨兵，非所以均勞逸也。至於餉米，今俱改折矣。凡遇各兵歷過一月，即當於次月朔日查實在兵數給與，不必候假格册，則一切營幹攬兑之弊自息，而富商亦無所牟大利矣，又何至一兵而先寫半年，每籌而僅得低銀數分者哉？

强虎哨東抵乾州哨，南接灣溪小哨，西距勞神順苗寨，旁通鴉鵲、昔郎等寨生苗，北至鎮溪管下地岑民村。設炮樓三，曰麻冲，曰三都，曰麥地。設隘門二，曰東隘，曰西隘。設永順土兵營擔承苗路。如桃花寨、琴圖、龍爪溪、鬼侯、鬼党、都羅溪，爲必由之地。與乾州會哨於桃花寨、滑板溪，與筸子灣溪會哨於欅木溪都羅溪。夜遊龍爪溪，設伏琴圖關，此本哨之喫緊也。

石羊哨東至岩門巡司，通辰州府大路，運河經焉，先年爲積餉之所，廢棄倉場，委宜議復；南抵水田營，通麻陽，達沅州；西接清水營，直達永寧、銅仁苗穴；北距五寨，接清洞、乾筸等哨。附設水田中營一。設炮樓八，曰龍公寨，曰芭蕉溪，曰銀壺寨，曰沙子凹，曰洞溪，曰南高樓，曰頭栗山，曰中栗山。設隘門六，曰太平隘，曰成佛隘，曰五龍溪，曰白茅隘，曰楊柳隘，曰雙江口隘。苗每跳梁，安、寧、洛、濠爲必由之路；有警應援，安、寧兩哨爲扼吭之區。如米岩溪、洞下江，皆宜會哨。此本哨之喫緊也。

小坡哨東抵銅信廢哨，南接沅州後山鄉，西鄰貴築施溪界，北連永寧，直通貴苗亞寨。本哨爲麻陽屏翰，麻陽爲辰、常襟喉。先年德、靖間，鹿龍山貴苗直犯沅之江西街丫喇關，湖苗徧滿麻之潭家寨，幸調漢、土官兵堵截，百姓稍寧。隆慶三年，守備陳師表議改丫喇關爲永寧哨矣。嗣後本哨陸續添設小哨四，曰水塘凹，曰清水塘，曰十八坪，曰杜壤，勢成犄角。設炮樓八，曰鐵山，曰石榴坡，曰竹山，曰觀音，曰太平，曰黄土田，曰上高，曰南木山。設隘門七，曰銅錢灣隘，曰上隘，曰下隘，曰乾竹隘，曰罵勞隘，曰小桐隘，曰新路坡。所有偏口，雷打坡、鯉魚潭、蠟螃溪、新田、張灣坪等處，皆苗出總路，分兵哨守。此本哨之喫緊也。

鎮谿所東至沅陵縣界二百里，南至乾州哨十里，西至酉陽界二百里，北至保靖界百里，所轄原係盧溪縣五種蠻民。洪武初，有不服造册者，該縣主簿孫應龍以舉孝廉來任，入洞招撫各夷。渠首懇稱有司衙門賦役重大，我苗土地俱係刀耕火種，難以應當，方纔作耗，乞爲奏聞，另設衙門管束，務使差徭輕減。孫應龍帶領渠首楊二等赴京，奏設鎮谿軍民千户所治，將該縣原納錢糧一萬三千有零，奏除一萬石。洪武二十年二月，蒙旨於江西建昌守禦千户所取正千户段文赴京，領到五百八十六號銅印一顆，親奉太祖高皇帝臨軒遣行，諭曰：「朕有一丸地方，幾寨苗民，取你這老頭目前去，開設鎮谿衙門，好生撫管夷民，此地乃碗酒塊肉之所。」又曰：「清水白米自來柴，久後子孫享用無窮。」爾兵部再取副千户二員，相兼管事。將招苗孫應龍陞所鎮撫職事，吏部選吏目一員，與他收管錢糧；布政司撥司典吏四名，與他書辦。」欽賞段匹表裏、牙笏、寶鈔、銀帶等物，以禮筵宴，即日起程。於貴州烏撒衛取副千户陳牙，四川瀘州衛取副千户宋貴，於本年五月内前到鎮谿，開設衙門，建立制度。將地方一百二十四寨分爲十里，令楊二等充百夫長管理；將不成户數畸零苗寨一百三十二名，編充不支糧土軍，護守城池印信。寇亂奉調，聚則爲軍；事平班師，散則爲民，故名軍民所。其俗多祖槃瓠，悍獷不常，國初畏伐，頗貢常賦。後管理土官征調冒爵，秩過掌所，致所官法令難行，兼各下鄉淫索所民，遂多黠縱，始稱難治，常貢因寢。下四里頗遵漢法，納糧當差，但與永順連壤接争，委勘經百餘年乃結。獨上六里苗民，陽順陰逆，叛服不常，與保靖司攙界，地方却係永順擔承，永欲藉報保讐，動輒唆苗攻保，保屢招附，苗又反復難馴，後來永、保互有搆借，爲邊境憂。至於第九里大稍寨苗民，不遵王化，糾拽出没，邊燧時聞。竹巢、古隆，誠宜把扼。議令永順舍目坐寨，撫諭偵探，自往設漢官千户四員，撫苗巡捕，久居邊地，與夷姻婕。今於辰州衛推選掌印官，以便彈壓。第鎮苗素稱驍悍，奉調爲軍，則約束不遵；班散爲民，則猖狂是肆，責在永順擔承約束之，而當事者又時有衣袽之防，庶邊萌可潛消矣。

附　龍首營在麻陽濫泥鄉，萬曆三十四年建，東至新營、鎖住，南至麻伊、下汉，西至高村、梅樹坪苗路，北至山窑村、冷家凹苗路。惟此一路，地僻人稀，密邇鎮苗，實係襟喉要害之地，最宜防守。此本營之喫緊也。

附　拱辰營去郡城北七十里，舊奇坪岩凹地，外二里生苗，屬土官張勝藻管轄，反居十三哨之内，爲腹心害。萬曆四十一年，新剏此營，真足扼其咽喉。頃者苗更跳梁，直犯郡郭外，劫掠而去，哨官防守之謂何？土官擔承之謂何？釋而不問，有負此營矣。

侯加地曰：五谿之防，莫創於苗，大都其醜貪餌漢物，習剽輕生而無遠志。種分生、熟，生惟熟所嚮往，生悍熟狡，互相林蔓焉。其甚者，蠢爾奸氓，復鄉導之，苗不在藩籬外也。又其甚者，哨兵本扞禦固吾圉，逍逍脱巾呼道上〔二八〕，自決其藩矣，勢難禁犬羊之不闖也。昔議防苗，今議防兵，兵與苗並議防，五谿漸多事矣。方書云：急治標，緩治本。籌邊者宜善胗焉，毋徒曰營哨星羅，形勢有可恃也。

永保總説

侯加地曰：哨所之後，附以土司，蓋爲永、保與沅、盧接壤，而表裏營哨，受辰府節制，所從來矣。先年大征諸苗，直指奏聞，以各該苗寨分責各土司官承管，遣衛官坐鎮，相兼治理。各哨守撥有土兵，亦既煩歲餉矣。司屬有經歷、都事、吏目，皆流官，原非無事乂者，今皆視爲冗員，而鎮官權亦漸輕。漢民逋逃奸宄，俱以司爲壑，當事者宜慮其後也。

永順司　國朝洪武二年内附，陞爲宣慰使司，隸湖廣都司。又割新添葛蠻安撫司之南渭州，及白崖長官司、思州安撫司之施溶州，臘惹洞、麥着黃峒、驢遲洞、施溶溪四長官司，又併三溪置上溪州，復置田家峒長官司。其會溪屬沅陵，有巡檢司在焉。正德初，有明輔者，以辰州府學生嗣宣慰使，從征十餘次，頗以禮法自守，諸峒翕然嚮慕。

保靖司　本朝初置保靖州安撫司，洪武六年，陞宣慰使司隸湖廣都司。初領長官司二，今增置長官司五，并領之。其一爲五寨：朱沱、烏引、蘆荻、杜望、白岩五峒也。自唐命田氏世官斯土以控蠻夷，宋、元因之，本朝初，寨官田文歸附，始置今司。其一爲筸子坪，永樂三年置。其一爲茅岡隘冠帶長官司。其一爲兩江口。其一爲鎮遠臻剖六峒横坡，俱長官司。而境内陰隆江、杜望、滑石江三巡檢司，則直隸湖廣布政司。其大剌巡檢司屬辰州府云。

又曰：按古夷狄效貢，有加賞，無增爵，蓋防微杜漸，慮至周也。保靖狹而單弱，且無他覬；永順地闊蓄饒，聲名文物，彬彬埒中土，使者馳騎都門，絡繹不絶，無以有窺伺之萌乎？去歲以區區楚材之貢，徼天子寵誥，進階都閫，將且與司道頡頏，安能受辰府節制哉？倘後有貝珠獒馬之貢，漢廷將何以待之？濫恩而驕夷，當事者溺其職矣。竊恐在筍漸輕，外釁潛啓，杞人之憂，又不獨在防苗也。

苗徼

洪武初注四十一，以潕溪屬盧溪縣，改夜郎立崇山衛，後省衛置崇山千户所，管轄悍獷，柰官卑勢孤，不能鈐束。

十四年，鎮筸治古荅意苗首亂，命總兵官楊仲名率師征勦，尋就招撫。

二十八年，苗有不服造册者倡亂，盧溪縣主簿孫應龍入洞招諭，領苗長楊二一赴奏，准輕賦，另給重賞發回。始割盧上五都蠻民分爲十里，置鎮溪軍民千户所，隸辰州衛，每十年，照州縣例攢造丁口解查。

永樂五年，鎮筸苗復叛，命總兵官張駟統兵征勦，餘黨亦各就招。

十二年，以都督梁福掛征蠻副將軍印鎮守，駐辰州。

洪熙元年，以都督蕭綬掛印鎮守。

宣德六年，鎮筸苗酋龍三、白大蟲、黄老虎、石計聘等，糾結貴州銅仁、平頭諸苗爲亂，命都督蕭綬、都御史吴榮率漢、土兵一十二萬討平之。班師後隨叛，詔綬等各戴罪征討，乃冒暑夜馳，直抵池河劄營，掩殺過半，賊黨竄伏深箐，圍困九月，諸苗出降，幾至絶種。乃設灣溪等十堡，撥軍防守。

景泰七年，苗復叛，命兵部尚書石璞討平之。

正德七年，苗酋龍底羊、龍江西、龍成酒、龍强殺、龍同保等，嘯聚川、湖、貴界中，大肆猖獗，詔遣巡撫貴州都御史魏英兼制湖廣、四川漢土衙門發兵撫勦調度，未幾，以致仕去。尋勑都御史楊茂元代之，咨行巡撫湖廣都御史劉丙親詣辰州駐鎮。先是知府戴敏、指揮高勳、王爵陸續撫出鎮筸苗犯龍麻羊等共六百三十二人，丙以罪重者八十二名監候，餘各省發。復趨沅州，會同都御史楊茂元，調集三省漢、土官兵，委分守右參議張繼、兵備副使徐潭、分巡僉事田墀隨營監督，用苗民龍真等爲嚮導，進至高巖坪、暴木坪立營，攻破亞酉、回保、孟洞、東那、米那、張兵馬等寨，斬首七百五十八級，擒獲三百四十二名口。

八年，兵攻留絞洞寨注四十二，斬獲千餘，撫下苗賊三百餘名口。仍委兵備徐潭、同都指揮潘勳、知府戴敏、指揮王爵等搜捕餘苗。議請添設守備，領勅鎮乾州，兼制土官，彈壓邊境。以故各土畏懼，諸苗慴服，十餘年間[注四十三]，賴以少安。旋因土官謀削去控制勅命，致守備權輕，諸土相抗，輒暗糾報私，養成黠悍，横噬三邊，釀至嘉靖中年，苗果大叛。

先是嘉靖十五年，貴州銅仁司管轄且逞寨苗吴朗拱縱酒綑縛佃户，其家生員告呈銅仁府，知府魏文杖斃之，其子吴柳苟遂糾黨攻劫鄉村。思石道兵備僉事田汝成，及守備指揮苟瑞，令鄰封四川平茶司土官楊再顯招撫，魏文許將叛苗地方割與酬功，付以銅仁司印信契券，再顯果招安苗賊。後貴州巡撫不允前許，給取契券焚之，以銀一千兩償其勞，再顯失所圖，遂扇苗出没爲亂，守備苟瑞因之失職。

十六年，以都指揮邵鑑代之，鑑多譎詭，言湖廣苗人聽銅、平叛苗糾拽，所劫財物，藏於筸子坪苗頭龍老恰、龍黨叟寨内。鎮筸守備陳表令土官田興爵誘出二苗，擒解辰沅兵備道監候，老恰斃於獄，黨叟尋釋放。

十八年，老恰男龍母叟見父死，深恨田興爵，遂聚衆攻劫該司，得禾冲等二十一村。其後大、小略變與亞西等寨苗頭龍求兒等，見彼劫擄獲利，因糾銅、平苗寇，劫奪兩省油蓬、平頭、五寨等處。守備陳表以此被劾回衛，以清浪衛指揮僉事朱衣守備鎮筸。時值歲荒，軍士缺食，未可驅戰，朱衣借銀糴米百餘石，調集鎮溪所上六里土兵六百，委土指揮田應朝督率。

十九年正月，進入爆木坪，遣苗頭廖羊保等分頭招諭。是時苗尚知懼，每寨各出牛馬，求退我師。至三月，因五寨司奸細苗民侯答保刻箭誘筸子坪團溪、板栗、惡黨，及銅仁旦逞諸苗，出劫麻陽譚家村；又鎮溪亞酉苗龍柳比等復叛，出掠平頭地方，其管理龍騰霄率兵掩捕被傷，苗知禍大，遂屯聚蠟爾深山注四十四。辰沅兵備副使李瑜調征永、保土兵，委平溪衛都指揮高崗鳳，同朱衣率保靖兵六百，進抵筸子坪惡黨寨；委沅州衛指揮周寶，領永順兵四百，進抵五寨司步欸寨，撫定大、小略蠻，排那、孟叟、亞保、回崖口等十一寨，苗頭龍遠、吳得狗等，咸請隨軍征討，生擒首惡龍答已等七十七名，俘獲賊屬五十二名口，并擒獲奸細侯答保，解道羈候。瑜又遣辰州衛守備尤欽、傅啓忠，同高崗鳳督永、保、鎮溪兵一千，進入蠟爾山，斬獲苗首二十八顆，生擒一人。功幾成，偶奉湖廣撫、按兩院大牌，嚴令退兵，隨將叛苗餘黨招撫安置。

二十一年，筸子坪烏牌寨苗龍母叟糾合龍求兒，及銅、平苗賊，攻圍麻陽縣城，談縣朱知縣中途遇執，幸以計脱。湖、貴撫按奏聞，詔遣都御史萬鏜勘處，應否勦撫，聽其處置。

二十二年六月，萬鏜遣指揮李勇、著落統兵參將高崗鳳、都指揮潘璵、守備李英、荀瑞，督令撫苗土官田應朝及永、保兩司官舍，帶領鄉導健步人等，撫出賊首龍求兒、龍母叟，并從惡龍柳補、吳老瓦等；及貴州該道守備官丘潤等，陸續撫出從惡麻得盤、吳旦逞等共五十餘人。萬鏜臨辰州，查得叛苗餘寨未盡歸降，再加招諭。續據兩省撫苗委官回稱：各苗執迷不從，行劫無忌，且阻留撫苗百户二員於山内，乃調永、保、酉、平等處兵，及二省附近官軍一萬一千七百名，令辰州衛守備尤欽、指揮吴山、何清、沅州衛指揮葉森，督永順宣慰彭宗舜及鎮溪土官田應朝所領兵，入高巖立營；守備鐵冠、辰州衛指揮賀鳳、陳官，督保靖宣慰彭藎臣并筸子坪土官田興爵等所領兵，入爆木坪立營；守備周寶、荀瑞、辰州衛指揮張一夔，督原調防守五寨、麻陽地方土兵，於丫剌闗把截；鎮筸守備李英往來總爲提督，俱聽參將高崗鳳、都指揮潘璵調度。是時苗賊蓄食頗多，且知有險可恃，群聚抗敵，勢益張大。復添兵萬餘，次第搜山，斬獲首級共七百七十八顆，生擒七十九名，俘獲賊屬男女共二百三十三名口，奪回原委撫苗百户姚伏、黄金二員，并被擄男婦七十七名口。因暑雨連綿，難於糧運，且草木蒙密，瘴毒易生，師難久暴，遂班師。乃議量留永、保土兵與鎮筸、五寨司兵，相兼防守。

二十三年十月，先是筸子坪土官田興爵繫辰州獄，諸苗以其地主賄脱歸事之，興爵大淫虐以逞，苗怨怒，燬其公署以叛，蔓引鎮溪苗亦叛。會貴州銅、平官責苗不輸税，因移督土官挈印走，諸苗復騷然並起。

二十四年，萬鏜復臨辰州，集諸路兵討之。時有言鎮溪土指揮田應朝可任使，鏜因署爲巡捕。而應朝實狡黠多智，嘗陰搆永順、保靖相讐殺，而兩利其賄，至是益肆爲奸利，戰則庇賊彊梁冒功賞，或撫則反覆要重貲，夷實未嘗見利。督撫監司不察切任之，故功久未成。鏜召苗酋，謂必得質乃出，於是以千户往質，苗酋龍子賢來見，鏜執之以聞，誅之，苗亦殺所質千户以報。繼遣兩省監司挾所隸土官詣賊營諭撫，犒以牛酒，計口給食，予其魁龍許保冠帶。時湖苗歲苦被兵，聽撫，而貴苗未大創，内實驕横，陽許之，遂罷兵，召鏜爲刑部尚書。未幾而龍許保、吴黑苗復叛，焚掠州縣無寧日。

二十七年，乃命總督兩廣侍郎張岳爲都御史，移鎮辰州招討之。岳至，議者猶謂撫便，會苗復寇旁縣，於是力主用兵，令參政王崇輯撫湖苗及近貴猖獗諸寨，以庚戌九月進兵討破之，俘斬二千餘，執許保母女妻妾，尋購獲許保。捷聞，罷兵，而止留參將石邦憲等搜捕。

三十年二月，許保、黑苗復糾合湖廣附貴叛苗寇思州府。府中故用瞿塘衛卒踐更戍之，聞寇平，城守稍懈，賊因詐爲瞿塘踐更卒猝入城，殺居民，掠帑藏，執知府李允簡等去。邦憲等亟分兵邀其歸路，諸苗懼，縱允簡等歸，遁入林箐。時謂酉陽宣撫冉諸實陰主賊掠思州，岳令秘之，而檄與永、保二宣慰會兵討湖苗助逆者，斬其渠首數十人，餘黨復撫定。而田應朝恣横尤甚，又合酉陽兵攻平茶，多阻撓官軍。岳召之不出，偵知其恃叔田勉驍悍爲牙距，乃先計執勉，杖殺之。應朝懼竄苗寨，累遣人自陳，許其以功贖罪，又不出，遂削其巡捕。應朝勢益窮蹙，因永順宣慰投見軍門，岳姑杖之，而令從征苗，擊殺斬首，懸於市。時諸苗略定，惟許保、黑苗未獲，懸賞以購。邦憲密遣人賄撫苗麻得盤等，偵許保至龍田寨家，誘飲，及醉縛之。疏聞，伏誅。諸守臣争欲罷兵，岳以黑苗深匿未除，必且生患，乃縱還其親黨，而密督諸土官索之。

三十一年八月，劉甫等跡知黑苗，襲斬其首以獻。朝議設三藩總督，留岳鎮撫，開府沅州。岳乃疏罷灣溪等堡，更設一十二哨，曰乾州，曰强虎，曰箄子，曰洞口，曰清溪，曰五寨，曰永安，曰石羊，曰銅信，曰小坡，曰水塘凹，曰水田營，連鎮溪所共十有三，各哨以土兵犵蠻等數百餘人，復召募打手數十人戍守。又增設參將壹員領勅控制諸土，駐麻陽鎮守，而守備屬焉。岳握兵久，斟酌善後事宜，藉兵備副使高顯、參將孫賢共成其績，邊境少安。

三十三年，議移參將駐劄五寨司城，就便調遣，邊防益周。

三十八年，四川容山土舍張問、韓旬争印，相讐殺，劫鎮遠軍屯，都御史王崇討平之。

四十二年，沈給事奏以貴州巡撫兼制湖北、川東罷總督，設兵備於沅州；撤民兵，移糧選募犵、凱等與投順苗人，分列屯戍；又以土民參錯耕種，外以民兵遥振軍威環衛之。制曰：可。隆慶、萬曆以來，銅信、水塘、水田等哨，以次議裁，而永寧、長寧、杜壤等營，又接添控穴，誠撤所宜先而增所未備也。邇來苗種日繁，而奸民竄入者歲久亦習爲苗，故苗且日狡。

萬曆十五年，刺殺箄子哨督備指揮高松喬，官兵莫敢誰何。

萬曆二十九年，偏沅軍門江鐸乘征播之餘，征勦貴苗皮林等寨，辰郡亦不免騷然煩費。

三十六年，兵備袁應文增盛華、王會營哨。按設盛華，徒爲私人盛蠡應管兵計耳。蠡應遂以兵九十名賣坐寨苗人，至今爲心腹之禍。

四十二年，署府印同知劉應卜因苗頻次出劫沅陵之深溪、浦口，復劫至春伊溪，離郡城僅三里，詳議三道，於奇坪、岩凹、總路設立營隘，奉守道蔡復一命名拱辰營，以衛郡治，可謂因事制宜之一策矣。

民苗哨寨

永順、保靖二宣慰司，其地廣袤，連跨幾二千里，皆介峙萬山，民苗錯居，各爲寨柵以守。故自永順東北迤東而南，西界保靖，爲寨七十有五，曰鐵匠民寨，曰擺上民寨，曰曹那苗寨，拐蘇苗寨，上補天苗寨，曰竹寨民寨，曰五奴民寨，曰老鼠村苗寨，張兵馬苗寨，竹科苗寨。迤前爲崇山衛，稱爲古昔流放驩兜之所，有城守之，旁衛爲寨，曰達河，曰黄馬，曰龍高，曰朱虎，曰田河，皆苗寨也。又前爲江底民寨，爲扯亞寨，木坪寨，溪舟寨，杜望坪寨，皆民居之；次爲立反苗寨，爲石官司寨，老土田寨，姑木牌寨，惡黨寨，鐵門關寨，紅崖寨，下亞保寨，亞保寨，平郎寨，亞高占寨，馬勤寨，鲊得寨，拐糯寨，皆苗居之。其平郎、亞高占之間，爲高崖巡司。復由拐糯西，爲溪頭、上勞、雙寨、補那，民寨凡四；又次爲米漊、老白二苗寨，茶陽、横溪二民寨間之；次爲大鉛場、董奇、丙正、鬼者、鬼板、地母村六寨，皆苗居之。又前爲地岑民寨，鐵寨民寨，旁爲鎮溪軍民千户所，繚以周城，兵戍之。所之右爲冲葛民寨，爲强虎哨，有城，城側爲洞頭、三蹬坡二苗寨。越小溪水爲刺峒寨、鴉溪寨，皆民也。鴉溪之旁爲哨者四：曰冲木林小哨，曰大坡小哨，曰馬滚小哨，曰三汊小哨，皆群苗出没之所。其側爲留絞寨、葫蘆寨、烏牌寨、都羅溪寨，皆苗落也。稍前爲乾州哨，爲鎮筸守備署，皆有城；爲灣溪哨，哨據磴道，石梁跨小溪，最爲險絶，盤屈而長曲，盡前爲奇梁隘。復自守備署轉而東南，歷兩溪，爲河溪民寨，隔溪爲小莊寨、平哲寨、冲省寨、獨崖寨、梁寨。復前爲高凹哨，爲陰隆堡，皆民居焉。復上爲筸子哨，爲洞口哨，皆有城守之。自筸子、陰隆而南界麻陽，迤西界施溶溪，北界銅仁、西陽，以盡保靖之東北，爲寨四十有五，曰沙子凹，有城，曰烏引民寨，曰清溪哨；其城視沙子凹大倍之，接奇梁隘焉。自烏引跨山渡溪水，爲麻陽界，轉西南爲高村民寨，隔溪爲神堂灣。復自灣渡溪，爲崖門巡司，西上爲小田民寨，接石羊哨。哨之左爲五寨參帥署，環以城，城中有五寨長官司，前爲五寨哨城，後隔山爲黄蠟洞隘，左越溪爲長冲哨，有小城，下爲廖鐵塘寨，上爲孟叟寨，爲老菜溪寨、回保寨，爆木坪寨、田坪寨、大五圖寨、冷水寨，皆苗居之。次上爲箭塘營，爲盛華哨；又次上爲永安堡，爲水塘凹，爲水田營，大小皆有城。其水塘西，則麻陽縣也。從縣西北，上爲銅信廢哨、小坡哨，皆小方城繞之，下爲龍首營，其上哨西越溪水爲施溪長官司。二哨之旁皆苗寨，曰板栗，曰亞吾，曰哱囉闞，曰弟尚，曰琴圖曰桐木坪，曰下崖峒，峒前爲永寧營，城如一哨。迤而西爲鳳凰營，爲王會哨，旁復苗寨環之，曰小稍，曰崖峒，曰旦逞，曰江崖，曰打麻。旦逞迤東爲池河營，與下亞保、紅崖諸寨接。由打麻越山而北，爲湄亮營，苗所居，種落尤盛；爲黄胡寨、排鮓寨、下水寨、米那寨、池已寨、鬼黨寨、小鉛塲寨、着安寨、思女寨。復自鬼黨跨溪，爲糯塘寨、思保寨、棓子寨、杉木寨，而都衙一民寨間之，界烏羅。復上爲銅仁府，路通酉陽宣撫司，曰軍勺寨，曰龍田寨，曰沙溜寨，曰仁沙寨，皆界酉陽；其下爲彪山寨，爲悶洞寨、洞鮓寨、小莽寨，界保靖，皆苗落也。其入路有二：自東路入者，由慈利可抵永順，直達保靖、酉陽，至銅仁府，中有大小溪流可渡；自西路入者，起自石羊哨，從西而北，由水田營、水塘凹入麻陽縣，出銅信、小坡二哨，可通施溪長官司。又自石羊哨轉西而南，過小田民寨，將至五寨哨，分南北二路：北路入五寨城，迤北入永安哨，經弟尚、板栗二苗寨間，通永寧營；南路離五寨渡溪，一小支通長冲哨，今改長寧。其大支經奇梁隘，繞洞口哨城外，入筸子哨城。出渡溪，經灣溪哨下，入鎮筸城，從東門出，通鎮溪所，從北門出，轉西通强虎哨。其鎮筸城外迤北一小支，經灣溪哨，與乾州哨通；又奇梁隘一小支，通清溪哨，經沙子哨，自南趨北與大支合。又盧溪縣西二百三十里，其路亦通鎮溪所。

侯加地曰：辰府據三楚上游，外控蠻夷，内護陵寢，重岡複嶺，崒嵂巑岏，諸蠻負固，叛服靡常，從古患之。唐於此置都督府，歷代因地設險，以陰折其躑躅之孚，往事誠可鑒也。顧麻陽蠟爾、鎮溪、筸子、銅平諸山爲苗巢穴，週圍千數百里，懸崖鳥道，莫可躋攀，且竹箐叢生，鱗次櫛比，殆無空隙，人非側肩傴背，無能入也。賊從内而視外則明，每以伏弩得志；我從外而視内則闇，雖有長技莫施，此萬公鏜所以嘆地利之難也。山嵐瘴氣，鬱蒸多雨，霏霧羃濛，尋丈莫辨，此萬公鏜所以嘆天時之難也。土官搆讐，各厚餌苗以助攻殺，因而啓釁生亂，由是土人與苗互結婣親，情多牽制，且其伎兩亦爲賊所窺破。今用土兵，不免前弊，欲擯而不用，彼以切近之地，素稔之情，不但引誘窩匿，甚且借兵齎糧。況楚官軍皆不足用，除永順、保靖之外，其餘土酋可調之兵，能出千數者無幾。至於貴州，舍酉陽、平茶之兵，愈少而愈難矣。必欲别省調兵，則又不諳地里，成功難必，而其沿途騷害，尤不可言，決難輕調。此萬公鏜所以歎事勢之難也。苗賊嘗言「朝廷有千萬軍馬，我有千萬山峒」。又云：「諸葛亮有七縱七擒，我苗有三緊三慢。」所謂緊者，軍退則突出劫掠；所謂慢者，軍臨則散漫潛藏。又云：「不怕官府軍多，只怕官府糧多。」蓋以軍雖多而山箐深險，力未易施；糧若多則圍困久長，勢將自斃。然明知道路梗澀，糧運甚艱，必不能多，故爲此言。此萬公鏜所以嘆狡夷叵測之難也。其後專命大臣一人總督制禦之，尋以事寧召還，久之以憲臣領其地，而群苗底定矣。先是議設參守以鎮之，十二哨以捍之，邊防已周。第日久苗齒繁息，情同鬼魆，兼外省逋逃諸奸，挾貿易爲名，深入巢穴，交通諸苗。苗借彼爲偵伺，遍歷村寨，窺測殷實，勾引苗衆，潛爲嚮導，乘夜劫擄，邊民受害，迄無寧日。及聞哨樓傳炮，苗遂散伏，哨兵稍集，苗已入巢，無復窮追。所以玩愒日久，養成醜苗黠悍，輕視官軍，無所畏憚。雖有食糧順苗，亦復陰助爲孽，甚至殺官斬兵，莫敢誰何。近且縱意横行，怙惡梗化。邇來歲歉，哨兵缺食，脱巾鼓譟，幾成大變。雖今渠魁就擒，而兵士莫利從戎，往往掉臂而去，營伍且空虚矣。今年苗氛日熾，殺擄居民，不下二三百名口。參戎以七千兵搗巢兩頭羊，忽有兵卒踐石落岩下有聲，以爲有伏苗，四散奔北，自相蹂躪，而新置火器鐵甲，曾不一效用，盡抛擲於潰亂之埸矣。豈惟士不用命，良由控制無方，練馴未至，而先時制勝之策未之講也。余故鋪列寨哨如右，使知險要何在，以圖善後；又採名公條議鑿鑿可行者，亟録以俟摘舉，與邊防未必無小補云。

邊防條議

游震德 分守參政

一、審要害。查得惡苗寨分前後左右，穿心僅百餘里。宣德七年大征，草薙存不滿百，彼時於楚設立烏巢關，黔設立龍勢關。及正德七年再征後，楚奏設鎮筸守備，并湄亮營、丫剌關，黔設立銅仁守備，并亞寨關、地架關，俱皆逼近苗寨，彈壓得宜。及嘉靖二十九年用兵之後，設立麻陽、小坡、銅信、水田等哨，去丫喇二十餘里；洞口、筸子坪等哨，去湄亮五十餘里；中間荒棄五寨故土，綿亘亦計五十餘里，去苗愈遠而設備愈多，形勢愈分而費兵愈衆，不惟殺伐之威未伸，亦於防守之計未審。今欲脩設舊關，控扼要害，地廣人稀，事勢不易。惟有招撫流亡，使黄臘等寨，都溶等堡，筸子、洞口、永安等哨生聚繁盛，氣完勢重，然後責令土司進逼丫喇、湄亮，或據池河，畫疆設守，則一十三哨之兵可以漸省，而湖北之民可更生矣。

又議

王士琦 清軍帶管兵道

一、重責成。查得食糧順苗協守地方，既假内向之名以冒軍餉，常肆外合之計以貽民害。如生苗出劫，彼實暗勾之，及各哨官軍贖取户口，亦復就中分利。合無設法禁諭，凡糧苗各該防守地方有人户被擄，即將各苗本季應給餉銀收貯不散，必待送出户口，然後補給，若過季始送，則前季全扣不給，庶彼知勾苗所分之利，與安坐時給之餉，勞逸多寡，得不償失，而非心自阻矣。至於順苗逆苗，種類本無分别，而服飾亦無異同。查計食糧順苗若干名，每名給以腰牌，正面刻記年貌住止，與食糧哨堡把守信地，背面送道畫押刻印，俾之出入懸帶；如無腰牌，即係面生可疑之人，即時拘究；放糧時驗牌給散，庶狡悍就我覊縻，而糧餉亦免虚費矣。

一、禁私貨。照得魚鹽布匹，我之所有而苗之所資，乃射利之徒，往往私販前貨，冒禁獲利，踪跡詭秘，出入難稽，一與争競，遂釀釁孽。合無今後凡各商販，必於所在官司討一印票，以便查驗，如某處某人於某地買某貨，至某地發賣，止許寫大地名，不許叢雜混開，凡所在官司關市，驗實放行；若無印票，即同私販，重治没官。如販至各哨發賣者，除兵民外，其餘止令食糧苗長赴本哨交易，不許販商擅進巢穴，與諸苗交通，違者以軍法從事，庶交易不妨而禍釁可弭矣。

一、編鄉兵。照得鎮箄營哨，相距各數十里，惟土城内頗有房屋，出城則崇山峻嶺，一望莽蒼，絶無人跡。惟編立鄉兵，可以召號走集，居址錯聯，漸實荒落。然有兵則餉隨，無從處辦，而屯種之法可亟講也。訪聞各哨土甚膏腴，谿洞之水，足資灌溉。合無行令各哨細查該哨附近居民，不論土著流寓，悉聽籍名。照各州縣立保甲之法，一甲五户，一户若干丁，聯爲鄉兵。空閑地土，任其自議開墾，各分畔塍，創結茅廬，十年以内，雖有豐收，亦免科其糧税。每歲終，哨官造册開報鄉丁某某墾田若干，申撫夷官，止爲稽覈以杜争冒。撫夷官仍每歲於各哨官中，擇其善能勸相開墾最多者，驗詳特行優獎，以示激勸。久之阡陌既富，則廬舍櫛比，即以此衆抽選訓練，平居而互相守望，有警則協爲防守，庶屯卒亦募兵矣。

又議

蔡復一 分守按察使

一、革冒糧。兵餉告乏，鉼罍交罄，食一兵，須得一兵之用，老弱者宜汰矣。此外尚有虛冒之弊，或久亡而不報，猶領現糧；或詭頂而無人，混銷額糈。如杜壤營薛茂創薛文、薛武等名以圖侵銀入橐，已經本道訪出，移兵道革事矣。至奸貪釀患，尤莫甚賣糧與苗，每名受賂七八金，紙上擺守，巢内闕支。夷性至貪，一得糧，便據爲子孫之業，欲加清革，動稱激叛。甚或懦官怯戰，餌以逃故兵糧，買求平安；黠官要功，許爲申請名糧，揑稱降服。已賣者養雕之禍方深，擅許者誨盜之萌宜剪。合無行撫夷官閱歷各哨，將賣苗兵若干名，盡行查出。係遠年官賣，其官已故者，姑照北邊收降靼例，責取本苗入營編隊，食糧防禦，身終住止，不肯入營，即行革除。如係近年官賣，其官尚存者，不論在哨革哨，提問審實，責將原糧賠回，仍照本道去年議允條欵。今後有擅賣兵糧一名者，問罪住俸終身，以後追退户口，只用兵威勒取，不許准糧啓釁，庶可近壯實力，抑且遠杜憂虞矣。

一、創反側。能憂鎮筸者，生苗也，然本道則不憂生苗而憂熟苗。夫生苗巢穴甚遠，有重山以環之，有熟苗以間之，其去我民風馬牛不相及，何知某村寨奇貨可居，某徑路直達可由，某哨隘疏防可掩哉？則熟苗爲之嚮導也。查得先年投撫把路苗人，食糧不過百數十人，其後日新月盛，兵不能戰，則餌惡苗爲羈縻之資，兵不能守，則養順苗求捍蔽之用，通計營哨共一千餘名，歲糧割兵餉十之二矣。此外尚有挾撫之糧，哨官私於打手凱兵内那給者不與焉。使其内向無他，猶可言也。今則羈者不羈而捍者不捍，豈惟不悍，且引生苗以虔劉我邊陲，蕩摇我保聚，剽殘我赤子。每次入劫，生苗幾何人，皆此曹與叛民作祟耳。且官糧之外，脅稱躭守某村，勒取歲月常例，名曰煙火錢，既廪於官，又食於民，倏爲順苗以領糧，又倏爲生苗以行劫，是彼兩利而我兩害也。如去年劫洞溪，擄婦女萬氏，逼贖數十兩，即糧苗麻老二之巢；今正月，又擄本婦以去，而劫王會、都桐寨，掠三十餘口者，亦有麻老二子弟。舉一麻老二，而千餘名可知矣。以剜肉醫瘡之餉，反成藉兵齎糧之禍，豈不痛哉！本道懸令，地方被劫，查何寨把路之苗，將應放糧革住，擒賊獻人，方准補給。而各弁皇皇，恐失其歡，節次行查，並無一報。畏熟苗如此，況生苗乎？又安望其能捍巨寇乎？夫吾兵政不修，順苗皆寇，何苗可恃？吾兵政果修，兵可制苗，又何恃於苗？合無行參守官，以後苗路失事，申嚴革糧之法，務在必行；如查有勾逆内犯實跡，明諭各苗，某人負恩作亂當討，罪不他及，即挑選精兵擒治，庶跋扈跳梁者破豺狼之膽，即陽附陰梗者亦革鴟鴞之音矣。

一、杜濫增。苗糧已設者雖難裁革，而豢養之餉，秋毫皆係民脂，豈容無節？訪得各哨原來不限定額數，哨官造册往往憑意增添。往者不能盡知，以近數年計之，如五寨舊四十八名，今六十七名矣；洞口舊二十四名，四十年冬尚止三十四名，而四十一年春造四十九名矣；清溪舊四十六名，今五十一名矣；乾州舊十名，今十六名矣。其他加增二三名者，難以瑣列。濫觴已不可尋，横波亦宜力制。合無行撫夷官今次閲哨，將各哨食糧苗人清查實數，詐冒者除之，姑將現在限爲定額，以後不許擅添一名，如本苗故絶無子者，將原糧作缺，不許他苗冒頂其糧，仍待効順有功之苗，方許申詳給賞。額數已滿，雖有順苗効勞宜賞者，不妨優賚銀兩，亦勿輕許名糧。蓋賞費銀於一時有限，而糧遺患於後日無窮也。

一、遏投住。哨民敗群者已能爲害，又有逃避差徭，負罪逃奴，投入熟苗寨種地分租，因熟苗以通生苗，望爲窟穴，久則引生、熟苗出劫，又或幫其寨苗讐殺。如近有木里寨半熟半生之苗，流民投住數十家，因苗寨結讐，爲他苗擄去。此曹甘心從夷，乃其自取，而爲中行説於蠻地，則邊境大蝨賊也。合無行參守哨官嚴禁，除以前元有民寨外，不許流民於近苗遠哨地方從新創房居住，不遵者守哨官驗明燒燬，盡數驅逐。熟苗寨舊民，被苗劫殺者，不在失事之限。凡熟苗與苗寨民，不許縱入内地潛窺虛實。其思漢願回者，聽告守哨官押解本道，發州縣遞回原籍當差，行李貨物，不許官兵侵動，違者依搶奪律問罪。敢新投苗寨者，被擒以謀叛論。仍行辰、麻、沅、盧州縣行保甲法，將附苗民村挨門造册，時相覺察。有久出不歸者，呈官查究；縱容户口投苗者，事發連坐；遠方流民從本保甲經過寄宿者，亦要詰問來歷，如係投苗，即扭住送官，毋得窩容奸細出入，自貽焚劫之患。外夷之防既峻，則猾夏之禍不作矣。

一、責擔承。永順約束鎮苗，保靖約束筸苗，每歲俱有擔承認結到部。營哨原設撫苗防守舍把頭目，月食廩糧，正分北三苗疆以戎索之意也。今則擔承毫無實効，認結祇屬虚文，就中筸苗，猖獗尤甚，歷數冬、春二季入犯，十三鎮苗而十七筸苗也。夫兩宣慰司受國恩，世有爵土，生苗皆其部落，命懸掌握，而坐視匪茹，虎兕出柙，典守何存？雖在我疆吏，自當厲兵固圉，惟敵是求，不必專倚土酋爲緩急。然擔承題奉明旨，分管義表靖恭，而罔思厥居，棄命廢職，則嫌於欺君；徼寵靈以保世勿絶，歲額粟糧，既逋貢賦，戎籍豢養，又糜金錢，而隸也不力，以部苗爲邊陲憂，則昧於報德，亦非土司所以廩天威、順鬼神、傳訓子孫之道也。合無請發憲檄，傳諭二宣慰司，恕其已往誤事之咎，責以將來報國之忠，將原認擔承苗巢，嚴加鈐制，如有侵軼，奉令捕擒，即發兵殲厥首惡，獻俘馘於官，優賞如格。本院還朝，廉其約束有功、忠力不懈者旌奬之，不如法者戒飭之，其尤甚者，聞諸上而加賞罰。榮辱既分，趨避必勇，不惟固吾圉，而激勵土司勉爲忠義以保業享名，施恩更厚矣。至五寨、筸子坪二長官司，滑石巡檢司，與營哨錯處，均當奉法竭力。而筸子坪尤有轄四十八苗寨之責，如該管寨苗犯順，合切責土官協同營哨計擒首惡，追還户口，有功奬賞，敢有懷奸漏情、陰陽取利、脅詐苦主者，提問治罪。譬馭馬者銜轡在手，不剛不柔，則四牡之力可盡也。

又議

馬協 辰州府知府

一、議哨墻之繕。查嘉靖年間，參將孫賢立烽堠，建營隘，築邊墻七十里，人恃爲金城，以故苗患遂鮮，民皆樂業。後不繕修，傾頹殆盡。當事者不繼前人已成之績，乃創爲增哨之舉，遂以十二增爲十八，兵愈分則力愈寡，將愈多則費愈侈，從何出辦？悉兵士膏血也。膏血既吮，尫羸漸成，敵愾何由？此苗氛漸熾，内禍日烈也。哨官不爲自强之計，甘爲媚苗之術，今日許苗糧幾籌，明日許苗糧幾籌，一哨唱之，衆哨從而和之，彼增則此添，此添則彼增，今計苗一歲食糧四千五百餘兩，何曾使苗不内寇乎？不特不能使不寇也，或食糧於東而行劫於西，或食糧於西而行劫於東。不止豢苗者不敢言，即被害者亦不敢顯舉其名，真所謂畏苗如虎、自視如鼠者也。今誠昉昔人故基，自五寨司奇梁隘起，直至乾州哨望城坡止，悉築墻高一丈二尺，基厚五尺，或内有可補者補之，或全無宜創築者築之，東西僅僅七十里，大哨十里，次者七八里，小者三四里。繩鐵楨榦之具，取諸逃扣人力，用兵卒及墻内人家，計丁分日，輪班助之。墻成，上用木架茅草覆之，爲一勞永逸之舉。夫督工不得其人，則亦虛糜工力，宜委文官賢而才者一員，與哨官監修。修後墻嵌片石，刻兵夫姓名於上，日後傾圮，責令重修，哨官計數罰治，或無不殫心力者矣。若夫上洞山險溪界，不能築墻，宜於緊要去處，設立隘門一座，用兵守之，朝啓夕閉，盤詰往來，不寧遏苗入，亦所以杜内逆之出也。凡有交易，止在墻外，計墻東西苗巢多寡，應有幾處，建立幾所，明白各定月日，用兵監之，不許紛擾。苗不許入墻，民不許越市，如違各治以罪，庶險有可恃而姦不復萌矣。

侯加地曰：防苗惟築墻爲第一義，然須砌乃佳，磷磷皆是，非必取之他山也。山險不能築者，則因險爲墻，如西北邊法，勞均而垂久，費尠而利宏，不猶賢於十萬師乎？

省志論曰：政之所貴者，名與實也。今天下名存而實亡者，孰若兵政哉！而楚爲甚。異時計軍額而餉之，軍有登耗，則餉用裒益，此定數也。今舉尺籍按之，則軍之耗者寖寖半矣，而歲給不升斗殺，是孰食之也？諸衛所屯田，歲令卒士釋戈鋋，就錢鎛而耕，而登其子粒以佐軍費，繕戎器，法誠備矣。乃官怙其腴而歸其磽埆舄鹵者於卒士，甚則代官而輸之税；或民之豪有力者竄取而兼并之，陰匿其逋額，即令屯部使者莫可究詰，儲料安所贍乎？國初惟置世籍弓兵，楚人謂之「垛充」，其民壯無有也。後以額軍消縮，始募民之趫健者爲民壯弓兵，而縣官爲籍民丁畝輸養之。夫兵以衛民，故民爲養焉，貴相當爾。乃今兵不足自衛，而張頤以哺於民，復勤民之財力以爲之衛且養者，是何解也？險要之區隘，苗落所出没者，故事，兵壯與官軍參戍之，夫爲其能峻防也。乃狡黠梯利，假之道而坐分其鹵獲，而扞掫譙呵之責，輒婾惰若兒戲矣。又況名爲戍守而身役於官，日以供執殳、事輶軒迎送之役者乎？故覈耗軍之糧以省募民之費，而又兵禁其私役者，屯禁其私食者；險要苗落，禁其縕奸而私假之道者，庶兵政脩舉，不至名存實亡矣。嗚呼，豈獨楚事然哉！

籌邊録

分守湖北撫苗督餉按察使蔡復一條議兵政詳

爲戍政未脩，夷氛日熾，謹陳末議，以固邊防事。

照得今春苗孽跳梁，通計十八營哨，入犯一二十次，所殺掠無慮百數十人，亦云棘矣。竊惟今鎮、筸之苗，視倭、虜易與者二，而難亦有二：躭躭剽財質子女以媒贖〔二九〕，無長驅之雄，啓疆之狡也；種落可五六萬，而巢穴星散，無君長期會約束，勢不能大舉也，此所謂易也。難者，虜阻邊墻，倭阻海，而苗錯壤營哨，無一垣之限，民寨羅列，收保清野之法，無所用之；虜防秋，倭防兩汛，而苗日夜伺我，無時不可攻，無地不可躪蹂也，則難易之大較也。然難易從敵立形，必我先自立，而後敵形從之。今我且未能爲我，則難者固難，而易者亦何嘗易哉？推轂以命將，而溺職者即將也；設將以制兵，而召侮者即兵也；餉兵以衛民，而囮禍者即民也；植土司以佐兵威，撫糧苗以增民捍，而蠹兵者即土司，癰民者即糧苗也，又何怪乎難者之愈難、而易者之不易也。本道謂今欲制苗，不必求諸苗，惟求諸我而已，我實能將，實能兵，實能營哨，戎政修明，而夷不駾喙者無之。其事惟歸一實，而其法惟專於任勞任怨。謹據見聞心思所及，開坐條欵，一面會同兵道，督辰州府撫夷官，及參守營哨等官，着實整頓，理合呈詳，伏乞憲批，嚴加訓飭，地方幸甚。

計開議將有三：

一曰重責成。參守哨官，於兵略夷情，必日夜講求，如農之有畔，熟險阻於目中，而規利害於掌上，然後守可固而戰可克。今之將領，率不經心，無論出奇制勝，即本道著令，苗犯必詰所從入道，以正疎防之罰，而今春失事多次，行守備查報，竟若罔聞。又民寨分屬信地，係去夏參將自議覆行，而至今屢催未報。夫擒首惡，追陷民，猶可諉曰有待，若苗劫内地，出從何巢，歸從何逕，豈不章灼，果此尚不知，則木偶奚殊？或知而故隱，則蔽蒙太甚。合無請憲令申飭參守營哨官，將練兵、守儉二事，實用心力，以窺伺之智料敵，以妬人之心責己，以推避之精神整頓軍政，以顧惜之體面校勘職業，惟據現在畫地，以防堵爲功，疏虞爲罪。就一哨而失事有幾，則哨官之伎倆可知；通諸哨而勝敗若何，則參守之短長自見。更嚴行守備，今後凡報苗寇擄掠，要查係何巢穴種落，從某關隘闌入；如劫内地者，尤必查從何哨路經過，稟報守兵兩道，以憑處分。罰不踰時，而無所幾幸解免，則各哨砲樓巡守，自凛凛加嚴，而苗警可稀矣。

二曰嚴制馭。今得功者紀録待薦奬，而目前不豔也；疏防者詰責戴罪，或行住俸，而目前不恥也，是未盡制馭之道也。兵法：主將得徑決罰偏裨以下。合無著令，今後哨官遇苗入，堵截無損，得功三名級以上者，除兵照賞格外，行府動庫銀打造花紅，送該哨官鼓吹旌奬，仍加紀録。如本哨信地失事，及縱苗越哨，陷户口數多者，除頭目防兵綑打外，哨官係指揮，兵道行提到道責戒；千百户、參將徑行責戒，俱戴罪防禦。若禍慘罪大者，提解綑責，并從重究革。其參將、守備鈐轄各哨體統，原嚴調遣分布，不用命者，自當徑行究治，不得一味縱狥，以致陵夷。

三曰審機權。本道於諸欵言之詳矣，尚有機權所在，宜陰用而不可示人者，姑略言之。本道觀今苗種，其慓悍挾長技勝漢人，其狎險阻耐饑渴勞苦勝漢人，其決前輕死勝漢人，特可制者，分而不合耳。幸彼中無大酋，如嘉靖時龍許保者有之，則湖北憂方大也。趙充國言湟中諸羌欲鈔邊必解仇，屯聚邊將宜以計破散之。善制夷者，能使夷自鬬，常分而不合，則患不及邊，雖及邊而病不極。今生、熟苗寨時相讐殺，此我之利也。使心計之將能善用間諜，精選而厚撫之，視諸巢人衆而其長自雄能角立者，縱使反間，或乘其微隙，或反其要約，或借事佯洩口語，或爲某某懷入犯而某先告我，或爲某欲取某自效而微宣之，或生致某苗而言某某所掎獲，使諸苗酋互懷疑愠而隙不可縫，因以刺得其情形。彼所欲劫，我必知之，我常爲主以待客，而制之易易矣。用諜非財不可，鈎魚者必棄餌，鬬犬者必投骨。官爲捐金，資之勿愛也，此陰符家所必出。雖今諸弁未足領此而常識此意，亦可引伸控馭之方略，且安知果無其人哉？

議兵有七：

一曰簡精鋭。卒不任戰，是謂糜軍。選練四要：曰力，曰藝，曰膽，曰趫捷。而苗路山谷林箐，尤非便地利知險阻者不可。哨官需索常規，往往充以放債工匠遊食之人，外此則多武岡、新化、邵陽等處犯罪逃亡者。遊惰坐食，則不可執戈；流人非土著，則戰不力而易譟。其上訪得禦苗惟本地團練鄉兵及麻陽犵狫兵，悉地形，諳夷情，習苗技，最可用。合無於春季放餉，唱名領封，逐一簡選，有懦弱不堪及虚名寄充者，即清出作缺。至補兵闕求，積弊牢不可破，宜令撫夷官一路出示，有驍勇土著民兵及犵兵，俱准報名投見，驗其膂力，技藝過人者，不拘多少，彙造三册，報守兵兩道及辰州府。所汰退兵缺，即以此人充之，收補未盡者，又可留爲下次報缺批頂之用。以後放餉，府縣官俱照例舉行，仍將唱放過兵卒有無老弱揭報。其在營各兵，嚴責哨官着實操練，不許買閒，守備仍不時閱校。如此選練得法，行之一年，兵可漸精，其視嚮之糜軍，勢相百也。

二曰除戎器。器械不利，以卒予敵。苗之長技在弩矢銛鏃，數寸中要害立死，袒裼當之必無幸矣。兵家制器，必審彼已之短長而精用之。禦弩莫若甲，而勝之者惟火。此間三連短銃，僅供傳號，不可殺敵。前此參將有火器之議，格不行。本道入辰，力主其説，動辰庫銀，委辰州衛掌印指揮姚之屏，募匠製鳥銃三百門，及火箭、火籠等藥，而甲則未之及也。訪得貴州銅仁兵，日給九釐，尚自備衣甲，今我兵食餼，多者日將三分，少者亦可一分。去年放過銀，每人領十八九兩，且歲省其掊克科贖之費，以此置器械衣甲，亦充然有餘。而臨陣可以救死扶傷，克敵可以先登取賞，是正爲兵計，而非以爲厲也。合無行參守哨官，春季放餉，即嚴督各兵將領到銀，置造衣甲及犀利鎗刀弩箭器械，仍時加點閲，不許典賣，自危身命。然自造之甲，愛惜工財，差可護身，難以陷敵。今本道自捐供應紙贖銀一百兩，合無於辰庫貯銀，再行動支湊前數，仍委姚之屏造堅甲三百領，長短爲上中下三制，完日與鳥銃酌哨分大小分給，爲衝鋒破敵之用。庶甲可禦苗長，火器可制苗短，而執訊獲醜不難矣。

三曰申策應。善制兵者，分而能合。哨官合本哨爲一人，而參守又合諸哨爲一人，則是常得千人之用，何苗不摧？今所患者，哨兵數百，而實無百人之用也。以本哨言，砲樓不守，伏路不勤，每日遊巡，僅以十數人了事。遊兵遇敵，本營不救，是分布無法也。鄰哨有警，高坐不赴，參將調發堵截，哨官憚與苗遇，領兵於苗跡不到之處，而虚要路以待敵，苗過則曰道偶相左耳，與北邊假按伏以避虜之弊正同，是救援不力也。合無行守哨官，將本哨兵除分守小營外，通計在營兵數，編以什伍法，分爲三大隊，每日輪一隊守砲樓，伏路把隘，一隊遊巡接應。此二隊俱應出營，敢躲閒在營者，綑打貫耳遊示。如某處砲響，遊巡兵馳往截殺，哨官親赴督戰。苗勢大，連傳三砲，仍添撥在營隊兵再行接應。至鄰哨聞警，法當赴援，亦須分定地面，如犯某哨之東，則專責東鄰哨應援，西、南、北亦然。當援不援者，與失事同罪。庶兵有率然之勢，而苗亦不得以一處牽制我疲於奔命矣。

四曰守要害。苗路多岐，緊關衝險者撥兵把截，預備伏弩擊石，寇至矢石交發，安能飛度？其砲樓等項，據守備金有聲呈報，有壞當修者、元無當添建者、失險當改徙者，俱批行動工修築矣。至偷路去處，或猱厓可越，或鳥徑僅通，又當增險爲守，用力鋤鑿，設法堵塞。仍倣鐵蒺藜法，多砍棘刺，漫布塗上，暗削竹簽木樁，埋釘土中，以陷其來。又苗善用弩，利於茂林，凡近苗林箐，酌留我兵塘伏之處，餘俟天霽風高，縱火焚燒，使狡夷不得潛藏，登高瞭遠，洞無遮蔽，亦奪其所恃之一法也。擊苗或逆其出，或扼其歸，俱當伏要害以待。先要哨探真確，諜而得情者厚其賞。如報某巢苗出劫，預檄近巢之哨伏兵截之。蓋入劫之地雖多，歸巢之路必一，既嚴防以遏侵軼於前，又用奇以擊惰歸於後，設穽待虎，未有不擒者也。

五曰革冒糧。營中虛冒之弊不一，或久故不除，或詭名虛頂，已經嚴行察汰。至於奸貪釀患，尤莫甚賣糧與苗，每名受賂七八金，紙上擺守，巢內鬭支。夷性至貪，一得糧便據爲子孫之業，欲加清革，動稱激叛。甚或懦官怯戰，餌以逃故兵糧，買求平安；黠官要功，許爲申請名糧，捏稱降服。已賣者養癰之禍方深，擅許者誨盗之萌宜剪。合無行撫夷官閱歷各哨，將賣苗兵若干名，盡行查出。係遠年官賣，其官已故者，姑照北邊收降鞑例，責取本苗入營，編隊食糧防禦，身終住止，不肯入營，即行革除。如係近年官賣，其官尚存者，不論在哨革哨，提問審實，責將原糧贖回，仍照本道去年議允條欵。今後有擅賣兵糧一名者，問罪住俸終身。以後追退户口，只用兵威勒取，不許准糧啓釁，庶可近壯實力，抑且遠杜憂虞矣。

六曰明賞罰。鎮、筸賞薄而後時，故軍士不勸。本道去夏以來，一變其法，遇斬獲真苗，盤擒奸細，血戰陣亡，登時例動庫銀外，另捐廩贖犒之。然斬獲陣亡，就中勇怯難易，亦有差等。合無酌定，凡苗衆結陣出劫，官兵堵殺鏖戰擒斬者，每真苗一名，賞銀五兩；零星潛出流劫，伏路遊巡截擒斬級者，每名賞銀三兩，漢逆助劫陣擒者，每名賞銀三兩；身帶兇器，挑送糧食接濟，及爲奸細偵探盤獲者，每名賞銀二兩。凡漢逆俱要擒解審實，不許擅戮，以防妄殺平民之弊；其隨苗陣拒戰者，不在此論。我兵摧鋒陷陣，乘此得勝，其奮勇之人，臨陣被殺者，恤銀五兩，混戰被殺者，恤銀三兩。家有精壯丁男弟姪，驗明俱准補兵缺，殺賊報効。如戰敗奔走，被苗趕殺者不恤。奮勇陷陣重傷者賞銀一兩，輕傷三錢；混戰重傷者賞銀五錢，輕傷一錢；奔走被趕傷者亦不賞。守哨官從實分别覈報，不許狥私顛倒取究。目兵觀望退縮，致本隊兵損失三人以上者，綑打一百棍革役，仍枷號兩箇月，有傷者免究。苗入經由信地，砲樓不報，應守隘路不截，致殺擄人口者，綑打八十棍，枷號一箇月。尋常察點砲樓把隘失誤者，綑打五十棍。若遇大戰，主將申嚴號令，臨陣退縮者，自照軍法處斬。以上俱候詳允刻示遵行，庶賞信罰必，未戰而氣自倍矣。

七曰權勦撫。兵法欲戰必守，欲守必戰，故戰中有守，守中有戰。戰中有守者，致人而不致於人也；守中有戰者，制人而不制於人也。不能戰而談守，未有不坐困者也。辰、沅生事之土官、喜事之黠民，紛紛請勦，兵幾萬，餉幾十萬，本道盡絀罷其説矣。今乃兼勦言者，彼所謂勦，離撫爲勦；而本道所謂勦，即撫用勦也，非勦則不能行其撫也。苗雖數萬，散處各寨，不相屬，少者寨數十人，多至百餘人止耳。入犯皆先殺牛剁聚，事畢鳥獸散去，甚若易制，而輒爲所困者，戰威不立之過也。故事：失陷户口，責哨官追退，又戒以勿得啓釁。故十年積弊，惟斂兵銀贖取，今又嚴斂贖之禁矣。既不斂贖，又不用兵，則苗豈有坐而送人之理哉？雖本道申令，勒擔承糧苗追取，不退者革其糧，然擄掠利多，革糧害少，彼且甘心矣。況哨官畏苗如虎，支吾解脱，未必實行乎。去歲各哨退百餘人，然該府捐贖數十兩、鹽數十包，而土官田景逢、景珠等，分外私科失主每名銀二三兩，富而急還人者倍其數，視贖回不甚遠也。夫苗利劫質，非與鬬不殺人，人雖入巢，猶賦粥以活之，待贖故也。不以武脅而以貨取，雖重民命，而實饜苗欲矣，是誨之劫也。今春擄掠不翅百餘人，又將何以贖之？本道謂當鵰勦一二巢示創。犬羊之性，没利畏威，種落順逆不一。吾戰威立，逆者可順；而戰威不立，則雖順豈有不化爲逆者哉？合無行撫夷官閱哨日，唤出食糧苗長，薄賞魚鹽，責令入巢，傳示練兵制器欲討罪之舉，順者咸與並生，逆者決不輕宥。速獻所掠户口，准與贖罪。如逆命不悛，俟吾兵卒已練，器械已利，擇其惡極，如兩頭羊、官莊等寨，迅加掃殄，彼將痛而服矣。夫戰，危事也。不能縛之入犯，而欲取其在巢，又疑形也〔三〇〕。然勢固不同，入犯則彼乘我之不備，搗寨則我掩彼之不意；入犯則無所不攻，備多而力分，搗寨則厚集吾衆，氣盛而勢合；入犯則決於原野，火器力散，搗寨則薰其窟穴，火器力聚；入犯則角鬪，搗寨則用奇，此制人制於人之别也。此當待練兵制器有成之後者也。能懲其一二巢，而餘戢以恩信，則諸巢囓指相戒，所謂勦以行其撫也。

議糧苗有三：

一曰創反側。能憂鎮、筸者，生苗也，然本道則不憂生苗而憂熟苗。夫生苗巢穴甚遠，有重山以環之，有熟苗以間之，其去我民，風馬牛不相及，何知某村寨貨財可取，某往路直達可由，某哨隘疏防可掩哉？則熟苗爲之嚮導也。查得先年投撫把路苗人，食糧不過百數十人，其後日新月盛，兵不能戰，則餌惡苗爲羈縻之資，兵不能守，則養順苗求捍蔽之用，通計營哨共一千餘名，歲糧割兵餉十之二矣。此外尚有挾撫之糧，哨官私於打手凱兵内那給者不與焉。使其内向無他，猶可言也，今則羈者不羈而捍者不捍，豈惟不捍，且引生苗以虔劉我邊陲，蕩摇我保聚，剽殘我赤子，每次入劫，生苗幾何人？皆此曹與叛民作祟耳。且官糧之外，脅稱躭守某村，勒取歲月常例，名曰煙火錢，既廩於官，又食於民。倏爲順苗以領糧，又倏爲生苗以行劫，是彼兩利而我兩害也。以剜肉醫瘡之餉，反成藉兵齎糧之禍，豈不痛哉！本道懸令，地方被劫，察何寨把路之苗，將應放糧革住，擒賊獻人，方准補給。而各弁皇皇，恐失其歡，節次行察，並無一報，畏熟苗如此，況生苗乎？又安望其能捍巨寇乎？夫我兵政不脩，順苗皆寇，何苗可恃？吾兵政果脩，兵可制苗，又何恃於苗？合無行參守官，以後苗路失事，申嚴革糧之法，務在必行，如察有勾逆内犯實跡，明諭各苗，某人負恩作亂當討，罪不他及，即挑選精兵擒治。庶跋扈跳梁者破豺狼之膽，即陽附陰梗者，亦革鴟鴞之音矣。糧以誘其順，兵以威其逆，熟苗受約束而生苗患不減半，未之有也。

二曰杜濫增。苗糧已設者雖難裁革，而豢養之餉，秋毫皆係民脂，豈容無節？訪得各哨原來不限定額數，哨官造册，往往憑意增添。往者不能盡知，以近數年計之，往往十增其三四。濫觴已不可尋，横波亦宜力制。合無行撫夷官今次閲哨，將各哨食糧苗人清查實數，詐冒者除之。姑將現在限爲定額，以後不許擅添一名。如本苗故絶無子者，將原糧作缺，不許他苗冒頂其糧。仍待効順有功之苗，方許申詳給賞。額數已滿，雖有順苗効勞宜賞者，不妨優賚銀兩，亦勿輕許名糧。蓋賞費銀於一時有限，而糧遺患於後日無窮也。

三曰禁侵削。各哨遇放苗糧之時，只係苗頭總領，無從稽察，往往哨中積棍通同侵尅。至有放債私典苗糧，虚名冒頂，既違國法，且久假不歸。苗以失利生怨，未免釀成讐殺，宜防其漸。合無行撫夷官今次閱哨，量動逃扣銀買備鹽包，放糧日傳諭苗長，率領順苗出見，每名賞鹽一觔，將糧銀唱名給散，諭以恩威，効力把路，勿懷二心，自干天討。仍每名給小方紙印票，爲下次領糧之照。後季委官至，繳驗前票，方准散給，仍給新票爲照，再後季倣此。其繳過票，俱類釘申兵道察驗，哨官書識頭目。有侵尅苗糧者，准本苗赴委官告究，參呈問罪。仍嚴禁客土漢民，不許私買苗籌，違者治罪，本銀没官。其糧苗把截獲功，及預報某巢生苗由某處内犯得實者，申道行賞。創反側，則苗知畏，禁侵削，則苗知懷，柔其搏噬之兇，爲我鷹狗之用，或出於此。

議漢民有三：

一曰防啓釁。設哨之初，專以捍蔽辰、麻、沅、盧州縣，某營哨地，惟五寨司土民、竿子司苗民而已。間有客民生理，猶未甚夥也。因五寨、竿子土官，招集流民墾耕，而吾民富而商者、貧而流徙者，環哨插居，漸以成聚。其中有豪猾險健之徒，交結哨官，把持鄉社，既放債以折兵糧矣，又使子弟冒兵而耗不役之餉；既逼債以致兵窮矣，又唆各兵討餉而發大難之端。甚至私買熟苗之糧，公行冒領；交通生苗之貨，外啓窺伺；又或欺凌貧弱，准折妻子，致無告者挺身以投夷，懷仇者糾苗而釋憾。凡勾苗内劫，非射利則洩忿，此豪民實開之釁也。合無行撫夷官閲哨，會同參守，將哨中客民虚名冒兵，盡行汰革，以後放債與兵，不得指准月糧。散餉俱面給兵領，聽自算還，不許債主投狀領抵。苗糧一概禁斷，敢擅買者，照前欵議，究罪没官。仍嚴禁不許役貧凌弱，武斷一方。凡販賣俱照舊規，赴該哨來格所，聽健步稟哨官，通知熟苗，兩平交易，不許擅遣家丁入巢引苗，出外窺探。其交易止許魚鹽飲食之需，不許用牛，諸苗刀耕火種，得牛則以供剁欵祀鬼，歃結入寇而已。尤不許用硝磺兵器違禁之物，違者商民健步，俱以接濟論。哨官受賄畏狥〔三二〕，不能覺察者究革。内釁既絶，外侮可銷。

二曰遏投住。哨民敗群者，已能爲害，又有逃避差徭，負罪亡奴，投入熟苗寨，種地分租，因熟苗以通生苗，望爲窟穴。久則引生、熟苗出劫，又或幫其寨苗讐殺。如近有木里寨半熟半生之苗，流民投住數十家，因苗寨結讐，爲他苗擄去。此曹甘心從夷，及其自取，而爲中行説於蠻地，則邊境大蠡賊也。合無行參守哨官嚴禁，除以前元有民寨外，不許流民於近苗遠哨地方，從新創房居住，不遵者守哨官驗明燒毀，盡數驅逐。熟苗寨舊民被苗劫殺者，不在失事之限。凡熟苗與苗寨民，不許縱入内地，潛窺虚實。其思漢願回者，聽告守哨官，押解本道，發州縣遞回原籍當差；行李貨物，不許官兵侵動，違者依搶奪律問罪。敢新投苗寨者，被擒以謀叛論。仍行辰、麻、沅、盧州縣，行保甲法，將附苗民村，挨門造册，時相覺察，有久出不歸者，呈官察究。

縱容户口投苗者，事發連坐。遠方流民，從本保甲經過寄宿者，亦要詰問來歷，如係投苗，即扭住送官，毋得窩容奸細出入，自貽焚劫之患。外夷之防既峻，則猾夏之禍不作矣。

三曰絶勾引。生苗入犯，固由熟苗與投住之民，睥睨肆毒。而臨時又有内地奸民，勾通接濟，或分隊潛入，而會於某處；或先期散伏，而發於某時。其至必有所藏，其饑必有所食，若無勾通接濟，則何以能來，來又何以能久哉？近五寨哨捕獲盧溪客民劉通文、劉通武，搜出兵器飯食，供稱與苗交通，約於溪口送飯。而箭塘營於香爐山下堵苗，陣擒三名，田邦魁、田老四、張回香，皆麻陽民，引苗報讐，劫溪口、長冲等處，殺高參將家丁及標兵數人。大抵邊境之禍，熟苗十三，叛民十六，而生苗纔居一二。勾引不絶，欲遏外賊難矣。本道嚴行各哨關防，報稱哨地與苗原無界限，各民手不持刀弩，身不帶禁貨，隘兵攔阻，動稱妄拿平民告害，以致出入莫可究詰。不思越度關津，已有禁條，況越哨乎？又何必盜形具而後爲扞罔也？訪得青黄不接之時，四外流民，藉口艱食，或云趁口邊哨，或云移粟苗巢，或云投耕某山，或云探親何寨，此皆勾引之别名耳。合無嚴行參守哨官，於官私路逕，分撥防兵，常川把截，但遇漢民流徙到彼，無論趁口探親等項，盡數阻回，不容越度，敢恃人衆勢强搶過者，放砲發兵，追擒治罪。如有竄入苗界、蹤跡可疑者，即便拿住，搜有違禁器物，勾通情由，以奸細論。空身者解道枷號，遞回州縣收管。盤驗員役，論功行賞，若疏縱失防，爲别處覺發者，將前經過門隘兵役問罪。勾引盡絶，苗夷茫然不知内地虚實，又惡敢狎入不測之淵哉？

議土司有二：

一曰覈戍兵。永順兵三百，分隸永安、强虎，保靖兵三百，分隸洞口、筸子。領兵舍把頭目，合鎮溪所乾州哨，約四十餘名，皆廪於官者也。無事則荷戈乘障，有警則擐甲先登，方有裨邊圉之用。今則强半子虚，大都恇怯，本道委守備金有聲閲哨，洞口土兵，點一百名不到，永順兵雖在哨，而縮朒不聽調遣。夫縻空名之餉，而餉不用之兵，皆與無兵同，然則調發何爲，裹糧何益哉？合無嚴行參守及二宣慰司，以後委官放土兵餉，俱照哨兵例，察點實在，方許散給，點名不到者，扣銀還官。其隨營土兵，務要選練精壯，嚴守信地。苗寇生發，聽參守哨官號令，分遣堵殺，有功依賞格一例給賞，不用命者，舍把頭目革去廪糧，治以軍法。營哨實增六百人之用，軍容益壯，苗醜寒心矣。

二曰責擔承。永順約束鎮苗，保靖約束筸苗，每歲俱有擔承認結到部。營哨原設撫苗防守舍把頭目，月食廪糧，正分北三苗疆以戎索之意也。今則擔承毫無實効，認結祇屬虚文，就中筸苗猖獗尤甚，歷數冬春二季入犯，十三鎮苗，而十七筸苗也。夫兩宣慰司受國恩，世有爵土，生苗皆其部落，命懸掌握，而坐視匪茹，虎兕出柙，典守何存？雖在我疆吏，自當厲兵固圉，惟敵是求，不必專倚土酋爲緩急。然擔承題奉明旨分管，義表靖恭，而罔思厥居，棄命廢職，則嫌於欺君；儌寵靈以保世勿絶，歲額粟糧，既逋貢賦，戎籍豢養，又縻金錢，而隸也不力，以部苗爲邊陲憂，則昧於報德，亦非土司所以凛天威、順鬼神、傳子孫之道也。合無請發憲檄，傳諭二宣慰司，恕其已往誤事之咎，責以將來報國之忠，將原認擔承苗巢，嚴加鈐制，如有侵軼，奉令捕擒，即發兵殲厥首惡，獻俘馘於官，優賞如格。本院還朝，廉其約束有功、忠力不懈者旌獎之，不如法者戒飭之，其尤甚者聞諸上而加賞罰。榮辱既分，趨避必勇，不惟固吾圉，而激勵土司勉爲忠義，以保業享名，施恩更厚矣。至五寨、筸子坪二長官司，滑石巡檢司，與營哨錯處，均當奉法竭力。而筸子坪尤有轄四十八苗寨之責，如該管寨苗犯順，合切責土官協同營哨，計擒首惡，追還户口，有功獎賞；敢有懷奸漏情，陰陽取利，脅詐苦主，提問治罪。譬御馬者御轡在手，不剛不柔，則四牡之力可盡也。

彙參失事條陳申飭并自劾詳

爲疆場破壞日深，邊民塗炭已極，謹備列僨事之狀，直窮受蠹之原，并自劾撫苗失職，以聽處分事。

照得本道去秋受事之初，即兩發告示，布威德以懷夷落，恐哨官苛貪啓釁，則有尅賞糧之禁矣；恐奸人闌出勾引，則有飭保甲之防矣。而鴞音自若，乃知苗非可空言撫也，官之師旅，實有所缺。於是昧議戎政條欵，俱蒙兩院批允，本道與兵道力督將吏舉行，而辰州府撫夷官佐之；繼捐俸廩，并動庫銀，煅造鳥銃鐵甲，器械略設，而以賞罰厲其後，庶幾收小愒之効。然兩道止持文墨議論而已，練兵守險，則參守哨官事也。詎意柔情易恣，惰氣難程，豈但無鼓舞手足之能，且無發露耳目之畏。本道心苦形瘁，口頑聽藐，而疽蝕魚爛之禍，日甚一日。如今年七月起至十月止，共殺死兵一十七名，燒殺死户口三十二命，擄去男婦二百六十餘名，牛馬五六百隻，煅房屋一二百重，他雜物不計。元元何辜，真可痛哭流涕長太息矣。最可怪者，一兵不練，火攻不習，委官擬汰老弱，則多方爲丐免，曰熟知苗路也，在膽不在力也。事逼則驅羊格虎，有并火器委以予苗耳。尤可恨者，一哨苗入總路，不過數處，如靖疆之高羅、油草，永安之朱冲口、洛濠、莒蒲塘。永寧之龍鄂總兵營，其要害人人能言之，而遊巡砲隘，俱爲虛名，苗往來若無人。甚至越哨深入七八十里，本哨兵尚若罔聞，將領不之按，即兩道嚴按，亦寢不報。在事諸將失事之罪，一以國法繩之，無所逃矣。

若夫積蠹之原，總由大小將領，無安邊境立功名之志，而一以管兵爲利媒，愛錢與惜死之心兩合，痼疾牢不可砭。其顯然易見者曰占兵。去秋本道已條陳兩院頒禁矣，今訪各哨私役，多者數十名，役於官，則不復問擊刺之事，而戰卒愈少。猶之卒也，何彼袖手而我荷殳？士皆解體，而戰氣愈亡矣。如五寨兵額最縮，在哨不滿百名，而哨官董籌呈詳園頭吹手門子教士等役，共占三十餘。董籌所指，必非自列，其屬參府可知也。參將有班軍百五十人，守備有班軍百人，皆兼坐行二糧，不戰不守以奉奔走，猶不足而侵及哨兵乎？田單編妻妾行伍之間，彼何人斯？其爲蠹一也。占兵未已，又有賣兵。健兒多窮兒也，負技力自効，孰肯輸財？亦安所得財？惟不任戰者，其補伍必有恒餽，而哨官居爲奇貨，即汰壯而進羸弗恤。而委官欲清之，且若奪乳嬰口，茀然以不肖之心應之矣。其爲蠹二也。兵賣閒矣，苗攻哨亦可畏也。況今餉懸指二年後，重以事故革退之不虞，則雖賣而其利未博，惟與苗爲市，可以饜其惏心。而苗以死保糧，守爲世物，其甘而必得之也。一名賂拾餘金以上，既可德苗，又可肥己，而緩養癰之禍於歲月，是賣兵者轉而賣苗。其爲蠹三也。苗豈能終抱餌而止劫哉？有朝受糈夕行剽者矣，於是卑詞與約，苟完本哨而已。餌於東而劫西，餌於外而劫内，我勿與知，以盧、麻二縣邊民爲壑。甚乃戒隘兵勿舉炮，謂聞炮不赴，責在官而重，失炮不舉，責在烽堠而輕，是賣苗者巧而賣路。其爲蠹四也。

凡此四蠹，總屬膏肓，而賣苗、賣路，尤不治之疾。糧苗千餘，歲銀四千五百兩而羸，豈制餉之初，預派此豢苗之額哉？始濫觴，末江河，計萬曆來新增者二百名，爲金六七百，此外盜氣血附頸之癭也。其以兵賣苗者，各哨共一百一十餘名，皆以漢名附籍，而以苗身坐寨，此内盜氣血附心之痞也。且歷觀數月劫案，越靖疆洞口，則北中盧溪；越永安、永寧，則南中麻陽，深入七八十里，何所過哨路反獲寂然？苗不犯哨，哨不堵苗，而賣路之證，不既昭昭耳目乎？夫設哨爲内地捍耳，麻陽雖有清水、石羊諸小哨，然第二重門户也，其兵寡；永安、永寧等，則第一重藩籬也，其兵多。藩籬不守，門户薄矣。拒敵而傷，猶曰格鬬，哨民被掠，猶曰逼虎穴，若包有魚以及賓，户進狼而入室，開關延寇，何異黨苗而助之攻哉？且各哨兵募苗在營者，種本犬羊，悲存狐兔，出與苗遇，往往交臂相送，而賣路之禍愈極矣。上下相蒙，以養苗爲當然，以養苗而劫爲固然，以縱苗過爲不得不然，日蝕月爛，兵盡化苗，必無湖北，不至大征不止。至於大征，而費財費人，各又巨萬計，禍又何可言哉！故今湖北殆不可爲矣。非不可爲也，愛錢惜死之弁爲之蠹也。

割癭削痞，驟者必死，惟實其元氣，使氣血歸於益人，而不爲彼盜，則如癭痞者，固可以守而坐消。明法制，别賢不肖，以奪其愛錢惜死之心，而四蠹可剔，兵可强矣。竊謂本院宜著令，苗入本哨與格者，有損失亦薄其罪；縱使越哨，即以賊侵境内擄掠人民充軍律治之。厲賣兵賣苗之禁，犯者雖主將無所貸。其現在各官，分别提問戴罪如法。而先年賣糧與苗之余萬鍾、潘弘祖、劉宗舜、濮朝東、王蓋臣，仍批本道提究。使知挾私壞邊計者，雖事在數年前，猶有冷面無情如本道者痛追繩之，庶幾戒貪懦之後車，而今日之癭與痞，猶可守使勿潰，而急理氣血以待其衰止也。

至哨務雖多，總不過「練兵守險」四字。本道原議已悉，特苦參守哨官不肯實舉，今又議約束以督其必行。一曰束隊伍以行簡精鋭之法。五人爲伍，五伍爲隊，居而練，出而戰。律以止齊，一人斬級，四人助力，分别同賞；一人被殺擄，四人割耳，綑責枷號；一伍有失，隊長連坐，則静相保，動相救，勇怯相習。其老弱者，伍中恐爲累，自不肯留，而買閑冗食之弊，無所容矣。二曰把苗路以行守要害之法。每哨苗入總路，察明幾處，每處撥兵若干名，五日一換，俱載簿稽察哨守，時時巡閲，失伍者綑責。苗過砲樓不報，遊巡不堵，參將吊簿察提，連簿移解兵道，簿上不註，即係哨官賣閑。三曰立會哨以行申策應之法。在本哨，則某處遊巡兵與某處會；在鄰哨，則某哨遊巡兵與某哨會，俱畫定界限，以辰、酉兩時爲節。仍設令箭號旗，辰會一處，箭遞換一處，酉會一處，箭仍歸本處，俱載入苗路簿中。應會不會者，將不到全隊本日口糧，扣賞獨到之兵，另行綑責。如有苗警，隊長拿解，治以軍法。四曰練火攻以行除戎器之法。鳥銃手延請教師練習放打，務在精熟，可以命中。臨陣前衛以挨牌，旁夾以長鎗刀弩。每出，將火藥預分數包，一放之後，牌兵鎗刀兵接戰，銃手又可入藥再放，仍要懸帶腰刀，以防敵殺。放打不中者，銃手綑責。若銃手被殺，同伍兵連坐。五曰責欺縱以行明賞罰之法。任法生怨，任怨生謗，誰不知之。而不敢避者，官守之凛志，民害之痛心也。今各哨失事重矣，參守於哨官，惟恐有傷，并不敢問一卒。苗過總兵營、木星冲，而永寧之目兵不究；苗過朱冲、菖蒲塘，而永安之目兵不究；苗過高羅、油草，而靖疆之目兵不究。官可猫鼠，而簡書不足畏乎？卒可驕兒，而閭井之荼毒不足念乎？知其賣路而姑息之，是一縱也。大小相師，陽爲不覺以避不戰之罪，是欺也。前高參將訝本道屢批操切，貽書謂九邊各道與總、副、參、遊同心，故能立功名。夫邊上掩敗飾功、狗情破法之態，豈本道所能哉？畏官守故也，痛民害故也。軍法惟賞罰二端耳。今擒馘之賞，陣亡之恤，道府未嘗小恡，而決罰不明，哨官猶可諉諸兩道；而頭目隊長防兵，斷宜責參守，嚴繩其失伍，而痛治其疏防，無監司日僕僕向各哨提小兵之理也。設簿稽查之法既立，再有庇狗迴護者，欺縱之罪，守備則兩道參提，參將聽本院裁處。以上五欵，原是兵法之茶飯，將守之耕織，今無一留心下手者，不得不越樽俎代爲區畫，而束以必赴，已通行參將、守備及辰州府撫夷官矣。本道之所得爲能爲者止此，法立而猶玩愒，則當以三尺鞭其後。

抑營哨之敗人敗事，亦既發露無遺矣，乃本道瘝官府咎，尤有不得而自掩者。苗不靖而始議兵，湖北撫苗者何官哉？古之守令，積其恩信，猶能懷來羌族蠻部，爲不侵不叛之臣。而本道撫綏朞年，叛者四起，其咎一也。申飭戎政諸欵，謬謂行之可以改壁壘旌麾之色，而半年於此，將領閣之如弁髦，邊疆啖之如畫餅，本道還質之如説鈴。有盟不踐，爲欺大矣，而何以責人之欺？其咎二也。臣子之衡功罪者，惟事與言，詢事事廢，考言言浮，誤疆圉而陷生靈，非本道推納之溝中乎？且從來分守，催餉外無越思，今本道目擊鎮、筸膏盲之病，慨然與兵道許副使約，共釐振之。兵道忠勤公正，僇力同心，無人不共推敲，無事不相咨確，而毫無補於勝局。有器於此，一人舉之未勝，助以一人而重自若，則助者慙矣。況靜聽輿誦，頗謂本道去歲勒石革鎮、筸常例，嚴杜科斂，今年又清查苗糧，不許私賣，責選實兵，不許私頂，將領失其壟斷之望，皆有重足束手之歎。即高參將書與本道，亦云水太清則無魚，其教戒甚切，惜不能從耳。故秋冬諸營，營哨恣苗出入，如履無人。以形襲常之寡患，而綜覈之失策，是藏怒於本道，而遷禍於邊民也。本道任法任怨，未見其利，先受其病，然則諸將戰不力，皆本道之咎。而駑驥並驂，驊騮莫展，累許副使自劾者，亦本道負之也。

語曰：「責人則明，恕己則昏。」志曰：「施其所惡，自上而下；施其所愛，自下而上。」若批根將領而匿瑕監司，是本道智昏於恕己，而本院法格於行近，其誰肯服？伏乞本院特賜糾參，重加鐫降，以爲失職之戒。目前人心倍加警惕，疆事或可整頓，仍將本道所列蠹原之説存之，使後有任臣良將，得以考據歎息而經營，本道雖身退甘之矣。

議添募兵築邊墻

爲苗氛甚惡，黔患震鄰，謹陳目前急務，以固邊防事。照得鎮、筸苗枕川、湖、貴之交，苗巢中踞，而三省外環之。宣德間，總兵蕭綬大征，後再征於成化，又再征於正德，又再征於嘉靖，率未有五十年不用兵者。由嘉靖來六十餘年矣，苗糧愈繁，漢逆愈夥，兵防愈壞。至今日奸弁懦兵通夷之民，與苗爲一，而其害獨良民受之，其憂獨兩道受之，此膏肓貞疾，未易藥石救也。請先言其病而後議所以藥之之策。

自邊墻壞而入犯路多，如四達之衢，而營衛病矣。自范參將仲仁創無益之哨，以兵糧賣苗，兵力益寡，而四肢病矣。自高參將居仁畏苗如虎，令附哨居民，請苗躭保，犬羊益驕，而神氣病矣。自各哨官募苗爲兵，仗之賂苗自免，爲苗兵者，居則以情相輸，戰不以矢相遺，養癰待潰，而腹心病矣。大哨兵不滿三百，信地長二十里，短亦十餘里，苗無不攻而合，我無不守而分，其不勝一也。苗有苗兵以爲外間，有逆民以爲内間，有健步以爲反間，而我食糧軍健，反不肯以苗情報我，貿貿然不得要領，其不勝二也。邊民耕種遠哨五六里，往來不可詰，苗往往深入百里，流剽數日，所至皆有奸細爲之造食諜報，而我兵調發數十里，赴敵疲於奔命，其不勝三也。糾劫無報，而不能行健步之罰；入邊無砲，而不能行巡兵之罰；堵切無効，而不能行官目之罰；殺擄數百，席捲以歸，而參守未聞鞭一人，貫一人耳，本道安得人人而執之？其不勝四也。

各哨之病，無不然者，而莫甚靖疆、清溪、洞口，尤莫甚靖疆。蓋北之乾州以强虎爲外捍，箄子以火麻、炮水二小營爲外捍，獨清、靖、洞，苗一闌入，則直抵麻陽、盧溪村寨，恣其擄掠，入無重關之閉，出無再截之虞，故禍偏中三哨也。洞口、清溪，尚多山險；其兵壯懦參，尚可練；山坡曠地，尚可耕以待餉。獨靖疆邊苗皆平原，無可守之險；地狹有主，無可墾之塲；兵窮救死不贍，無戰心，屢敗之後無戰氣，故禍尤專中靖疆也。況貴州銅仁有事，水硍、黄栢等山，連兵三月未解，勝敗相當，擄其哨官平溪衛百户陳湯銘，而後贖回。放一被擄婦，斷其手；一被擄民，劓其肉，傳語鎮道速撫我，其鴟張如此！聞貴院頗決意主勦矣，黔兵利則驅苗入楚，而楚有豕突之憂；黔兵不利則驕苗并輕楚，而楚有蠭起之患。此皆不可諱之禍也，安可漫然不爲之計哉？

爲之計，不過勦、撫、守三者而已。勦之法，一曰大征。縉紳士民，憤苗荼毒者，無不攘臂於犂巢掃穴之舉。夫苗則誠毒矣，葛伯仇餉，殘一童子耳。今兩年沿邊，塗鋒刃者以百計，俘夷巢者以六七百計，淫辱婦女，斬截嬰雛，財畜罄於掠，廬舍罄於焚，田地罄於賣贖。誠得聲其罪而瀦之，膏諸苗以釁鼓，豈不攄生靈之宿憤，振華漢之天聲，而勢固未易言也。大征必合二省之力，即楚一路，必得兵三萬，餉十萬，十萬之餉安所出哉？次則鵰勦，而鵰勦亦未易行也。凡鵰勦如迅雷不及掩耳，必先有一枝致死之兵，自爲一軍，在貼守之外，而後可以獨往獨來，敵不能測，伸縮如意。今摘調之各哨，其衆爲烏合，懸令於數日，其機爲先泄，無論驅市人，即人人投石超距，而苗已知之，有以相待矣，弱則入箐以老我，强則扼險以覆我，豈望其有尺寸之功乎？古之善鵰勦，有臨發而兵未知何往者，今安得此將？即有將，安得兵而用之？故曰未易行者，此也。

至於撫，原與勦合之雙美，離之兩傷。我創以兵而後撫，則避死就生，避害就利，其撫必來，其來必固。今苗蹂疆埸如籍稻，所穫不貲，我不能有所芟剪，而曰撫爾勿爲寇也，彼犬羊，如蠅之集腥，豺之虓血也，豈肯棄實利而聽甘詞哉？其勢非啗以兵糧數十名，無所用之矣。啗以兵糧，是賞其往劫，而誨其新寇也。醜夷斬刈吾赤子，不能誅，又不耻獻納，此則今將領饒爲之，而本道雖死不能從也。故今日言撫，非但將領撫首惡者，爲掩耳盜鈴之談，即本道撫餘黨以孤首惡者，亦未免泥羹嚼蠟之說，何也？兵威不立，則餘黨決不肯帖耳就吾羈縻，而首惡未可孤也。

力不能剿，勢不可撫，則坐而待斃乎？惟有料理戰守一法而已。戰守之法，不過本道累詳練兵、守險兩言而已。守險有要著，曰固築邊墻；練兵有急著，曰暫益戰兵。邊墻築於孫參將，數十年倚爲固，其後圮者續修不如法，猶存舊墻之半；至三十三年，盡壞於洪水，而十年之苗患始增劇，則無墻之驗也。使有故墻，苗雖衆，必先挖墻，不能猝入；即入而擄掠歸，止此一路，不能他出；且所掠人畜，安能急出，我兵據墻邀擊，彼不能無傷，人口可奪也。先年有堵之墻下，獲級數十者，固其成事也。計長寧、盛華、箭塘不用墻，筸子强半倚絶厓爲城，溪爲池，亦不用墻。其宜築墻者，下則由筸子接灣溪、乾州二十里；上則由洞口之孤魂塘接靖疆、清溪，至奇梁營三十里。下路可緩，上路三十里，計不過五千丈。舊墻雖盡而跡猶存，今當計一勞永逸。墻址闊四尺，收頂三尺，高九尺；址用三層石，苫蓋以草；墻外取土，因爲深濠，濠外栽竹簽棘刺。募民夫，以兵力佐十之二，計每丈費官銀三錢，五千丈用千五百金。往時兵多虚冒，其逃故扣糧之日，哨官以實私橐。自本道兩年在事，嚴加稽覈，賞功吊死，制銃造甲，皆有籍，計現在辰、沅二庫所積，已千數百金。此例在正餉外可動者，誠用以築邊墻，爲小民保障。築完之後，歲於逃扣内，别貯五十金爲修費，遇小小淋圮，即呈詳動買灰料，而役兵力築之勿壞，此百年之利也。

然交夏多雨，非八月不可動工；九月民又收穫，非冬不可併工；非來年二月，不可竣工。苗豈能待哉？從八月始，又爲槃瓠猖獗之時，邊墻未就，彼突而入，不必滿千，即數百人，而我兵無所不分，倉卒之間，安能集數百人禦之？且役夫滿野，不遺之禽乎？彼不利邊墻之立，時以百苗蹂我，能從事版築乎？欲責本哨兵劄營以護役夫，彼從間道潛入内地，不首尾牽制乎？欲築邊墻，其勢不得不暫益戰兵，夫各哨非無兵之患，無戰兵之患也。本道徧閲諸哨，惟强虎哨數十兵，及民寨兵，永安百兵，王會七八十兵，筸子之廖家三十兵可戰。驗兵以力，教兵以技，其於戰皆屬第二義，戰之勝，惟有膽耳。哨兵兒戲者多，本道雖汰換，法不能盡汰。募兵雖多壯丁，然皆農民，驅而與苗角，未能無色戰也。苗兵雖敢死，而狐兔情多，不肯致力。惟鎮、溪之土兵，王會一帶之仲、獠二家兵，技勇埒苗，而離筸苗六七十里，無姻親，可用。爲今計，須精募二百名，統以能將，駐靖疆爲遊兵，左顧清溪，右顧洞口，苗入則直往搏戰爲鋒，而各哨助之，誠得一勝，則苗膽自破，兵氣自張矣。修築邊墻，即以此一枝兵，及三哨之半，出墻架梁，苗必不敢動，墻工可就也。

添兵便當添餉。本道反覆籌之，此兵非長設也，不過一歲之計耳。兵備道原有奇兵一營，内打手凱兵共三百名，以備調發，其實如土鷄芻狗，無益於用。然不可驟去，去則爲變。即各哨兵雖弱而不敢多汰者，職此之故。參守張良相云「小則爲盜，大則勾苗」，是也。本道於奇兵缺二十名，已懸不補，漸漸汰其老弱，附近諸哨，亦用此法。俟邊墻成後，即將此增募一枝之兵，收入奇兵營，不盡者填補各哨之缺。如此，奇兵皆得慣戰之卒，有虎豹在山之勢，而增餉可罷，故曰：不過一歲之計也。計一歲增兵，餉當二千金。本院原發助餉餘税銀二萬兩，貯辰州府庫，分毫未動。竊謂於中動二千金，爲募新兵一年之費，尚一萬八千兩，以給鎮、筸營哨額兵四十三年夏秋工食，亦不爲少也。驟費二千金錢，本道非不惜之，然擇害就輕，擇利就重，若不暫設此一枝慣戰之卒，八九月苗必大舉，復有十八寨之禍，邊墻決不可成，雖取失事哨官誅之，猶未能益於成敗之數也。此策不用，則當聽將領以兵糧三十名豢苗，可弭旦夕，然十年便爲金三千，且其隱憂伏禍，不可勝言矣。本道目擊鎮、筸苗患，過於今之倭、虜。虜隔邊墻，倭隔巨海，而鎮、筸無短垣之蔽；虜防秋，倭防汛，而鎮、筸惟五、六、七三箇月稍緩，其餘無非跳梁之日。計惟暫益戰兵，堅築邊墻，募兵之費，取現發助餉餘税，不過二千金；邊墻之費，取本道所節省逃扣銀，現在不過千五百金。逃扣無損於正餉，而餘税本院破格濟邊者，今邊民塗炭已極，取二千金以爲之捍禦，何憚不爲哉？

邊墻成而兵益練，則制苗有餘矣。且一年内有此精兵二百，自爲一軍，可以出奇，新任又得良將，相機成功，未必不在此著也。即貴州鎮道鵰剿水硍、黄栢山，從二月至今，所費以數千計，皆思州、銅仁、思南等府搜括庫藏，又編發鄉兵，騷動一路，誠憤苗禍之無極，雖費不得已也。黔以苗爲腹心患，而上下以全力圖之，故所苦在遭時之詘。楚以苗爲肢節患，而辰、沅距省千六七百里，情狀難以紙悉，故所苦在伸志之難。然肢節疽蝕，腹心能晏然已哉？

伏乞本院察本道言非敢欺謬，准於助餉銀内，動二千金，爲募兵之費，止以一年爲限；邊墻工完，即將新兵盡收補奇兵營及各哨兵缺，以省添餉。其邊墻工仍聽本道委官估計，於辰、沅二庫節省逃扣銀内，動一千五百兩，興工修築，嚴加稽覆，不得浮冒以蠹財，亦不得過縮以廢守，度此費尚可量省，所省盡數還官，庶邊防有賴矣。

酌議四衛兵餉詳

爲酌議兵餉虚實裒益，以固邊防事。

照得疆場之事，惟兵與餉而已。制兵有多寡，當視地之緩急，急而無兵曰翫寇；制餉有厚薄，當視事之安危勞逸，逸而倍餉曰蠹財。以兵制餉，以餉制兵，必能相爲有。實不能有，而名有之曰糜軍。

湖北有三鎮，各設參守，曰鎮筸，曰清浪，曰五靖。以地之急、兵之習勞冒危，則鎮筸爲最，清浪次之，而五靖三年無一苗警，可謂緩矣。靖州哨兵，僅充守備該州雜差，此外操且不數數，無論戰也。五開哨兵，并雜差無之，其兵多爲豪門富家僮幹所買頂，各有數兩頂首；而中軍官至有以撥送鄉紳，爲架房脩墓之役者。蓋惟其安且逸之無所用，故至於此，亦可慨矣。

以兵之多，則鎮筸爲最，以數千計；五靖次之，以八百計；若清浪舊惟參將標兵百名，然三年未嘗一與苗鬭，不爲用也。又有犵兵二百名，然每名月僅糧銀一錢五分，餽之不飽，難責死力，且分散十七處，多者不滿三十名，少僅六七名，勢孤形格，不可用也。其實兵爲用者，惟兩道四十二年創設守備所領，及沿沙哨兵一百五十名而已。以偏、鎮上下百餘里之路，兩江苗寇鴟張之時，官商護送往來如織之役，而僅兵百五十名當之，無惑乎苗之有所侮而逞也。

以餉之厚，則五靖爲最，鎮筸次之，而清浪不足言矣。鎮筸糧最厚者曰凱兵打手，每名歲支口糧工食共銀九兩二錢四釐，如是止耳；次曰犵兵，每名歲僅支口糧魚鹽銀五兩七錢二分四釐；次曰蠻兵，每名歲僅支口糧魚鹽銀三兩九錢零；次曰鄉兵，每名歲支口糧二兩一錢而已。獨靖州凱、募二哨，凱兵歲支口糧工食九兩二錢零，與鎮筸打手等募哨歲支銀七兩八分，已在鎮筸犵兵之上矣。五開有客、土、凱三哨，土、凱兵每名歲支銀八兩二錢八分，減於靖州凱哨，而優於募哨，已不爲不厚也。至客兵一哨，冒濫之極，有可駭者。鎮筸參將親兵十六名，清浪參將親兵十五名，每名歲不過支打手銀九兩二錢零耳；獨五靖參將親兵十六名，每名歲支銀一十一兩六錢八分二釐。以五靖較鎮筸，勞險百不一，較清浪十不一，而獨親兵銀歲多三十九兩八錢有奇，何也？鎮筸兵冒刃捍矢與苗角，死傷月有聞，客兵有之乎？鎮筸兵調發救援，近四五十里，遠者百餘里，或三四日夜不歸，裹餱糧，犯風露，披煙卧草，客兵有之乎？乃客兵七十一名，歲支銀一十一兩六錢八分二釐，較鎮筸最厚之打手，尚多二兩四錢七分八釐，何也？清浪新募兵一百五十名，僅食犵兵糧歲五兩七錢零，其格鬭防禦，與打手同，無打手之糧，而任打手之役；而客兵不任打手之役，反獨厚於打手之糧，又何也？凡兵惟頭目哨長有加餉，以司領率，嚴責成，至隊長未有加餉之理。且隊長者，以古司馬法，則五伍爲隊，二十五人是也；以戚都督繼光戰法，則十二人是也。今五開客兵僅七十二人耳，業有哨官以統之矣，而仍設哨長二名，每名歲支銀一十三兩四錢五分二釐，隊長十名，每歲支銀一十二兩三錢九分，豈七人便爲一隊乎？惟務多創名色以厚領糧，而不思其何取。且就五開三哨衡之，土、凱二哨兵各一百五六十名，其哨隊長俱無加糧，而客兵獨有，又何也？

夫厚糈以易士死，亦何所愛，然責之貴實，施之貴平。不戰不守而奉市人，非實也；血戰者薄而休居者厚，非平也。竊謂親客兵宜裁如鎮筸打手之數，哨隊長量加酌損，以蒙安之卒，而等享日戰之餼，彼亦何説之辭？即謂客兵征皮林之時，曾得其力，食糧已久，難以驟裁，然爾來十五年矣，此十二名之哨隊長，七十二名之兵，豈盡舊人無恙哉？本道訪得中有事故者，賣缺者，皆係本地人買頂，而仍以客兵支糧，頂替多而舊兵無幾也。況十五年食不征不戰之厚餼，即從今一體量裁，夫豈爲過？不然，查其的在行間而今尚驍勇可推鋒者，量異之，可也。若靖哨有中軍官，募、凱各有哨官，而又贅設練兵百户二員，歲費廪給二十八兩有奇，深爲無益。原額凱兵二百名，募兵一百七十一名，而二十七年征播，創添三十名，相沿不撤，亦爲冗食。此在靖哨，已經本道徑行裁汰，計從今八月起，歲省靖州豐積倉米一百五十九石三斗，庫銀一百七十兩零九錢二分矣。惟五開哨屬參將爲政，非本院檄行不可。誠俯從本道末議，通計五靖二哨，一歲可省銀四百四十兩零三錢九分，米如前數，以銀九十兩零七錢九分、米一百五十九石三斗還靖州倉庫爲兵備，尚該銀三百四十三兩二錢。著令靖州每年解沅州協濟，募偏、鎮兵六十名，每名照狢兵例，歲支銀五兩七錢二分整，内以二十名添沿沙哨，以二十名添守備募兵，以二十名添老何哨，則偏、鎮一帶，又增一臂之用矣。

或謂沅、靖二餉，各有挈瓶之守，安得輕移，不知從二庫自視，則有藩畛，從兩院視之，何彼何此？醫之用針，引正氣以逐邪救虚，右乏則取左，左乏則取右，一人之身，豈相厲乎？今四衛膚瘡已極，而五靖髀肉久肥，則損五靖之濫而不使蠹財，因以補四衛之羸而不至翫寇，正權緩急爲地方之道也。乃若清浪糜軍有名無實之弊，則尤不可不立法一更張之，以變弱爲强。故事：永定衛撥軍三百六十名，沔陽衛、枝江所各撥軍百名，德安所撥軍七十名，共六百三十名，戍清浪哨，五年一换，各有官領之。官軍除本衛所俸糧外，上下班往來，在途則有澧州、常德、辰州、沅州各支行糧，到哨則官有廩給口糧不等，軍月給口糧米四斗五升。邇年班軍不盡足數，截長補短，可六百名，計一歲該支辰、沅二庫廩給口糧銀一千四百六十七兩四錢有奇。夫使六百軍而誠可與苗勍也，則清浪不屹然一重鎮哉？

乃今衛所軍皆象人矣，而班軍尤甚。本道嘗按籍過堂而閲之，大抵皆老幼恇怯，面有菜色，身不能具介胄戈殳，耳目不識金鼓旗幟，作何進止，久立且仆矣，況能與苗争一旦之命乎？且所閲之軍，又皆十三無人，臨時覓市棍應點者也。自其出門時，領軍官固以包買矣；比抵哨，則參將、把總等官，又恣意賣閑矣。夫班軍之制，戍清浪哨，以各領班官分之，而以一清浪把總轄之。哨者，巡緝之義，則上接鎮遠，下接平溪，皆當相其要害，分布防禦，以静邊塵者也。乃分發焦溪等堡，不能二百人，而四百餘參將、守備、中軍、把總私據而役之，門子、軍牢、轎夫、匠作，無不取用，月納班錢而聚之城中，聽其經營生理，果何法耶？焦溪堡距清浪三十里，永定班官軍所守也，班軍三百餘，止予之七八十名，去歲屢告失事，本道移參將李一鳴，添撥班軍協守，已有手本移道遵行在卷。而今七月，本道檄詰指揮吕登明，據禀依舊止七十三名在堡，李參將陽發添八十三名，皆軍牢轎傘之役，止有虚名，絶跡不到堡，此又何法耶？即班軍之在堡者，織草履、開歇店而已，賊在堡外打劫，而閉門不敢出。且每月一錢八分之糧，安足糊口？其不能自給，無賴者勾苗行劫竊，爲商旅患。地方不惟無班軍之利，且受班軍之害矣。遠戍異鄉，鶉衣觳食，各官需索，窮不堪命，疾病死亡，招魂無所，此班軍之苦也。軍不能捍苗，則苗劫益甚，苗患益慘，而繩失守之罪，繫逮追訊，財罄命隨，如去歲黎平府解銀吏至武定被劫，貴州勒焦溪堡官軍賠償，扣廪糧四十餘兩，其他罪罰，難縷指數，此班官之苦也。毫無裨戰守，而官軍反受其累，祇以供武弁役占需索之資，則安用此軍爲哉？

夫衛軍五，不能當募兵一，誠將班軍盡數撤回，即以辰、沅歲餉一千四百餘金募壯卒，照犵兵給餉，可得二百五十人，各軍之上班屯田軍户，俱有幫貼。遠戍五年，捐鄉土，背父母妻子，生死不可知，其害可謂痛矣。今既免之，宜稍收其免班銀，每班五年，一年納銀五錢，其納班者，照依往日上班例免其操差。或以太閒，令一班之衆，分爲上下半年兩操，除操練半年外，衛所雜差，一切蠲免，軍必樂從。計六百名，每年可得銀三百兩，解沅州收，給此三百，兵又可募五十人。以三百兵分布清浪，勝於六百老弱恇怯之軍，功相百也。有靖庫協濟募兵六十，清浪撤班軍原餉，并免班銀，募兵三百，四衛益此三百六十精兵，威必大振，苗可駾喙，可無議征剿；即議征剿，而實兵爲急，此法亦不可不行。蓋裁五靖之濫以濟四衛，是制肝養肺也〔三二〕；去清浪班軍之虚，而募兵實清浪，是以人治人也。在五靖不減兵額，在辰、沅不益兵餉，而四衛兵可以有易無，可以强易弱，地方可以安易危，本道竊以爲便計也。

謹將議裁五靖官兵銀數，及清浪班軍每年支領餉銀數，造便覽册具詳。伏乞本院裁奪。其客兵減餉之議，仍乞憲檄行五靖參將張良相，再議有無妥便回覆。然本道謂參將親兵，決當先裁，照鎮筸主將之例，以爲士卒倡。計此項銀三十九兩零，連裁兵二名餉十六兩零，共五十六兩，加以靖州撤哨官二員，裁兵三十，省餉銀一百七十兩九錢二分，共銀二百二十七兩零，已足募四十兵，宜先斷行之。即募以益偏鎮防守，餘俟客兵決裁議定募添。其班軍議撤，原軍有無願納免班銀，或再行上荆南、荆西道，詢永定、枝江、德安、沔陽衛所軍情，議報本院定奪，地方幸甚。

再詳

永定衛清浪兩班軍陸百六十六名，每班該三百三十餘名；沔陽衛清浪兩班軍二百名，每班該一百名；德安所清浪兩班軍一百六十名，每班該八十名；枝江所清浪兩班軍二百名，每班該一百名，五年一換。實在清浪者，通計四衛所共六百一十餘名，此其大較也。然逃亡甚多，重以老弱事故，日削日耗。計各軍上班，永定、枝江至清浪一千五百餘里，非二十餘日不達；德安沔陽至清浪二千五百餘里，非四十日不達。各軍捐墳墓，棄親族，有盡室以行者，有伶仃獨往者，無待至戍所，而道塗宿飱，已受其困矣。換領班官有見面之費，起行有祭旗科斂之費，經道府過堂支行糧有打點之費，至清浪參守、中軍、把總有常例之費，歲時有買閒納班錢之費，領班官在哨衣食使用，皆取諸軍，有雜派之費，各軍本地預領月糧，僅充資斧，到哨月支行糧四斗五升，歲銀二兩二錢零，殆半盡於誅求矣。長征羸卒，糊口無資，開茶湯店，捆屨傭作，不能救饑，又安望擐甲執兵，與苗爭一旦之命哉？六百戍卒，除焦溪、老何等哨堡，分去百餘，在清浪城者四五百人，僅供役占，恣科索而已。焦溪距清浪三十餘里，戍軍八十，正月苗焚城外一市數十家，閉堡自守，莫敢一問。本道移參將再撥八十餘名協守，而七月得勝營，八月鬼路溪，又聞失事。總之，五六百人無一人之力，歲糜行糧一千四百餘金，不得一金之用，徒留此一役爲蠹餉之漏卮、沈軍之苦海，豈不可痛哭流涕長太息乎？

窮軍視赴班，與就死同，而邊地視此軍，與土鷄芻狗不鳴不吠同。然土芻無資於飲食，而軍且糜餉，抑又甚焉。存之以滋軍困，招寇氛，兩害也；撤之以行糧募兵，軍解倒懸，兵得實力，兩利也。去利就害，何憚而不爲也？計一千四百餘金以餉狁兵，可養二百四十五名。本道前詳固曰五疲軍不能當一實兵，其實十不當一也。此特就辰、沅現支行糧言耳。本衛所月糧有六斗八升不等，數比行糧更多，若合二糧以募土著，得兵可倍。然本道思之，各軍皆垜充祖額，軍伍不可除，則月糧難以解充兵餉。似宜以該班之年，免其差操，令納免班銀；更酌道里遠近，如差操全免，永定、枝江每名歲納銀七錢，德安、沔陽每名歲納銀一兩；合操免差，永定、枝江歲納銀四錢，德安、沔陽歲納銀六錢。其銀半解沅庫，半解辰庫，充募兵餉，另爲一欵，庶本衛所之軍伍不失，而辰、沅之兵餉稍濟矣。

議四衛練兵募兵詳

爲清衛占，覈堡濫，議立練兵募兵之法，以責實用，以固邊防事。

照得楚四衛，與黔共治之，而官道村落，廪廪日憂苗，非苗之足患，而無兵之患也；又非無兵之患，而無餉以募兵之患也。取於額外，而疲民不堪命，可加徵乎？求諸額中，而現賦尚多欠，況遠逋乎？可謂難矣。然而未難也。以本道思之，難莫如勾踐，棲會稽之後，地不增廣，而貢獻日增多，又不爲楚之乞師，蔡之請粟，兵餉何所出？而二十年之後，遂以沼勁吴。最難莫如田單，困即墨之中，以孤城殘卒，與燕持久，敵圍不解，而外援都絶，兵餉何所出？而二年之餘，遂以復全齊。無他，不過即所有之民而教訓之，所有之財而節縮之而已。故在勾踐，則縮衣併食以養戰士，君親耕，夫人親織。而傳田單者，亦曰妻妾編於行伍之間，不獨無濫役以糜軍，無濫費以蠹財已也。使今治四衛者，能如勾踐、田單，而兵食何不足哉？然以今四衛事勢，未如越、即墨之急，而治者亦非必如勾踐、田單之過自苦也，惟在矢實心，求初制，化虛爲實，移無用爲有用。

祖宗經制，最爲精密，豈有四衛無兵無食、無可禦苗之理？蓋自沅州以西，設平、清、偏、鎮四衛，冷水、晃州等八堡，衛軍以供戰守，而堡軍以護往來，即禦苗之兵也。歲所供給錢糧，即兵之食也。顧在今日，衛不爲衛，堡不爲堡，而俱化爲驛，疲精於迎送，竭力於舁擡，夫迎送舁擡誠不可少，何至盡今衛軍堡軍之數以充之，而別不得其絲毫之用哉？則又不專在迎送舁擡，而衛堡官役占買閒爲之祟也。以衛言之，現在食糧平溪軍九百餘名，除雜役外，本道清出歸操五百七十名；清浪軍七百餘名，除雜役外，本道清出歸操四百八十名；偏橋軍一千一百餘名，除雜役外，本道清出歸操七百零二名；鎮遠軍一千餘名，除雜役外，本道清出歸操六百零八名。使以現操軍簡汰團練，豈不足助禦苗之一臂？而今非惟防禦無資也，即迎送亦稱苦。跟役雖本道限定額數，而悍弁名退實占，又有勢豪包役，惰卒買閒。據五月清浪掌印指揮孫惟忠禀，以四百八十歸操之卒，聽差不滿百人；平溪掌印指揮袁輸禀，衛軍有窮年無一差者，有一月困數差者，閒占益多，則差益重。其差有遠差，如省比繳通關等項；有費差，如跟表解銀俱派使用等項，而走差者窮矣。此外又有條編銀，有修城，有二百户所共養一馬，供旗吹騎坐，有經過駐劄官，辦酒取卷箱。衛官利有票取，取一派二，而通衛軍俱窮矣。當兵乏餉艱之時，可惜數千卒筋力膏脂，用之無名，此衛軍之弊也。

以堡言之，祖軍消乏，而録餘丁；餘丁不足，而募市人。查平溪志書，平溪堡正軍餘丁，召募僅一百八十名；鮎魚堡正軍餘丁，召募僅一百九十名，官路損轎，俱取定其中，未嘗稱困。至萬曆十六七年，乃以堡軍難支爲辭，而平、清、偏、鎮四衛，各募夫六七八十名不等，以應擡損，而堡軍止專管轎差矣。差既減一半，則軍額宜稍裁可也。乃不惟莫之裁，而日增月益，計現在平溪軍二百五十二名，比舊額多七十二名；鮎魚軍二百七十七名，比舊額多八十七名；其他若清梅二堡，則舊額二百，加爲二百七十四名；相見堡則舊額二百，加爲二百六十名；柳塘堡則舊額二百，加爲二百六十二名。差愈簡而軍愈多，何耶？鮎魚一堡尤爲濫極。柳塘、相見，上下各六十餘里；清梅下四十，上八十；平溪下三十，上四十；獨鮎魚下至晃州，上至平溪，各三十里。路較柳塘、相見，不及其半，而夫數反過之，又何耶？查此二百七十七名，内係三十九年兵道不察，妄准增募三十六名。以軍餉兒戲，恣洩漏巵，亦可痛矣！夫四衛公差應付，總與辰、沅等耳。四衛有黔道府州縣之差，辰、沅所無；則辰、沅亦有守兵兩道府州縣之差，四衛所無也。謂黔官用夫力獨勤，黔必不受也。且雲、貴之游宦者，無不經辰、沅，而辰、沅之游宦者，絶少到雲、貴，則四衛之轎損差，尚宜比辰、沅加省也。辰、沅各驛或七十里，或八十里，冷水、羅舊則九十里；而四衛各堡或三十，或四十，或六十，惟清浪距鎮遠八十里耳，是四衛路又比辰、沅加近也。至辰、沅船溪、馬底山路之峻險，又四衛所未及也。今查辰、沅各驛夫之極多者，如辰陽附郭，不過百名，而轎損俱在其中矣；堡軍既不擡損，則夫僅當辰陽之半，而多至二百六七十名，可乎？即以軍糧銀少，募夫銀多，然每軍歲銀四兩，募夫歲銀七兩，計七軍當四夫，二百六十名爲夫一百五十，是辰陽以五十夫應轎差，各堡以一百五十夫應轎差也。且就四衛論，轎、損兩差，勞逸正等耳，惟游宦挈家者，轎多於損；若解餉銀，解黄册，解火藥軍器，解曆日試録，則皆有損無轎也。清浪損夫七十，平溪損夫六十，偏橋、鎮遠損夫各八十，而獨擡轎站軍各二百數十，是以半應損差，而以倍應轎差也，可謂平否？據經告發者，冷水堡軍一百六十六名，而管堡官王之屏役占納班錢九十名；清梅堡二百七十餘名，而管堡官月應秋、胡位役占納班錢七十餘名。其餘各堡，雖上下猫鼠，無人首發，而占閒虚數，總不相遠，可謂非冒濫否？此堡軍之弊也。以不爲用之人，糜無用之餼，而不一清理，徒曰無兵無食，豈生民膏脂，僅以資侵牟、養遊惰已乎？本道推究其本，衛軍之弱，始於屯糧之攬占，利歸勢豪，而軍不得飽；堡軍之濫，由於應付之輕給，牌票半人情，而官得藉以爲辭。苟能堅執三尺法，盡清屯糧以還軍，而即現軍以求精壯，上下除公差外，不以一人情票徇人，覈站軍之數，止足實用，視驛夫而止，則四衛可以歲得五百壯兵，立化爲富强之國，而勢固不能行也。不能行者，本道能自言之，能自守之，而事有不盡由本道者，非本道之所能爲，必有勾踐身親耕，夫人親織，田單妻妾編行伍之心，而後可以實政張强勢也。惟於十分之中，師其一二，去虚濫之太甚，而酌時勢人力之所能爲者，則本道竊有二議焉。

衛軍祖軍，不可撤也，量於中挑選壯丁，免其雜差，爲練兵營，以充防守。堡軍募市人，可減也，量於中稍裁其太多無實者，以其糧添募戰兵。約平溪現操軍，選出八斗糧一百二十名充練兵，而以四百三十名走差；清浪現操軍，選出八斗糧九十名充練兵，而以三百九十名走差；偏橋現操軍，選出八斗糧一百三十名充練兵，而以四百四十三名走差；鎮遠現操軍，選出一百三十名充練兵，而以四百五十八名走差。凡練兵除條編外，修城、養馬、迎送、雜差俱免，惟常川在營，專聽印捕官團練，遇警堵截防禦。雖此軍未必能衝鋒破敵，然清浪現有參將標兵一百名，又新募兵一百二十名，鎮遠有守備標新議募足一百五十名，平溪有新議募兵六十名，偏橋有東西奇兵營一百名，即以練兵之軍，隨兵出哨追捕，自壯聲勢。此軍除雜差外，尚每名歲該納條編銀二錢，本應盡免，然新行挑撥，恐未必得壯丁，未有實用；宜出示曉諭，果選得精壯出力禦苗，連條編銀俱免，官爲措處。計四衛練兵四百七十名，條編銀止該九十四兩，辰庫軍糧存一銀尚有餘剩，歲捐九十四兩，而得四百七十人之力，何憚不爲乎？但恐練未成而銀先爲虚，故本道姑留一着，以觀其後也。四衛添此四百七十人，而防禦稍有資矣。其留走差者，俱責印官置簿輪撥，周而復始，不許買閒偏累。每衛走差，少者三百餘，多幾五百，豈尚不足，而重差之害，亦可省矣。

堡軍酌地之遠近，差之煩簡，定羅舊堡裁六名，以一百九十名爲額；冷水堡裁十名，以一百六十六名爲額；晃州堡裁十五名，以一百九十名爲額；鮎魚堡裁六十七名，以二百一十名爲額；平溪堡裁四十一名，以二百一十名爲額；清浪、梅溪堡裁四十名，以二百三十四名爲額；相見堡裁四十名，以二百四十名爲額；柳塘堡裁四十二名，以二百四十名爲額。除羅舊、冷水、晃州所裁三十一名，所減銀徑存貯沅庫外，計鮎魚、平溪、清浪、梅溪、相見、柳塘六堡，共裁夫一百九十名，辰、沅二庫，歲共省銀七百六十兩。内募添鎮遠守備標兵三十名，偏橋沿沙哨兵二十名，乾田冲兵一十五名，清浪哨兵一十名，共七十五名，每名歲給銀五兩七錢，共該銀四百三十二兩，辰庫支給尚剩銀二十四兩。平溪衛募兵六十名，每名歲給銀四兩八錢，該銀二百八十八兩，沅庫支給尚剩銀一十四兩。其兵餉數目，彼此多寡，本道另有一册備細發揮，頗爲詳明。

至衛軍選爲練兵，堡軍裁爲募兵，則苦累終不可不恤，冒濫終不可不禁，本道亦另有禁約條欵，列爲一册，伏乞本院覽察裁定批行。

再照衛軍挑選，但恐有名無實耳。至堡軍議裁，必有倡爲苦累之説，熒惑聰聽者。然事不難明也。請本院將另册細觀之，豈辰、沅驛路遠者，夫或百名，或八十名，兼應轎摃兩差而足，各堡差路近者，軍以二百餘名，專應擡轎一差而不足乎？同一站堡耳，豈三十年前，以軍一百八九十名兼應轎摃兩差而足，今日軍以二百餘名，專應擡轎一差而不足乎？同一今日耳，豈各衛募夫以七十名八十名應摃差而足，堡軍以二百餘名應轎差而不足乎？同一今日堡官耳，豈自己役占買閒，則泠水去九十名，清梅去七十名而足，上司清覈，則僅減二三十名而不足乎？使綜覈名實者按之，則本道所定，必尚以爲濫，而不得病其過刻矣。若禁約條欵，皆人情所不便，而怨之所叢。然本道思之，古人身耕妻織、妻妾編行伍之間，尚能爲之，而今人稍稍節人情、恤軍力，獨不能爲乎？本道不敢以此薄待今人也。本道以身議法，則必先以身守法，若有法外累衛堡官一差，輕以夫馬狗人情者，願聽三院參處。蓋今日以苗横兵孤、民困財盡之日，加賦不忍施於下，請餉未必得於上，不得不稍釐冒濫，以求一二分實用，而非樂於多事任怨也。其衛軍業經行挑選，堡軍應裁，及召募新兵，俱以四十四年正月初一日爲始，禁約候本院批允日刻榜曉示遵守。

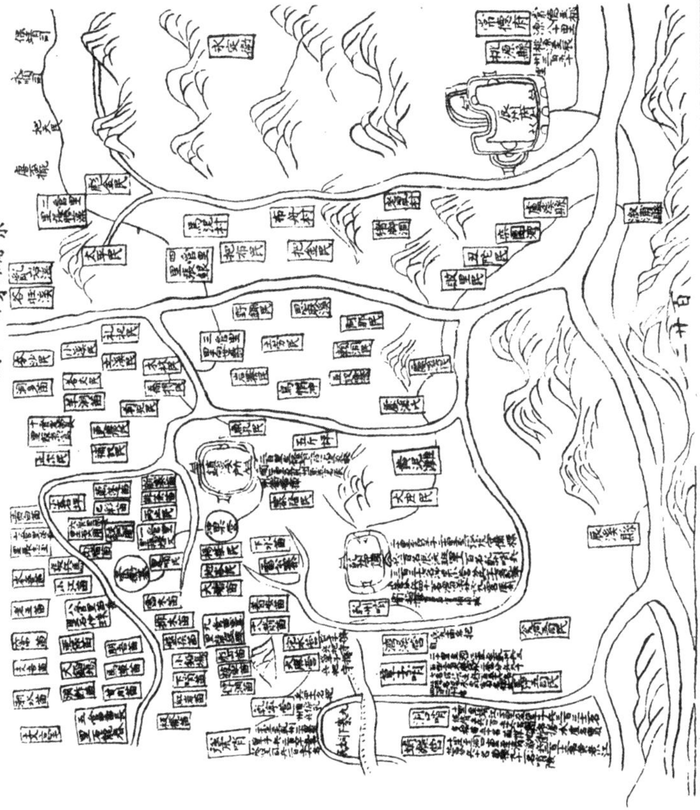
原編第廿五冊

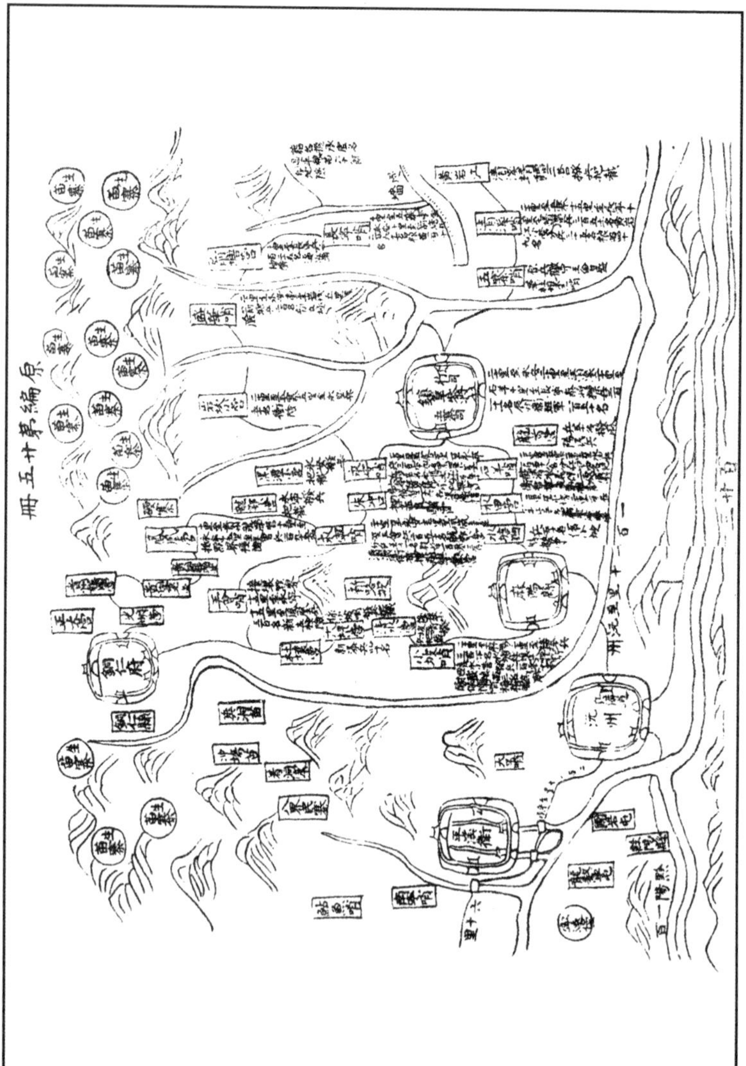
原編第十五冊

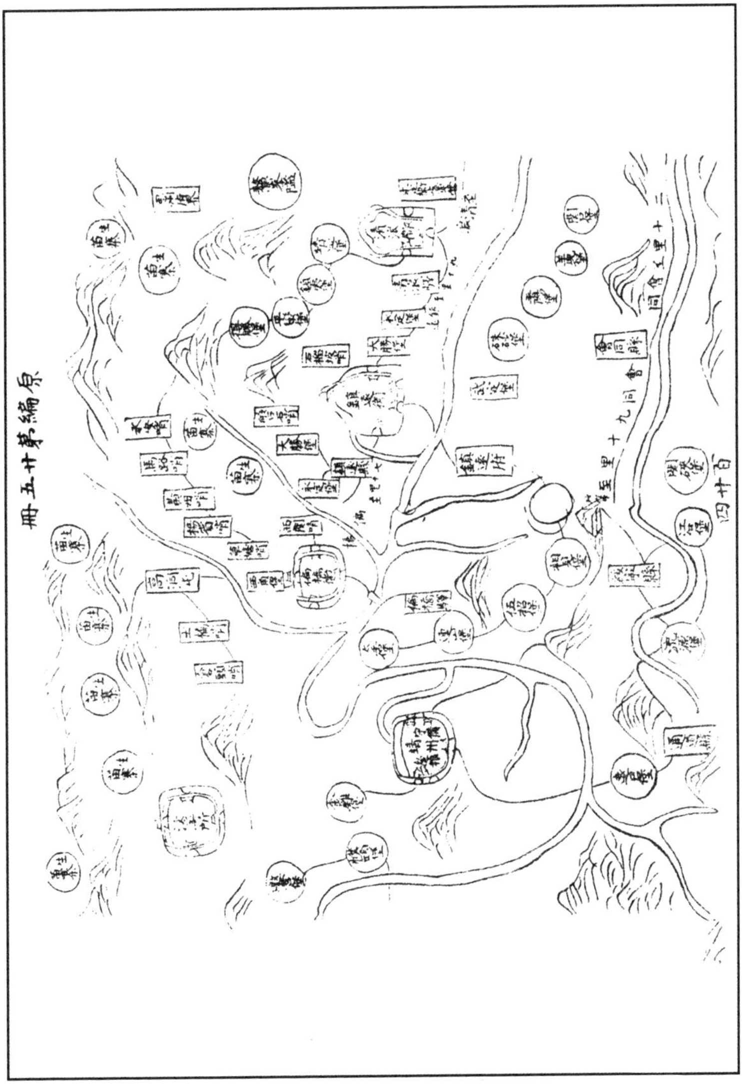
原編第廿五冊

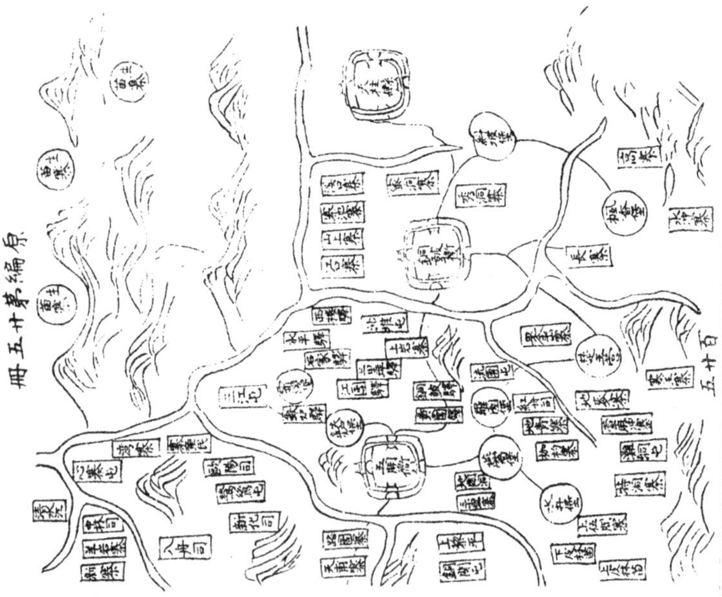

湖廣等處提刑按察司清軍驛傳帶管辰沅兵備道布政司右參政兼僉事王士琦爲巡歷竣事敬陳末議以備採擇事〔三三〕注四十五。

一、議專官以資彈壓。照得兵備所轄沿邊壹拾伍哨，爲苗夷出没之區，土漢雜糅之衆，其軍實險隘，情形變態，必須目擊而調劑以振刷之。但巡歷頻仍，未免供億勞費。然則初任寔當一巡，歲固不能數數然也。查得辰州府同知，雖職在清戎，實爲閒局，若蒙本院特檄行令，專管撫夷，兼理清軍，凡各營哨一應放給軍餉，汰補卒伍，建葺營堡，皆屬提衡。每年徧歷查覈，其各官賢否，以本官開註者爲重，則上之責成既專，下之觀聽自一，令無不行而事無不集矣。不特此也，永、保二司時相讐殺，保靖土司稍馴善而屬苗則强，永順土司雖富悍而屬苗則弱。每一搆釁，順司常捐重資以募鎮谿之苗來相協助，近日清水哨之報殺擄，正其餘孽也。故麻陽縣官民僉議欲於鎮谿所改建縣治，蓋欲從中安撫鈐制，使諸苗不敢輕動，而麻陽、辰溪、盧溪之民稍得安枕，特不便暴言其故耳。但建縣事體甚大，須條議詳妥，具題待覆，非閱歲不能經始。若撫夷同知，則可朝委而夕受事矣。令之巡歷鎮谿時，加意善撫近來向化諸苗，更擇其子弟之稍清秀解事者，呈詳提學道先給衣巾，俾之漸習華風；召見諄諭，以本院威德鼓舞而招徠之，則効順者不約而至矣。近來沿海各府，皆委同知專理海防，蓋以同知官秩稍崇，事易展布。今既專任撫夷，各營哨可憑調度，兵威亦大震肅。即中有梗化助逆之苗，必皆觸目戒心，不敢仍蹈前轍，聽土司頤使。縱或跳梁，該廳詳請以各哨兵擒薙之，易如振落耳。此尤目前之要著，於建縣不相妨而兩相劑也。

一、處流民以絶厩本。照得鎮、筸苗巢，俱係麻陽、辰溪、盧溪、沅陵及附近隔省流民，或躲避糧差，或脱罪亡命，寄寓於此，實蕃有徒。若其流毒地方者有二：一曰勾苗肆害。生苗田地須人耕種，彼等相率投附，名曰趂土聊生，實則爲苗鄉導。如向年出劫麻陽之濫泥，盧溪之寧灘，辰溪之龍門溪等處地方，相去離苗巢約三五日，非此輩引路，生苗何以知内地虚實，輒敢長驅耶？及至當陣擒獲，解道批發，有司審鞫，無人質證，任其遮飾托詞，先年被苗捉擄，今押令挑擔出寨，問官不能洞燭其奸，多從濫釋，後來者益無所忌憚，而邊患無寧日矣。一曰餌苗規利。流民向來此中生苗凡擄去人口，不加殺戮，且養膳之以待取贖，時常刼掠，蓋藉此爲一利竇也。流民習知其故，奸黠者遂獨縛茆寮一間，逼近生苗出入必由之路，覘知苗出，故將家口行立近傍，誘其捉擄，然後舉火自焚寮上苫蓋茆草，膚愬附近營哨，謂被焚掠，哨守官軍恐致上聞貽累，相沿遮揜，私共率銀付伊取贖。彼僅以一二贖回人口，而八九匿潤私囊。然則是百姓受苗之害，而流民得苗之利也。兹欲盡逐，則人多住久，恐致囂騷。合無此後嚴示，凡官軍當陣擒獲，雖係流民，即與苗同，問官不容展脱。其流民安插之處，必須四五家相爲聯絡，且附近營哨，方許居住。嚴禁之後，有仍敢創縛獨寮，故意逼近苗夷出没之衝者，該哨官軍即時焚燬，併將本人及家口解送附近有司，遞解回籍。庶奸徒亦知貪生畏法，而導苗之積弊永絶矣。

一、別屬苗以重責成。查得食糧順苗協守地方，既假内向之名以冒軍餉，常肆外合之計以貽民害。如生苗出劫，彼實暗勾之，及各哨官軍贖取户口，亦復就中分利，其狡黠非一端也。合無設法禁諭，凡糧苗各該防守地方有人户被擄，即將各苗本季應給餉銀，撫夷官收貯不散，必待送出户口，然後補給。若春季被擄而夏季始送還，則春季全扣不給。庶彼知勾苗所分之利，與安坐時給之餉，勞逸多寡，得不償失，而非心自阻矣。至於順苗逆苗，種類本無分別，而服飾亦無異同，最難譏察。行令各哨，查計食糧順苗若干名，每名給以腰牌，正面刻計年貌、住止與食糧哨堡把守信地，背面送道盡押刻印，俾之出入懸帶。如無腰牌，即係面生可疑之人，即時拘究。放糧時驗牌給散，庶狡悍就我羈勒，而糧賞亦免虚費矣。

一、責管束以遏釁萌。照得鎮筸各苗，每藉口報讐，恣意劫擄，而所以致此者則有故也。查今各哨苗糧，除正餉外，復有鹽菜等銀，豢養非不厚也。第解餉到哨，未必人人親領，不過哨官目把收貯給散而已。各哨官目既已作弊侵扣，復倚借各項名色扣減。夫苗姓本貪，況若其魚肉，安得不成積恨？遂因而藉口報讐，攻劫村落。如先年劫本司地方新地涼傘坪，捉擄户口四十餘名，皆以減騙餉銀爲辭，雖終加剿捕，而地方之害已不勝言已。今之沿襲敝習，依然未改也。合無責令各哨官將苗糧分别欵目，一姓列陳一册開報。每一姓擇一忠順者以爲總領管束，其雜姓而名數不多者分附其下。凡解錢糧到哨，令伊盡數唤出所統散苗，到哨親領，如有不明者，盡法重治，責令賠償。其中或有陽順陰逆、時常作歹者，各苗把即於此時禀報，將糧餉革除。如抗違不報，詳請各兵勦剿之，庶恩威兼濟，而苗患永杜矣。

一、編鄉兵以實荒徼。照得鎮筸營哨相距各數十里，惟土城内頗有房屋，出城則崇山峻嶺，一望莽蒼，絶無人迹。惟編立鄉兵，可以號召走集，居址錯聯，漸實荒落。然有兵則餉隨，無從處辦，而屯種之法可亟講也。本道遍歷各哨，足跡所至，見其地土色甚膏腴，谿澗之水蜿蜒時出，足資灌溉，而建瓴傾洩，又無庸憂澇害稼也。問之土人，云曾有私開一二畝者，歲頗有獲，若令召集開墾，無不樂從。合無行令各哨，細查該哨附近居民，不論土著流寓，悉聽籍名，照各州縣立保甲之法，一甲五户，一户若干丁，聯爲鄉兵，空閒地土任其自議開墾，各分畔塍，創結茆廬。十年以内，雖有豐收，亦免科其糧税。其墾田之處，仍刻碑曉示，召人聚耕。已墾之田，歲終哨官造册開報鄉丁某某，墾田若干，申撫夷官止爲稽核，以杜争冒。撫夷官仍每歲於各哨官中，擇其善能勸相開墾最多者，驗詳特行優奬，以示激勸。久之阡陌既多，則廬舍櫛比，即以此衆抽選訓練，平居而互相守望，有警則協爲哨防。且有利無害，人皆樂趨，各獲其私，扞禦更力。自此屯卒亦募兵也，彼生苗者，不待懾以兵威，而犢牙駁喙，邊患自杜矣。

本道所轄哨十五，曰乾州，曰强虎，曰筸子，曰洞口，曰靖疆、曰清溪，曰長寧，曰五寨，曰永安，曰永寧，曰鳳凰，曰石羊，曰小坡，曰盛華，曰王會。邊衛有六，辰屬曰平溪，曰清浪，曰偏橋，曰鎮遠；靖屬曰五開，曰銅鼓。

寶慶府志〔三四〕

府邵陽〔三五〕關有三：東南西關、巨口關、北六十里。白馬關。東北五十里，今廢。寨有八：唐隆道寨、東十里，元守將名。杉木江寨、東西十五里。羊田凹寨、東七十里。同保寨、西二十里。雲飛寨、西北六十里。五百寨、南三十五里。大争寨、北四十里。竹林寨。西二十里。

新化寨有五：仙姑寨、西十里。老虎寨、西六十里。南山寨、西南十里。羅洪寨、西南七十里。黄陽寨。西北三十里。

城步峒有五，中有寨四十八。苗民居之。

扶城峒　其寨十三，曰楓木林、下團、丹口、丹冲、下家、大寨、茅田、巖頭、上楓林、上邊溪、伴水、灼灼。今新分一寨爲下桃林。隘口一，曰梅子。

横嶺峒　其寨三，曰牛石、上火、下火。　隘口二，曰伍川　伏子。

莫宜峒　其寨十三，曰江頭、藤坪、白水頭、層頭、水口、壟底、巖子坪、都温、獨樹、大地、初水、獨宿、大候。隘口二，曰横水，蒙蟲。

蓬峒　其寨十一，曰横水、橋頭、上巖頭、中坪、長灘、條寨、新寨、大寨、災坪、煖水、黄茅坪。今新分一寨曰下巖頭。　隘口一，曰皮水。

欄牛峒　其寨八，曰城溪、獵屋、上坪、水温、分界、上小言、侯家、欄牛。今新分四寨，曰下坪水、下小言、小坪水、下欄牛。　隘口二，曰牌子，箄子。　團有蔣家團。南一里，近議於伍峒中各輪設一團長，自相催督，以杜追求之擾。

武岡　關有三：東西南關、石羊關，東二十里。紫陽關。東百五十里。　寨有五：同保寨、北五十里。南山寨、南十里。連山寨、南二十里。劉和寨、獅子寨。俱南五十里。　隘有十一：白竹隘、嚴家隘、廣子隘、皮水隘、横水隘、施巖隘、芭蕉隘、横波隘、神童隘、石羊隘、蓼溪隘。

新寧　關有一：北關。一里。　隘有五：石門隘、南三十里。盆溪隘、西六十里。黄桒隘、西六十里。鑿鼻隘、道田隘。俱東百里。　寨有四：傘柄寨、西十五里。大對寨、西南二十里。鷄籠寨、蔣公寨。俱東。團有二十五：長湖、田心、大甲、俱縣近里。上富、下富、俱縣西北。石幕、蓮村、坪頭、俱江口里。崀山、鹿坪、俱盆溪里。石門、羅背、山瓜、赤木、檀山、俱赤墟里。高橋、烟村、白沙、籠頭、巖村、俱河口里。赤竹、笑巖、鵝口、斗石、小溪。俱零陽里。猺峒有八：麻林峒、大絹峒、深冲峒、羅遶峒、黄卜峒、桃盆峒、茶冲峒、圳原峒。

鹽政

郡邑初食淮鹽。嘉靖初年因廣西軍興餉乏，五屬議食粵鹺之三，淮鹺之七。萬曆三年，奉旨概食南鹽，五屬召商報名，赴廣西上銀，買鹽若干包，配買客鹽若干包，官鹽未免析閲，所爲息者，惟仗商鹽耳。舟繇廣西至全州、興安、東安盤斗，至白牙橋改包過山，至唐田市下河，至府報税，以廣西發引爲據。近市猾充商報名，將名賣與白牙市商人買鹽，鹽囤彼市上，以空引借鹽船報税，故本郡屬鹽，有甚貴之患。

戍堡

永靖堡，邵陽縣中鄉一都，隆慶二年因盜建。

白水堡，邵陽縣隆回五都，嘉靖十二年因苗建。

分水堡，邵陽縣安平一都，萬曆四年因盜建。

花街堡，邵陽縣上賢一都，萬曆四十七年因盜建。

沙坪堡，邵陽縣隆回五都，因李成賢亂建。萬曆三十六年革，崇禎六年復建。

花橋堡，新化縣大陽九都，因安化、湘鄉接壤多盜，嘉靖乙未年建。

新安堡，新化縣石馬五都，地鄰溆浦，嘉靖辛酉建。

紙錢堡，新化縣永寧七都，因玄溪賊藪，嘉靖乙未年建。以上八堡，每堡摻丁二十六名，督率官一員。

油溪堡，新化縣東北八十里，地連安化，嘉靖壬寅年建，鄉兵蠲差戍守。

白倉堡，去武岡州一百五十里。

山口堡，州西五十里。

九溪堡，州西九十里。

歇場堡，去州八十里。

太平堡，去州五里，嘉靖庚申年建。

安樂堡，去州三里，嘉靖庚申年建。

桐木堡，去州一百里。

樟木堡，新寧縣西六十里，萬曆八年建，寶慶衛軍四十名，官一員哨守。

軍丁

寶慶衛五所，原額旗軍五千六百名，事故未補。嘉靖年存一千三百三十名。崇禎十一年見存一千二百名。一輪戍武岡三百五十餘外，一輪戍廣西班軍共二百名。起於弘治年，因潯、梧苗亂，借調衛軍防守。事平，題留。屢議撤還，未果。

洪武四年，武岡寇楊清甫叛，江陰侯討平之。

二十四年，武岡峒苗叛，判官徐彝死之。

永樂十一年，武岡蠻叛，鎮撫康信戰死。

正統□年，新寧峒苗楊文伯亂，總兵李震平之。

景泰元年，伍開苗獠作亂，劫掠新化甚慘，尋去。

八年，城步峒苗肆虐邵、湘，楊海清追戰，死之。

弘治□年，新寧遊苗劫鄉鄉落，百户李俊死之。

十七年，武岡蠻李再萬作亂，後討平之。

正德十四年，流賊入新化城劫殺，尋捕獲之。

嘉靖五年，武岡賊首段文鑑據牛欄山等處，殺掠無數，屢年始攻殺之。

三年，流賊入邵陽境，義民胡景隆死之。

十年，流賊劫掠邵陽，義民賀冕等弟姪四人死之。

十四年，城步苗楊晟松等劫掠，守備周誥撫之。

十四年，玄溪賊李萬昊作亂，新化知縣利賓以討平之。

二十六年，武岡賊首翟廷相據大凹等處殺掠，後六七年始討平。

二十年，李承賢倡亂，私造旗符，互約以八月會兵入寇兩廣，玄溪諸賊暨武岡等民皆受約。知府陳楠疏聞，旨下，檄本府五州縣民兵討平。

三十八年，廣猺入寇武岡，殺死文包巾，傷殘無數。越明年，攻城步，焚治劫庫，檄麻林苗截殺之。

四十五年，廣猺窺伺城步，千户李東禦之。

萬曆十一年，玄溪諸盜出没剽掠湘、寧、安、溆，騷擾不寧，知府胡梗、知縣姚九功以計擒之。

崇禎十年，隘賊四熾，擄掠武岡，鄉兵奮擊之，把總高死之。

十年秋，土寇魏龍宇、黎高峰、李大用等作亂，遣兵討平之。時盜盤據湘鄉界，以天王寺爲窟穴，肆行焚劫，臨、藍諸寇，相爲犄角，長、寶郡邑，幾無寧宇。樞府倣征播議，復設都御史臺於偏、沅間，以統我師，相機撫勦。上可之，遣武進陳公建牙出鎮，而巡道鄞縣高公，躬擐甲冑，率師于征，士氣鼓奮，敗賊於桃花江，一奔黑田，再奔龍山。窮獸思攫，復逼郡城，僅七十餘里。幸撫臺已檄郡司理李夢日據要堵險，預簡鄉勇，以扼其吭；又與材官尹先民分道而馳，壁壘相望，以分其勢。食盡力殫，賊勢窮蹙，渠魁次第就馘，餘脅俛首赴降，不匝月而巢空黨散。

郴州兵戎志

郴當楚之僻也，邃洞深谷，猺苗雜處，且地界於吉、贛、南、韶諸郡，險阻嘯聚，無賴者從而和之，動輒難制。國初特設兵衛，弘、正之間又轄都臺。而正德丙子之變，則兵疲數郡，禍結幾載；嘉靖間又復作梗，征之逾年，曾不能少折彼氣，彼且易我而獸張矣。嗟夫，獸聚非諳於行伍也，藍縷非堅於甲胄也，乃奮臂一呼，此輒辟易，則國家之養卒將安爲哉？按尺籍而給廩餼，非不犂然充目，及緩急，輒不得力，而區區募民壯殺手，大率計郴五邑之民，皆以一家奉一兵矣。嗚呼，民出粟以食卒，卒出力以捍民，是兩賴也。乃今卒不能捍患，而民且又爲兵，呼市人而授之甲，爲介櫝而馳耳，安用焉？安用焉？故恒爲之説曰：與其糜廩餼以食無用之兵，孰若聯鄉保以行寓軍之法。其著爲令，令民自相爲保。一鄉之中，擇其右者爲百長，鄉皆聽之；數鄉之中，擇其右者爲千長，數鄉皆聽之。無事則群習擊射，有事則互相救援。如一鄉有警，近者爲之併力，遠者爲之聲援。當賊之前者，則伏以遏其歸；在賊之後者，則赴以躡其後。追而得賊，與以獲所鹵之貲，且有賞；縱而不援，責以償所掠之貲，且有罰。鄉民有犯，其能熟一藝者免，否者治。教訓十年，民皆精卒，是故田野皆儲餉也，鋤挺即戈鋋也，籬落即亭障也，呼號即鉦鐸也，比閭即營伍也，裳袛即旗幟也，父兄即偏裨也。桓桓威武，莫非爪牙，雖禽薙而除之可矣，又何蠢蠢者之足患乎？

【原注】

注一　童司業又有沔陽州重脩隄防記，略云：「按禹貢：江出岷，漾出嶓爲漢，漢東南流爲沔，皆瀦於荆，沔之陽荆州域也。水經稱沔出武都沮縣東狼谷中〔三六〕，流注漢，則漢、沔又異源而同流。沔逕江夏雲杜縣，夏水注之，今景陵有雲杜城。蔡傳亦云夏出江入沔，故沔，江、漢之沱、潛，雲夢之沮澤也。然西南皆瀕江。江至荆實匯衆流，如沅、澧、瀟、湘，每溢則橫潰漫衍，頗清而後落，其浸沔又不啻岷出者。漢則歲常六七至，最濁而落早。故沔卑濕下鹵，大澤重湖，民出則爲環堤曰垸〔三七〕，垸且百有餘區。江溢則害西南，漢溢則害東北，合則寖及四境〔三八〕，故沔恒洊饑。

注二　縣東二十里。

注三　縣西臨大江。

注四　左傳有句澨、章澨、雍澨、薳澨，皆水濱地名也。

注五　六安府志言富室子弟輸粟爲史胥，輒睚眦縱恣，莫敢誰何。至市人詆「入儒門不如入公門」。贛志亦有此言。

注六　縣北二百五十里。

注七　縣北七十里。

注八　縣南五里。

注九　縣西北。

注十　縣東南。

注十一　縣西南。

注十二　州北。

注十三　州東南。

注十四　州西。

注十五　縣東南。

注十六　縣南。

注十七　縣東。

注十八　縣西。

注十九　縣南。

注二十　縣北。

注二十一　在石城峰南十五里。

注二十二　一云與瀑巢漭合流，又東北至永州城外湘口，會於湘。

注二十三　舜峰在舜祠西十里，山峰鼎立，其下衆山環立，上有飛泉，望之如練。按舜峰不列九峰之内，乃爲九峰朝宗，特立於首。

注二十四　在舜源峯東南十里。
注二十五　一作「四」。
注二十六　在舜源峯西南十二里。
注二十七　在舜源峯東南一里。
注二十八　在萬壽峯南二十里。
注二十九　在舜源峯東南一里。
注三十　在石樓峯南十里。
注三十一　在舜源峯東南七里。
注三十二　在舜源峯西南五里。
注三十三　泗、洑二水，舊不載所注何地。
注三十四　西北一百里。
注三十五　西七十里。
注三十六　南十三都。
注三十七　西南五十里。
注三十八　衡頭市東三十里産錫。白沙堡市東五十里産錫。
注三十九　彭蠡市南三十里，西八里。
注四十　北八十里。

注四十一　省志：苗有二種：自武陵西，歷佷山、連朱，接荆、夔裔境，爲南郡、巴、巫諸蠻，出廩君；自武陵而南，歷酉陽、沅、靖，奄及郴、桂，爲武陵、五溪諸蠻，出槃瓠。

注四十二　入天生砦囤，絶蠻餉水道。賊困死者千餘，乞降。銅仁遂平，置鎮筸守備以制禦之。

注四十三　十二年，郴、桂土人龔福全倡亂，僞號「延漢大王」，其黨龔福興分據烏春山臘栗寨，僞署總兵。巡撫都御史秦金以聞。時贛賊據横木、桶岡方熾，與福全聲勢相倚，王守仁方奏檄湖兵夾攻。於是詔以江西屬守仁，郴、桂屬金討之。金移鎮郴州，部署諸將，前軍由桂東進東水，左軍由桂陽進漢黄熱水，右軍由郴州進紫溪，後軍由臨武進芭籬堡，尅日齊舉。繼以右、後二軍地廣賊衆，分帳下兵益之，攻破諸巢，禽劉福興等，斬首二千餘級，惟首惡龔福全遁保馬山禾倉石寨，據險未獲。乃懸五百金購福全，趣諸將暨宣慰彭世騏等會兵進討，抵寨下，轉戰數合，賊敗，獲其姪秀等，焚毁廬舍，俘福全及其妻女，餘魁高仲仁走仁化。諸營兵會廣兵搜捕，擒斬殆盡。詔即其地誅福全，郴、桂平。

注四十四　湖、貴間有山曰蜡爾，綿亘三百餘里，諸酋居之。雖分隸兩省，其蟠結竄徙，實相藪匿焉。然各受土官束轄，有户籍，稍輸賦。其屬鎮溪千户所者，所墾多盧溪田，供傜役。

注四十五　萬曆三十八年。

【校勘記】

〔一〕惟江清不易淤　「清」，敷文閣本作「渚」。

〔二〕謂之曰垸　「垸」，原作「院」，據敷文閣本改。下同。

〔三〕州江隄防考略　「州」，原作「川」，據湖廣通志卷二十水利志改。

〔四〕兼荆湖北路安撫使　「荆湖」，原作「湖荆」，據湖廣通志卷二十水利志乙正。

〔五〕宋汪熚倅江陵郡　「熚」，湖廣通志卷二十水利志作「葉」。

〔六〕無大水患　「無」上原有「苦」字，據湖廣通志卷二十水利志删。

〔七〕堤凡萬有二千五百餘丈　「堤」字原闕，據濂溪堂本、敷文閣本、湖廣通志卷二十水利志補。

〔八〕徙新洪　「新」，原作「薪」，據湖廣通志卷二十水利志改。

〔九〕然荆南人猶幸有虎渡郝穴　「有」字原闕，據湖廣通志卷二十水利志補。

〔一〇〕中多淤塞者　「淤塞」二字原闕，據湖廣通志卷二十水利志補。

〔一一〕則荆南昏墊　「昏墊」，湖廣通志卷二十水利志作「水患」。

〔一二〕景陵有鄖鄉　後漢書卷三十二郡國志四作「竟陵侯國有鄖鄉」。

〔一三〕水西有竟陵大城　「水」、「有」二字原闕，據水經注卷二十八沔水補。

〔一四〕今安州　「安」，原作「泰」，據文獻通考卷二百六十三封建四（中華書局一九八六年版）改。

〔一五〕莊王四年　春秋左傳注（中華書局一九八一年版，下同）載楚伐隨，在僖二十年，是年爲楚成王三十二年。莊王四年無伐隨之事。

〔一六〕可由此入也　「入」，原作「又」，據敷文閣本改。

〔一七〕「即水經所謂」至「自紀郢徙都者也」　此乃注文而非經文，「自紀」，原作「絶」，據水經注卷二十八沔水改。原按：「近刻脱『自』字，『紀』訛作『絶』。」

〔一八〕是曰力口　「力」，原作「刀」，據敷文閣本、水經注卷二十八沔水改。

〔一九〕江漢睢漳　「睢」，原作「沮」，據春秋左傳注哀六年改。

〔二〇〕以佐王安擾邦國　「佐」，原作「詔」，據敷文閣本、周禮注疏卷十大司徒（中華書局一九八〇年影印本十三經注疏）改。

〔二一〕歸州志　濂溪堂本、敷文閣本均無「志」字。

〔二二〕澧水出予邑而會赤沙湖　「出」，原作「中」，據敷文閣本改。

〔二三〕并縣堤爲四十八垸　「垸」原作「院」，據敷文閣本改。下同。

〔二四〕按丁索常例錢　「丁」下原有「無」字，據敷文閣本删。

〔二五〕永州府營十一　「十」字原無，據敷文閣本補。

〔二六〕道州志　「道」，原作「益」，據濂溪堂本改。敷文閣本作「道川記」。

〔二七〕重事設祈許　「設」，原作「誤」，據衡州府志卷四（嘉靖刻本）改。

〔二八〕迣迣脱巾呼道上　「迣迣」，敷文閣本作「往往」。

〔二九〕躭躭剽財質子女以媒賸　「質」，敷文閣本作「貨」。

〔三〇〕又疑形也　「疑形」，濂溪堂本作「疑行」，敷文閣本作「危行」。

〔三一〕哨官受賄畏狗　「畏狗」，敷文閣本作「狥庇」。

〔三二〕是制肝養肺也　「肺」，敷文閣本作「肝」。

〔三三〕「湖廣等處提刑按察司」句　原闕「士琦」二字，據前文補。

〔三四〕寶慶府志　濂溪堂本、敷文閣本均無「志」字。

〔三五〕府邵陽　濂溪堂本、敷文閣本均無「府」字。

〔三六〕沔出武都沮縣東狼谷中　「狼」，原作「即」，據水經注卷二十七沔水改。

〔三七〕民出則爲環堤曰垸　「出」，原作「田」，據湖廣通志卷一百八藝文志改。

〔三八〕合則寖及四境　「寖」，原作「浸」，據湖廣通志卷一百八藝文志改。

福建備録

海防總論

周弘祖

沿海自廣東樂會縣接安南界起，歷海、條、粵，爲文昌界。舖前港爲會通界。神應港、豐盈浦爲瓊州界。麻頭浦、吕灣浦爲臨高界。田禾灣爲儋州界。崁詐山爲昌化所界，歷白沙營，爲感恩縣界。大洞天、小洞天爲崖州界。牙娘灣、雙洲門爲淩水縣界。七十二徑、牙山、淡水灣爲欽州界。革木營、烏雷山爲靈山縣界。青嬰池、楊梅池、平江池爲廉州界。邵州爲永安所界。泖洲爲康海所界。潿洲爲錦農所界。調洲、獨猪山爲石城千户所界。硇洲、小黄程、汾洲爲寧川所界。青聚山、羅浮峰爲神電衛界。海淩山爲雙海所界。小獲山爲海朗所界。中獲山爲陽江所界。大獲山爲新寧縣界。西熊山、鶚洲山爲新會縣界。萬斛山、上川山爲順德縣界。石岐峰爲香山縣界。蛇西山、大南常山爲南海番禺界。烏沙洋爲白沙巡司界。九星洋爲福永巡司界。珊瑚洲、渡柸山爲東莞縣界。合蘭洲爲大鵬所界。馬鞍洲爲鐵岡驛界。寧洲山、桔州山爲惠州界。記心洋爲平海所界。徐娘山爲海豐縣界。大星尖山爲捷勝所界。吉頭峰爲碣石衛界。前標峰爲甲子門所界。陶娘灣靖海㟼爲靖海所界。大浮山、玉嶼山爲朝陽縣海門所界。小柑山爲蓬州所界。大柑山爲大城所界。大京山、九猴山爲饒平縣界。計五千里，抵福建。

南澳山爲玄鍾所界。歷侍郎洲、石城嶼爲銅山所界。歷鴻儒嶼、沙洒㟼爲陸鰲所界。大澂嶼、壁洲山爲鎮海衛界。小澂嶼爲月港界。舊浯嶼爲高浦所界。嘉禾山、大担山爲中左所界。小担虎頭山爲金門所界。大登山、小登山爲福全所界。大捕山、小捕山爲永寧衛界。埕埭峰、獺窟峰爲崇武所界。沙塘灣爲惠安縣界。𡾊嶼、白嶼爲峰尾巡司界。湄洲山爲南泉寨蒲禧所界。石獅峰、小湾峰爲平海衛界。埕口、三江口爲冲心巡司界。綱山、王家嶼爲萬安所界。六湖山、碧水島爲鎮東衛界。踵門山爲蕉山巡司界。日嶼、月嶼爲梅花所界。即會城、三波礁、五虎㟼爲連江界。下干塘、四嶼爲定海所界。花瓶爲北茭巡司界。飛鸞渡爲寧德縣界。青山峰爲大金所界。天干山、丁家桯、大俞山、三星山、流江爲福寧州界。計二千里，抵浙江。

懸中峰爲蒲門、莊士二所界。歷長沙門、大崑山爲金鄉衛界。鳳凰山爲平陽所界。銅盆山爲沙園所界。仙口峰、飛雲渡爲瑞安所界。大衢山、海安港爲海安所界。霓嶴拔山爲寧村所界。黄華港爲磐石衛界。大岩頭爲磐石後右界。前山𩃎斗門爲蒲岐所界。九眼塘、斗門閘爲三山巡司界。丫髻峰爲楚門所界。臨門溢爲隘頑所界。省梅坑爲沙角巡司界。大陳山、石塘港爲松門衛界。金清閘、西嶼閘、水豐閘皆朱文公所造，爲新河所界。金沙灘、鐺礁爲海門衛界。海門港爲海門前所界。五嶼爲桃渚所界。三門山爲健跳所界。石蒲港爲前後二所界。青苔灣爲昌國衛界。小目山爲爵谿所界。西厨山爲前倉所界。孝順洋、白塗爲大嵩所界。大射山爲穿山後所界。洛茄山、長白山爲中左所界。大魚灣爲長山巡司界。招寶山、巾子山爲定海衛界。金家嶴爲寧波界。丘家洋爲慈谿界。金整浦爲龍山所界。松浦港爲松浦巡司界。黄山爲觀海衛界。破山浦爲三山所界。化龍浦爲餘姚界。臨山港爲臨山衛界。西海塘爲上虞界。漁山、蒙池臺爲紹興、三江所界。鱉子山爲蕭山界。和尚山、栲門爲會城界。茶浦門爲海寧所界。大衢山、小衢山爲澉浦所界。桑扶山爲海寧衛界。西海口、馬蹟山、北丁興、殿前山、淡水門爲乍浦所界。計二千七百里，抵南直隸。

二姑山爲金山衛界。胡家港爲金山巡司界。上鈞山、中鈞山、下鈞山、大盤山爲青村所界。蒲嶴爲南滙所界。陳前山、茶山爲南蹌巡司界。寶山爲上海界。永字山、分水礁、海礁山、綵淘港爲吴淞所界。浪岡山、顧涇港爲嘉定界。竺箔沙、送信嘴、小團沙、新安沙爲太倉界。太陰沙、管家沙爲崇明界。福山、狼山、三樭口爲通州千户所界。唐家港、海門島爲泰州界。亂沙、新洋港爲鹽城界。開山、淮河口、鶯山爲安東界。蚄山、高公島爲海州所界。清河口、巳頭河爲贛榆界。旬島、勞山島爲安東界。孤耆山爲石臼所界。計一千八百里，抵山東青沉峰界。

歷胡家峰爲高港巡司界。沙嘴峰爲靈山衛界。黄埠峰爲夏河寨界。洋河峰爲膠州界。大勞山、田横島爲鰲山衛界。走馬峰爲即墨界。馬山爲浮山所界。旬島、赤島爲雄崖所界。吾島、徐福山爲大山所界。巨高島爲大嵩衛界。竹島爲海隅所界。松島、莫邪島、漫雞島爲靖海衛界。佛島爲津寧所界。五壘島、下勞山爲尋山所界。歇馬墩、洛口堡爲成山衛界。海牛島爲不夜城界。竇家峰爲百尺岩所界。古陌頂爲威海衛界。父島爲金山所界。新安堡、戲山峰爲寧海衛界。海雞山爲竈河寨界。武家莊爲馬埠寨界。洋山爲萊州界。八角島、碗蟻島爲登州界。劉家窪爲盧洋寨界。沙門島爲解宋寨界。單山爲黄縣界。桑島爲馬停寨界。鼉島爲昌邑縣界。歆末島爲壽光界。都里鎮爲蒲臺界。青島爲利津界。黄島爲賓州界。直沽口爲寶坻縣界。塔山爲盧龍衛寨界。南半洋山爲昌黎縣界。計一千二百里，抵遼東。

北半洋山爲山海衛界。蔬菜島爲中前所界。牛車島爲中後所界。孤山爲中右所界。向陽島、羅兒島爲金州衛界。石灘島爲左所界。東雲島、黄駝島爲蓋州衛界。屏風山爲復州衛界。

鳳凰山爲中左所界。女兒河爲中屯衛、右屯衛界。遼河渡、古寺島爲廣寧衛界。麻田島、平島爲海州衛界。湯站堡爲鎮遼所界。臨江爲義州界。計一千三百餘里。爲鴨緑江，朝鮮界。

總其入寇，則隨風所之。東北風猛，則由薩摩，或由五島至大小琉球，而視風之變。北多則犯廣東，東多則犯福建。正東風猛，則必由五島歷天堂官渡，而視風之變。東北多，則至烏沙門、分綜，或過韭山、海閘門而犯温州；或由舟山之南而犯定海，犯象山、奉化，犯昌國，犯台州。正東風多，則至李西嶴、壁下、陳錢、分綜，或由洋山之南而犯臨觀，犯錢塘；或由洋山之北而犯青南，犯太倉；或由南沙而入大江，犯瓜儀、常鎮。或在大洋，而風欻東南也，則犯淮揚、登萊。若在五島、開洋，而南風方猛，則趨遼陽、天津。防倭者以三四五月爲大汛，九十月爲小汛。向之入寇者，薩摩、肥後、長門三洲之賊居多，其次則大隅、築前、築後、博多。博人善造舟。而豐前、豐後、和泉之人，間亦有之，乃因商於薩摩而附行者。

廣東列郡者十，分爲三路，高、雷、廉近占城、滿剌諸番，烟烽希曠。中路東莞，東路惠、潮，皆倭寇不時出没之地，而東路尤爲要衝。若柘林者，則又必東路控賊之咽喉門户也。無柘林，是無水寨矣，無水寨，是無東路矣。瓊州四面環海，東西九百里，南北一千一百四十里。長山峻嶺，三黎錯居其間，而五指腹心，盡爲黎據。羣岡之中，定安尤險，稍或撤備，門庭皆勍敵矣。頃因辛丑之亂，舉兵討平，事雖大定，險終在夷。議者欲於羅活崗據以重兵，斷其往來攛伏。噫！

必如是而後爲久安之計乎？福洋烽火門寨設於福寧州，所轄官井、沙埕、羅浮，爲南北中三哨。後官井添水寨，則又以羅江、古鎮分爲二哨，是在烽火官井當會哨者五。小埕水寨設於連江，所轄閩安鎮、北茭、焦山等七巡司，爲南北中三哨，是在小埕當會哨者三。日南水寨設於莆田，所轄冲心、蒲禧、崇武等所司，爲三哨。而文灣港則近添設於平海之後，是在日南當會哨者四。浯嶼水寨設於同安，上自圍頭以抵日南，下自井尾以抵銅山，大約當會哨者二。銅山水寨設於漳浦，北自金山以接浯嶼，南自梅嶺以達廣東，大約當會哨者二。由南而哨北，則銅山會之浯嶼，浯嶼會之日南，日南會之小埕，小埕會之烽火，而北來者無不備矣。由北而哨南，則烽火會之小埕，小埕會之日南，日南會之浯嶼，浯嶼會之銅山，而南來者無不備矣。哨道聯絡，勢如長蛇，防禦之法其能踰此耶！總計八閩之地，二面當海者二，興、泉是也；一面當海者二，福、漳是也。其要害地，如晉江、深扈、獺窟、興化、冲心、平海、龍溪、海門、漳浦、島尾、南靖、九龍、寨溪是也。然莫有如福寧之尤險者。三面孤懸海中，如人吐舌，賊入必首犯之。舊寨設於州東北六十里三沙海面，後焦宏倡議棄徙松山。今必復舊而後可乎？浙江沿海舊設四總，今增爲四參六總矣。四參者，杭、嘉、湖一，寧、紹一，台一，温一也。六總者，定海、昌國、臨觀、松海、金盤、海寧也。悉其防禦之制，自内達外有三重焉。會哨於陳錢，分哨於馬蹟、羊山、普陀爲第一重，沈家門、馬墓之師爲第二重，總兵督發兵船爲第三重，備至密也。乃若定海者，是寧、紹之門户，舟山者，又定海之外藩。其地則故縣治也，爲里者四，爲嶴者八十有三。五穀之饒，魚鹽之利，可供數萬人，不待取給於外，非若普陀諸山比也。

國初置昌國衛於其上，屯兵戍守，誠至計也。信國經略海上，以其民孤懸，徙之内地，改隸象山，識其小而未見其大也。蘇、松爲畿輔望郡，濱於大海。自吴松江口以南，黄浦以東，海壖數百里，一望平坦，皆賊徑道。往因不能禦之於海，致賊深入，其禍慘矣。今建議者曰：松江之有海塘而無港口者，則自上海之川沙、南滙，華亭之青村，柘林，凡賊所據以爲巢穴者，各設陸路把總以屯守之。而金山界於柘林、乍浦之間，尤爲直、浙要衝，特設總兵以爲陸路各將之領袖。又於其中添設遊兵把總一員，專駐金山，往來巡哨，所以北衛松江，而西援乍浦也。至於蘇之沿海而多港口者，如嘉定之吴松，太倉之劉家河，常熟之福山港，凡賊舟可入者，各設水兵把總以堵截之。至於崇明孤懸海中，尤爲賊所必經之處，特設參將以爲水兵各將之領袖，又於其中添設遊兵把總二員，分駐行治營前二沙，往來巡哨，所以遠哨海洋而遮蔽港口也。外内夾持，水陸兼備，上之可以禦賊於外洋，下之可以巡塘而拒守，亦既精且密矣。乃若淮、揚二郡，介於江、淮之間，東瀕大海，三面隄防。考其形勢，起自東南蓼角嘴，抵姚家蕩，綿延四百里。除安豐等三十六場，俱在腹裏，未爲要害。要害之處，乃通州也，狼山也，楊樹灣裏河鎮也，餘東、餘西等場也，蓼角嘴、吕四場也，掘港新閘港也，廟灣、劉家莊、金沙場也。其尤要者有三：曰新場，爲其出入至近，逼揚州也；曰北海所，爲其通新閘港且有鹽艘聚泊也；曰廟灣，爲其爲巨鎮而通大海口也。須設三把總以駐之，仍用陸路遊擊一員，駐劄海安，則東可以控狼山、通州、海門之入，而西可以捍禦揚州矣。倭患之作，嶺嶠以北，達於淮、揚，靡不受害，而山東獨不之及者，豈其無意於此哉？良以山東之民，便鞍馬不便舟楫，無過海通番之人爲之嚮道接濟耳。所虞者，登、萊突出海中，三面受敵，且危礁暗沙不可勝數，非諳練之至，則舟且不保，何以迎敵而追擊乎？故安東以北，若勞山、赤山、竹萵、旱門、劉公、芝界、八角、沙門、三山諸島，乃賊之所必泊，而我之所當伺者。若白蓬頭、槐子口橋、雞鳴嶼、夫人嶼、金勞、石倉廟、淺灘亂磯，乃賊之所必避，而我之所當遠者。當事諸臣，無恃其不來，恃吾有以備之，造舟選卒，練習故當。將來廟堂或脩海運以備不虞，亦大有賴焉，獨禦寇云乎哉？遼東，古營、并地也，其背爲沙漠，花當、吉列迷諸部落在焉。其面爲滄溟，其餘氣爲朝鮮。國朝設瀋陽、遼陽、三萬、鐵嶺四衛，統於開原，以遏北狄之衝。金復、海蓋、旅順諸軍，聯屬海濱，以防島夷之入。東北藩籬，可謂固矣。洪武初，倭奴以玩南方之心而玩遼東，遼人以禦北狄之法而禦倭寇，斬滅無遺，海氛蕩熄。劉江、金線島之捷是已。二百年來，邊備無故，倭敢遽犯哉？但地方千有餘里，馬步官軍九萬員名，止藉山海關一路饋餉，我朝北都燕而遠漕江南粟，又自京師達於遼陽，飛輓不繼，何以食之？此其患非渺小矣。司國邇者登、萊運米，達遼甚便，惜未多耳。愚謂國初軍屯商中之制，至爲精當，而大壞極敝。

計者，當深念而亟圖之，不當專責幕帥而已也。

兵事

泉州

正統間，建昌人鄧茂七聚衆殺人，縣官捕之，遂拒捕，率黨劫上杭、汀州。正統十三年，據杉關攻光澤縣，大掠，順流而下，攻邵武，掠庫藏，數日至順昌縣。時尤溪爐主蔣福成亦號集爐丁，劫取聚落，旬日至數萬人。襲尤溪，與茂七聲援，遂攻延平，合拒官軍，官軍皆没。御史丁宣等發牌招之，茂七等殺齎牌使者，據王臺地方，立總甲里長，殺張都司，勢益熾。遣賊將陳敬德由德化寇永春。永春民郭榮六擊破之。餘賊吴都總等分寇諸縣，遠近望風降附。將攻郡城，郡守熊尚初請調衛軍未下，自提民兵與晉江簿史孟常、陰陽正術楊仕洪拒於城南古陵坡，被執，皆死之。巡按御史張海上其事，上遣都督劉得新、陳榮與都御史張楷等，親諭「務要勦滅盡絶」。陛辭，又諭：「你每不可遲，福建一方百姓，望你每來救他，務要將賊人殺滅盡絶。」楷等分道入閩，乃平諸賊，亟賊首赴京，八閩始定。

弘治四年，漳平盗温文進寇安溪，攻陷縣治，永春、南安、郡城一時騷動。副使司馬亞督官民兵討平之。

正德中，廣東盗屢寇[注一]南安、永春、德化、安溪等縣。

嘉靖元年秋，廣東盗犯永春。二年正月辛亥，泉兵與廣東賊戰於高坪，敗，擄泉州衛經歷葛彦。乙酉，漳、泉合兵復戰於安溪霞村，擄漳州府通判施福。七月，賊入興化。三年十月按察司僉事聶珙督同六縣兵合擊賊於德化之[注二]小尤中團殲之。二十六年，劇寇陳日輝聚黨，據安溪覆鼎山、大小尖、白葉坂諸峒。是冬，寇同安。分巡僉事余爌督兵討平之。時漳州月港家造過洋大船，往來暹羅、佛狼機諸國，通易貨物，海道不靖。是年，新設總督閩浙都御史，厲禁通番，獲通番者九十餘人。都御史朱紈、行海道副使柯喬、都司盧鏜就教場悉斬之。尋論發，柯喬、盧鏜皆擬重典。後恤刑郎中陸穩乃奏釋之。漳、泉尋復通倭，倭亦以巨航至。漳、泉人往往有詐負其直者，遂生嫌隙，而倭患萌矣。三十五年，倭自福清海口入寇，泉州衛指揮童乾震引兵迎戰，死之。倭復至郡城下，陷崇武，入永春、安溪。三十七年四月，倭犯安平市，陷福清、南安、惠安。知縣林咸禦賊於鴨山，死之。遂犯郡城。三十八年，倭犯郡城、同安。三十九年四月，陷崇武，入永春。七月，陷安溪。四十年，倭掠同安、晉江、仙遊。叛民吕尚四聚黨攻陷永春，擄知縣林萬春。賊緒鐸攻南安，執招撫千户王道成，遂攻德化。知縣張大綱戒壁嚴壘，乘機出戰，大破之，直追至巢。尚四走死，擒鐸，二賊悉平。四十一年二月，倭陷永寧衛。是時土賊謝愛夫等並起，擄人，發冢，挾贖。指揮歐陽深、參將黎鵬舉等合兵連破七寨，斬賊首韋老等。六月，深遣人撫諭其黨，夜解散萬餘人，黎明進擊，擒江一峯、李五官等，斬之。十二月，廣賊陳紹祿三千餘犯永春。先是倭在福清未回者，適浙直總督遣參將戚繼光領金華兵來援興化，至次宏路驛，一夜勦之。兵無所犒賞，尋還浙江。新倭自海口登岸，遂攻，圍興化城數月。時都督劉顯屯江口，距城四十里，不敢進，遣五兵詣城約援，爲倭所獲，殺之。以從倭漢人詐爲劉兵入城，分守參翁時器、參將畢高並中其計。十一月二十八日夜，五人在城殺人，倭乘亂攻城，城遂陷。據城三月，凡殺署印同知一人，士夫十餘人，大家小民無數。至正月始去，屯平海衛。上命戚繼光以都督總兵福建，提浙江兵未至。時廣東總兵俞大猷奉遣應援，以南贛兵爲軍門所留，新募漳兵未可以戰，惟先把截海港，毋令船得脱去。指揮歐陽深奉遣應援，與賊戰於平海之東蕭，死之。四月戚兵至，遂直抵平海衛城，破其巢，殲滅無遺。四十二年十月，倭復攻仙遊五十餘日。時浙兵更番未至，戚總兵俟久，恐城中力竭，乃率見在兵破其西寨，遂與譚巡撫連兵盡破其東南二寨，賊遂潰。四十三年正月，賊入泉郡境，攻安平。戚總兵兵續至，賊聞引去。戚追勦直至漳州，賊復奔潮州，爲廣東總兵俞大猷截殺無餘。四十五年春，有倭航百餘徒突至永寧，戚總兵截殺之。隆慶三年四月，倭二百餘犯同安，分巡僉事蘇愚遣指揮張奇峰督土兵往殲之，自是倭絶迹矣。

興化

嘉靖二年七月，廣寇申大總犯莆田，典史汝艮戰死。三十七年四月，倭犯府城，自是連歲入寇。四十一年十一月二十八日夜，倭陷府城，同知奚世亮、訓導劉堯佐死之。賊復破平海城，罷游巡撫，逮翁分守，謫戍。

漳州

正統十四年，鄧茂七黨楊福陷漳浦、南靖、長泰、龍巖，又圍漳城。漳州衛指揮顧斌敗走之。嘉靖二十九年，贛州峒寇李文彪等作亂，漳州府通判謝承志率兵禦之，爲所獲。三十五年十月，倭犯詔安。三十六年六月，海寇許老、謝策等焚月港。三十七年冬，有海寇謝老、洪老即洪廸珍。等誘倭三千餘人，船泊浯嶼。次年正月，由島尾渡浮宫直抵月港，奪港中大船，散劫八、九都，珠浦及官嶼等處復歸浯嶼，自是連年焚劫府屬各縣。三十九年五月，饒賊張璉僭稱僞號，襲陷雲霄城。是年龍巖、南靖、平和、詔安各處俱被倭、饒殺掠，草寇乘風竊發，郡無寧土。四十年正月，月港二十四將反。先是丁巳年間，九都張維等二十四人共造一大船，接濟番船，官府莫能禁。戊午冬，巡海道邵梗差捕道林春領兵三百捕之。二十四將率衆拒敵，殺死官兵三名，由是益横，遂各據堡爲巢。旬月之間，附近地方效尤，各立營壘，各有頭目，名號曰「二十八宿」，曰「三十六猛」。是年春，攻破虎渡城，又攻田尾城、合浦、漸山、南溪諸處，濱海之民，害甚於倭。是年，龍溪縣二十三四等都并海滄、石美、烏礁等處土民俱反。閏五月，饒賊襲陷鎮海衛，八月陷南靖縣。四十一年三月，饒賊復入南靖縣。十月，海賊吴平引倭襲陷玄鍾所。四十二年十二月，龍巖縣土賊蘇阿普、曾東田等作亂，殺漳平知縣魏文瑞。四十三年二月，倭賊數千人自興化、仙遊縣來，總兵戚繼光追至無象鋪，大破之，斬倭首三百餘級。是年，斬二十四將賊張維。四十四年，勦殺龍頭寨賊首曾東田、馬元湘等。四十五年五月，吴平夥黨林道乾等犯詔安。十月，總兵戚繼光勦滅之。

隆慶二年，吴平夥黨賊首曾一本犯詔安，九月復寇饒平、詔安。副總兵張元勲領兵由陸路截殺於鹽埕，又大敗之於大牙灣。三年五月，曾一本賊船數百屯於雲蓋寺、柘林等灣，閩、廣軍門會兵，於六月内進兵勦滅之，邊境始安。萬曆十一年四月，奸民吴雙引等謀亂，誅之。二十年二月，長秦縣民董公等反獄，斫知縣李學詩，不死，捕得誅之。

福寧州

自嘉靖三十四年以後，倭無歲不犯州境。三十八年三月，倭數千攻州城。署州事武平縣知縣徐甫宰悉力禦之，倭退。四月，陷福安。丁巳，參將黎鵬舉自嵛山衝倭舟爲兩截，壓沉其一舟，追馳三沙，至火燄山，以火攻，大破之。六月注三，鵬舉被逮去。七月，倭破桃坑寨。八月，連攻柘洋堡，不克。四十年三月，倭據雲淡門。十月，陷寧德。四十一年八月，浙江參將戚繼光帥婺士八千，殲倭衆千餘於横嶼。四十二年五月，倭寇流江、沙埕、烽火寨。把總朱璣率舟師破之。把總王如龍追倭賊於小石嶺，大破之。四十三年四月，參將李超破倭賊千餘於水灣。

閩中經略議

郭造卿

閩經略之大者，繫於督鎮。蓋閩之巡撫，自正統前侍郎楊勉始也。至成化末，王繼而後或罷遺矣。嘉靖間，胡璉、朱紈、王忬兼閩浙巡視，事平而不常設專設自阮鶚始。未幾而兼提督軍門矣。璽書：居漳則於防山寇爲疏，居省城調度，則去南粤太遠。以地理較之，沿海州縣通潮、汝者六縣，而抵大海者十五縣耳，尚有重巖疊障者三十七縣，爲盜賊穴窟者，何乃遺之乎？然諸縣屬之南贛軍門，建、邵、延三郡及福、興、漳、泉山縣，皆當居中綰轂，而四出筴應，然後可也。置節鎮與立會省不同：會省取舟楫所集，以爲民生便；節鎮取道理所均，以爲控制便也。如總兵鎮鎮東，則鎮軍門無如泉，左興右漳，其城高如省中，而加廣五百十九丈，且無省城九山及諸公署，而闤闠星聯，科甲鼎盛，壯哉郡也！宜爲鎮者一。閩郡城大者三，福也，建也，泉也，皆昔僭僞所都故恢闢若此。歷考僭據，而泉之唐末，王、留、陳三姓尤久，故其城尤大，而非當上游之衝。宋末蒲壽庚，元末那兀那納虜酋所據，流毒福、興甚熾，爲無重臣鎮之耳。今福有三司三縣，建有都司二衛，而泉獨一縣一衛，以制甚大易據之郡，他日之憂，當不下於唐、宋、元之季世矣！宜爲鎮者二。沿海州郡外衛備倭者一，其帶守禦所不過一二三耳。獨泉外衛一而帶所五及十五巡司，獨多於他郡者，蓋其濱海最廣而其地重故也。宜爲鎮者三。沿海國初島民多內徙，而泉同安之嘉禾浯洲諸島不徙，二守禦所及鹽塲諸巡司居之，邇來所城陷其一矣。且外嶼彭湖最大，有三十六島與琉球，直視他島爲獨遠，不預爲之所，漸爲海寇所據，則其巢難攻，往年之覆轍可鑒。宜爲鎮者四。夫均閩海也，而漳、潮多寇者，爲私通多而嚮道熟，救援便耳。故南粵甚多，而閩漳多，泉次之。其北邑惠安而上，非爲鹵掠不從之矣。故惟梅洲、雲霄、月港、海滄、桑嶼、劉店及同安、晉江二三海堧也。璽書：鎮漳亦爲此耳。今安邊館又開番市，匪軍門鎮之，如戎心叵測何[一]？但鎮漳則反測不安，是急而之海也。居會城，則此去遠而彼無忌矣。惟居泉彈壓此輩，其勢易於搜捕，且今會城迤南，不敢睥睨焉。宜爲鎮者五。海上難以里度，惟視風之順逆。若沿海之陸，其程可計。省城南行六驛至泉，漳城北上至泉凡五驛，則其道里稍均，可通上下羽檄，而左右策應，不至於後時。宜爲鎮者六。夫上下各云四郡，在山海分言也。其實建、連、福州，汀、連、漳州，而邵、延居興、泉之直北，即汀爲閩西極邊，泉至其界五百五十里，若汀至福州，則千餘里也。故其由水至延平，又陸抵泉四百里，其由漳至者，陸路七百餘里耳。建由東溪下，邵由西溪下，皆會於延而入泉。泉屬德化，西至延界二百餘里，北至福之永福二百餘里。即福雖隔府，而其西北古田、閩清皆可由永福入泉，非惟漳泉便，而福、建、邵、汀、延蓋無不便也。宜爲鎮者七。閩驛詳於通衢，而深山茂林獨少，是以官吏罕至，而姦宄逋亡，沙、尤鄧寇，猖獗至熾，坐此耳。汀、漳初設兵備諸臣，經畫爲通道置驛，故其盜區漸弭。自省城而下，峽江濤險，宋初泉人避之，於北門而往，有驛二三，由尤溪入福，此其故道可考也。儻軍門移鎮，而尋故蹟於大田、德化置驛，則山路四達，可無盜賊憂矣。宜爲鎮者八。若以户口税賦論之，雖無贏於福而福有三司臺院，加以軍門總兵，民不勝其疲矣。而泉爲開府，雖其愚民一時或恐煩擾，而福獨匪民，可使有不均之嘆乎？然供儲皆八郡所萃，軍門多巡他郡，豈能常居此。如居此，則視之如家，必多方經畫，不惟城池加金湯之固，而舟車所會，冠蓋所集，儼然齒於上國矣。宜爲鎮者九。夫泉自宋鹽埸多於他郡，而番舶於此置司，故其郡爲獨富。餘力及於橋道，而寺觀甲七閩。今科甲雖侈於昔，而橋道之類多廢，則其富盛不及昔者尚多耳。邇者番舶爲漳所移，而鹽利興之未善，必得開府畫之，則令重而民尊，以遏外夷；則舶可興，以復古制；則鹽利可通於地方，所益良多，而軍興可以佐費矣。宜爲鎮者十。故移鎮莫善於泉，爲山海皆可區處也。兹第就閩而論之，若經略之遠者。如舊軍門汪道昆所奏：福、廣共設總兵鎮漳、潮，二省各副總兵，則福居五寨之中，而廣居三路之中，聽其調度爲宜。然温、福之間，尤爲上游要路。元末方國珍逋而入閩，國朝湯大夫潛而取閩，皆是道也，島夷入必先此。今雖陸寇稍戢，安保後日無事乎？一當有事，則猶增總兵矣，此一時權宜之術，而非可以常設者也。若今副總兵於南灣，而掣肘於二省，奔馳於一隅，則其不便亦甚矣。且南灣孤山延袤既廣，而無衛所，非所以壯形勢也。無論瓊、崖、儋、萬，立州郡於孤島中，即嘉禾、浯洲孤嶼，而各列守禦所，南灣可不爲之所乎？故必移衛及所，方可以重帥府以藉其掎角。其如繁費何哉？夫潮今有柘林守備以控南灣，而漳有銅山寨，足以扼其吭喉。但當遴將簡卒，峙糧治艦，而左右會師漳下潮之大城、潮上漳之玄鐘，使接壤之粤，不得蟠以爲窟。漳於銅山而北至擔嶼，以會浯嶼，浯嶼會南日於平海，南日會小埕於南交，小埕會烽火於西洋，烽火出北蒲門以會温之金盤，而南下亦如之，此其大勢也。視寇之所在，而總兵往赴之。賊在温而鎮烽火，賊在潮而鎮銅山，禦不使入，此定策也。安用副總兵而待寇以煩民乎？且潮、漳各有參將，其事權與之頡頏，而兩部遵奉不一，其文移尤難行於州縣，蓋視之猶贅旒也。然昔漳南設參將，爲有潮寇耳。北路重地，僅設守備，所轄本衛二所。小埕水寨即在定海所外，有警輒閉所城，而罪則不之坐。蓋以陸藉口，爲其無與於海，即守備之賢者亦無以行其令矣。宜改守備爲參將，而管烽火、小埕二寨，防北户而重鎖鑰。南參將則管浯嶼、銅山二寨，爲此聲援，而山海俱聽其令。興化守備南日水寨，南北參將皆得調之，方如常山蛇勢，首尾及中，擊則皆應矣。是故加副總兵，不足爲南路重，而改設參將，所以重北路者大，則總兵居中，而轄二參將，如命左右手，五寨皆所提挈，而臂指之勢成矣。況廣綜理亦密，而足爲守助乎？宜罷副總兵，於彼此各便，不者宜爲之處而重其事權。若城池諸費，皆不可緩者也。

閩中兵食議

今夫浙、廣沿海，其府有衛，如金、衢、韶南諸府，不近海者，惟以守禦所，而閩、延、邵、汀、建，非海郡皆有衛。建之衛且二，其視浙均，多於廣矣。雖守禦所視二省去半，然閩地隘，如此足矣。有二都司，五水寨，舊額共馬步官軍四萬八千二百餘員名，視浙之三萬九千九百餘員名、廣之三萬九千四百餘員名，其軍尤多，自昔然矣！則外非疏而内甚固。今軍丁雖減，而食多留以充餉，況州縣弓機，其兵又萬餘乎？機兵每名有加二分之一者，弓兵每名有減二分之一者，以所加減之食充餉，又有機若干名，全以充餉者。此外備用存留，有丁料及倉糧折色、浮糧餘剩、魚課、寺田、海田、商課之租稅，并諸司之罰鍰，皆可以佐軍興。邇者軍門有減有增，其作爲不同，無非爲地方計耳。以余計之，今賊之據者，不過萬餘，而閩捍寨有衛所之兵，機弓爲州縣之卒，且十餘萬矣。惟擇將而簡練之，無供億之煩，可得水陸精兵兩倍於敵，則閩無不足之兵，自無不足之食，兵食之外亦無不足之費。其所以不足者，客兵未除也。客兵爲用，則軍衛州縣之兵皆無用矣。於客毋論加食，第儉之而日二分，其所歲費已爲額外，況安家行糧及將領之猥瑣乎？夫閩昔藉於浙，其將實良，故其兵足恃也。今殊於昔矣，而藉之猶故，此何異於闔廬之宫，皆以之爲孫武之師；泜上之衆，亦以爲淮陰之士也耶。是以有限之財，而養無賴之兵矣。則浙兵之宜除，不可不早計也。或曰：「子所言者，兵之常經，儻賊過萬餘，則何以禦之？」夫海寇則海兵，浙、廣之不如閩久矣。山賊弄兵，乃專藉客兵攻之，然其阨塞未閑，歲月徒困，不如土兵，海内皆然。以土兵而當山寇，亦未見其不足也。至於大勢若不可支，亦以土兵未練，不得不藉客兵聲威耳。至收功而土居多，倘而既練，又奚患乎？今閩無事，且勿過計，但經常而爲之理，先正名而責寔可也，名曰「旗軍」；補羨丁而勿侵冒，名曰「弓機」。還舊額而勿加減，勿充餉之故而盈縮巧取，勿團操之故而虛蠹歲月，則名實覈矣。此在司戎司牧者得人以練之，蓋非言之所能盡也，誠圖表裏之策，畫急緩之宜，順遠近之勢，制輕重之權。則即在閩土，自分主客。如上四郡，凡沿江浙、廣之界勿召，召延、建、邵、汀五衛，延二守禦所，及連城、清流、歸化、邵武、泰寧、建陽、建安、甌寧、南平、將樂、尤溪、順昌、大田、永安、沙縣十五縣之軍兵，選四千爲四營，分四道於四府。下四郡一州凡沿浙、廣海之界勿召，召福、興、漳、泉六衛，龍巖一守禦所，及古田、永福、閩清、懷安、候官、仙遊、德化、永春、安溪、南安、寧洋、長泰、南靖、平和、龍巖十五縣之軍兵，選五千爲五營，分五道於四府一州。各道監之，爲之調度。農隙則閱罷而歸，寇警則檄至而集，隨軍門總兵所往，即爲操兵策應。赴伍則優常給，遠征則加行糧。其不召者，各守其土爲主，而征者爲之客。山海小警，則各就近而調。如海猖獗，則上四營援之，如山猖獗，則下五營援之，各邊疆堅守如故，此非奇正之術乎？其間通變，尤存乎人，自非大亂，未有全閩皆寇區也。儻又不支而用召募，山鄉各有强丁。有餉而自有兵，事已則散歸於田畝。邇來所慮在海，其舟卒尤爲易集，不待甚練，亦可以戰。兩舟交鋒，匪勝則敗，四面皆水，非但背水已也。同舟爲命，胡越同心，一舟自爲一隊，一隊自爲救援，必兵士衆，乃不疲於更戰。然實在舟楫壯而衝壓不動，鏢石多而擊殺不竭，尤以火藥、火器爲威，多蓄則益勝矣。其至要莫如辨風色潮期，取上風上潮以戰。失此，雖十萬不能以敵千餘。經年多募，亦無益也。賊每避下風，入島以待順風之月乃出。當先期預防之，過期則可罷矣。此皆因意外以保萬全，稍變通而即足用，奚至張皇而他借乎？或曰：「軍興匪直兵餉，而城堡樓船器械間諜賞卹之費，計當安出，乃可不詘。」夫閩語有云：三山六海一田，田儉則賦儉。所有魚鹽，僅足爲民生需，取之而充國計，雖什百之一二，然舍是非桑、孔則無可爲矣。故閩承平不謂不安，省事不謂不危。何者？兵集餉難，況一切之費乎？故軍興而加賦，此爲救解之術。當莆中郡破，言官閩人陳懋觀、林潤、曾承芳上言：閩餉多賴之時，用兵二萬八千，共銀二十八萬餘兩。半戰半守，守食如常數，戰者日給四分，一年十四萬四千兩，但不戰且罷縮其餉而乘之，出入十萬足矣。常賦亦已足供，而可與民休息，外此則閭業不出魚鹽。舊魚米三萬一千九百六十餘石。弘治中，折之石爲銀三錢五分，民甚便，蓋萬餘兩也。然海未嘗盡變桑田，人未嘗久廢網罟，而課失徵，吏無得問，何故？國初之籍，覈於校尉嚴甚。自海島内調，民失業多年所，爲他姓豪奪，而輕重失均，逋賦者衆。且惟備衛所用，不關白有司，吏胥爲政而多乾没，是以籍存而户逃絶，官設而令廢格也。嘉靖末，民愈趨海，争者日衆，乃取而充餉，檄問其賦，則額多亡失，而户逃絶者半，吏亦莫能究竟之矣。詎知户雖絶而地有主，惟匿者無税，輸者無業，課之失徵，往往由此。漁户王寶所以奏而欲釐之也。兹宜繙故牘，以近年爲始，必滿其額。且新授札，勿究久占之罪，勿追已年之利，開其首匿，與之更始，彼此參覆，通融而配。户絶地存，承其地者代之，不必盡復於本里；地奪户在，當其户者復之，不必遠償其舊課。清於官者聽之，貿於私者聽之。民雖紛争，務得大體。其無地手取，謂之浮業，廢絶者多，一切蠲之，以所增補所闕。但地若干，則税若干，海縣不必於取贏，山海亦可以過半矣。乃定其册，乃立之甲，有正有副，以科其衆。如户口版籍，十年而重編之，若隆慶之元福清令所釐，及萬曆初惠安令之重編可鏡已。河泊所官之設，最不均者，如莆田之數，不及沙縣與福清。彼二邑者，其所各一，而莆以三，故當裁也。漳之海縣，有米而不設所，何也？他縣雖弊，其制猶存，獨泉屬縣，尤非舊制。蓋漁課網罟，與海扈等地，本不相侵，制具存也。爲扈者曰「所」，其米重；爲蕩者曰「畝」，其米次之。他爲網罟諸業利薄，故米尤輕。今泉之扈蕩，在課册者少，而多竄於黄册，豈制哉？地非有力者不能蓄，小民既課於所，而又納其地租，故民償私而負公。至煩縣爲之徵，加以灣甲，又餉兵船，不勝其苦，此所當清理者也。然悉理不過萬餘，兹其少者耳。鹽舊十萬五千三百餘引，而泉有其六。故所轄場七，而泉有其四，是倚辦於泉者。視興之上里，福之海口，牛田爲多也。久之，私鹽白易售，入倉者雜黑。商無獲不肯冒海，而支守者苦之。因援折米折銀，潯美、洒州、浯州爲三所軍餉，惠安輸之運司。此固丁夫之便，未必商人所樂從。夫商初往遼海爲轉道，顧以閩海爲遠哉。今海口三場甚便，商惟以引爲名，其入場既寡，且黑雜，實於商無與，丁夫如故事支吾，亦無墆財更費之苦。曩泉若此，則固不廢矣。榷會者不察其故，遂以三場折引視泉三四倍，半引視泉三十餘倍，故議增其價。潯美最重，浯、洒次之，惠安又次之。據法，鹽則折則盤當毁。今不毁，第取其税而奏比漳浦。漳浦之抵浮米，民非竈户，地非場屬。盤三萬有奇，可榷五百兩，泉榷宜如之，乃其入堇堇不能半漳浦，且籍口於竭澤之嗟，此其故難言之矣。惠安令不恤衆議，所著政書具在，倘因而請復其舊，不亦韙乎？然閩鹽之引，視廣將倍之，而歲入三萬，其轉輸萬有二千，匪惟課不之及，而餉相去尤甚，此又何也？蓋廣初行嶺右、湖南，又達江右五郡，而南贛、兩廣軍門之所取餉。閩僅千里内，初惟出之西路，今益以東南二路，其行鹽亦惟數縣。汀州以去西路遠，久爲南贛借行廣鹽。漳之遠鄙，亦數轂於潮矣。其課纖嗇，有由然也。今之興者，爲國忠計，但當考其所以廢，而後知其所以興矣。泉四場之引，共六萬五千奇，原輸者如數，已足軍食費。今又比海口半引，令其先納三錢。其願爲上游三路者，與其復舊通行。舊引之積久者，亦得此分。部疏增至六錢，則子母賦之，年不下數萬，不必召遠商。而漳、泉之人，昔苦鹽壅閼，其利微渺，今價倍而得高貲，彼將争先爲之矣。如泉以爲不可興，則廣昔之廢者海北諸場，今奚嘗不復通之邪？此計部言官所以亹亹不已，而行之存乎人，非人則言無益耳。汀鹽運之福漳，雖令甲以汀爲閩行鹽地，而卒難行者，其勢於潮爲便矣。汀通福溪有四縣，險遠，通漳惟永定，其由陸則益難。潮自三河至武平所，而陸由羊角水可百里，入會昌下贛，此間道也。由潮而至上杭，經税至汀爲正道。陸有二道，一由古城下贛，一由白水入撫。過此則多淮鹽矣。是汀雖非産鹽之區，而實爲通鹽之路，亦江、廣之咽喉，爲閩西外府也。宋時通之，寇且踵作，而必禁之，寧詎能乎？蓋汀行廣鹽。宋守所奏天順後廣鹽通行，正德都御史王守仁復申請矣。故凡入汀境往會昌者武平権之，往瑞金者上杭権之，或往撫者長汀而薄権之，固商至願也。若閩往者勿権，爲原行鹽地，以寓抑彼申此。昔漳柳營江通汀，原有掣驗所，今改巡司，而利廢矣。若聞汀不権，閩商當樂從此而往，閩鹽因以漸復，實相濟而非相厲也。福、興之鹽自有轉運司存，而其以船爲量，視海内之弊最甚。其説最長，存之未論。凡閩鹽得劉晏輩理之，歲可得十餘萬。今第善通之，一二萬有之矣。然此亦常課也，而操奇莫贏於市船。泉有市舶提舉司在水仙門外，宋元祐初置，後廢，崇寧初復置，南渡時罷而復置。其提舉多儒紳，爲名吏者衆。而所耒之國，必所市之貨，具於志可考。泉在宋富饒本此。自元以夷人提舉，而諸夷爲虐，人或懲之，因廢市矣。國初立市舶司，七年罷，仍復之，爲琉球入貢。其國與泉之彭湖山直而受貢於此。不使外夷窺省城，猶浙置之寧波是也。後番船入貢，多抵福州河口。因朝賜通事三十六姓其先皆河口人也，故就乎此而内官提舉其事。成化都御史張瑄奏移省城内，則失策矣。尚有進貢廠懷遠驛於城外，使臣容其入見，餘則停居於驛。而今此禁盡弛，貢夷縱横城中矣。浙嘗有日本，廣有佛郎機之愛。琉球今雖恭順，不可不預爲防也。閩因罷諸番市，而利皆歸於廣。漳人垂涎而引廣夷入境。正德廣之禁嚴，番船入漳、泉，而廣失利。於是兩廣都御史閩人林富奏言通之，有四利，語在奏疏中，而船復通焉。嘉靖初革市舶内官，而言官因請并罷市舶，善哉！尚書鄭曉之言也。所當罷者内官，非市舶也。夷中百貨，皆中國不可缺者。夷必欲售，中國必欲得之。以故聖訓雖絶日本，而浙、福、廣三市舶不廢。蓋東夷有馬市，西夷有茶市，江南海夷有市舶，所以通夷狄之情，遷有無之貨，收徵税之利，減戍守之費，又以禁海賈，抑奸商，使利權在上，可謂訏猷矣。朱紈之忠清，卿執所不敢輕議，特審畫未宜，此海邦之所追嘆也。即今浙、閩夷禍爲酷，而廣多其土酋。市夷之助虐者寡，則可概見。故漳之安邊館初爲禁之，今爲通之。而海澄爲縣乃戢，其明效可覩也。第漳聽其便，而無重臣爲轄，利之所叢，其害之蘖乎？不如復祖制，市舶仍立於泉，移安邊館於此焉，而軍門鎮之。貢使由此入省，而藩臬可以亟遣他番，如宋舊規，許通其互市，而榷從廣例。此又出魚鹽之外，其利如川方至，以佐軍興，而奇贏所操多矣。噫！民之常賦不加，魚鹽處之得宜，而市舶又善通之，何不安生而爲盜乎？

閩中分處郡縣議

古制盜賊者，惟用良二千石及健令擒制之耳。今守令主餉而權既輕，且閩邇來郡各分以守巡，則郡守權益輕矣。但閩視沿海諸藩爲小，戍衛最密，寨所羅列，經畫可謂至備矣。第郡縣因循，處置尚多乖方，故自海寇猖獗，他藩破縣者有之，而郡破自興化始。興化本唐游洋鎮，隸於泉州莆田縣。宋初以游洋山寇屢作，乃分而爲軍。其制郡有四等，曰府、州、軍、監，此特以比下州耳。元列爲路，今因爲府，爲其科甲盛也。科甲既盛，則徭役多復，而田産踰制，細民日困。考閩隨攻隨陷，未有如興化者。元十餘年間，因土酋引夷，讐殺而陷路城及二縣者各三四次，流毒福清、惠安，數百里爲墟。邇倭變，既陷府，又陷平海，而仙遊堅守，幸不陷，蓋國小民貧而力不堪矣。舊志言：宜降爲州，有所爲而發也。郡人御史林潤憤陷城之變，上疏請惠安及福清益之，而二縣不聽，乃罷。夫惠安屬泉，自縣至泉一驛耳，至興則二驛也。舍近就遠，不聽固宜。福清至宏路驛，之省、之興，各經一驛，俱一百二十里。然就會城訟獄徵納，即可竣事，安能往興而復至省中，奔走而重勞乎？故汪中丞、戚都護議於待賓里、迎仙寨、江口爲縣，割福清近江附之。時閩中所屬，凡請置五縣：漳、守、善、幹、濟，而寧洋、海澄縣矣。江口及福州之水口、福寧之穆洋者不果。固郡州守之不力，亦其地勢審度未宜也。夫江口置縣者，謂其江廣，梁凡六十有四，闢舊寨爲城以據之，則福、興之間，賊難於奔突耳。然江口百餘家，其地如覆盆，不足以居衆民。第闢塞垣爲堡以扼長橋，或於橋中爲高闟，如泉之萬安橋，則寇不能徑踰矣。此江又爲莆田、福清之界。北岸即福清光賢里，離橋不能半里許。當滚林之南有枋頭，當驛路旁。地有中、左、右三區，面臨大江。其民業海，慣於濱濤。合三區爲縣，治其中區，而左右翼之。地不改闢，爲城可千餘丈；民不改聚，爲廛已二千餘家。寇至扼以長橋闟寨，而此城負山帶河，勢不能猝攻，二郡可無流突憂矣。在福清宜割安香、光賢、南日、江陰及臨江下圖。昔之不聽者，通縣非數里也。莆田宜割廣業、待賓、奉谷、武盛、新安里共爲一縣。蓋福清自蒜嶺邑以南，言語與莆同，婚姻與莆通，其川合於江，而蒜嶺諸山爲限。

宋莆中圖經序云：莆地逼迫，由蒜嶺而南有爲諫大夫者，居漆林云，則是地原屬於莆。惜圖經無可考矣。莆田之屢陷，多由東北隅。未陷之先，未嘗不增城建臺，而不知於此置縣，外失其重險故也。賊由海入，多自東北。今有此縣，不惟民由江海至縣，便利於府。而武盛里有平海衛嵌頭巡司；新安里有莆禧所吉了巡司，爲水寨地；奉谷里有青山巡司；待賓里有迎仙巡司；福清江陰里有壁頭巡司；光賢里有蒜嶺驛，俱當屬之。是一衛、一所、一水塞、五巡司、一驛以控江海之間，而綰轂福、興之口。雖有增者不過四五里，而其險壯，蓋有金城之勢矣。第枋頭有縣，迎仙巡司可革。南日里原與福清隔九海，以其遠島而棄之，故調移其民居於枋頭等地。而於興則近地也，既縣枋頭，則當復其故里，以待舊民復業焉。江陰里亦孤島也，昔幸免於調移，而設壁頭巡司守之。今二百年民安業如故。況南日爲舊水寨地，可不移迎仙寨以控海上乎？且以江陰里觀之，則福清昔所移者，南日、海壇二里。海壇周圍數百餘里，其地可爲一大縣。視之嘉禾、浯洲去同安爲近，乃浯洲、嘉禾不移，而民安業如故。今海壇之民盜耕百餘年，居民數萬户，而爲土豪私賦稅。海寇常憚其强悍而不敢犯之矣。其民既不可復徙，可委而爲大寇之資乎？昔同安之古浪、大登諸嶼，同海壇、南日而徙矣。成化六年奏復，邇年軍門又稍徵餉於海壇。昔所調移者，散處他里已久，而常賦不闕，則此又起新賦矣。若及江陰、時和、永賓、平北等里，一一近嶼，其時同移，今爲民所盜種者，一比古浪、大登而復之，則福清雖見割數里，而海壇既復，原分爲上下二里、四都、八圖及江陰等近島，爲賦視今所割數里相當。福清民以海爲業，當鼓舞而無不從矣。以縣言之，倭寇陷縣，未有如福寧。戊午夏陷寧德，秋陷福安、仁成，冬陷壽寧、政和，四境皆陷，而州亦僅免者耳。然寧德、福安爲其通海故陷，壽寧、政和屬建寧府居福寧之内而亦陷者，二縣常往福寧盜販鹽徒，因以勾引倭寇而入也。元末紅巾，則由建而往陷福寧矣。此是四縣者，其勢爲存亡者也。寇平之後，建議州北當政壽之界於穆洋立縣以控之，不果。而戚總兵以福寧雖直隸州，而事權不如府重，實保界東甌，爲賊首入之區也。乙卯由此而破仙居，其遯亦必由之。匪惟扃閩，實以障浙，三面獨突海中，爲閩第一重地。若增縣穆洋，再割附縣益之，而可陞爲府，議者駭之矣。彼嘗平寇，往來至熟，尤嫻於兵事，豈無見而言之哉？余嘗考之，江之南安府，秋米二萬石，共轄里六十。廣之廉州府，秋米二萬六千，共轄里七十有六。而福寧州，秋米二萬八千五百餘石，帶轄二縣，共一百二十八里。若以爲府，過南安、廉州多矣，且其廣四百五十里，袤九百六十里，閩中府大者，疆域未多過之矣。興化外縣惟一，而此外縣二，既陞爲府，則州爲縣，凡三縣。其視興化，統轄尤多，爲府未嘗不可也。若割近縣附之，則當以政和、壽寧。政和本寧德縣之關隸鎮也，但宋陞爲縣，而益以建安五里，而屬建寧久矣。壽寧又政和、福安二縣地，景泰六年所置也。其不屬福寧州者，爲去州遠耳。而壽寧東南至福安之界八十里，越政和而赴府甚遠，宜割以畀福寧可也。又按古田、杉洋，去縣百五十餘里。昔議設縣，不果，乃設福州捕盗通判一員鎮之，以治寧、福、政、壽、松溪一帶礦徒，今頗寧戢，猶慮竊發。官本遥制，竟非久治。或割數里以附寧德等縣，而福寧爲府以制之，此則杉洋通判可減也。若壽寧附之，而穆洋可勿設縣，但府治本州，僻在東北，壽寧、杉洋以爲遠矣。度其地里中無如福安，東南至州二百里，南至寧德二百里，西北至壽寧二百里。將設穆洋城費而廣其故城，公署費而爲府宇及學。然入府既有衛，而此亦移衛，但如廣高州之帶海，惟設千户所協守禦。而神電衛在外縣，則此移所而衛，可以不移矣。州如國初仍爲福寧縣，此其大略也。

斯疆域既均，而保障爲壯。閩之東北，山海皆賴以安矣。福州府屬當倭寇後水口地方，爲轉運分司上郡鹽徒所聚，倭寇廣兵過之，屢經焚劫矣。羣小乘倭肆志，兵備之舟方艤，而彼挾刃鼓楫，莫敢誰何。故時議建縣，爲自延至省凡經六驛，沿岸而無一縣，故至盗賊充斥。載考是地爲古田舊縣，今水口驛其地故也。蓋閩溪石多灘急，至此稍緩，而下無石灘，舟楫可集。延福驛路至此適中，其設縣固宜。原議移閩清縣於此，雖省張官置吏，但閩清至此六七十里，爲東北極界，而其所轄圖里多在西南，去此二百里，不便，將割候官、閩清等地爲之可矣。但此地埈坂臨岸，惟有驛地頗寬，民廛如帶，浚扼高山，越衢庋木，岑樓出水而居。縣須有城，衢外之屋俱毁，城中一帶甚逼，後跨崇嶺，虚而難守，故竟不果，良有以也。然此地有轉運分司，有驛及遞運所，未嘗無官，得賢分司足治矣。今所掣驗者，造舟爲梁而已。水勢至此已平，當石灘之上，有能累石爲堆，以木爲梁，不過一百六十餘丈，當不難於建寧城外之長橋者也。且多富商，願助者衆，課鹺之贏，猶足佐費。永無每歲繕舟之煩，而扼橋掣驗猶便，羣小之舟莫横矣。故縣不設，未爲失策也。福近懷安縣，宜減矣。第考長樂雖轄百五十里，舊縣治在敦嘉里上，元初移於今治，而城外爲江，即閩縣之界。今長樂如孑，蓋失半身也。且右界自營前江至長樂爲近，去閩縣爲遠，又過峽江，民甚不便。長樂之東北，閩縣之東南，皆濱大海。閩縣所轄最遠，西至海一百九十里，至長樂縣一百里，勢不能以遠控，宜自峽江以南近里割與長樂。長樂方有右臂，不惟追徵勾攝爲便，而江海之防尤利矣。又歷考閩屬，自國朝來，每因寇亂，設縣即定。建寧之設壽寧，延平之設永安、大田，漳州之設漳平，及近日寧洋、海澄，而無不定者。獨汀州當三省之交，成化六年設歸化，而其地盗少；十四年設永定，而竊發間有者，蓋南通潮、漳而北上杭，三圖皆寇藪也。官邇日乃靖者，贛分大埔，而又立平遠耳。平遠未立之時，程卿立太平營城，設撫民通判主之。無常居，不實撫卹，乃因立爲縣，則有司存。而其學校、祀典、鄉飲酒禮，民日由之，遂漸從善而歸治。若當數十年一亂一征，其糜費殘戮亡算，何如一勞永逸，而化其爲衣冠文物之區乎？故平遠立而潮賊寧矣。余嘗駐汀，前汀守吴興徐公，當寇猖獗，未遑立縣，乃建議立撫民館於三圖，逼抵賊巢，本爲權宜之術也。然近日三省山寇數十年一作，及剿有數十年之安。惟三圖百餘年無秋冬間不嘯聚，屢撲而不馴服。其山林險密，尤異他區，鄰省山寇共推之爲主耳。參將俞大猷嘗至上下水諸寨，其民七十三户。上狀言三圖溪南東接永定，西毘程鄉，北仰上杭，南聯大埔，四通而易誘惑，恃險不難作亂，雖設撫館，要之不如縣便。且峰市附近，又通閩廣要路，地雖褊小，猶可以爲善國，上下水間有河坪，地勢寬廣，山溪環抱，堪築縣城，就近撫治。宜割上杭來蘇三圖、四圖，溪南三圖，永定溪南一圖、四圖，共五里丁米爲縣，如昔永定之例。大猷上其議，未行。或以在二縣之民，以割地爲難，其費出於汀屬有司，又以擾民爲詞。不知此方未寧，二縣及府首受其禍，既寧先獲其福矣。或以官多爲費，不知將盜賊之地，養治賊之官，以設官之擾，省用兵之費，蓋有久利而無害者也。今三圖餘黨，雖就撫而叵測，若汀分土安民，此一方最急，論弭盜絶源，在三省尤先者也。即割二縣地而動一府費，宜所必從者，第行之何如耳。來蘇各圖田糧，爲他圖所已收割者，宜從地而歸新縣。雖紛争之門已杜，而舊城之賦實減。上杭既分永定矣，而猶爲河坪，於四十里而割其三，恐稱不給。長汀有五十九里，宜割附近上杭之平源、丹溪等圖，二三圖補附之，不患乎不均矣。其河坪今方移撫民館築城其中，不如就而立縣。如平遠之立於太平營者爲便。既已有城，而縣學公署，借上杭河税用之足矣。夫此數者，皆屬大計，但郡縣幸亂已定，則息肩而税駕，匪以瘡痍未復爲辭，則以繭絲未蓄爲慮。夫先陰雨而綢繆可也，既漂揺稍寧，可不爲禦侮計乎？邇之力任寧洋、海澄者，豈不良二千石哉！以次第籌之，河坪有垂成之勢，江口當亟興之役，而懷安之減，長樂之增，百利而無一害，第勿因循斯成矣。福安之策尤大，見目前者爲遷，籌日後者爲切，則俟之君子焉。

防閩山寇議

夫防山寇，建、邵、延、汀有守巡、都司、守備足賴矣。第閩入國家版籍二百餘年矣，苞桑之策，正宜承平預之。在内，山寇第其小者耳，若境外大寇，必當爲之所。唐之入閩也，自虔入汀，而元亦破汀關先入，則於建而邵、延因以不守。元末紅巾寇起，則先入邵。國初之入也，邵、建及海，凡四道焉。海道所入，今當守烽火矣。其初定閩，先置上四郡之衛。延在内地，而建、汀、邵爲邊疆。汀之長汀，隘嶺爲僻道，其府衛一；邵之光澤、杉關爲間道，其府衛一；獨建有二道：於崇安曰分水關，於浦城曰仙霞關，故府衛二，而以行都司鎮之。仙霞關當浦城之衝，天兵再入乃克，是以夷浦城，而關屬浙之江山，取犬牙相制意也。至正統，有處寇奏築，成化十年，加以守禦所。而崇安及光澤，邇年因流寇繼城矣。但衛所初建，多因亂浚，民不足守，而召募以充之耳。今則民居繁庶，而軍餘丁亦衆，可以別移，乃株守則非也。宜如北塞邊關，因山據險爲城，建寧二衛，各移一所，出守分水、杉關，衛所皆行都司所屬也。分水、杉關其地可以作城。

杉關雖屬邵，而府惟一衛，不可輕調，故調之建、寧焉。既有以守禦，即其官以譏察，而二關巡司自可以省矣。即將省巡司弓矢十年之費，可以於垣；又十年之費，可以置營；又十年之費，而公署罔不備矣。但仙霞既屬浙，而閩於梨嶺等地，宜相形制以立重關，而移浦城千户所鎮之。浦城、閩浙捷徑行者，視分水、杉關猶衆，彼各有驛而此無者，蓋分水爲大關，中歷江西鉛山、廣信、玉山，乃接浙之常山，爲三藩所取道。邵武杉關雖僻於浦城，而出則江西建昌，各以一府當之耳。崇安、浦城皆建所屬，江山、常山皆衢所屬，故減一路爲省費計，不知由江山、浦城者多，則由崇安、常山者少矣，而由分水者，惟江右之所取道耳。二道分往，其費亦分，且廣信亦省，而皆受其利矣。浦城在宋有臨江、漁梁、大湖、盆亭四驛，則在江山必有驛蹟可知。匪惟便旅人，亦以杜奸宄也。此三關者，因江浙軍門各居省城去遠，故爲之過慮焉。而汀不慮者，爲有南贛軍門障之，且隘嶺天塹，數卒當關可阻，況入隘一舍，即爲府衛者乎？

猺人，楚、粤爲盛，而閩中山溪高深之處間有之。漳猺人與虔、汀、潮、循接壤錯處，亦以槃、藍、雷爲姓。隨山種插，去瘠就腴。編荻架茅爲居，善射獵，以毒藥塗弩矢，中獸立斃。其貿易商賈，刻木大小短長爲驗。今酋魁亦有辨華文者，山中自稱狗王，後各畫其像，犬首人身，歲時祝祭。族處喜讐殺，或侵負之，一人訟，則衆人同；一山訟，則衆山同。常稱城邑人爲河老，謂自河南遷來畏之，繇陳元兊將卒始也。國初設撫猺土官，令撫綏之，量納山賦。其賦論刀若干，出賦若干，或官府有征剿，悉聽調用。後撫者不得其人，或索取山獸皮革，遂失賦，官隨亦廢。往往聚出爲患，若往年南勝李志甫輩之亂，非猺人乎？今山首峒丁，略受約束，但每山不過十許人，鳥獸聚散無常所，漢網當寬之爾。

上南撫臺暨巡海公祖請建彭湖城堡置將屯兵永爲重鎮書

沈鈇

謹陳爲處置彭湖，咨基善後，永固閩疆事。紅夷潛退大灣，蓄意叵測，徵兵調兵，殊費公帑。昨僭陳移檄暹邏，委官宣諭，約爲共逐一節，未知可允行否。若彭湖一島，雖僻居海外，寔泉、漳門户也。莫道紅夷灣泊，即日本、東西洋、呂宋諸夷所必經焉。地最險要，山尤平坦，南有港門，直通西洋，紅夷築城據之；北有港門，名鎮海港，官兵渡彭居之；中間一澚，從南港門而入，名曰暗澚，可泊舟數百隻。四圍山地，人云可開作園，栽種黍稷瓜菓等物，牧養牛羊牲畜，未可遽墾爲田，以山多頑土，無泉可灌故耳。今欲使紅夷不敢居住彭湖城，諸夷不得往來彭湖港，其策有六：一曰專設遊擊一員，鎮守湖内；二曰召募精兵二千餘名，環守湖外；三曰造大舡，製火器，備用防守；四曰招集兵民，開墾山場，以助糧食；五曰議設公署營房，以妥官兵；六曰議通東、西洋、吕宋商舡，以備緩急。此六議似宜斟酌舉行者。

夫彭湖險地，什倍南灣。南灣地在海島，夙盗藪也。萬曆初年，撫臺劉凝齋公祖，移會廣東制臺，題設副總兵坐鎮於中，抵今兵民完聚，田土開闢，屹爲海甸重鎮，倭夷不敢窺伺，漳、潮賴以安枕，信明驗矣。今彭湖可倣而行之，請設遊擊一員，坐鎮湖内，仍設左右翼把總哨官，爲之輔佐，擇閩中慣歷風濤、諳練水路者充之。無事則演藝守汛，有事則料敵出奇，俾諸夷不得窺中土，併議久任責成，凡兵之進退，糧之出入，咸遊擊是賴。三載皆加銜，六載成勣，特陞大將。每歲或委廉幹佐貳，不時查點，如兵士有虚揑，月糧有尅減，參處查究，追出銀兩，以充兵餉，庶知勸懲，永奠沃壤，殆與南灣一鎮，並爲閩中屏翰矣。此設遊擊之策一也。

夫有官守，必有兵戍，戍守哨探之兵，非二千餘名不可。每名月糧九錢，此定例者，其糧餉或出自漳、泉二府，或支自布政司庫。原有定議，沿海濱捕漁之民，慎擇以充之；或撥出洋遠探若干名，遇賊則攻擊之；或撥港内守城若干名，有警則應援之。遊擊標下親兵，與把總哨官人役，各自另設，不許占用；水陸戍兵一人，不許虚冒，戍兵月糧一分，其月糧按季關支，該道委海防館照名數鏨鑿包封，逐名唱給，不許將官總哨代領，以防尅減；尤不許防館吏書需索常例，以奪兵食。此遊兵營堡宿弊，亟宜申明禁革之。凡汛地之守探，具數總報院道，以便查考；夷情之緩急，飛報院道防館，以便調度，一或誤事，自有軍法，庶水陸並避，犬牙相制，彭島一帶，可保無虞〔二〕。此議成兵之策二也。

夫各寨遊每舡板薄釘稀，委官製造，價銀十不給半，一遇海濤，便自潰裂，安可出戰？今宜令駕舡者領價監造，每船歷幾汛方許修理，載幾汛方許改拆，而拆造僅給半價，則造舡駕舡，均出一手，或不敢以敝漏之舟自試蛟龍之窟耳。若火藥尤紅夷所懼者，中左所火攻已破其膽，大舟四集，自爾宵遁，則火舟當多備明甚。而大銃大舡尤不可少者，宜造大舡十餘隻，安置大銃十餘門，布列港口，俟寇至夾攻之。夷酋憚我長技，不惟不敢侵我疆土，且遠遁無敢再出矣。此議造舡火器之策三也。

彭湖山地，雖云頑土，不堪墾田乎？而遍度膏腴之區，或可佈種禾穀者，即黍稷麻豆，柑樜菓木，均可充兵民口食之需，須廣招同安、海澄、濱海黎庶乏田園可耕者，多四五百人，少亦二三百人，俾挈犂鋤，種子以往，就居撥地，聽其墾種，每人量給二三十畝。仍帶妻子，方成家業，併畜牛羊，捕釣漁利，少資糊口。仍禁遊擊總哨各官，不許科索粒食；各戍兵下班之日，有能用力種植者亦聽之。明示十年以內，決不抽稅。俟十年以後，田園果熟，酌量每畝抽銀二三分，以爲犒賞官兵之用。務使兵民相安，永遠樂業。此議召民開墾園地之策四也。

若官既守海，必有公廨居之；戍兵寓民，亦須藉營房寮舍爲藏身計。今議蓋遊擊府公署，或在鎮海港口，或在娘媽宫前，當查舊基拓充之，標兵量撥百名，環劄左右；仍設倉厫數間，爲貯糧之所；擇寬廣爲教場，以備操練；而暗澚口相對二銃城及東北面大中墩，各量置營舍，以爲守禦，方免各兵暴露。舡兵營兵，輪流撥用，少均勞逸。即召募種植，居民或令自蓋房舍，或官量給房價，咸附兵營居住，相依爲命，守望相助。此議設官廨兵營之策五也。

夫彭湖大灣上下，官兵舡隻把港，則番舡不許出入，紅夷不許互市，無待言者。然泉、漳二郡商民，販東、西二洋，代農賈之利，比比然也。自紅夷肆掠，洋舡不通，海禁日嚴，民生憔悴。一夥豪右奸民，倚藉勢宦，結納遊總官兵，或假給東粤高州、閩省福州及蘇、杭買貨文引，載貨物出外海，徑往交趾、日本、吕宋等夷，買賣覓利，中以硝磺器械，違禁接濟更多，不但米糧飲食也。禁愈急而豪右出没愈神，法愈嚴而衙役賣放更飽，且恐此輩營生無路，東奔西竄，如李旦、黄明佐之儔，仍走夷鄉，代爲畫策，更可慮也。不如俟彭湖島設兵鎮後，紅夷息肩，暫復舊例，聽洋商明給文引，往販東、西二洋，經過彭湖，赴遊府驗引放行，不許需索阻滯。回舡之日，若帶有夷人在船，即拿送上司，以奸細論，庶可生意飽商民之腹，亦可以夷貨增中國之利。俟彭湖設官建城之後，可徐議爲之。此議通商便民之策六也。

以上迂議六欵，前五欵，似可爲彭湖善後之一助，後通商一欵，亦聊備後日通變之微權，伏望臺不棄迂朽，仍會藩臬巡海守巡司道、洎總兵副參等衙門，面議停妥，一面題請，一面舉行，匪但彭湖一島堪與南澚並稱重鎮，而八閩士民，永有攸賴矣。

崇禎十二年三月，給事中傅元初請開洋禁疏言：

今軍需孔亟，徒求之田畝，加派編户，此亦計之無如何也。然利害有宜剖晰，時勢有宜變通。如閩中洋禁，曾奉明旨。然臣閩人也，謹查先臣何喬遠曾有疏議，謹其詳概，則又未始不可採行者，臣請得按論之。萬曆年間，開洋市於漳州府海澄縣之月港，一年得税二萬有餘兩，以克閩中兵餉。至於末年，海上久安，武備廢弛，遂致盜賊劫掠，兼以紅毛番時來倡奪船貨，官府以聞，朝廷遂絶開洋之税。然語云：海者，閩人之田。海濱民衆，生理無路，兼以饑饉薦臻，窮民往往入海從盜，嘯聚亡命。海禁一嚴，無所得食，則轉掠海濱。海濱男婦，束手受刃，子女銀物，盡爲所有，爲害尤酷。近雖鄭芝龍就撫之後，屢立戰功，保護地方，海上頗見寧静。而歷稽往事，自王直作亂以至於今，海上固不能一日無盜，特有甚不甚耳。海濱之民，惟利是視，走死地如鶩，往往至島外區脱之地曰臺灣者，與紅毛蕃爲市，紅毛業據之以爲窟穴。自臺灣兩日夜可至漳、泉内港。而吕宋、佛郎机之夷，見我禁海，亦時時私至雞籠、淡水之地，與奸民闌出者市貨，其地一日可至臺灣。官府即知之而不能禁，禁之而不能絶，徒使沿海將領、奸民，坐享洋利。有禁洋之名，未能盡禁洋之實，此皆臣鄉之大可憂者。蓋海外之夷，有大西洋，有東洋。大西洋，則暹羅、東埔諸國，其國產蘇木、胡椒、犀角、象牙諸貨物，是皆中國所需；而東洋，則呂宋，其夷佛郎机也，其國有銀山，夷人鑄作銀錢獨盛。中國人若往販大西洋，則以其產物相抵。若販呂宋，則單得其銀錢。是兩夷者皆好中國綾緞雜繒，其土不蠶，惟藉中國之絲到彼，能織精好緞匹，服之以爲華好。是以中國湖絲百斤，值銀百兩者，至彼得價二倍。而江西磁器、福建糖品、果品諸物，皆所嗜好。佛郎机之夷，則我人百工技藝，有挾一器以往者，雖徒手無不得食，民爭趨之。永樂間，先後招徠，東西二洋入貢之夷，恭謹信順，與狡悍不同。至若紅毛蕃一種，其夷名加留巴，與佛郎機爭利不相得。曩雖經撫臣大創，初未嘗我怨，一心通市，據在臺灣。自明禁絕之，而利乃盡歸於奸民矣。夫利歸於奸民，而使公家歲失二萬餘金之餉，猶可言也。利歸於奸民，而使沿海將領，不肖有司，因以爲奇貨，掩耳盜鈴，利權在下，將來且有不可言者。竊謂洋稅不開，則有此害；若洋稅一開，除軍器、硫磺、焰硝違禁之物，不許販賣外，聽閩人以其土物往，他如浙直絲客、江西陶人，各趨之者，當莫可勝計，即可復萬曆初年二萬餘金之餉以餉兵。或有云可至五六萬，而即可省原額之兵餉以解部助邊，一利也。沿海貧民多資以爲生計，不至饑寒困窮，聚而爲盜，二利也。沿海將領等官，不得因緣爲奸利，而接濟勾引之禍可杜，三利也。倘以此言可採，則今日開洋之議，洋稅給引，或仍於海澄縣之月港，或開於同安縣之中左所，出有定引，歸有定澚，不許竄匿他泊。即使漳、泉兩府海防官監督稽查，而該道爲之考覈，歲報其餉於撫臣。有出二萬餘之外者，具册報部，以憑弔用。臣鄉弁鄭芝龍屢立奇功，既受延世之賞，仍責以海上捕盜賊，詰奸細，使人與船無恙，計年量加陞賞。竊考有宋之季，市舶司實置在泉州，載在舊制可考。廣東香山澳亦見有稅額。閩、廣一體耳，此非臣一人之言，實閩省之公言也。伏乞敕下閩省撫按，查洋禁果否盡閉，開洋果否無害有利，廣詢泉、漳士民，著爲一定之規，庶奸利可杜，兵餉可裕矣。

八閩通志

食貨

民惟邦本，而食貨則所以養其生、資其用者也。閩地負山濱海，平衍膏腴之壤少，而崎嶇磽確之地多，民之食出於土田，而尤仰給於水利；民之貨出於物産，而尤取資於坑冶。凡是數者，非獨民賴以生，而土貢財賦亦由是而出焉。嘗考之於史：唐之時，民物猶未甚蕃，故其貢賦亦未甚夥。及王氏僭僞，遂以區區數州之地，而供宗廟百官之費。尋復兄弟相殘，分裂割據，百役繁興，用度不足，乃增田畝山澤之稅，至於魚鹽蔬菓，無不倍征，民之財力，至是竭矣。宋興，猶未能盡革。南渡以來，軍國之需，皆仰給於江南，供億繁重，固其宜也。至我國家，稽古立法，貢篚有常，賦入有等，而凡前代一切無名之征，始盡除矣。

福州府志

户口

論曰，予嘗考歷代草創，井邑蕭條，蓋百姓新去湯火故爾，及治平日久，則未有不滋殖者也。舊志載正德時户口，視洪武間，不能增十之二三，頃視正德又無所增矣。夫國家治平，晏然無事，二百年於兹，即前古未有也。休養生息，涵濡汪濊，固宜數倍於國初時，而民不加多，豈有是理哉！抑或有司未稽其實，而姦胥蠹吏，得爲僥倖者地耳。舊制凡十載一籍其民，大抵足舊數而止，此敝政也。夫一邑之户，始衰而終盛，一族之人，始寡而終衆，奈之何必因其舊也哉？是故豪宗巨家，或百餘人，或數十人，縣官庸調，曾不得徵其寸帛，役其一夫；田夫野人，生子黄口以上，即籍於官，吏索丁錢，急於星火，此所以貧者益貧而富者益富也。又自倭寇以來，軍儲徵求，催督旁午〔三〕，皆出於田，瘠土之供竭矣。不毛之宅，無職事之人，終日美衣甘食，博奕飲酒，市井嬉遊，獨不可稍舉古人抑末之政，以紓力本者之困也耶？爲今之計，欲使户無匿丁，則莫若凡訟於官者，必稽其版，凡適四方者，必驗其繻，則户口可覈。户口可覈，則賦役可均。不惟足國裕財，驅民於農，亦無便於此者矣。

土田

土田之目有二：曰官田，曰民田。若職田，若學田，若廢寺田，若没官田，若官租地，皆係之官而佃於民者。與民自占田及寺田，官未斥賣，悉書於籍。其則有輕重，官田有科米三斗上下者，以三錢五分爲率，五斗者三錢而止，七斗者二錢五分而止，總之稱官折而蠲其别差。若民田之米，自五升而上，其則不一。其間有水塌沙崩，浮糧未豁，新壅初墾，未及首正升科者。萬曆七年，撫按會題奉旨稽覈，履畝丈量，均匀攤補。其畝視田高下爲差，其則以縣原額爲定，截長補短，彼此適均。則壤成賦，民間無不税之田；計畝均糧，公家無不田之税，法最善也。其後縣官更代不常，而積猾姦胥，那移改换，悉易其籍，除一蠹復生一蠹，卒無有能究詰之者。

秋糧

國朝定制，宇内郡縣，輸粟京師。後以閩遠隔山海，令官田米各分本、折，每石以五斗折色徵銀解京，以五斗本色米存留各倉。民米以十分爲率，七分各徵本色派倉，三分徵折價銀解京，即金花銀。至沈御史灼奏准，凡官米俱折銀解京，免輸倉。民米每石半本色，米五斗輸倉，爲官吏、師生俸廩及軍士之月糧。半五斗折色，徵銀二錢五分。中分其半解京，其半凑補各倉糧給軍。解京者加槓綀五釐，輸倉者加耗米五升。歲以秋杪督糧道坐派各縣，於十月開倉入之。

綱派

憲綱經用者，名曰綱銀[注四]，以見役坊里長供之。若慶賀、接詔、迎春、視學、祀典之當舉者，鄉飲酒之再行者，校文閱武之賞賚者，貢士於禮部者，資其路費；邑之廢、疾、孤、寡，給其衣糧。行部及士大夫之往來者，有餼牽牢醴。官長始至，有郊勞、致館、門祭、堂燕、輿蓋器什，冬夏易其研席，歲終供桃符、花燈。正雜諸綱，一切取辦，至無算也。國初，以里甲繫民，十載番役，所領惟催徵勾攝。載在令甲。顧役使支應官府諸費，未知作俑何人。坊里供役，勢易陵迫，雜物私饋，多爲糜費。吏皂如虎，抑索沓至，故有米石丁一而費至數十金者，坊郭之長尤苦焉。嘉靖末，諸監司始議官當著爲令，以丁及米若干，徵銀若干，責辦該吏支應，誠良法美意。但坐派於見年之里役，名猶未除。萬曆六年，巡撫龐公尚鵬、巡按商公爲正協議行一條鞭法，盡以週歲經用多寡，籍其縣之丁米，歲一徵之。

論曰：古布縷之征，今夏税是也；古粟米之征，今秋糧是也；古力役之征，今徭綱諸力差是也。自唐立兩税法，後世遂因以爲常。乃今并取之一時，即兩税之法亦邈不可復矣。

徭役

徭，力役之征，古法也。國朝酌而行之，編於屬縣。人在官者，視事繁簡，給其稍食，有銀力二差，亦宋顧役免役之遺意。力差，若兩院督府、上司府縣各衙門門子、皂隸、書手、庫子、獄卒、鋪兵，儒學殿夫、門子、斗級，庫子及驛館夫、倉斗級、巡檢弓兵、税課巡攔，各分司公舘與書院祠壇門子、橋渡、廠夫之屬。銀差，若長夫上中二解户，各衙門祗候馬夫、儒學齋夫、膳夫、借撥皂隸之屬。往者歲一編之，以見年里甲後五年應役。其中銀差稍輕，力差如斗級、鋪兵、舘夫諸屬，所費溢額派倍蓰，其甚者則庫子。庫子本備筦收役使耳，縣官視爲甲幹，公私之費，悉兹取給，其破産者什之九。隆慶間議以縣吏充庫子秤收，宿弊稍蠲，而若鋪兵、斗級有代者，猶多索顧直。萬曆六年，行一條鞭法，以十年總編，盡清官户之重免者，諸邑丁米稍裕，與僱直又多嬴餘，無復輕重不均之嘆矣。

丁米料

國朝上供之數，洪武間有雜色翎毛皮角弓弦箭及荒絲之貢。永樂以後，有紅白糖、藥味、黄白蠟、細茶、牲口、諸色物料。有額辦、歲辦、雜辦，或爲本色，或爲折色。額辦有定額，歲辦不常徵。雜辦於二辦之外，又有泛雜名目。在成化間，所辦不過十三種，弘治間，增至二十三，正德間，所貢繁多。倚辦該年里甲，名數細碎，增減因革，有司莫能究詰，吏胥因緣爲姦利，虛派侵没，其弊益滋。沈御史灼始通計各縣應辦物料，融派丁米，概徵銀八分注五，送府轉輸，民以爲便。嘉靖二十六年，議附由帖徵銀解布政司，類輸京師。先是徵派視料數稍益，後因倭寇軍興，復增其數以補足軍需。萬曆六年，龐都御史尚鵬議行一條鞭法，酌盈濟虛，復以八分爲末減，而民益稱便矣。

鑛冶

論曰：山冶之當罷也，漢時大夫文學詳哉其言之矣。惟是鑛禍最烈，亡命無賴，逋逃作奸，小則争掠，大則嘯聚，盗之囮，寇之藪也。材記今上壬辰，浙人王君錫奏開易州礦，旨下大司徒議。時材叨户垣，聞其交結貪緣，將必得請，遂偕馬右諫邦良執奏，謂聖明在宥，奸人以利罔，不宜聽。且易州鄰虜，萬一剽聚，持之急，則北走胡，是兆禍也。疏入，上憣然逐之，令勿潛住别生奸。越數年，新建張學士位秉政軸，以爲利出於天地所自然，可益國無病民，採之便。上從其言，而毒流區宇矣。材曩侍交戟下，每見上睿智天縱，夐出千古，獨輔之者非其人，率不能以道佐人主耳。今東南之力已竭，輪臺之悔尚稽，誰生厲階，至今爲梗。嗚呼！長國家而務財用，必自小人，詎弗信夫！

鹽課

閩之場，其隸吾郡者，福清有二：一爲海口場，一爲牛田場。其鹵地皆掌於司，附海爲鹽户，主煎作；依山爲竈户，供薪木。後專曝曬，令竈户以銀代薪爲雇直。鹽竈户每米一石，准夫一丁，着令復其身，仍給工本鈔，日辦鹽一斤四兩，積三百六十日爲一引四百五十斤，以入於倉，嚴私販之禁。計民男女成丁者，歲給鹽三斤，徵米八升，謂之鹽糧。後罷米折鈔，每丁口歲納鈔六貫，每貫折錢二文，中半折之爲鈔三貫，錢六文，閏月則算而加之。倉鹽給口食，餘者以給商販。久之，民不復支鹽，納鈔如故。其私鹽擔負不及數，於法無禁。私販多白鹽，易售，入倉類低黑殺雜鹵壞，賈人又慮就場險阻，輒置引市私鹽充數。由是倉鹽積久虧耗，丁夫困於賠累，依山户縣又不免其雜役，編户重稱困矣。後遵户部奏准，各折銀米以足軍需，遂罷辦鹽入倉之例，工本鈔亦復住支。

論曰：閩之壤什五依山，什五襟海，非若江、淮、吴、楚之郊，舟帆所畢通，車轂所交集也。行鹽之界，不過依山四郡止耳。地匪廣輪，賈無嬴篋，時逢平世，市絶横征，則商固可執筴而取餘，官亦可持籌而收積。乃今增引加課，駢拇枝指，疐尾跋胡，得以錙銖，失以什伯，於是商日困而榷日棼矣。

魚課

國初立河泊所榷漁利，遣校尉點視，以所點爲額，納課米。其後漁户逃絶，米責里户辦納不敷，乃有折徵之令。每米一石，半納本色五斗，折色五斗，輸銀二錢五分，編户猶稱重困。至弘治七年，巡按御史吴一貫奏准不分本折，並徵銀三錢五分。

軍政

衛兵有三：曰征操軍，曰屯旗軍，曰屯種軍。征操軍者，入則守城，謂之見操軍，以時訓練，出則守寨，謂之出海軍。按季踐更，均月給米八斗，如銀則月給四錢。惟外衛所軍，有出外海及守烟墩者，每月給一石，如銀則月給五錢。更有選練備戰餘丁，亦月給米八斗。其軍户有幼弱及老疾者，則優恤之，或月給七斗、六斗、三斗，各有等差，如給銀，則視其斗數以定多寡。屯旗軍者，乃國初奉紅牌及樣田事例之屯軍也。屯種軍者，即見在頂種之屯軍也。此二項軍，第歲視受田之數，輸糧於官，並不需官餼。自正統間，鄧茂七之亂，郡方戒嚴，調屯軍以爲防守。始有給八斗者，今已報罷。客兵者，舊制無有也。嘉靖三十六年，郡苦倭寇，巡撫始有調廣西向武州兵禦之者，未幾遣歸。四十一年，倭又入寇，巡撫告急鄰省，總督都御史胡宗憲遣參將戚繼光以所練義烏兵八千人，自浙來援，與倭戰，大捷。明年，巡撫譚綸與繼光復以浙兵平興化之寇，斬首萬餘級。乃奏留浙兵戍閩，散於八郡，而開府與帥府駐在省會，故聚兵尤多。令環處教場，統以將領，名曰浙營。其營有六，人數大抵不下三千餘人。

海防

水寨。自洪武初命江夏侯周德興經略海徼，備倭衛所、巡檢司，築城數十，防其內侵，又於外洋設立水寨，初惟烽火門、南日山、浯嶼，至景泰間，增置小埕、銅山，共五寨。成化末，當事者以孤島無援，奏移內港。內港山澳崎嶇，賊舟窄小，易趨淺水，而兵船闊大，難於迎敵，遂致失利。嘉靖四十二年，巡撫譚綸始請復舊制五寨，以扼外洋。其原屬福州者，烽火門與小埕。後烽火改屬福寧，惟小埕專屬焉。南日舊隸福清，今屬興化；浯嶼屬泉州，銅山屬漳州。隆慶初，始添設海壇、浯銅二遊兵。萬曆初，尋增南澳、嵛山、湄洲三遊，海壇遊則屬福州。嵛山屬福寧州，湄州屬興化，浯銅屬泉州，南澳屬漳州。寨遊各有把總一人統其衆，寨總由武進士或世勳高等題請陞授，以都指揮體統行事，謂之欽依。遊總由撫院差委，或以指揮及聽用把總督領，謂之名色。各爲分汛地，嚴會哨，賊寡則各自爲戰，賊衆則合力以攻。時值春秋二汛，必駕樓船以備海外。憲司巡海道與郡海防館，視防守之疏密而差次殿最焉。小埕水寨在連江縣定海所前，今定額船四十六隻，官兵一千六十四名。北與烽火門會哨，南與南日會哨，西洋、下目、下竿塘、白大皆其汛地，省會之門户也。海壇遊在福清海壇山，山故唐牧馬地，宋初置牧監，尋罷，聽漁民就耕，增兵守之。洪武初，守備李彛要金於壇，衆弗與，彛奏徙其民於内地，遂爲盜種之區。隆慶初年，始建遊兵於此。額船三十隻，官兵六百六十九名，泊海壇汛地，與南日兵船協守。按寨與遊之初設，寨必用世胄及勳陞者，欲尊其體統，令有以御舟師，懾衆志也。至遊第用材官及良家子，所以便吾鞭弭，可使飛伏應援耳。故寨爲正兵，遊爲奇兵；寨可以分疆言，遊難以汛地執也。近概題請欽依，其設一遊一寨相間以居〔四〕，俾分疆不淆而汛地各守，此徒足塗觀聽耳。夫指臂不聯，則秦、越異視，輔車既隔，將唇齒莫依。幸無事也，若勢成犄角，倘變起倉卒，而觀望參、商，庸足賴乎？殆與先臣請設立之意異矣。把截寨凡十有一：長樂四，广石、黄崎、仙崎、東山。連江，光臨里。福清六。松關、永平、白鶴、峰頭、大坵、牛頭。捍寨凡十，閩縣一，古嶺。長樂一，大祉。連江一，北茭。福清七。松下、平北里、平南里、沙塢、連盤、長沙、峰頭。烟墩凡六十有七，閩縣十一，鳳峬、長崎、琅崎、海嶼、象洋、拱嶼、東崎、猴嶼、旺崎、鹽倉、鼓山。長樂二十有二。醨酢、广石、魁洞、碁山、斗湖、浪頭山、旒山、大嶼、甲峰、塔山、蕉山、牛山、湖頭、聖浪山、山亭山、流水、壺井、小祉、江田、石門、石濃。福清二十有七松下、峰前、大坵、後營、白鶴、大壤、壠下、汶流、桃嶼、茶林、讌積、仙巖、前晏、白沙、塔山、馬頭、灢頭、蟹嶼、前村、洪坑、巒山、西嶺、蒲海、石馬、陳塘、雙嶼、峰頭。

戎器

兵器甲冑干戈之屬，衛所軍匠爲之，有定式，有成數，都指揮視其利鈍而藏之庫。三衛舊各有庫，弘治四年，始設武備庫，合而藏之。銃炮、火箭、噴筒之屬，謂之火器，三衛置局藏之，其外衛所則取兵器於庫局。又有歲造解京軍器，府衛並造，取辦於料銀，不足，徵之屯耗，折鈔衛所造，故有軍三民七之目。防海之舟，曰官船，曰快船，曰哨船，委指揮一員造之。三衛舊各有廠，景泰間始併爲一廠，在河口。隆慶元年，改設於橘園洲。郡寨遊外更烽火、南日、浯嶼、銅山四寨，不隸福州衛，亦造舟於此。

論曰：郡之戎器，歲有督造，顧器一而直十，工之家四，胥之家六。甲冑苦惡，器械朽鈍，所從來矣。上下相蒙，刓弊相續〔五〕，久之皆烏有也。至於戰艦，其費倍蓰，歲縻金錢，秖實奸槖。收汛撤兵，守之則羸卒；連艘積水，觸之則虛舟也。夫器不堅好，卒不服習，趨利弗及，避難弗畢，塵飯塗羹，直兒戲耳！噫，安得臨敵合刃，如楚之劍戟利，而教習水戰，若越之舟師也？豈憂倭奴哉？

屯田

屯田之制，固古者寓兵於農意也。我國初籍民爲軍，乃講此政。度郡屬地閒曠者，或取諸廢寺及籍没之産，聽其耕作以爲屯田。而我郡在城三衛與鎮東一衛，亦不下四千餘頃，顧國初新附之籍，有從他衛所徙而至者。海濱幅員未廣，軍士亦有屯他郡之田者。外又有紅牌及樣田諸例者。要之在洪武時軍，則稱舊屯；在永樂時軍，則稱新屯。而屯無論新舊，每分給三十畝，歲輸正糧一十二石，餘糧一十二石。正糧給本軍月餼，餘糧給守城軍士，固其概也。第征糧設正餘兩額，又各取盈於十二石之數，法非什一，軍士稍厭苦之。後論者乃罷其正糧不復征，餘額又減其半，只徵六石。復計其田之腴瘠，分爲本折色。本色爲存留，輓粟入倉，以給軍士之月餼，折色爲起運，納價於屯官，以備軍興及解京之雜需。至折色之中，又分爲舊額新增而稍差等之。比歲終，憲司之督屯使者，眂其賦之登耗〔六〕，以署衛屯官之上下考。

論曰：國初屯制，一軍一餘，各受三十畝而耕。持戟之士，即荷畚之農，故士無曠伍，屯無溷冒也。自後以來，軍餘半居市廛，不能親操耒耜，於是始有寄佃於土人而分其息者，有私兑於他姓而更其名者，又有丁盡籍空而轉爲别軍所承頂者。世久弊滋，舉數十屯而兼併於豪右，比比而是。昔林文恪先生謂宜因均田之會，無憚跋履，盡括舊屯，并其新墾，勿令豪强更得侵冒。其擇其膏腴者給衛丁壯，令自食其力，有急用之，則可以漸省客兵，此亦漢人實塞下之良策也。其議洵不可易，第頂種已越百年，轉鬻不下數姓，若徒取之豪右，則彼原以厚直售之；若欲付之丁壯，則彼又不能以空拳得之。捉衿掣肘，策將安施？是故清屯之議，尚當熟圖，必使民收舊直之償，軍獲實屯之受，而後兩得其當也。至於徵賦顓屬衛所之官，愚亦以爲否否。夫國家武臣，不典錢穀，何獨於衛官而寬之？夤緣請托，進司利權，染指既甘，漏巵無當，因而覆券者，何可勝數！倘分之附近各縣，並爲帶徵，則官保其先世汗馬之勳，軍免於頻歲侵漁之苦矣。

福州潮汐

閩之水，海爲最大，自東迤南，襟帶五縣。閩之東南，長樂之東北，連江之東南，羅源之東，福清之東南、東北，皆海也。海潮從東南來，南則由粗蘆門北湧，東則由閩安鎮西湧，皆會於馬頭江，復分爲二：一入西峽，一入南臺，復合於馬瀆、竹崎，與水口下之溪相接，乃回流而汐焉。是潮也，在永北、合北地方，猶兼鹹鹵，至馬頭江，則皆淡矣，瀕海可田之地。唐太和中，閩縣令李茸築石堤，跨閩與長樂東界以障鹹鹵，墾田無數。又有一等洲田，潮至則沒禾，汐而無害於禾，不假人牛而收獲自若。有力之家，隨便扦插，但東流西復，遷徙不常，利害亦相當云。今將潮信具列左方：

每月[注六]初一、十六，寅正三、申正三；初二、十七，卯初三、酉初三；初三、十八，卯正三、酉正三；初四、十九，辰初三、戌初三；初五、二十，辰正三、戌正三；初六、二十一，巳初三、亥初三；初七、二十二，巳正二、亥正二；初八、二十三，午初初、子初初；初九、二十四，午初三、子初三；初十、二十五，午正一、子正一；十一、二十六，午正四、子正四；十二、二十七，未初三、丑初三；十三、二十八，未正二、丑正二；十四、二十九，申初一、寅初一；十五、三十，申初四、寅初四。此海潮之候也。江潮常緩海潮三刻，至入府城内外，諸河則愈緩矣。又當視其近遠爲先後，各以意推。其他海舶貿易往來淮浙交通之間，各以十五潮爲率。

建寧府志

浦城縣

塔嶺隘。在總章里。筋竹隘。在畢嶺里注七。小峰隘。在通德里注八。劉源隘。在官田里注九。長叫隘。在高泉里，西距縣治一百里，東距龍泉縣一百里。巖坑隘。在高泉里，壘石爲門，西距縣治八十里，東連慶元縣界。毛源隘。在高泉里，西距縣治七十里，東連慶元縣界。小坑隘。在高泉里，西距縣治六十里，東連慶元縣界，南接松溪縣界。南溪際頭隘。在大石里，壘石爲門，西距縣治八十里，南接松溪縣界。葛山隘。在大石里，西距縣治八十里，東連龍泉縣十二都。溪源隘。在郊陽里，蔡家嶺根西，距縣治五十里，東至龍泉縣六都溪頭界六十里，南至慶元縣界八十里，北至鴈塘里小井嶺遂昌界一百里。黄二仰隘。在登俊里東源尾，南距縣治八十里，東接龍泉縣界一百五里。牛嶺隘。在鴈塘里西，距縣治八十里，北接遂昌縣界二百五十里，東接龍泉縣界百里。豪嶺隘。在孝悌里，北距縣治一百里，東至龍泉縣二百三十里，西至上元里翁源嶺隘三十里，南至松溪縣界八十里。翁源嶺隘。在上原里，北至縣治七十里，東至松溪縣界七十里。際溪隘。在孝悌里，北距縣治一百里，東至龍泉縣界二百三十里，西至上原里翁原嶺隘三十里，南至松溪縣隘八十里。寨嶺隘。在忠信里，南距縣治八十里，東至遂昌縣二百三十里，北至江山縣二百里。靖安隘。地鄰永豐，正德七年調民兵把截饒寇，一時無立營之所。知縣孫懋相形勝議立於此。楓嶺隘。竿頭隘。正德七年立扁曰：「新關已上三隘俱安樂里。」隘皆以地界江浙，因山川之險，設民兵以守者也。各有望樓一間，後廳三間。

松溪縣

鐵嶺隘。在東關里，東距縣治二十里，與慶元縣界。寨嶺隘。在東關里，西距縣治一十里，與政和縣界。巖下隘。在皈伏里，東北距縣治三十里，與慶元縣界。黄沙隘。在永和里，北距縣治四十里，與慶元縣界。山莊隘。在永和里，北距縣治五十里，與浦城慶元縣界。黄土隘。在永和里，東距縣治六十里，與浦城慶元縣界。荷嶺隘。在豪田里，南距縣治八十里，與浦城慶元縣界。翁源隘。在慶原里，南距縣治四十里，與浦城縣界，以地連温處，防制與浦城同。

政和縣

嶺腰隘。在感化下里一都，西距縣治三十里，距壩頭隘一十五里，東連慶元縣界，其地兩山突起，峻絶險阻。壩頭隘。在感化下里四都，至縣一十五里，其地兩山夾聳，中瞰深溪，地連温處，防制亦與浦城同。

壽寧縣

西溪小青田隘。在北隅四圖，去縣西三十里，與慶元縣界。葡萄隘。在政和里七都，去縣西南一百四十里，與古田、政和、慶元三縣界。碑坑隘。在政和里八都，去縣西南八十里，與慶元縣界。下黨坑頭隘。在政和里八都，去縣西南八十里，與慶元縣界。峽頭隘。在政和里十都，去縣西八十里，與慶元縣界。洋婆墓頭隘。在政和里十都，去縣西七十里，與慶元縣界。白巖後隘。在政和里十都，去縣西九十里，與慶元縣界。青草拗隘。在政和里十二都，去縣西北一百里，與景寧縣界。三坑隘。在政和里十二都，去縣西北一百里，與慶元縣界。黄洋凹隘。在福安里一都，去縣北一百二十里，與泰順縣界。石門隘。在政和里八都，去縣西一百三十里，與政和縣接界，地瀕山海，隘制與浦城同。

延平府志

正統十二年，監察御史柳華按閩，時承平日久，境内晏然。華至，檄各郡縣，凡城廓鄉村之中，大小巷道，首尾各創立一隘門，門上爲重屋，各置金鼓器械於其上，又於鄉村各立望高樓。乃編其各鄉居民爲什伍，設總小甲以統率之，夜則輪番直宿於隘門之上，鳴鼓擊柝以備不虞。

有不從令者，聽總小甲懲之，而不悛者，許總小甲聞官處治。由是總小甲各得號召其鄉之人，而强梗狡猾之徒，往往别生枝節以侵奪於民。沙有鄧茂七者及弟茂八注十，時編爲鄉之總甲。鄉舊有例，佃人之田者，歲還租穀外，有鷄鴨之類以餽田主，辭曰「冬牲」。茂七倡鄉人革之，田主不敢與較。既而又倡議以爲鄉民佃田，其合還之租，各令田主自備脚力，擔負以歸，不許輒送其家。田主因訴於縣，逮之，茂七等率衆拒捕不服，縣乃下巡檢司追攝，茂七等因殺弓兵數人。縣遂以聞於上，遣民壯三百人往捕之，茂七等又聚衆格殺官兵殆盡。至是勢不容已，乃刑白馬祭天，歃血誓衆，遂舉兵反，時十三年之二月也。旁近尤溪縣民亦聞風而起，烏合之衆，旬日間至十餘萬人，於是僭稱王號，僞署官職，八郡騷動。詔遣兵討之，以都督劉聚爲總兵，都督陳韶、劉德新爲左右參將，僉都御史張楷監軍，賊猶未下。十四年，復命寧陽侯蔣懋爲總兵，保定伯梁珤、平江伯陳懋、崇信伯費釗爲副總兵，都督范雄、都督僉事董興爲左右翼總兵，太監曹吉祥、陳梧爲監軍，刑部尚書金濂參贊軍務，御史丁瑄、張海記功。是年二月，茂七率衆來攻郡城，與官軍戰於水南，爲亂兵所殺，福建始平。景泰元年，其餘黨羅丕等復率其衆寇沙縣，朝廷又命范雄及太監廖秀奉御馬討平之。於是推究致亂之原，寘柳華於辟。嘉靖四十年，山寇蘇阿普、傅詔五等聚衆攻掠沙縣、尤溪、永安、大田，火焚城外民廬以千計。郡守周賢宣以計勦之，餘黨遣林天贈引諭招降，賊方平。

沙縣

三代寓兵於農之制遠矣，漢有南北諸軍，唐有府兵，宋有衛禁諸兵，法皆有因，中或變壞。惟我朝軍衛，不循古始，創較畫一。内設親軍都督府，外立都指揮使司以參統之。衛有定所，額有定數。軍之僉充，皆各州郡之罪讁者，既覊其身以隸夫衛藉，復别其家以異夫民户。有所逃亡，列於兵部移單原户取補之。歲月既久，逃亡已多，册籍貿亂，於是特差憲臣，而郡縣復專其官於佐貳，每歲一清理焉。他不能知，自沙言之，其殆繁擾妨民，費靡而不適於用者乎！何則？凡軍之清，不論有無，通都排年里老，悉行赴官，造爲册結。老幼逃絶，據紙上之陳耳復解之府，拘集勞候，比縣加重且久焉。開單勾取，本無買補者固不待論，其有丁可解者則長解之。編輪道路之盤用，司府之倒换，攝繫踰旬時，往返動萬里，然解者文未銷回，而所解之丁已先至其家，或避而之他者，多有之矣。因仍輾轉，行伍何由實？勾取曷從已乎？夫軍事之大者也，所以壯國威而備非常，制四夷而寧禍亂。坐視銷缺固不可，然徒妨民而無益，亦豈盛世之宜乎？是故司國柄者，不可不爲之所也。

糧之出於田也，由毛髮之生於肌體也，有是田則出是糧，有是肌體始生是毛髮，曷爲乎其浮也？江、淮、河、海之濱，沙流之轉徙，潮汐之蕩汩，地去額存，或不免焉。以沙言之，負山阻溪，生齒既繁，開墾日益，惟加增可耳。烏乎！浮議者多謂鄧賊亂平之後，認辨不全。永安分析之餘，規畫未盡，然此特其一耳。以今觀之，要皆奸狡之飛詭而雄豪者之欺隱矣乎。監臨者，前嘗持檄清之意，非不美也。其所據以即事者，推收之錯誤者耳。至於册籍之改洗，段落之易移，正管之失實，則固未之能悉也，而自謂足以盡之，不其過乎？舊有清浮糧册在於户房。夫糧，衆役所從起也。富者田連阡陌，坐享無苗之利；貧者地無置錐，反多數外之賠。富益富，貧益貧，其不均有如此者，民之病孰爲之大乎？嘗計環沙之域，五百里而儉，山林溪谷之外，爲田無幾，固可履畝而核也。誠得夫精敏幹練之人，按其都圖，逐一丈量，三月之前，凡占有田者，責其質劑之文契、取租之簿籍、分析之家狀，舉封送宫，有欺隱者，聽其首報。查果相同，惟升將來之科，不究既往之失。其不然者，不惟升科而已，併追罰其積年之獲與罪焉。持以至公，斷以必行，半載之間，可刻期而畢矣。夫如是，則田畝明；田畝明，則糧苗實；糧苗實，則册籍清而差役定，貧富均而奸隱絶，不惟去其額外之有浮，實足以定無徵之賠補，一勞永逸，其利夫民也，不特小補也已。

以予觀於沙也，而知國家於民也，法之周也，取之悉也，民之應乎上也，其力竭也，官職之未易脩也，實惠之未易偏也，化理之不易章也，何也？古者什一而税，役於民者歲三日。漢唐盛時，三十税一，二十始傳與夫租庸調已矣。宋中葉後，外奉夷狄，内崇侈靡，民不堪命，竟趨於亡。元起朔漠，科條簡省，惟法制不立，貪墨縱肆耳。我朝聖祖應天啓運，稽古定式，中正明當，遠媲成周。草創之初，蠲詔屢下，祈天永命之基，端在是矣。百餘年來，蠲免未聞，而州縣之征則日趨於繁且重焉。自沙言之，糧出於田，差本乎丁，固矣！而又有軍與匠焉，魚課鹽糧焉，六分丁料焉，綱銀秋祭焉，驛傳水夫民快工食焉，府縣之流差焉。計其一歲之所出，爲糧五千八百石餘，爲銀一萬四千九百兩餘，而官吏之相掊〔七〕，稱納之加添，額外之摘補，無礙之科派不與焉。司以是責之府，府以是責之縣，縣以是責之里甲，雜然而並至，卒然而取應。里甲之中，夫長有奸良，丁户有逃移，里地有近遠，糧産有虛浮，天時有旱潦，固不能一律以齊也。則必比併之，拘繫之，鞭械之矣。而又加以訟牒之究詰，往來之迎候，前後之積垛，如是而欲鳴琴卧閣，不以難乎？上之稽乎其下，某件已未完而已矣，下之自計其績，某件已完解而已矣。此之未能，則雖龔卓之行，夷憲之節，不免於議矣。兹爲職豈易於脩，而況夫化理也哉！嗚呼，國家之所以設官，與官之所以自負，民之所以爲望者，固非止於是也，而其勢則不得或易也。雖然，即其急緩而爲之後先，調其分數而與之制節，因法以施而不倚法以病，如朱子所謂「民不告勞而官無廢事」，中智之士則殆庶幾矣！夫竊有志而未能逮也，材哲者自當以賢聖爲期。三代既降，人物又何足云乎哉！

邵武府志

邵武縣

寨四，隘三：水口寨、在縣東十六都注十一，宋紹興二年設。元改爲水口巡檢司，廨宇居水之南，隘門在水之北，今仍其舊。黄鎮成復城碑云「水口扼邵武之衝，素稱險固」。拿口寨、在二十二都注十二。楊坊寨、在縣東大都注十三。同巡寨注十四。在三十二注十五都已上。三寨俱宋紹興二年設，元改爲巡檢司，洪武十年革。黄土嶺隘、在二十九都注十六。神宿隘、大竹藍隘。在五十一都注十七。

光澤縣

關二，寨一，隘十有一：杉關、在九都注十八，山嶺石山嶄絶，僅容單車，古稱「甌閩西户」。鐵牛關，在二十七都，太和山二關俱唐廣明元年設，宋、元因之，國朝洪武三年徙大寺寨巡司於杉關寨，兼守鐵牛關。大寺寨，在縣西北，舊設巡檢司於此，後徙於杉關。鐵牛隘、在二十七都注十九。孔坑隘、在十三都注二十。巖嶺隘、在七都注二十一。風掃隘、在十二都注二十二。極高隘、在六都注二十三。高嶺隘、在九都注二十四。羊頭隘、在八都注二十五。關隘、在九都，八隘並界於新城。雲際隘，在二十五都，界於鉛山注二十六。昂山隘，在二十九都注二十七。火燒隘。在二十四都注二十八。並界於貴溪。

泰寧縣

寨十四，隘一：盤龍寨注二十九、南石寨，在將溪注三十。鍾石寨，在福興下注三十一。羊頭寨，在南會注三十二。濟龍寨，在南會。虎頭寨，在梅口。麒麟寨，在開善注三十三。大寨注三十四、刀背寨，在仁壽注三十五。黄茜寨，在瑞溪注三十六。福緣寨、登雲寨，並在瑞溪。青山寨，在長興注三十七。三門寨，在梅口。茶花隘。在安仁保路，通江西注三十八。

建寧縣

寨五，隘十有六，隔一：軍口寨，在赤上保。西安寨注三十九，在里心保，唐義寧軍故地。南唐廢軍爲寨，名永安，後改爲鎮，又爲場。宋建隆元年陞爲縣，遷治於濉江之北。四年，復置寨於此。紹定五年，又分總領劉純忠武軍守之，駐新城保，今名。元爲西安巡司，國朝因之，洪武三年遷置今所。永平寨，在新城保，即羅源、筋竹寇區也，二寨並在縣西注四十。將屯寨，在縣南將屯保，梁鎮將謝望常駐兵於此。巢隔，亦在將屯保，唐陳巖率民兵於此，以禦巢寇。巢爲隔絶，不能進，故名。羅漢寨，在北門，宋乾道四年，張魏公浚奏調汀州駐劄左翼兵屯戍以禦何白旗之寇，即此。朝天隘，在藍田保。蟠湖隘，在上黎保。嶺頭隘，在周平保注四十一。丘家山隘，在周平保。界頭隘，在都上保注四十二。小拗隘，在新城保。茱萸隘、丘坊隘、紫雲隘、俱在客坊保。沙羅隘在靜安保注四十三。九傀儡隘、在隆安保注四十四。捲嶺隘、在安吉保注四十五。竹溪隘、在永城保注四十六。禪尖隘、在桂羊保注四十七。松根下坊逕隘、在赤上保。界牌隘。在洛陽保。杉關一綫遠通江右，乃寇盜從入之區。建之丘坊、茱萸、小坳界頭，連接廣昌、石城、寧化，汀寇憑之爲窟穴。正德嘉靖間，屢中流賊之禍，倏去突來，蠕動難制，已事可邇論也。

汀州府志

長汀縣

古城寨、在縣西六十里，屬古貴里，今置巡檢司。白花寨、在縣東南一百二十里，屬宣河里注四十八半溪石山下，其上平，四圍險塞，可容千餘人。鄉民避患於此，遺址猶存。九磜隘、路通江西瑞金縣界。隘嶺隘、路通瑞金縣界。鎮平寨隘、路通江西石城縣界。七嶺半嶺隘、路通石城縣界。牛姆山下隘、路通江西會昌縣界。桃楊洞隘、路通瑞金縣界。分水凹隘、路通江西會昌縣交牙界。黄蜂嶺隘。路通武平縣界，已上八隘俱巡撫都御史金澤添設。總甲機兵人役守把，以備不虞。

寧化縣

安遠寨、在下土，今置巡檢司。丘源逕隘、石灰嶺隘、楊梅逕隘、磜頭嶺隘、芒苳逕隘。已上五隘，俱巡撫都御史金澤添設，總甲機兵守把。

上杭縣

梅溪寨、在縣東二十五里梅溪口。宋設官兵守戍於此，今廢。雷公寨、在縣之西北。石壁寨、在掛袍山上注四十九。武婆寨、在勝運里安鄉石山注五十。王家寨、在勝運里乾田。丁光圍寨、在勝運里上南湖。已上五寨昔年鄉民避寇居此，遺址猶存。新城長嶺隘、寒陂隔隘、逕磯石隘、在溪南里注五十一。狗悶嶺隘、在勝運里。桃牌嶺隘、在古田里注五十二。洋頭嶺隘。在白砂里，已上六隘俱巡撫都御史金澤添設注五十三。

武平縣

三摺溪寨、在三摺溪之西，當汀、贛、潮三州界首，宋設巡檢土軍戍守於此，今廢。象洞寨、在縣南一百里，今置巡檢司。永平寨、在縣四十五里，地名帽磜，今移巡檢司在背寨。水口山下隘、金鷄嶺隘、俱通上杭縣。章金地隘、鉢盂嶺隘、簇坑隘、俱通程鄉縣。龍溪隘、黃田隘、俱通安遠會昌羊角水等路。背寨隘、今移永平寨巡檢司於此。崆頭隘、湖界隘、三隘俱通會昌縣。蟠龍崗隘、通程鄉縣界。鄭家坪隘、通安遠程鄉縣。檀嶺隘。通藍屋驛路。

清流縣

北寨、在縣北，即屏山三頂，下險上平，元行省平章陳有定於此磊石爲寨，聚驍勇保守縣境，賴以無虞，今基猶存。南寨、在縣南，山勢險峻，頂上寬平，可容千人。元陳友定壘石爲城，與北寨相夾守禦寇，舊跡俱存注五十四。石龍寨。在縣北十里許。山峻頂平，左通寧化。元時，平章陳有定磊石爲營，故址猶存。

連城縣

北團寨、元在縣二十五里，後燬於兵，今巡檢司移駐縣側。冠豸寨、在蓮峯山上。旗石寨、在縣南南順里注五十五。西寶寨、在縣西南順里田心。馬鞍寨、在縣東南順里石門巖右。城石寨注五十六、在縣東北安里揭坊注五十七。山容寨、在縣東北安里溪源。石嵩寨、在縣北北安里。涼傘寨、在縣南河源里壁坊洲注五十八。張源寨、在縣南河源里招福寺。團兵寨、在縣南表席里湖里崗注五十九。旗山寨、在縣南表席里蓆湖營東。石榴寨、在縣南表席里溪源隔口北。金石寨，在縣南表席里朗村官莊。已上十三寨，實鄉民保障之所。秋家嵐隘、在姑田里東北，通永安等處，山形險峻，約五十餘里。廖天山隘。在姑田里南路。龍巖山路崎嶇，林木障蔽，約二十餘里。上二隘，弘治初年奉巡撫都御史金澤榜文設注六十。

歸化縣

明溪寨，在縣治西二里土坊，宋設巡檢，土軍戍守於此，今廢。中定寨，在柳楊岡，宋設官兵巡戍於此，今廢注六十一。平安寨，在縣治後山上，高而險隘，頂上寬平，元末行省平章陳友定立栅屯戍，今基尚存。萬安砦，在縣西四十里，柳楊宋曾氏婦，於此立五砦以禦賊，賊平賜名「萬安」，古址猶存。黄楊寨，在縣東八十里巖前，宋設巡檢土軍屯戍，今廢。南平寨注六十二，在潭飛磜，宋設官兵巡戍，今廢。北安寨，在招賢里，宋設官兵守戍，今廢。沙溪隘、淳化隘、鐵嶺隘、夏陽隘。已上四隘俱巡撫都御史金澤添設。

永定縣

興化寨、太平寨、三層嶺寨，摺灘隘，在縣西南溪南里。錦豐窯隘，在縣南溪南里，路接廣東界。三層嶺隘、楊梅崠隘，在縣東金豐里。緣嶺隘，在縣東豐田里，路接漳州界。蔡坑隘，在縣西北勝運里，已上六處俱係舊隘。水槽凹隘，在縣西北勝運里。大富隘注六十三，在縣西溪南里。金鷄嶺隘、河頭隘，在縣南溪南里。箭竹凹隘、武溪隘。已上六處俱巡撫都御史金澤添設。

天順六年，上杭溪南賊反。先是，溪南人李宗政憤嫉邑之富豪侵奪，有司弗禁，乃招誘流亡，聚衆攻破縣治，縱兵劫掠。監軍暨三司官駐兵汀州，恃城自保，不敢進。監察御史伍驥，安福人，奉命按福建，道至浦城，聞事急，徑馳至汀州府檄三司進兵，衆猶豫未決，公獨携數百兵抵上杭，因一致仕教官諭以朝廷意。明日，賊下寨，來者數十人，驥諭以禍福，皆感泣，賊聞而降者數萬人。其渠魁亦欲降，會有議紿其降而誅之者，賊諜知，遂復反。驥躬督將士逼賊巢而營，賊悉力來拒。驥命都指揮丁泉領奇兵出賊後，焚其寨，戒以勿深入。泉乘勝直擣賊營，伏發，力戰，死之。丁雖亡，賊亦創甚。驥督戰益急，宗政等皆就擒，遂平賊，乃班師。仍奏設上杭守禦千户所，拆汀州右千户所軍一千餘人，以守備上杭城。驥因積苦瘴鄉，回京疾作而卒。成化十四年，上杭縣溪南賊首鍾三等哨聚劫掠鄉邑，詔起右僉都御史高明撫捕之，未至，賊已平。明乃躬詣上杭，招撫流亡，遣副使劉成擒獲賊首黎仲端，平其餘黨。民既安所，乃奏立永定縣。

二十三年，上杭賊首劉昂、温留生糾武平所千户劉鐸、佃人丘隆等數千人，攻掠江西石城、廣昌、信豐、廣東揭陽等縣，殺官劫庫。三省奏聞，添設汀漳兵備僉事伍希閔討平之。奏添設若菜、鼓樓岡二巡檢司，并守備都指揮專駐武平守禦。

弘治八年，上杭來蘇里賊首劉廷用、張敏、陳宗壽等聚衆攻劫江西瑞金、會昌、寧都，轉掠廣東程鄉等縣。就任陞廣東左布政使金澤都察院右副都御史，節制江西、廣東、湖廣、福建四省，統轄汀、贛、潮、桂等八府地方，俾專鎮於江西贛州，比照梧州中制事例以撫捕之。八月，澤蒞任，悉平群盜。仍具奏每縣添設巡捕主簿一員，職專捕盜。

正德二年，劇寇李四子等作亂。四子，廣東沉香縣人。時沉香、石骨都、松源等處盜賊竊發，武平巖泉里界於江廣，李四子乘機結黨，搶奪貨物，平糴稻谷。一時烏合之衆，聞風蝟起。巖泉賊首陳裕應之，遂分作二十營寨。七年，會三省官駐劄上杭，四處把截，斷其糧道，遂擒賊首李四子等，梟首軍門，招撫脅從，而餘黨悉平。十二年，岩泉孽寇劉隆等復熾，節制右副都御史王守仁平之。

興化府志

寺租充餉緣繇

嘉靖四十二年，閩省兵興，軍儲告匱，軍門議將各寺田產，扣除迷失崩陷外，每實田十畝，扣抽六畝充餉，四畝還僧。充餉者每畝徵銀二錢，内除一錢四分辦納糧差，尚銀六分解司〔八〕。隆慶元年，軍門塗澤民明文，將寺觀庵院官民田地山蕩，俱照黄册原額盡數查出，各依原議六分充餉事例，官田每畝徵銀二錢，内扣一錢五分糧差；民地每畝徵銀一錢，内扣三分糧差；山蕩每畝徵銀五分，内扣一分糧差；民田每畝徵銀二錢，内扣八分糧差，俱存縣貯庫，隨項支納。其扣餘官田每畝銀五分，民地每畝銀七分，山蕩每畝銀四分，民田每畝銀一錢二分，縣徵解，府轉解。荒蕪迷失產業，申請停徵。按寺田四六充餉，實出軍興權宜之策，後沿爲例，遂不可更，故隨時斟酌不同。萬曆六年，軍門龎每十畝只抽二畝；十一年，軍門趙每十畝議抽四畝五分；十六年，軍門周每十畝只抽三畝，大抵旋行旋止，此僧所以告困也。田鬻寺廢，比比然矣。

鹽課

上里塲鹽課司隸福建都轉運鹽使司，莆以竈户役者，凡二千五百六十六家，分爲三十一團。有總催，有秤子，有團首，有埕長，皆擇丁糧相應者爲之。其册十年一造，隨丁糧消長。每鹽一引，重四百斤。每歲共辦鹽二萬二百引一百八十斤零八錢，内依山竈户，該辦鹽一萬五千八百九十二引二百六十二斤七兩四錢。初由煎煮，依山竈户出備柴薪銀兩，附海用力煎辦鹽斤，有無相須，稱爲兩便。後由曝曬，近海竈户漸生勒措，依山遂至靠損，訐告分巡僉事牟倖，定與則例：每依山竈户，該納鹽一引，出銀二錢五分，交與附海代替曬辦還官。每歲總催人等各照團分催徵，總計銀三千九百七十三兩一錢六分三釐八毫。繼緣乾没多端，逃竄百出，官府思係國課，未免重復追徵，因奉户部勘合，該聽選官曾音德奏，准將依山竈户折徵銀兩通解鹽運司，候客商開中對引買鹽支用，民以爲便。

民間户役最重者，莫如鹽户。蓋軍户則十年取貼軍裝，匠户則四年輪當一班，鹽户既與軍民諸户，輪當本縣十年之里長，又輪當鹽塲之總催、團首、秤子、埕長。依山者謂總催、團首，附海者謂秤子、埕長。總催、秤子，即民之里催也；團首、埕長，即民之甲首也。每十年攢造鹽册，又往省赴運司候審。至見當之年，正差之外，凡鹽司過往，公差牌票下塲，及該塲官吏在官人役等費，輪月接替支應，賠貱需索之苦，過於民矣。況塲官白首窮途，吏胥門隸，復不可制，加以積棍包當多取，上下交征，非竭澤不甘。又軍民諸户遞年均徭驛傳之編，凡民正米一石，只派銀二錢上下。鹽户每年每丁既納銀二錢五分，每糧一石納銀五錢五分，尚有私貼脚費及雇募鹽丁等役，輕重懸絶。嘉靖四十三年，攢造鹽册，時殘破之後，濱海死亡殆盡，運司以該塲鹽價不滿原額，將各户新收田地，每頃加收虚丁四口，比諸國制，又加多銀五分。鹽倉原置附塲常璜山後，因附海人户告准各就地方置立倉厫，便於修葺看守。在南洋者三倉，在北洋者三倉。隆慶二年，鹽商告復附塲常璜山，建立倉厫三十一間，徵輸運納，但離海窎遠，搬運看守不便。自嘉靖以前，通就海口、牛田二塲買鹽應幫，而上里塲之鹽，只到塲空剪引目，鹽引依時索價。上璜倉之設，實虚名耳。屢經告復舊處，或從改折便民，當事者烏得以因循爲無事哉？附鹽法議：萬曆四十年，莆田縣布衣陳天叙目擊竈户之苦，因赴京奏請爲鹽法弊害，懇恩比例酌處，急甦民命事。運使江大鯤詳院道，蒙批司府會議，本府知府馬夢吉議上里場附海本色，照依浯、汭、潯渼、惠安四場事例，改折全課，利民等情。據此，查得上里場附海鹽斤，舊制倉立隨團竈户，輸鹽於倉，以俟商人到場支鹽，此成法也。嗣後倉移上璜山，商又因海運危險，絶不到團，只將引目赴場空剪，惟聽奸儈勒索竈户折價，商人僅得三分之一，赴海自買鹽，虛言樣船到港，某日開駕，將引照鹽過鎮，則商人之不支鹽，非變法乎？既不支鹽，復令竈户輸鹽入倉，鹽之所輸無幾。進倉使用常例，每冬計費四兩，每團十冬，計三十六團，所費不知凡幾，此納鹽之害也。鹽朝進而暮輸，倉隨蓋而隨撤，出巡邊儲兩次查盤，倉鹽俱無，奸棍乘機科斂，經營免罪。各冬之中，狡猾者少費，愚樸者多費，少者數兩，多者十數兩，以通團計之，所費不知凡幾。貧而擬徒，抑又甚矣，此查盤之害也。派鹽出商，奸儈胥徒賄賂相通，有應派而不派，未應派而先派，稍不如意，故留廒底鹽，不盡派以延查盤。是以有窮竈數年不派而數經查盤者，此派支之害也。商人到場出支，則店家下鄉勒索私價，每引得銀一錢二分，只以四五分還商，仍將貨物抵折。商竈原不會面，有已收作未收，收多作收寡，奸儈以空剪引目制商人，商人亦自知非法而曲從，竭民膏血以飽奸貪。既已上鹽，又折私價，私價之外，又有出倉常例湯水等費，此折私價之害也。折價之時，不問各冬，只責見年。中間各冬有引多者，有引少者，如一冬見年中，九冬具係見年代納。輪流見年，則輪流代納，多者與少者納，易於除還；至少者與多者納，則無可除，未免賠累，此折私價不均之害也。本府目擊民艱，甚切恫瘝。合無照依上里場牙儈年與商人抵折五分之價，令場官收貯，不許生事多索，各冬多寡自行辦納。見年只理催儹，不得賠累。商人齎引到場，照引給價，聽其海口買鹽，查盤稽其完否，不完者罪。如是則商竈兩得其便，牙儈莫施其奸，成法不必盡更，虛設鹽倉可廢，無辜之罪贖可盡蠲矣。運司署印支如璋議倉立附場，以官爲守。聽商來支，鹽完則竈無問可也。場官報完，商如不至，罪坐在商，與竈無預。官收官放，牙儈何所厠其奸；隨足隨支，查盤無罪可聲矣。帶管鹽法道吕純如議舉竈户告訴之情則甚苦，據商人支鹽之名則甚正。名正者有國初之經制在，制遽難輕變，自當持成法以防趨便之私情。告苦者有本院捐贖之德意在，贖可盡捐，又何必用查盤以致竈民之藉口。本道謬爲兩言以蔽之：改折之議，官不可著之令也。而查盤之役，及今猶可報罷也。他如隨場立倉，以官爲守，鹽一完則竈無問，商不至則罪在商，該司之議，已爲得之，顓候憲示以衷羣情。軍門丁繼嗣批，據該道覆審，謂竈户懼罪而議告折，商人執舊制之議支鹽，已娓娓言之詳矣。但國初經制，遽難輕變，改折之議，似不可執以爲常；設查盤之役，可以報罷，則已之可也。諸如隨場立倉，以官爲守，該司之議甚善，俱如照。按院陸夢祖批，海竈輸鹽，商引剪支，二百年令甲俱在，況上里場受鹽更多乎？商竈不務完鹽，擅叩九閽，欲撓國法，大不可訓，道司辨之悉矣。場官立倉爲守，完鹽不罪竈，不支止罪商，彼又何説之辭？悉照行。惟是查盤一廢，則鹽之爲官爲私，竈之孰完孰欠，一仕縱横，誰其問之？以後盤之無苛，如有力改稍力，稍力改，決不輕擬，徒與以法外之仁，可也。

墩臺舊志所載，凡墩臺五十九所，萬曆二年，分守宋豫卿巡歷沿海，查出見存僅一十七所，俱已傾壞，行本府動支帑銀從新改築。

小澳、蔡山、石城、礪前、埕口、石井、三江注六十四、新浦、石獅、湖邊、澄港、崎頭，凡一十二所，屬平海衛。文甲、山柄、西山、火頭、東湖。凡五所，屬莆禧所。

民兵

國初衛所設置軍伍，各寨巡司編簽弓兵，皆以防禦寇盗。景泰間，柄兵者建議，凡臨敵失一軍以上，與失機罪同，而民兵之制起矣。

巡司

前志論曰，巡尉職邏警，宰四封，非冗官也。本朝周江夏經營炎海，於吾郡東南建平禧衛所。又念南日、湄洲至迎仙，環海二百餘里，疏節闊目，非一衛一所能遥制之，乃於隙處又設六巡司，司各有寨城，有官有射手百，間雜以房帳墩臺斥堠相望，壯哉！昔人之紆策也！自兵政陵夷，巡警失職，當道者遂贅瘥之，乃減削射手數，移以餉水陸兵，存在寨堡，僅三之一耳。不知六司絡繹，分則自衛疆場，合則以五百兵併力勦捕，懸軍插羽，唇齒相依。又附寨村落去郡城迢遠，有警各攜老稚，挾衣糧，馳入寨城避鋒鏑，此又堅壁清野意也。昔賢才智豈下今人？而故輕變置之，胡爲乎？昔宋燕達守延州懷寧砦，以五百兵破羌胡三萬騎，彼其官非巡尉，其兵非射手耶？

客兵

閩中陸設衛所，海立水寨，皆是本地軍兵，原無客兵名目。自嘉靖寇起，始設參將遊擊，帶領各處客兵。四十三年，專設中路守備一員，以都指揮體統行事，轄福州、興化、平海、泉州、永寧各衛所軍并興、泉二府陸路客兵。守備衙門坐鎮本府，取道里適均，有警便於應援。除泉州一營外，本府二營初只分劄城内民舍，隆慶六年，始置營望仙門外曠野去處。每遇操練，調入城内教塲較閲。春秋二汛，移屯平海、莆禧、吉了城内。萬曆十九年，添設一營曰「興泉營」，本府北門外安置。至二十年，改爲興化新營，俱守備領之。二十五年，以有朝鮮之警，復設右營，一營北門外西庚地方屯札，以舊營爲前營，新營爲左營，共三營，設遊擊領之。遊擊，二十四年冬，軍門金學曾奏立，革守備。三十一年，軍門朱運昌將右營一營調守平海，建城安插，前左二營仍駐守府城團練防禦。汛期，每營撥守一哨出守賢良、文甲、濱海扼要地方，量撥兵隊分扼三江。汛畢，撥兵二三十名哨探信地，以防不虞。收汛，全營操守。

水兵

國初立水寨三：烽火門、屬福寧州。南日山、屬興化府。浯嶼。屬泉州府。景泰間，增置小埕、屬福州府。銅山，屬漳州府。共五寨。後以各寨在漲海中無援，奏移内港。本府南日一寨，移入新安里吉了澳，官府文移，仍以南日水寨稱。當時撥興化、平海、泉州三衛旗軍，充爲舟師，各衛撥指揮一員，總管所部之軍，謂之衛總，又選各衛指揮才能出衆者曰把總，行事視都指揮，而衛總聽節制焉。興化衛指揮一員，平海衛把總指揮一員，泉州衛把總指揮一員，南北海洋哨捕百户六員，守備雙嶼，改移三江口指揮一員。成化年間，巡撫都御史張瑄欲軍休息，分爲三班，上班今年二月上，明年二月下；中班今年八月上，明年八月下，下班明年二月上，後年二月下。輪流更代。衛總一年一換，把總五年一代，不欲數易以廢寨事。昇平日久，武備廢弛，倭船多由内港登岸。蓋内港山澳崎嶇，賊舟窄小，易趨淺水，而兵船闊大，難以迎敵，皆爲無用之器。嘉靖四十二年，軍門譚綸、巡按李邦珍、總兵戚繼光會議題請復舊制五水寨，以扼外洋。將烽火門、南日山、浯嶼三䑸爲正兵，銅山、小埕二寨爲遊兵，選各衛指揮千百户有才力者充五寨把總，以都指揮體統行事，分信地，明斥堠，嚴會哨，定功罪。五寨兵船，每寨各屯劄二哨，又分二哨屯劄大洋賊船必經之處，其餘各寨附近緊要港澚，則分哨往來，又防内侵。又於道里適均海洋，定爲兩寨會哨之地。蓋倭賊由浙而南，則烽火門爲先，故分兵屯劄於烽火以上之井下門，而與浙船會哨，南則與小埕會哨於西洋山。屬羅源縣。小埕則分劄於西洋，而與烽火會焉，南則與南日會哨於梅花所之南茭。南日則分劄於松下，又移至南茭，與小埕會焉。本寨屯劄兵船則移至平海衛，前與浯嶼會哨。浯嶼則分劄於湄洲山，而移與南日會焉。又兵船二哨屯劄於料羅，移至担嶼，與銅山會哨。其銅山兵船，則二哨屯劄浯嶼，又二哨屯於沙洲山，由此而南，則爲廣東界矣。信地既定，兵勢聯絡，賊寡則各自爲戰，賊衆則合力併攻，以擊外洋之來賊爲第一，擊去賊次之。失賊弗擊與致賊登岸者，查照信地論罪。五寨把總俱屬督府監軍道提督，惟銅山一寨去省路遠，聽該道於漳州調閲，隨汛督發本寨坐駕官員，把總以都指揮體統行事，指揮僉事一員，協總一員，前後左右各哨官一員，各衛所抽充本寨，征操軍共八百九十八名，分駕哨船十隻。自是夷遭創距。嘉靖四十二年，爲總兵戚繼光所破滅。邊境稍寧。萬曆二十四年，夷酋關白侵犯朝鮮，羽書雜沓，海上戒嚴。巡撫都御史金學曾委分守張鼎思、都司鄧鍾躬歷信地，規畫萬全。議題請添設嵛山、海壇、湄洲、浯銅、玄鍾、臺山、彭湖諸遊於一寨之中，以一遊間之。寨爲正兵，遊爲奇兵，錯綜迭出，巡儆既周，聲勢亦猛。且寨與寨會哨，東西相距，南北相抵，而支洋皆在所搜。遊與遊會哨，東西相距，南北相抵，而旁澚皆在所及。如閩、浙分界，則烽火門爲先，蓋倭船必由此南下。扼要津，守門户，誠關防之一大關楗也。始倭之通中國，實自遼東，今乃從南道浮海，率自温州、寧波以入。風東北汛，自彼來此，可四五日程，蓋其去遼甚遠，而去閩、浙甚邇也。故烽火全力守官澚，北與浙船會哨，而南與小埕會於羅浮。小埕兵船二艅，一艅屯西洋，一艅屯竿塘，北與烽火會哨，而南與南日會於松下。南日兵船二艅，一艅屯苦嶼，一艅屯舊南日，北與小埕會哨，而南與浯嶼會於大、小岞。浯嶼兵船二艅，一艅屯崇武，一艅屯料羅，北與南日會哨，而南與銅山會於担嶼。銅山兵船二艅，一艅屯鎮海，一艅屯沙洲，北與浯嶼會哨而南與廣船會。若諸遊屯劄，則嵛山屯西洋礵山，臺山屯東湧官澚，海壇屯蘇澚龍王宫，湄洲屯賊澳大、小岞，浯銅屯担嶼等處。而會哨則北標與海壇會於下木，海壇與湄洲會於西寨，湄洲與浯銅會於圍頭，浯銅與南澚會於陸鰲。信地分明，兵勢聯絡，大都規模建置，不外戚總戎範圍中也。寨、遊俱屬分守，巡海二道總鎮遊擊提督及清軍海防同知稽覈。

自倭變之後，議者以三江地方爲吾郡門户，海流至此，分爲三路：一路稍北，通端明陡門，入北洋涵頭等處；一路稍南，通林墩陡門，入南洋黄石等處；中流通寧海橋，直抵熙寧橋、白湖等處，距郡城二里許。計自海洋入三江口注六十五。自三江口入郡城，不半日可到。議設指揮一員守備。防汛之時，撥軍一百二十名，澚船六隻，坐駕防禦。至收汛之時，撥軍三十名，調船二隻巡守。萬曆二十七年，分守馮孜以指揮無益防禦，徒肆漁獵，遂議裁革，然亦因噎廢食之論。近同知汪懋功議春秋二汛收，泊三江之劉澚，有警便於四應，已經題允遵行。海防館同知汪懋功條陳南日寨兵船，收泊劉灣及區畫南日山事宜。夫兵船當汛時，棋布星列，在在周防，可無置喙。惟收汛時，寨遊之船，盡入泊吉了內灣，但湄遊與吉了不遠，泊之於此，或發或收，無甚阻閡。至若南日四十餘艘，併聚此灣，既非五都之衝，又無扼要之險，不過藉以避颶颱，免震蕩耳。然自吉了沿崖一帶，以至莆禧、平海、三江，遠及萬安、苦嶼五六百里，無舟停泊，瞭守空虛，萬一當發汛之時，北風汛烈，大䑸團聚吉了之中，卒難出灣。倭帆據我上游，雖有一二小防船隻巡徼在外，猶孤羊而遇群虎也。合無於汛畢之時，將湄洲遊兵船原泊吉了，以南日寨船撤泊三江。今復親履其地，遍覽形勢，去三江不遠曰劉灣者，四山藩蔽，又且寬廣，更善於三江，昔戚總戎曾泊船於此。矧在三江口外爲南日右哨信地，況南日前哨苦嶼去此僅二潮水，左哨萬安去此僅一潮水，右哨南日山西寨去此止半潮水，後哨平海亦一潮水，居中四達，隨發隨至，孰與遠停吉了之阻哉？若夫南日山居民，始焉浮居，今成土著，徒擅沃饒之利，罔顧堂幕之災。今既不能徙而之他，獨不可預爲安全之策？誠如宋時沿邊弓弩射之法，倣而行之，擇其丁壯，時其訓練，獲倭者敘之，擒盜者賞之。若虞其獷悍也，則以鄉保倡鄉民，未必逆也；若虞其艱費也，則以船器充兵器，未必乏也；若虞其鳥獸散也，則南日山四面阻海，勢無所逃也。惟弓矢之備，於民難需，古云「矢石如雨」，則石亦戎事所不廢，況從高擣下，尤捷於矢，取之無禁，用之不竭乎？至於築堡之議，誠爲萬全，但費鉅工煩，取民則斂怨，取官則無貲，有未易言者。惟擇要地創一墩臺，取其足以備一時之瞭望，蚤知備禦可也。如此，則鄉兵虎視於南日，樓船龍矯於要津，陸營鷹揚於沿岸，聲勢相倚，應援交濟，藩籬設而門户固矣。

中路游擊

嘉靖間，倭薄興化，福建撫按請置參戎以專統將領，復罷參戎而置守備，以都指揮體統行事。萬曆二十三年，題請改遊擊衙門，欽降旗牌三面、勑書一道，加設中軍把總一員，哨探把總一員，掌號把總一員，以便彈壓。其管轄水陸：南日一寨，海壇、湄洲二遊，興化前左右、泉州新舊共五營，欽依名色，各把總悉聽節制。自福州左右中鎮東，興化、平海共六衛，莆禧、萬安、梅花共三所，巡檢一十八司，大小職官凡有浚削月糧及包軍占屯，大者申文，小者輒自約束。

福寧州志

鄉堡

州松山堡。一都注六十六。赤岸堡。二三都注六十七。三沙堡。五六都注六十八，舊置烽火水寨，後以孤島無援，烽火徙松山。牙裏堡。内有巡檢司，舊在西嶺因倭徙。横山堡。雲陽堡。俱七都注六十九。瀲村堡。才裏堡。才外堡。秦嶼堡。俱十都注七十，筼簹巡檢司今徙此。屯頭堡。黄崎堡。俱十一都注七十一。水嶼堡。澳腰堡。釣澳堡。南鎮上澳堡。下澳堡。甘家崎堡。嶼前堡。店下堡。沙埕堡。近浙莆門，今成鎮市，委官抽税，烽火官兵守之，俱十二都。巽城堡。十三都注七十二。小村堡。流江堡。南崎堡。俱十四都注七十三。前崎堡。蔡江堡。寓口堡。俱十五都注七十四。桐山堡。高家一姓所築，今蘆門巡檢司徙此。十七都注七十五。塘底堡。十九都。藤嶼堡。二十都注七十六。東安新堡。與柘洋巡檢司城隔溪。嘉靖己未築，三十一都注七十七。南屏堡。沙洽東西二堡。四十都注七十八。古縣沙塘堡。上洋堡。下村堡。蚶澳堡。洪江堡。四十都注七十九。漁洋堡。武曲堡。傳臚堡。四十二都注八十。小麻堡。厚首堡。武崎澳堡。長溪堡。積石堡。羅湖堡。閭峽堡。俱四十三都注八十一。高羅巡檢司今徙此。棠源堡。四十二三都。竹嶼堡。四十四五都注八十二。霞江堡。塗灣堡。四十六七都注八十三。長邊堡。四十八都注八十四。文星平堡。五十一都注八十五。下湝堡。延亭巡檢司今徙此。塘頭堡。萬曆元年，海賊破堡，殺戮殆盡。赤崎堡。俱五十三都注八十六。

按海濱南有大金，北有松山，俱屯重兵，巡司居中。先年屢議裁革，況今弓兵十二，可當勍敵乎？如南鎮、流江既設哨兵，則青灣、筼簹二司堇存其一，而大箬哨兵居守延亭，則延亭爲冗員。且四巡司兵燹之後，舊址荒榛，僦居州城。即今青灣移牙裏，筼簹移秦嶼，延亭移下湝，高羅移閭峽，蘆門移桐山，皆非舊地。泰順、高塲原爲大盗營窟，居民騷擾，累歲不休，乃置蘆門巡司，今棄蘆門而桐山矣。脱礦寇復作，將誰移乎？至於鄉堡之設，有司聽民自築，不免多濫，如古縣一村而三堡鼎建，沙洽一埠而二堡角立，似宜併而爲一，庶便於守。不然，力弱勢分，鮮克濟矣。福安廉村堡、三塘堡、麂灣堡、黄崎鎮堡、白石巡檢司，今移於此。蘇洋堡。

廠隘

州東關。東門外建善寺前。西關。西門外教場左。西城關隘。涵口巷南養濟院邊。倒流廠。官田。湖坪。楊家溪。錢王。龍亭。王頭陀。杜家。蔣洋。以上東北路上截。五蒲。萬里林隘。原盜窟。嘉靖戊子，同知趙廷松建康夷樓，以兵守之。虎巢。白琳。王孫乞兒廠。巖前。馬山頭。半嶺。水北。分水隘。以上東北路下截。九島嶺。十八摺。棲聖嶺頭。鴛鴦隘。白箬隘。以上西路。尤家灣。暗橋。以上南路。福安大萊。松羅。中嶺。五嶺。寧德南城關。今名龍門。嘉靖間，縣丞李詔設民兵把守。南靖關注八十七。在二都，山嶺頭羅源界，嘉靖間開路，設民兵守。白鶴界。金垂界。閩坑界。

烽燧

州中軍瞭望臺。龍首山東。松山烟墩。臺嶼。並一都。後崎。賴離。並三都。州離智。烽火峰。東壁。大青浩。小青浩。並五都。梅花。七都。南金。金家山。三石。大峰。並八都注八十八。

黄崎。白巖。十一都。南嶺。白露。水澳。十一都。沙埕。十五都。古縣。四十都。

右二十一墩，並洪武二十年置，福寧衛撥軍哨守。

長門煙墩。北山嶺。積石。閭峽。赤崎。南山。小南。羅浮。並四十三都。下滸。塔尾。

青山。界石。並五十二都注八十九。石湖。下篔。車安。劉全。關崎。並五十三都。

右十七墩，並洪武二十年置，大金定海撥軍哨守。

古關

分水嶺。與温州平陽交界。疊石關。在十八都，與分水嶺皆閩王立以防吴越之侵注九十。後溪關。在柘洋，閩王時立。宋時，建寧賊范汝爲由政和來攻，長溪人姓王褒者，率守，吴賊不得過而歸。營頭關。在四十八都。霞浦山前有小嶼，跨海路通大山中，可容數百人。

古寨

三沙。在五都。清灣。在五都。丁家。在一都。小篔簹。黄崎。大篔簹。並在十一都。南鎮。水澳。並在十二都，通前八寨皆洪武間置，福寧衛軍防守。下滸。在五十一都。延亭。西臼。並在五十三都。車安。五十三都。高羅。在四十二都，通前五寨，洪武間置，大金所軍防守。莆門鎮。在十四都，與温州界。箬頭寨。五十三都。先年曾移烽火寨於此。

軍政

州初惟有衛軍與民壯，無所謂土客兵也。嘉靖間，倭變，選軍餘五百名，於本等月糧外，各給飯食銀三錢，謂之軍兵。又選民壯及募鄉兵共五百名，各給餉銀有差，謂之民兵。巡道舒公春芳令習邊銃、鳥銃，倭賊攻城而不能犯，銃之力也。嘉靖三十六年，倭寇犯閩孔棘，於是軍民兩兵罷，而土客兩兵出矣。嘉、隆間，土客更易不常。萬曆初年，募松溪、政和等處土民一營，駐劄城西，名左營，後增募一營，駐劄城南，名右營。十九年，軍門趙公參魯以倭警復從本道李公琯議，募浙兵，以一營防守鑑江，爲一州二縣之應援，汛畢撤回團練，駐劄城東，名福寧營。三營並峙，兵威振矣。不戢而焚，尚厪當事者之慮也。

五年考選軍政，衛所指揮千百户才堪備倭者，即署備倭職銜烽火寨把總，以福建十六衛中選一員任之。衛總聽把總節制，以福寧衛、福州左中二衛中選一員任之，又選千百户分守海洋要害。至嘉靖末年，議把總奉欽依一員衛總罷，設協總一員，至萬曆初年亦罷，而千百户諸員不用矣。

論曰，州之沿海有墩臺以瞭外洋，各路則有廠隘分兵哨守，此陸路之阨塞，守在堂階矣。至於海洋，則官澳鎮、下門、閭峽、大金爲内地之咽喉，臺山、嵛山、七星、礌山爲外洋之門户。既入内地，則東南之陸路，寨嶼、三沙爲最要；至松山，則去州十里而近，西南之陸路，閭峽、大金、黄崎、下滸、寧德、鑑江爲最要；至漁洋，則去州亦二十里而近。倭奴之來也，不乘南風，則乘北風。然南風則入吴越爲最便，北風則入閩爲最便。舊制，設烽火於五六都三沙海面。正統九年，以海面風波不便泊舟，乃移寨於一都之松山。把總一員，則由兩院薦舉，兵部選差，奉欽依以都指揮體統行事。仍設中軍遊把總一名，領兵哨守，往來應援各處要害，故不謂之「寨」而謂之「遊」。萬曆二十年，改「守備」爲「參將」，節制水陸，改中軍遊爲嵛山遊。二十八年，增設臺山一遊。春秋二汛，參將總鎮嵛山，分遣陸兵守各要害。水兵則烽火寨把總案屯松山，分前哨於官澳，後哨於斗米澳，左哨於鎮下門，右哨於三沙，舊烽火臺山、嵛山兩遊，各守本處，可謂周於慮矣。戚都護元敬有言曰：「防海有三策：海洋截殺，毋使入港，是得上策；循塘拒守，毋使登岸，是得中策；阻水列陣，毋使近城，是得下策。不得而守城，則無策矣。」吁！格言哉！

户口

按周禮，司民掌登萬民之數，自生齒以上，歲皆登下其死生，至察矣。然古者一國僅足當今之一縣，又司民世守其官，視編列若支屬也，安能隱其子姓之多寡。且役民之制，家無過一人，歲無過三日，居君之土，食君之毛，曾何愛於三日之力以抵欺其主上哉？國朝洪武二十四年，户給一帖，以書丁産，歲覈於有司，十歲而登之黄册。然郡邑大夫，數歲一更，若過賓之於傳舍，不甚急也，而户帖遂廢。吾州之籍，自嘉靖以視洪武，户減三之二，口減五之三；自今以視嘉靖，不能加其什一。雖或時有盗賊荒扎之菑，而以數十年之生聚，乃不足以補其一年之耗，則隱口之弊，不敢謂其必無。顧令甲役民之制，丁賦三錢，以傭直計之，是一歲之役，五倍於周，而興事任力又不與焉。上但期於足用，不必計於隱口與否；下雖受重役之名，而實分輸於數丁，上下固兩得之矣。第此惟族姓繁夥者得以蒙浩蕩之恩，而單門弱户，分無所之，重役如故，至於以有身爲患，不足悲乎？隆慶志。

綱派

國初之制，以一百一十户爲一里，同一格眼册，謂之一圖。惟其丁糧多者爲長，在城者坊長，在鄉者里長，每圖分爲十長，每長屬以十户，爲甲首。州縣每年役其一長，使供公事用度，使奉公事役使。十年而周，十長既周，復編如故。當在國初，官吏守法，量入爲出，而民無愁嘆之聲。其後法網稍疏，暴官或剥民以媚上，奸民或瘠人以肥己，於是成、弘之間，乃令見役里長隨其丁田賦錢輸官：以供一年用度者，謂之「綱」，以僱一年役事之傭者，謂之「徭」。既出此錢，則歸之農。惟一里長在役，以奉追徵勾攝。然法雖具而所入不足以供所費，則又倚辦於里甲。里甲既輸錢而又治辦，則向者所賦之錢，悉充縣官私橐，是重利縣官耳。於是乃不賦錢，第復國初之制，以丁糧定班，綱則使之自供用度。然而官吏益視里甲爲外帑，縻費無厭，不至盡破其家不已。徭則有銀力二差：銀差輸官，加者不過權衡之贏；力差則註榜數兩而費至數百兩者有之。夫勞其一年，逸其九年，法非不善也。然有治法，無治人，乃使一年之勞，盡傾其數十年之積，役法之弊至此，而民殆不堪命矣。至於賦法，雖仍舊制，但條目煩瑣，愚民不知其云何，輸此責其負彼，輸彼責其負此，里長愚則胥欺其里長，里長黠則胥與里長共欺其甲首。萬曆六年，龐都御史尚鵬奏行一條鞭之法，總計米之石所當輸糧稅科之數，丁之一所當輸鈔科之數，又總計一州一邑綱徭兵站歲費幾何，分派於丁米，官以其所輸者爲之僱役。舊之九逸一勞者，今以十而勻之。吾州之條鞭，每米一石，除存留本色輸倉外，合折色夏稅料綱徭站民壯，共徵銀一兩三錢七分有奇，每丁合鹽、鈔、綱、徭、兵，共徵銀三錢。此其大凡耳，若遇科舉及他公費，多則增，少則減，然亦無幾也。民但計其丁米當輸幾何，不必知其某賦幾何，某役幾何。至於見役之年，但存其名，而一切公事公費皆不與焉。官但計民之丁米當輸幾何，亦不必知某賦幾何、某役幾何。至於公事公費，一切不以慁民，蓋自條鞭之法行，而民始知有生之樂。雖三王之政，何以加此！然其所當用之財與其所當役之人，未嘗盡廢也，今列其數於左。

福寧州志　海潮之候

每月以朔望爲期，以「漲半滿，退半乾」六字爲準。如初一日寅時漲，卯時漲半，辰時滿；巳時退，午時退半，未時乾。大率兩日同一潮汐之時候以掌輪之，自寅逆數至丑，周而復始，一定不差。一月合而一周，月大月小，潮亦隨之。但外海、內海、大港、小港之期候稍有不同，總不差晷刻耳。渡海者亦以此法算行舟泊舟之程，若郵舍然。海邊捕魚者，則有起水、小水之説。如月頭以十一二爲起水，至十八九止爲小水；月尾以廿七八爲起水，至初七八爲小水。起水則捕魚，小水則止也。

海潮，人皆言因月，唐盧肇獨言因日。余嘗遊海上詢之故老，月初出則潮初上，月卓午則潮滿，月西轉則潮漸退，月没則潮退盡。北方月出，則潮復上斗北，月中則潮滿，月東轉則潮漸退，月没則潮退盡。盧肇言：日是太陽，水是純陰，日西入地時，陰避太陽，東海潮上；日出時，水乃西流，東海潮下。且箭之急疾，晝夜不能行萬里，海之深闊，洪波蕩漾，如何日夜能行數萬里乎？又肇之所言，晝夜方是一潮，知肇不曾海上遊行。其文經進，朝臣無有詰難者。余曾較勘，東萊與膠西陸地相去二百里許，水行迂曲則千里許，潮信不同：萊北潮上，即膠西潮下，膠西潮上，即萊北潮下。北到南海，約近萬里，據大體北海潮上，則江淮以北皆潮滿；南海潮上，江淮以北皆潮下，即是如何？登、萊、即墨，盈縮不同，又見四方大海潮流各異耳。世間之事尚不能究，況天外之事乎？大抵海水盈縮，譬乾象縱横耳。於理則無有邊際，隨風飄蕩，莫能定準，何乃晝夜循環，不差度數，亦聖功道力不可思議耳。丘長春之説如此，可與盧肇、余靖及天原發微之説相參耳，故備録之。升菴集

泉州衛屯田

國朝洪武初，命諸將分軍於龍江等處屯種，自是立法漸密，遍於天下。大率衛所軍士以三分守城，七分屯種，又有二八、三七、四六、中半等例。泉州屯種軍士，大約以四六爲率。在洪武間者爲舊屯，在永樂間者爲新屯。每軍給田二十四畝，或二十六畝，隨田遠近肥瘠以爲等差，歲徵糧二十四石，内正糧一十二石，納於屯倉，按月給與屯種軍士，餘糧一十二石，運赴城倉，給守城者，此寓兵於農之意，亦良法也。但田在叢山之中者五分之四，時軍士皆非土著，水土異宜，病死逃亡者過半，田多荒蕪。正統三年，每軍止徵餘糧六石，免徵正糧一十二石，聽其自給，

而屯倉廢，然是時屯種皆正軍也。至正統末，沙、尤寇發，暫取屯軍回伍以備戰守。兵亂日久，田之荒蕪愈多，於是始撥餘丁補種，故軍田土每軍各頂三名。然水崩沙壓，豪家侵易，所存田畝，僅足一名之數，其餘皆虛填也。弘治末年，倪給事中清查屯田，不知田畝存没之故，於每軍三户内抽出一户半，别作新增兩徵。監司繇是督輸，軍士不堪，至饒御史始令停徵。後屠御史奏請開豁，計今屯種軍士田畝所入，有賠輸者，有僅輸者，求其如國初得正糧以自贍者十無一二矣。

鹽有煎法，有曬法，宋、元以前，二法兼用，今則秖用曬法。其煎法月以二信候潮鹵。潮退，鹵沁土中，遇烈日結生白花，聚之以實於鹵坵，復取鹹水淋之。鹵坵者，穴土爲窟，其下爲溜池，有竅以相通。用蘆管引之，水漬鹵坵，循管注池中。投雞子、桃仁，以浮爲節，則鹵可用，迺瀉鹵於竈旁之土斛，以管引注盤上煎之。盤編竹如盤狀，用蠣灰塗焉。大盤日夜煎二百斤，小盤半之。其曬法亦聚鹵地之尤鹹者曬曝，令極乾，實於漏坵，滲入溜池，復取池中水澆之。如是者再，則鹵可用矣。曬鹵之盤，石砌極堅密，爲風約水，故廣狹無過數尺。一夫之力，一日亦可得二百斤。宋時鹽價，斤爲錢十，貴倍之，今日價極高，不過錢二文，以曬法無柴薪費故也。

農桑絹課　我朝度曠地之在官者予民種桑，畝四十株，科絲五錢，每絲一斤四兩，成絹一匹，長三丈，其餘兩爲寸尺之差。諸縣歲科絹一十匹，一丈六寸八分。異時農桑具文無實數，每匹始徵銀一兩六錢三分有奇，均里甲丁糧科之，非舊制矣。

國朝役民之制，一里十甲，更番應者謂之正役，其餘俱謂之泛役。泛役有三：以隸兵門斗凡在官諸色人役給使令；以驛傳三等馬首人夫等專接遞；以機兵弓兵防盜賊。各以丁糧審差，則例各見於後。里甲，凡家十爲甲，别推一産力多者爲之長；甲十爲里，里有百家，并十長一百一十家，循環役之。每歲里長以其甲之十家出辦上供物料及支應官府一歲經常泛雜之費，至第十甲。編造黄册，則有書手一人、貼書二人。其在城郭爲坊長。每里又有總甲一人，掌覺察地方非常之事；老人一人，主風俗詞訟。凡總甲、老人，執役不限年。

徭役　凡徭役，以次差甲之應役者米一石，准夫一丁。當役之年，辨其老弱不任役與有職事及鹽户免役者，各以應役丁米填各衙門差使，應出力者大約不逾二十日，應出銀者大約不逾八錢。若一歲丁米能盈縮於當役之數者，亦微增損以均云。

泉州潮汐總叙

泉州大海浸於東南，百川悉自西北歸焉。惟德化水隔陽壠，返歸永福、安溪、永春，地高潮不能達，其流至南安雙溪，始與潮接。納潮者惟晉江、同安、惠安三縣，而南安之溪，則接晉江之潮者也。晉江之潮，北入洛陽江，西入浯江、笱江，二江無限界，只上下流爾，總名曰晉江。東南入安海港。南安僅抵雙溪口；同安僅抵縣前東西二溪；惠安則溪不入潮，其所入之處，則添崎、峰崎二港，輞川、儀塲、大岞、獺窟四澳。然南安自雙溪下接金溪、黄龍溪，晉江則笱江下接浯江、兩涯小港，潮皆可通，與同安東西溪之潮，去海道遠，水淡可耕。若洛陽江、安海港及惠安諸港澳，近海則水鹹矣。其潮候，則溪、江、港、澳及海，亦差有先後云注九十一。

海潮候注九十二

初一十六辰戌中　初二十七巳亥初　初三十八巳亥中

初四十九巳亥末　初五二十子午初　初六二十一子午末

初七二十二丑未初　初八二十三丑未中　初九二十四丑未末

初十二十五寅申初　十一二十六寅申中　十二二十七卯酉初

十三二十八卯酉中　十四二十九卯酉末　十五三十日辰戌初

此以潮平時爲候，洛陽江、安海諸港澳，緩海潮三刻，浯江、筍江、東西溪又緩三刻，金溪又緩一刻，雙溪又緩一刻，此諸潮先後大略也。近潮居民以指掌布十二時，復以「長、半、滿、汐、半、竭」六字順推亦準。但潮有小大，候因之而有遲速，尚當按刻爲正。

泉州府新志

田土

國朝凡天下田地、山林、海塘、海蕩等悉書其名數於籍。其田之等有二：曰官，曰民。若職田，若學田，若廢寺，若没官，若官租，皆係之官。職田者，唐制職官所分之田也；學田者，府縣以贍學校之田也；廢寺田者，寺額廢而入官者也；没官田者，籍没之家入官者也，又有原没、今没之别；官租田者，籍没之田而募人耕種者也。民田苦繇役重累，官田有折解而無繇役，故豪家操鬻田者之急，或强冒官産，或减畝合券，迺鬻田者亦久操之。懸産不推，迄於死徙，其子孫稺弱淪亡，竟無從究詰。間或有水漂沙壓，田去産存，饔飧無資，而追呼日逼。凡此二者，不得不號籲於官，官司憐之，浮糧之名所由起矣。顧又有宿奸巨蠹，入錢里胥，飛詭旁射，以濱溪濱海崩陷爲詞，名曰浮糧，而皆實産也，其巧詐不可勝窮。邇歲田價騰踴，人争尋丈尺寸之利。近田閒土，歲有墾闢，揃削山麓，填夷溝岸，而界至相鄰，彼此互争。舊日水漂沙壓之地，有田主未能墾復，而他人乘間營之者；有田主墾復如舊，而未及受産，爲他人首告者，訟端繁矣。

萬曆十年，朝廷下方田之令，泉惠安、安溪二邑，官民皆難與慮始，第均攤浮糧於業户而已。晉江令彭國光勵精集事，履畝定則，分上中下，派産業户，隨坵段各授一紙，彙登簿籍，每畝派官米若干、民米若干、鈔米若干。寺田之已經找買及見在寺者，一概丈量灑派。計溢額一千四百八十頃八十九畝有奇，而産米亦增五分之二，即灑浮糧而均攤之，不至是也。人始謂惠安、安溪之士民，有遠慮先見焉。他縣行之，亦或有遺議，德化志具言之矣。然自是浮糧除免，疆理不淆，争訟爲之稍息，而獨寺僧之與民間相告言也，則積歲不休云。先是嘉靖中，有大工之役，費無所出，令民間找買寺田。逮季年，閩中中倭，兵餉匱乏，撫按復議寺在僧存者，内將四分給僧焚修，六分抽餉，行之已久。萬曆十九年，倭警復聞，先後巡撫復相繼清查助餉，乃有司奉行太過，而奸僧尋端起釁，告訐紛紛。既准行查報，府中申詳請將庫收官帖，盡行提查，無庫收者徵銀若干，無官帖者徵銀若干，捕繫置對，蔓引株連，民甚病之。尚寶卿永春人李開藻貽書方伯范公淶，其書縷縷千餘言，大略謂寺田奉旨變賣，業在嘉靖中年找買後，既經丈量，已攤入黄册，歲辦糧差，與民業無異。七八十年間，時事遷改，其子孫不能守，鬻之他人，庫收官帖，安得一一分折？歷年既久，安能一一存留？而有司毛舉數罟，展轉追求，至比於民間貼契之説，猥鄙特甚。且令胥役居爲奇貨，黔黎日困陷穽，非仁人所忍聞也。李尚寶素楗户不與外事，亦無寺業，其書侃直諄切，范方伯以白撫院，事遂寢。

賦役

我朝賦役，遠監宋代，曰官米、民米，即公田、民田之賦也；曰秋糧米、夏税鈔、秋租鈔，即兩税之賦也；曰魚課、鹽課、鐵課、酒税、商税，即雜變之賦也。役法有力差，有銀差，如上下衙門庫子，主官物，似宋之衙前，而流弊亦似之。坊里長即宋之督賦税者也；機兵、弓兵、民壯，即宋之逐捕盗賊者也；書手、隸兵、祗候、門子、斗級、獄卒、鋪司兵、齋夫、膳夫、馬夫之類，即宋之給使令者也。創造之初，法制未備，承平之後，蠹弊漸滋。洪武初年，官米輕重不同，重者至一石，輕者亦至一斗。宣德五年，乃下減　分之令：凡官米徵一斗至四斗者，減十分之二；四斗一升至一石以上者，減十分之三，遂爲定則。官米舊時本折中半，折色米徵銀解京，本色米存留各倉。民米舊以十分爲率，七分徵本色派倉，三分徵折色解京。正德十四年，御史沈灼奏官米俱折色解京，民米俱存留各倉。官米分四等徵納：三斗以下，每石折銀三錢六分；三斗以上，每石折銀三錢三分；五斗則米每石折銀三錢；七斗則米每石折銀二錢五分。如晉江、同安，米多於解京原額，則以解剩官折撥倉，與民米兼充軍糧。如南安、惠安、安溪、永春、德化，官米不足解京原額，則取民米之折價者以足解京之數。其民米并秋租鈔米半納本色，半納折價，每石折銀五錢，新增起科米，并浮糧米，俱全徵折價，每石二錢五分，相兼分撥各倉。凡官民米皆有加耗，每官米一斗，加耗三合五勺，民米一斗加耗七合，其耗米准備倉厫虧損，已復紐入正額支銷。其後坐派各倉民米，每正耗米一石，又增耗米五升，亦作正額，支銷如例。此法行，民稱便至今，而獨里甲之役，有甚爲民苦者。始坊里長在官，專掌催錢糧，勾攝公事而已，其後乃以支應官府諸費，若祭祀、鄉飲、迎春等事，皆責措辦，浸淫至於雜供私饋，無名百出。一紙下徵，刻不容緩。加以吏皂抑索其間，里甲動至破產，此其弊與宋時等矣。正德十五年，御史沈灼議將通縣費用分正雜二綱，以丁四糧六法科派，正綱費用可得稽按，雜則私而難核，其供饋繁靡如故也。嘉靖十六年，御史李元陽憫閭閻受弊，再議徵銀儲庫，用度各有定則。但額外費繁，支應不給，仍令里長貼辦，稱爲班次。又雜泛名色猥瑣，甚或借辦鋪户，全不償價，或半給者有之，較其一年供億，倍於二綱之數，而里甲困憊，不減前時。徭役最重者，莫如庫子、夫廩保。庫子主策應心紅紙劄、酒席下程之費，而官司之昏瞶者，媚奉過賓，泥沙錢穀，私衙傳索，亦復不貲。嘉靖之季年，郵券濫冒，往來如織，至者皆多擁賓從，行李輜重過當，夫廪保之供給，殆不堪命。於是撫按兩院始令各縣除正雜之名，止稱綱銀，以丁四糧六審定規則。又謂十甲輪差，遇有本甲丁米少者，則銀少而差輕，或本甲丁米多者，則銀多而差重，未免有不均之嘆。乃又令各縣將實差丁米，分爲十段派編，其法頗稱詳明，然民困猶未甚甦息。既而都御史汪道昆以總兵戚繼光蕩滅倭寇，實藉金華兵之力，遂調金華兵戍守，議加派軍餉，丁四糧八，奉旨定賦，而民又增一役矣。至萬曆初年，都御史龐尚鵬始議一條鞭之法，通府州縣十歲中夏税秋糧存留起運額若干，綱徭兵站加銀額若干，通爲一條。其曰「綱銀」，則院司郡邑之供應，祭祀之費用，生員之試賞，舉貢進士之盤纏，牌坊皆統焉。其曰「均徭銀」，則諸司之祇候、隸兵、庫子、門子、倉庫夫、壇夫、齋夫、膳夫、陂夫、館夫、獄卒、斗級、弓兵、鋪司兵、巡欄之役皆統焉。即庫子、驛站之徭差，舊時最爲民所苦者，一概通融均派。供其入者民，司其出者官，而奸徒之抑勒需索，無所藉手，著爲令甲，民甚以爲便。蓋賦役之法，始也煩，繼也簡；始則賦役分爲二，今則合而爲一矣。

上供三辦

唐初土貢甚少，有蕉布、生苧布各一十匹，綿絲、蠟燭。末年方鎮擅命，託進奉之名以贍私橐，於是有聖節、大禮、供軍等名。宋興，雖裁損其數，而名尚未盡革也。治平間，曾貢山薑花、橄欖子、荔枝，後皆罷之。元豐中，貢綿一百兩、蕉葛五十匹；上供銀舊額二萬四千兩；其歲辦則大禮銀二千兩，三年一貢；聖節銀一千兩；天基聖節銀二百兩；又有在京吏禄錢、在京官員役錢、僧道免丁錢。紹興中，令州買木綿布五千匹，爲奉使賜予及使者私覿之用，遂爲例。又有統制官供給錢、經總制無額等錢，名色繁多，皆官司隨宜措辦。國朝洪武間，有雜色皮、翎毛、角弓、弦箭之貢，永樂間有白糖、霜糖、沙哩别之貢，後以經費所需，始派各色物料：

額辦藥材、牲口、曆日紙張、段匹、弓弦箭、軍器、雜皮、翎毛等物。

歲辦蠟、茶、水牛、底皮、石、大青、黑鉛、銀硃、銅鐵、金箔、牛觔、綿羊皮、楠木、柁木、杉木等物。

雜辦生漆、棕毛、雜皮、黄蠟、水膠、白麻、布匹、紙張、紵絲、綫羅、荒絲、鐵綫、木炭等物。弘、正間，遞增之，皆倚辦於該年里甲，而名數煩碎，或增或減，或徵或否，自有司莫能詳其來歷。吏胥因之爲奸，虚派侵尅，歲益滋甚。至徵解之時，主吏勒索無厭，往往耗折逋欠。正德十五年，沈御史行八分法，通融各縣應辦物料，就於八分銀兩支解本府，僉長解買辦本色，解部交納。嘉靖二十六年，議附由帖徵銀解布政司支應。

雜課

農桑絹。宋時令長吏勸民廣植農桑，有伐以爲薪者罪之，而調其絹紬絲綿以供軍。南渡後，軍儲不足，絲絹並半折錢，匹二千。我朝洪武初，令民有不種桑麻木綿者，罰之布帛。後又令民於在官曠地種桑，每畝四十株，科絲五錢，每絲一觔四兩，成絹一匹，長三丈餘。迺有司苟且具文，奉行不虔，遂變而徵銀，每匹一兩六錢，水脚二錢八分，俱於通縣丁糧辦納，非舊制也。

魚課。五代閩時，凡江湖陂塘，皆收其課，宋至道間除之，然州縣尚有採捕舟船之税。我朝始立河泊所，以榷沿海漁利，定納課米。其後漁户逃絶者多，額課辦納不敷，迺有折徵之令，每米一石，半納本色五斗，折色五斗，爲銀二錢五分，人尚以爲病。弘治七年，巡按御史吴一貫奏准不分折色，通徵銀三錢五分，漁民迺得蘇息。蔡文莊公爲作吴御史利民一事記。

鐵課。宋開寶中，設諸州坑冶場務二百有一。泉州産鐵之場，在永春曰倚洋，安溪曰青陽，德化曰赤水，而晉江之石菌、盧灣、牛頭嶼、長箕頭，惠安之卜坑、黄崎、嶕頭、許埭、港尾、沙溜、盧頭峰、前牛埭皆有鐵砂。慶曆三年，立法禁興販入海，後有詔許於兩浙貨賣，未幾罷。至淳祐中，永春東洋、肥湖，德化信洋、上田、丘埕，鐵砂尚有業作者，通判掌之。諸縣歲有爐税錢，解送建寧府坑冶。我朝悉罷官坑冶鐵，課均敷丁田出辦。

商税課。宋諸縣各有税務，其在城者曰都税務，在外者外税務。政和、紹定間，盈縮不常，於是有侵□追賠之弊。至濮守斗南，廼取前十年月課，逐月定額，税錢十分爲率，以其一納總制庫，其一納財計司，餘八分從州納。諸縣税務初建，後皆罷廢，丞簿兼掌之，其税目有遺利錢、賠綱錢、縻費頭錢等名。國朝洪武初，府置税課司，縣置税課局，令商税三十税一，巡欄者收所税，以季終交於局官。而民間田土交易，官給工本墨，令自填寫，爲之印識以照之，亦收其税。永樂七年，遣官點視，按爲定額。至正統初，詔革税課司局，鈔不及三萬貫者，有司兼領之。後貨物弛不復税，課額倚辦於巡欄，歲編有力人户充之。其名目有商税課、門攤課、桐油課、果木課、蜂蜜課、窑冶課、鑄瀉課、蠣房課、麪税課、契本工墨課。

酒税課。榷酒酤始於漢武，宋閩中無禁，及元有之，至元二十二年罷，令諸路榷酒麯如京師例，而福建課額併入鹽運司。二十八年，依舊令有司辦之。我朝因仍未革。

市舶税課。宋開寶二年，置市舶司於廣州。雍熙中，遣内侍八人賫勅書金帛，分四路招致商人之往番國販易者。元祐中，置市舶司於泉州。南渡後，舶司歲入充盈，然金銀銅鐵海舶飛運，所失良多。元至元二十一年，設市舶司於杭、泉二州，獨泉州於抽分之外，又取三分之一以爲税。凡金銀銅鐵、男女，並不許私販入番。大德七年罷，尋置尋罷者三四。國朝禁海船不許通番，其諸番入貢者至泉州，惟大琉球所貢番物則市舶司掌之。成化八年，市舶司移置福州，而比歲人民往往入番商販，所販國名曰呂宋，諸番以時萃焉。其税則在漳州海澄，海防同知掌之，謂之市舶司，可也。萬曆三十二年，礦税役興，有妄男子張嶷上書，言夷中有機易山者，産金可采，因入呂宋國中。漳、泉二郡賈客奉以爲天使，呂宋夷人慮我欲圖其國，俟嶷去，盡屠諸賈人。而近日之趨利者，航海不休，將來隱憂非小。

已上三辦雜課，曩惟魚課派濱海四縣，餘皆七縣匀派。今不盡然，則以條鞭法行，取具額數，而科舉進士牌坊於課辦名色無與焉，實皆丁料餘銀也。

鹽課

國朝晉江、同安、惠安各有鹽場畦丁，鹽課司掌之。晉江曰潯渼場、浯洲場，同安曰浯洲場，惠安曰惠安場。場分五團，團有總催一人，秤子一人，團首四人。其畦丁之家，每米一石，准夫一丁，免雜泛差役，日令辦鹽一觔四兩，積三百六十日，爲引之四百觔者一引零五十觔，以入於倉，嚴私販之禁。計民成丁男女，歲與鹽三觔，徵米八升，謂之鹽糧。正統初，罷米折鈔，以倉鹽給口之餘給商販。久之，民口不復支鹽，而納鈔如舊，亦因以私鬻。時販賣多白鹽，而入倉之鹽類夾雜低，黑鬻無所售。又賈人憚海道之險，往往就場置引，捐鹽而去。於是倉鹽積久虧耗，丁夫困於賠累矣。弘治十三年，鹽運司嚴貞奏將潯、浯二場鹽每引折米一斗，派納泉州府附近永寧衛并福全、金門等所倉，給官軍月糧。十四年，御史莫立之奏准將惠安場鹽每引徵銀七分解部，遂罷辦鹽入倉之例。其後又奏准晉江、同安二縣鹽場，每引米一石，折徵銀五錢三分，充永寧、福全、金門三倉軍儲。凡引米引銀於各場鹽户照丁產科受辦納，其户口鹽鈔後定本色鈔每鈔一貫，折徵銀三釐，折色錢每錢七文，折徵銀一分，起解南京庫布政司庫府庫，以備官員折俸。嘉靖七年，御史聶豹議將户口鈔價併入八分料銀内徵納，蓋以八分之銀太多，故取三分以足鹽鈔也。九年，以南京監察御史粘燦言下，福建巡按御史施山議上，將潯渼場鹽課米，每石折銀五錢，加耗修倉銀三分，追解泉州府貯庫支放。十九年，令浯洲、洒洲二場，俱折銀五錢，如潯渼。嘉靖末年，當事者以禦倭之後軍餉不充，復有仍徵本色之議。或議設牙行抽分，或議加征充餉。邑人御史吴從憲言諸當道，悉戹不行。萬曆二年，□朝旨設運判一員駐劄黄崎分司，運副移駐水口，運同移劄泉州，專督理泉、漳二府鹽務，給票抽税。顧泉州所產鹽，由海入溪，溪船所通不遠，販徒貲本有限，所載鹽貨僅可聊生而已，其利甚薄，而法終不可行。八年，裁革福建，添設運判一員，運同仍駐水口，副使駐劄黄崎，各分司管理如舊。

屯田

國朝屯田實倣宋制，大率衛所軍士以三分守城，七分屯種，又有二八、四六、一九、中半等例。泉郡屯種軍士，大約以四六爲率。洪武二十年，令屯軍種田五百畝者，歲納糧五十石。三十五年，始定科則：每軍田一分正糧十二石，收貯屯倉，聽本軍支用；餘糧十二石，給本衛官軍俸糧。永樂三年，令各屯置紅牌壹面，寫刊於上，令千百户分管各屯，總以提調都指揮。所收子粒，多寡不等，除下年種子外，俱照每軍歲用拾二石正糧爲法比較，將剩餘并不敷子粒數目通行計算，定爲賞罰，不許管屯官員人等巧立名色，因而分用。二十年，詔各都司衛所下屯軍士，其間多有艱難辦納子粒不敷，除自用十二石外，餘糧免其一半，只納六石。正統十年，奏准福州左、右、中衛并延平衛屯田，准照民間秋糧事例，每石折銀二錢五分解京濟邊。福州左、右衛屯，則在惠安、永春者也。凡諸令甲，具載會典。第田多在叢山中，軍士率從他郡調至，水土不習，以漸逃亡。至末年，沙、尤寇發，暫調回屯軍備寇。寇亂日熾，田畝日荒，於是始撥餘丁補種故軍士田，顧名之曰餘丁者，豈必故軍之子孫房族，而冒頂之弊起矣。方撥田之初，報占不審，有田一頃重報兩三軍，兩三軍共爭一田者；有牽紐肥磽苟求具數者；一户之田分報軍民，時移世變，民隱其田而爭於軍者。雖云每軍各頂三名，僅足一名之數而已。成化初，遣官清理，始除其虚數，稽其實在，分配貤補，務足糧額，遂有正種、貼種、朋種、品搭種等名目。此時率三四五軍而併一軍，由是額減於舊，每屯之軍多不過四十名，少正二十名而已。弘治末年，屯軍災亡益衆，倪給事中奉命清查，欲得原額，多侵民田，幾至激變。盧妨復命，乃將成化中稽實配補之田，分抽一半，别作新增，兩徵其租，軍士大困。至饒御史始令停徵，後屠御史奏請開豁。嘉靖中，管屯鄭僉事將屯田聽人請佃，論者非之。萬曆十年以後，復行清丈，遺失畝分，藉是得復，而豪民頑佃，轉相承兑，移瘠换腴，終不可革。今依故籍而列其衛所，撮其總數，註其屯坐，備著於篇。

隆慶志曰：屯田以田業軍，寓兵於農，最爲良法。但其田業逦多頂兑於豪家，徵侵於官旗，不如計糧給軍，令其自取爲糧，止豪家之兑，免徵收之弊，而除其原坐給軍民糧以充軍餉。分巡僉事何全、知縣譚啓嘗建此議，以上下交阻而止。天下之事，功不歸己，多惡其成。信乎，立事之難也！

武衛

國朝洪武初，以郡治建泉州衛，旁列五所。已廼城水澚爲永寧衛，城小兜爲崇武所，城厦門爲中左所，復於大擔、南大、武山外建浯嶼水寨，扼大、小擔二嶼之險，絶海門、月港接濟之奸，與福州烽火、小埕、興化南日、漳州銅山聲勢聯絡，其爲全閩計甚周。先年，烽火、南日二寨移入内澚，浯嶼寨復移厦門，縱賊登岸而後禦之，無及矣。嘉靖戊午，浙江舟山倭徙巢梅柯，復駕舟出海，泊於浯嶼，負嵎莫攖，四出剽掠，興、泉、潮、廣並受其害。越一載，廼揚帆去，此已事之殷鑒也。譚巡撫綸、總兵戚繼光議請復舊，旋復旋罷。近又移浯嶼水寨於石湖，説者謂濱海四郡，隔藩籬而懷酖毒，原非便計，廼石湖則於内地尤近，置鯨波若罔聞矣，儻亦一長慮乎？

旗軍

隆慶志云：國初泉、永二衛尺籍，有歸附軍，有投充軍，有謫發軍，有改調軍，或爲正管軍，或爲帶管軍，共萬二千有奇，比制額過之。其訓練歲二月中旬至夏至止，七月中旬至冬至止。出海備倭，以中下班更迭。月支亦有定制，石二斗爲軍總旗，八斗爲差操正軍，加行糧四斗爲出海備倭軍，六斗爲隻身紀録軍，三斗爲老幼存䘏軍。三分守城，七分屯種，糧出於所種田，而以餘糧輸官，爲不支糧屯軍。本府原派廣平等七倉秋屯鹽本折色九萬四千有奇，亦定制也。民出穀養兵，兵荷戈衛民，兵食俱足，民亦不困。太平日久，軍政不修，逃故日多，清勾無法，於是所存視制額僅五之一。屯因失額，操因失伍，及至有事時，廼抽選軍户以兼團練，謂之餘丁軍；招集市井無賴，謂之募兵；調於各省，謂之客兵；又增派民户丁糧於舊制外，以爲一鄉防守，謂之民兵與鄉兵。兵增於衛所之外，餉增於本折之外，皆一時權變，非國家經常之規矣。足食足兵，修舉振飭，必自查復舊制始。

巡司

隆慶志云：洪武至正統年間，經略諸臣江夏侯、焦侍郎等官，自福寧州以達漳、泉，置衛所共二十五，巡司四十有五，水寨五處。衛所巡司以控賊於陸，水寨防之於海，則知巡司衙門雖小，而與水寨同時建設，所以聯絡聲勢，保障居民也。邇年兵餉缺乏，扣銀解充，似亦一時不得已之權。今海防無儆，生齒日繁，彼處離城窎遠，則流官彈壓與弓兵防守，皆似難免者。況土民魚鹽爲生，慣習風濤，尤堪水戰，飛石放鏢，乃其長技。近年屢與賊鬬，賊亦畏之。若以弓兵工食就彼招募土民，籍之於官，且耕且守，禁其剋削，作其鋭氣，即勝兵千餘，不召而集，恐客兵不及也。

客兵

閩中陸設衛所，海立水寨，皆係本地官兵，原無客兵名目。自嘉靖季年，都督戚繼光用浙兵勦倭寇著績，嗣而撫按請設參將遊擊等官，帶領各處客兵，來去不常。至隆慶四年，院道議募浙兵一營，題設名色把總一員，哨官四員，招募客兵六百名，劄守府城注九十三。

水寨官

舊制水寨統以指揮一員，謂之把總。嘉靖四十二年，軍門譚綸題奉欽依比照浙江定海等關把總，以都指揮體統行事，於是浯嶼寨爲欽總，其浯銅遊兵把總及萬曆二十五年新設彭湖遊兵把總，俱軍門劄給名色者。

水寨軍兵

舊時水寨舟師皆撥各衛所軍。南日寨則撥泉州衛，合興化、平海二衛，共一千五百餘人；浯嶼寨則撥永寧衛福全所，合漳州衛，共二千五百餘人。近來軍伍缺乏，寨卒悉係募兵，而衛所軍止貼駕船。浯嶼兵一千七十名，糧每月九錢，布政司發給。貼駕軍五百八十名。浯銅遊兵五百三十六名，糧俱布政司發給。貼駕軍三百名。彭湖遊兵八百五十名。春汛糧支給於泉，冬汛糧支給於漳。

兵船

浯嶼寨管福、哨、冬、鳥等船四十八隻，浯嶼遊管冬、鳥等船二十二隻，彭湖遊管哨船二十隻。按福船勢力雄大，最便衝犁，所以扼賊船於外洋。事久備懈，皆放賊船入港，始議迎擊。港中山灣崎嶇，賊船窄小，反易趨避，而大船轉動多礙，皆爲無用之器，故寨中有福船，又有次號哨船、冬船以便攻戰，小號鳥船、快船，以便哨探，或助力襲擊。如福船出洋犁賊，賊船勢將內逼，哨、冬船與鳥、快船急搶上風，又出賊船之内向外逐打，務逼使出洋，内外夾擊收功。如一概從外追打，逼賊登岸，具有軍法。

信地

浯嶼寨兵分四哨，出汛時，一屯料羅，一屯圍頭，一屯崇武，一屯永寧。每汛與銅山、南日兩寨及浯銅遊兵合哨，稽風傳籌。浯銅遊兵分二哨，出汛時，一屯舊浯嶼，一屯擔嶼，每汛與浯嶼寨兵合哨。惟彭湖遊兵專過彭湖防守，凡汛春以清明前十日出，三個月收，冬以霜降前十日出，二個月收。收汛畢日，軍兵放班，其看船兵撥信地小防。

按泉郡濱海，綿亘三百里，與島夷爲鄰，其最險要宜防之地有三：一曰崇武，在惠安之東北，接湄洲，與興化連界，西通泉州大港，東接海洋，南與祥芝對峙，正當泉之上游，海寇入犯，首當其衝。一曰料羅，在同安極東，突出海外，上控圍頭，下瞰鎮海，内捍金門，可通同安、高浦、漳州、廣、潮等處，其灣寬大，可容千艘，凡接濟萑苻之徒，皆識其地以爲標準。嘉靖間，倭寇由此登岸，流毒最慘。一曰舊浯嶼，在同安極南，孤懸大海之中，左連金門，右臨岐尾，水道四通，廼漳州、海澄、同安門户。國初設寨於此，最爲遠慮。至崇武而南有永寧，料羅而上有圍頭，舊浯嶼之北有擔嶼、烈嶼，南有卓岐、鎮海，皆海寇出入之路，抑其次也。今汛兵屯崇武、永寧分哨，則獺窟、祥芝、深滬、福全一帶有賴；屯料羅、圍頭分哨，則浯洲、安海、官澚、田浦、峯上、陳坑一帶有賴；遊兵屯舊浯嶼、擔嶼巡哨，則鎮海、岐尾、烏沙港一帶有賴。彭湖絶島舊爲盗賊淵藪，今設有遊兵防守，則賊至無所巢穴，又泉郡藩籬之固也。廼若選將校，核卒伍，修艨艦，明賞罰，使水軍狎風濤而不敢偷安内澚，則在人而不在地。

寨隘 烽燧附

晉江縣寨十有七：北曰萬安，洛陽橋、惠安縣分界。南曰潘徑；十都，隸福全所。東南十有五，曰吴山，曰中寨，曰坑尾，曰沙堤，曰新寨，曰尾寨，曰古雲，曰沙浦，曰倉後，曰東店，俱二十都。曰龍婆，曰湖邊，曰東浦，曰深蘆，曰龍尾。俱二十一都，俱隸永寧衛。烽燧十有二：西曰安平，隸福全所。南曰龍坡，曰古雲，俱二十都，隸永寧衛。曰坑山，十六都。曰東門外，曰洋下，十五都。曰陳坑，曰石菌，曰潘徑，曰塭埔，曰石頭，曰蕭下。俱十都，俱隸福全所。

南安縣，寨。無。烽燧四：西南曰石井，四十三都。曰溪東，四十五都。曰街内，曰下吴。四十六都，俱隸金門所。

同安縣寨十有四：浯嶼爲海防重鎮，另志見前。東曰劉五店、澳頭，十七八都。曰牛嶺，曰穢林，俱三十都。曰歐山；五都。西曰青崎山，曰洪山，七八都。曰西山，一二都。曰天寶；九十都，俱洪武二十一年建，隸金門所。西南曰下崎，曰大員堂，曰馬鑾，俱十五六都，隸高浦所。曰東澳，曰五通。俱二十二都，隸中左所。烽燧十有四：南曰白石頭，十都。曰劉山，曰西蘆上；俱十一都，隸高浦所。東南曰葉了，十九都，隸金門所。北曰東關潯，曰亨泥；俱四五都，隸高浦所。西南曰厦門，曰歐舍，曰徑山，二十二都。曰東渡，曰下尾，曰流礁，二十三都。曰井上，曰龍淵。二十四都，俱隸中左所。

惠安縣寨四：北曰白水；在白水鋪南，一名陳同。元李寇作，鄉人築以自固。正統年知縣閔禎重建，兵守之。西北曰東坑；在日曝嶺西五里。西南曰虎窟；在縣西南山谷間，崇山夾峙，狹徑僅通人行。東南曰青山。二十六都，洪武二十一年建，隸崇武所。澳有五：曰崇武，曰獺窟，曰小岞，曰黄崎，曰峰尾。俱有城壘，控制大海。烽燧二十二：東北曰海頭，六都。曰下頭，七都。曰後黄，曰峰尾，俱八都。曰大山，曰高山，俱九都。曰蕭山，十都。曰爐頭，曰下朱，俱十一都。曰後任，三十四都。曰白沙；十九都。東南曰白崎，二十三都。曰柯山，二十四都。曰獺窟，二十五都。曰大岞，曰古雷，俱二十七都。曰赤山，二十八都。曰埕埭，曰小岞，俱三十都。曰尖山，三十一都。曰青山，曰馬頭。俱三十二都，俱隸崇武所。

安溪縣寨二：曰白葉坂，在縣崇信里，嘉靖二十六年，賊陳日暉據覆鼎諸崗，往來經此。僉事余爌請建圍以石城，發泉州衛千户一員，領軍二百及弓兵一百名，戍守其地，今廢。曰磐宗寨。在新溪里赤嶺村。隘十有一：曰東嶺，在依仁里東嶺下。曰典林，在崇信里。正德十年知縣彭黄建。曰倉田，龍涓里。正德十三年，知縣張俊建。曰大深，感德里。弘治四年，賊温文進立寨於此。十年知縣彭黄建。曰磨鎗，新康里。曰打鼓，來蘇里。嘉靖三年，强賊新大總於此劄營。正德十六年，知縣龔穎建。曰東溪，崇善里。曰燕尾，龍涓里，俱知縣龔穎建。曰鰲頭，崇信里。軍寨山之下，知縣彭黄建，今廢。曰白泥，長泰里，今廢。曰桃舟。感德、常樂二里間，以上寨，皆諸縣連界，盜賊往來之地，最爲關係。

永春縣寨二十七：曰南峰，在一都龍坑村。曰占仔，在一都占隔村。曰碧溪，在一都敷尾村。嘉靖二年，知縣柴鑣征捕，駐此修築。曰蝴蝶，在三横村。曰金鷄，在上店洋村北。曰石鼓，在仙華村。曰陳坑，在東坑村。曰山中上、下，二寨在上泰村。曰龜洋馬頭，在龜洋村，以上四五都。曰大模，在六都，溪邊村西。曰陳巖，在巖口村北。國朝蕭安六建，峻險壁立，中清泉四出。又有蕭公路，昔有蕭姓者，傾貲開以通龍、尤二縣，憑虚架石，下臨深谷。曰道場，在高麗山之巔，勢極寬廣，可容萬人。曰仙亭，在十都，東園村後。曰銀瓶，在十一都石壁山西，峻險壁立，中有清泉。曰雙魚，在留灣山頂，以山名雙魚，故名。曰王山，在縣鍾山後，已上十四都。曰陳占，在石谷山，鱗石巉巖，半壁有洞，深廣莫測，昔有劇盜陳占據此虎食。興、泉二郡，郡縣不能討，至用大師而後平。今縣庫尚有砲石。曰湖安，在湖安山。曰白鶴，在白鶴山頂，峻峭壁立，環障清泉四出。正統十四年，尤麟兒修築，賊酋陳敬德攻之不克，引去。曰石壁，在南洋村。曰覆船，在蓬壺村。曰横山，在溪逸村。曰猫巖，在山兜村，已上二十二都。曰磁竈，在磁竈村後。曰苦崎，在田地村前。曰河坂，在河尾村。曰張林。在山前山下，已上二十三都。隘二十二：曰樟坑，在三台山下，路通，漳平。曰任田在岱山下，路通尤溪。曰白山嶺，在東湖山下，路通安溪。曰吴畲，在三都東山下。曰上畬，在白巖山下。曰蘆地，在新犂山下，自任田至此，皆嘉靖二年知縣柴鑣建。曰呂平，在懸鼓洋頭。曰山中，在七都西北。曰許平，在七都西。曰高平，路通安溪打鼓嶺，知縣柴鑣敗賊於此。曰上達，在白芒坑山後，已上二隘俱知縣柴鑣建。曰横龍徑嶺頭，在横龍徑嶺頭。曰西向嶺，在西向嶺。曰泥門，在十四都白巖橋北，已上二隘俱知縣柴鑣建。曰東關，在十五都。曰梅坑，在十七都。曰塔嶺，在縣北二十都。曰白隔，在縣東北十八都。曰石獅山，在十八都，塗橋村東。曰口苦竹，在十九都苦竹村，已上五隘，知縣柴鑣建。曰頭隘，在大劇嶺頭。曰蘇坑英山。在二十一都東知縣柴鑣建。

德化縣關四：曰官井關，在楊梅中團。曰湯尾關，在湯泉下。曰巖市關，在小尤中。曰平盧關。在東西團。隘十有三：曰蘇坑隘，在坊隅，通永春。曰劇頭隘，在坊隅，通永春。曰蓋福洋隘，在坊隅。曰上漈隘，在永豐里。曰石門隘，即平盧隘，在東西團。曰油竹隘，在楊柳中，大官嶺下。曰蛇嶺隘，在楊梅中。曰湯嶺隘，即湯尾寨，在楊梅上。曰尤牀隘，在湯泉。曰赤嶺隘，在湯泉上。曰蕉嶺隘，在小尤中。曰長安隘，在黄認團。曰伏虎隘。在湯泉上萬豐巖。至元以地接汀、延二縣，撥軍守禦。已上寨隘，皆山縣交接處最要。

按泉郡西北負山，安、永、德三縣與汀、漳、延、平爲鄰，各處逃民，間作不靖。先年在在設有寨堡，或遏賊所必由，或守賊所必據，其建立防守，大抵出於民爲多。東南瀕海，接近島夷，晉、南、同、惠諸寨，皆爲備倭，如圍頭、烏潯、深滬、蚶江等澳。其土民慣戰，海賊所畏，兵亦賴之。嘉靖季年，倭寇充斥，村落之民，多以寨堅人强得免者。承平以來，各寨菫存其名。邇年巡撫朱、徐二公曾屢行申飭各鄉都築堡防虞，然上有經營之勤，常患於民不可使知，下有出辦之繁，常苦於官不能盡亮。非蚤計而預築，不得堅完，然無故而興役，又涉謗端，自非暸若觀火，憂切桑土之長，孰能曲突徙薪於必然而未然之際哉？

惠安志載候潮之法，以太陰每日所躔天盤子午卯酉之位而定其消長。月臨於午，則爲長之極；歷未及申酉，則消。消極復長，以至於子，又爲長之極。自是至卯而消，復至於午而極盛，此其大較也。然月順天右行，積三十日始一周天。每日臨子午卯酉四時，位有先後，故潮因之亦有晝夜蚤暮之不同云。初一、初二、十六、十七，潮至在巳亥二時；初三、初四、初五、十八、十九、二十，潮至在子午二時；初六、二十一，潮至在丑未二時；初七、初八、初九、初十、二十二、二十三、二十四、二十五，潮至在寅申二時；十一、十二、二十六、二十七，潮至在卯酉二時；十三、十四、十五、二十八、二十九、三十，潮至在辰戌二時。右分爲六節，應月消長。月行雖有常度，大率朔望前後則行疾，至上下弦則行稍緩。月行疾，則度盈而潮盛；月行緩，則度縮而潮微。水陰氣，月爲陰之母，其相應如此。

凡煉鐵依山爲窑，以鑛與炭相間乘高納之。窑底爲竇，竇下爲渠，炭熾，鑛液流入渠中者爲生鐵，用以鏌鑄器物。復以生鐵再三銷拍爲熟鐵。以生熟相雜和用作器械，鋒刃者爲剛鐵也。今安溪湖頭、覆鼎及德化等處尚有業作者。

宋初郡守皆以提點銀銅公事入銜，元豐以後，坑閉，去提點之號。今制禁銀冶，凡言鑿山得鑛者，多謬妄不足信。又宋時有淋銅，兵士月給衣糧，往兗潭州永興塲鑄工。淋銅者，以生鐵鍛成薄片，浸膽水中數日。水蝕鐵生，赤煤煉之，三煉成銅。膽水出信州。大率用鐵斤有四兩，得銅一斤。

蔗糖。取蔗入碓杵爛，用桶實之。桶側近底有小竅，其下承以大桶。每實一層，以薄灰灑之至滿，淋以熱湯，則漿液自竅流出，注於大桶，酌入釜烹煉，火候既足，蔗漿漸稠，乃取油滓點化之，挹置大方盤中，俟其凝結，是爲黑砂糖。又取黑砂糖入釜烹煉，劈鴨彈攪之，使渣滓上浮，輒去其渣，復以粗甆器，上廣下鋭，如今酒家漏卮者，有竅，當其鋭，以草塞竅下，承以甆鍋，挹糖漿入器中攪之，及冷凝定瀝入鍋爲糖水。至霉雨候，用赤泥封之，約半月而易封。伏月剖封出糖，則糖水瀝盡，其凝定者遂燥結無濕氣，是爲白砂糖。其嚮糖、糖霜皆煮白砂糖爲之。

藍澱。藍有二種：葉大高者謂馬藍，小者謂槐藍。郡中多槐藍，霜降後割取，浸巨桶中，再越宿乃出其枝梗，納灰疾攪之，泡湧微白，久之漸青。泡盡，澱花與灰俱降，乃澄蓄之而瀉出，其水則澱可濾而染矣。

遷史稱「江淮以南火耕而水耨，飯稻羹魚，無積聚而多貧」，今漳俗良然，豈吴、越、甌、閩風壤同耶？陳氏納土，括地以獻，其後賦條纖碎，自紫陽作守，時以爲病。夷考今制，等則淆雜，租税相詭，不均不實之弊，今猶昔爾。土之所産，既不足食其人民，往往旁趨於山海魚鹽，其爲利博而害亦隨之。事勢之流，未知所底，是以合考壤賦力役，旁及額外諸征，其細目未能悉數，而大綱則具矣。將討求民瘼，於是乎在，作賦役志。

田賦考

漳南負山阻海，介於閩、粤之間，一都會也。地多岡阜林麓，雜以海壖斥鹵，溪澗流潦，決塞靡常，其稱沃野可田者，十之二三而已。國朝洪武初，令天下田地、山林、溪塘、海蕩等悉書其名數於册。田二等：曰官田，曰民田。官有官田，有職田，有學院田，有没官田，凡斷入官者，皆謂官田，蓋倣近世公田法。民所自占得買賣之田，有新開，有沙塞，與寺觀田皆謂民田，蓋倣昔日分田法。官民田各準田則起科，而等則各以其地宜爲差，山塘溪蕩亦如之。舊志云：按職田者，唐制職官所分之田也；學田者，府縣以贍學校之田；廢寺田者，寺廢而田入官；没官田者，籍没之家入官者也，有原没、今没之别；官租田者，籍没之田而募人耕種者也；僧道田即民田給與僧道者也。又有驛田，未詳所謂。租三等：曰秋糧米，曰夏税鈔，民田。曰秋租鈔。官田。其秋糧有本色，有折色，俱稱米。以穀至秋始成，而折色以米直爲斷也。官田鈔，舊例每鈔一貫，折米四斗。鈔五貫爲一錠，每錠折米二石。各省直有正運糧米，八閩以阻遠，漕輓所不及，故類解折色。初時官米本折中半，折色米徵銀解京，本色米存留各倉。民米以十分爲率，七徵本色派倉，三折解。正德間，御史沈灼奏準，凡官米俱折銀解京，民米俱存留。官米仍分四等徵納，三斗以下，則每石折銀三錢六分；三斗以上，則每石折銀三錢三分；五斗則每石折銀三錢；七斗則每石折銀二錢五分。以官田賦本重，故折銀遞減以寬之。其民米并秋租鈔米，半納折色，半納折價。每石折銀五錢。惟新增起科米及浮糧米，俱全徵折價，每石二錢五分。著爲例。而若土貢物料及諸差徭，俱於丁米出辦，凡民米一石，準丁一丁；貢料以丁若米對編，有八分法；每民米一石，每丁一丁，歲徵銀各八分辦料，隆慶以後改七分。里甲綱銀及民兵餉，有丁四糧六法。均徭有銀、力二差法。驛傳銀則專論米石；自嘉靖四十三年以後，米二石，徵銀二錢四分。食鹽鈔則專論丁口。蓋民米一石，自折價五錢，外納差銀，不啻倍之，於是民田賦視官田爲重。後乃以官米三石，準民米一石，秋租鈔與民米同科，惟驛傳一差，在官米得免派云。而漳所屬各縣之田，大較有五等：平曠沃衍，恒得水泉灌溉者爲洋田；先得水者爲上，用人力轉致者次之。依山崖，地稍瘠薄而有水泉者爲山田；其田中無水泉者爲下，又有坑瀧之田，不憂旱而憂水，其田下上。傍溪湖，積沙土，填築而成者爲洲田；地肥美，然時有崩決之患，得淡水者其田上中，近海潮者中中。築隄障海潮，內引淡水以資溉者爲埭田；其田時有修築之費，或久旱則水鹹鹵，其田中中。濱海鹹鹵無泉水及淡潮者爲海田。雨暘時若，所收亦多，旬月不雨則彌望皆赤，其田爲下。五等高下，官民田參錯其間，而南方地宜稻，歲再熟，獨淤泥田歲一熟焉。即大冬稻。其受田之家，後又分爲三主：大凡天下土田，民得租而輸賦稅於官者爲「租主」。富民不耕作而貧無業者代之耕，歲輸租於産主，而收其餘以自贍給，爲佃户。所在皆然，不獨漳一郡爾矣。惟是漳民受田者，往往憚輸賦稅，而潛割本户米，配租若干石，以賤售之。其買者亦利以賤得之。當大造年，輒收米入户，一切糧差，皆其出辦，於是得田者坐食租稅，於糧差概無所與，曰「小稅主」。其得租者，但有租無田，曰「大租主」。民間買田契券，大率記田若干畝，歲帶某户大租穀若干石而已。民間倣傚成習，久之，租與稅遂分爲二，而佃户又以糞土銀私授受其間，而一田三主之名起焉。按佃户出力代耕，如傭僱取值，豈得稱爲「田主」？緣得田之家，見目前小利，得受糞土銀若干，名曰「佃頭銀」。田入佃手，其狡黠者逋租負稅，莫可誰何。業經轉移，佃仍虎踞，故有久佃成業主之謡，皆一田三主之説階之爲厲。甚者大租之家，於糧差不自辦納，歲所得租，留强半以自贍，以其餘租帶米，兑與積慣攬納户，代爲辦納。雖有契券，而無貿本交易，號曰「白兑」，往往逋負官賦，搆詞訟無已時。其田濱溪湖坑瀧，爲水所崩陷，田去而糧差存，或民間利賣田價多而推糧數少，詭秘年久，以致本户有糧而無田租可配者，均號曰「虛懸」，於官與民均病焉。龍溪知縣計元勛云：「漳民利賣田多價，減則立契，推糧數少，致買户得無糧之産，賣户存無田之糧，謂之『虛懸』。又有勢豪之家，攬受他人田地立户，一利避差，一利幫貼，久假不歸，遂成詭寄之懸。又有買人之田，但覓租利，田不收户，每遇比徵，累其賠納，甚至一二十年，仍不過割，漸漸人亡事遠，終成不了之『懸』。又有狡猾之徒，先將實田倍得高價，存下虛糧，每石出銀十兩，召賣與人，有愚而貪者，受價認米，自釀難解之懸。又有姦黨成群，探有陞科田米，遂糾弊户連呈，假公濟私，夤緣冒豁。且『虛懸』之米豁而無陞者有之，一米兩豁者亦有之。種種情實，未易枚舉。」其典賣不明，詭詐龐雜，至陳奏相攻訐，莫如僧田；而海濱民犬牙争訟，至紛鬬相賊殺，又莫如埭田。埭田者，即傍海洲田也，當龍澄接壤江海之中，浮三洲，曰許茂，曰烏礁，曰紫泥。地雖斥鹵，而築長堤以捍潮水，歲長泥泊，久且可田。土人射利者争趨焉。預輸佃價於官，給長單，畫分界，以某甲起至某甲止。歲歲望水輸糧。然滄桑之變，或不能待，至垂白長子孫而不得田者有之。於是展轉換賣，非復其故。有貲力者稍築成田，則喧豗四起。某以鬮分争，某以貲本争，又某以舊田地毗連争，其所不勝，不得不依附勢門，搆怨煽禍，至累歲獄訟而不能决。僧田者，漳自古稱佛國，自唐迄元，境内寺院大小至六百餘所，今廢寺多所併入，而合爲五禪寺，開元、法濟、净衆、南山、龍山。帶糧米二千三百二十餘石。各縣寺觀亦有苗米，惟五禪最多。或云，此即五代時定撥民田給僧者也；或云，先年僧糧概免差徭，故民間租詭寄僧户；或因而施與之。僧本無田，但有租，亦若「大租主」及「白兑」之類，是不盡然，間有之焉。自成化以後，凡寺田一應徭差兵餉，與民田丁米通融編派。嘉靖二十七年，奉部行勘合，寺觀田地五頃，内抽一頃徵銀每畝徵銀一錢。備賑，未幾停止。四十三年，時軍興多故，福建巡撫譚綸議寺田俱以十分爲率，以四分給僧焚修，其六分入官，每畝徵租銀二錢，内一錢二分充餉，八分糧差。是爲寺租四六之法。四十四年，巡撫汪道昆又題請額加派，民間每丁徵銀四分，米一石徵銀八分，專備軍餉之用，號曰「丁四米八」，而僧與民俱重困。按黃册登帶，每僧田一畝，帶正耗米五升三合五勺，計田一十八畝七分，該米一石。舊例每僧米一石，帶租多者十一二石，少者七八石，多寡相兼，大率米一石得租十石。今每畝徵銀二錢，是每米一石，該銀三兩七錢四分，計租十石，止值時價銀二兩五錢，至三兩止。今徵餉銀至三兩七錢，則租價外當賠銀七錢。其法太重，難以徵納。隆慶二年，巡撫塗澤民又議，將六分入官，僧田照租估畝，畝徵銀二錢，或至四錢，俱於田户名下併年倍追。四年，開元寺僧浄慧等具奏事下本布政司轉行府議，是時知漳州府事羅青霄以民間丁四米八徵太重，請蠲減其半寬之。改一丁徵銀二分，米一石徵銀四分。事允行，及是議僧田擬照例半徵，每田一畝，原餉銀二錢者，減一錢。具申布政使司覆議轉詳，而當事者竟持軍餉議，不准減，仍舊徵納云。其後僧徒告累，屢增減不一。萬曆十六年，以前奉文減免四分之二，每畝止徵銀六分，後又量增二分，共徵餉銀八分。萬曆二十三年，户部據撫臣題覆僧田每畝定徵餉銀一錢二分。二十五年，巡撫金學曾以倭警，議增兵餉。以舊例，雖四分焚脩，然寺大田多者，所得利尚厚，下所司議寺田除二千畝照舊四六給，其餘悉按畝徵餉銀一錢二分。惟田不及二千畝者，仍其舊。後定餘田分爲二八，二分焚脩，八分充餉。所徵餉倍於異時，而寺田累極矣。

大抵漳民俗所困苦者，田則浮糧「虚懸」及「白兑」攬納諸弊，役法則里甲、均徭、驛傳、苗當之類。

民當直年夫保，立破家。寺田始則緇流以叢林爲傳舍，巨室以常住爲奇貨，或乘急稱貸，以子母錢入其租，則民爲僧病。久之，民已成業矣。或經轉移數手，而僧徒動以豪强兼併爲名，今年告入官，明年告輸餉，以致重征横斂，相率欲棄田而不可得，則僧又爲民病。夫僧之田地糧差，既與民同，則亦民爾。今民有百畝之産，經鬻他姓，便非已有，其子孫挾索不遂，至欲以已棄之業，告充公家之用，不待識者，知其爲姦民矣。今一髠抱牘，而當道遽然其信，請清丈則聽，請加賦則聽。蓋此一時權宜贍兵之策，庸知民間剥膚及髓，有不可言者乎？故田土税糧徭役諸弊，非盡姦僞而不可詰，在上者平其政而已。遵條鞭之令，則役困甦；善清理之法，則白兑息；按甲乙而酌處填築之費，則洲田清；懲姦僧而杜絶獻餉之議，則民業定。

條鞭法始於王宗沐所著均書中，厥後都御史龐尚鵬始奏行之。均書云：一條鞭法者，通府州縣十歲中，今每年督糧道派徵一次。夏税、秋糧、存留、起運額若干，均徭、里甲、土貢、顧募、加銀額若干，通爲一條，總徵而均支之也。其徵收不輪甲，通一縣丁糧均派之，而下帖於民，備載歲中所應納之數於帖。分六限納之官，其起運、完輸，若給募，皆官府自支撥，蓋輪甲，則遞年十甲，充一歲之役，出驟多易困。條鞭，則合一邑丁糧充一年之役，所出少易辦。譬則十石之重，有力人弗勝，分十人而運之，力輕易舉也。諸役錢分給主之官，承募人勢不得復取贏於民，而民如限輸錢訖，閉户卧，可無復追呼之擾。均徭革定名徭編之舊，照司府例納銀，爲募人工食費，又甚便。諸遞運夫馬，俱官吏支應，勢不得多取，即用之不敢濫。徵附秋糧，不雜出名目，吏無所措手。人知帖所載，每歲并輸。可省糧長收頭諸費，爲民利可勝道哉？萬曆初，羅知府爲正田賦，議曰：漳屬長泰等縣，田惟一主，惟龍溪、南靖、平和等縣，一田而有三主，此外又有「白兑」之名。辟如田十畝，帶米九斗六升三合，大租人得租十石，内抽出租五六石，帶米白兑與積慣豪猾，代爲辦納。夫以九斗六升三合之米，歲納本折色、機兵、驛傳米八丁銀等項，該銀一兩二錢有零。若以十石租配之，猶自足辦，惟白兑家止得租五六石，值銀愈少，而欲其辦納糧差，其可得乎？況此輩第貪目前小利，不顧身家後患，稻穀入手，旋即蕩費，何有存留以待輸納？又追徵杖併，不完一二，錢糧逋負，詞訟日興，皆此之由。近者南靖知縣曾球欲將大租糧米，革歸小租輸納，原無價買者，則不必貼。有價買者，着令小租家貼還，如小租不願出貼，大租之人能照原價與小租承買者，亦從其便。白兑本屬影射，令還業主，各收米入户辦納，是亦深知時弊，切於爲民者矣。但人有貧富差等，田有上中下則，以此法行之富民，并上中則之田，亦易爲力，行之貧户，并下則之田，則人情未便。今合酌量適中，如以十畝之田爲率，該價銀八十兩，今則以銀配田，出銀六十兩者，則給與七畝五分；出銀二十兩，則給與二畝五分；無銀出者，則不必給。此則不論田則高下，止照價銀分田，則田因銀爲多寡，無出貼承買之煩；糧因田而辦納，無有糧無田之病矣。按此議今亦難行。時分守道參政陰公武卿覆議云：均平之法，莫善於丈量，其次即在於清查。今丈量難得其人，且非一時所能幹理，合行該府。除長泰已經丈量，南靖縣見該知縣曾球查理外，其龍溪、漳浦、平和、海澄四縣，即行各該正官，乘今大造黄册，順帶清查，令各户將實在事産，另造小册，明開本户實在田産若干頃畝，坐落某地名，帶管民米若干，或自耕種納糧，或係佃户某人認佃，每年納租若干，或田主一人自收，或大租主某人分收若干，小租主某人分收若干，逐一查審明白。如係田主一人收租者，糧差自辦，無事更張外。其有大租主、小租主分收者，斟酌民情土俗，善爲區處，或大租併歸小租，或少租併歸多租，或照租分米，各自辦納。大要糧出於租，於使租糧相配，田土相管，輕重適均，糧額無失。備造實徵文册，查照徵納，用垂永久。其白兑冒頂者，示諭自首改正，免究前罪，如仍通同隱蔽，許里長知因人等首告，從重問罪，田産入官。虚懸糧米者，責令得業人户照畝收割；崩陷難收復者，查勘新墾田地抵補；典賣不税契者，責限三個月之内赴縣驗税，姑與免罪〔九〕。如隱匿過限，查出依律究問，追價入官，務使積弊一洗，田賦均平，糧差易於徵納，小民不至偏累等因。轉呈撫按詳允，事格未行。萬曆四十年，龍溪知縣計元勛再申前議。而寺租徵餉過重，今巡撫都御史丁公繼嗣始檄言寺觀田地，舊例四分焚脩，六分充餉，厥後東征事急，餉苦不足，舊院隨權改二八輸以充餉。原議事平即止，而不虞迄今相仍，是遵何説也？夫以四六追徵，入之僧者少，而出之官者多，僧已不勝其困，況復僧得其二，官取其八，除納餉外，焚脩度日，僧亦何所利焉？於是有餉無所出，棄寺而逃者；有轉稞他人，令之代納者；甚至展轉稞賣與夫挾仇盜獻，盡入勢豪之家。又有一種無賴遊僧，入寺占據，并其業而空之，餉日益虧，而僧日益窘，所從來矣。合行酌議，除設有寺觀以來，原定二八者，仍舊徵收外，其自東征來暫改二八者，田若干，地若干，原經免過若干，被人侵賣若干，俱於該府縣清查的確，造册類報。如果於僧有礙，於餉未甚虧損，不妨照舊例四六追徵。諸如勢豪盗獻與夫遊僧占據，一切禁革，不得藉此停免，反滋谿壑。檄下所屬遵奉行，而龍溪縣備申南山寺餉照復舊例。巡按御史陸夢祖詳示云，餉自有額，清冒自可足餉。寺田幾何，而時時較量於二八、四六之間，動稱充餉乎？南山等寺，俱照開元寺四六開徵，如撫按臣言，其於軫念煢困，意深遠矣哉！

論曰：余讀淳祐志，宋侍郎莊夏奏住賣寺院田狀，其言與朱文公、真德秀、趙以夫諸君子，似相牴牾，然其意有足師者。不惟僧失業，而生計日蹙，其害實且移之於民。今民間以僧租累破産者豈少哉？言贍兵食者，動以爲奇策，何歟？漳俗租税分合，所在不一，善治者不易俗而化，獨虛懸、飛詭之害，則里胥緣而爲姦，難窮詰。今第序次其略，其所未備，以俟明習於錢穀者。

四差

役法有四：曰里甲，曰均徭，曰驛傳，曰機兵。里甲役起於户，每百一十户爲一圖，圖爲十甲，甲有長以統其十户，籍在坊，謂之坊長，籍在里，謂之里長。歲輪一甲應役。其初催錢糧，勾攝公事而已，其後官府供應一切取辦，而里甲稱累。均徭以十甲輪差，十年一次，按其丁糧多寡而均役之。若上司、祇候、夫皂、笓庫之類。應出銀者，謂之銀差，應出力者，謂之力差。驛傳役起於田，以民米分別等第，編夫馬首，每民米一石，抽四斗五升，入驛支應。備夫馬廪給口糧，以待大小公役及使客之有符驗者。機兵以備寇盜，按丁糧通融編銀，給與團操守城者爲工食，皆所謂力役之征也。而驛傳之爲民害尤甚，舊例夫馬首截排日子依次應當，五年一週，謂之苗當。正德間，改徵銀每米一石，徵銀一錢二分。解官，給發鋪陳馬匹，支銀買辦，謂之官當。未幾，復變苗當。嘉靖中，罷苗當，又議募民之有强力者，給銀養贍策應，曰養「贍夫役」。又議設夫保十名，於均徭内編僉，專一在驛領銀供應。民間一值徭編夫保，家立敗。每使客至驛追呼急迫，或分外需索折乾，費用動以百計。領官銀，則官吏遲留扣折，十不給五。鄉民至捐産賠累，其鬻妻子、殞身命者有之。萬曆七年，題準行一條鞭，時軍門龐公尚鵬所建議。其法不論四差，通計一縣歲所應起存支用差銀若干兩，俱於丁糧内均派之，徵銀在官。而若官府所當取辦，使客所當供應，在官諸役及機兵所當僱募，悉官爲給而不與於民，而里甲照舊催徵。自條鞭以後，有司有擅用里役者法參奏。總綱機徭站，名四差銀，數百年民所疾苦，一蠲除之，小民荷國恩甚厚。良法美意，雖萬世守之，可也。

土貢

土貢物料，舊俱於見年里甲丁糧内出辦。正德十五年，行八分法，各縣應辦物料，就於八分銀内支解本府，編僉長解，買辦本色，解部交納。嘉靖三十七年以後，徵銀同水脚銀解布政司，委官買辦本色赴京交納。先是解户管解，多至破産。自萬曆年行一條鞭法以後，前項料銀於秋糧内附徵，先儘起運，無僉解買辦輸納之累，民稱便矣。

癸酉志原載寺租議

寺租之由，訪之故老，其説不同：或云前代給僧之田；或云檀越捨施入寺；或云二者之外又有民户撥寄之田，蓋先年僧糧概免雜差，故詭寄僧户，日久爲業，此亦有之。但此後來之弊，其間未必盡然。然自國初以至於今二百餘年，僧惟管租而不管田，田土民間得相買賣，惟寺租不敢埋没，有田者輸租，取租者納糧，其來非一日矣。所以拖欠錢糧者，蓋以一僧入寺，舉家父子兄弟群聚而食，耗費已多。又因糧差浩重，輒將租穀減價，預先典與富民或田户，但濟目前之急，不顧日後之慮，然及官司追併，楚撻萬狀，不敢虧累田户者，以分定故也。近者軍門過聽，以此田多係勢豪占掌，欲重加追徵以固抑之，而承委官員失於奉行，輒將田户拘擾，重復科派。甚至姦僧倚稱四六名色，將無米肥租私隱入己，止存瘦田，將租虚估畝數，令民倍納。不知此田多是民間小户置買，如龍溪、南靖等處，民田帶僧租者，十居三四，豈可盡謂豪民？設有占掌，僧家豈肯忍受？且如海澄等處，僧田一畝，民間置買多者十餘兩，少者亦七八兩，歲收稻穀，鄉斗止七八石，與佃户均分一半，得穀四石，内除納僧租一石七斗，止存穀二石有零，所獲無多。特以生長此地，當耕此田耳，而乃欲令其倍納軍餉，在富民猶不能堪，在貧民何啻剜肉？如近年之事，民田一畝，值銀七八兩者，納餉至十餘兩，往往相率欲棄田逃走，其不釀成大患者幸也。今雖設法調停，定價徵納，然竊思田户納銀三錢與納僧租一石有零，其價亦頗相當，但糧差未知何人供納，且其間鄉斗得官斗七八升者有之，得四五升者亦有之，斗色不齊，是又難於折算。及糧差不完，其勢非再取於民，必再取於僧。既取之民，又取之僧，重征横斂，將何時而已也？近該本府知府羅□憫念僧民重困，欲將餉銀再減一錢，徵納稍寬，未奉明示。以愚膚見，止是照舊田糧分管，依見行民田事例，追納軍餉。其管糧於寺中，擇有行止身家僧以充之。仍嚴禁不許將租先行賤典，違者將本僧及典主從重治罪。如欲照依近議，另追六分軍餉，不必以租估畝。惟在以米配租，如每米一石，該租十石，共值時價銀二兩五錢，除納本折丁料兵快驛傳米四并年例綱銀，共該銀二兩一錢，餘銀四錢，就將充餉。如以間有陷江浮糧，或照近例，再減銀二錢，每米一石，止追餉銀二錢，則比之民田米四事例，已有五倍之重。其四分焚脩，止追糧差，免納軍餉，俱於各僧名下追徵，不必累及田户。俟地方稍寧，即行停止。如此，則事體出於畫一，而各僧免陳奏之擾；有司易於追徵，而百姓遂田里之安矣。妄議如斯，惟有司者裁之。

或又有云，此租若不歸一，錢糧不免拖欠，欲令每寺止留僧數名，或照近議四六之數，以四分給僧，六分歸民。通籍原額租米若干，將六分之租，每石科米四升，盡散與田户爲業。其四分者照舊取租，各辦納糧差。中間如有冒名詭寄者，許其自首還主，如違，查出没官。但姦僧去籍已久，米數雖載在册，租額不得查考。或云，舊有砧基簿，係元時遺製，具載田段、租米甚明，但僧匿不肯出。或云一本在府庫，求之亦無有，今欲清查租額，必先下令，各田户凡帶僧租者，俱許從實報官。不報者查出，或被首，定行没入。然後以米，配租。使租米歸一，則僧不欠糧，民不苦累，尤爲經久可行。今將諸説俱存之，以俟採擇。「砧基」，據丘文莊衍義補，漳人云「站基」誤。

鹽法考

國家置六轉運以統領天下鹽筴，而福建有都轉運鹽使司。漳於八閩，僅處一焉。其地東南瀕海，土人以力畫鹽地爲埕，漉海水注之，經烈日曝即成鹽，與江淮浙諸場煮海所成末鹽稍異，疑周禮所謂「盬鹽」者也。鹽未煉曰「盬鹽」，已煉曰「散鹽」。

本朝天下郡縣所在，有鹽糧，又有鹽課。鹽糧者，略倣齊管子鹽策，計口食鹽，計鹽籍錢之遺法。凡鹽皆食於官，若男子以丁計，婦人以口計，歲各納米入官，支與鹽。每丁口納米八升，支與食鹽三斤。後鹽不支，民納米如故。天順間，因鈔法不行，乃罷米，折徵鈔貫。每口徵鈔六貫，每鈔一貫，折銅錢二文，中半兼收，爲鈔三貫，錢六文。弘治間，鈔貫錢俱折徵銀。鈔一貫，折徵銀三釐，錢七文，折徵銀一分。嘉靖七年，御史聶豹以民間丁料銀太多，請以丁料鹽鈔合足其數。每丁料銀七分八釐，於內折出止算六分，鹽鈔每丁徵銀一分八釐，共合七分八釐之數。隆慶二年，鹽鈔另派徵，有閏年無閏月，銀數有差，有閏年，每丁派銀一分六釐七毫八絲七忽七微四渺，無閏年每丁派銀一分五釐四毫八絲六忽一微。是爲鹽糧定例，而鹽課者，則隸轉運使司，召商開中，給引於該行鹽地轉鬻，而輸國課之鹽也。鹽運司故有納課鹽場，凡七所，其上三場爲上里、海口、牛田。原定附海去處辦納本色，召商開中，運鹽由水口往延、建、邵三府及所屬縣轉鬻焉。有引，有課，有禁例，是爲西路鹽。下四場爲惠安、潯渼、洒洲、浯洲，俱泉州轄内。鹽低黑，商人不願中納，歲折銀贍軍。而漳州無鹽場，惟漳浦、潮東等處，有曬鹽坵盤。嘉靖二十七年，巡按胡御史委勘漳浦鹽坵，每方一丈，徵銀三分，名曰「坵税」。泉、漳俱非行鹽地，無鹽引正課及諸禁例〔一〇〕，聽民間從便貿易，或有司薄徵其税以佐軍食，是爲南路鹽。

大抵鹽雖漳產，而直甚賤，計一石所售，直不過二三分。曬鹽民原非竈户，以貲直轉佃鹽埕，終日胼胝炎烈中，所成鹽不過二石。其間陰雨靡常，不能常得鹽。匹夫匹婦之負擔，不能以幾轉之於淖漉荒鹵之濱，而致之市落山谷，或覓舟牛任載，又不勝傭賃之費。蓋用力勞而得利微甚矣。惟是漳所屬縣，若龍巖、漳平、寧洋，皆山邑窮僻，民間不能致食鹽。而浯、洒民鬻鹽者，輒用海舟載至海澄，歇泊埠頭，轉剥小舟〔一一〕，遡西北二溪，出華封，往龍巖諸邑散賣。又自寧洋而上，達馬家山，越永安，蔓延、建、邵所屬行鹽地，其徵利什倍。以故漳民射利者，往往垂涎於此，動以通商裕課慫當道聽，而陰圖窟穴其中。自隆、萬以來，紛紜告擾，爲民害無已時。

萬曆四年，題設南路分司，以鹽運同知一員，駐劄泉州，往來於漳之柳營江，專榷鹽。每鹽三千斤税銀一錢五分。合漳、泉二府，歲僅榷鹽課一千八百兩，於國課已微，而姦商牟利者，藉官票賤買貴賣，勒曬鹽之家，盡入其税，民大紛擾。是時知漳浦縣事房寰議，以爲漳浦東南濱海，西北負山，附海者魚鹽，居山者耕牧。川陵險窄，舟車不通，其民或負薪米至海以易魚鹽，或持魚鹽入山以求薪米，皆彼此自爲相通。山間之民，數日食無鹽則病，必商人領票肩鹽入山行賣，勢不能家給人足，匪惟深山之民，終歲無鹽，而商且自病矣。海濱之民，一日不賣鹽，則饑。若曬鹽，家必積累億萬斤，求富商大賈而後售，不惟商人力有所不能，而民先告饑矣。且姦商江瑞、武益等，皆市井游手，家無儋石，投靠宦門，把持中外，既不能盡所産之鹽而買之，又不能徧一邑之民而食之。徒見老弱匍匐，窮日之力，辛勤負薪米涉山谷，易鹽數斤。輒要而奪之，甚且盡其身之所有。又持鹽而恐嚇賣者，必傾其家而後已。今縣民告愬，鼓噪號咷，若漫不加恤，必激而爲亂。漳州一府，鹽税不滿千兩，以縣計之，不滿百兩。朝廷榷其税一，而姦商罔利百倍之。姦商得其利百，而小民受害千倍之。以百兩之税，病百里之民，必非司國計者之意。況以已然之害，而將釀必然之禍，豈爲民牧者計所敢出哉？於是逐去江瑞等，令曬鹽户代領商票，每鹽埕税及一兩以上，再領一票，聽其照舊互相交易。議上，鹽運分司者不能奪，時漳浦一縣，照曬辦鹽埕納課，共銀五百六十九兩二錢三分九釐。後因課微而官專，於萬曆七年罷南路分司注九十四，其税銀均派二府，於曬鹽坵盤及載鹽船隻徵納焉。蔡文聞見録云：鹽運分司歲計課入不及千金，而一時衙舍之建，每歲兵卒廩糧之費，不啻過之。官私鹽斤，漫無稽考，徒爲姦民作蠹之地。未幾而潯渼鹽民施惠等復告充餉，浦民亦有匿名告除坵稅通商課者。鹽運司下其狀，欲籍邑之船隻爲鹽船，令裝鹽出灣，盡榷之。知縣朱廷益申前議力爭，事得寢。自是，漳浦鹽徵坵稅如故。

萬曆二十六年，有詔遣諸中貴人分行天下，大採榷。而福建有礦稅使，凡諸關津餉稅畢籍獻，而鹽課亦在榷中矣。先是龍溪有石馬鎮，爲諸商貨船之所往來。當事者以兵食不給，量榷其貨稅，而鹽商另自爲行。府給票，令由西北溪散行鬻諸縣。年定餉銀六十三兩。經過所在，有司盤驗之。及中貴人至，舊商汪邦輔等告援爲例，願增餉一倍，請給憲票行鹽。事下鹽法道行運司議，以爲運司鹽課，大半取足於西路，而漳屬私鹽，往往由寧洋道直達永安、沙順等處。向者鹽票給自府縣，尚不足以行遠，若以掛號之船由、照賫之憲票而假之以慣販之鹽徒，何往不可？其勢必且由漳平之新橋、龍巖之萬安、寧洋之馬家山直走永安、沙順諸境，與西路分道而馳，角䑸而售，不至阻塞西路鹽政不止矣。是以一鎮之鹽而貽害一路之商，以百金之稅而阻塞萬金之課也。於是石馬鎮鹽票，仍聽本府給與，而鹽運司票罷不給。

蓋自宋時，汀與漳接境，而龍平、水頭二官鋪，業不能罷設。今龍巖、漳平、寧洋三縣，民食不可無鹽。利之所在，民趨走若鶩。非官爲置榷，則豪有力者專其利。其勢固不可禁，獨透越私販，爲西路正課病，法當峻防之爾。若漳浦、詔安、海澄，皆濱海産鹽地，民已計口輸課，又按坵盤而徵之税，稱網密矣。倘重爲榷禁，則邊海民鹽無所售，負販者無以糊其口，生齒繁而貧困劇，必無畏死而輕犯法。往年，盧溪、三饒皆深山民不得鹽食，聚爲亂害，已見於前事矣。凡土人之侈言漳鹽利者，皆駔儈巨姦，不可信。

萬曆三十九年，知漳州府事閔夢得備陳鹽政事宜，以爲鹽政之壞，所在皆然，然不過私販以妨國課已耳。而此中則有私埠、私牙，以剥商害民，其弊亦移之國課。蓋私販者，攘攘逐利，猶虞官法繩其後，稍緝之而黨可立散。此中之私牙、私埠，皆有力者主之，而亡賴棍徒望風奔附，公然悍網，而有司莫敢誰何，坐令官引之鹽屈於私販，以致延平、建寧所屬歲銷引不及一二分，職此由矣。因詳其利害，條爲六議。

一曰嚴透越之防。漳鹽價賤，稍運而之他，貴至數倍，以故行險嗜利之徒，輕於犯法。查自龍嶺而下，有浦口焉，由良村山兜可接安溪之感化里；自龍嶺而上，有涵口焉，由大深可抵安溪；有華口焉，由溪南可抵大田。自漳平而上，由雙溪口至新橋、羅溪、西洋，可抵永安；又由小溪、水口至大陶、小陶，亦抵永安；又由水口至萬安，可通連城。自寧洋而上，由馬家山可抵永安，是皆透越地也。浦口埠頭已革，涵口山路頗艱，若溪南、新橋、羅溪、小溪、水口、萬安諸處，皆藉名官商，據要設埠，其所透越，視馬家山不啻什百。人但知馬家山之爲尾閭，而不知溪南等處之皆漏巵也。今宜於各地方嚴加稽察，有仍前違禁透越者治如律。

一曰均鬻販之利。漳屬行鹽地，凡有三截：自漳浦、海澄、詔安産鹽之所，鹽户載至石馬鎮，聽民間散買散賣，此一截也；石馬、紫泥、馬岐、江東、香洲五灣之民，自石馬轉買至龍嶺下轉賣，此又一截也；漳平、寧洋之商，自龍嶺接買，運至華封，裝包納税，載往本縣發賣，此又一截也。三者之中，縣商利最厚，蓋其居重馭輕，高下在手，既顯握通邑火食之柄，且潛開旁徑透越之門。故子錢所入，恒倍其母，鹽户、灣商比之懸矣。乃有竄名縣商，而復至石馬與鹽户交易，非所稱左右望而罔市利者乎？今著令鹽户至石馬而止，石馬以西，不得越焉。灣商斷自龍嶺而下，縣商斷自龍嶺而上，遞相灌輸，各止其所，庶利均而且易於稽查，是亦一便也。

一曰酌灣鹽之額。往者漳鹽方行無礙，民間價值甚賤，而境外透越亦少。自寧洋定包以後，姦民藉官商之名，以恣其夾帶，而鹽法始壞。夫漳、寧二縣，歲額鹽一萬二千包，今溢至三萬餘包矣。原包税三百六十兩，後增至九百一十餘兩。推求其故，緣徒定虛名於嶺之上，而不限實額於嶺之下。餘鹽到嶺，灣商寧肯載回，勢必盡委之華封鹽店。以故，鹽店得賤收之，而私販之鹽旁溢四出也。然則欲清透越之源，宜自定灣鹽始。據寧洋縣申稱生齒日繁，額鹽不足，合量加二千包；龍巖縣節惠、萬安二里，量定二千五百包；由華封至涵口，係龍溪之二十五都，人烟稍衆，量定一千二百包。通計新舊，雖似加增，而實裁萬二千餘包，與其陰縱之以蠧法，何如明寬之以惠民乎？

一曰清冒籍之商。漳、寧雖云褊小，以本邑之民，充本邑之商，豈患無人，而須借才於鄰邑乎？前此二縣之商，率皆龍溪之人，夤緣投認，根深蒂固，莫可驅除。有司或一清查，此輩輒百計沮撓，恣行謗訕，不惟事權牽制，而法紀陵夷極矣。宜趁此更張之會，盡爲蕩滌，以漳平者還漳平，以寧洋者還寧洋，而龍巖節惠、萬安二里亦還之龍巖。惟龍溪之二十五都，仍歸之龍溪耳。即土著之商，亦不許豪家包攬，行令各縣酌量坊里食鹽之多寡，每鹽二百包，僉商一名，即於本里中選誠實殷户充之，不惟異縣不得闌入，而他里亦不得冒認，庶無强凌衆暴之虞，且有隨取隨足之便。

一曰著貿易之規。五澚鹽船，多寡不齊，先年定爲分澚、分日之例，但往者澚商、縣商，自相交易，故此法可行。今强半爲華封之人包買包賣，則所稱分澚、分日，徒虚語耳。今欲革除此弊，宜以澚商、縣商兩相配搭。每季之首，本府當堂鬮定某澚某商之鹽，賣與某縣某商，大書告諭於龍嶺下，使彼此各有適主，而包買包賣之計無所施，法亦無善於此者。

一曰定埠頭之税。漳屬之鹽，已經計坵徵餉，則以漳鹽行於漳境，皆官鹽也。先是石馬鎮無税，而今每價一兩，抽銀二分矣。華封關無税，而今每鹽三百斤，抽銀三分矣。乃寧洋每年復徵埠頭銀一百二十兩，不幾於侵肌竭髓乎？以此項奉院臺詳允，登入正餉，未易請蠲。今漳平、龍巖與龍溪之二十五都，既定有包額，則埠頭之税不宜異同。且華封鹽税，每年幾及千金，經今裁定，頓減四百餘金，將以何者補解鹽税？則埠頭似不容已者，除寧洋鹽包税銀外，餘鹽一萬四千五百包。若徵埠税以抵華封缺額，亦略相當，斯亦酌盈濟虚權宜之術。要之，此項名目，俱非惟正之供，俟罷榷之後，各縣税應一例停免，是所顒望於將來而預祈於今日者也。諸議俱關白院道詳允行，今漳南鹽政稱畫一云。

洋税考

嘉靖中，有佛郎機船載貨泊浯嶼，漳龍溪八九都民及泉之賈人往貿易焉。巡海道至，發兵攻夷船，而販者不止。總督閩浙都御史朱紈獲通販者九十餘人，悉斬之，而海禁嚴。三十六年，海寇許老、謝策等突至月港，大殺掠。明年冬，誘倭寇三千人，再抵月港，散劫八九都，往來浯嶼間。寇累歲不息，土人乘機爲叛，號「二十四將」，沿海騷然。四十三年，巡海道周賢宣計討平之。其明年，奏設海澄縣治。隆慶初年，巡撫福建塗澤民題請開海禁，准販東西二洋。通政唐順之有云：國初，浙、福、廣三省設三市舶司。在浙江者，專爲日本入貢，帶有貨物，許其交易；在廣東者，則西洋番舶之輳，許其交易，而抽分之；若福建，既不通貢，又不通舶，而國初設立市舶之意，漫不可考矣。舶之爲利也，譬之礦然。封閉礦洞，驅斥礦徒，是爲上策；度不能閉，則國收其利權而自操之，是爲中策；不閉不收，利孔漏洩，以資姦萌，嘯聚其間，斯無策矣。今海賊據浯嶼、南嶼諸島，公然番舶之利，而中土之民，交通接濟，殺之而不能止，則利權之在也。宜備查國初設立市舶之意，毋洩利孔，使姦人得乘其便，其於海禁，利害晰如也。然市舶之與商舶，其説稍異。市舶者，諸夷船泊吾近地，與内地民互爲市，若廣之濠鏡澚然。商舶，則土著民醵錢造舟，裝土産，徑望東、西洋而去，與海島諸夷相貿易。其出有時，其歸有候。廣洋巨浸，船一開颿，四望惟天水相粘無畔岸，而海人習知海道者，率用指南針即羅經。爲其導嚮。相傳有航海針經，針或單用，或指兩辰間。以前知某洋島所在，約更時當行水路幾許，打量水深淺幾托，方言「幾仞」爲「幾托」。海中島嶼作何狀，某洋礁險宜慎，或風雲氣候不常，以何法趨避之。異時海販船十損二三，及循習於常所往來，舟無恙若安瀾焉。蓋海濱民射利精如此。東洋若呂宋、蘇禄諸國，西洋暹羅、占城諸國及安南交趾——皆我羈縻屬國，無侵叛，故商舶不爲禁。東洋有呂宋、屋同、沙瑶、玳瑁、宿霧、文來、南旺、大港、吶嗶嘽、磨荖英、筆架山密雁、中邦、以寧、麻里呂、米六合、高藥武運、福河崙、岸塘、呂蓬。西洋有下港、暹羅、舊港、交趾、東埔寨、丁機宜、順塔、占城、麻六甲、順化、大泥、烏汀礁林、新州、啞齊、交嵧吧哪、彭西寧、陸坤、占陂、高趾州、籬木、高堤里鄰、吉連單、柔佛、吉寧邦日隸、安丁義里、遲悶、蘇禄、班隘。又有鷄籠、淡水，不係東、西洋船數。而特嚴禁販日本者，比於通番接濟之例。先是海澄未置縣時，有靖海館，以通判一員司巡緝。其後請設海防同知，易靖海館爲海防館。萬曆二年，巡撫劉堯誨題請舶稅充餉，歲以六千兩爲額，委海防同知專督理之，刊海稅禁約一十七事。時海防同知沈植條陳。其禁壓冬議，以爲過洋之船，以東北風去，西南風回，雖回緩亦不過夏，惟自倭回者，必候九十月間風汛。且日本無貨，祇有金銀，凡船至九十月方回，又無貨物者，明係展轉交倭，縱有給引，仍坐以通倭罪。同䑸船夥及澚甲等，許其舉首給賞之。於時凡販東西二洋，鷄籠、淡水諸番及廣東高雷州、北港等處商漁船引，俱海防官爲管給。每引納税銀多寡有差，名曰「引税」。東、西洋每引納税銀三兩，鷄籠淡水及廣東引納税銀一兩，其後加增東、西洋税銀六兩，鷄籠、淡水税銀二兩。萬曆十八年，革商漁文引歸沿海州縣給發，惟番引仍舊。每請引，百張爲率，隨告隨給，盡即請繼。原未定其地，而亦未限其船。十七年，巡撫周宷議將東西二洋番船題定隻數，歲限船八十八隻，給引如之。後以引數有限，而私販者多，增至百一十引矣。其徵税之規，有水餉，有陸餉，有加增餉。水餉者，以船之廣狹爲準，其餉出於船商；陸餉者，以貨之多寡計值徵餉，其餉出於舖商。又慮有藏匿，禁船商毋輒起貨，以舖商所接買貨物應税之數給號票，令就船完納而後許鬻賣焉注九十五。西洋船面闊一丈六尺以上者，徵餉銀五兩。每多一尺，加銀五錢。東洋船頗小，量減西洋十分之三。陸餉，胡椒，蘇木等貨，計值銀一兩者，徵餉銀二分。鷄籠、淡水，名曰「小番」，地近船小，每船面闊一尺，徵水餉銀五錢。陸餉亦如東西二洋之例。加增餉者，東洋中有呂宋，其地無出產，番人率用銀錢。錢用銀鑄造，字用番文，九六成色。漳人今多用之。易貨，船多空回，即有貨亦無幾，故商販回澚，征抽水、陸二餉外，屬呂宋船者，每船另追銀百五十兩，謂之加增。後各商苦難輸納，萬曆十八年量減，止徵一百二十兩。每年至五六月、七八月間，風汛届期，各商船回至海外，俱由南澚、浯銅諸水寨及島尾、濠門、海門各巡檢司信地經過，隨報府縣及海防舘，逐程撥船護送，防寇掠，其實稽察隱匿餉税者云。自萬曆四年，餉溢額至一萬兩，刊入章程録。至十一年，累增至二萬兩有餘。二十一年，報倭警，禁止通販，而海濵民苦爲生難，輒違禁私下海，或假借縣給買穀捕魚之引，故越販。於是巡撫許孚遠深念之，恐復爲變如嘉靖時，出示招諭，凡留販人船，不論從前有引無引，日遠日近，俱准駕回，照例報官納餉。一切私通及壓冬情，罪悉宥免。是時越販商人胡臺、謝楠等二十四船，聞撫綏令，皆駕船回澚報餉，與正引之商一例徵納。二十二年，餉驟溢至二萬九千餘兩，然則海民趨利之情與商舶通塞之利病，其大略可睹矣。其後當事者疑税餉多寡，海防舘所報不盡實，始議倣各處關税之例，歲委各府佐貳官一員輪管之，示清核，毋專利窟。而泉州以兵餉告匱，分巡興、泉道建議於泉州中左所設官抽餉，如漳之海防例，令漳民販西洋，泉民販東洋，毋相攙越。事併下府議，時漳民紛稱不便，乃具詳言本府屬縣歲派額餉數少，民又多逋，軍需往往告匱。即隆慶間開設海澄舶税，僅數千金，萬曆間增至一萬兩。以此佐之，猶且不敷，動請司餉濟給。考之累年，各請發司餉二萬兩，往牒具在也。迨十三年以後，舶税增至二萬餘兩，兼以概府尺土半廛。凡屬官者，靡不括以充餉，即鐵爐、牛行、渡船、網税，搜無遺利，始免仰給司帑，然亦必縣餉舶税盡數徵完，方克有濟。查見在十縣餉額，共三萬七千七百九十餘兩，湊舶税二萬餘兩，大都在六萬上下，而水陸官兵月糧、脩船、置器、犒賞諸費，歲不下六萬兩。

如萬曆二十一年，禁海餉絀，則括府縣帑藏及借諸站剩等銀支用，豈有羸餘積藏於庫哉？漳、泉均爲海郡，兵餉並屬喫緊。餉在漳則漳利，餉在泉則泉利，其便均也。漳餉匱則請在漳，泉餉匱則請在泉，其不便亦均也。今欲以東、西洋分屬漳、泉，割漳餉以贍泉兵，不惟漳之兵食無所措給，從此私販之徒，緣爲姦利，不漳不泉，東影西射，公然四出，不可究詰者，又當什百於昔日。本府籌之，未見善畫，在彼府計其無弊何如耳。惟是榷税不專責於海防官，聽上裁，於是漳、泉分販議罷不行，而題請改設餉館，給關防。

會上方大榷天下關税，二十七年，中貴人啣命至閩，凡山海關津之税，畢蒐羅以進内帑，而舶税歸内監，委官徵收矣。時議委三司首領一員與内監委官協管。於正税外派辦進方物，費不貲，重以委官需索。土人狡譎無忌憚者，投充爲巡攔，恣攫害。漳民情用洶洶焉，賴有司調停安輯之，不爲變。而是時漳、泉民販吕宋者，或折閲破産。及犯壓冬禁，不得歸，流寓夷土，築廬舍，操傭賈雜作爲生活。或娶婦長子孫者有之，人口以數萬計。而同安人張嶷者，繆奏言海有機易山，與福建相近，地産金，若採取之，可得成金無算。有詔遣中貴人委官往勘視，而吕宋番聞之大恐，以中國將略取夷地，諸流寓人皆内應也。於是盡坑殺漳、泉民之在吕宋者以二萬人。事聞，張嶷以欺罔首禍寘極刑。三十四年，有旨封閉天下礦洞，其各省直税課，令在所有司照常征解。命甫下，海内忻忻有更生之望，而所在税璫，仍奏請轉解税課及辦進土産方物。且言税歸有司，於地方無所事事，乞召回。於是旨紛出，先後互異，税銀準解工部，又總解税監分進内庫，土産方物準折辦。又勅該監照舊辦進，其布政司銀既彙解，而税監者又欲州縣有司徑解及代辦方物，有司莫知所適從。事紛然久之，布政司乃具咨呈户部，請畫一。而部咨回覆，以藩司一邦之主，若金花税糧等銀，何莫不由藩司，而州縣敢於徑解乎？近者南贛巡撫題奉明旨，各處税課，都着類總解税監，分解應用。是各處者，指各省直言也。類總解監者，明令布政司類總也。若由州縣徑解，當云各解，何須類總爲乎？土産方物，乃税監芹曝之誠，非有司貢獻之禮。撫臣既題準折辦，及措處加平等費，續奉明旨照舊辦進，並未有有司備辦之旨。謹始慮終，正在今日，該省撫按亟當移會該監，備將歷來明旨開導其詳，使知「類總」二字。旨意昭然，徑解之舉，終屬悖謬矣。自是議稍定，當事復申前餉舘委官之議，以海澄洋税原議輪委各府佐貳徵收。但外府之官，遠來往劄非便，而增設供應人役，所費亦繁，不若於本府佐貳五員内，歲委一員管理。事無專屬，既於原議不悖，且於事體爲宜，議允行。本府官承委，歲一更代云。

先是投礦税爲羽翼者注九十六，探知海夷有别種，號「紅毛番」，饒財寶，擅給中使文移招諭以來，船泊彭湖。其人非東、西洋種人，髮純赤，强而多力，以船爲家，於海島諸港門販鬻爲生涯。其船宏壯甚，出没海洋怒濤中，亡所損。爲兵器自護衛，若佛郎機銃、發貢銃之屬，亦甚具。其交易頗以信義，怒輒殺人，海島中諸夷恒畏避之。利中國羅綺、繒布、器皿諸貨。諸姦人啗以利，謂漳之南灣、彭湖島可以市船。紅夷者以爲信，至凡數船。事聞，撫按行守巡道議，以市船必不可許，且奏下兵部，覆疏請明旨詰責中使，令所在守將督信地兵嚴拒之，紅夷船始去。而漳、泉間射利者意觖觖，以爲此不費航海，而坐收遠夷珍寶，利百倍，若之何乎失之？嗚呼，其亦不思甚矣哉！夷性無常，非我族類。而海邊惡少民，尤習狙詐，無事猶將勾引接濟，爲寇攘地，況日夕與豺狼處，非欺負貨物，激怒夷而至爲變，則將爲陰陽播弄，啗夷以玉帛子女而爲之嚮導，患之至也，其何日之有！若嘉靖中，倭寇藉入貢，蹂躪寧、紹間，皆起於市貨不售，士人貪戾無行者爲搆，誘煽亂禍，蔓延至不可解。殷鑒不遠，爲閩計可復爾耶？或曰：紅夷性樸直，非狡倭比。是又不然，獨不聞廣香山之有澳夷乎？其初亦尋常販易，今結聚日衆，盤據濠鏡澳，諸作姦犯科者，悉亡命藏匿其中。築崇城百雉，阨險阻兵，勢駸迫於省會，若癭之附項，疽之附骨，治之不可，養之日深，當事者㢘以爲憂矣。今之紅夷，其疆鷙出澳夷上，邇年與澳夷争市船地，相賊殺廣之海上。澳夷輒不勝，而高峻其城郭以防禦之。其人魁偉者，殆防風氏之骨專車焉。可玩其狡不如倭而垂涎以爲利藪，此姦人之以國爲嘗者也。第今東南隱患，又不但此。頃撫臣奏言，閩地斥鹵磽埆，田不供食，以海爲生，以洋舶爲家者，十而九也。況今軍需國課，半取給於市艘，豈能禁之不去？但姦民有假給由引，私造大船，越販日本者矣。其去也，以一倍而博百倍之息；其來也，又以一倍而博百倍之息。愚民蹈利如騖，其於凌風破浪，直偃息視之。違禁私通，日益月盛。有暗結婚姻，有私受夷職，甚者或賣船以資敵。我無晉魏絳之五利，而彼饒中行說之三窟，長此安窮？况今琉球告急，屬國爲俘，而沿海姦民，揚帆無忌。萬一倭奴竊據，窺及鷄籠、淡水，此輩或從而勾引之。門庭之寇，可不爲大憂乎？請申飭沿海，清查由引，嚴禁壓冬，不許私造違式大船。及以引餉事權，歸海道管覈便。疏下兵部覆如議行，而沿海民大黠猾及憑藉有勢力者，借東、西洋由引而潛趨日本，時時有之。禁雖嚴，未全戢。

論曰：海舶非正賦也，而志之賦役何居？嘉、隆之際，月港之亂，余不忍聞焉。自設縣弛海禁以來，使穰穰者騖於利，潛銷磨其不遑，吾又得操其什一以資軍匱，庸詎非算乎？顧今東、西洋利寖薄，賈人侵假而闌入倭境，又重設額外之征，横徵斂以困辱之。獸窮則逸，鳥窮則攫，况輕悍習亂者，其又曷不至焉？嗚呼！謹衣袽者念之哉！

雜項餉税

漳自軍興以後，軍費日重，正賦之外，有加派，有改派，有措處。加派者，舊額所無，如丁四米八之類是也。改派者，係别項原額錢糧，但改他用，如抽解倉米，扣解水脚之類是也。措處者，計出苟且，濟急一時，如寺租鹽税之類是也。先是府有税課司，縣有税課局，嘉靖中，裁革司局官，止令府縣帶管。今無徵。而又有魚課、鐵課、雜色課諸類。魚課者，榷取魚利，漳州不設河泊所，而魚課米之征，各縣帶管，先年納米，弘治七年，御史吳一貫奏準每石通徵銀三錢五分。歲解銀於布政司充兵餉。鐵爐課者，閩中古有官坑冶，而若龍溪、龍巖、長泰、漳平，皆産鐵地。天順間，徵鈔。正德以後，折徵銀，俱於爐户徵納。龍溪鐵爐二十四所，龍巖鐵場一所，長泰鐵爐四所，漳平鐵爐一所，課銀甚微，今增至二百九十餘兩。雜色課者，酒醋、房屋諸税，舊折收鈔貫，後改入八分料銀内支辦，今亦有新增充餉者。而商税多者，毋過於番舶引貨，别有考。大率爲措處兵餉而設。山海川澤諸利，搜括無遺矣。

屯田考

國初制，天下所在衛所分軍立屯堡，且耕且守，約以十分爲率，七分守城，三分屯耕〔一二〕，蓋倣古屯營法云。其法每屯百户一員，統旗軍一百一十二名，每軍給田三十畝，歲輸正糧十有二石，餘糧如之。以正糧給本軍，餘糧以給官旗月俸及守城軍士之用，俱於屯所置倉收貯，其口糧就倉給支。洪熙元年，以屯軍辦子粒艱難，令減半，餘糧徵六石，其正糧免徵，聽自給，遂爲定例。漳州府置衛者二，漳州衛、鎮海衛爲守禦千户所者四。龍巖、陸鰲、玄鍾、銅山。軍人分三七屯守，而屯軍所受田，率二十九畝，或二十八畝零，或二十七畝零。年納糧六石，謂之細糧。而永寧、泉州二衛者，故泉州轄也，屯軍或於龍溪，或於漳浦、南靖、長泰等處屯種。蓋舊制屯無定在，擇便開墾，故犬牙參錯如此。其後糧有本色，有折色。本色輸米，俱衛管屯官催徵，而府管糧佐貳官一員監同收支。折色每糧一石，徵銀二錢五分，則管糧官徵收解部，而省有屯田僉事一員總理之。海内承平久，屯日廢圮，至正德末年而甚。嘉靖初，詔言國家設立衛所，置屯田，令軍士耕種，納餘糧以充税餉。近法久人玩，姦豪官舍軍餘等霸占多有。各該巡撫督率管屯官，查某衛某所屯田若干頃，分屯軍若干名。其係年久故軍之田，聽各官舍軍餘領種。如軍存無田力作者，查令退還。其領種故軍之田，以人户爲限，人一分，户二分。餘退還以給新附無業之軍。内有田園廬舍脩種已成顧賣者，聽平價售值。管屯官具查覈上其要於部以聽會。令具下兩京各衛所，於是屯軍失額事故者，諸舍餘人等得撥給頂種。及新開墾田地，亦撥舍餘耕種。各辦納折色銀解部，每糧一石，折銀二錢五分，謂之新增糧銀。而續所清丈出失額事故者，亦輸折色如新增之例，謂之續增糧銀，而衛與所一例徵收矣。久之，屯軍復私相典代，或力不任耕而抛荒逃竄，民間冒名頂占；或有田無軍；或有軍無田；或一軍補三四屯，一屯而二三軍共者有之〔一三〕。萬曆初，知府羅青霄議以爲舊例屯軍一名，配正軍一名。邇來各衛所動稱軍士逃亡，然軍雖逃亡，而田不與之俱亡。若欲清查，不必以軍尋田，惟在以田尋軍。令每縣於民田之外，取具鄰里結狀，查係屯田界段，逐一丈量。每三十畝爲一分，屯軍一丁，配正軍一丁。如有田而無軍者，即係包占，嚴行追究，務足屯軍正軍之數。如此，則不惟田不隱匿，而軍亦不至缺伍，軍食足而弊可清矣。

先是衛所舍餘頂補故絶軍田者，量輸銀入官，稱稞佃。萬曆五年，行清丈法。十五年，以所丈量各屯田畝之數，具報於督屯道，給由帖。若某段落坐址某鄉，或本户軍，或頂故軍田若干畝，歲應納本折色若干石，備書於帖。諸屯軍及舍人餘丁受田者，各付一爲照，謂之屯田帖，而總其數於管屯官所，自是漳屯政稍有緒。然當履畝時，坵段廣狹，勢不能無弊隱。其侵占迷失，肥磽互换，民與軍相爲比，鮮舉首，即舉首，未必盡實。屯由雖具，終不能禁軍貧者之以由帖爲貨也。邇者，當事疏請欲大行清理，委官按坵段，尋索舊額，混占者奏請追奪。疏得旨，第部覆議有云：海内屯政之弊，至今而極。其始，軍有逃故，而田有頂代，既則典賣相仍，而田歸豪右之手又久，則坵段换移，而屯失本來之額。糧日以逋，軍日以耗，雖履丈量而不可清，懸厲禁而不可革也。時有清理屯田之議，則亡賴又得因以爲利，而豪巧猾者，又從而陰陽其間，公舉私首，肩摩踵接，斷墨未乾，侵冒如故。撫臣所謂有司不果於奉行，姦猾得肆其變亂者，亶其然乎！切惟欲行清屯之法而無撓法之害，莫若就額糧之完欠而分别之。有田無軍，田必勢占；有屯無糧，屯必迷失，就中而爲之清理，庶有當焉。果有清出屯地以養軍丁，以充貼駕，餉不增而兵足用，策無便於此者。獨刁軍暗受勢賄，告訐蝟興，得田入手，潛復典賣，則前弊未清，後害相踵。或有司不自躬親而委之佐領，其間弊端，尤難窮詰。要在設法之詳審，委任之得人何如耳。使法禁行而豪右屏息，公家利而閭閻不擾，則善矣。大都屯政廢弛，不獨漳一郡，所在皆然。今漳鎮二衛及四守禦所，催徵如異時，而泉州、永寧二衛軍，自正統間取回守城及逃亡事故尤多。奏撥金門、高浦二千户所軍人耕種，納糧本折色如例，然亡慮皆民户頂種者矣。

論曰：古者兵農合一之制，今屯田爲近，然其弊也，屯軍徒寄空名，而田非其有矣。異時以典賣軍田爲諱，今民間顯然相授受，按畝估值，其價幾與民田埒，雖屢下清覈之令，不能禁。嘉靖中，兵部尚書胡世寧有云：「各衛三分之田軍多抛荒，而民墾納糧。若一一清奪還軍，非惟失利，而且失民，不爲有益，蓋難之也。」舊例，軍民田存留本色，俱派倉上納，後民米盡改折而屯糧輸倉，猶仍其舊。屯以贍軍，若新增續增田之折銀解部，非制矣。近受田者，往往憚納本色而潛輸折價，倉庾之數，有名無實。歲稍荒歉，米值踴貴，而貧軍輒無以糊其口。猝有不虞，能堪守圉耶？竊謂欲清屯政，與其舉行丈量之法，徒滋紛囂，不如覈實本色，俾無虧額；而窮治其藉口拖欠者，則所懲有限；而要挾求索者，不至蔓延。若曰客兵餉不足，當盡籍諸屯田爲兵餉助，則今山海關津，括無餘利，猶未足供冗食，而欲取給於清丈屯畝顆粒之羸餘，其難矣哉！

兵防考

洪武三年，置漳州衛指揮使司，其屬爲經歷，爲鎮撫，爲千户所者五。五千户所，各統百户若鎮撫，後設鎮海衛，所統亦如之。又置陸鰲、銅山、玄鍾守禦千户者三，衛軍可五千餘人。所軍可千餘人，耕其屯田而食之。成、弘間，又調鎮海之後千户所戍龍巖，而以漳州衛之後千户所戍南詔。此衛所始末之大較也。銅山，漳濱海之重鎮也。國初，遣江夏侯周德興入閩，築城備倭，置五寨，銅山其一焉。寨在井尾澚，景泰間，移今西門澚。初以衛官有才望者統其事，而後更以欽依把總一人。玄鍾澚屬焉。籌海圖編曰：「漳州府所轄漳浦一縣最近海與，設水寨者二：銅山西門澚爲把總水寨，而玄鍾則受其節制者也。故今止以五寨爲名。歲撥鎮海、漳州、永寧衛及玄鍾、銅山所軍分番巡哨，而北自金石以接浯嶼，南自梅嶺以達廣東，險阨所係，匪淺淺也。」隆慶六年，知府羅青霄議置土兵五營，分鎮諸處，或廢或存。萬曆初年，又爲銅山置浙兵營。而郡西之浙兵營，則自萬曆十一年爲吴雙引唱亂而設，蓋主與客交駐云。彭湖在漳、泉海外，與倭僅隔一衣帶水。嘉靖以來，曾一本、林鳳輩往來嘯聚其間，數爲邊患。壬辰，朝鮮告變，時傳倭且南侵。當事謂不宜坐棄彭湖，爲設官兵據險戍之。又慮孤島遥懸，汛期分諸寨兵，遞爲聲援，以水犀杜其梟獟。此營寨始末之大較也。

漳入明故領縣五。成化間，以温文進之亂，割龍巖、居仁等五里置縣漳平，謂險遠難制也。正德間，象湖諸處亂起，虔撫都御史王守仁督兵討平之，復采鄉三老議：以爲蘆溪等處，地里遥遠，政教不及，釀成大禍；今動三軍之衆，合二省之威，雖曰殲厥渠魁，掃除黨類，特一時之計，未爲久遠之規；乞於河頭中營添設縣治，引帶汀潮，喉襟清寧，政教既敷，盜賊自息。上疏請於朝，置平和縣。嘉靖初，以南詔廣寇出没，置詔安縣。月港者，龍溪海上一大都會也。自内外賊盤據爲難，烽燧傳警，歲無虚日。都御史朱紈疏請建邑，不果。後郡守唐九德力持其議，都御史汪道昆爲更請置縣海澄。而是時又以初平蘇阿普等於殺狐嶺，割龍巖之集賢里，置縣寧洋。國家剖牧民之符，非惟臨長百姓。夫亦以父母孔邇，威信易敷，赤子潢池，弄兵自息，設險守固，勝於數十萬甲兵也。郡又有海防同知，春秋防汛。近又特設督捕通判駐雲霄，丞主海上事，而别駕職内賊。此郡邑始末之大較也。

漳初未有大帥建牙者。嘉靖二十八年，以軍興，設參將一人。三十五年，益以水陸參將二人。三十八年，請分福建爲三路，三將軍主之。其駐漳者爲南路，所轄自詔安、廣東界北達祥芝，蓋鎮漳而兼控泉矣。先是南澚尚未開府，每汛期專駐玄鍾，後南澚既設，移駐銅山。萬曆二十年，議者謂偏處一方，移駐鷺門，居中調度焉。而南澚者，在閩、廣交，夙爲逋藪。吴平、許朝光巢穴於山，曾一本、林道乾游魂於海，至合兩省會勦始平。迨議善後，題設副總兵官，協守漳、潮。拓地創鎮，無事則玉斧彈壓，有事則金鉦窮追，兼制兩省，秩亞驃姚。此將帥始末之大較也。

夫弘正以前，承平既久，人不知兵，故規制尚略。嘉、隆之間，所部雲擾，歲歲苦兵，故規制寖詳。然衛所，官大則金緋，小亦列校，歲糜月俸錢甚奢。其錚錚者多脱穎以出，樹勳他處。而卑者長傍棨戟，乘堅策肥，刻削自封，恣睢自豪，至不識韜鈐爲何物，戰場爲何事，告以鼓鼙聲，心悸欲絶，且憑空頓於户下，安望其緩急使乎？若正統鄧茂七之寇，指揮顧斌擁兵銅陵，募敢死士入衛，遂大破賊，二百年來，一人而已。彼鎮海爲饒賊所陷，諸將束手，坐觀板蕩，此曹之肉，豈足食哉！至於衛所軍，世守尺籍，執其鈍器，不能刑鷄鶩，無論即戎。脱有變，棄甲不暇耳。國家養兵世世，僅得其空名，宇内皆然，不獨漳也！正統、天順間，所在招募丁壯爲民兵，即快手幾兵之屬。而巡司故有弓兵，俱有司操練。然今民壯僅供公門役使，弓兵所緝，里閈嗚吠，及負擔興販而已。議者始復仰借於客兵，乃客兵之大利大害，亦略可言。方嘉靖鼎沸時，海内名將如戚繼光、俞大猷，俱統重兵入漳征勦。海上父老，猶能言繼光時事。賊圍孤城急，復四出摽掠。父老扶携登望女墻上，冀援兵旦晚且至。嗣見遠煙數點，影響似旌旐狀，忽炮響，官兵業抵近郊，與賊接戰，大破之。蓋繼光每出師，或急或緩，人莫能測。賊偵繼光方與所在當道歡飲，解甲犒師，似未即發，繼光已夜從間道急進〔一四〕。出没甚神，賊猝不意，輒狼戾死甚衆云。蔡陂之役，賊又預度繼光當至，設伏待之，卒然蠭起，兵爲少却。繼光斬前怯者數人，身自督戰，賊竟潰。四十四年，海寇吴平據梅嶺，繼光兵來，賊遁入南澳。繼光追擊之，俘斬萬五千人，賊潛遁赴海，而漳遂平。自漳中賊奴，而繼光之功，亦與之終始。漳人爲之語曰「俞龍戚虎，殺賊如土」，皆他路兵也。然事急則徵召，事平輒復遣去，徵召至而屠戮者已饒受其禍矣。故邇者爲客兵置營，居守如土著。顧在壬戌，參將楊縉以東莞兵來，顧爲漳備禦。賊實約東莞兵爲内應。

縉下令，漳民不得夜開門，開門輒兵之。漳大駭，諸生相率詣當道固争，富家夜自爲登埤固守，不呼而集。次日清明，東莞兵從南郊辱人婦女，睥睨殺人，郡守始下令鄉兵截殺之。須臾，東莞兵頭腦被地幾盡，所部始寧。萬曆癸未，吴雙引之事覺就誅也，有司者慮之，議駐客兵於西郊。其後長泰囚越獄刺殺縣令，因實與客兵約爲外應。先一日，客兵以庭毆羅中軍，有信改期不得達。囚出登城四顧，外無援者，始就擒。雖社稷有靈，未焰旋熄，不可不謂往事之明鑑也。

夫漳所最苦者，莫如倭。嘉靖時，閩浙初置巡撫，則以倭故。倭非能自來也，起於中國之民爲之鄉導。都御史朱紈練兵甲，嚴糾察，按諸通海者若干人，悉誅之。紈竟爲朝議所中，忿恚自殺。舶主土豪，益自喜爲姦，走波濤中，交相往來。後乃大舉入寇，而海寇應之，至陷城郭，禍墳墓，男女駢戮，遠近震駭，此亦神人之大痛矣！網以亂至而密，密則已晚；網又以亂解而疏，疏則安窮。比歲海濱人視越販爲常事，詭給沙埕引，無不詣山城君者。當事憂之，嚴爲令，與民更始，有更犯者，無赦。夫越販起於富人射利，其意元非勾賊，唯是輸其寶貨，露其情形，此其漸不可長者耳。禁越販自是防倭急務，未可謂越販之門一杜，而倭便不復來也。海上行劫，何處無倭奴？犯漁舟，居賈舶，旋復散去。不逞之徒，搏手無生活，日覬波心，與夷雜處。彼狡焉有窺中國之心，何日忘之。中山之藩破矣，長蛇封豕，薦食未央，故待敵宜預也。嚮者夷從西方來，賈胡别種也。髮盡赤，巨艦迎波，結中貴人以互市，請如東粤香山故事。當事持不可，參將施德政躬抵彭湖，宣威耀武，與夷相持者久之，夷乃去。其後數歲，更入海上，申前請益力，當事嚴緝居民不得與售一錢，乃更掉指東粤以往。若輩僅以聲勢恫喝，然舟大不便動轉，即有變，火攻可燼耳。防之無使登岸，彼將自消其食指；威之無使見瑕，彼將自戢其殺機。後此出没尚未有常也，故防敵宜周也。

國家皇靈旁暢，然二百年中，深山窮谷之區，小醜間發，始而鼠竊，繼而狼噬，驅之則終獸散，至二十四將而禍烈矣。丁巳間，洪廸珍等二十四人，共造二船接濟番舶，因以爲號。其後據巢殺掠，官兵不能制，詳見兵亂。鯨鯢之不浄，以煩縣官，安能便置反側於度外？萬曆以後，帶牛佩犢之萌，旋就誅滅，然餘黨尚未悉散。往者漳浦見告，人或訝其太張皇，然與其張皇也，猶勝坐視。必以踪跡之尚未露也，而概置之罔聞。人心愈怠，城守愈疏，脱有真變，烽火在庭而不悟矣，詎細故哉？語云：涓涓不止，流爲江河。今近郊之内，夜半殺人，劫掠財物，肆行無忌，比比有之。夫固揭竿之漸也，故緝敵宜嚴也。漳浦林太史偕春之論兵防曰：築土堡，練鄉兵，而又以外賊宜守，内賊宜攻，纚纚甚悉。此自倥偬時事，非所施於承平，且衛所營寨諸軍，是亦鄉人也，是在練之而已。客兵久於吾土，耳目肝腸，豈盡異類，是在制之而已。張萬紀爲銅山把總，每雨雲陰晦，意賊且出，輒駕小舟，身携一劍，以驍勇數輩自隨，裝束如漁人，因以誘賊。賊相遇，手自擊殺之，或死或縛。萬紀雖屢經險阻，神意逾王。海上數年間得安枕無恐者，則萬紀力爲多。是外賊未嘗不可攻也。頃歲，中丞臺巡歷海上，一切與將士綜覈名實，乃其選將僅騎射故事，所選兵令抱石以試勇怯，著令甚迂，而所用又非所擇，則何取焉？往事材官及兵目人缺應補者，將軍與郡國議上，主者裁決之。比歲多自旌門出，所不知何人，坐名送寨。彼其人與地既不相習，而部曲儕伍又不相能，安望得其熊羆之用哉？諺曰：文臣宜不愛錢，武臣宜不惜死。然吾謂武臣愛錢，正軍政所爲敗壞而難於收拾，第必自文吏大臣始。夫將將者之原既清，下方自肅。不然主者以縟節望之大帥，大帥以望偏裨，偏裨以望卒伍，轉相尅剥，尤而效之，而兵日貧，因以日怯，雖今日更張，明日整飭，徒侈麋文，何裨廓清之方略矣！鄭尚書曉曰：「福建海抱東南，汀、漳外寇内逋，與南贛聲勢聯絡，海物互市，時起兵端。此其治亂，非徒一方之機局者。」誠哉是言也！故爲差次梗概，以備稽閱如此。

監司

本朝所在郡縣，置監司彈壓之，曰分守，曰分巡，其在濱海，則又有巡海。漳在國初屬福寧道。成化六年，汀、漳、潮、贛諸處盗賊出没，始設分守漳南道，駐上杭，轄汀、漳二郡，遥制江西之贛州，而巡海道舊駐會城。嘉靖九年，都御史胡璉議以漳州海寇縱横，巡海使者遠在數百里外，緩急非宜，疏請開鎮於漳。是巡海雖全制閩中海上事，而漳若其專制者，蓋四十有餘年。萬曆間，承平既久，巡海道復歸會城，而漳州奏請特設分守漳南道，自是而率屬興治，蒞兵撫民，守巡並主其權。巡海道但司海禁，春秋防汛，耀其甲戈，或間歲一至，他郡邑事不復相關矣。近三十八年，撫臣陳子貞議重巡海之權，疏請一切軍政，俱巡海主之，守巡勿復與知。然營寨事無鉅細，欲盡赴會城，上下遼隔，不若守巡就近料理爲便。且巡道故嘗奉勅稱備兵使者，安得不問兵事哉？故疏雖下部，竟不果行焉。守道初設布政司參議，後間出以參政，近有自按察使或副使兼官至者。巡道初設按察司僉事，後間出以副使，近有自參政兼官至者。巡海道初設按察司副使，近有自布政司兼官至者。

南路參將按參將官級亞於漳、潮副將，而序次在前者，以漳爲所專轄也。

漳州南路參將，原未有專設，嘉靖二十八年，浙直軍門朱紈題請福建添設參將一員。至三十五年，巡撫王忬題改設水陸參將二員，然未有專管汛地。三十八年，巡撫劉燾題請福建分南、北、中三路，添設參將三員，以漳州爲南路，併水陸爲一參將奉勅分守。所轄銅山、浯嶼二寨，浯銅、彭湖二遊，漳州、銅山二浙營，陸鰲一土營，漳州、鎮海、泉州、永寧四衛，南詔、龍巖、陸鰲、銅山、玄鍾、崇武、福泉、金門、中左、高浦十所，自祥芝以至大城，皆爲汛地，蓋控漳而兼制泉也。先是南澳未設副總，遇汛則參將專駐玄鍾，調度水陸防禦，南澳設後移駐銅山。萬曆二十年，倭躪朝鮮，議者謂銅山偏處一方，始兼移駐中左所，居中調度焉。

銅山寨

洪武初年，皆以衛官考選備倭，帶領軍兵出守銅山。嘉靖四十二年，題準改設欽依把總一員，非汛時月，團泊寨灣，輪番出哨，小防緝盜；汛期，則分四哨，前哨鎮海，左哨陸鰲，右哨沙州，後哨礬殼澳。各防汛信地皆險要，而横嶼、菜嶼、井仔灣、大、小甘山，則外洋島嶼之最險者。

漳州浙兵營

府城外浙兵營始於萬曆十一年，因叛民吴雙引等謀爲變，當事集議，特設浙兵一營，駐劄團練。營設於西教場。邇以浦頭至鎮門一帶，河道萑苻竊發，肆掠商舶，議設哨船二隻，輪營兵坐駕，隨潮往來巡緝。平時則府城内外以至鎮海、井尾等沿海萬松嶺、巖亭孔道，皆更番哨守，有事則專聽徵調，隨賊所向，相機征勦。

銅山浙兵營

銅山浙營，始於萬曆九年，爲沿邊海警而設，駐劄銅山所城外。平時則團練彈壓，自銅山以至玄鍾、詔安等沿海油柑嶺、鳳山等孔道，皆其哨守，有事則專聽調度征勦。

陸鰲土兵營

陸鰲土兵，始於隆慶六年，因詔安縣五都土瘠民貧，寇盗蜂起，當事者議設土兵一營，抽選貧民充之，爲弭盗安民計。初守銅山，續與浙營對調，劄守陸鰲城外。平時則操練彈壓。自該營北抵莆頭，南至古雷等沿海，與内地雲霄堡，皆其哨守。有警則隨賊向往剿擊，用爲哨探嚮導耳目。

彭湖遊兵

彭湖一島，在漳、泉遠洋之外，鄰界東番，順風乘潮，自料羅開船，一晝夜始至。山形平衍，東南約十五里，南北約二十里，周圍小嶼頗多。先年原有民居，隸以六巡司。國初徙其民而虚其地，自是長爲盗賊假息淵藪，倭奴往來，停泊取水，必經之要害。嘉、隆之季，萬曆初年，海寇曾一本、林鳳輩，嘗嘯聚往來，分䑸入寇，至煩大舉搗之始平。蓋閩海極遠險島也。壬辰歲，倭犯朝鮮，時有侵鷄籠、淡水之耗。鷄籠密邇彭湖，當事者集議不宜棄，乃設官兵先據險戍之。二十五年冬，初創一遊一總四哨，冬鳥船二十艘，目兵八百有奇。二十六年春，又慮孤島寡援，增設一遊總哨，舟師稱是。又於海壇、南日、浯嶼、浯銅、銅山、南澳六寨遊，各抽哨官一人，領堅船三隻，汛時遠哨該島以聯聲勢。後慮兵餉難繼，裁去一遊，而海壇、南日、南澳三處遠哨船，漸各停發，今僅有一總二哨，冬鳥船二十艘，官兵八百五十有奇。月糈則漳、泉共餉之。

南澳副總兵

南澳在閩、廣之交，夙爲盗賊逋藪。先年山寇吴平、許朝光、海寇曾一本、林道乾等，聚衆爲亂，荼毒生靈，至合兩省會勦始平。萬曆四年，建議善後，題請設協守漳、潮副總兵官，專駐南澳，始創鎮城。無事坐鎮彈壓，有警督兵窮追，兼制兩省。事權歸一，居然海上一重鎮也。所轄南澳遊兵、柘林守備二寨，防倭中哨二遊，福、廣二營陸兵。按癸酉志，南澳去玄鍾澳口約三十餘里，屬廣東饒平。洪武間，居民負險作亂，遂墟其地。其澳周圍六七百里，有青澳、後澤澳，夷船多湊泊於此。而深澳尤爲形險，小舟須魚貫而入，官兵攻勦，勢甚掣肘。嘉靖間，潮州府用木石填塞澳口，未幾，倭人用善水者撈起木石，澳口復通。嘉靖四十四年，劇賊吴平鳩集結巢，大兵征勦，賊黨雖散，其地尚爲賊窩。萬曆初，同知羅拱辰相視其地，議設參將一員，統兵屯劄，築城三座：一在深水澳，一在雲蓋寺，一在龍眼沙，互相聯絡。立墩臺瞭望，調兵哨守。計三處田約四五萬畝，可召軍民給牛耕種。羅公當時計畫，可謂周悉，自後題設協守副總兵駐劄，遂巋然重鎮矣。

南澚遊兵

南澚遊兵，設於萬曆四年，見額福哨冬鳥船三十四隻，官兵八百七十四員名遇汛貼駕征操軍四百二十名，非汛時月，團泊遊澚，輪番出哨；汛期，則分布宫仔、前勝澳、清澳、雲蓋寺等信洋防守，並專屬副總兵統轄調度。

城堡

漳州土堡，舊時尚少，惟巡檢司及人煙凑集去處，設有土城。嘉靖辛酉年以來，寇賊生發，民間團築土圍、土樓日衆，沿海地方尤多。

龍溪縣石美土城，在二十九都，距郡城東七十里。嘉靖三十六年，里人請建城，廣一千四百五十丈有奇。福河土堡，在十一都注九十七，傍河之涯，里民築土成之。天寶土樓、塔尾土樓、墨塲土樓、山尾土寨，俱二十一都注九十八。埔尾土樓、豐山土樓、汰内西坑土樓、上坪土樓、歸德上村土樓、華封土樓、獅陂土樓、宜招土樓，俱二十五都注九十九。坂上土樓、埔尾土樓、馬岐土圍，俱二十六都注一百。官埭土樓、東洲土樓、玉洲土城、流傳土圍，俱二十八都注百一。白石土樓、新埭土圍、梁齊土樓，俱二十九、三十都注百二。長橋土城。在郡城北十里長橋地方，尚書林士章砌石私築家焉。

漳浦縣雲霄土城[注百三]。在六都南境，唐爲故州治地。正德元年，寇起，鄉民所築。嘉靖三十九年，爲饒賊所陷。隆慶六年，知府羅青霄重修設海防館其内，以督捕通判居守之。西林土城、在六都。赤湖土城、在十七都[注百四]。前塗土堡、在六都，始累土爲之。嘉靖三十七年倭亂，更砌以石。埔尾土堡、在六都，去雲霄九里。始累土，後稍緣以山石。正德二年，山寇環攻七晝夜不能下。嘉靖三十六年，倭寇突至，所在殘毀，獨是堡堅守。旬餘，倭不能克，竟爲所摧。自是寇不敢犯境，寇退乃更拓基砌以磚石。洋下土堡、峛嶼土堡、梅安土堡、俱六都。下嶼土堡、東窑土堡、俱七都[注百五]。娘仔寨土堡、八都[注百六]。橋頭土堡、埭頭土堡、俱九都[注百七]。杜嶼土堡、官倉前土堡、下尾土堡、西山土堡、負山帶海，殊爲險固。今爲勢豪强拆，漸圮。嶼頭土堡、高山土堡、香爐埭土堡、俱十都[注百八]。梅月土堡、佛潭橋土堡、砌石爲之，雉堞雄壯，在十七都。東坂土堡、在二十三都[注百九]。磁竈土堡、趙厝城土堡、檬潯土堡、白埕土堡、横口土堡。俱二十八都[注百十]。長泰縣石高寨[注百十一]、在方成里，宋蔡君澤嘗保此避賊。天成寨[注百十二]、在欽化里朝天嶺之南。泰安寨。宋時設有寨官，今廢。平和縣龍峯頭土堡[注百十三]、在清寧里大峯山之南。溪口土堡、在清寧里，路當平和、南靖、漳浦之交，居民輻輳。嘉靖間，寇亂，居民累土爲城，因溪爲池，饒寇過不敢犯。西山土堡。在清寧里，與溪口堡相望二里許。嘉靖間鄉官李文察率族築之。詔安縣岑頭土城、在三都[注百十四]，圍八百四十丈。梅州土城、砌石雄壯，在四都[注百十五]。土橋土城〔一五〕、今圮。上湖土城、嘉靖二十四年築。甲洲土城、嘉靖二十五年築。白葉堡[注百十六]。在二都白葉洞，故賊巢也。賊首陳榮玉、劉文養等出没潮、廣之間。嘉靖二十七年，南贛軍門行府檄平和知縣謝明德、典史黄瑜、詔安典史陸鈇統兵深入其阻，蕩而平之。因奏請置堡及建營房，撥官軍戍守，歲收賊田之租，以給糗糒。海澄縣九都土堡、在縣西，自東至西不滿百丈，而文廟學宮及餉館在焉。前分守道費公議拓石城未就。鼃嶼城、萬曆初，同知羅拱辰築城嶼上，名八卦城，功甫半就，後爲勢家撤去。其地砥柱海口，實爲郡城門户，又爲澄之險要。先是，知府羅公議移海門、濠門二巡司屯城其上，未果。港口堡、在縣北。草坂堡、在縣南，已撤。下塔顔厝城土堡、在六七都。珠浦堡、廣林堡、虎渡堡、俱八都。嶼上堡、田尾堡、俱九都。長嶼堡、何山堡、石囷堡、鍾林尾土樓、登瀛土樓、青礁土樓、俱一二三都。田尾土樓。九都。

關隘

關隘之設，所以防姦細，備寇盜也。漳所屬地方，凡扼要之處，俱設有關隘，亦名把截所。舊時嘗於就近各衛所撥旗軍，無衛所處撥義民鄉夫守把，今久廢矣。龍溪縣福河把截所、在縣東十一都。新嶺把截所、縣北二十五都，離城百餘里。柳營江把截所。縣東二十八都，接泉州界。漳浦縣吴田把截所、北岐把截所、俱六都。港口把截所、九都。埠頭把截所、十五都。井尾把截所、大徑把截所、俱二十三都。龍巖縣鴈石關、縣東北三十里。黄坑隘、水槽隘、東坑隘、蕭坑隘、俱表政里。九曲嶺隘、倒嶺隘、俱龍門下里。三峯嶺隘、廖天山隘。俱萬安里。長泰縣林口隘、旌孝里。鸕鷀隘、下翁隘、俱石銘里。上寧隘、磨鎗隘、白桐隘、俱善化里。朝天嶺隘。即巡檢司。南靖縣韓婆徑隘、在縣北永豐里。弘治間漳南道僉事杜啓創建，甃石爲門，門上置更樓〔一六〕。水尾寨隘。縣西清寧里。漳平縣三峯隘、葉口隘、安井隘、赤坑口隘、俱居仁里。禾頭隘、白泉隘、俱和睦里。長塔隘、卓安隘、石門隔隘、南坑村隘、石錐嶺隘、俱感化里。朝天嶺隘、下馬坑隘、香樹嶺隘。俱永福里。平和縣高磜隘、朱公畬隘、曹充隘、赤珠隘、三萊洲隘、茶寮隘、俱清寧里。半地隘、三角隘。俱新安里。詔安縣南詔把截所、三都。陳平渡把截所、五都。老虎關、關砂嶺隘、牛掌隘、俱饒平界。龍過關隘、平和界。十八間洞、雲霄鎮界。梅嶺安邊館、在海濱，嘉靖甲子劇寇吴平巢於此。都督戚繼光追逐遁去，收其餘黨盡殲之，築京觀於此。走馬溪。内有東澚，爲海口藏風之處，寇船往來俱泊焉，呼爲「賊澚」。上二處非關隘，以險要附見焉。

墩臺

墩臺即古之斥堠也。漳自國初沿海地方，相度地里遠近，各置墩臺。賊至，舉烽火爲號，以便防禦。漳浦縣墩臺十座。白塘、大逕、流會、阜岐、江口、小澚、燈火山、灣角、埠頭、高山塔。詔安縣墩臺三座。梅嶺、洪淡、古樓山。海澄縣墩臺三座。海滄、青浦、月港。陸鰲所墩臺三座。陸鰲、洪坵、峯山。銅山所墩臺三座。泊浦、陳平渡、瞭望。玄鍾所墩臺八座。南山、東山、鹽倉、東灣、黄崎、漸山、洋林、瞭望。

海澄縣築塞港口議

癸酉志云：縣治之設，業有成績，且城垣壯固，亦似可守。但凡設城邑，必以水泉爲先。今城中鹵地，不可爲井，惟汲淡潮城外。萬一寇至，水門關閉，安所得水？又縣治去海咫尺，賊舟無所防限，乘風頃刻直至月港。潮漲之時，舟高於城，深可危懼，所以議者輒有築塞港口之說。但其間利害相半，衆論不一，具載如左。

一議云，今縣治濱海，潮水由海門入，中流有泥仔、烏礁、許茂三洲，分爲二派，一派迤東，從海滄而上，一派迤南而西約十里許，至月港。鹹水夕漲，沿邊土田失收。且奸徒駕艇爲非，往來不測，賊艦乘潮，瞬息可至。若從下流於泥仔、尾隘處設法填塞，海鹹不通，淤泥數年，可以成田。西溪并南溪淡水，滙於八九都，灌溉永賴。且海船必由東北沿海滄、石美而上，横過福河，下至港口，水道迂曲，信宿方達月港。奸賊出入，勢甚掣肘。況堪輿家謂此方閉塞，可固内氣。若此舉可成，亦興利扼險，爲新縣奠安之良策也。查得嘉靖十六年，鄉民曾請鄉官御史陳還鳩工壘石興築，未及成工。今一帶基址，俱生泥泊，因而爲之，其力爲易。

一議云，縣治所以設於月港者，正以其地近海，潮汐吞吐，氣象豪雄，舟楫流通，商賈輻輳。今若填塞，則商賈舟楫無所停住，或泊於壩外，則有風波衝擊之虞。若由福河入月港，水道迂遠，其勢非在福河，必在石馬，而近縣之處，泉貨不通，生意蕭條，深爲未便。且江流泛漲，功恐難成，即幸而成，勢必潰決。三洲地方，先受其害。就使不決，北邊石美一帶，不能免於崩頹。且舊有二港洩水，江東南門二橋以裏，尚有洪水之災，若止留一港，則下流壅塞，水災愈甚。今若欲興水利，須另設法疏通；若欲爲縣防患，莫若查照當日原議，於港口再立一橋，築垣其上，接連港口九都二堡，下設水閘，以通小船，其大船止泊於閘外，仍於閘外多布石釘，不許大船近閘。如此，則不惟城中居民無乏水之憂，賊船不得突至城下，而港口九都二堡亦可恃以無虞矣。查得近日脩造浮橋，勢難禦賊，且滯商船，又有修補之費，恐非長策。按，二說俱存之，以俟採擇。

布政莆人翠渠周瑛漳州府志序

我國家疆理天下，以司統府，以府統縣，此其大綱也。以吏、户、禮、兵、刑、工分管庶務，此其節目也。大綱者，古今通制，而節目乃倣周官而推行之也。欲論治體，宜有考於是。自祝穆氏著方輿勝覽，而脩郡縣者多祖之，往往標題山川，點抹風月，寄興聲趣之表而治體微矣。

漳浦志

邑之田名「白沙地」，此它邑獨磽瘠，故科糧稍減。而田之等有五：一曰洋田，平曠沃衍，水泉常滿，先得水者爲上，用人力轉致者次之。一曰山田，依山靠崖，地多瘠薄。有水泉者其田亦中，無水泉者爲下。又有坑壠之田，不憂旱而憂水，其田下上。一曰洲田，填築而成，地多肥美，然時有崩决之患。得淡水者，其田上中，近海潮者中中。

一曰埭田，築堤障湖，内引淡水以資灌溉，然時有脩築之費，且天時久旱，水亦鹹鹵，其田中中。一曰海田。其地濱海鹹鹵，内無泉水，外無淡潮。雨暘時，若則所收亦多；旬月不雨，則彌望皆赤地。其田爲下。受田之家，其名有三，曰「大租主」，共此一田，出少銀買租，辦納糧差。一曰「小税主」，出多銀買税，免納糧差，俗稱「糞土」。一曰「佃户」。出力代耕，租税皆其辦納。名則不同，價直亦因之。今深山中，巔崖皆開墾種蓺，地無曠土，人無遺力，然土田日增而頃畝糧税日減，即國家不盡民之財力，而弊端所在，有司者寧可不察其故乎？蓋豪户猾書交互爲弊，有私自墾田而全不報官者，有辟地數頃而止報升合者，又有隱匿腴田而捏作陷江者，有飛詭税糧而幻去畝籍者。夫是以新額無增於前，而原額日減於舊，職此之故也。今欲稽之，其必行丈量之法乎？

海跨邑之東南，彌望無際，潮至而網取鮮物者謂之網門，有深水網，有淺水網；潮涸而手取鮮物者，謂之泊網。門之下即泊也，有泥泊，有沙泊。泥泊産鮮盛，沙泊次之。網泊以水漲涸爲限，各有主者。往百年，濱海民以力自疆界爲已業有之，於今必以資直轉相鬻質，非可徒手搏之矣。顧其爲直一而利十之，明年利輒盈其直。環海之利，歲收不啻四五千金，其所輸官課未及五十分之一也。利廣，故争輒起，往往鬭奪，以必得爲快，其勢必歸於巨室。彼附海之奸民窺其利也，亦時乘間群而駕舟，逞干戈以强捕其所有之物。詰於官，非縮首而竄，則聚黨而噪，官亦莫誰何也，其故皆起於利耳。我朝錢法，遇改元，即隨年號各鑄造通用，但民間使用，則隨其俗。如閩中福、興、汀、邵、福、寧，皆不用錢，漳、泉、延、建間用之。泉漳所用之錢，與延建異，泉又與漳異，或以七八文或以五六文而各准銀一分。漳郡如龍巖、漳平亦不用錢，其同俗者，龍溪諸縣。而諸縣所用，又有美惡不齊。詔安極精，漳浦次之，龍溪則極惡，亦用之，又非時制錢，乃宋諸年號，民間盜鑄傳用者，而又數年一變。以吾一邑言之，嘉靖三年、四年用元豐錢；七年、八年廢元豐錢而用元祐錢；九年、十年廢元祐錢而用聖元錢；十三、十四年廢聖元錢而用崇寧之當三、熙寧之折二錢；萬曆三年，廢崇寧錢專用熙寧錢；五年廢熙寧錢而用萬曆制錢；方一年爾，萬曆錢又置不用，用者，以抵銅而已。萬曆錢原估一文值銀一釐，今三文準銀一釐。方其用之也，民間惟藏錢，凡田宅蔬菜之屬皆用錢，交易契券亦以錢書。鄉村自少至老有不識銀，一村之中，求一銀秤無有也。及其廢而之他也，即官府厲禁不能挽之回。每一更變，則藏錢者輒廢棄爲銅云。今民間皆用銀，雖窮鄉亦有銀秤。

南靖志

按南靖王田不經清丈，區畝税糧，原無定則，奸民乘之，欺隱日滋。間嘗覈通縣田畝不下三十萬，其登賦税者十五萬九千有奇耳，此外皆他邑豪所踞者也。且所謂一田三主之弊，尤海内所罕者：曰「大租主」，一曰「業主」，一曰「佃户」。同此田也，買主只收税穀不供糧差，其名曰

「業主」。糧差割寄他户，抽田中租配之受業而得租者名曰「大租主」。「佃户」則出資，佃田，大租業税皆其供納，一名一主。此三主之説也。又有一田而載官米若干在「趙甲户」，又載民米若干在「錢乙户」，不成四主乎？且貿易相承之時，更有以租田詭爲税田而減米求售者，初不過利買者之重價，久之糧無從辨，則投告買主收米矣。買者既費高值，收額米兑租。無賴之輩往往持此以騙富室。或租入仕宦，則不敢投告，而歲久遂爲懸糧。故有田連阡陌而户米不滿斗石者，有貧無立錐而户米至數十石者。版籍既不足據，流弊因而愈甚，即賢有司苦心調停，亦治其標而已。蓋經界不正自紫陽治漳，日恨之矣。

南靖土壤東連龍泰，西接平和，南界浦澄，北抵龍巖、漳平之間，畝多而壤沃，視他邑頗勝。第兵燹之後，民多流離，境内田畝歸他邑豪右者，十之七八。土著之民，大都佃耕自活，其他豪得田者，憚於立户當差，則又飛詭其田米。每米一斗，割租穀或數斗、或一石以與詭寄之家，使之代納糧差，名爲配米大租，遂有「一田三主」之説。得租者不能常守，又或減米而賣其租，遂有「虚懸」之號。訟端紛紛，多從此起。又賣田者見昔賤而今貴，則索買者之增價，或一索，或再索，或屢索，其名曰「洗業」。索而不遂，則告與借，告車估，纏訟不已。又勢族豪門或欲奪人之産，則使賣者告贖，而彼從中主之，不論年月久近，不顧事理可否。蓋漳俗縉紳日盛，則田價日高。田價日高，則趨利者日衆，而官民日益多事矣。又南靖欺隱之弊視他邑尤不可言，蓋靖地廣饒，豪右視爲利藪。其風俗喬樸，而氣勢又復瑣尾，豪右殊無顧忌之心，故報賦不報賦，祇聽其方便何如耳。未暇遠引旁證，且如乙未築城，計畝出費。本縣但令約保各自報其約内田畝，旬月之間，報畝二十四萬三千七百有奇，查其登版徵賦者，不過一十五萬九千一百有奇耳。況訪得勢豪之田，約保所不敢報者，尚十之三四也，猶爲有法乎？嘗竊計之曰，鄉使南靖之田地，得如他處之清丈，不致乾没於權豪，則不必如今之七科八科。即上者，五升科之，次者三升科之，下者二升科之，可以歲足一萬七千之額，官課裕而民困亦蘇。惜租米爲梗，影罩百端，勢日轇轕而不可返，此紫陽所以有遺恨也。

平和縣志

近來大歇嶺一路，萑蒲剽掠，商旅路梗。害因高山障翳，内爲官寮，林木菁黯，蔽虧天日，人跡往來絶少，故强寇潛聚巢穴，出没行劫。前路東塲鄉兵懸遠，應援不及，後路自桑坑、葛竹通蘆溪、大埔，逃竄甚便。蘆溪置漳、汀巡檢司，所以衛縣，但弓兵設少，鄉兵統練無人，以故剿除甚難，防守不易。崇禎六年，知縣王立準計擒賊魁李芒、白虎、湯秀豺，劫掠遂息。崇禎十年，流賊劫小蘆溪，磔殺官兵李虬，署縣通判朱統鈗率兵親擣巢穴，擒斬賊夥湯耀廷等，餘黨遂平。

縣蘆溪等處，王文成公設縣時，原有三團六隘，各置隘夫防守，塞大埔、上樟溪、可塘、永定、大溪及南靖舡塲各處地方往來路口，以截盜賊出入，久皆廢弛。崇禎六年，知縣王立準修復三團，各練鄉兵八十名，又議添五隘，申詳院道。批允十隘各建棚設寮，督夫防守：赤珠山隘、曹充隘、朱公畬隘、根竹隘、三萊洲隘、王文成舊設，朱統鈗新脩。龍過岡隘、僊人洞隘、朱家山隘、栢崧嶺隘、白土嶺隘。以上五隘，知縣王立準增設，署縣事通判朱統鈗重修。各隘捐俸，置有軍器。寶珠徑隘口、雙坑仔隘口、赤珠山隘口、馬溪隘口、高磜隘口、冷水坑隘口、赤石巖隘口、矮子坑隘口、大窠頭隘口、深渡徑隘口、龍過岡隘口、南嶺門隘口、半地隘口、三角徑隘口、大伯徑隘口。

平和一田有三主，其弊肇於南靖糞土大租之説〔一七〕。買田者爲田主，買租者爲租主。其田原載糧米，租主全不收入户，只將田租之内抽出三分，付與兑米人户，代辦條差。而兑米之人，名曰「白兑」，遞年取租納官，謂之米主，乃佃耕人户，年供三主之租，得不困苦乎哉！

按平和田有三主，大租糞土之弊，總之糧不隨田故也。前經知縣謝明德議將逐畝丈量，底慎平則，論田幾畝，納租幾石，田與賦隨。凡買糞土者必買大租，大租糧米即割入户，使富室無蟠據之利，勢豪無攘取之横，貧佃無蠶食之憂。享租者有定賦，應役者有實業，而官府亦無白兑飛射減米加租之患。其法良善，卒格不行，以山田崎嶇故耳。然買田必買大租，糧米即割入户，此法終不可易也。

正德癸酉間，蘆溪蔫管賊反，南贛、汀、漳軍門王守仁以提督至，合二省進兵討平之。嘉靖丙午間，詔安縣白葉洞賊陳榮玉、劉文養寇二省，南贛軍門檄平和知縣謝明德率典史黄瑜，越戊申春正月，以象湖小篆鄉兵討平之。己未二月，有倭寇數千，自潮州來詔安、雲霄、南靖，殺掠無數。至平和之清寧里，知縣王之澤率兵禦之。辛酉饒賊張璉攻城，知縣姜遂初協同官兵堅守。—兵巡漳南道，金□坐鎮此地，提兵進勦。俞都督大猷統兵屯劄栢嵩嶺，討平之。崇禎庚午，廣賊葉老婆攻城，知縣袁國衡等拒却之。辛未，賊首陳剪二聚夥數百，據老虎耳山，僭稱陳元帥，假至正元年號，連攻破土城，殺羅登九等。約正監生葉元省舉義旗，集家兵，購雷首等爲鄉導，徑擣老虎耳賊巢，斬剪二於沙坪，餘黨奔散。丁丑，蘆溪山寇湯耀廷等敵殺官兵李虬，署縣通判朱統鈗平之。

詔安縣志

兵防

蒲葵關百里而遥，控漳引潮，則浦治之南詔場也。周、漢之職方無考，唐嗣聖即垂拱。三年，左郎將陳元光肇輅籃縷，以建州治，立行臺於四境，命將分戍，四時躬巡，南詔保其一也。自下游抵潮之揭陽，宋置有沿海寨，元爲萬户府，俱調官兵屯守。時代堙沕，故壘無傳，國初仍謂南詔場。弘治甲子十七年。冬，寇盗充斥，地方駭鹿，始調漳州後衛所官軍，置守禦南詔千户所。嘉靖十年，設詔安縣治，從縣治而東三十里至玄鍾千户所，洪武二十年，江夏侯周德興爲備倭而建也。所之城外，又有南澳遊營，專治水兵，距南澳總戎鎮，一葦航之，與柘林、銅山諸營所鼎峙相望。百里之内，劄以二所，兼連營鎮，不可謂無兵。而統兵諸將，大則開府建節，小亦分符列較，不可謂無將。此何論彈丸之安堵，以之保障遐荒，折衝瀚海而有餘矣。而頻年以來，鯨氛屢煽，獸莽時伏。吴平、曾一本諸賊，搆亂東南二十餘年，軍兵莫敢誰何。俞諱大猷。戚繼光。兩將軍以客兵入援，而後海静山寧。崇禎初年，海寇周三老、劉香復發沿海等處地方，竄逃則山谷皆滿，各處皆然。屠僇則城堡俱空。岐頭堡。十里内外營，所謂諸軍兵環列也，立視其毒而莫之救；毋論民不得而請之，官亦不得而責之。蓋所則藉口於鑰城，而不肯援乎野；營亦駕言於汛海，而不肯援乎陸。迨各逼其圉，司鑰者或逃城而之野，守汛者多棄舟而奔陸。徵撥則交有所委，戰守又兩無所效。其勢且至於募士兵，藉鄉兵。鄉兵之藉，官無養兵之費，民有備兵之用，豈不甚善？但須聽民間之自衛，不宜屬官府之調撥。自衛之，則民也，而調撥之，即兵也。既出賦以養兵，復出身以當兵，棄本業而問戎行。兵民交戾，其制決無以善後。而多行召募，亦未爲計之得也。使軍盡有用，亡待於兵；使軍盡無用，亦亡庸於軍。今衛所之尺藉，繼世縻糈，曠而不馭，更覓亡命之惡少以爲兵。抱石以試之，紛呼以閲之，其揭旗而奔馳者，僅同兒戲，不知養之者何需，而練之者何爲也。近日當事者蒿目時艱，廑沿海之隱慮，於是有聽縣節制，撥守要害之議。此其制甚善，要須度營所地方之遠近，酌軍兵勞逸之機宜。不疲其力，而有以耀其武，如萬曆甲寅、天啓乙丑已行之實效。每險置鋪，更番輪守。遠不過數十里，多不過數十人，合營與所而均調之，一歲一人，不過十餘日，計程責守，賞罰隨之。軍兵習險要之防，而寇盜潛嘯聚之踪，其振武脩備，不猶愈於揭旗而馳、抱石而試乎？況乎文武合籌，則兵民安；利害相關，則同仇切。措置得其宜，緑林之豺，玄海之鯢，將縮爪解鬐而不敢逞矣。故嘗論之，山海之寇，縱之則滋蔓，撲之則立燼，何者？寇能荷戈而逞，不能負耒而耕。伏山之寇，由於近村之窩囮；帆海之寇，由於奸商之接濟。及蠢兹之方萌，制附近之奸，嚴出海之禁，彼亦焉能枵腹而求逞也哉？毋論内寇，即如嘉靖之季，倭夷内訌，能有片帆還者乎？向令當事者蚤從巡撫朱紈之議，盡法通倭之豪右，嚴行保甲之規條，閩、浙之高枕豈待俞、戚而收功？頃者，紅夷間至，朝泊夕殲，不移旬日，彼利水而不利陸，扼之無使登舟，將自銷其食指，何況師武臣力之用命乎？大約天下之事，豫而圖者易爲力，潰而維者難爲功。東南無大盜而有小奸。小奸者，大盜之漸也。惟其小而不足畏，故其發也恒足以亂天下。涓涓不息，遂爲江河，理勢固然，無足怪者。今日沿海之民，以保甲爲故事，以小逞爲習慣，嘯而往，挈而還，設財自衛，官不能問。坊里之間，祀神結會者，動數十人，計數十方。一人忿恚，一會閧起，禮讓不能化，法令不能戢，緩急有變，化爲異類也不難。是不可爲寒心乎？故今日之民，有亂之萌，無亂之形，則飭法宜肅也。今日之軍，有軍之費，無軍之用，則徵調宜參也。今日之兵，不必廣餉以募兵，但須選兵而覈餉，則冒濫宜清也。而後桑土綢繆，封豕不突，潢池無弄。制治保邦之猷，其在斯乎！其在斯乎！

要害守兵

縣治叢山阻海，寇盜出没，設險守要，置爲關隘墩堡。或調官兵協守，或召民兵共守關隘，以防姦細，備寇盜。近衛所處，則撥旗軍輪守；無衛所處，則撥鄉夫把守。城堡舊惟巡檢司及人烟湊集之處，設有土城。自嘉靖辛酉以來，盜賊生發，民自爲築，在在有之。凡諸關堡俱緣昇平日久，今昔異宜，廢圮者多。惟要害地方，不當廢圮。自鳳山嶺一路至磨西橋等處，地險民囂，伏苻竊發。萬曆甲寅年間，漳之防海盧申請，每五里置一警舖，召銅山浙營分汛迭守。天啓二年六月，汛兵撤回，派附近居民把守。而責守不嚴，去住不以其時，其黠者往往藉兵爲寇。至天啓六年，而寇盜之猖獗極矣。知縣朱始建議詳行，撥南詔所軍五十名，汛守半沙、古林，相見嶺深、田舖等處。崇禎八年，所軍停止，知縣王又就近村撥鄉兵輪守，日差快手二名，執循環二面，巡視督守。今復自大興至雲霄，仍調銅山浙營兵一百名汛守，道路漸清。鄉兵、營兵之防守，其得失利害，蓋可睹矣。

關隘

南詔把截所、在三都。陳平渡把截所、二所，國初建置，撥漳州衛銅山所軍守把，今俱廢。分水關、即漳、潮巡檢司。古關、半沙關、俱在四都，原有兵十名把守。老虎關、窟龍關；關砂嶺隘、牛掌隘、以上俱在二都，與饒平界。三饒反時輪兵把守。龍過岡隘；亦在二都，與平和界。瑠嶺、竹西嶺。俱在三都，潮寇流劫，海寇登陸，俱撥附近鄉民及營所軍兵於此防守。

城堡

金石巡檢司城、在五都，城圍一百一十五丈，廣九尺，高一丈五尺，東西南三門。洪淡巡檢司城、在五都，城圍一百一十丈，廣八尺，高一丈五尺，東西二門。二司俱洪武二十年周德興創築。城係土圍，歲久漸圮。漳潮巡檢司城；在三都，元設於南靖埔平定南寨後，改設五都，是爲東沈赤山巡檢司。洪武二十年，改設於此，建置石城。天啓間，知縣周立改築新城於其南，未成而輟。城無居民，亦無廨署，本司僑居，縣治覓察，最爲不便。此司實漳、潮接壤要區，盗賊荆棘，不可不經理。南陂土堡、在二都。岑頭土堡、寶橋土堡、正德三年築。甲洲土堡、嘉靖二十五年築。溪南土堡、僊塘土堡、咸英土堡、仕渡土堡、俱在二都。象鼻土堡、距縣治五里，乃水口咽喉之處。嘉靖間，海寇吴平犯詔，堡長阮仕篤等率其族拒守，與賊持三日夜，賊不能取勝，乃解去，詔賴以安。天啓、崇禎之間，海寇復至本縣，柵木於堡下之江以禦賊舟，徵軍兵守禦於此。上湖土堡、嘉靖二十四年築。梅州土堡、正德三年築。後溝土堡、馬厝城堡、俱在四都。張塘土堡、在五都。川陵土堡。同知羅青霄建，俱五都。

險扼

葵岡山。在縣東四十五里，跨於深田舖，上下兩山相峙，號相見嶺，有古關隘，疊石爲之。宋爲沿海道巡海所，近以上湖、海州、後溝諸村，豪黠劫掠，撥浙兵守之。距五里餘而至大輿公館，乃詔安、雲霄孔道之中。天啓丁卯年間，郡守餘姚施公準六都保約呈請，設鄉兵六十名，把總一員領之。孔道防守駐大輿公舘。烏山。在縣北三十里，一路通平和，由籠盛石而進；一路通雲霄，繇水晶坪而進；一路通本縣四都，繇馬洋、長田徑而進；一路通本縣三都，繇溪東、龍衝而進，皆叢山幽谷。天啓癸亥間，沈金目等聚巢爲寇，旬日之間騷動縣治，然多是近村奸民影附出劫。官軍灼知其情，密拘附近居民以爲鄉導，偵其糧盡復出，伏其歸路而扼之。百户易彌光，冒險深入，盪其巢穴。北薊、馬頭諸鄉民翼以長戟勁弩，遂盡殲之。此山乃諸方奸民嘯伏之處，不可不料理也。

十八洞。即檬仔林山，在縣北五十里。從烏山入，山勢巃嵸，崖石森列，有石屋數十處，可容百餘人。嘉靖間，山寇出没，進士蔡一楠被擄在此，官兵莫何，旋乃散去。天啓二三年間，烏山賊起，營此以爲别窟，官兵剿之底定。今寇盜雖息，而奸慝尚藪。一旦竊發，往事可爲明鑒，識者且有隱憂矣。六洞。在縣西北六十里，聯接金溪諸山，舊有銀礦。奸民藉官射利，往往生事呈採。正德初，浦令胥文相奏罷之，堙塞已久。萬曆年間，奉勘合開採，陵谷爲墟，商賈雜遝，豪民假虎，鴟張更甚，二都之民，岌岌驚變。幸内旨停革，民乃安堵。今洞已封閉，仍以南詔所千户一員更番守之，然盗礦如故，異時開採麇聚，能免緑林之嘯哉。

白葉洞。在縣西六十里詔安、饒平接壤之區，叢山峻崕，賊倚爲巢。嘉靖二十七年，劇寇陳瑩玉、劉文養出没潮、汀之間。南贛軍門檄平和知縣謝德明，率典史黄瑜與詔安典史陸鈇以象湖小篆鄉兵征勦平之。議改置五都洪淡司於此，而村落稀遠，難於屯札，因置營房，撥軍輪守。今營地被居民侵占，應查。河竈徑。在縣西八十里，峻崕深谷，鳥道崎嶇，乃二都來縣孔道之中，又饒平、平和商旅之路。此徑有別途通南坑社、白葉洞、挾子崎等處，盗賊出没。往年陳瑩玉、劉文養等搆亂白葉，此其門户，近多伏莽。宜就徑中擇其稍平衍者建鋪一區，撥兵輪守。未至此徑三十里是謂半皮徑，踰此徑二十里是謂五通宫，饒賊張璉僭號時，攻掠漳郡，皆此經過。今已撥南詔所軍輪守矣。安邊館。在四都之梅嶺，原設機兵二十四名、小甲一名，置捕盗主簿屯駐防衛。嘉靖甲子間，吴平結巢於此，都督戚繼光追逐，遠遁，殲其餘黨，築爲京觀，亦一方要害也。後因南澚設鎮分遊，乃撤捕廳，移建縣西。

走馬溪。在五都海濱，内有東澚，爲海口藏風之處。凡寇舡往來，俱泊於此。嘉靖間，給事中杜汝禎、參政曹亨、副使方任等相視，鐫「天視海防」四字於石，未及經理，亦一方之要害也。

墩臺

墩臺即古之斥堠也。國初，沿海地方度地里之遠近，置爲墩臺，撥軍守望。賊至，烽火爲號，以便防禦。詔安墩臺。舊志載梅嶺、洪淡、古樓山三座。嘉靖二十八年，撫院檄知縣李尚理修之，今只有二座：一在洋林，乃玄鍾對峙，原屬玄鍾所，嘉靖四十二年倭陷玄鍾，官軍傷殘稀弱，移寄南詔所，今屬南詔所；一在洋尾墩，萬曆二年知縣詹立添設。玄鍾墩臺。舊志載南山、東山、鹽倉、東灣、黄崎、漸山、洋林七座，今只有四座，曰南山，曰東灣，曰黄崎，曰鹽倉。崇禎二年，巡海道已議，撤東山、漸山二座，而洋林一座移寄南詔所矣。

南灣遊兵

寨遊之設，古未有也。洪武二十年，爲閩海防倭至計，遣信國公湯和、江夏侯周德興分行海上，置水寨三：曰烽火，曰南日，曰浯嶼；置遊營三：曰海壇，曰浯銅，曰玄鍾，歲撥衛軍操駕巡哨，選各衛指揮才能出衆者，充把總領之。弘治間，海宇晏清，倭不爲患，民狃承平，寨遊俱廢。嘉靖四十二年，倭寇交訌，督撫譚綸、巡按李邦珍、總兵戚繼光奏復寨遊。寨以欽依把總領之，遊以名色把總領之，玄鍾遊聽銅山寨節制。萬曆四年，巡撫劉堯誨建議，改玄鍾遊爲南灣遊，題授欽依把總，視都指揮以重其權，聽漳、潮副總兵統轄調度。灣之東南屬遊哨守，灣之西北，屬廣東柘林寨哨守，專治水兵。非汛期月團，則泊遊灣，輪番出哨；汛期，則分布防守。原額福哨冬烏船四十隻，官兵一千八百三十五員名。自萬曆二十四年至天啓二年，陸續裁減外，尚存冬烏船三十四隻，官兵八百七十四員名，遇汛貼駕征操軍四百二十名。自天啓末年、崇禎初年，船被海寇楊六、周三、鍾斌、劉香等相繼焚燬，不復造償。崇禎六七年，只得奉文裁減二十四隻，惟餘十隻。十年八月，又減二隻，只存八隻。因餉詘，只定哨官四名，捕盜十名，共官兵七百二十一員名，每月支糧銀七百六十四兩七錢，歲支銀九千一百七十六兩四錢。其貼駕鎮海衛、陸鰲、銅山、玄鍾三所，征操軍四百二十名，俱停止不調。

本遊汛地

汛有春、冬二期：春以清明前起，計三箇月而撤；冬以霜降後起，計兩箇月而撤。期至，則整搠舟師，聽漳、潮副總兵與漳南分守道、海防舘督發汛地，四哨輪守：一哨守雲蓋寺等處，一哨守青澚等處，一哨守娘宫前走馬溪等處，一哨守勝澚及前浯等處。各有會哨，上自勝澚以至娘宫前二哨兵船，賫籌簿與銅山水寨會，下至青澚以及雲蓋寺二哨，兵舡賫籌簿與廣東柘林防倭兵舡會。瞭望鯨氛，勦捕倭寇。自汛守不嚴，寇盗無警，海上脊脊多事矣！

一勝澚。在啣石灣之海口，相去里餘，有水源一處。無論發汛、收汛，兵舡俱劄於此。可泊東北風舡五六十隻，内通詔安，外通大海及前浯、礠嶼、雲霄等處。小寇屢屢竊發，去娘宫前約水程五十里，信地次衝，一哨兵船防守。

一娘宫。前可泊東北風兵舡四五十隻。一面汪洋，一面大山，山有水源一處，倭寇取汲於此。上至銅山、鬣殼澚，約水程三十餘里。信地極衝，一哨兵舡防守。

一青澚。在南澚之外，内有大灣，可泊西南風舡數隻。其地淺狹，出入取水甚難。東有墩臺，撥兵瞭守。其地居民數百家，田園數百畝，外有小嶼三里至九歸灣，九歸灣五里至金較椅。信地次衝，一哨兵舡防守。

一雲蓋寺。在南灣山之東南，可泊西北風舡五六十隻。其地出有水源，二穴相聯，倭寇常汲於此。舊有三寶寺，時有雲氣遮蓋，故以得名，不知建自何代，廢址猶存。信地極衝，一哨兵舡防守。

以上汛地，俱屬本遊哨守，此外又有彭山，與南灣相對，西至雲蓋寺，約四五十里，北至勝灣，約百餘里，順風一潮可到。其山有三：曰南彭，曰中彭，曰北彭。三山列峙海中，週圍各一里許。又一小島，曰北尖尾，四面皆危石暗礁，可寄泊，不可久住。中彭上有泉，海船過者必取汲於此。其下即黑水外洋，乃商漁同集，夷船必繇之處。原設遠哨官一員，駕舡往來防守，以餉詘議裁。

按海上防守，莫急於舡，而所造戰舡大號者，官給五六百金，其次亦三四百金。每歲收葺，一船且數十金，然皆侵欺隱匿，苟且答應。防海使者歲一閱視，只壞舡而餙以新灰，望之若新整，即之實破潰，故其船秖可泊港，不堪征戰。賊人目官艦爲「草坪」，謂其衝之則立散，燎之則速爐也。諸將領亦利舡之速壞，冀其新造，可以濫支。崇禎元年以來，海氛屢煽，焚燬殆盡，當事者不敢建議更造，只餙議裁減，并其所謂「草坪」者而盡去之矣。原額四十隻，今只八隻，猝有叵測，如楊六、劉香之猖獗，不知能以桴筏禦海否也？東南半壁，未得高枕而卧矣！

南澚副總兵

南澚在閩廣之交，去玄鍾水口約三十餘里。洪武間，居民負險作亂，遂爲賊藪。其澚周圍百餘里，有青澚、後澤，夷舡多泊於此。而深澚尤險，小舟須魚貫而入，官兵攻勦，勢甚掣肘。嘉靖間，潮州府用木石填塞澚口。未幾，倭人用善水者撈起木石，澚口復通。四十年間，劇賊許朝光、曾一本、林道乾、吴平等聚巢出没，荼毒生靈，至合兩省會剿始平。然餘黨雖散，尚爲賊窩。萬曆四年，漳州海防同知羅諱拱辰。相視其地，議設參將一員，統兵屯劄，築城三座：一在深水澚，一在雲蓋寺，一在龍眼沙，互相聯絡，立墩臺瞭望，調兵哨守。有田三處，約五萬畝，召軍民給牛耕種，可以阨寇盗之險，而免輸將之勞，計畫甚周。自後題設協守漳、潮副總兵，專駐此地，無事坐鎮彈壓，有警督兵窮追，兼制兩省，事權歸一，海上一重鎮也。所轄南澚遊兵、松林守備二寨，防倭中哨二遊。福、廣二營陸兵，標下額設中軍、把總、旗牌、掌號、哨探、隊目、兵丁、塘健共一百四十一員名。

銅山浙營雖屬銅山，而汛守地方，俱在詔安，故并志之。

浙營距銅山城里許，萬曆元年，爲沿邊海警而設。官兵原額裁減外，壬子志記存四百五十員名，平時則團練彈壓，自銅山以至玄鍾、詔安等，沿海油柑嶺、鳳山、古林等處孔道，皆其哨守。有事則專聽調度，隨賊所向，相機征勦。

兵事

國朝正統十四年，鄧茂七作亂，寇汀、漳間。漳寇乘之，攻圍南詔城八閱月。耆民涂膺、許尚端等計禦之。

嘉靖二十五年，白葉洞賊陳榮玉、劉文養等據洞反。南贛軍門檄平和知縣謝明德、典史黄瑜、詔安典史陸鉄等，以象湖小篆鄉兵討平之。三十五年，有倭寇自漳浦地方登岸，屯住詔安及六都後江頭土城，焚掠無計。漳倭患自此始。三十六年十二月，有倭船泊於浯嶼，尋去潮州澄海界登岸，襲陷黄崗土城，劫掠詔安地方。三十七年三月，有倭寇數百人，自潮州突至三都徑尾村屯聚，殺傷男婦二十一人。本年五月，倭劫五都東坑口土樓，殺掠男婦五十餘口。十二月，倭寇四都至縣治四關外，燒燬房屋二百餘間，殺死男婦一百餘口，又連劫港西土樓，殺掠五十餘口。本年，百户鄧繼忠督兵與倭遇於深田隘，擒其從陳來成等四人，斬真倭首級二顆。三十八年二月，倭寇數千自潮州來，屯住西潭村，燒燬房屋一百五十七間，擄掠男婦九十口，殺死四十三人，又攻破岑頭土圍，燒屋殺人無計。三十九年六月，三都溪東村頑民鍾宗桓等爲亂，逼攻縣治。知縣龔有成撲滅之。本年九月内，饒寇陷二都赤嶺寨，燒屋殺人不計。本月，又攻大布寨。饒寇即張璉也。四十年二月，饒寇突至縣北門外，擄掠男婦以去。後總兵俞大猷督師勦捕，副千户許瀚陣斬其僞將占總兵等，賊鋒披靡。瀚論功陞欽依銅山寨把總。本月，倭寇屯住溪東村，突至西關外，燒屋殺人。三月，倭寇數千，屯住三都土橋等處。知縣龔有成召民兵與戰，被殺死六十餘人。自三月至五月，劄住東關外，分夥焚劫。本年十月，倭屯下美村，圍後溪寨，知縣龔有成發鳥銃手助之，死守二十日，圍解。四十一年六月，海寇許朝光犯玄鍾所。本年十月，倭寇數千攻圍本縣木柵，知縣龔有成禦退之。本月二十二日，海賊吴平引倭賊襲陷玄鍾所城，百户羅倫等被執，千户周華死之。四十二年，海寇許朝光自銅山登岸，攻圍畬安土堡，殺擄六百餘人。四十三年，倭突劫點燈山、白葉洞等處，百户鄧繼忠討之，擒其倭呿吱咾、咜咾等。又有流倭突至金谿、東、西沈等地方，千户張鳳珽督兵勦禦，同梁知縣家丁梁錫等，擒其真倭四人，通事一人，又斬倭賊首級四顆。本年五月，賊吴平假以招撫爲名，入據梅嶺堡，劫掠各村，拆毀房屋數百間，載回梅嶺，搆爲賊巢。四十四年，吴平謀入梅州土圍，劫掠一空。五月，攻破厚廣上圍。六月内，吴平賊數千圍攻縣城，燒燬木柵及西關外房屋。知縣梁士楚禦退之。本年，巡撫汪道昆決策，命戚繼光討吴平。旬日，賊縛兵梟黨陳進卿獻於師，諸軍夜從間道夾進，大破之。賊遁入南澚，繼光追擊之，俘斬萬五千人。賊首吴平潛遁，都司傅應嘉、把總許瀚等，率舟師追至交址洋而還。四十五年三月，吴平夥黨林道乹等舡五十餘隻，自走馬溪登岸，攻陷五都山南村土圍，又攻庛下村土圍，焚殺不計。本年，吴平夥黨曾一本等舡百餘隻，自泊浦澚登岸，劫擄港口等村。

隆慶二年九月，曾一本夥賊劫掠饒平、詔安縣境，副總兵張元勳領兵繇陸路截殺於鹽埕，斬首三百餘級，又大敗曾一本於大牙澚，斬首三百餘級。三年五月内，曾一本誘倭千餘，泊舡於雲蓋寺、柘林等澚，閩、廣軍門會兵舡勦滅之。五年六月，廣賊楊老等大舡三十餘隻來泊南澚。月餘，謀犯閩地，僉事梁士楚督同海防同知羅拱辰統發兵舡追殺之。

萬曆三十二年，海賊周四老猖獗，知縣黎天祚擒其二魁，戕殺於城上以徇，賊平。四十六年海賊袁八老大舡數十隻，沿劫詔安海濱地方，後招撫之。

天啓四年，賊首麥有章、沈金目等，在於烏山、橡仔林等處，聚黨結巢穴，流劫各村堡，夜至縣城外焚掠。不數月，百户易彌光率官軍協同鄉民討平之。六年，海寇楊六、楊七等舡百餘艘，直至玄鍾、勝澚、卸石灣等處，燒兵舡二十餘隻，仍登岸焚燬居民房屋店舍四十餘間，沿劫海濱地方〔十八〕，殺戮無計。

崇禎元年五月初三日，海賊周三老駕舡百餘隻，泊卸石灣港内，登岸焚屋六十餘間，殺傷二十餘人，擄去十餘人，擁賊衆直抵玄鍾所北城下吶喊。城上矢砲交下，及鄉兵設伏合攻，廼退。本年，有賊數十人駕小艇，直至城外東溪劫擄，人人莫敢敵，後自退去。本年五月初七、初八兩日，周三老賊舡奄至内港象頭、偃塘、東崎頭、西崎頭等處，焚掠甚慘。西崎頭土城内人遁去，僅存十四人，賊盡屠之。六年，海賊劉香有船千餘艘，沿劫詔安、玄鍾各處，殺戮無計。本年十月初十夜，劉香駕舡二百餘隻，泊卸石灣登岸，焚屋三十餘間，擁至玄鍾北城下，城上射却之。七年，有紅毛番舡泊銅山及五都地方，焚殺甚慘，後被官兵縱火焚之，舡燬被擄，夷無一人還者。

劇賊吴平，四都人，爲人短小精悍，有智略。爲兒，與群兒牧，即部署諸將，號令皆如法。群兒已畏服之，往往多奇異。已爲人家奴，厭之，去爲盗，盗掠其主人。德主人翁，善遇之。其主母嘗苦平，平令賊以壺水繫其兩乳，令裸身磨米，身動則壺水摇，以此爲樂。平既爲盗，不肯居人下。先後巨賊，如許朝光、林道乾、曾一本等，皆驍勇，膽力過人，然必推平，平亦偃然居群賊上。戚南塘號名將，猶憚平。平所設奇，皆與相當，號爲勁敵。此其英雄必有大過人者。平敗，遁南澚，料大師且追之，與其徒百餘人駕小舟遁去。舟用短橈，如今俗名「鰵脚橈」，百人齊盪，舟小力疾，雖淤泥淺水，其行如飛，平竟以此得脱。或言林道乾今王東南海島中，平亦變姓名，浪遊江湖間，皆不可知。然往有人親見平鮮衣怒馬，在京浙間，爲富商大賈。平已灸其面，面皆灸瘡，人無有識者。後平又乘肩輿，過故友處，掘取金銀諸寶物。後不知所之。

【原注】

注一　南靖、長泰、晉江。

注二　縣西北一百八十里。

注三　志云：時軍門阮鶚主和，分巡舒春芳與鵬舉主勦，阮大怒，逮黎妻子於獄，杖殺其家丁四五人。

注四　漳州志：綱銀即里甲。正德十五年，巡按御史沈灼議以丁四糧六通融科派，分正、雜二綱。嘉靖四十四年，除正、雜二綱名色，止稱綱銀。綱銀云者，若綱在綱，一舉而盡也。

注五　漳州志：正德十四年，御史沈灼行八分法，每丁石歲徵銀八分以充辦料。隆慶五年，奉勘合，每丁石派銀六分，續奉加派七分云。

注六　通志：初一、十六起子午。

注七　畢嶺縣西北九十里。

注八　通德縣西北七十里。

注九　官田縣北四十五里。

注十　汀州志：茂七，沙縣人，巡按御史柴文顯立爲會長，因殺人爲縣官所捕，遂率所部反。與此不同。

注十一　十六都，縣東一百六十里。

注十二　二十二都，縣東八十里。

注十三　六都，縣東五十里。

注十四　縣南五十五里。

注十五　三十二都，縣南四十五里。
注十六　二十九都，附郭，備名東廂。
注十七　五十一都，縣西北七十里。
注十八　九都，縣西七九十里。
注十九　二十七都，縣西北一百二十里。
注二十　十三都，縣西一百六七十里。
注二十一　七都，縣西六七十里。
注二十二　十二都，縣西一百五十里。北一百。
注二十三　大都，縣西一百三十里。
注二十四　九都，縣西九十里。
注二十五　八都，縣西北八十里。
注二十六　二十五都，縣東北一百四十里。
注二十七　二十九都，縣北一百里。
注二十八　二十四都，縣東北一百二三十里。
注二十九　在城步，城步縣西五里。
注三十　將溪，上保縣東北二十五里，下保縣東北三十里。
注三十一　福興，下保縣北二十五里。

注三十二　南會縣南二十里。

注三十三　開善縣南四十里。

注三十四　同上。

注三十五　仁壽縣南四十里。

注三十六　瑞溪縣西二十里。

注三十七　長興縣北十五里。

注三十八　安仁縣北五十里。

注三十九　里心縣西四十里。

注四十　新城縣西五六十里。

注四十一　周平縣南六四十里。

注四十二　都上縣南東六三十里。

注四十三　静安縣北六十里。

注四十四　隆安縣南六十里。一作西北八十里。

注四十五　安吉縣北六十里。

注四十六　永城縣東五四十里。

注四十七　桂羊縣北七十里。

注四十八　宣河縣西南一百四十里。

注四十九　山在縣前五里。

注五十　勝運縣南。

注五十一　溪南縣南。

注五十二　古田縣東。

注五十三　白砂縣東。

注五十四　即石洞。

注五十五　南順縣南四十里。

注五十六　石城。

注五十七　北安縣北六十里。

注五十八　河源縣南八十里。

注五十九　表席縣東南一百一十里。

注六十　姑田縣東九十里。

注六十一　柳楊里縣西四十里。

注六十二　據此南平、北安已入歸化，則潭飛磜亦當入歸化。

注六十三　本志埠。

注六十四　去府二十里。

注六十五　去府二十里。

注六十六　一都，州東十里。
注六十七　二三都，州東十五里。
注六十八　五六都，州東北六十里。
注六十九　七都，州東北七十里。
注七十　十都，州東北一百里。
注七十一　十一都，州東北一百一十里。
注七十二　十二都、十三都，州東一百二十里。
注七十三　十四都，州東一百四十里。
注七十四　十五都，州東一百五十里。
注七十五　十七都，州東一百五十里。
注七十六　二十都，州東北一百一十里。
注七十七　三十一都，州西北一百二十里。
注七十八　四十都，州南三十三里。
注七十九　四十一都，州南四十一里。
注八十　四十二都，州南三十五里。
注八十一　四十三都，州南五十五里。
注八十二　四十四五都，州西南五十五里。

注八十三　四十六七都，州南四十五里。

注八十四　四十八都，州南七十里。

注八十五　五十一都，州南一百里。

注八十六　五十三都，州南一百里。

注八十七　二都，縣東五里。

注八十八　八都，州東北八十里。

注八十九　五十二都，州南七十五里。

注九十　十八都，州東一百六十里。

注九十一　漳州志：夫天地間惟一氣平，海潮者，地之喘息。記云：卯酉之月，氣以交而豐，朔望之日，氣以變而盛，故潮獨大。此以餘月餘日論也。周翠渠云：「海居地上，地有俯仰，潮因有往來。氣升於北，則北盈而南虛，地必南俯，故潮皆南趨；氣升於南，則南盈而北虛，地必北俯，故潮皆北趨。」此以地乘氣，潮因地論也。惟俯仰之形與喘息之義略有異矣。月臨於午爲長之極，歷未及申酉則極消；月臨於子爲長之極，歷丑及寅卯則極消。此以太陰之天盤論也。若每日之子午亦有潮退，每日之卯酉亦有潮至，至於八時皆然，晝刻不見太陰，安得復論「天盤」乎？余安道云：海之極遠者，其得氣尤專，故潮亦因之，東海、南海其候各有遠近之殊，豈非方之不同而氣有獨盛歟？若晝潮大於春夏，夜潮大於秋冬，潮之極漲常在春秋之中，濤之極大，常在朔望之候，則天地之常數通四海皆然者。至如墟海之半月東流、半月西流，桂林之子時潮上，午時潮落，紀傳兩載各殊，不敢爲之臆説。

注九十二　通志：初一、十六起己亥。

注九十三　至萬曆二十年，海上有警，院道又議添新浙兵一營，亦題設把總一員，哨官四員，以舊營見在者，就中裒益，每營各額定五百七十五名。至萬曆三十三年，以餉詘裁減，每營官兵定以四百五十員名爲率，內把總一員，哨官四員，哨長、高招一十七名，隊長、書記四十九名，把總、家丁二名，健步二名，四哨官、家丁、健步各一名，兵夫雜流三百四十七名；每營每月約支糧銀四百六十兩有奇，俱派在本府七縣徵給。至於春冬二汛，舊營分兵二哨守料羅，一哨守安海，一哨守圍頭，兼顧福全，一哨守府城。近議以安海爲泉郡門户，奸盗出没之藪，題設專官駐鎮其地，防守宜亟。而圍頭尚在福全内地，且有浯嶼寨右哨兵船在圍頭洋，捍衛於海，兼有巡司福全所，犄角於陸，議將圍頭一哨陸兵掣撤，添守安海。其新營，二哨守崇武，一哨守永寧沙堤，一哨劄守府城。

注九十四　聞之故老，當移駐鹽運分司時，主者意諸商，貲累巨萬，若徽賈然，已廉知爲市井傭，分司者大詬恚，已而南路鹽竟罷榷。

注九十五　販東洋船炤西洋丈尺税，則量抽十分之七。販萬索炤西洋丈尺税，則量抽十分之四，後改十分之二。一丈五尺以下者，止抽十分之一。

注九十六　米粟果。紅毛番本名米粟果，佛郎機與國也。其國當中國之背，晨昏晝夜皆相反，去此四萬餘里。由西洋來者，轉大浪山，大險遠；由東洋來者，至末利加國，半年程。更造舟，又逾半年程，至吕宋，或徑達中國。末利加有石磯阻海，如南之萬里石塘也。佛郎機於諸夷多所欵服，又内據耆山，得中國賄帛，雄富諸番。米粟果性賊嫉，尚讐殺，海外夷與佛郎機俱畏之。常至中國，望南灣、廣東，及掠島輿人爲向導，俱不得達。萬曆癸卯，泊下港，劫舟商，投譯書兩臺内監。五月，自泊舟彭湖，求互市。内監遽上聞，願徵餉數十萬。事下兩臺，力持爲不可，亟命督府驅之。先遣檄與其酋，且偵舟。舟長五十丈，横廣六七丈，五桅，上皆以鐵爲網，外漆打馬油，其光可鑑。夷人皆深目長鼻，赤鬚朱髮，長軀七八尺，能華言華字。讀檄訖，投帽於地，恚曰：「中國人疑我耳，我金錢滿艘，豈遽去哉？」導檄者遍視舟，至中艙，奉天甚謹。又出一畫軸，皆華人衣冠，與其酋像群坐，曰：「此吾祖也，曾與中國人結兄弟，甚好，今廼相忘。」又至舵後觀銅盤，略如中華羅經，大徑數尺，譯言「照海鏡」，識此可海上不迷。又懸自鳴鍾，日夜司更，不擊自鳴。其舟内設三層，壯者居上，稺子居下，皆有家室。層設銃三十六枚，外向三層皆然，名「麥𥛚銃」。其中桅之下置大銃，長二丈，中虚如四尺車輪，云發此可洞裂石城，震數十里。「中國人逼我時，烈此自沈耳，不願爲虜也。」其言語桀黠，多類此。往復數次，竟欲求彭湖爲香山，且中有主之者也。已聞舟師大集，有獻火舟策者。十一月，乃徙去。然海上姦民私貿易，夷已梱載歸矣。

注九十七　十一都，府南二十里。

注九十八　二十一都，府南二十里。省志一十里。

注九十九　二十五都，府西北二百里。

注一百　二十六都，府東一十五里。

注百一　二十八都，府東四十里。

注百二　二十九、三十都，府東六十里。

注百三　六都，縣西南七十里。

注百四　十七都，縣東五十里。

注百五　七都，縣東南三十里。

注百六　八都，縣南四十里。

注百七　九都，縣南五十里。

注百八　十都，縣南五十里。

注百九　二十三都，縣東一百里。

注百十　二十八都，縣北一百里。

注百十一　方成縣東九里。

注百十二　歙化縣東南十里。

注百十三　清寧縣東北。

注百十四　三都，在縣西二十里。

注百十五　四都，縣東四十里。

注百十六　二都，縣西一百二十里。

【校勘記】

〔一〕如戎心叵測何　「叵」原作「巨」，據濂溪堂本、敷文閣本改。

〔二〕可保無慮　「慮」，濂溪堂本作「虞」。

〔三〕催督旁午　「旁」，濂溪堂本作「傍」。
〔四〕其設一遊一寨相間以居　「設」原作「説」，據濂溪堂本、敷文閣本及上下文意改。
〔五〕刓弊相續　「刓」，濂溪堂本、敷文閣本作「利」。
〔六〕眡其賦之登耗　「眡」原作「眂」，據濂溪堂本、敷文閣本改。
〔七〕而官吏之相掊　「相」字原闕，據敷文閣本補。
〔八〕尚銀六分解司　「尚」，濂溪堂本作「餘」。
〔九〕姑與免罪　「姑」，濂溪堂本作「始」。
〔一〇〕無鹽引正課及諸禁例　「鹽」原作「商」，據濂溪堂本、敷文閣本及上下文意改。
〔一一〕轉剥小舟　「剥」，濂溪堂本作「駁」。
〔一二〕三分屯耕　「耕」，濂溪堂本、敷文閣本作「種」。
〔一三〕一屯而二三軍共者有之　「二三」，濂溪堂本、敷文閣本作「三四」。
〔一四〕夜從間道急進　「進」，濂溪堂本作「追」。
〔一五〕土橋土城　「土」，濂溪堂本、敷文閣本作「上」。
〔一六〕門上置更樓　「門」字原闕，據濂溪堂本、敷文閣本補。
〔一七〕糞土大租之説　「説」，濂溪堂本作「設」。
〔一八〕海濱地方　「濱」原作「賓」，據濂溪堂本改。

廣東備録上

山堂考索　兩廣論

漢、魏以還，守官廣南者，多以貪墨坐激吏民之叛，啓蠻獠之寇，實由於此，蓋古今之同患也。抑嘗考其故，嬴秦以來，以守令爲治，臺省銓除，莫不以内地爲重，以邊遠爲輕。而廣南之地，去京華爲尤遠，瘴癘蠱毒，種種穢惡，内地之人，南轅越嶺〔一〕，不啻斥逐，必罪戾孱庸，不得已，然後膺其選。既百舍登途，往返重費，不過厚取於民耳。而又地産珍奇，掌握之物，足富數世；疆域曠邈，按察稀臨，京闕萬里，赴訴莫及，則無聊汨没之人，何憚而不爲賄乎？歷古交、廣之間，民獠多叛，致騷擾江、淮，震駭朝省，職由此也。嘗觀漢順帝永和中，日南、象林羣蠻並反，四府議發江、淮甲卒致討，李固駮之，以謂前尹就討益州叛羌，蜀人諺曰：「虜來尚可，尹來殺我。」乃召還，以兵付刺史張喬，旬月之間，寇虜殄敗，宜精選牧守以化殊俗〔二〕。乃以喬刺史交州，祝良爲九真守。喬至，開示慰誘，并皆降散。良單車入賊，降者數萬，皆爲良築起府寺，由是嶺表無虞。至靈帝中平中，屯兵作亂，嶺南大擾，三府乃精選賈琮爲刺史。琮至，蠲復傜役，選良吏試守諸縣，遠近翕然，巷路爲之歌曰：「賈父來晚，使我先反。今見清平，吏不敢飯。」自後嶺表之民又獲安堵。審視張喬、祝良、賈琮之事，而人情可見矣。然則嶺南歷世多亂，豈皆蠻獠之罪，抑當時朝廷制置失宜耳。嗟乎！監司守令，九重之指臂也，所以撫育斯民，全賴良吏，其休息安危，莫不由之，又可易其選耶？內地之民，伊邇闕庭，監司往來如織，號令所宣，閭閻必達；借使守令或非其人，冤抑易訴，詣監司而不獲，則裹糧走闕下耳。是內地親民之吏，猶可非其人也。至嶺表則不然，遠者去京華萬里，終歲道途，僅能一詣闕庭；而又荒陬絶域，程驛邈焉，監司不能周及，守令苟非其人，則冤民無由申訴，屈抑既甚，則其勢必將爲亂。是遠地親民之吏，不可非其人也。而歷代銓蔭，反以內地爲重，以邊方爲輕，是何倒置之甚哉！

職官表序

人有言曰：「文德不足而後有武功，封建既廢而後有郡縣。」考於尚書則不然。禹貢曰：「五百里綏服，三百里揆文教，二百里奮武衛。」粵南荒服，眡王畿遜矣，然夏禹南巡會稽，執玉帛者萬國，文命敷及南海，則文經武緯，固未始偏遺也。迄周庶姓在六服内者，猶封四衛焉，周官：革路，以即戎，封四衛。註：「四方諸侯守衛者。」疏：「庶姓在四方六服以内。」蓋同姓，王之宗室也；異姓，王之昏姻也；庶姓，則海外之國矣，故武衛在焉。後世省城設四衛，本此。豈非遠方用武則逾於文與？秦平百粤，置南海郡，止設尉統兵，本此。益稷曰：「弼成五服，至於五千。州十有二師，外薄四海，咸建五長。」九州之外曰四海，南海其一也。蓋唐、虞之世，聲教所暨，疆理所至，必有師長，展採錯事，以承后王君公，第不得其詳爾。觀諸周制，惟縣有師，惟卒有長，五長則五卒，五百人爲鄙，亦謂之郡；五鄙則二千五百人爲師，亦謂之縣。説文言天子地方千里，分爲百縣，縣有四郡，郡有四鄙。故春秋傳曰注一：「上大夫受縣，下大夫受郡。」是也。周書作雒篇：「千里百縣，縣有四郡。」月令亦云：「合諸侯，制百縣。」正與此合。月令當呂不韋之時，六王猶未一，乃周制也。豈非郡統於縣，縣統於州，而封建在其間邪？然則南海爲揚州外境，而五長亦必咸建矣。是封建固聖人意，而郡縣非待秦而後有也。但春秋時列國相滅，多以其地爲縣，則縣大而郡小。左傳：「楚子縣陳」。是滅陳以爲縣也。至於戰國，郡縣互相吞併，而縣日衰削，則郡大而縣小。戰國策：甘茂謂秦武王曰：「宜陽，大縣，名曰縣，其實郡也。」縣小可知。

秦之一四海也，罄率土而郡縣之，南海郡惟設尉以掌兵，監以察事，而無守與丞。任囂繼屠睢、史禄而獨馭者，其羈縻之意可見矣。縣令則有龍川趙佗，逢秦之衰，既王南越，而高帝詔曰：「南武侯織，亦粤之世也，立以爲南海王。」蓋六國之滅，正值地大兵衆，與秦抗衡焉爾。衛之小寡，迄胡亥而君角始廢。則夫蠻夷五長之遺，豈無留裔者哉？是故賞延於世，封建也，有土而無官者，十恒八九；舉能其官，郡縣也，世禄以勸賢者，十亡二三。唐、虞、三代聖王，以此建輔世長民之策，適柔遠能邇之宜，文教以昭德，武衛以蓄威，秦、漢莫之能違也。黄恭交廣記：「秦兼天下，改州牧爲刺史。朱明之時，則出巡行封部；玄英之月，則還詣天府表奏。刺史，言其刺舉不法；史者，使也。」蓋秦令御史監郡，即刺史也。

漢初，省御史監郡，及平南越，始置郡守及縣令、長，舊志：漢初省御史監郡，及平南越，置南海郡守，秩二千石；省郡丞，而別置者四員，曰屬國都尉，曰督郵，曰功曹吏，曰司倉參軍。縣置令、長。又於南海郡置圃羞官，於番禺置鹽官，於中宿置洭浦官。他郡類此。交趾部刺史實復監之，後爲州牧，佐以別駕、治中、都尉。南海、合浦、朱崖、儋耳四郡屬交趾部，桂陽郡始興、湞、洭則屬荆州。郡守銅印黄綬，刺史察黑綬以下。迄吴分交爲廣，而廣州刺史，晉迄南朝兼督他州。舊志：武帝元封五年乃置部刺史，秩六百石，掌奉詔六條察州，居部九歲，舉爲守相。而南海屬交趾部。又置郡文學，以領學官弟子。景帝中元二年，更郡守爲太守，置治中、別駕以貳之。成帝綏和元年，詔刺史位下大夫而臨二千石，輕重不相準，更爲州牧，秩真二千石，位次九卿。王莽時，改太守曰太尹。漢中興，益重其任，或以尚書令、僕射出爲郡，或自郡守入爲三公，而南海遐敻無聞焉。建武十八年，復州牧爲刺史。靈帝中平五年，復爲牧。是時天下方亂，州牧多擅進退二千石，於是太守之任寖輕。建安中改交趾部爲交州，始得與中州等。亡何，廢，屬荆州，而荆州牧劉表復自置交州刺史。有州牧，又有刺史，自此始也。晉迄南朝，刺史任重者爲使持節都督，輕者爲持節，故有督揚荆江湘交廣六州諸軍事，有督交廣二州諸軍事，亦有止督廣州諸軍事者。亦有假節者，皆加平越中郎將及平南將軍等號。刺史無將軍者，謂之單車刺史，太守無將軍者以爲耻，乃定將軍等級差次之。而刺史得自署守令，其所統廣州諸軍，曰仁威府，曰揚烈府，曰綏寧府之類，是謂軍府。其府佐皆置主簿及中兵參軍。其開督府廣州，所督至二十州焉。

黄恭交廣記曰：「縣萬户以上爲令，子國也；千户爲長，男國也。」故漢制封國，則有内史。晉有始興内史，後改爲相。南朝宋於廣興置公相，廣興，即始興郡改名。曲江、陽山、貞陽置侯相，湞陽，宋明帝改爲「貞」。子相惟二，熙安、高要。男相惟九，番禺、博羅、綏寧、含洭、寶安、海豐、海安、欣樂、四會。别有令、長，則非封邑。户僅及萬，仍置令，不至千者仍置長，皆不以封。豈非封建合於郡縣，君臨其國，則易令、長而爲相邪？府佐則有長史、司馬，郡縣皆有丞、尉，以參軍名者，有中兵諮議、司户録事之屬，而因革皆自六朝焉。

隋、唐相承，始置總管、安撫、經略使，而三江督護分爲五管之兵矣。其後使持節者，唐改節度使，常兼五管經略使。至德宗時，杜佑獨不兼，後遂因之。舊唐書：「杜佑兼御史大夫，充嶺南節度使。時德宗在興元，朝廷故事，執政往往遺脱。舊嶺南節度使常兼五管經略使〔四〕，佑獨不兼。故五管不屬嶺南，自佑始也。」有封郡王同平章事者，謂之使相。節度副使多帶卿貳，封公侯。舊志：隋開皇三年，罷郡，以州統縣，自是刺史之名存而職廢。平陳，置廣、循二州總管，而更别駕、治中爲長史、司馬。初遣總管韋洸安撫嶺南，安撫之名始此。大業三年，罷州，置郡太守、通守及丞，仍遣刺史十四人，巡察畿外諸郡。唐武德元年，又改郡太守爲州刺史，加號持節諸軍事，而實無節，又改丞爲別駕。四年，復置廣州總管府。六年，改總管爲都督，定廣州爲中都督府，其屬置司隸。貞觀二年，以邊州別置經略使，經略之名始此。永徽以後，除都督帶使持節者爲節度使，不然則否，於是節度使得總軍旅誅殺云。別駕、長史、司馬之下，有録事參軍一人，功、倉、户、兵、法、士六曹參軍事各一人，經學博士一人焉。嶺南節度爲使相者，自韋宙始。天寶以後，州刺史、郡太守更相爲名，其實一體。尋定天下州府，除四輔外，餘爲六雄、十望、十緊，及上中下之差；唐書：「凡户四萬以上爲上州，二萬五千以上爲中州，不滿二萬爲下州。」縣則有赤、畿、望、緊，上中下六等之差。唐書：「京都所治爲赤縣，京之旁邑爲畿縣，餘以户口多少、地土美惡爲差。」朝廷綸綍，非獨節度使副有之，雖判官亦頒，重元戎也；元稹授王師魯等嶺南判官制〔五〕：「古稱南海爲難理，蓋蠻蜑獠俚之雜俗，有珠璣瑇瑁之奇貨，爲吏者不能潔身，無以格物。是以非吴處默之清德，不可以耀遠人；非孫子荆之長才，不可以參謀畫。爾等皆當茂遷〔六〕，取重元戎，更職命官，各如來奏，可依前制。」非獨刺史有之，雖州倅亦頒，重官次也；白居易袁幹可封州刺史兼侍御史制〔七〕：「勅安南兵馬使封州刺史兼監察御史袁幹，委質藩方，悉知戎旅，嘗驅寇盜，累著功勞。故命遷領郡符，超升憲簡，足以安荒俗，耀遠人，敬而承之，無替前効，可封州刺史。」邵同貶連州司馬制：「勅朝議大夫守衛州刺史兼御史中丞邵同，寵在專城，職當守土，不承制命，擅赴闕庭，違越詔條，叛離官次，將懲慢易，宜舉憲章，可連州司馬，仍馳驛發遣〔八〕。」非獨太守有之，雖縣令亦頒，重民事也。孫逖授徐鈞南海縣令制：「勅行晉州神山縣徐鈞，幹以立身，果於從政，頻更所職，頗効其能，言念遠人，實資良吏。既有使臣之薦，宜遷宰邑之榮，可廣州南海縣令。」

自漢迄唐，封建與郡縣並行，大氏循周制而漸變矣。然同姓則宗室子弟悉列爵土，異姓則外戚元舅多執國命，惟庶姓吏於邊。晉固沿漢制也，南朝偏安，而後同姓至粤矣。宋隨王誕、臨海王子瑱、始安王子真皆不赴鎮。至梁世宗室，始有至鎮者，然多爲民害。唐之盛時，光王琚、玄宗開元十五年。睦王述代宗大曆十年。皆不出閤，遥領而已，曹王臯貶刺潮州，猶不遠復；通鑑：「初，衡州刺史曹王臯有治行，湖南觀察使辛京杲疾之，陷以法，貶潮州刺史。時楊炎在道州，知其直，及入相，復擢爲衡州刺史。始，臯之遭誣在治，念太妃老，將驚而戚，出則囚服就辯，入則擁笏垂魚。即貶於潮以遷入賀。及是，然後跪謝告實。」異姓則有自刺史都督節度嶺南者；唐初設廣州刺史，尋改都督，其後或以刺史充節度使，亦有都督充者。郡縣正官，大氐左謫，非以其遠與？及其衰也，薛王知柔始涖軍府，太尉徐彦若以首相繼軌，而劉隱代之，且開南漢之基矣。由是觀之，古昔致治，大不在邊，細不在廷，豈非炯鑒哉？作秦漢迄五季職官表。

民壯

洪武初，立民兵萬户府，簡民間武勇之人，編成隊伍，以時操練，有事用以征戰，事平復還爲民，有功者一體陞賞。正統十四年，令各處招募民壯，就令本地官司率領操練，遇警調用，事完仍復爲民。天順元年，令招募民壯，鞍馬器械悉從官給；本户有糧與免五石，仍免户下二丁，以資供給；如有事故，不許勾丁。弘治二年，令選取民壯，須年二十以上、五十以下精壯之人。州縣七八百里者，每里僉二名；五百里者，每里三名；三百里者，每里四名；一百里以上者，每里五名。春夏秋每月操二次，至冬操三歇五；遇警調集，官給行糧，其餘照天順元年例。六年，令官司私役民壯者，照依私役軍餘例問罪。原編立民壯初意，本以征守，今則在官惟供迎送，程勾攝及遞文移而已。甚或派諸私衙，以爲薪水之役。其在營堡諸路官司，多受賄賣，間至有一人而包當數役者矣。軍户隨田附籍，亦復編及，既當軍役，又充民壯，軍民以籍爲定，果當爾乎？且又設民壯頭領，例以丁田居上者總其事，而自行徵收，有不能斂者，則賠賍充焉。老吏黠胥，每緣爲奸，法久稱弊。議者欲隨糧帶徵，若今之水夫然，民以爲便，此不易之良法也。自巡按御史蘇恩議定而亟去任，厥後卒無有能舉行之者。役寖繁重，富者日至於貧，貧者日歸於盜，勢所必至。然品式具在，良有司盍爲更化善治之圖哉？

打手

打手始自成化初，巡撫僉都御史韓雍短雇敢勇，以征寇盜，事平罷之，不爲定例。正德中，蒼梧軍門本有鎮夷營中軍士守梧州城，忽聽生事之人建議，籍廣東衛所餘丁老幼，每户取一人，號爲精兵以代之。嘉靖初，右都御史張嶺會三司議定，用輪班精兵月糧，另雇精壯打手，以備戰守。其後每遇征戰，改行廣州等府別行雇募，編立千長甲總以統領之，而守城仍用鎮夷營中軍士，自此遂爲常規。又令南雄府始興等縣，顧募所謂殺手者，送梧州坐營聽用，往往支領工食不時，則爲盜賊，人皆歸咎於嶺肇啓禍釁云。其後令府縣雇募打手，各自支給工食，而軍門所支月糧，遂爲虚名矣。嗟乎！民壯不能禦敵，而易打手以代之，每遇調發，千百爲羣，恃羽檄文移，公行剽掠，所過無不殘滅，衆目所矚，莫敢誰何。事已手慣，輒爲寇盗，官司撫之，則又聽招，遇變則攘臂而起，如近日外海白帶甲總陳文伯之寇是也。嗚呼，流患可勝言哉！

論曰：昭代制律，軍有定籍，設立都司、衛、所以總轄之，除器械以戒不虞，其首務也。而又别置巡司，籍以丁壯，使守扼塞，詰姦宄，所在樹兵宿甲，崇象聲威，巨防立而盗賊讐，其爲法亦良矣。承平日久，什伍日亡，弓刀盾礟，空有其名而已。警邏守截，本以廉私鹽僞引，而反藉侵牟，所役弓兵，半爲囊槖，尚何侮之可禦哉！二者既不足恃，於是持寓兵於農之説，視州縣賦之多寡而編爲民壯，以時操練，有警徵調，事平歸農，用補敵愾之不足。厥後計里編僉，終歲服役，無復征守初意，甚至撥送私家者有之。又其乏也，雇募打手充焉。以驍悍之夫，而授之擊刺之器，視諸羸卒，誠什伯相越，故所向往往有成功。然初非有勇知方，不過出其死力，以易朝夕之食，冥頑貪鄙，乃其天性也，行則奪貨，歸則弄兵。亦何怪乎韓魏公所謂收拾强壯以爲兵，使吾民保骨肉相聚之樂，豈非得策，然兵防屢變，反貽民憂，則如之何而可？必也，巡臺任其責乎，歲覈軍器，時稽巡兵，而出季終申聞之令，民壯工食即募打手，而行隨糧帶徵之法，視地方有無寇警，而行其賞罰焉，則防範豫嚴，而吾民庶乎有瘳矣。

成化四年，設分巡嶺西道兼兵備。成化四年，巡撫都御史揭稽奏設副使一員整飭高、肇二府，一員整飭雷、廉二府各兵備。成化二十一年裁革。弘治九年，復設副使一員兼管四府兵備。弘治十六年，巡按御史華𤦺奏稱四府連接廣西猺、獞，宜分設兵備以責其成。兵部議以添設兵備，未免與分巡行事牴牾，以嶺西道分巡僉事兼高肇兵備，駐劄肇慶；海北道分巡僉事兼雷廉兵備，駐劄廉州。

八年，始設海南兵備道於瓊州。成化八年，海南設副使一員專理兵備，後革。弘治元年，給事中李孟暘議以瓊州在大海之南，孤懸境外，西近交趾，南通占城、暹邏諸國，州縣人民環海而居，其中深山大海皆爲黎人盤踞，奏復副使整飭兵備兼分巡駐劄瓊州府。

弘治十六年，設分巡海北道兼兵備。詳見嶺西道分巡僉事下。

十八年，設整飭兵備道於廣州府清遠縣，弘治十八年，巡按御史聶賢、給事中楊一渶議以清遠等處盜賊生發，奏設僉事一員駐劄清遠縣，專理兵備。又設分巡嶺東道兼兵備于惠州府長樂縣。弘治十八年，巡按御史王士昭以惠、潮二府多盜賊殺人，奏令分巡官兼理兵備，駐劄長樂縣。

嘉靖三十六年，嶺南道兼廣州兵備，行署在新會縣。其南、韶二府兵備則專在清遠憲署云。

分守廣、肇地方左參將一員[注二]。嘉靖二十八年，奏設，駐劄肇慶府。三十六年，奏移唐宅堡。

分守瓊雷地方右參將一員[注三]。嘉靖二十八年奏設，駐劄瓊州。

總督備倭，以都指揮體統行事指揮一員。

守備惠、潮地方，以都指揮體統行事指揮一員。

守備德慶、瀧水等處地方，以都指揮體統行事指揮一員。

守備南、韶、清遠、連州等處地方，指揮一員。
巡視德慶及瀧水江道，指揮一員。
督備開建、四會兼廣西懷集等處，指揮一員。

通志　兵事〔九〕

洪武十四年，南雄侯趙庸以潮州衛官軍討程鄉盜，平之。擒賊首僞萬户饒隆海等一百五十人，斬首四十餘級。

十五年春正月丁亥，南雄侯趙庸率兵討東莞諸盜，平之。凡克寨十二，擒賊首十餘人，斬首二千級，招降翁源等縣復業人民三千餘户。甲辰，南雄侯趙庸進兵攻破東莞等縣石鼓、赤嶺等寨，擒僞官百餘人，餘黨潰散，由是四會縣涌白沙、長江、大圳口、山何田、陳家坊各處父老迎拜於道，庸慰而諭遣之。

二月辛巳，南雄侯趙庸率兵討陽山、歸善等縣蠻寇，平之。又克燈心、龍湖、龍歸、太平、成家塘、譚源洞等寨，擒賊萬户長都公等數十人，斬首千餘級，降二千九百户。冬十月丁亥，南雄侯趙庸振旅而還。庸討平廣東群盜，俘賊首號鏟平王者，獲賊黨一萬七千八百五十人，賊屬一萬六千人，斬首八千八百級，招降平民一萬三千二百六十七户，至是奉詔班師還京。

十六年秋八月癸卯，遣征南將軍申國公鄧鎮等討廣東猺賊，命鎮爲征南將軍，陳鏞、顧敬爲左、右副將軍，率兵討賊。時廣東猺賊作亂，摽掠旁近，由是江西永新、龍泉山民，互相扇動，結聚徒黨，自稱順天王，勢甚猖獗。江西都指揮同知戴宗率兵勦捕，不克。至是命鎮等將兵往討之。命何真還廣東，收集士豪。何真致仕，是年復命真及真子貴往廣東，收集士豪一萬六百二十三人。還朝，拜貴明威將軍、鎮南衛指揮僉事，真姪潤、弼、敬三人皆拜官，軍校數十人授管軍百户。十七年，復命真往廣東，收集未至軍校，又以其第六子宏爲尚寶司丞。

十九年夏五月，東莞賊曹真作亂，命南雄侯趙庸總兵討平之。

二十四年夏五月，指揮同知花茂收集民兵。茂，巢縣人，在廣州，嘗勦平陽春等縣叛賊，及清遠、英德、翁源、博羅、東莞、增城、龍川、興寧、歸善、南海、香山諸縣，及海南、雷州等處山寨猺賊、蠻賊及倭賊，至是陞都指揮同知。因上言廣州地方，若東莞、香山等縣，逋逃蛋户，附居海島，遇官軍即稱捕魚，遇番賊則同爲寇，不時出没，劫掠人民，殊難管轄，請徙其人爲兵，庶革前患。又奏添設沿海依山碙石、神電等二十四衛所城池，收集海民隱料無籍等軍守禦，仍於要害山口海汊立堡，撥軍屯守。詔皆從之。

二十八年冬十二月癸卯，潭源諸峒平。征虜將軍指揮僉事胡冕率兵至郴、桂征勦山寇，分遣指揮僉事宋晨等討平廣東潭源諸洞，及廣西平川、增益之地，凡斬馘數千餘人，生擒賊首吕法子等，械送京師，命戮於市。將軍胡冕、宋晨等雖有平蠻之功，而縱殺太過，乃遣使諭之。

三十一年春三月，仁化縣賊鍾均道寇南韶、肇慶，西山猺作亂，命指揮王濬等討平之。

秋七月庚子，連州諸峒逃軍兒阿孫等作亂，詔廣東官司招撫之。

三十二年春三月庚寅，仁化縣賊首鍾均道降。革除遺事：「均道作亂，寇掠南韶，官軍討之，輒遁湖廣界，至是聽招撫歸降，詔以爲本縣扶溪巡檢司副巡檢。」

夏五月辛未朔，連州賊兒阿孫降。革除遺事：「連州西岸巡檢司添設副巡檢，以阿孫爲之。」

永樂九年春正月，倭賊攻陷昌化。千户王佛等戰敗被殺，指揮千户徐茂等捕寇贖罪。

十九年春正月辛巳，倭賊寇靖海，副總兵指揮李珪擒之。生擒十五人，斬首五顆，并所獲器械送北京。

正統二年，廣西流賊糾猺賊陷新興。

十四年夏六月，南海賊黄蕭養反，攻廣州城，殺都指揮使王清。

冬十月，命都督同知董興、兵部侍郎孟鑑、右僉都御史楊信民等討之。初，在監盜黄蕭養越獄，聚衆爲寇，王清出討之，即爲所殺。時承平日久，民皆束手就戮。事聞，上遣興總兵，與鑑等進討之。

景泰元年夏四月，賊黄蕭養伏誅。初，蕭養既屢勝，遂僭稱東陽王，據五羊驛爲行宫，遣賊衆四出剽掠。信民舊爲廣東參議，有惠政，將至，民争歸之，賊衆日散。信民既卒，侍郎孟鑑等益加招徠，蕭養中流矢，被擒，伏誅，餘寇悉平。

三年夏四月，海賊寇掠海豐、新會，總捕都指揮僉事杜信與戰，死之。參政謝祐、副使項忠，遣指揮張通等往勦，賊遂遁去。備倭指揮僉事王俊有罪，伏誅。鎮守廣東左監丞阮能、左副總兵董興，使杜信往勦海賊，被殺。復遣指揮歐信等分路追之，惟王俊追至清水澳，不獲，還至荔枝灣海面，獲白船一隻。俊取其檳榔、蘇木等物，縱賊開洋而遁，爲中鹽錦衣百户許昇告發，祐、忠等追得俊贓。阮能等奏聞，俊當斬，有旨就彼處決號令，於是誅俊梟之。

四年夏六月，巡按御史盛昺諭瀧水賊，降之。

七年秋，瀧水猺賊作亂，都御史馬昂討平之。時瀧水猺賊趙音旺作亂，合諸山叛猺，大肆殺掠，民罹其害。昂乃調廣西狼兵及獞人，同官軍直抵猺巢，斬獲甚衆。

天順二年春二月，海寇犯寧川守禦千户所。

三月，海寇犯香山守禦千户所。翁信奏海賊四百餘徒犯香山守禦千户所，燒燬備邊大船。上命張通殺賊贖罪。

夏四月，石康縣賊攻破廣西博白縣。殺典史、巡檢及軍民六十餘人，虜去男婦千餘人。上命巡撫僉都御史葉盛討之。

秋九月，命巡撫都御史葉盛覈實廉州奏捷。

冬十二月，海寇平。

三年夏四月，詔討連山縣猺賊。巡撫兩廣右僉都御史葉盛等奏連山及賀縣獞賊，糾衆流劫湖廣江華縣，乞會調兩廣、湖廣官軍，尅期勦殺。從之。

五月，廣西流賊攻肇慶州縣，詔討之。

廣東按察司僉事謝瓛、備倭都指揮同知張通討海寇，獲之。

秋八月，流賊寇靈山縣。

九月，廣西流賊犯廣州，實録：「鎮守廣東左少監阮能奏廣西流賊萬餘，侵犯廣州府界，即令珠場採辦，屢被驚擾，其勢猖獗，流劫鄉村殆遍，若不早爲區處，竊恐貽患無窮。兵部請降勅諭巡撫兩廣右僉都御史葉盛，并總兵鎮守等官，調度所在官軍、土兵、民壯勦除。從之。」廣西猺賊攻圍化州。巡按廣東監察御史白侃奏守備都指揮孫旺不行救捕，乞正其罪。上命旺戴罪殺賊，再犯必殺不宥。

冬十月壬戌，流賊陷德慶州，都指揮僉事韋俊有罪，伏誅。兵部奏廣東德慶州知州周剛等言：「都指揮僉事韋俊不理軍務，每日淫酗爲樂，聞知流賊將至，輒先棄堡入城，及賊臨城，又携妾媵棄城先遁，遂至城陷。乞行巡按御史等官執俊明正其罪，具奏待報，就彼斬首示衆，以爲主將棄守者之戒。」從之。

四年春二月，廣西蠻賊攻破信宜縣城。鎮守廣東左少監阮隨等奏：廣西蠻賊八百餘徒，流劫信宜縣鄉村，乘夜攻破城池。其守禦千户杜英等委城逃避，縱賊劫掠。蓋把總都指揮孫旺、署守備都指揮石鏁號令不嚴所致，請俱治其罪，爲守將戒。上命殺賊贖罪。海康縣民康子汪反，巡撫僉都御史葉盛討平之。廣東海康縣民康子汪聚衆流劫，拒敵官軍，巡撫僉都御史葉盛委雷州衛鎮撫顧雲率軍旗民壯千人捕之，生擒子旺及賊徒八十人，斬首一級，餘賊潰散。盛上雲等功，上命兵部陞賞。

五年秋七月，詔赦廣東蠻寇，是月初十日，詔廣東近因蠻寇生發，已遣大軍勦捕，中間多有良民，被賊驅脅爲惡，因而懼罪不敢復業者，詔書到日，許令自首免罪；有擒殺蠻寇，許赴軍門呈報，一體給賞。峒獠羅劉寧寇興寧，知縣舒韶與戰，敗績，縣民羅澄死之。惠州志：「山賊羅劉寧衆千餘，流劫程鄉、興寧、長樂三縣境。九月，突至興寧之石馬洞，知縣舒韶、典史劉淵帥民兵角陽徑，與賊遇，兵敗潰，賊遂入城，官署民居，悉爲焚蕩。越旬，往寇長樂，其城頗堅，援兵且至，攻圍月餘，不能破，乃歸舊巢。韶初出禦盜，里長羅澄從行。韶敗，墜馬，賊逐之急，衆皆奔，澄亦騎而逃。已而知韶在後，曰：『吾免而棄父母於死，可乎？』飛騎還，翼韶上馬馳去〔一〇〕，澄遂被執，極口罵賊，賊支解焚之。」

六年春，廣西賊入寇新會，縣丞陶魯募兵討平之。廣西賊入寇，民多被虜掠。魯募邑之才子弟有恒産者，號敢勇兵，討平之。自是魯能名益彰，尋擢知縣。羅劉寧寇程鄉，總兵都指揮張通等討斬之。惠州志：「賊寇程鄉，總兵部指揮張通等敗之，斬其渠魁，衆潰入巢。副使陳濂、參議朱成引兵駐蛇坑，命官往招撫，賊乃降，貸其死。後三年，遺孽楊輝、曾玉，復據寶龍、石坑等處，僉事毛吉帥官捕之，直擣窟落，擒戮元惡，醜類盪滅，賊悉平。」

八年春，流賊陷樂昌縣。

成化元年春二月，廣西大藤峽寇寇雷、廉、高、肇等府，以趙輔爲征夷將軍，韓雍爲贊理軍務僉都御史，討之。廣西大藤峽蠻賊久爲害，近年流劫兩廣尤甚，雷、廉、高、肇、韶州諸府地方，皆被殘破。朝議大發兵往征，時兵部尚書王竑薦二人素有才略，可任大事，朝廷從之。

三月，諭廣東各官勦捕流賊。

六年，開設總府於梧州，總制百粤。巡按御史龔晟、僉事陶魯、林錦，以兩廣事不協一，殘賊日熾，復欲得大臣提督，而梧州界在兩廣之中，宜開府焉。兵部尚書白昂奏謂兩廣地方，山川聯絡，境界混連二處，賊徒頻年竊發。廣東惟藉廣西之兵力，廣西亦藉廣東之錢糧，彼此相資，利害相關，雖各有巡撫都御史人員，未免自分彼此。合無會推大臣前去總制兩廣兵馬錢糧，撫治軍民，一應事務，便宜處置，於梧州設立總府，以會議軍務。從之，以太監陳瑄爲總鎮，起韓雍爲巡撫，平江伯陳鋭爲總兵。

十一年，連山賊入翁源黄峒，誘衆作亂，平之。

十五年，猺賊寇陽春，燬縣治，總旗徐洪戰死。

弘治元年，番禺縣盜譚觀福作亂，僉事陶魯等平之。

十六年，惠州大帽山寇起，平之。大帽山本名大望山，在興寧北九十里。時猺寇據之，勢張甚，渠魁彭錦據大信上、下峯，劉文玉據寶龍，練成才、葉清各據險，四出流劫。事聞特命督撫、總鎮檄三司統調漢、達、土兵勦之，始息。

正德元年秋七月，討連州盜梁苟龍等，平之。猺賊入寇。殺死千户林熙、高謙流，檢巡年智。

三年，討東莞塘貝盜，平之。

五年夏六月，連州盜李旺等攻州城，知州張書鯉禦之。猺賊寇新興。

十二年冬十月，九峯賊攻樂昌城。知縣李增破之。明年，又攻乳源，城上治藥弩射之，車不及城，夜放火燒之，賊退。

十四年春，討新寧、清遠等縣盜賊。

冬，恩平賊亂，都御史楊旦討平之。

廣東三面皆瀕海地也。禹貢三江，皆從會稽入於南海。會稽之南，五嶺復有三江，又從廣城南一百里合流入於南海，分東西二道焉。

東道八十里，出古斗村南，自此浩淼無際。增城志：「南海在縣南八十里，至沙貝二十里，遡波羅水，出虎頭門外。波羅水近古斗村。」又東南二百里，抵東莞南海衛。又南六十里，出虎頭門。又南一百五十里，抵南頭城，有東莞守禦千户所，一名城子岡，南通牂牁。其西南有佛堂海門，經官富山，流入急水門海。下海可抵甌越。山海經：「甌居海中〔一二〕。」郭璞註：「今臨海永寧縣，即東甌故地也。」漢書：「閩越國圍東甌，東甌告急天子，天子遣太中大夫嚴助發兵往救。未至，閩越止兵，東甌乃舉國徙中國，處之江淮間。」而後遣人往往漸出，乃以東甌爲回浦縣。今按一統志：「永寧，今黄巖。回浦，今臨海、寧海二縣。海在台州府城東，三縣皆瀕海，海中有尾閭，與海門馬筋相值。自高山望之，其水湍急，陷爲大渦者十餘，乃東海泄水處。北至寧波鄞、慈谿、定海、象山四縣，皆濱海。倭夷諸國，皆抵此登陸。西至會稽山陰縣，北則浙江入於海口。」

自嶺東惠州府海豐縣南八十里，出甲子門，又東至潮州府城南一百五十里，出潮陽東北，可抵閩越。博物志：「東越通海，處南北尾閭之間。三江流入南海，通東冶〔二〕。山高海深，險絕之國也。」今按一統志：漳州府龍溪、漳浦二縣，濱大海，與潮相接。然山多於東甌，故閩越至東甌，東甌不可以入閩越。又東至泉州府城東南下海，行二日抵彭湖嶼。自府正東海道行，二日至高葉嶼，又二日至鼅鼊嶼，又二日至琉球國。

又東則抵青、濟以至登萊，島嶼環抱，爰有蜃樓鮫室，漢書：海傍有蜃氣爲樓臺。木華海賦：「天琛水怪。鮫人之室。」是爲東海。其別則渤澥，故東海又名渤海云。

海運自金陵之龍江爲通路，東往海門，而南行可以至廣州古斗海。晉劉裕滅南燕，還建康，遣孫處襲盧循，至東衝，即此道也。東衝在番禺江中，今東廟前，俗字以「衝」爲「涌」。西道七十里，出上弓灣，見西海壖。南海志：「斜西海近東莞縣。」又西南二百里，抵新會縣，出城南八十里爲崖門。崖門在海中，俗呼海爲「烏猪洋」。又南七十里，廣海衛扼其要衝，官軍每征海寇，必集於此。

又西蜆岡至南寧，有夜郎豚水，出牂牁江，一統志：廣西南寧府，本古邕州，其西南鬱江，一名大江，即夜郎豚水。可通巴蜀。漢武帝發夜郎兵會番禺，即此道也。鬱江合黔江通四川。其西南由憑祥海路，可抵駱越。郭璞謂甌在閩海中。鬱林郡爲西甌，今邕州與思明府憑祥縣接界，入交趾海，皆駱越地也。唐咸通末，安南都護高駢奏開本州海路，從之。初，交趾以北距南海，有水路，多覆巨舟。駢往視之，乃有横石隱在水中，奏請開鑿以通南海之利，詔從其請。駢乃召工，啖以厚利，竟削其石，鑿爲五道，交、廣之民，至今賴之。

又自嶺西陽江縣西南，陽江西南，本吴海安縣〔一三〕。南越志：「縣南小水，南注於海，極目滄嶼，渺望溟波。」抵電白縣東一百里，而往西南出限門，則川流皆放於海。爰有海騁、水犀、龍鯉，南越志：「海中出騁馬，似馬，一角而牛尾。水犀，似牛，出入有光，水爲之開。魚似龍者曰龍鯉。海在電白縣東，連茂名、吴川二縣。限門則在吴川縣南三十里。」是多文魮、珠鱉；南越志：「海中有文魮，鳥頭而魚尾，鳴似磬而生玉。又多珠鱉，狀如肺，四眼六脚而吐珠。」有海人焉，見之則風；形如僧而小，登舟而坐，至則戒舟人寂然不動，少頃，復沉於水，否則大風翻舟。有魚焉，腹有兩洞，皮可飾刀劍，其名曰鮨。長二丈，兩洞貯水以養子，子朝出食，暮還母腹，常從臍入口出。中有軒轅之丘，鸞自歌，鳳自舞，是爲天樂。其外有炎洲，洲上有獸焉，如狸而青，鐵椎擊之輒死，張口向風而活，其名曰「風生」，可以已疾。常持一小杖，遇物指之，飛走輒不能去。有人得之，所指必有獲。若椎破其腦，急以菖蒲塞鼻，乃死。腦和菊花服之，益壽；以酒浸，則愈風疾。洲之下多鮫人蜃氣，或蒸爲海市。海旁蜃氣，時結爲城廓、樓臺、人馬之狀，謂之海市。

去海康縣東十里，對面即爲瓊海，郡邑則居島上。又南則通島夷藩服之國，以千百數。占城、暹羅諸蕃，皆古林邑等國，極多，更易不可枚舉。見星槎勝覽。

自巴蜀而抵于實之西，則水皆西流注於西海。史記：「西海，其東水東流注鹽澤。鹽澤潛行地下，其南則河源出焉。」海一而已。自青齊北至滄洲則爲北海，亦曰瀛海。其別至於極北爲瀚海，南與渤海合，自碣石通朝鮮諸國，直抵扶桑，一望汪洋溟涬，三神山在焉。博物志：「海中有蓬萊、方丈、瀛洲，金銀宮闕，僊人所集。」其西海則通西域樓蘭、姑師，邑有城廓，臨鹽澤，至條支則臨大海。洪邁容齋隨筆：「海一而已。地之勢[一四]，西北高而東南下，所謂東、北、南三海，其實一也。北至於青、滄，則云北海；南至於交、廣，則云南海；東漸吳、越，即云東海；無由有所謂西海者[一五]。詩、書、禮經所載四海，蓋引類而言之。漢書西域傳所云蒲昌海，疑亦渟居一澤爾[一六]。班超遣甘英往條支，臨大海[一七]，蓋即南海之西云。」按邁止據漢書，不考史記，故云無西海，可謂謬矣。以條支所臨大海爲南海之西，則得之。

惟南海居東南委輸之極，爲萬水所宗，故出虎頭、甲子二門，則東、西二洋，隨舶所之，東可以至倭國，西可以通西蕃。故曰海爲百谷之王，以其下也，翕受自北，而東西迤演，夾乎左右，故南海獨弘且遠，稱天池焉。

海寇有三路，設巡海備倭官軍以守之。春末夏初風迅之時，督發兵船出海防禦。中路自東莞縣南頭城出佛堂門、十字門、冷水角諸海澳。海語：自東莞之南亭門放洋，至烏豬、獨豬、七洲三洋，星盤坤未針，至外羅；坤申針，則入占城。至崑崙洋，直子午，收龍牙門港，則入暹邏。若番賊海寇，則入十字門打劫，故防之。東路惠、潮一帶，自柘林澳出海，則東至倭奴國，故尤爲瀕海要害。漳州番舶北風過洋必經此路，水寨去此尚離一日之程，彼處海寇出没，水寨一時何知？倘視我無備，乘虛而入，無柘林則無水寨矣。東路官軍宜於九月無事掣班之時，定以栢林爲堡，阻其咽喉之路，且附近大城所管軍互相哨守，庶保無虞，各據險把隘。西路高、雷、廉海面，惟廉州接近安南、占城，爲重地焉。廉州東水路自榕根大廉港一日至永安，一日至凌禄，日半至雷州，少南二日至瓊州，正北十日至廣州。西水路自大潭口半日至大洸港，少北一日至平銀渡，正西二日至欽州；歷猪沙、南沙、大石、三娘灣，爲雷三墩、箆簩灣、水急灣、麻藍頭、牙山、七十二涇、龍門、小海、茅墩、官渡等處，東經烏雷頭而達合浦。又自烏雷正南二日經涌淪、周墩而至交趾永安州；歷大、小鹿墩、思勒隘、茅頭，少東則曰龍尾海。東府界至南大海外，抵交趾、占城二國界。泛海者每遇暴風，則舟飄七八晝夜，至交趾青州府界；如舟不能挽，徑南則入占城。又自郡城西橋下舟，沿海而東，至永安千户所，則歷乾禮、高德港、冠頭嶺、龍潭、武刀、白沙、珠場、隴村、禄村等塞地方。瓊志又云：儋海之西與廉境對，順風一日可至。唐置廉州，地控海口，有瘴江，西南置鹿井砦，東南置三村砦以守之。東至白州百二十里，西至欽州三十里，南至大海六十里，北至欽州界百四十里，西南即儋也。據此，則廉之東實與瓊之儋州相望。

營堡

廣州府

南海縣城西營，城北營，城南營，茅滘埠，洲岡埠，石門埠。

番禺縣白墳營，神頭營，在城東營，波羅等八埠，波羅、石岡、獵德三埠，烏涌、車陂二埠。

東莞縣企石營。

香山縣鎮頭角營，南禪佛營，縣港口，象角頭，浮虛營，大埔洋營。

順德縣黄涌頭營，四面環海。仰船岡、三瀝沙哨。係黄涌營所管，與新會接界。

新寧縣倉步營，坐南蓢村，離縣四十里，去甘村營三十里，四面通新會、恩平、新興三縣。甘村營，坐上澤村，離縣三十里，去城岡堡二十里。城岡堡，與城岡巡檢司同城，離縣七十里，去那銀堡二十里。那銀堡，坐那銀村，離縣九十里，去何木堡三十里。何木堡。在何木逕〔一八〕，離縣一百二十里，去廣海衛十五里。已上五堡，俱久亂地。

新會縣利逕營，在古勞，近蓮塘等二十村，有崑崙、皂幕二山，通新興、高明，山嶺險阻多賊。汾水江營，在懷仁都，近江山十六村。水哨赤水口營，在得行都水邊，近餘良尾等六村，有五坑垌檢峴凹山賊。峴岡營，在得行都，近合山等十八村，有羅漢山浪賊。良村營，在古博都，近麥村等二十六村。鬼子窟營，在登名都，近甘村等二十村，防鬼子窟、良金、雲永山賊。五坑逕營，在登名都，近沙岡等三十村，防甜水坑、良金、雲永三山，逕道多岐，接連新寧、恩平二縣賊。長沙塘營，在平康都，近長沙等二十七村，有北臘、山船〔一九〕、金坑、雷公巖、斬頭等山賊。遊魚山營，在平康都，近象江等十八村，防石巖頭、金良二山賊。金釵營，在平康都，近石灘等三十六村，防牛仔欄、北臘、王坑、王牯嶺、羅漢等山，通新寧、恩平二縣浪賊。寨壕逕營，在平康都茅岡甲，防羅漢大山，連新興、高明、恩平、新寧界多賊。水流逕營，在得行都，近倉步營，有北炎等十九村，防新寧上蓢、張邊、恩平交逕等山賊。倉步營，在新寧縣地方，與本縣赤水口逕營相去三十里。火爐嶺營，在潮陽都，近菓園等九村，防新寧石皷村浪賊。臨江臺堡。在華鍔、歸二都，地方濱海防海寇。

三水縣鴨埠水營，界牌石營，在白坭上、下二都，并魯村水口，抵界南海白廟營并滄江口，至五頂岡止一帶河岸，及婆子角、鳳果沙一帶海面，胥江西南三水、橫石四巡檢司各撥弓兵十名，防四會、清遠各山猺賊。巖石營。在城北六十五里。

從化縣上塘營。防十八山、苦菜塘、松子㯶等處巢峒。

清遠縣老虎峒，鑼鼓灘營，板潭營，禾雲營，合頭營，黃栢逕營，鴨春逕營，石川逕營，黃岡逕營，大燕水營，正江口營，秦王逕營，楓坑營，峽口營，白泡潭營，丫磯水營，鼓樓岡營，黃峒水營，高田營，金斗角營。已上二十營，防大羅山并四會、英德諸猺賊。

陽山縣白芒營，在通儒鄉串鼻洛地方，路通連山，防守上、下白芒賊。高灘營，在通儒鄉十二車地方，連白芒、老鴉坑，險路通連山地方，防白芒、老鴉坑賊。飯甑營，在通儒鄉户村地方，連稍佗、白水，險路通廣西懷集石角山，防稍佗、白水山賊。大崀營，在通儒鄉青洇地方，險路通廣西懷集黃潭等山，防汾水凹山賊。琵琶逕營，在通儒鄉等村，路通廣西懷集黃潭等山，防茶坑、南北、西水山賊。江頭圳營，在通儒鄉廟仔等村地方，連南北、西水，險路通廣西懷集黃潭等山，防南北、西水山賊。旱塘閘，在通儒鄉坑塘地方，路通廣西懷集，防清油、草塘賊路。馬丁民營，在通儒橋下山等處地方，路通廣西懷集，防古嶺山賊。馬丁兵營，在通儒橋下山等處地方，路通廣西懷集，防馬丁、古嶺賊路〔二〇〕。李峒營，在通儒鄉烏石峒地方，險路通四會、清遠、大羅等山，防大窣、焦坑、黃沙坑賊〔二一〕。佛子逕閘，在通儒鄉牛皮巖地方，路通四會、清遠大羅等山，防大窣、焦坑、黃沙坑賊。黃栢逕閘，在通儒鄉老虎坑地方，防清遠大羅山賊。梅花逕營，在通儒鄉白竹莨地方，防清遠大羅山賊。沙涌閘，在通儒鄉魚水地方，防清遠大羅山賊。石盤閘，在常歲鄉鄺家舖大橋地方，路通英德，防杉木角賊。大青藍閘，在常歲鄉大橋等處地方，連天堂嶺，路通乳源縣莽山地方，防天堂嶺賊。小青藍閘，在常歲鄉雷峒、大橋等處地方，路通乳源莽山地方，防天堂嶺山賊。高橋閘，在常歲鄉神下坪地方，險路通乳源莽山界，防黃沙坑猺賊。牛仔營，在常歲鄉田心、小車地方，路通乳源縣界，防企山、滑涌坑賊〔一二〕。長塘閘。在常歲鄉大東山地方，路通湖廣宜章縣界。

連山縣白沙營，在茅舖岡，防鷄籠關、臺子閣山賊〔一三〕。黃南營，防沙田峒黃南、梅水界巢賊。大眼營，在上草峒，防草峒、大、小眼及賀縣上、下均峒、鹹石等山賊。拳石營，在山禾峒，北防大冲、倒水，地接湖廣蕉花、石角等處賊巢。沙坊營。在諸鶯鄉。

韶州府

曲江縣上道營，白沙堡，總舖堡，古羊堡，白芒堡，解溪堡，黃金堡。已上七堡，俱防江邊多賊。

樂昌縣黃土嶺隘，銅鑼坪隘，象牙山隘，塘口隘。

仁化縣風門凹隘，七里逕隘，赤口逕隘〔一四〕，城口隘。

乳源縣平頭隘，路通湖廣宜章。黃金峒隘，路通湖廣宜章。月坪、杉木角隘。路通陽山。

翁源縣桂丫山隘，南北嶺隘，東桃嶺隘〔一五〕，銀場逕隘，東瓜嶺隘，佛子凹隘，道姑巖隘，甲子磜隘。

英德縣跌牛石營，在縣西二十里。原設有金皂口、虎尾逕、魚梁埠、燕石、麻埠、丹竹逕六處，共設募兵四百五十名。近因賊勢猖獗，兵分力弱，嘉靖乙卯，所司議以今營爲適中地方，遂以募兵併爲總營，設指揮一員統之。建官廳一所，兵房一百三十間，周圍環以墻，外爲溝。地方有事則協力截捕，無事則屯守。虎尾逕營，在縣北五十里。清遠西山猺寇出没，道經於此。原設民兵一百名防守，近因賊勢猖獗，兵分力弱，議建跌牛石營，遂以民兵掣併，改調狼兵五百名，以指揮一員統之。立營一如跌牛石營之制。大廟營，黎峒營，殺鷄坑營，流寨營，鹿子磯營，波羅坑營，黄寨大塘營，沙口埠營，三板灘營，望夫崗營，石尾營，太平營。

南雄府

保昌縣平田凹隘，不勞石隘，南畒隘，葉田等六口子，紅梅隘，北坑村口子，百步隘，羊頭嶺隘〔二六〕，趙坑口子，百順隘，林溪、石閑〔二七〕、塘源三口子，冬瓜隘，紅地村口子，脩仁堡。

始興縣沙田隘，猪子狹隘，花腰石隘，河溪廟隘，桂丫山隘，涼口隘，楊子坑隘，界灘堡，斜潭堡，江口堡，水口隆。

惠州府

歸善縣蜆殼營。

博羅縣橘子鋪營，南坑營，橋子頭營。俱界龍門第七等屯。

河源縣古城堡。

興寧縣逕心隘，羅岡隘。

和平縣三角山隘，中村隘，犂頭鎮隘。在縣東百二十里。

海豐縣油坑營注四，赤崗營注五，謝道山營，在縣南二十里。湖東澳軍營，魚尾澳軍營，南沙軍營，南竃軍營，在縣南五十里。長沙軍營，在縣南八十里。石山營，大德軍營，濱海。大磨軍營。

潮州府

海陽縣北關鎮，坐海口，在縣東南六十里。潘田堡。坐豐政都潘田村，在縣西北一百三十里，僻在山谷，通潮、揭、漳、饒。

揭陽縣獅子營，在霖田都。馬頭營，在藍田都。已上二堡，原有官軍防馬駿山、石碇口、亡峯徑等處流賊，今廢。

長布營，在梅崗都。大場鎮，在鮀江蓬州都，今廢。夏嶺鎮，在鮀江蓬州都，今廢。新港鎮。在鮀江蓬州都。已上三鎮，原有官溪，東并東、西新港口，接連馬耳、菜蕪等海澳，賊入，今廢。

饒平縣竹林堡，在宣化都。漁村隘，在宣化都。小榕、平溪、嶺脚、牛皮石、九村、黄坭、大徑、鳳凰、小村、青竹徑十隘。在弦歌都。

大埔縣烏槎營堡。在三河巡檢司，防小靖、看牛坪、墶坑三寨，招撫賊黨。

肇慶府

高要縣金鷄坪營，在温貫都雲樓山，去縣治四十里，近高明縣九曲逕。貝水營，去縣治東七十里，在貝水村地方，近大河。白坭營，去縣治西一百三十里，在思勞都地方。雲初營，去縣治西一百三十里，在思辦都地方。蔡逕營，在縣治南一百一十里，在思辦都地方。霧逕營，去縣治西九十里，在市院都地方。白泥埠，在縣治南三坑地方。狗逕營。去縣治南一百里，在思辦都、幕二都地方。

四會縣黄沙營，在縣治東太平都。古竈營，在縣治東太平都。大坑營，在縣治東大圃都地方。大逕營，在縣治東大圃都。青草營，在縣治東大圃都。黄桐營，在縣治東太平都。峽逕營，在縣治東太平都。沙田營，在縣治東舟官等都。鶴瓜營，在縣治東舟官、寺山二都。已上九堡，防北邊一帶山賊。哨捕河岸，在縣城外興賢仁受都。截捕營。

高明縣都含海口營，在縣治東四十里清溪甲地方，近大河，防海賊。長圳營，在縣治北五十里羅格、阮埇二甲，扶麗、蘇村等村，近大河，防江賊。長崗營，在縣治西南六十里高村布社都地方。竻塘營。在縣治西六十里馬安都。

新興縣東營，在縣東三里梱村。西營，在縣西二里曲峒村。通利營，在縣治東十二里布顛村。白鳩營，在縣治東四十里雲禮村。高村營，在縣東六十里高村。蘆利營〔二八〕，在縣治東六十里。平安岡營，在縣治東南八十五里雙橋村。石子營，在縣治東南九十里羊岔村。張公腦營，在縣治西南五十里密洞村。第八營，在縣治西南七十里第八屯。茶崗營，在縣治南二十里何村。裏峒營，在縣治南四十里上、下裏峒村。東山營，在縣治北八十里東山村。料峒營，在縣治北九十里料峒村。曲龍營，在縣治北九十里灣邊村。長逕塘營，在縣治北九十里大涨村。長嶺營。在縣治北九十里塘村。

恩平縣塘宅堡，在縣治東北一百里長居都，今移參將府於此。馬岡營，在縣治東北八十里静德都。紅嘴山營，在縣治西北一百里静德都。獵逕營，在縣治東北一百二十里静德都。已上四堡，防會、寧、新、高諸賊。樓逕營，在縣治北七十里静德都，近官路，連接紅嘴等大山，防紅嘴山賊。祠堂營，在縣治北五十里仕峒村，逼近化眼潭等山，防化眼潭等山賊。火夾腦營〔二九〕，在縣治西南三十里水東都。長沙營，在新會縣地方，離縣一百二十里，防新會各山賊。鎮安屯，在縣治東南六十里得行都。教場營，在縣城東。巡哨新恩地方。

陽江縣永安營，在縣治東八十里喬馬都黄竹逕地方，防新寧白水山賊。馬牯逕營，在縣治東一百里北慣都地方，防新寧白水等山賊。麻緦營，在縣西八十里虔儒都，防陽春、樂安等山猺賊。蓮塘地方，在縣西六十里，防陽春、恩平大山浪賊路。戙船灣。近大洋，防番寇爲害。

陽春縣北寨逕，在西南界。蕉林逕在西南界。曹峒逕閘，在東北界。白水逕閘，在東北界。蟠龍逕閘，在東北界。牛厄曲營，在縣治北一百二十里思良都，防新興黄三坑、恩平君子等山賊。巖面營，在縣治北一百五十里順陽都，防瀧水、四賀等山猺賊。灣口營，在縣南六十里順和都〔三〇〕。鳳凰營。在縣南九十里太平都。

德慶州南江營，在州治南岸十五里瀧水小江口，近大河。大埇營，在州治南七十里大江南岸東。大力埠在州治西七十里南岸大力水口，近大河。思和營，在州治南一百里瀧水小江西岸。三嶺營，在州治南二百二十里晉康鄉新定里。塘底營，在州治南二百里晉康鄉。送鬼嶺營，在州治南一百七十里瀧水小江東岸。茅坡營，在州治南岸，去州九十里。平村營，在州治西八十里都城鄉，近大江上峒地方。蔴地營，在州治西九十里都城鄉萬峒地方。大塘營，在州治西八十里都城鄉。大石嶺營，在州治南一百一十里南鄉儒林里。山柏營，在州治南一百五十里南鄉儒林里。何木逕營，在州治南二百五十里南鄉儒林、富禄二里。步雲營，在州治南二百八十里南鄉地方。查峒營，在州治南三百里南鄉瀧水縣界。木源營，在州治南三百里南鄉地方。新安堡，在州治南二百二十里南鄉地方。白馬營，在州治南一百八十里南鄉儒林里。羅傍營，在州治西八十里南岸羅傍水口，近大江。蘇塘埠，在州治東三十里。西灣營，在州治西十里，近大江。沿頭埠，在州治西八十五里，北岸近大江。緑水埠，在州治西六十里，北岸近大江。大、小澗埠，在州治東三十五里，北岸近大河。冷水埠，在州治西三十里，北岸近大河。野芋埠，在州治西五十里，北岸近大河。龍目埠，在州治東四十里，北岸近大河。辣頭埠〔三一〕，在州治東四十里，北岸近大河。下埇埠〔三二〕，在州治東四十五里，北岸近大河。思蘇埠，在州治東四十五里，北岸近大河。蓬遠埠，在州治東五十五里，北岸近大河。媳婦頂埠，在州治東六十里，北岸近大河。降水埠，在州治東七十五里悦城鄉，北岸近大河。大塘埠，在州治東六十五里，北岸近大河。蓮湖埠。在州治東八十里，北岸近大河。已上十四埠，俱在大江北岸，防守南山賊。

瀧水縣水西軍營，在縣治西二里。水東營，在縣治東河二里〔三三〕。茅尖營，在四五都地方，去縣十八里。大茜營，在三、四都地方，去縣十餘里。鐵場營，在縣東南五都地方，去縣一百里。惠鷄營，在縣東南五都地方，去縣一百一十五里。雲青營，在五都地方，去縣一百一十里。龍角營，在瀧水、陽春二縣，陽江所屯界岐地方，去縣一百二十里。舊東民營，在縣治東十里四、五都。舊西民營，在縣治西十里三、四都。舊帽岡民營，在縣治南一百里開陽一都地方。舊竇州民營。在縣治西南一百二十里一、二都地方。

封川縣。麒麟、白馬二山賊，嘉靖二十四年剿盡，今荒，無邊患，營堡俱廢。

開建縣會珠營，在縣治北六十里四都地方，防懷集金鵝、松栢、南水、上帥、下帥諸山賊。萬保營，在縣治北四十里四都地方，防賀縣深埇、懷集牛欄、羊橋、銅鐘、古城諸山賊〔三四〕。獨住營。在縣治北三十里三都地方，防賀縣深埇、塞山、奇勘、磨刀、田源諸山賊。

高州府〔三五〕

茂名縣東門營，舊電白堡。在地安鄉，去縣四十里。電白縣城獅子堡，在縣西七十里德善鄉。龍門營，在縣西四十里德善鄉。三橋堡，在縣治西七十里那夏驛。

信宜縣城嶺底堡，在縣治東六十里，近羅馬村，防懷鄉、聖峒、六定、嶺底各猺。忠堂堡，在縣東九十里，近論村防坡頭、竹雲、忠堂各猺。

化州城平定堡，在州西北一百八十里。梁家沙堡在州東北一百九十里。

石城縣三合堡，在縣治東北，防界廣西陸川猺。那樓營。在縣西八十里，近遷息安驛。

吴川縣。

雷州府

遂溪縣橫山堡。在縣西北六十里，防高、廉、博白諸賊。

廉州府

欽州防城營，在州治南二百里時羅都。思勒營，在州南二百五十里四峒地方。羅浮營，在州治南二百五十里四峒地方。陸眼營，在州治西北二百五十里永樂鄉三圖。那迫營，在州治西北百五十里新立鄉都隆等村。黃觀營，在州治西一百二十里新立、永樂等鄉。那羅營，在州治西一百一十里，兼界那陽、龍王等村。團圍營，在州治西一百三十里，兼界那娱、那王等村。總捕營廠。在州治西二百里永樂鄉三圖，兼界廣西。

合浦縣新寮堡，在縣治東五十里新寮閘村。山口營。在縣治東南一百四十里。

靈山縣洪崖堡，在縣治北三十里。石隆堡，在縣治東北七十里。八角營。在縣治西北一百二十里。

瓊州府

瓊山縣大坡立營，土舍督兵防守居林、居碌、沙灣三峒黎，今已安業納糧，不差出兵聽調。白沙營。防白沙、東營、芒芋三港賊入。

澄邁縣居便營。在南黎地方，防茅甲已等村峒生黎搆同瓊山居林、居碌、沙灣三峒黎爲患，今廢。

臨高縣那零營，在那錦舖。屯建營，新安、三家、末落、烏石、博白、黄龍、呂灣、博頓八港。

感恩縣縣門堡、南港、嶺頭、白沙、南北溝，黎港，在本縣西北。抱駕港，白沙灣。在縣南外，水深，寇船易入。

崖州合水營，牙力營，在本州九所地，舊有羅活、千家、多澗等黎爲患，故置官軍防守。嘉靖二十六年大征，遺黨不多，今營已廢。榆林、牙狼、不頭、利桐、玳瑁洲港澳。在州東界。

定安縣嶺背營〔三六〕。先年思河、光螺峒〔三七〕、水口、嶺背等村黎，搆同瓊山居林、居碌、沙灣賊首黎佛二爲患，設南倫營防守。嘉靖十三年剿平，改今營。

文昌縣白延架營，防斬脚峒黎屬并別境流賊。舖前、木欄、抱虎、七星港澳。與瓊山連洋大海，賊船易入。

樂會縣猪母營防守，加略、中心等村生熟黎。沙牛壩營。防葵根、水口等村黎。

萬州莆苧營，防鷓鴣啼等村峒黎。南頭營，有黄坎、改體、抱打、羅透表、羅眉、無俗等村黎爲患，故置。沙牛壩營，防迤北龍吟、青山與樂會縣縱横峒、葵根、水口等村諸黎。驛北營，在北段，防本州與陵水合界牛嶺、海灣路口諸黎〔三八〕。鎮南營，在南段。南港、蓮塘、蓮岐、大塘、新潭港澳。通海賊船易入。

陵水縣絡縧營，防桃油、信脈、山澗、打縧、朝纏、凡遐等村黎。鴨塘營，有壽山、蘆嶺最險，黎爲患，故置。合水營，有白水、回峯、番枞若、那龍等村黎爲患，故置。水口、黎菴港門。通海賊船易入。議者謂萬州等處多盜，惟陵水牛嶺猶人心腹之疾，蓋海灣平陽之地，賊據險殺人刼財，歲無虚日。宜於牛嶺之南曰南峒建一鎮南營，而以南山千户所領哨百户一員，領原哨軍五十名就還牛嶺巡檢司佐之；牛嶺之北曰楊梅建一驛北營，而以萬州千户所領哨百户一員，帶領哨兵五十名就還蓮塘巡檢司佐之，凡軍民客商往來，則量撥軍兵護送交割。

廣州府

南海縣關一。在太平橋北。把截所五：西廟、第二橋、戙船澳、石門、長橋。

番禺縣關一。在清水濠口。把截所五：雙橋、流水、相對岡、官渡頭、波羅廟。

東莞縣關二。一在城北，一在城西。把截所三：南岡頭、沙潭、蘆荻角。寨二：武山、在縣南。虎頭。在縣東。

香山縣把截所四：石岐、在縣西。東洲門、在縣東。乾務、在縣南。大人嶺。在縣北。

新會縣關五：東、西、北各一，白虎頭、官來逕。把截所八：長沙、在縣南海旁。企官、在縣西南海旁。雙烟整、在縣西南潭溶口。潭溶、在縣西南。仰船岡、在縣東南。企頭、在縣西南海旁。横山、在縣西南海。寨門。在縣西海。

清遠縣寨一十七：獨石、黄田、田心、洋子、蓮梗、雙石、水西、亂溶、白灣、牛挨石、羊坑、雷坑、石閣、老虎峒、桃枝、横石、企石、三木坑。

連州關一：鷄籠。在石泉鋪西七里。

秦漢之世，當山海阨塞、姦宄出没處，立亭設長，掌兵夫以譏察詭異。王莽時猶置南海亭於揭陽。此即今制巡檢司之始也。

海道、江道哨兵

東莞縣南頭、屯門、鷄棲、佛堂門、十字門、冷水角、老萬山、伶仃洋等澳。

香山縣浪白澳。

廣海衛望峒澳。

潮州柘林澳，與漳州切界，外抵諸蕃。碣石海澳。在惠州東二百里。

惠來縣靖海澳。在縣東。

石城縣兩家灘海澳。在縣東南三十里，通大海，賊船多泊於此。

吴川縣廣州灣。在南三都地方。

欽州龍門港。

瓊、雷二府白沙、石礧、埠頭、文昌各港。

雷州：海安、海康二所海港。

德慶州：南江。上自都城，下至楊柳止，凡二百里。瀧水小口。

增城營六：在北門外一里曰北營，在西門曰西營在縣治三里寨嶺下曰山寨營，原在下都江口村，名江口營，今改移此。在龍門界曰鎮安營，在番禺界曰白墳營，在番、從之界曰社邊營，在從化界曰鷓鴣逕營。

清遠陸兵一十一營：禾雲營、在池水鄉，南至縣一百里。楓坑營、在池水鄉，東至縣七十里。白石逕營、在清平鄉，北至縣五十里，南至番禺縣圓岡圍界三十里。黄竹逕營、在清平鄉，南至縣五十里，東至番禺揚武界二十五里。大廟營、在英德縣懷義都，西至本縣八十里。紫馬營、在湛江一圖，西南至縣一百里。龍聚塘營、在湛江二圖地方，去城一百二十里，南至從化白土界十里，東至鷓鴣嶺界二十里，西至番禺縣揚武界二十里。獅子逕營。在滘江一圖地方，東至從化佛子凹界十里，西至本縣一百五十里，南至番禺揚武界十五里，北至英德黄花峒界三十里。本縣城外吉岡、後岡兩營，俱離城二里。守備司。已上俱係陸兵。老虎峒營、鑼鼓灘營、板潭營、合頭營、黄柏逕營、鴨春逕營、石川逕營、黄崗逕營。已上見廣志，今俱裁。江道十營：鷄坑營、牛皮塘營、黄峒營、滘江口營、梨塘營、教場營、池水營、山塘營、大燕營、塔埇營。

新寧分猪坑營、三合營、官步水營、甘村營、今廢。蒼步營、今廢。望崗營、今廢。荷木營、那銀堡、城岡堡、今並廢。那西、旺北二哨，哨船二隻。

本縣阻山濱海，前時寇盜竊發，地方不寧。弘治間，立白石堡於縣東，調軍哨守。既建縣後，設那銀、荷木二堡，遷望高巡司於海晏巡守。然地方廣闊，武備疏略，守之不足。嘉靖十年，撥廣海衛左所官軍來縣守禦，又設城岡堡、甘村、蒼步等營，調集客兵哨守。三十五年，勦平石鼓等盜，復置三合、那西、羊公逕、更鼓水、老榕逕、苔村六營，以防餘寇竊發。復因兵多虛冒，地方粗寧，隆慶間，前項營堡廢撤殆盡，尚存募兵百名屯縣，且哨且守，其時民獲安枕者，職此之繇。自募兵撤而所賴爲衛，止孤軍耳，軍止守城，城外毫不能力，而地方遂復脊脊多事。萬曆十六年，知縣揭廷植以分猪坑險要多警置營，而輪撥餘丁守之，又申設哨船二隻、兵四十名，以哨那西、旺北一帶海上。二十年，知縣王學尹申復三合營。三十四年，知縣熊文華申復荷木堡，增置官步營，皆扼西南險要之塞，但盜多兵少，且統者非人，而虚冒過半，緩急未可恃。議者謂當及今權酌糧食，復原募兵百名，平時屯守城池，有警則哨捕四境，庶幾姦宄知戢，而雞犬有寧日乎？

廣海衛水寨汛地，二百里東至新會厓門界，又二十里至香山虎跳門、竹篙尾界，一百一十里西至陽江娘澳界，二百五十里南至外洋，三十里北至新寧坤蔞界。

陽山　山心營、稍逕營、旗鼓營、長湧營、九牛營、茶坑營、丹竹營、天堂營、馬丁營、何皮營、李峒營。哨守江道兵五堡、通儒堡、三峽堡、燕石堡、犀牛潭堡、歪口螺堡、白芒營、高灘營、飯甑營、大崀營、琵琶逕營、江頭圳營、旱塘閘、佛仔逕閘、黄柏逕閘、梅花逕閘、沙埇閘、石盤閘、大青藍閘、小青藍閘、高橋閘、牛仔營、常塘閘。

仁化　赤石逕隘〔三九〕、縣西四十里。七里逕隘、縣西六十里。長□□、縣北七十里。城口隘、縣北九十里。平安營、縣東北五十里〔四〇〕。盤石營、縣東五十里。厚塘營、縣東五十里。水西營、縣北七十里。石塘堡、縣西四十里。繁華堡〔四一〕、縣東五十里。高崗堡。縣東北七十里。

翁源　南北關隘，距縣一百九十里，抵江西龍南界。桂山丫隘，距縣一百八十里。赤竹蒽茅隘，距縣一百七十里，抵連平界。太坪逕隘，距縣七十里始興、曲江界。江鎮隘，距縣四十里。甲子磜隘，距縣二十里。佛子隘。距縣一百三十里，抵長寧界。舊有東桃隘、銀場隘、梅花隘、畫眉隘，崇禎八年割屬連平州。

潮陽　河溪隘，在縣北二十五里地，與大化山連，山與洋海相接，村煙遼曠，時有寇竊。隆慶三年，知縣黄一龍始於斗崖高處設爲瞭望之所，募民丁戍守，以望海艘，遇至，舉旗爲號，行者即止。於是前患少息，往來稱便。門闢關，在縣北六十里門闢村，前臨大江，是爲潮、揭之界。舊設巡檢司在焉。今司與關俱廢，而官獨存。

余少嘗讀書鳳山東浮白嶼，西入泉塘，其山蓊鬱，中隱巖谷。從山嘴逡巡而下，見其内曠若堂室，旁若綺窻，上徹三光之明，下瀉百尺流泉，間有古梅，其子大如碧荔，有枝無葉。坐久，天風泠然，絶不聞山外樵斧聲，疑爲昔人避地之所，每欲從人借居之，未能也。及邇來山海煽亂，聞各村避亂之民，往往於深山中覓得巖穴之勝，多不下此，急即亡匿其中，自以爲固矣。乃賊竟以里人爲嚮道，盡識其處，率騈首就斃者。不則反爲賊所據，如林二翁穴之屬，林二翁穴在巡梅山後藪澤間，内深無際。適足以貽山川之累，爲生民蠹也，於勝乎奚取？作志者林大春，號石洲先生。

惠來　靖海關，在縣東南六十里，有守禦千户所，西關爲産鹽之地。龍崗關，在縣西三十里，有東、西二關，西逼龍崗溪，東通林招渡，頗稱險要。神泉關，在縣南十五里，有巡司，逼近大海，南關尤險。東客營，在縣西五里。弘治六年流賊童阿王據此劫掠，始築堡，以民壯一百六十名守之。正德十四年，賊首曾鈀頭復據此爲營，次年就擒，遺址尚存。

澄海　總兵府，萬曆四年置，在南澳山之深澳。山孤懸海中，界在潮、漳之交，而屬潮居多，舊爲饒平縣信寧都。四山高聳，可避風汛，周遭水面約三百里。沿山腴田數千頃，頗擅山海之利，歷代居民殷富。宋避元兵，駐此數月。國朝洪武二十六年，信國公湯和奉命經略海上，謂其窠倭，遂徙其民而墟其地，其田糧則派之海陽各縣，至今街衢遺址尚存，漁獵往來其間，稱爲水國。以其界在兩省之交，鞫爲盜區，棄而不守。嘉靖三十七年，海寇許朝光、吴平、曾一本輩相繼竊據，勾引倭奴，泊舟爲患。是年，閩、廣軍門殷公正茂、劉公堯誨會勦平之，奏立南澳副總兵，協守潮、漳。合用部兵，即以潮之柘林寨水兵、漳之銅山寨遊兵，共船八十二隻、官兵三千六十六員名充之，分撥信地，海上防守。又增專守深澳中軍水哨之官一員，大小船十一隻，捕兵四百名；專守城池把總二員，廣營、福營隊兵各三百名。此鎮既設，不惟海寇駐足無地，抑且逋賊出没不便，雖從此以爲久安可也。

論曰：余志建置有重慨焉。郡縣之設，非爲弭寇安民計邪？國初潮統縣四，後以盜故，增而七矣，今復十之，猶不足收保障功邪？而所邪、司邪、海防邪、總府邪，百里内又何哉弁而蒞者之碁置星羅邪？豈不謂海濱曠莽，地大防疏，不得不分封以便控制也。嘗考孫吴時鍾離牧守南海，先是揭陽賊帥曾夏等聚衆數千，歷十餘年，以侯爵、雜繒千匹購募，絶不可得；牧至，遣使慰譬，悉皆首服，自改爲良善。夫揭陽去南海千里而遥，豈易以控制者？而牧馳一介使諭，降十餘年逋寇，何曾恃衆建之力哉？時始興太守羊衜稱其恩威智勇，有古人風。以今多才，豈無一恩威智勇如牧者，於以折衝千里，而日割裂寓縣，廣置職員，以冀治乎？豈今昔勢異歟？余不能無慨云。

信宜　嶺底堡、在縣東六十里。忠堂堡。在縣東九十里。關七：曰銅鼓、六豪、白石、平地、山棗、萌山、黄坡嶺。

儋州　黄牛營堡、在州南十里。落窑堡、在州東南四十里。落基堡、在州東四十里。歸姜寨、在州東北四十里。田頭寨、在州西南四十里。嶺頭堡、在州南二十里。保吉堡、在州東南二十里。揚威後營、在那大。墳環營、蓬墟營、南巢營、松柏營、催羅營、落便營、腰西營、大羅營、槎鶯營、可墨營。

增城

天啓七年八月，山盜大起。十一月望日，賊首賴雞二掠蔣村，至從化太平墟，爲鄉民生擒之。從化志同。

崇禎元年九月，賊首黄仲積劫田美村，殺千户唐繼祖，副總兵陳珙勦之。

二年九月，知縣陳世鳳計擒賊首廖九寰等，磔之。

三年正月，從化賊首鍾國讓伏誅，其弟國相復聚衆寇掠。

十一月，國相往劫博羅銀岡，返至增城西郊，與賊首黄仲積、廖丁髻等合薄城東屯望頭村。

十二月，寇湯里分諸村。

四年五月，知縣陳世鳳覘回，復計擒仲積，誅之。

從化

崇禎四年二月，巡按御史高欽舜遣參將陳照、李相協勦上、下山盜，誘賊首陸彦博、賴丁髻、廖大鼻等，誅之。鍾國相潛遁，爲清遠官兵所殺。

五年五月，總督王業浩遣參將李相復勦上山盜，擒賊首張惟冲，磔之。搗其巢以歸。

清遠

崇禎六年盜劫四會縣，殺死捕官，突入縣城。指揮陳課等追至英德之鐵屎坪，生擒賊首陳尖嘴等，誅之。

新寧

隆慶四年正月六日，倭賊破廣海衛，指揮王貞、鎮撫周秉唐、百户何蘭死之。五年十一月，倭賊犯新寧。十二月，大破倭賊於那西。

翁源

嘉靖四十五年，賊首官祖政作亂，大征勦平。隆慶中，餘黨張廷光等復熾。六年，南贛撫臣提兵自龍南直趨翁源，平之，因於三華山置鎮。

崇禎三年，九連山寇鍾靈秀、陳萬等聚衆千人，陷始興、樂昌，犯翁源，南韶道瞿士達會兵堵截，靈秀等就戮，三載乃平。

惠來

嘉靖三十七年，倭賊攻破龍溪、都岐、石村等處，垷圍指揮楊某死之。

三十九年，賊首黄啓薦等攻陷甲子所城。

四十年，饒平賊張璉反，總督軍門吴桂芳發兵討之。

四十一年，始議招撫。

四十三年，海賊吴平等挾殘倭犯城。

隆慶五年九月，海賊楊老攻破甲子所，千户董某死之。

十月，海賊林鳳攻陷神泉司城。

新寧縣志

水路

自縣治西遶北至東，踰紫霞、法竹、那西、斗峒、潯陽，凡繇海順風可一日夜，逆風可二三日達新會。自西遶北至西，繇交荻嘴可一日達蜆岡，而上小水至恩平。

陸路

自城南門繇籍帽山下行二十里至玉懷峰，又南二十里至甘村營，十里至矬峒場過渡，十里至甘蔗山下，三十里至廣海；繇廣海西行十里過荷木逕，二十里過上公嶺，出海晏都，二十五里至白飯逕，又前十五里抵海晏場，四十里過横山渡，至斗門，又四十里至紫羅逕，出竹山村，三十里至海蔄千户所。自城西門出行二十里至孔公山，又前二十里至朝境，又行三里至蒼步營，十五里至赤水口，過江抵蜆岡驛。城東門陸路有二：其一直東三里過温邊、白石，十五里至平山，又十里至石板潭，直連百峰山，群山連接，直東通古兆山；其一繇東北二里過石人山，十里過石皷，又三十里過苦草逕，出新會潮陽都，三十里過清膽、石渡，十里至何村，又四十里達新會。昔成化間，邑治未分，縣丞陶魯以新會至廣海，繇厓門出大門洋，有風濤之險，且多海寇，舟憚來往，建議繇法竹上流三合水，因其故流小水開鑿，繇漁塘至黄塘二十餘里，通甘竹水。然水勢高下莫能注接，竟不成功。今其遺址尚存。

增城縣志

萬曆九年，奉例清丈，有司言田地故有官、民。官者，官之所有給民耕之；民者，民自買賣者也。歷朝更變，至於今，官者盡屬於民，空存故號，即其所坐，識別亦難。請如江西奏可，概以民丈定賦，官米等隨晦派之。實丈得民、僧、道田地山塘六千七百五十九頃九十五畝二分九釐一毫，至十年攢造。

按民田，民自買者，輸糧外有繇役甚苦，縣官不得更重取之，故其科也輕；官田，官挈以授農人，繇役不煩，故其科也重。今民田既帶官田，而民田不少減，官田即虧税矣。

按國初令天下農民，有田五畝至十畝，栽桑麻各半畝，照例起科絲帛二十兩折絹一匹，解部以備賞賜；絹一匹折米二石，絲一兩折米一斗；不種者罰布帛。今以歲派推之米，派於地，并入黄册，遞年隨税運納耳。

按國初立河泊所以権漁利，後逃絶過半〔四二〕，豁除復有逃絶，乃分有徵、無徵，或以他税抵補，或派黄册民塘，或融納於民户矣。後裁革河泊所，歸并本縣帶徵。

按國初男女成丁者，歲給鹽三斤，徵米八升。永樂二年，大口支鹽一十二斤，納鈔一十二貫，小口半之。正統三年，令户口鹽鈔俱半徵，全徵惟官吏并隨宦大口。四年，幼男女及軍免徵錢鈔。兼收鈔一貫，折錢二文，則成化十年。今不給鹽，徵鈔如故，又折以銀，每鈔一貫，折銀三釐；州縣所納有多有寡，或男女異派，或男女同派，或派以米，非其舊矣。觀世者亦思立法初意哉！

按田賦而外俱稱雜課。乃今或以料折，或並税徵，故悉詳附於賦役之後。其所謂比附及酒醋之類，屬邑尚存其名，而其籍不可考矣，豈混徵田賦之中，而其額遂不復問耶？

嶺表多燠少寒，若增城北負崇山，南敵漲海，内盤鬱而外疏暢，故山氣繇北降而陰，海氣繇南蒸而陽，陰陽相搏，所以一日之間氣候屢變，炎蒸則熱，風雨則寒，或夏絺冬葛有之。諺曰：「四時皆是夏，一雨便成秋。」又曰：「急脱急着勝服藥。」言不時也。增處山海之間，故其候如此。若夫倏霽，有謂之「分龍雨」，彼淫淫下而此則赤日行天者；有謂之「白撞雨」，酷暑蟲蟲忽溟濛暴至者；地酷氣蒸，主生菌菰。有謂之「黄日雨」，日色微黄且日且雨者。主生螟蟊，農夫患之。至於颶恒發在六月望之前後，俗呼爲「彭祖忌風」。如斷虹飲海而北指，赤雲夾日而南翔，此其候也。作則伐木殺稼，水陸不寧，而舟害爲甚，餘則薰風解愠。然地少雪而有霜，瘴癘絶少。若語音亦稍不同，邑之上負山之氣居多，故其音剛而直；其下則禀海之氣居多，故其音柔而婉，然與省會俱無甚差異。

從化縣志

流溪堡紙峒産有銀礦，其地山谿險阻，與龍門、英德、長寧接壤。嘉靖間嘗開採，異省殊方奸利之徒不招而至，衆輒數千。既而或徒勞罔得，或得不償失，又或礦盡費窮，各失始望，散罷而去。資身無策，遂乃群起盗心，始則乘人不備，所掠輒得，久之公然肆劫，勢日益張。於是通河源、長吉諸賊李亞元等，聚衆數萬，出没諸邑，流劫千里，禍延十餘載，殺掠人口無算；而從則白骨蔽野，十室九空，被禍尤甚。後合諸道兵始克討平，費公家之需以千萬計，礦之無一利而害大若此。迨萬曆中年，内監李敬奉旨復開，聚衆如前，幸以礦多無銀，未幾告罷，不至於亂。今已久經封禁，但恐時移事遷，或有貪小利而忘後禍者，不可不痛絶而嚴杜之也。

龍門抵界所在産有鐵礦，皆屬從化地面，向懲銀礦之害，概禁不開。萬曆四十四年中，有奸利商人告餉開冶，督府行從、龍會議。時龍門令陳陽長惑於商人之計，本縣前令盧慰曾力争之不能得，遂以餉額歸龍門，聽其開冶。四方無賴一時蠅集，未幾潛出爲盜，商不能禁。既而轉熾，脅商人以接濟，遂合藍徒炭黨耕山種藍燒炭者，皆汀、漳、英、寧之人。四行劫掠，鐵場遂爲盜藪。其地北通英德、長寧，南透增城，西連清遠，東則龍門接壤，皆萬山聯絡，深林嶮阻，人跡罕到。其賊首張惟冲等結砦所在，有白牛峒、鴈洋陂、寨子背皆屬龍門地方。上下坪蘭、和峒、石門寨等處，皆增、從、龍聯界。擄掠勒贖，皆歸其中。積十餘年，禍徧七邑。崇禎五年，撫卒導官兵直擣窠穴，虜其渠魁，其黨鳥獸散，始獲平寧。今幸督府免餉罷冶，所宜懲前戒後，永爲重禁。

流溪地方深山綿亘，林木翳茂，居民以爲潤水，山場二百年斧斤不入。萬曆之季，有奸民戚元勳等招集異方無賴，燒炭市利，烟焰薰天，在在有之。每炭一出，沿溪接艇。不數年間，群山盡赭。久之，其徒漸衆，遂相率爲盜，四行殺掠。奸民利其財物，多爲接濟，每藉炭艇裝載往來，人莫敢問。天啓五年，知縣雷恒力請督府禁止，然盜風已長，乃據險嘯聚，竟成大亂，連年用兵，始克剿平。而山木既盡，無以縮水，溪源漸涸，田里多荒，奸民陷一時小利而貽不救之大害若此。是宜永爲申禁，以圖安靖，斯地方賴之矣。

溪頭地近十八山，其中悉大户税田，塘坱良民耕種。隆慶二年，清遠大廟賊李積深乞招於此占住。其文通侵殺同黨丘子江〔四三〕，江之子投長寧，招俞朝瑞等衆報復。因見其田寬腴，遂踰境占承，踵至餘家，排年慮爲梗，言於官，反爲駕害。識者已言，此輩狼子野心，非驅還原邑，從化之禍，必繼礦賊而起。迨邇年以來，其黨漸衆，遂令礦炭之徒爲盜，每一劫掠，妻子皆出，烏合之黨，亦多恃溪頭爲窟穴。及大兵至，塘坱之民願爲嚮導〔四四〕，溪頭撫民乃紿賊首就縛，盜風漸息，而英、寧之人四散，占住邑界尚多。今雖歸化，但一時革面未必回心，善後之策，不可不豫爲綢繆也。

陽山縣志

永化都，在縣治西七十里郎三坑猺人地。萬曆十年，趙文禎招安爲編氓，出籍供賦，乃丈田陞科，置猺目，立社學，派定山租，與三鄉均。此圖初以界連州、懷集，四出劫掠，邑甚苦之。故至今馬丁、山心、何皮等營，猺所出入之路，各有募兵防守。自附籍以來，不敢公行爲盜，境内解嚴，然作法於涼，姑羈縻之可矣。夷性難馴，山瘠不能納租，未及十年，而前租虛懸，縣以逋兑受累。凡一圖。

白芒、老鴉、稍佗三坑，自嘉靖四十年來大肆猖獗，及高界、鹿將、姤羊、魚鮋、石磑洞、烏石東四坑，潛出刦掠。萬曆二年，趙文禎親往招撫，就據各猺目告稱，三坑田土俱係各祖承佃，自天順年間，下山陸續開墾，批耕住種。後因各山田主倍收租利，加派糧差，以致各猺不得安生。今願立爲十排，照肇慶府廣寧縣則例，只納正派糧料，并免雜差。約計稍佗、老鴉、白芒、木櫳、成公、茶坑、鸞旋、官陂等田，共一十九頃四十畝七分六釐五毫，秋糧六十二石五斗三升三合九勺，每石納銀一兩，該銀六十二兩五錢三分三釐九毫；又山税二十七畝一分三釐，没官召人耕種，每丁租銀二錢五分，總計一百二十兩，除秋糧正辦起解外，尚餘七兩一錢貯庫。又各坑成家男子九百五十九丁，婦女九百五十九口，編爲一里，分作十排，内僉殷實十户編爲里長，每排管下甲首五户，每户二丁上册；其餘丁糧稀少、不堪立户者，俱作幫户人丁。其成公、木櫳、茶坑、鸞旋、官陂等田猺人，編爲四户，附入稍佗甲下，册報人丁一百二十七丁，婦女一百二十一口，共計六十五户名，曰新民。每坑僉公正老人一名，又於適中地方立社學，擇師訓蒙。後因租重，且黄天際要私承佃，各相告訐，始裁定田糧二十六兩一錢七分九釐四毫，山租仍五十五兩，節年山租逋欠。萬曆二十年，招至縣面諭，始爲申詳定奪。大率坑峒深曠，瘠確難種。其初日承佃，有主田係猺者，税歸猺；田係民者，税歸民。而山田峒主原承佃三坑山税，雖没官召人耕種，然外峒耕人歲或罕至，則猺不能賠租。間有輸納市人包侵，又隱其數而歸咎於猺，既不能自白於官，官或以計擒一二至，又繫之獄，而并追其數歲所逋，是以猺益畏而山租益逋甚云。

按鄉村與城市較近遠，四方皆然。而陽山村落散處谿山，耳目睹記，不習官府法度，徵輸對簿，惟市人是信，故市人得以操縱出入，利其訟嚚而飽局騙，至有公庭從旁代對，官府莫辨誰何。或託以錢神行説，甘受漁獵而不悟，稍一贏勝，歸德於市人，以爲真能直我。不知一飛籤召保，立費倍償，儻可賄免，俱竊負逃矣，是公與私兩爲市人欺也。抑有甚者，各村保長月甲醵錢，以聽黠者支持公事，一歲中公事幾何，而費金十餘。歲一推舉更替，認狀承服，紙價科斂，給帖領示，名曰鈐東丁夫，其實奸宄守望，藐不相聞。若以里長臨甲首，自稱十卒，士老耆民，武斷憑陵，共稱土虎，又加市一等矣。

按縣境内皆深山大壑，崎嶇嶢崅，曰埇曰峒，各以耕鋤名之。猺與民半雜而居，故藏疾匿奸，易與爲盜。洪、永以來，各自承佃，券契公據，僞摹贋籍，皆百餘年，竄置他人業於中。子孫承襲故智，以起聚訟，有司莫辨真贋，第訊所受物業，卒亦不能遁情。是山之利害，正亦相半。若攢峰戟立，危石懸墮，環列畫圖，別成一段境界，斯固用武之區，地險不可踰也。

連州志云：按府志，俚俗有二種：一曰傜，椎結跣足，居深峒，刀耕火種，食盡一山則他徙，作祭則樂歌唱，謂之「暖喪」。二曰獞，性質粗悍，露頂跣足，居高山深谷間，花衣短裙，鳥言夷面，自耕而食，謂之「山人」。茲二種，疑出盤瓠，自新會、香山、從化、龍門、清遠，迄陽山、連山，皆有之。由今而觀，山居者爲猺，峒居者爲獞。諸猺居無常，住無所，謂食盡則他徙者。獞粗悍類猺，而服食猶近平民，似與志稍異。特二種之中，有真贋、主客之分，不可不辨。大率「盤」姓爲真猺，它姓爲贋猺，土居爲主獞，瓦合爲客獞。真猺循，贋猺詐，主獞富，客獞貧。往時猺、獞表裏搆亂，隨服隨叛，皆詐而貧者導之也。

按三坑招撫入籍獞、猺，亦習中國衣冠言語，久之，當漸改其初服云。

博羅縣志

猺本槃瓠種，地界湖、蜀溪峒間，即長沙、黔中五溪蠻，後滋蔓，綿亘數千里，南粤在在有之。至宋治稱「蠻猺」，其在邑者，俱來自别境，椎結跣足，隨山散處，刀耕火種，採實獵毛，食盡一山則他徙。粤人以山林中結竹木障覆居息爲輋，故稱猺所止曰「輋」。自信爲狗王後，家有畫像，犬首人服，歲時祝祭。其姓爲盤、藍、雷、鍾、苟，自相婚姻，土人與鄰者亦不與通婚。猺有長有丁，國初設撫猺土官領之，俾略輸山賦，賦論力爲準〔四五〕，羈縻而已。今猺官多納授，從他邑來兼攝，亦不常置。

蛋其來莫可考。按秦始皇使尉屠睢統五軍監禄殺西甌王，越人皆入叢薄中，與禽獸處，莫肯爲秦。意者此即入叢薄中之遺民耶？以魚釣編竹爲業，以舟爲宅，語音與土人微異。其籍隸河泊所，歲課計户，驗船徵之。其姓麥、濮、何、蘇、吴、顧、曾，土人不與結婚。近亦有土著服食視貧民，間有鬻身予人以避賦者。

論曰：語有之：「近山之民仁，近水之民知。」其居使之然也。猺居崋而偏忍，蛋居水而偏愚，豈其種類殊耶？嘉、隆間，山、海盜並作，盜不耑於猺與蛋，而猺、蛋或爲盜囮。芟夷之後，族乃不蕃。承平六十餘載，復蠢蠢動矣。天啓乙丑，有事於東瓜坑，坑猺所處也，爲流賊窟穴，猺更鳥獸竄，靡有寧居。今頗與村氓雜處佃作，是可以中國之治治也。邑之蛋有二：一、編竹爲筐箕之屬，一捕魚，皆不徙業。編竹者隸籍於東莞，其賦長歲賦丁銀一錢；捕魚者隸籍歸善，其賦長歲賦人二兩，十年更籍，又賦人五兩，子壯有室則父免。狹河隻艇〔四六〕。得魚不易一飽，而賦身錢如許，欲不激而亡且盜得乎？邑魚課米，既派於民田，而業漁者困累乃更甚，是安可不亟爲之所也！

治人之道，地著爲本。古者閭胥比長，各登其夫家之衆寡，五家相受，有罪奇衺則相及。若徙於國中及郊，則比長授之；其出居異鄉者，則爲之旌節而行之。居鄉無授，出鄉無節，則納之圜土以詰其所自來焉。而後姦慝無所容，業可以安，生可以遂。乃後世之論政者，曰民者，瞑也，猶羣羊聚畜，須主者牧養處置，置之茂草則肥澤繁息，置之磽鹵則零丁耗減。或人稠土狹，不足相供；或土曠人稀，薦草莽而不治。宜移民通財，使之去磽狹，就寬肥，此開草闢土振人之術也。博邑，萬曆以前民皆地著，土曠人稀，厥田宜稼，悉不墾發，邑是以貧。然嘉、隆間嶺東山寇甚張，而吾邑被禍獨輕者，以民皆地著，比閭相及相稽而姦慝無所容也。戊申、己酉間，興寧、長樂之民負耒而至，無授無節，邑人擯之。當事者謂興、長稠而狹，博曠而稀，蔡人亦吾人也，使人與土相配，不亦可乎？自是兩邑之民鱗集碁布，閩之汀、漳，亦間至焉。邑流寓與地著雜處，地著孱而流寓梗，馭之無道，衆實生心，羣劫曰寇，殺人曰賊，在外曰奸，在内曰宄，蓋兼有之。既滋蔓矣，邑人控於督府，欲盡驅之。嗟乎，成化襄、鄧間以驅逐流民，釀劉千斤、李鬍子之亂，殷鑒不遠，可不爲寒心哉！然則靖民之道奈何？亦曰嚴比長閭胥之法而已矣。古之比長閭胥，今之鄉約也。流寓與地著或錯壤而處，或羣萃而比屋焉。凡鄉約畫地而分民，流寓則否。十都之中，或百里而遥，或五十里而遥，統而隸之，曰長興，曰樂寧。蔡人即吾人也，曷不隸於本鄉，而自區畛爲，夫家之多寡不可問，此奸宄之所由滋也。原中丞傑經略襄、鄧，籍流民願留者九萬餘，令自占籍爲地著。今誠分流寓隸於各鄉約如地著，而保甲行焉，五家相受，有罪奇衺則相及，此開草闢土振人之術也。

靖民固圉之道，莫如分流寓之民隸於地著之約。夫分流寓之民隸於地著之約，欲使其靜治而無譁，莫如慎擇鄉約之長。所貴乎長者，必其信義足以長一鄉者也，必其才智足以長一鄉者也，必其族望足以長一鄉者也。然而苟得其人，每避而不居，何也？體輕而累重也。伍伯之横也，朝持一符，曰此而約人也，問諸長；夕持一符，曰此而約人也，問諸長。雞黍之供何日蔑有，而狺狺横索者無論也。佐幕之歲時巡行也，長有饋，饋必徵諸萃處之人。重而上比，則衆怨難任；輕而下比，憑怒而笞辱至矣。夫以有信義、有才智、有族望之人，使其俛首低眉而爲此也，能乎哉？今之長皆其愚而孱者也，愚者不知避，孱者不能避，故執而爲之長，不則鱗次而役之，或匝月而易焉，或按季而易焉。夫無事而恭繹高皇帝之六訓，以振鐸於其鄉，長事也；盜劇矣，保任流寓之民，使其受我要束而不敢爲盜，長事也；一旦有適然不可測之寇，糾合其鄉之人以禦侮而固吾圉，長事也。以愚者、孱者、鱗次而役者，而冀其辨此，必不可幾之數也。故今欲畫地以分民，使其靜治而無譁，必慎擇鄉約之長。縣令之道，無變今之俗，則鄉約之長不可得而慎擇也。姚令君自壬子迄乙卯，涖邑三年，邑人祀之。令君謂余：吾治邑無他長，惟不令伍百錯趾村落。今稱村落輯寧而邑事治辦者，姚令君也。以其里之長，勾其里之人，無不至也。一約中有寇賊奸宄之事，則其長任之；其餘訟獄勾攝，長勿與知。長得以有其身家，而後可以辦一約之事。近奉明旨，保甲鄉兵着州縣正官隨宜厝置，不得縱容衙官吏胥借名簽覈，反貽民害。聖天子明見萬里，煌煌天語，誰敢干之？夫既無佐幕之巡行與五百之勾攝，而後可慎擇鄉約之長，有信義、有才智、有族望之人，始出而肩其任矣。

永安縣志

縣違郡城二百餘里，重蠒三日乃至，水行自倍，皆崎嶇萬山中。異時未縣，罪人梨來者鮮，龍蛇易生。嘉、隆間盜賊蝟毛而起，其地然也。縣宜矣，取歸善古名、寬得，長樂琴江，凡三都，北邸康禾，南據烏禽嶂，袤一百一十里，東距米潭，西至龍川江，廣二百一十里，幅員幾七百里。連嵏複嶂盡其地，徯隧谽呀少夷衍，或二三十里無室廬，故在版之里廛七，正户七百七十，多歸善受田之人也。琴江好氣而足智，古名、寬得椎少文，地肥美，饒五穀。大家以儒術顯，則三都同耳。古名縣治在焉，列肆而居，執役而食，皆異邑，無土著者，城内虛，議鬻官地而賤其價予民實之，甚善。茹毛飲溪便利，久恐未必樂從也。遠方奇民聚琴江、古名、寬得傭耕，逋民隱之，第此鷹而彼虎也。舊屯十二，今存其七，廢等。兩巡司本以游徼爲官，無爲厲多矣，四竟今無虞乎？上鎮黄花北近藍能、大小遥，東出程、揭貉獠坪、南嶺，南通螺溪、馬公寨、黄峒、新村、捲蓬，南䊲、松坑、碗窰，往皆盜賊門户，獨西無外患，可徒睫之視哉？

古名都

自欖溪入笮，行二百里至火帶，皆古名。古名之圖三，其序蓋江口始，今不能別。自火帶以下，皆秋鄉江，旁溪注之甚衆。水道紆曲，舟行半日，從陸以趨，尚不及數里云。兩山蹙沓，江流如線，樹木蔚薈，故多鬱燠之氣。民皆佃作，度下石則林田，烏石以上乃有著姓。巖前有葉太守，其人賢者，匪獨科第重也。地膏沃，饒五穀，然多富人之産。秋冬間漕歸，舳艫銜接，水湍石，徑灘三百六十乃至瀧頭，上益淺，不可漕，載不過十石。今之藩議疏濬之，排其填閼而鑿横江之石，亦鋭矣。春夏水漲，沙隨之行，石礧礧京積，恐不能卒就也。縣在此都，民亦勞止。圍子因、李郊、苦竹、車峒間皆有徭，依憑崖谷，伐山而畬，爇草而播。患吾擾彼，彼不爲患。磜頭山、烏禽嶂昔固盜區，而相思逕通下嵐，礅石逕通松坑，鳳凰逕通梁化，梅坑逕通陽烏潭，亦通松坑，烏禽嶂亦通陽烏潭，羊角嶂通左坑，散灘逕通藍口，設有揭竿之徒，皆要害。今周道矣，安定休息，庶其樂俗乎！

寬得都

北界河源二合，南趾古名，東入縣，而佛子凹綰轂其口，龍川江西下，都之門户在焉。義容、神兩江皆皇流衡貫都内，入龍川江，而神江之源最遠。聚落數十，盤錯兩江間，被山排碕，豐草茂樹，散爲夷陸，原隰衍沃，自昔以爲上田。瀝口其望姓也。藍能作難，則栢埔不得安枕；桃子園陀塞〔四七〕，弄兵之民負焉，故苦竹派祈望。嘉靖中徙寘於此，今舊貫矣。瀕江南北要津，有傳有司歲發廩錢，共其擊刺一候人任耳，民不與知。惟當縣孔道，行李之往來，扉屨是給，負輓之役〔四八〕，謫及稺子，寡婦不免。睊睊勞人，將息肩於苦竹派。由清溪度員墩，出猪母坑。右手之盤而嫁於左，夫非七尺之軀哉？惟仁人免我，願在位者之仁之也。上下窖鐵冶，昔嘗鼓鑄。下鳳凰岡，隃深化，因材於山，以入幕府佐鑲。後賊大起，咽之是懼，不敢言鼓鑄事矣。鶴子塭銀穴，睨者亦衆，若然，其咽恐甚。山海天地之藏也，待虞而出，待工而成，待商而通，商不出，則三寶絶。第吾疾方瘳，奚敢復益之哉？

琴江都

石馬西馳，突起鶏公嶂，過芙蓉逕，入都白葉、簾紫、官山諸嶂；怵狊南走，隃貉獠坪，至南嶺，出漏裏，海豐、歸善之山由此始矣，是爲邑之脊。旅水東西分流，若兩脅然，西皆入秋鄉江，東會琴口，入横流渡。言語、習尚，與古名異，山川風氣，信不誣哉！都多著姓，有詩書之教，矜然諾而好氣。其民務稼穡，饒積聚，有餘以出米潭、大梧，至潮上鎮、中鎮。其會也，上方近河源密坑，海豐、長樂之間，逃軍坑直其下方。異時兩處丱開，奸民趨之，如水赴壑，則南嶺、赤溪以至上鎮，當其要道，日夜行輷輷不絕。東與海、揭、程鄉地比，三縣盜起，不得安枕而卧矣。故昔壘寨，是都爲獨多云。宋末，文信國提兵至循，屯南嶺，當是時，四面楚歌，死灰能復然乎？嗟嗟！一旅一成，克復舊物，天若祚宋，因龍川之迹，制南粤之兵，庶幾夏后之烈。惜哉！天之所廢，千載下徒令忠義之士眥裂髮竪，仰南嶺起敬耳。繇是而觀，南嶺信險固，不義之民往往負之，乃設文武將吏屯戍其地，今空壘矣。狡然思逞其凶，何日蔑有，其可忽諸？

程鄉縣志

縣治東一百五十里溪南都，地名界溪。循山而入，曰上井、上杭，程鄉二邑界地，崗嶺峻絕。杭盜欲禍程或避擒，則由是而西；程盜欲禍杭或避擒，則由是而東。四時多盜出没，故雖有路可通，而商旅居民鮮有來往，實邑之咽喉也。

東北二百里松源都，路通汀之上杭，而諸山夾峙，中有源曰松源，居民頗衆。自源而北，山徑崎嶇，或十餘里無居人，寇盜不時竊伏，剽掠行旅。汀盜入寇，亦輒由之。邑東北之要害也。

西南一百里萬安三圖，地名馬頭，通三陽，凡陸行由長樂達廣者必經是。正德間，程鄉盜熾，嘗由是以逝。潮、豐賊亦由是而伏聚。程鄉其地雖無甚險峻，然路捷而便，實邑西南之門户也。

西北二百餘里義化都，地名腰古徑，路隘而險，丹崖若壁。餘三十里，通贛之安遠，安遠賊越是，則義化、長田皆被其毒，亦邑之咽喉也。今割隸平遠。

北二百里石窟都，地名圓子山徑，四徑皆山，而中有徑路，方四十餘里，通汀之武平、贛之安遠。時方治平，行者相踵，惟取其捷。一或有警，則賊於此劫掠。官兵征勦，三省之盜聚而爲一，東敗則西竄，南負則北逃，實邑之北門也。今割隸鎮平。

連山縣志

金龜營，在古縣。沙田營，西南六十里。大凹營，西四十五里。拳石營，西北五十里。大眼營，西南八十里。楓木營，西三十五里。黄連逕營，今廢。泮涌營，今廢。以上見州志。何目營，西六十里。滴水營，西南五十里。白沙營，東十里。上陀營，西南三十里。天梯營，東十五里。玄武營，城北。已上俱新設。新營，縣東南三里茂古地方。萬曆四十一年六月，猺人叛掠，署縣事南海縣縣丞陳珏選兵截其來路，鄉里稱便，争攜木料，茅店蓋成營房五間，遂督同管營千户，調各營兵更番戍守。

猺獞　上下三營、良峒、省峒、三江、石田，是爲内七峒，皆獞民。火燒坪、馬箭、軍寮、大掌嶺、李八峒，是爲五排，皆猺人。王南水又於五排之外，另爲一猺，男婦以蠟膠髮，頂板於其上，數日一梳，故又謂之帶板猺云。

肇慶府志〔四九〕

論曰：五嶺以南，自晉史後俱揚州矣，而杜佑則謂荆州盡衡山之陽，若以接境壤界，奈何舍荆而揚之屬，信然。第先王制地，綉錯而犬牙之，安能一切。肇慶東北則中宿、含洭，西北則廣澤、臨賀，繇斯置槷〔五〇〕，揚、荆亦兼之哉。以辯星土，星紀不得專矣。斯道盛於春秋時，其言卓詭，往往奇中，要地不遷，胡國之先後爲？杜佑辨吴、越、三晉先後。或疑嶺南曠遠，非一次所及，又況郡邑眇小，烏足當之？則日月有一不燭，燭非日月，天真如覆盎矣。惟南北反易，二千年未有明其解者。

余有聞於父執劉梧也：天地南北東西不同。天之運也平，地之倚也欹。人處地上，觀天南面而已。天雖有北，實淪地中，必平旋而南焉，然後人得而見也。日行北陸，纏星紀之次，是謂南至，而殷乎地面之南方；星紀必於地面之南方，故以分東南之揚也。日行南陸，纏鶉首之次，是謂北至，而殷乎地面之北方；鶉首必於地面之北方，故以分西北之雍也。是故紫微垣居天之中、地之北，所謂北極者也。玄武七宿，雖皆天北而爲星紀、玄枵、娵訾之次，然斗、牛、女麗天市垣，外距北極最遠，虛、危則未遠，室、壁則最近；故其旋出地面，斗、牛、女南殷揚、粤，虛、危東殷青、齊，室、壁直當乎幽、燕并衛也〔五一〕。朱鳥七宿，雖皆天南而爲鶉首、鶉火、鶉尾之次，然井、鬼直距北極最近，柳、星、張漸遠，翼、軫隔麗太微垣之下，距北極爲最遠；故其旋出地面，井、鬼北殷秦、雍，柳、星、張西殷三河以西梁、益，翼、軫則直南殷乎荆、楚也。蒼龍七宿，雖皆天東爲壽星、大火、析木之次，然角、亢距南北二極爲適中，房、心近中，尾、箕隔天市垣，距北極爲最遠；故其旋而可見，角、亢、氐殷乎兖、鄭，氐、房、心殷乎宋、豫，尾、箕則當閩、粤之南也。白虎七宿，雖皆天西爲降婁、大梁、實沈之次，然奎、婁距北極不遠，胃、昴漸近，觜、參直距紫微而無他垣之隔；故其旋而可見，奎、婁殷乎近中之徐、魯，胃、昴、畢則偏北之冀、趙，觜、參則直北之晉也。天道遠，人道邇，妖祥影響所不敢知，作者或不出此。封國命祀江河脈絡之云，皆不求其故，從而爲之辭者也。但星家以尾、箕分燕，觜、參分益，與此不同。參之爲晉，左傳詳焉。右據龍尾，則有取於南粤録爾。

肇慶府　賦役志

里甲爲正役。國朝之制，一百一十户爲里，里爲一册，册爲一圖。丁糧多者爲長，其户十甲首，户百。鰥寡孤獨不任役者，帶管於一百一十户之外，列於圖後，謂之畸零。在城曰坊長，近城曰廂長，在鄉曰里長，即周人比長、閭胥之職也。又於里中選高年有德者爲老人〔五二〕，居申明亭，與里甲聽一里之訟，即漢三老之職也。圖分十甲，一長統甲首十，輪年應役，十年而周。在官者曰見年，休者曰排年。里之錢糧公事，皆見役者追徵、句攝，惟清句軍匠，根究事犯，始用排年。其有官者、吏者、生儒者〔五三〕、疾者、軍者，咸復其身。見役里甲，又隨丁田賦錢於官，以待一年之用，名曰均平。既出此錢，甲首歸農，里長在役，止追徵、句攝二事耳。其法蓋始於成化、弘治中，有司多不能守，費不經，里甲復直日供具。嘉靖十四年，御史戴璟定議爲「均平録」。二十七年，御史黄如桂又議增之。而有司終不能守，直日如故。上司行部，下程夫馬，與諸歲額，皆令里甲自辦。數多濫溢，原議銀少，償者十倍，尚有無名之費出於均平之外，即至百緡，不以抵數。及考覈，空文應令。窮鄉小民不至官府，傭人代直，日一兩，少八九錢。其有定班科銀，名爲雜用，有司或乾没之，里甲大苦。嘉靖三十八年，御史潘季馴因前録增損，加舊額銀一倍，分爲三等：一曰歲辦，謂每歲必用之常也；二曰額辦，謂二年、或三年、或四五年一用者也；三曰雜辦，謂用無常，預待不時之需也。徵銀在官，毋令里甲親之。奏可，名「永平録」。今復通縣歲派，不專出於見役，及往時直年後丁糧多者充該徵解，户役最重，今官解，民始甦矣。

雜役　均徭　舊高要、四會、高明、廣寧十年一編，新興、陽江、恩平、德慶、開建五年一編，陽春、封川三年一編。有銀差，即宋雇役法；有力差，即宋差役法。亦計銀者，準工食也。隨丁糧多寡分三則均編，榜註役銀雖有常數，民往役輸價，率倍其常。正德十五年，御史程昌奏定銀差、力差之例，一時稱便。但銀差輸官，加者不過權衡之羸，小民不能力役，竟亦輸銀，其加數倍。至於解户庫子斗級，即宋之衙前，吕中所謂陷失責之償、費用責之供也。註榜數兩，費百餘兩，或二三百兩。有司明知而待丁糧多者，自謂抑富佑貧。富人通吏爲奸，籍分爲幾，糧飛於不可知之人；貧人力不及施，則見謂丁糧多，往往被役，於是有遺妻鬻子、轉徙他鄉者矣。十餘年來，一切編銀，官自雇役，百姓幸甚。近又歲編，尤便。

驛傳　舊驛遞設夫頭若干人，凡夫頭一人，編米七十石，或八十石，視驛繁簡，計糧朋編，十年而更。及廩給庫子，皆身執役事，供億繁浩，無論符驗有無，誅索無藝，傾蕩生産，十人八九。嘉靖六年，御史蘇恩議官雇，法尚未畫一。十四年，御史戴璟通計各驛一年之費，照糧派銀，隨糧帶徵解府，按季給驛遞供應，其羨以待次年，民免倍償，亦十年一編。今乃逐年派徵。

條編　除魚課、魚料外，京庫軍餉，府及各州縣及各儒學及梧州、廉州電白倉，府及各州縣庫，額派、續派、鋪墊及軍器料、總兵廩糧、掾史衣資，皆出於官民米。惟陽春縣廩糧衣資出於均平。徭差、民壯、均平、驛傳、鹽鈔，皆出於丁糧。每歲通計銀若干，某米該銀若干，丁該銀若干，類而徵之，不多立名，取其易曉，謂之「一條編」。

論曰：王介甫雇役，舉朝攻之，繇今以觀，富者安，貧不轉於溝壑，終不可罷，非耶？民壯驛傳銀，戴御史始料最繁，自邵御史折而帶徵於糧，民頌便簡，此「條鞭」之權輿也〔五四〕。霍文敏計兩粵便事嘗搤掔。今即均徭均平，向皆役於十年、五年、三年者，歲編之，又通爲一，謂之「條鞭」，稱名少而耳目專。未知天下，聖人之政，東南舉稱之矣。何者？錯薪翹翹，不如一束之易操也；岐路冥冥，不如一塗之易遵也。雖然，無畛，出納之際，胥爲政，能殿最我，能督責我，將盡力以赴之，否則歸罪於民。上下倀倀，以聱遇聱。余嘗爲縣。既合之，又分之，民知其分以期其合，官受其合而理其分，若八音並奏，不相奪倫，歲終縷疏其負以胥後命，民亦甚便，官亦甚逸，惟在心計而已。

古者十一而稅，今農半輸於有田之人，有田之人輸於官者三十之一，合農之半，是六十而一稅也。古者役民不過三日，登於天府，則自生齒以上，今丁數十而一登，一人之役，實數十人共之也，事充政重，民往往以爲言。蓋古事省，無聚食之人；後世聚兵而食，男子疾耕不足於糧饟，其他經費，若宫室賜予之屬不與焉。故秦、漢來一切巧奪乎民，尊爲挈令，山海關市之租，盡入大農佐賦，其在郡縣田賦里甲之外，鹽魚及諸課税，郵傳衛所郡縣屯戍之兵〔五五〕，皆出丁田，輕彼而重於此，是朝三也。縣官空虚，大農歲以殿最長吏，獻程不及且得罪，不敢言薄斂緩征事矣。

魏文侯曰：「户口不加而租税歲倍，繇課多也。辟治治，令大則薄，令小則厚。」至言哉，至言哉！自封建廢，雖非守令之民，受人牛羊，奈何立視其死，司牧者圖之！

都御史劉堯誨疏注六

近者兩廣用兵，每取諸土、客召募之兵也。自海上倭患，以至大征古田、嶺東、羅旁，前後召浙、福及土兵，不知凡幾萬。當其往召也，奉只尺之文，直造其地而召號之，不關於彼有司，地里籍貫不暇問，奸良不暇察，土著遊僞之民不暇辨，惟有常例者，得收之爲兵，能厚賂之者，得爲哨、爲隊、爲長，名爲浙、福，實烏合之衆、五方之民也。當事者務聚兵以勝賊，賊勝矣而兵不可解，則姑養之以貽後人，後人不能解，又以貽之後人。至於近年所募，又皆不出門庭，不辨土、客，招客兵而連韶之土民亦往也，招土兵而浙、福之游民亦往也，有賂者進，是人者收；奉軍門放去者，亦止除其名籍，住支饟耳。其衆皆雜處於郊關遠近之間，以冀復募，募之則仍爲兵；久而不募，則入山下海而爲盜。舉全省土、客之兵，皆無家可歸、無民可籍也。各營寨參、總，往往私擅革放兵目，革於嶺東而收於廣海，革於高、肇而收於雷、廉。使常例脩而外加賄焉，不惟嶺東者可收於廣海，而嶺東者亦收於嶺東；不惟復用之爲兵，而且拔用之爲長。間有精勇，不能挾貲以進，有爲盜而已。各兵以常例收，是以用之則獷悍而不馴，放之則屯結而不解。參、總亦不欲放，一聞軍門將出令放班，則鼓煽司府飛語以危動之，言兵有變，當事者方惡其變之自己召也，不得已，乃爲中寢，或姑待焉。及今不亟易之，其患不止於爲盜，此乃兵之既敝也。水陸營寨領兵把總，與在軍門及總兵、參、遊員下諸爲中軍，爲哨探、司旗、司鼓，名色把總，無下百十人，除欽依陞授，餘鮮不由他路進，請托得者。故四方亡命之徒，及罷黜生吏，皆以此爲發身媒利之階。當其未進，費恒產殆盡，又多稱貸於人；既進而有管攝，惟思冒饟尅兵以營貲償息耳。行伍之充乏，器具之完缺，坐作擊刺之閒習與否，一無所問。有如不利，非叛即逃。而軍門不能行一切以督之，故舊歲廣西潯、梧及廣東西山相繼兵叛，皆激於貪總也。今春羅旁賊起，連劫二營，營兵遇害甚慘，把總王陞聞變，翩然去矣。夫督軍者不得從軍興法行於將領，事敗聽其自逃，雖集兵如林何益？此總哨之既敝也。

舊通志

永樂以來，嶺西屢勤鈇鉞，每羽檄旁午，先已鳥舉亡跡。吏士甫銜命裹糧而馳，比深入，則蕭然惟蓬藋耳，駐則反爲所屠。其伐之不可得，得之不可守，大都如此。抑亦山深川闊，迭相出没故也。故當其出没，宜行韓雍秋調之法以鵰勦，（韓雍秋調法：舳艫千艘，十艘一小脚。艇，春夏令官軍民壯分領往來貨殖；至七月，東蘭、西城等州狼兵畢集，相機鵰勦。）歸峒則行馮拯括丁之法以招懷。（宋馮拯知端州，嘗奏行括諸路隱丁、通鹽商諸事數十條，吏民稱便。今宜倣其法，有歸化者立版籍，便耕種，時勞以牛酒。）漸立甲堡，誨以社學，使有生事之樂，以易其跋涉剽掠之勞。則山麓可樵，渦塘可漁，隸里廛而識文字，夷獠日化爲良民矣。

營砦

舊志：自成化後地方多故，營砦日多，或以稍寧而撤，或以險要而增，或以非據而徙，或以勢分而併，因時制宜，興革靡定。（所守之人，有民壯、打手、旗軍、目兵、鄉夫，統領有千長，有提調官。民壯編户自雇，或令正户雇打手、鄉夫，無工食。打手俱新會、順德人，月給工食六錢；廣西目兵月給行糧四錢五分，俱府支給。旗軍月給行糧四斗五升，各州縣支給。打手境内約四千人，歲支銀三萬。羅定州縣皆在其中矣。今撤增徙併，益復不同，取軍門志、通志、舊志、州縣志、廣東圖説次之，因革可見。圖説，萬曆十四年總兵劉鳳翔所輯，雖不久，然亦異矣。兵備副使黄時雨部署，乃今遵行者，并著於篇。

高要之東，路通三水，西德慶，南東安，北四會。西南故患猺，東北患山寇，東南海寇之患。設巡檢司三：横查、古耶、禄步。其營砦，軍門志有金鷄坪營注七、在温貫都雲樓山，去縣四十里，近高明縣九曲逕。貝水營、在縣東七十里貝水村，近大河。霧逕營。在縣治西九十里市院都。通志同。舊志無金鷄營。割東安者不書。廣東圖説有大逕水哨、去縣四十里。梅子坑哨、去縣八十里。寧塘哨、去縣六十里。横槎哨、去縣八十里。貝水哨、去縣八十里。清岐水哨。去縣九十里。今部署兵一百二人守城西北上下窑、新基；一百二人守城東春牛亭、上下漕、灣舖、前堤菴至黄江廠；水兵四十四人、船艇各一守羚羊峽；又四十四人、船艇各一守高榕頭；又一百十三人、船艇各三守貝水、清岐、石排頭，皆哨官領之，遊擊部也；又弓兵二十守大路峽至石洲脚，皆府城東境。惠州衛及捷勝所上班官軍一百六十二人、船四守府西境，自新村、禄步、大逕至白沙；又潮州衛上班官軍八十三人、船三同遊擊部，自白沙至羚羊峽焉。

四會之東，路通清遠，西懷集，南高要，北廣寧。設巡檢司二：南津、金溪。其營砦，軍門志有大坑營、在縣東大圍都。通志同。舊志名太平岡營。大逕營、在縣東大圍都。青草營、在縣東大圍都。鶴爪營〔五六〕、在縣東舟官、寺山二都。河岸哨、在縣城外興賢、仁壽二都。上通志、舊志并同。沙田營、在縣東舟官等都。截捕營。通志同。舊志無。軍門志、通志又有古竈營、黄桐營、峽逕營。舊志屬廣寧縣。今部署青草逕、太平逕、雙岡逕打手六十三人。

新興之東，路通恩平，西北通東安，南陽春，舊傜浪賊藪。設巡檢司三，今存一：立將。其營砦，軍門志有東營、在縣東三里梱村。西營、在縣西二里曲峒村。通利營、在縣東十二里布顛村。白鳩營、在縣東四十里雲禮村。高村營、在縣東六十里高村。蘆村營、在縣東六十里。平安岡營、在縣東南八十五里雙橋村。石子營、在縣東南九十里羊盆村。張公腦營、在縣西南五十里密洞村。第八營、在縣西南七十里第八屯。茶岡營、在縣南二十里何村。裏峒營、在縣南四十里上、下裏峒村。上通志并同。舊志四闇即舊東營，餘俱無。割東安者不書。舊志有良峒營注八、在縣西北三十里良峒村。下洋營、在縣治西二十四山要地，設鄉夫守。每月一、四、七日從金山河頭護陸路商人至新興山口；又以二、五、八日從新興山口護至金山河頭；三、六、九日護往來商船，量取牛羊及商船錢以充糧食。伯岡營。在縣南七十里霸塘村。縣志并同。軍門志、通志俱無。割東安者不書。廣東圖説有下甲巢。去縣三十里，撫民朱善富、許英豪所居。今部署立茅田逕、腰古逕、東利逕、迴龍逕四營軍守之。同知方應時請置每營軍十人。

陽春東南，路通陽江，西東安，北新興，昔最患寇。設古良巡檢司。其營砦，軍門志有北塞逕、蕉林逕，俱西南界。曹峒逕閘、白水逕閘、蟠龍逕閘，俱東北界。牛厄曲營，在縣北一百二十里思良都，設千長領鄉夫防新興黄三坑、恩平君子山等賊。巖面營。在縣北一百五十里順陽都，設千長領夫獞防瀧水四賀等山猺賊。通志并同。舊志只有巖面營，餘俱無。舊志有鴨闘營，縣志云在縣内。灣口營，在縣西六十里順陽都。嘉靖十二年征西山屯，爲左軍。鳳凰營。在縣西南九十里太平都。嘉靖十二年征西山屯，爲右軍。軍門志無。通志無鴨闘營，餘同。縣志有東營、西營，俱城外。狼營。在城西八十里太平都。正德間麗峒、羅陳、合水、黄槀、木欄等山猺猖獗，田地荒蕪，人十損八九。知縣黄寛令排年招廣西狼兵二百餘家，分三營耕守。上三營，軍門志、通志、舊志俱無。廣東圖説有上、下魚跳砦。去縣一百五十里，撫民盤亞弟等。今部署無，蓋守在四鄰也。

陽江東通恩平，西電白，北陽春，南大海，山、海寇並爲患。舊設海陵巡檢司，今革。其營砦，軍門志有永安營、在縣東南八十里喬馬都黄竹逕，設旗軍、民壯、鄉夫防新寧白水山賊。馬牯逕營、在縣東九十里北慣都，設鄉夫防新寧白水等山賊。麻思營、在縣西一百一十里虔儒都，設民壯、打手軍餘防陽春樂安等山賊。正德改印岡營。蓮塘堡、在縣西六十里，海朗、陽江二所官軍防陽春、恩平六山浪賊路。戙船灣。近大洋，民壯及神電、雙魚、海朗，陽江衛所官所防番寇。通志同。舊志無馬牯逕營。舊志有高嶺營。在縣西七十里堆錢嶺。軍門志、通志無。縣志有三鄧逕、蟠龍逕、雨霖山、珠環嶺、北塞逕、上下瀧、麻瀝逕、雲霄逕、桐油圍、禓村逕。名同陽春者，兩縣界。〇縣志云：「東自那柳至縣九十里，兵營非一，而永安營爲要害；西自儒峒至縣一百七十里，兵營非一，而印岡營爲要害。往守以軍壯、打手、鄉夫，所官領之。今十里一營，與舖參列，守以營兵，領以哨官，儻有他虞，諒能相助。」廣東圖説有長亭營、去縣五里。教場營、去縣五里。歸善營、去縣十里。黄桐營、去縣二十里。那凋營、去縣二十里。獨石營、去縣三十里。望牛營、去縣四十里。尖岡營、去縣四十里。○海防圖尖岡接電白縣界，此云四十里，誤。登觀營、去縣五十五里。○按海防圖登觀連尖岡，此云五十五里，誤。漂竹營、去縣六十里。○按海防圖漂竹接登觀，此云六十里，誤。田寮營、去縣五十里。樂安營、去縣六十里。高嶺營、去縣七十里。山口營、去縣七十五里。平望營、去縣八十里。望斗營、去縣八十五里。麻思營、重出去縣一百一十里。大墟營、去縣一百二十里。○按海防圖大墟連平望，此在麻思營下，誤。鐵爐頭砦。去縣三里，撫民許恩安插於此。今部署恩平營左哨六隊守平望、堆錢嶺、樂安、蚺蛇窟、黄桐、歸善六營，其三隊守恩平縣城；後哨六隊守黄竹橋、山口、田寮、憑村、那凋、長亭六營，其三營守恩平、木梗、水邊、葫那龍營；中哨六隊守陽江縣城，其三隊守恩平城。凡哨九隊，隊長一人，兵十人，三隊旗總一人，共一百二人，每哨哨官一人。其平望以西，大墟、麻思、安樂、漂竹、登觀、尖岡六營，則陽電兵營也。北津水寨見海防烽堠。陽江所六：白沙、北津、南樂、那貢、南津、黄村。海朗所六：那蘇、平山、三丫、北環、澚仔、東稔。雙魚所四：石門、將軍帽、白沙、施村。

高明之東通南海，西新興，南新會，北高要，舊猺浪賊出入之路。設太平巡檢司。其營砦，軍門志有都含海口營、在縣東四十里清溪甲，近大河，設弓兵駕船以防海賊。長圳營、在縣東五十里羅格、阮埇二甲扶麗、蘇塘等村，近大河，設打手駕船於中圍、石子洲等處以防海賊、鹽賊。長岡營、在縣西南五十里高村布社都，路通新興。

劬塘營。在縣治西四十里馬鞍都，路通新興。通志、舊志并同。舊志有赤木逕營、藥逕營，皆在縣南三十里楊梅都。古道逕營。在縣北，高要范州、古霸等都要害。縣志同。縣志有三營總鎮，在演武亭，抽山臺寺〔五七〕。藥逕、赤木逕三營兵護城。今廢。鷄籠逕營，在縣南三十里，藥二逕之間。赤麻逕，在縣南三十里，新會賊往來門户。大下逕，在縣南三十五里，近雲峒村。風凹逕，在縣南三十五里，近柴塘村。石船逕，在縣西南七十里，新興西山，盜賊往來，近麥板村。錢窟逕，在縣西七十里，近高村嶺。官逕。在縣北五里，府城往來之衝。以上諸逕，無營者有警，鄉夫自守。又有城村砦、田村砦、良村砦、布練砦、黄村砦、跎柳鎮、歌樂砦、淛泔砦、遥村砦、簕淛砦、新村砦、板村鎮、澤河鎮、平山砦、朱塘砦、平塘鎮、平步砦、小峒砦、雲良砦、舊宅鎮、平嶺鎮、白灌鎮、禾倉頭鎮、井頭鎮、蓮塘鎮、豸岡砦、員岡鎮、塘口鎮、大楠鎮、清泰上鎮、太村鎮、獨岡鎮、岑水鎮、清泰下鎮、山村鎮、倫埇砦、鐵頭岡鎮、泥滘砦、潭邊鎮、茶田鎮、大幕鎮、鐵冊鎮、東坑砦、范州砦、百竹山鎮、龔村鎮、黎坑鎮、塘肚鎮、步州砦、温水鎮、停步鎮，有警，亦鄉夫自守。今部署長圳、海口二營，打手六十人、船二，上自高要縣石洲脚，下至三洲墟，往來巡守。

恩平東路通新會，西通二陽，南陽江，北新興，舊盜之衝。設恩平巡檢司。其營砦，軍門志有塘宅堡注九、在縣東北一百里長居都，防會、寧諸山賊。今毁，入於開平屯。馬岡營、在縣東北八十里静德都。鴻鵥山營、在縣西北一百里静德都。獵逕營、在縣東北一百二十里静德都。上皆防會、寧、新、高諸賊。樓逕營、在縣北九十里静德都，近官路，連接鴻鵥等大山，防鴻鵥山賊。今爲豐建屯。○縣志云：「其逕東至倉步，通水洞賊巢；南至鴻鵥山後；北至九嶺，通老熊石賊巢，九嶺至陳坑，越此爲新興飛鼠窟界，通王三坑賊巢；東北至獨鶴驛，由驛西通西坑、員嶺，賊行要路，越此爲新興大河界，東通立逕蠶娥嶺、新興相思圍界，賊行要路。」祠堂營、在縣北五十里仕峒都，逼近化眼潭等山，防化眼潭等山賊。火夾腦營、在縣西南三十里水東都。鎮安屯、縣東南四十里德行都。教場營。在縣城東。通志同。舊志無馬岡、鴻鵂、獵逕營。舊志有蓮塘頭營、在縣北二十里蓮塘村。烏茭塘營、在縣東三十里水東都官路傍、截籬子逕要路上。縣志同。白蒙逕營。在縣東南四十里，今爲白蒙屯。○縣志云：「其逕東通白麻逕懷寧營村，南通灣雷逕至海，西南通陽江那龍村，北通那虔上峒。」縣志有恩平堡、成化間改爲縣。籬子逕、在縣東南二十里，東通十三村，達蜆岡。十二逕、在縣西南那吉峒。由那吉墟西至落馬灑，入上水洞，出珠環梯峒，陽春界，南陽江界。白石逕、在縣西南，山路直通陽江、陽春，各巢盜賊出没，皆由此逕。瓦巷逕、在縣西五十五里，通陽春，盜賊要路。黄沙逕、通陽春、新興。雙穴逕、在縣西北四十里，路通新興，賊行要路。清油逕、在縣西北四十五里，通新興李峒，險要之地。黄竹逕、在縣北六十里仕峒都，北通良塘、黑羊尖、雲岫大山，有賊往來，要路曰鷓鴣崩，通馮九地賊巢。老鴉灘、在縣西北六十里仕峒都，東至祠堂營，西至姜村猫爪嶺，通王三坑，南至黄竹逕，北至花眼潭、牛牯凸、鴻鵂山、狗尾型、水洞各賊巢，俱賊住要地。擒頸、在縣北七十里静德都塘角壠，西至花眼潭，一路通牛牯凸、水洞營，一路通狗尾型、鴻鵂山，今爲鎮戍屯。倉步、在縣東北一百一十里，東至豪坪營，新會界；南至合水鵂北獵山、馬騮砦，越此爲新寧界；西通鴻鵂山；北至那假關，計至枕頭賊營，今爲開平屯。塞喉逕、在縣東北七十里，由赤硃岡迤東而入，出逕爲新會縣那盧界。羊逕、在縣東北八十里，由火燈村入，出逕爲新會倉前村界。火燈逕、在縣東北九十里，由火燈村入，出逕爲新會社邊界。竹子坪、在縣西南水東二圖，西通雨霖山、陽江界；北至雲禮村，原賊巢壘。簕牢、在縣西六十里，東、西大山，北通落馬灑逕賊巢。金雞頭巢。在縣東南六十里，東至新寧赤鷄、傍鶴，北通新會獲峒。○縣志云：「恩平用武之地，其逕道巢壘，昔皆盜賊經由，屯聚不可以安而忘危，治而忘亂也。今據千長開報備録，按圖可知阨塞。」廣東圖説有牛屎營、去縣十里。石子營、去縣十里。木梗營、去縣十五里。水甕凹營、去縣二十里。潭流營、去縣二十五里。大湴營、去縣三十里。水邊營、去縣三十里。廟子營、去縣四十里。那龍營、去縣四十里。官來逕營、去縣五十里。田心營、去縣五十里。黄竹營、去縣五十五里。爛石營、去縣六十里。鷄啼營、去縣六十里。牛牯凸營、去縣七十里。樓逕營、去縣八十里。簸箕田營、去縣九十里。獨鶴營。去縣一百里。今部署恩平營左哨三隊守恩平縣城，其六隊守陽江六營；右哨九隊分布於田心、鷄啼、牛牯凸、樓逕、簸箕田、獨鶴、慈雲、木檔、稔村九營；中哨三隊守恩平縣城，其六隊守陽江縣城；前哨九隊分布於爛石、官來逕、廟子、水琅珂、水甕凹、牛屎、石井潭、流水、大湴九營；後哨三隊守木梗、水邊、葫那龍三營，其六隊守陽江六營。

廣寧之東，路通清遠，西通懷集，南四會，北連山。設扶溪巡檢司。其營砦，軍門志有黄沙營、去縣一百二十里。府志名南綏營。縣志：「在永義都二十里。至清遠白芒、鵝叫、石砍諸峒，皆撫民，當大羅山之襟喉，各峒賊出入由此。四十里至扶溪峒。」企岡營、去縣一百八十里，縣志：「東南有猺，至清遠石坎峒，屢出寇，地最險要。三十里接花山營。」花山營、去縣一百八十里。縣志：「防守顧水一帶，營後有螺殼大賊巢，俱是猺獞，原賊首馮天恩據此。山外懷集縣界。此營孤絶無人烟。」得勝營。去縣二百里。縣志：「分守森峒。北路二十里接連懷集務本、寧峒，并開建、水細、龍塘、金鵝等賊巢；南十里德慶州界；東北鷹峒山猺。」上三營，通志、舊志無。舊志有古竈營、在縣東太平都。黄桐營、在縣北太平都。峽逕營。在縣東北太平都。軍門志、通志屬四會，蓋未立廣寧前也。縣志：中軍營、在演武場前山，征大羅山時營此。官埠水哨。知縣羅彦霄請置，每月輪營兵八人，詰奸人私鹽，縣巡捕官領之。廣東圖説：黄沙營、企岡營、花山營、得勝營、塘角砦、逍遥砦、扶溪砦。今部署哨官領兵一百七十九人分布於黄沙、企岡、得勝、花山四營；又分水哨三，以六十里爲一哨，自東鄉水口至官埠，又自官埠至扶羅，又自扶羅至程村，凡三哨，於四哨抽兵二十四人，每哨八人，駕船一，往來巡守。

德慶之東，路通連山、高要，西通封川，北懷集，南大江，通羅定，猺昔盤據爲害孔棘。設巡檢司三，今存一：悦城。其營砦，軍門志有平村營、在州西八十里都城鄉，近大江上峒。麻地營、在州西九十里都城鄉萬峒。大塘營、在州西八十里都城鄉十五都。西灣營、在州西十里，近大江。沿頭埠、在州西八十五里，北岸近大江。緑水埠、在州西六十里，北岸近大江。大小澗埠、在州東三十五里，北岸近大江。冷水埠、在州西三十里，北岸近大江。野芋埠、在州西五十里，北岸近大江。龍目埠、在州東四十里，北岸近大江。辣頭埠、在州東四十里，北岸近大江。下埇埠、在州東四十五里，北岸近大江。思麻埠、在州東四十五里，北岸近大江。蓬遠埠、在州東五十五里，北岸近大江。媳婦頂埠、在州東六十里，北岸近大江。降水埠、在州東七十五里悦城鄉，北岸近大江。大塘埠、在州東六十五里，北岸近大江。蓮湖埠。在州東八十里，北岸近大江。〇以上十四埠，俱在大江北岸，防西山賊。通志營埠並同。在南岸者不録。舊志云：「上江九埠、下江二十五埠，今存其七，餘併入江防。」考舊志無江防六埠，見上一倫埇也。舊志有教場營注十、在州西三里。水碓營。在州東五十里。廣東圖説：辣頭營、去北岸營五里。三洲營、去北岸營五里。倫埇即連埇。營、去北岸營十里。大樹營、去北岸營十五里。龍目營、去北岸營十五里。田心營、去北岸營二十里。雷公埇營、去北岸營二十五里。大河營、去北岸營三十里。靜鑾營、去北岸營二十五里。下青榕營、去北岸營三十五里。下封門營、去北岸營三十五里。七把連營、去北岸營四十五里。麻墟營、去北岸營五十五里。赤土營、去北岸營六十五里。上封門營、去北岸營六十五里。甘塘營、去北岸營七十五里。募前哨、去北岸營八十里。教場營、去北岸營八十五里。羅孔營、去北岸營九十里。思逕即茨逕。營、去北岸營一百六十五里。水碓營、去北岸營二百五十五里。馬地營。去北岸營二百六十五里。今部署北岸營兵五哨，四哨皆分水陸，一哨水自德慶州下至靖鑾營，陸自教場營至甘塘、麻墟營；一哨水亦自州至七把，連靖鑾營，陸自七把連營，至青榕、大河營；一哨水自靖鑾營至連埇、新村驛，陸自龍目營至辣頭、雍沙營；一哨水亦自靖鑾營至三洲、新村驛，陸自三洲營至田心、雷公埇營；其一哨則皆陸兵，自馬地營至封門、羅孔、茨逕營焉。每哨兵皆一百二人，水哨船、艇各二。上江以南雄上班官軍哨守，千户一人，軍九十二人，船、艇各四。

封川之東，路通德慶，西蒼梧，北開建，南大江，通西寧。設巡檢司一：文德。其營砦，軍門志云：麒麟、白馬二山賊，嘉靖二十四年剿盡，今無邊患，營堡俱廢。通志同。舊志有羅峒營。在脩泰鄉。縣志有迪田營、在文德鄉迪田村，前臨賀江。西河營、在文德鄉西河村，前臨賀江。上二營，廣西流賊出入襟喉，有警則統兵防禦，無警撤備。菊花營、在脩泰鄉菊花嶺，原羅旁賊越劫要路。靖安營、在城後。南龍營、鑼鼓營、俱在文德鄉。三丫逕、埇彪逕、俱文德鄉，通闗廂要路注十一。相思大逕、在德寧鄉，通闗廂要路。烏忝逕、羅黑逕、存塘逕、俱德寧鄉要路，有警防守。都蓬逕、老鴉逕、在歸仁鄉，通德慶州要路注十二。猿嶺逕。在文德鄉，通歸仁鄉要路，有警植栅防守。廣東圖説有南龍營、去縣一百二十里。鑼鼓營。去縣一百四十里。今部署哨官領陸兵一百人守南龍、鑼鼓等營；民壯二十人、弓兵四人、船艇各二隻，巡守蒼梧雙魚界，至德慶都城界。

開建之東，路通懷集，西蒼梧，北賀縣，南封川。設古令巡司。其營砦，軍門志有會珠營、在縣北六十里四都，防懷集金鵝、松栢、南山、上帥、下帥諸山賊。萬保營、在縣北四十里四都，防賀縣深埇、懷集牛欄、羊橋、銅鍾、古城諸山賊。獨住營。在縣北三十里三都，防賀縣深埇、塞山、企墈、磨刀、田源諸山賊。通志同。舊志有潭霜營。在縣北六十里四都。縣志有教場營、白蓮營、在縣北七十里四都何木逕。大灣營、在縣北七十里四都。總旗營、在縣北六十里四都。舊東營、在縣東北六十里，今廢。鎗杆烽堠。在白蓮營外十里。廣東圖説有龍堂中軍營、會珠營、飯包即萬保。營、獨樹即獨住。營、小水營。今部署哨官一，領兵一百七人，守白蓮、教場營；哨官一，領兵一百人，守總旗、獨住營；又哨官一，領兵九十八人，於大灣、潭霜營守焉。

江防

自德慶州前上至都城，爲上江，下至楊柳，爲下江，上下凡二百里。以其在州之南，又謂南江。往羅旁未平，猺賊每以急榜横江奪舟越貨，即制帥大吏不爲憚，故江防最急。通志：打手六百人、戰船二十、哨船四十以防南山猺賊。舊志：上江守各埔口，船一十九，巡哨船二；下江守各埔口，船四十九，巡哨船三。又言上江埠九，下江二十五埠，大都埠船二矣。每船打手二十人。上、下江提調指揮各一人，巡哨千百户各一人，其重如此。今猺已平，自蒼梧至高明，舳艫不絶。兵備道所部署已見上，復聯絡書之。蒼梧雙魚界起，至都城巡檢司，封川縣民壯弓兵巡守。南雄所上班官軍，則自都城至德慶州。北岸營兵二哨，自德慶州至靖蠻營；又二哨自靖蠻營至新村驛，高要界也。惠州衛及捷勝所上班官軍，則自新村驛至白沙。潮州衛上班官軍同遊擊部，復自白沙過肇慶府，至羚羊峽。遊擊水軍復自羚羊峽外高榕頭、貝水、清岐，至石排頭，一水南下爲大路峽。横查、古耶二巡司弓兵，乃自大路峽至石洲脚，高要境至此。高明打手則自石洲脚至三洲焉。其廣寧水哨，自東鄉水口至程村，入四會，出於清岐。兵備副使黄時雨分水軍爲遊、正二哨，給以號票、號簿。正者畫地而守，日則偵寇，夜則擊榜中流；遊者晝夜往來會哨。投票簿於附近官司，填註時日，印蓋之，季一覈。

海防

陽江縣濱海。東海、朗西、雙魚，皆海壖也。舊制：三所備倭官各一人，每歲四月風汛之時，各率旗軍出海防禦。陽江所旗軍七十人，海朗所旗軍八十二人，雙魚所旗軍一百人，各戰船一、哨船一。霜降後撤回，軍分二班，一班仍舊防禦，一班辦備倭料銀。又每歲調東莞烏艚船十，雷州、神電、寧川、錦囊等九衛所官軍乘之，俱赴戙船澳防汛。嘉靖二十七年掣，三十五年復掣，陽江、雙魚所軍船自此多事。隆慶六年，都御史殷正茂以神電、雙魚連陷，奏設東、西巡海參將，以西路參將駐陽江。萬曆三年，設海防同知，亦駐陽江。四年，始設北津水寨，改西路巡海參將爲陽電海防參將。八年，設北津水寨把總，而陽電海防參將罷。初，船烏艚、横江白艚、玄鍾哨馬、叭喇唬，共七十四隻，每年省河一修。兵二千二百七十人，修船則放班。正、二、七、八、九、十二月收汛，三、四、五、六、十、十一月出汛。所分信地：東至三州上、下川，與南頭寨會哨；西至吴川限門山，與白鴿門砦會哨。又以海闊分爲三哨：中哨泊於戙船澳豐頭港，左哨泊於寨門澳，右哨泊於電白之蓮頭澳，軍器火藥咸具。自是縣所軍壯掣而不用，每歲船就附近估修，不必至省。收汛亦免放班，止給大半工食。然自七年以後，船兵屢有裁減，又裁船大小二十、捕兵六百三十三人，益白鴿門以守烏兔。至十五年，尚存大、小船三十五隻，官兵九百九十七人。先是總兵戚繼光改三哨爲三司，每司左、右二哨，中司復有中中哨，凡七哨。今仍左右司之名，而中司止一哨，凡五哨。嶺西分守道以右哨原守電白縣蓮頭、赤水等信地，其船九，兵二百四十八，與饟宜屬高州海防同知，於是肇慶海防舘所屬止船二十六隻，官兵七百四十九人。中哨船五隻，兵一百五十二人，守北津港，分哨南津等港。左司左哨船八隻，兵二百一十人，信地東自大灣，迤西至馬拇石，每月東與廣海遊兵會於海朗，西與左司右哨會於馬拇石。左司右哨船七隻，捕兵二百人，信地東自馬拇石，迤西至筶杯山，每月東與左司左哨會馬拇石，西與右司左哨會筶杯山。右司左哨船六隻，兵一百六十人，與高州海防所屬船二隻，兵五十人爲一哨，信地東自雙魚角筶杯山，西至蓮頭角，每月東與左司右哨會筶杯山，西與右司右哨會蓮頭角。右司右哨船七隻，兵一百九十五人，信地東自蓮頭角，西至暗鏡山，每月東與右司左哨會蓮頭角，西與白鴿門寨兵船會暗鏡山。則高州海防所屬者也。各哨雖有信地，仍哨外洋，會哨兵備道給有簿，所至結報。

【原注】

注一　左傳昭五年：「十家九縣」，「其餘四十縣」。二十八年：「分祁氏之田以爲七縣，分羊舌氏之田以爲三縣。」

注二　廣、韶、高、肇。

注三　雷、廉、瓊。

注四　防歸善流賊。

注五　與海豐、惠來二連界，南離海二十里，北深山多賊。

注六　景泰初設左參將，分守高、肇、雷、廉四府〔五八〕；設肇慶、瀧水守備〔五九〕。成化四年，設整飭高、肇兵備□使。

二十一年革。弘治□年，復設副使，整飭高、肇、雷、廉四府兵備〔六〇〕。十□年，始設嶺西道兵備□分巡僉事於肇慶。嘉靖三十二年，以左參將分守高、肇〔六一〕，兼管廣、韶。三十六年〔六二〕，徙駐塘宅堡。四十三年，設練兵遊擊。隆慶六年，設恩平守備，以西路巡海參將駐陽江〔六三〕。萬曆二年，設海防同知。□年，設北津水寨，改西路巡海參將爲陽電海防參將〔六四〕。五年，以按察司副□爲嶺西道兵備兼理□巡，罷高、肇參將。德慶□水守備以陽電海防□將兼管陸路。八年，□北津水寨把總裁革，陽電海防兼管陸路參□〔六五〕，以恩平守備兼管陽電〔六六〕，移駐陽江。

注七　通志又有白坭，在縣西一百三十里勞村。雲初，在縣西一百三十里。蔡逕，在縣南一百十里。狗逕，在縣南一百里。白坭埠。在縣南三坑地方。府志無。

注八　通志又有東山，在縣北八十里東山村。竹峒，在縣北九十里。曲龍，在縣北九十里灣邊。長逕堂，在縣北九十里大□村。長嶺，在縣北九十里塘村。

注九　通志有長沙營，在新會縣地方，離縣一百二十里。

注十　通志又有南江，在州治南岸十五里瀧水小江口，近大河。大埇，在州南七十里大江南岸東。思和，在州南一百里瀧水小江西岸。三嶺，在州南二百二十里晉康鄉。塘底，在州南二百里晉康鄉。送鬼嶺，在州南一百七十里瀧水小江東岸。茅坡，在州南九十里。大石嶺，在州南一百一十里南鄉。山柏，在州南一百五十里南鄉。何木逕，在州南二百五十里南鄉。步里，在州南二百八十里南鄉。查峒，在州南三百里南鄉。木源，在州南三百里南鄉。白馬，在州南一百八十里南鄉。羅傍，在州西八十里南岸。

注十一　有警防守。

注十二　有警防守。

【校勘記】

〔一〕南韓越嶺　「嶺」，原作「領」，據敷文閣本、群書考索（文淵閣四庫本）卷五十一輿地門改。

〔二〕宜精選牧守以化殊俗　「化」字原脱，據敷文閣本補。

〔三〕廣東通志　濂溪堂本無「通志」二字，敷文閣本無此四字。

〔四〕舊嶺南節度使常兼五管經略使　原本「使」下有「命」字，據舊唐書卷一百四十七杜佑傳删。

〔五〕授王師魯等嶺南判官制　「嶺南判官制」五字原脱，據全唐文卷六四八補。

〔六〕爾等皆當茂遷　「遷」原作「選」，據全唐文卷六四八元稹授王師魯等嶺南判官制改。

〔七〕袁幹可封州刺史兼侍御史制　「史」字原脱，據白居易全集卷五十一（上海古籍出版社一九九九年版，下同）補。

〔八〕仍馳驛發遣　「發」字原脱，據白居易全集卷五十一補。

〔九〕兵事　原無此二字，據濂溪堂本、敷文閣本補。

〔一〇〕翼詔上馬馳去　廣東通志卷四十七人物志於此句下有「自徒步走」四字。

〔一一〕甌居海中　「居」，原作「在」，據山海經 海經卷五海内南經（上海古籍出版社一九八六年十月版）改。

〔一二〕通東冶　「冶」，原作「北」。按：史記卷一一四東越列傳：「漢五年，復立無諸爲閩越王，王閩中故地，都東冶。」漢書卷九五西南夷兩粵朝鮮列傳亦作東冶。此「北」爲「冶」字之訛，據改。

〔一三〕本吳海安縣　隋書卷三一地理志下：海安縣，「舊曰齊安，置齊安郡。平陳，郡廢。開皇十八年改縣名焉。」

則隋改齊安縣爲海安縣。讀史方輿紀要卷一〇一廣東二肇慶府：陽江縣，「隋海安縣地」。此云「吴海安縣」，誤。

〔一四〕地之勢　「之」下原衍「形」字，據容齋隨筆卷三（中華書局二〇〇五年十月版，下同）删。

〔一五〕無由有所謂西海者　「有」字原脱，據容齋隨筆卷三補。

〔一六〕疑亦渟居一澤爾　「爾」字原脱，據容齋隨筆卷三補。

〔一七〕臨大海　「大」，後漢書卷八十八西域傳作「西」。

〔一八〕何木堡在何木逕　兩「何」字，讀史方輿紀要卷一〇一新寧縣作「河」。

〔一九〕山船　「山」字原脱，據讀史方輿紀要卷一〇一新會縣補。

〔二〇〕防馬丁古嶺賊路　「馬」字原脱。按本書列名馬丁民營、馬丁兵營，讀史方輿紀要卷一〇一陽山縣所列同，此「丁」上脱「馬」字，據補。

〔二一〕防大卒焦坑黄沙坑賊　「卒」，敷文閣本作「傘」。下同。

〔二二〕滑涌坑賊　「涌」，讀史方輿紀要卷一〇一陽山縣作「峒」。

〔二三〕臺子閣山賊　「閣」，讀史方輿紀要卷一〇一連山縣、嘉慶重修一統志卷四五九連山廳皆作「岡」。

〔二四〕赤口逕隘　按，讀史方輿紀要卷一〇二仁化縣「赤石逕隘，在縣西四十里」。嘉慶重修一統志卷四四四韶州府關隘「赤石徑隘，在仁化縣西四十里平山都」。此「口」字似爲「石」字之訛。

〔二五〕東桃嶺隘　「東」，讀史方輿紀要卷一〇二翁源縣作「冬」。

〔二六〕羊頭嶺隘　按，嘉慶重修一統志卷四五四南雄州關隘：「芋頭隘，在州西五十里。」此「羊」疑爲「芋」字之誤。

〔二七〕石闌　讀史方輿紀要卷一〇三保昌縣作「石闕」。

〔二八〕蘆利營　「利」，讀史方輿紀要卷一〇一新興縣作「村」。

〔二九〕火夾腦營　「火」，讀史方輿紀要卷一〇一恩平縣、嘉慶重修一統志卷四四八肇慶府關隘均作「大」。

〔三〇〕在縣南六十里順和都　按，讀史方輿紀要卷一〇一陽春縣：「灣口營，在縣西六十里。」嘉慶重修一統志卷四四八肇慶府關隘：「灣口營，在陽春縣西北六十里。」

〔三一〕辣頭埠　「辣」，讀史方輿紀要卷一〇一德慶州作「竦」。

〔三二〕下埇埠　「埇」，讀史方輿紀要卷一〇一德慶州作「埔」。

〔三三〕在縣治東河二里　按讀史方輿紀要卷一〇一羅定州：「水西營，州西二里。又州東二里有水東營。」此「東」下「河」字蓋衍。

〔三四〕羊橋銅鐘古城諸山賊　「羊」，原作「年」，據本書後文及讀史方輿紀要卷一〇一開建縣、嘉慶重修一統志卷四四八肇慶府二關隘改。「古」，讀史方輿紀要、嘉慶重修一統志均作「鼓」。

〔三五〕高州府　「府」下原衍「城」字，據濂溪堂本、敷文閣本删。

〔三六〕定安縣嶺背營　「定安」，原誤倒作「安定」，據明史卷四五地理志六、讀史方輿紀要卷一〇五、大明一統志卷八二乙正。

〔三七〕光螺峒　「峒」，原作「同」，據讀史方輿紀要卷一〇五定安縣改。

〔三八〕牛嶺海灣路口諸黎　「牛」，原作「午」，據明史卷四五地理志六、讀史方輿紀要卷一〇五萬州改。「灣」，原作「彎」，據讀史方輿紀要改。

〔三九〕仁化赤石逕隘　「赤石逕」三字原闕。按，嘉靖仁化縣志卷一關隘：「赤石逕隘，在縣西北三十里，界接桂陽。」民國仁化縣志卷四兵防志：「赤石逕隘，縣西四十里。」據補。

〔四〇〕縣東北五十里　「東北」二字原脱。按，嘉靖仁化縣志卷一關隘：「平安營，在縣東北五十里扶溪鄉。」民國仁化縣志卷四兵防志：「平安營，縣東北五十里。」據補。

〔四一〕繁華堡　「華」字原脱，據嘉靖仁化縣志卷一關隘、民國仁化縣志卷四兵防志補。

〔四二〕後逃絶過半　「半」，原作「牛」，據敷文閣本改。

〔四三〕其文通侵殺同黨丘子江　「其」下敷文閣本有「黨」字。

〔四四〕塘坱之民願爲嚮導　「塘」，原作「唐」，據上文改。

〔四五〕賦論力爲準　「力」，原作「刀」，據敷文閣本改。

〔四六〕狹河雙艇　「艇」，原作「廷舟」，據（嘉靖）惠州府志（嘉靖刻本）改。

〔四七〕桃子園陀塞　「陀」，原作「院」，據石洞集（文淵閣四庫本）卷十寬得都圖改。

〔四八〕負輓之役　「輓」，原作「輗」，據敷文閣本改。

〔四九〕肇慶府志　濂溪堂本無「志」字，敷文閣本無此四字。

〔五〇〕繇斯置槷　「槷」，原作「漐」，據濂溪堂本、石洞集（文淵閣四庫本。下同）卷十一分野論改。

〔五一〕室壁直當乎幽燕并衛也　「室壁」，原作「漐璧」，據石洞集卷十一分野論改。

〔五二〕又於里中選高年有德者爲老人　原無「德」字，據濂溪堂本、敷文閣本補。

〔五三〕生儒者　敷文閣本無「生」字。

〔五四〕此條鞭之權輿也　「鞭」，原作「編」，據石洞集卷十條鞭論改。下同。

〔五五〕郵傳衛所郡縣屯戍之兵　「郵」，底本由「徭」塗改作「郵」，石洞集卷十賦役志論作「徭」。

〔五六〕鶴爪營　「爪」，原作「瓜」，據南京圖書館藏手稿本及萬曆廣東通志卷四七、讀史方輿紀要卷一〇一四會縣改。

〔五七〕抽山臺寺　按，明史卷四五地理志六：「高明縣太平巡檢司，治太平都，後遷縣東都含海口，又遷縣西南山臺寺」。讀史方輿紀要卷一〇一高明縣：「太平巡司，尋遷都含海口，又遷山臺寺」。此「抽」疑爲「遷」字之誤。

〔五八〕分守高肇雷廉四府　「守」字原脱，據廣東通志卷四十一名宦志（文淵閣四庫本。下同）補。

〔五九〕設肇慶瀧水守備　「肇」字原脱，據上文補。

〔六〇〕整飭高肇雷廉四府兵備　「高」字原脱，據上文補。

〔六一〕以左參將分守高肇　「分」字原脱，據上文補。

〔六二〕三十六年　「十」字原脱，據文意補。

〔六三〕以西路巡海參將駐陽江　「西」字原脱。按：廣東通志卷二十三兵防志：「守備恩平指揮一員，隆慶間設。萬曆八年裁汰北津參將，以本員兼轄陽電等處地方，移駐陽江。」下文云：「設北津水寨，改西路□海參將爲陽電海防□將。」據此補。

〔六四〕改西路巡海參將爲陽電海防參將　「巡」字、下「參」字原脱，據上文補。

〔六五〕陽電海防兼管陸路參□　「陽」字原脱，據上文補。

〔六六〕以恩平守備兼管陽電　「電」字原脱，據上文補。